司法鉴定科学研究院
上海市法医学重点实验室

毛发分析基础及应用

（第二版）

沈 敏 向 平 主编

科学出版社
北 京

内 容 简 介

《毛发分析基础及应用》于2010年8月第一次出版，2020年修订再版。《毛发分析基础及应用》系作者依据几十年来在毛发中毒药物分析的研究成果、应用实践以及国际最新研究动态编著而成。

全书共分两篇十三章。第一篇总论共五章：第一章综述毛发分析在法科学、临床医学、环境污染和食品安全监测等领域的应用进展；第二章剖析毛发结构、形态学特征、生理功能以及理化特性等；第三章阐述毒（药）物与毛发的结合机制和影响因素；第四章、第五章分别介绍毛发中毒（药）物分析的样品处理和分析技术。第二篇分论由八章组成，分述了毛发中阿片类物质、可卡因等兴奋剂、苯丙胺类兴奋剂、大麻类、临床药物、蛋白同化雄性类固醇兴奋剂、乙醇标志物和金属元素等毒（药）物的样品处理、分析技术、结果解释以及研究进展，并通过典型案例阐明其应用价值。

本书内容涵盖了传统的滥用物质和新精神活性物质，反映了毛发中毒药物分析的最新研究成果，可供临床医学、法医学、运动医学、食品安全、环境科学等领域的分析工作者以及使用毛发证据的相关人员参考，也可对相关专业的研究生了解新技术、设计新方法、拓宽科学视野有所帮助。

图书在版编目（CIP）数据

毛发分析基础及应用/沈敏，向平主编. —2版. —北京：科学出版社，2020.4
ISBN 978-7-03-064735-1

Ⅰ. ①毛⋯ Ⅱ. ①沈⋯ ②向⋯ Ⅲ. ①毛发-法医学检验 Ⅳ. ①D919.2

中国版本图书馆CIP数据核字（2020）第048348号

责任编辑：谭宏宇／责任校对：郑金红
责任印制：黄晓鸣／封面设计：张祖坤　殷　靓

科学出版社 出版
北京东黄城根北街16号
邮政编码：100717
http://www.sciencep.com

南京展望文化发展有限公司排版
上海锦佳印刷有限公司
科学出版社发行　各地新华书店经销

*

2010年8月第 一 版　开本：B5（720×1000）
2020年4月第 二 版　印张：38
2020年4月第二次印刷　字数：745 000

定价：350.00元
（如有印装质量问题，我社负责调换）

《毛发分析基础及应用》
（第二版）

编写人员

主　编：沈　敏　向　平

编　委：沈　敏　向　平　施　妍
　　　　马　栋　陈　航　刘　伟
　　　　沈保华　严　慧　孙其然
　　　　骆如欣

基金标注：本书由国家自然科学基金项目（81772022）、上海市科委项目（19dz1200600）、上海市法医学重点实验室（17DZ2273200）和上海市司法鉴定专业技术服务平台（19DZ2292700）资助出版

沈　敏　研究员，法医毒物化学专家，博士生导师，享受国务院特殊津贴。

1985年华东师范大学获理学硕士学位，1980年起在司法部司法鉴定科学技术研究所从事法医毒物学的科学研究和司法鉴定工作。主持国家"十二五"科技支撑计划《司法鉴定关键技术研究》以及数十项国家自然科学基金、国家软科学和上海市重点科研项目，其成果获上海市科技进步一等奖等十余项奖项，发表学术论文200余篇，其中SCI论文40余篇，主编专著8部。1996年进入全国"百千万人才工程"千人人选。2004年获全国第三届优秀科技工作者，2008年获科技部奥运先进个人。2009年被司法部授予首届全国司法鉴定管理工作先进个人称号。

向　平　研究员，法医毒物化学专家，博士生导师，享受国务院特殊津贴。

1991年毕业于上海医科大学药学院，获学士学位。2006年毕业于复旦大学上海医学院，获硕士学位，2011年获英国中央兰开夏大学博士学位(University of Central Lancashire, UK)。1991年起在司法部司法鉴定科学技术研究所从事法医毒物学的科学研究、司法鉴定和教育培训工作。2004年及2008年，先后以访问学者身份前往香港特别行政区政府化验所、英国中央兰开夏大学、澳大利亚维州法医中心交流学习，主持或参与完成10多项国家和省部级科研项目，在国内外刊物上发表论文150余篇，其中SCI收录刊物30余篇，主编专著4部，2007年获得国际法庭毒理协会(TIAFT)颁发的"International Scholarship Award"奖，目前为国际毛发分析协会(SoHT)会员，TIAFT中国地区代表。

Foreword 前 言

　　毛发中毒（药）物分析历经近四十年的研究、发展，已在法医毒物学、临床毒物学、环境污染以及农残等领域得到广泛应用并显示其独特的证明价值，并成为国际法科学领域的研究热点。与法医毒物学常规生物检材血、尿等相比，毛发具有易获取、易保存、目标物稳定、检出时限长、能反映较长时间（几个月或几年）的药物使用情况等优点。毛发分析的优势特征主要为：① 尿检阳性时，毛发分析可区分单次摄药还是长期摄药；② 毛发分析可提供长程信息，反映摄药频度和摄药史；③ 毛发中药物原体稳定存在的特点有助于外源性目标物的确认；④ 毛发样品的可变性较小，可进行多次采样；⑤ 其他生物检材发生证据安全问题时，毛发分析可提供辅助证据。毛发分析可提供独特信息的特点使其作为其他生物检材的重要补充，有时甚至成为提供证据的唯一手段。

　　二十一世纪以来，随着液相色谱-串联质谱的成熟与发展，毛发分析能力得到极大提升。毛发样品前处理简便快速，检测灵敏度大大提高，可同时分析原体及其代谢物，并大大拓展了毒（药）物的分析范围。高灵敏度的分析技术使毛发分析不仅仅局限于长期多次用药的状况，也适用于单次摄药的涉毒案件、性犯罪案件、兴奋剂检测等，给毛发分析带来了广阔的应用前景。2016年11月22日公安部发布、2017年4月1日起施行的《关于修改〈吸毒成瘾认定办法〉的决定》中，增加将人体毛发样品检测出毒品成分为认定吸毒成瘾的科学证据之一。该办法极大地推动了我国鉴定机构对毛发分析技术的普及和应用。

　　然而，毛发中毒（药）物分析非常复杂，涉及毛发采集、脱污染、目标物释放、分析方法、质量控制以及结果解释等,涉及分析技术和应用基础两大问题。在过去的三十多年中,国际上著名的毒物分析学家 Pragst、Kintz、Musshof 等取得令人瞩目的研究成果,编者所在研究团队自 1995 年起承担多项国家自然科学基金项目和科技部重大项目,围绕这些主题进行了大量的科学研究、技术创新和应用实践,取得了卓有成效的进展,积累了数据和成果。在此背景下,编者在总结研究、应用成果和国际最新研究动态的基础上,编著了《毛发分析基础及应用》(第二版)一书。

全书包括二篇十三章。第一篇总论由五章组成。其中第一章综述了毛发分析在法医毒物学、临床医学、兴奋剂检测以及环境毒物学领域的应用价值和实例;第二章系统介绍了毛发结构、形态特征、生理功能、理化特性以及内外部影响因素;第三章阐述了毛发药物的可能结合机制,包括药物进入毛发的途径、药物与毛发的结合模型以及影响药物结合的因素等,反映了当代最新研究成果;第四章总结了毛发样品采集、脱污染、提取等处理以及质量控制的各种方法;第五章介绍了适合毛发分析要求的各种现代分析技术(气/质联用、液/质联用、电感耦合等离子质谱、质谱成像)的基本原理、应用与进展;第二篇分论由八章组成。分述了各类毒(药)物的体内代谢、毛发样品处理、分析技术方法、结果解释依据、药物阳性数据以及典型案例等。

本书编写力求取材新颖、资料翔实,内容全面,在写作上吸取了国内外书籍不同的长处,既详述了各类毒(药)物的样品处理和分析方法,又总结了可供参考的文献阳性数据,并综述了各领域各类毒(药)物的最新研究动态、进展和成就。每一章后均附有大量参考文献,可供读者进一步追索。本书既有一定的可操作性(用以指导实践),又为具有一定深度的学术专著。

本书可供法医毒物学、临床医学、兴奋剂检测、食品安全、环境科学、司法鉴定等领域的分析工作者以及相关高校、科研单位工作者参考。期望《毛发分析基础及应用》(第二版)能对公安、检察、司法系统的司法鉴定机构,临床医学检验部门、兴奋剂实验室等开展毛发中毒药物分析提供帮助,并由此推动国内毛发分析以及法医毒物学的发展,这是编者的初衷。

毛发分析是处于迅速发展的重要研究领域,文献资料繁复,涉及内容广博,编者虽尽力完善,但仍恐有不妥之处。此外,限于编者的认知水平,书中难免存在问题和错误,敬请读者谅解、批评和指正。

编 者
2020 年 2 月

Contents 目录

前言

第一篇 总 论

第一章 毛发中毒(药)物分析的应用 /003
  第一节 概述 /003
  第二节 毛发分析在法科学中的应用 /006
  第三节 毛发分析在临床医学中的应用 /017
  第四节 毛发分析在环境污染和食品安全监测中的应用 /038

第二章 毛发的概论 /058
  第一节 毛发的结构与生长 /058
  第二节 毛发的形态学特征及生理功能 /069
  第三节 毛发的理化特性 /074
  第四节 毛发的影响因素 /079

第三章 毒(药)物与毛发的结合机制 /089
  第一节 黑色素 /089
  第二节 毒(药)物进入毛发的途径 /092
  第三节 毒(药)物与毛发的结合机制 /102

第四节　毛发分析的影响因素及解决方案 /112

第四章　毛发的采集和处理 /126
　　第一节　毛发样品的采集 /126
　　第二节　毛发样品的脱污染 /129
　　第三节　毛发样品的提取处理 /133
　　第四节　毛发样品处理方法的应用 /142

第五章　毛发中毒(药)物分析方法 /150
　　第一节　质谱技术概述 /150
　　第二节　气相色谱-质谱联用法 /157
　　第三节　液相色谱-质谱联用法 /161
　　第四节　液相色谱-高分辨质谱联用法 /164
　　第五节　电感耦合等离子体质谱法 /166
　　第六节　质谱成像法 /172
　　第七节　毛发中毒(药)物定性确认规则 /178

第二篇　分　　论

第六章　毛发中阿片类物质分析 /191
　　第一节　概述 /191
　　第二节　海洛因、吗啡、可待因 /193
　　第三节　哌替啶 /217
　　第四节　美沙酮 /224
　　第五节　丁丙诺啡 /233
　　第六节　芬太尼类物质 /240
　　第七节　其他阿片类物质 /248

第七章　毛发中可卡因等兴奋剂分析 /258
　　第一节　可卡因 /258
　　第二节　尼古丁 /275

第三节　咖啡因 /283

第八章　毛发中苯丙胺类兴奋剂分析 /291

第一节　概述 /291

第二节　毛发样品的处理 /300

第三节　分析方法 /302

第四节　结果解释 /310

第五节　阳性数据及典型案例 /319

第九章　毛发中大麻类物质分析 /327

第一节　概述 /327

第二节　毛发样品的处理 /330

第三节　分析方法 /334

第四节　结果解释 /346

第十章　毛发中常见临床药物分析 /359

第一节　苯二氮卓类药物 /359

第二节　巴比妥类药物 /391

第三节　抗精神失常药 /401

第四节　氯胺酮 /428

第五节　GHB /437

第十一章　毛发中蛋白同化雄性类固醇兴奋剂的分析 /459

第一节　概述 /459

第二节　毛发样品的处理 /466

第三节　分析方法 /471

第四节　结果解释 /486

第五节　阳性数据及典型案例 /497

第十二章　毛发中乙醇标志物的分析 /504

第一节　概述 /504

第二节　毛发中 EtG 的分析 /505

第三节　毛发中 FAEE 的分析 /522

第四节　毛发中 FAEE 与 EtG、SQ 的联合分析 /537

第五节　毛发中其他可行的生物学标志物 /540

第十三章　毛发中金属元素的分析 /546

第一节　概述 /546

第二节　毛发样品的处理 /554

第三节　分析方法 /562

第四节　结果评价 /571

第五节　典型案例 /584

附件 1　《涉毒人员毛发样本检测规范》(公禁毒 2018 年 938 号) /594

附件 2　毛发中乙醇标志物分析的 SoHT 应用规范 /596

第一篇 总 论

第一章 毛发中毒(药)物分析的应用

第一节 概 述

毛发中毒(药)物分析历经近四十年的研究、发展,已在法医毒物学、临床毒物学、环境污染以及农药残留监测等领域得到广泛应用并显示其独特的证明价值。与血、尿等其他生物样品相比(表1-1),毛发具有易获取、易保存、目标物稳定、检出时限长、能反映较长时间(几个月或几年)的药物使用情况等优点。毛发分析的优势特征主要体现在:① 尿检阳性时,毛发分析可区分单次摄药还是长期摄药;② 毛发分析可提供长程信息,反映摄药频度和摄药史;③ 毛发中药物原体稳定存在的特点有助于外源性目标物的确认;④ 毛发样品的可变性较小,可进行多次采样;⑤ 其他生物检材发生证据安全问题时,毛发分析可提供辅助证据。毛发分析可提供独特信息的特点使其常常作为其他生物检材的重要补充,有时甚至成为提供证据的唯一手段。

表1-1 生物检材的法科学应用价值比较

检材	检测时限	检测	其他
唾液	1 h~1 d	原药	特殊的采集工具
汗液	3 h~2 d	原药	特殊的采集工具
血液	3 h~1 d	原药(有明显症状或中毒时)	冷藏或冷冻保存
尿液	6 h~5 d	原药及代谢物	冷藏或冷冻保存
毛发	>3 d~月/年	原药及代谢物(长期使用后)	采样容易,室温保存

毛发分析有着悠久的历史。最早有记载的是1858年Hoppe发表在 *Praktisches Handbuch der Gerichlichen Medizin* 的中毒案例,其从1例11年后开棺验尸案件的毛发中检出砷(Sachs,1997)。近百年后,随着分析技术的革新和发展,为毛发中微量有机物质的检测提供了可能性。1954年Goldblum(1954)首次报道在豚鼠毛发中检出巴比妥;1979年Baumgartner(1979)首次用放射免疫方法测定海洛因滥用者头

发中吗啡;1980年Klug(1980)建立了碱消化后气相色谱分析毛发中吗啡的方法;1983年Ishiyama(1983)从头发中检出碱性药物、甲基苯丙胺、抗抑郁药和尼古丁;1986年Sachs采用GC-MS测定头发中的吗啡和可待因;1987年Balabanova(1987)采用GC-MS测定头发中的可卡因;1988年Brunner(1988)测定头发中可卡因的代谢物苯甲酰爱康宁;1989年Balabanova(1989)建立了GC-MS分析头发中美沙酮的方法,同年又报道了检测头发中的四氢大麻酚。

20世纪90年代后,毛发分析取得很大的进展,逐渐深入至研究毒(药)物进入毛发的机制、影响因素及应用。Cone(1990)研究胡子中吗啡和可待因浓度与使用量、时间的关系;Matsuno(1990)报道头发中氟哌啶醇浓度可反映其用药史;Nakahara(1990)认为利用头发分析可以监测甲基苯丙胺滥用;Cone(1991)讨论头发分析中可卡因的去污处理问题;Denk(1991)提出头发分析中的质量控制问题;Goldberger(1991)提出头发中的单乙酰吗啡是海洛因滥用的特征代谢物;Martz(1991)报道可卡因过量死亡案件中头发的应用;Ostrea(1991)报道可通过测定胎毛和孕妇头发来确证怀孕期间是否滥用药物;Balabanova(1992)报道从埃及木乃伊头发中检出药物;Kintz(1992)对头发中的尼古丁及其代谢物可铁宁的浓度进行结果解释;同年,他从高血压患者头发中检出β-阻断剂(1992);Koren(1992)研究主动使用与被动污染可卡因时,头发中可卡因及其代谢物存在的不同;Moeller(1992)报道滥用者头发中可卡因浓度远大于苯甲酰爱康宁;Nakahara(1992)研究甲基苯丙胺在毛干中的运动及稳定性;Runne(1992)报道头发中氯喹浓度与治疗剂量的关系;Sramek(1992)和Tracqui(1992)分别从头发中检出苯二氮䓬类药物和阿米替林;Uematsu(1992)提出色素影响头发中氧氟沙星的浓度;Kidwell(1993)用串联质谱分析头发中的PCP;Kintz(1993)首次比较头发、阴毛和腋毛中的阿片类成分;Mieczkowski(1993)提出可卡因头发分析存在种族差异;Moeller(1993)建立同时分析头发中阿片类、可卡因和苯丙胺类药物的GC-MS方法;Offidani(1993)采用酶水解头发样品;Tagliaro(1993)将毛细管电泳应用于头发中可卡因和吗啡的分析;Welch(1993)组织实验室间头发分析的比对;Nakahara(1993)开始研究可卡因及其代谢物进入毛发的速率;Cirimele(1995)报道染发对头发中药物浓度的影响;Kintz(1995)采用GC-MS/NCI检测出头发中的四氢大麻酸;Strano-Rossi(1995)介绍头发的分段分析;Callaghan(1996)研究单剂量摄取可待因后进入胡子的途径;Cirimele(1996)在一交通事故案件的头发中检出劳拉西泮;Gleixner(1996)从头发中检出克伦特罗;Hold(1996)用负化学源质谱检出头发中的司坦唑醇;Joseph研究黑色素和油脂对头发中可卡因浓度的影响;Nakahara(1996)揭示化合物结构对药物进入毛发的影响;Rollins(1996)区分单次与多次用药后头发中可待因浓度的不同;Uhl(1997)将GC-MS/MS应用于毛发分析;Lewis(1997)探讨将毛发分析应用于儿童保护案例;Henderson(1998)利用同位素标记可卡因进行志愿者实验,表明药物在毛干中受汗液、油脂等影响,存在扩散;Junting(1998)将 SPME 前处理技术应用于毛发分析;Scherer(1998)和 Segura(1998)开始测定头发中的睾酮等兴奋剂;Wainhaus(1998)从单根头发中检出单乙酰吗啡和可卡因;Cirimele(1999)从头发中检出杀虫剂;Gaillard(1999)应用 GC-MS/MS 检测毛发中的蛋白同化雄性类固醇及其酯类;Kintz(1999)测定头发中内源性睾酮、DHEA 等水平。国内早期见文献报道的有:1995 年吴侔天等开展毛发中海洛因及代谢产物研究,通过统计分析证实毛发中色素浓度和结构对 6-单乙酰吗啡和吗啡进入毛发有显著影响(吴侔天,1998)。1996 年沈敏等考察了黑色毛发中哌替啶及代谢物的稳定性、度冷丁在毛干中的分布和度冷丁滥用史的关系(Shen,1999);开展毛发中苯丙胺类及代谢物的研究(沈敏,2000)和毛发中精神药物及代谢物研究(沈敏,2001;2002),揭示了毛发中精神活性物质与滥用剂量和毛发颜色的关系,并于 2000 年承担科技部基础性项目《毛发中毒药物鉴定标准及质量控制》(2000)。2001 年向平等建立了毛发中四氢大麻酚、大麻二酚及代谢物四氢大麻酸的分析方法并应用于鉴定实践(向平,2002)。

　　进入 21 世纪,随着液相色谱-串联质谱的成熟与发展,毛发分析能力得到极大提升。毛发样品前处理简便快速、无须衍生化,检测灵敏度大大提高,可同时分析原体及其代谢物,并大大拓展了毒(药)物目标物的分析范围。如 Rust 同时分析毛发中 21 个苯二氮卓类药物及其代谢物(2012),方法 LOQ 为 0.6~16 pg/mg;Imbert 同时分析 17 种苯丙胺类及其代谢物、5 种阿片类及其代谢物、可卡因及其 5 种代谢物(2014);Wang 采用 UHPLC-MS/MS 同时分析毛发中 16 种精神活性物质及其代谢物,LOQ 为 0.05~0.5 pg/mg(2016);Boumba 采用一步提取可同时分析毛发中 132 种新精神活性物质(2017)。国内向平等最早将 LC-MS/MS 技术应用于头发中吗啡类生物碱分析(向平,2006)、苯丙胺类兴奋剂和氯胺酮分析(向平,2006)等并建立毛发分析的行业技术规范。作者实验室在国际上产生重要影响的研究成果有毛发中氯胺酮的时间过程研究(Xiang,2006);中国人群毛发中内源性类固醇生理水平研究(Shen,2009)和中国人群酗酒者头发中乙醇代谢物 EtG 的阈值研究(Shi,2010);单次摄药后氯胺酮和苯二氮卓类在头发中峰值浓度时间确立(Xiang,2011);单乙酰吗啡、吗啡和可待因在毛干中的消除动力学研究(Shen,2013);头发和指甲中氯氮平行为的比较研究(Chen,2014);单根头发中氯胺酮的原位质谱成像研究(Shen,2014);药物辅助犯罪案件中药物及代谢物浓度研究(Xiang,2015);头发中苯丙胺光学异构体的消除动力学研究(Wang,2018)等。随着研究成果的积累,毛发分析的应用领域进一步拓展,可以为单次摄药的麻醉抢劫、性犯罪等药物辅助犯罪案件提供重要信息。2003 年 Kintz 等首先提出按照头发生长速度约 1 cm/月,通过头发分段分析可大致推测其对应的摄药时间。最新研究认为,按照人的头发约 0.4 mm/d 的生长速度分段,采用微分段技术可更准确反映用药时间。

本书作者在20世纪90年代率先开展毛发中精神活性物质研究,自1995年起承担多项国家自然科学基金项目和国家科技部、上海市重大科研项目,围绕毛发分析进行了大量的科学研究和应用实践,取得了卓有成效的进展。通过动物实验和实际案例,研究毒(药)物在毛干中的分布和时间过程、剂量和浓度的关系、浓度和毛发颜色的关系、毒(药)物在毛发中的稳定性等机理问题,并通过毛发分段分析,探讨目标物浓度与摄药史的关系,为分析结果的解释、判断提供理论依据。这些研究成果不仅填补了国际上中国人群毛发分析研究的空白,同时也有力地推动了毛发分析技术在法科学的应用。

正是在众多研究者的不断探索下,分析技术日益改善,头发检材独特价值凸显,在法科学、临床医学、环境污染和食品安全监测等领域广泛应用。2016年11月22日公安部发布、2017年4月1日起施行的《关于修改〈吸毒成瘾认定办法〉的决定》中,增加将人体毛发样品检测出毒品成分为认定吸毒成瘾的科学证据之一。该办法极大地推动了我国鉴定机构对毛发分析技术的普及和应用。2018年10月公安部又制定《涉毒人员毛发样本检测规范》。配合实验室检测规范,本书作者起草、制定《毛发中15种毒品及其代谢物的液相色谱-串联质谱检测方法》(SF/Z JD0107025-2018)。2018年经国家认可委授权,组织开展"毛发中滥用药物分析"的能力验证,共有69家机构参加。2019年,国家认监委将该项目作为A类强制项目,要求相关鉴定机构必须参加。

《毛发分析基础及应用》于2010年8月第一次出版。十年来,毛发分析无论在理论基础、技术方法,还是在应用领域都有了很大的发展,本书作者将在科学研究和鉴定实践的基础上,结合国内外的最新研究进展,介绍毛发分析的研究成果及实践应用。

第二节　毛发分析在法科学中的应用

现代法医毒物学鉴定主要包括毒品滥用鉴定、死后毒物学鉴定以及涉药行为能力判定等,本节作者在研究实践的基础上,以鉴定任务类型分类介绍毛发分析在法科学实践中的应用进展。

一、毒品滥用鉴定

根据修订的《中华人民共和国刑法》第357条规定,毒品是指鸦片、海洛因、甲基苯丙胺(冰毒)、吗啡、大麻、可卡因以及国务院规定管制的其他能够使人形成瘾癖的麻醉药品和精神药品。毒品是我国法律规定、官方认可使用的概念术语,国际上则统称为滥用物质(drugs of abuse)，滥用物质除了以上所述外，还包括酒精、烟草、咖啡等。

滥用物质鉴定是为了获取被检者非法使用国家规定管制的麻醉品和精神药物的证据，主要对象为涉嫌吸毒人员或公司应聘、申请移民、应征入伍以及特殊职业的人员。2016年11月22日公安部发布、2017年4月1日起施行的《关于修改〈吸毒成瘾认定办法〉的决定》中，将人体毛发样品检测出毒品成分增加为认定吸毒成瘾的科学证据。2018年10月公安部又制定《涉毒人员毛发样本检测规范》(见附件1)，规定了毛发样本提取、保存、送检和检测等的具体要求，以及规定了实验室检测的毒品浓度阈值(cut-off值)，见表1-2，该阈值与国际头发分析协会(the Society of Hair Testing,SoHT)的建议相一致，保证了该项目分析的实验室间一致性和可比性。

表1-2 我国《涉毒人员毛发样本检测规范》中规定的实验室检测毒品浓度阈值

毒 品	分 析 物	中 文 名	阈值(ng/mg)
阿片类	6-Acetylmorphine(6-MAM)	O^6-单乙酰吗啡	0.2
	Morphine	吗啡	0.2
苯丙胺类	Amphetamine	苯丙胺	0.2
	Methamphetamine	甲基苯丙胺	0.2
	MDMA	3,4-亚甲双氧甲基苯丙胺	0.2
	MDA	4,5-亚甲双氧苯丙胺	0.2
甲卡西酮	Methcathinone	甲卡西酮	0.2
氯胺酮	Ketamine	氯胺酮	0.2
	Norketamine	去甲氯胺酮	0.2
可卡因	Cocaine	可卡因	0.5
	Benzoylecogonine	苯甲酰爱康宁	0.05
大麻	THC	四氢大麻酚	0.05

需要指出的是，这些阈值并不适用于涉及单次摄药的案(事)件，如虐待儿童、药物辅助犯罪或兴奋剂滥用等。并且，许多药物包括GHB、苯二氮卓类药物、新精神活性物质(NPS)或合类固醇类药物的阈值尚待设立。

1. 摄毒确认

通常滥用物质鉴定采用尿液检材，但尿液中滥用物质留存及检测时限仅为4~5 d。当尿检阳性者在受处罚过程中提出否认摄毒或质疑尿检的可靠性时，重新留取尿液检验已无法提供有力的证据。而头发分析检测时限长，可依据其头发长度，验证其数月内滥用药物的情况，可为尿液分析结果提供确证证据。根据《涉毒人员毛发样本检测规范》,发根端 3 cm 以内的头发样本检测结果为阳性的,表明被检测人员在头发样本提取之日前 6 个月以内摄入过毒品。

海洛因的摄毒鉴定是一比较复杂的问题。海洛因进入体内后很快代谢成单乙酰吗啡,然后进一步代谢为吗啡。虽然单乙酰吗啡是海洛因的特征代谢物,但通常仅在摄毒 24 h 内存在,延缓采集尿样仅能检出吗啡成分。我国很多止咳药中含有阿片类成分,服止咳药后尿液中也可检出吗啡成分,且尿液中吗啡浓度可能超过国际组织规定的 cut-off 值,使尿液显示吗啡阳性结果。此时头发分析可提供确凿的证据,若摄取海洛因,头发中可同时检出单乙酰吗啡和吗啡;若服用止咳药,头发分析结果大多为阴性,或者仅能检出可待因和吗啡。如此可以区分海洛因滥用和治疗用药。

毛发分析在鉴定中还具有多次采集头发样品或采集不同部位毛发样品互相补充的优势。如某案中在一男性的尿液中检出甲基苯丙胺成分,当时其也承认摄毒的事实,随后送戒毒所强制戒毒。一个月后该男性提出上诉,质疑当时的尿检结果。由于该男性进戒毒所后即剃光头发,无法采集头发检材,因此剪取其阴毛进行检测,结果在阴毛中检出甲基苯丙胺成分,证明该男性进戒毒所之前曾滥用甲基苯丙胺。

毒品犯罪案件审理中必须区分只贩不吸、以贩养吸、非法持有和吸毒等行为,往往出现在案件审理过程中延缓提出摄毒鉴定,此时只有毛发分析才能确证审理对象是否摄毒。

2. 滥用史调查

在某些复杂案件中,执法部门期望了解的是当事人是否有滥用史,而不仅是近期情况,为了证实或者排除当事人在某一段时间内是否滥用药物,可借助头发分段分析提供证据。如在某例离婚财产纠纷案件中,女方声称决定分居是因为半年前撞见男方摄毒,而男方否认摄毒并当场提供尿液进行滥用物质筛查,当结果为阴性时可进一步提取头发验证确认。

我国苯丙胺类物质的滥用呈不断上升趋势。苯丙胺类兴奋剂具有强烈的中枢兴奋作用,长期滥用极易产生依赖性和耐药性,精神依赖比躯体依赖强烈而突出,并可导致精神障碍。已有很多案例表明一次高剂量或重复使用"冰"即可产生中毒性精神病,表现有被害妄想、幻觉,多为幻视,也可能出现听幻觉和触幻觉,医学上称之为苯丙胺精神病。对于此类精神病案件的鉴定,通常需要进行头发分析,以提供其曾滥用苯丙胺类兴奋剂的证据。

在头顶后部区域贴近头皮剪取头发,然后进行分段分析可以较为准确地反映药物滥用史,这已在包括作者在内的很多实验室的鉴定实践中所应用。对于同一个体,头发分段分析还可以反映其摄药变化,包括所用药物种类交替、剂量等信息,这在医疗纠纷案件中极有应用价值。

我国毛发分析用于吸毒成瘾认定已经全面展开,公安执法人员充分利用这一鉴定方式认定吸毒行为。但是需要指出的是毛发分析的结果作为证据存在一定的局限性:

(1) 头发分段分析不可能精确地确定滥用时间,由于毛发具有不同的生长周期、头发生长速度存在个体差异以及毛发采集、分段等误差,这些因素可以导致药物在毛干上扩散。如《涉毒人员毛发样本检测规范》所述,"发根端3厘米以内的头发样本检测结果为阳性的,表明被检测人员在头发样本提取之日前6个月以内摄入过毒品"。这是因为毒品在毛干上的消除需要时间。根据本书作者对海洛因、甲基苯丙胺吸毒者戒毒4个月以上的头发监测研究,按照头发约1 cm/月的生长速度,单乙酰吗啡、吗啡和可待因在毛干上的消除半衰期分别为0.88个月(95% CI,0.74~1.03)、0.73个月(95% CI,0.64~0.81)和0.61个月(95% CI,0.54~0.69)(Shen,2013)。S-甲基苯丙胺、R-甲基苯丙胺、S-苯丙胺和R-苯丙胺在毛干上的消除半衰期分别为0.64(95% CI,0.46~0.96)、0.58(95% CI,0.41~0.93)、0.62(0.49~0.88)和0.50个月(95% CI,0.42~0.56)(Wang,2018)。Garcia-Bournissen(2009)的研究显示:可卡因在女性、男性的毛干上的消除半衰期分别为1.5个月(95% CI,1.2~1.8)和1.5个月(95% CI,1.1~1.8),女性、男性的头发中苯甲酰爱康宁在毛干上的消除半衰期分别为1.5个月(95% CI,1.1~2)和1.5个月(95% CI,0.8~1.8)。因此,对于尿液阳性者需要进一步进行毛发分析时,按照目前的规定阈值和发根端0~3 cm头发段分析,嫌疑人如有吸毒前科,头发采样时间应与上次同种类毒品的吸毒处理时间间隔超过6个月。对于有吸毒前科且不具备头发采样条件的,根据阴毛的生长期约为1~1.5年,腋毛的生长期约为1~2年,则阴毛、腋毛采样时间应与上次同种类毒品的吸毒处理时间间隔分别超过3年和4年。这样才可避免处理前吸毒造成的残留、假阳性结果。

(2) 头发分析可以反映同一个体的毒品滥用量的相对变化,但无法通过头发毒品浓度推断滥用量,同时不能进行不同个体间吸毒程度比较。主要原因在于:药物进入毛发与毛发颜色、药物的物理化学性质相关;种族差异;药物代谢存在个体差异;毒品的纯度、剂量等未知;卫生习惯差异等。

(3) 头发分析对各种不同种类毒品的检测灵敏度不同。由于外源性物质进入毛发与其物理化学性质相关,碱性物质更容易进入毛发。如四氢大麻酚虽然脂溶性强但仍难以进入毛发,因此相对尿液中四氢大麻酸检测,毛发中痕量四氢大麻酚的检测对方法灵敏度要求更高。

3. 孕妇摄毒鉴定

孕妇摄毒后可通过胎盘血传输给胎儿,即出现"胎儿摄毒"现象。婴儿出生时脐血管的结扎等于中断了毒品的供给,一段时间后即出现戒断症状。孕妇摄毒鉴定多出现在民事纠纷案件中。

孕妇摄毒可留取乳汁或胎粪进行检测,但是如果生产后延缓鉴定,只能采集产妇头发和婴儿胎毛进行分析。作者实验室从一名产妇头发和胎毛中同时检出了甲基苯丙胺和氯胺酮;Kintz(1993)考察40例产妇头发和胎毛中尼古丁及其代谢物可铁宁的浓度,发现产妇的贴根部3 cm头发和胎毛中尼古丁浓度具有相关性;Boskovic(2001)从双胞胎儿的胎毛中检测出可卡因成分。

4. 儿童保护

在摄毒和酗酒的家庭中,儿童往往得不到很好的照料,面临教育缺失、营养不良、虐待、贫穷及社会歧视等严重社会问题,有时可能主动或被动地吸食毒品而意外导致儿童中毒甚至死亡事件。已有报道的涉及毒品包括美沙酮、海洛因和其他阿片类药物、可卡因、苯丙胺及大麻。分析儿童头发中滥用药物可明确这些儿童的生活处境。

Pragst(2019)对德国不莱梅的汉萨蒂克市的141个父母吸毒家庭的儿童头发进行分析,父母头发中滥用物质阳性者儿童头发阳性结果见表1-3。从分析结果可以得出结论,吸毒者家庭中吸毒者和其孩子的头发均有可能检出毒品,儿童头发的阳性结果主要由环境污染导致。儿童头发中的滥用物质的浓度除了其父母的吸毒程度外,还取决于毒品的种类、儿童的年龄、性别和特殊的家庭状况。此情况下比较家庭内部各成员的头发分析结果,可以明确吸毒者身份,对改善儿童生活状况有帮助。

表1-3 父母头发中滥用物质阳性者儿童头发阳性率

滥用物质	父母头发浓度(范围,ng/mg)	监测家庭数量(N)	儿童阳性数量(N)	阳性率(%)
美沙酮	15.1~41.0	26	17	65.5
单乙酰吗啡	0.61~6.22	11	7	63.6
可卡因	1.06~105	38	35	92.1
苯丙胺	0.52~20.5	10	8	80
MDMA	0.81~5.14	7	3	42.9
THC	0.10~4.86	46	31	67.4

在国外的儿童保护案件中,如果怀疑该家庭有药物滥用倾向,不具备监护的能力,可请法庭对儿童的头发进行分析,并判别是被动接触还是主动使用或两者兼之。在儿童保护案件中,也发现有些家长为了防止小孩吵闹,给儿童服用美沙酮、安眠药、苯海拉明等药物;有些家长患有孟乔森综合征(Munchausen syndrome)即虚夸综合征,是一种罕见的精神疾病,患者可能给儿童服用药物,使其生病以获得其他人的注意及同情。

5. 吸烟史

烟草危害已成为当今世界最严重的公共问题之一,吸烟危害的不仅仅是吸烟者本人的健康,同时周围的其他人也因被动吸烟而受影响。主动吸烟和被动吸烟者头发中均可检出尼古丁及其代谢物可铁宁。这是由于烟雾中的尼古丁不仅可附着在头发表面造成外污染,而且还可以经呼吸进入体内,因此应用头发分析包括头发中检出尼古丁代谢物都难以区分主动吸烟和被动吸烟。据统计,主动吸烟者头发中尼古丁和可铁宁的浓度在 0.9~33.9 ng/mg 和 0.09~4.99 ng/mg,而被动吸烟者头发中尼古丁和可铁宁的浓度在 0.54~1.82 ng/mg 和 0.01~0.13 ng/mg(Kintz,1992)。

6. 酗酒

饮酒是一种历史久远的世界性现象,但过量饮酒特别是酗酒将导致心理病态及行为异常,对自身、家庭、社会构成危害。在某些案件中需要了解酒精对被调查者的行为能力损伤、中毒等影响程度。如果是调查急性中毒,可通过测定血液中乙醇浓度,但若需要调查长期滥用影响,则需要寻找乙醇之外的生物标志物。近些年的研究发现:乙醇代谢物 EtG(ethyl glucuronide)、FAEE(fatty acid ethyl esters)是饮酒的主要体内标记物(Kintz,2017)。过量饮酒可以通过检测头发中的 EtG 确定,但阴性结果并不能明确排除酗酒,尤其是急性中毒不能通过头发分析来推断。

脂肪酸乙酯(FAEE)也可以用来评价酗酒。FAEE 可反映酒精引起的器官损伤,四种 FAEE(棕榈酸乙酯、肉豆蔻酸乙酯、硬脂酸乙酯和油酸乙酯)已被确定为检测过量饮酒最合适的标记物。研究表明儿童、成年不饮酒者和社交饮酒者的头发中 FAEE 的浓度与酗酒者头发中 FAEE 的浓度不同。最近,国际毛发分析协会 SoHT 发布了针对长期大量饮酒的头发分析指南(见附件 2),建议将长期不受控制的酒精摄入者的头发 EtG 阈值设为 30 pg/mg,头发采样为贴头皮端 0~3 cm 至 0~6 cm 头发段。此外,还规定判定长期酗酒者时头发中四种 FAEE 酯的总和的阈值,如果采用贴头皮端 0~3 cm 头发段,阈值为 0.5 ng/mg;如果采用 0~6 cm 头发段,则阈值为 1.0 ng/mg。如果使用小于 3 cm 的头发段,结果判定应非常谨慎。

在某些情况下,执法部门需要了解当事人是否如自述正在戒酒,也可通过头发分段分析验证其自述情况。如果其在戒酒过程中,那么从发梢至发根,其中 FAEE 和 EtG 浓度应该逐渐减小。

二、行为能力影响的判断

毛发分析无法推断个体在一个时间点上行为能力是否损伤或者受药物影响,但是其可以用于监测特殊职业人员、驾照再次申领者、运动员等的长期滥用情况,以评估其行为能力受影响状况。

1. 特殊行业要求

对特殊职业的关注始于 20 世纪 80 年代的美国,起因是铁路事故以及扫毒之战的大政治环境。当时 18 岁以上的吸毒者有 1 640 万人,其中 1 230 万人(75.2%)从事全职或兼职工作,因此带来了极大的公共安全风险。1988 年美国卫生部制定

《Mandatory Guidelines for Drug Testing of Federal Employees》，后经不断修订，目前采用药物滥用和精神健康服务管理局（the Substance Abuse and Mental Health Services Administration，SAMHSA）制定的规则。欧洲国家成立了 The European Workplace Drug Testing Society 协会，制定了详细的毛发采样、分析、阈值等规则。

作为与社会公共安全有关的职业管理的一项重要手段，即在工作场所筛查摄毒人员，特别是某些特殊职业人员，如飞行员、空姐、警察、军人、公司高级职员等，以保障公共安全，避免由于个人行为能力失常造成巨大损失。另外，对于曾经摄毒人员，经过一段时间停工、戒毒后，是否可以重新回来工作亦需进行评价。

采用尿液进行滥用药物筛查，对于非近期摄毒者不能提供有效证据，且许多摄毒者会采用近期停药以逃避监测，而采集头发分析可反映其一段时间内的摄毒信息。事实证明，毛发分析可监测到更多的滥用者。按照 1985~1999 年间美国警察的滥用药物筛查结果，采用头发的阳性检出率比尿液高 1.36 倍（Mieczkowski，2004）。在 2010 年对卡车司机调查中，Mieczkowski（2010）发现，在待业期间 2% 的求职者尿检呈阳性，9% 的求职者头发分析呈阳性。相比之下，在职司机的尿液检测阳性率低于 1%，而毛发检测阳性率低于 3%。特别是可卡因，两种监测手段差别尤其明显。

相对来说，头发分析成本较为昂贵，但是 1 个头发样本的监测可以覆盖大约 3 个月时间，相当于 18 次尿检的覆盖范围。故采用尿液还是毛发分析是一种选择，如果雇主需要知道未来的雇员是否具有滥用药物史，那么毛发分析是很好的选择，如果只是一种威慑或监管手段，那么可采用尿液分析。

2. 交通安全防范

世界范围内每年有 100 多万人死于机动车事故，其最主要的原因是在酒精或药物影响下驾驶。大多数国家对酒驾、毒驾的法律依据和制裁都有明确法律规定。我国在酒驾规定之后，于 2017 年 5 月 18 日发布中华人民共和国公共安全行业标准 GA1333-2017《车辆驾驶人员体内毒品浓度阈值与检验》，为毒驾案件的鉴定提供依据。我国法律规定，三年内有吸食、注射毒品行为或者解除强制隔离戒毒措施未满三年，或者长期服用依赖性精神药品成瘾尚未戒除的不得申请机动车驾驶证。这些人员脱瘾后如果需要取得或者重新取得驾驶证，则需要进行毒物分析以排除其摄毒行为。常用的生物检材为尿液或头发。由于尿液检测仅能反映其最近几天吸毒情况，通常需要在几个月内时间交错的留取尿样。

近些年，越来越多的国家采用头发分析，因为相对于尿液，头发更能证明长期、慢性滥用药物情况。如德国，驾照再次申领前要证明其至少戒断 1 年，因此，提供的头发距根部起至少 6 cm 长。意大利的法规更为详细（Tassoni，2014），如果尿液和头发均为阳性，则吊销驾照 6 个月；如果尿液阳性、头发阴性，则吊销驾照 3 个月；驾照再次申领时需提供距根部起至少 3 cm 长头发段和 1 份尿液，如果尿液和头发均为阴性,可申领驾照,但接下来 3 年每年需提供头发和尿液 1 次;如果尿液和头发有阳性出现,则重新重复以上过程。

随着机动车驾驶人员的增多,毛发分析将是降低交通事故风险、抑制吸毒人员增长的一个有力手段。

3. 反兴奋剂领域

兴奋剂问题是国际体坛面临的严重挑战之一。国际社会长期致力于反兴奋剂工作,取得了卓有成效的进展。但兴奋剂的蔓延还没有得到根本遏制,反兴奋剂工作仍将是国际社会的共同责任。

头发分析的独特优势使其在反兴奋剂领域具有很大的应用价值。首先,头发分析可以提供长程的用药信息,可取代目前的飞行药检。飞行药检即指兴奋剂赛外检查,指在非比赛期间进行的不事先通知的突击性的兴奋剂检查。因为尿液中兴奋剂检测有一定的时限限制,许多运动员在平时训练时服用兴奋剂,以增加肌肉力量、加速消除疲劳,而在比赛前停药,使赛后兴奋剂检测结果呈阴性。1991 年,国际奥委会特别通过了一项议案,率先在其医学委员会下成立了赛外检查委员会。如今绝大多数国际体育组织和许多国家都已开始实施赛外检查计划。但进行飞行药检成本高,而且这种监督方式易引起运动员反感,认为扰乱了其正常生活。而头发采集简便,无侵犯性,仅在比赛前进行即可,且可以反映运动员在之前一段时间内的摄药情况。其次,头发分析可以区分单次使用和多次滥用,可作为尿液分析的有效辅助手段应用于兴奋剂检测工作。我国已有多起类似的新闻报道,如运动员的赛后尿检结果阳性,而其否认主动摄取,称受别人陷害,在尿样中添加兴奋剂或者在不知情的状况下喝了可能含有兴奋剂的饮料。对于这类案件,完全可通过头发的分段分析进行确证,提供可鉴别的证据。

头发分析在兴奋剂领域的另一独特优势,在于头发中存在的滥用药物以原体形式为主。其应用价值之一是可确认兴奋剂的种类。某些兴奋剂特别是蛋白同化雄性类固醇类兴奋剂,在体内代谢后形成相同的代谢物,且此代谢物可能是内源性物质。常规的尿液检材中以代谢物为主,这时可能无法说明其服用何种兴奋剂,给事实确认和事件处理带来困难,而头发分析则可确认摄取兴奋剂的种类。应用价值之二是可判断兴奋剂的来源。某些蛋白同化雄性类固醇类兴奋剂如睾酮、表睾酮、雄酮等是人体内的内源性成分,根据尿检结果判断具有一定难度,而根据毛发中存在的原体分子的形式(酯类或衍生物),可区分外源性和内源性物质。

目前,对头发中蛋白同化雄性类固醇类、皮质激素类、β2 激动剂等兴奋剂的研究已有很多报道。由于蛋白同化雄性类固醇类兴奋剂难以进入头发,头发中目标物浓度非常低,而且存在内源性成分,导致其检测和判断非常复杂。一方面,在检测手段上需要衍生化后用 GC-MS/MS 分析以提高灵敏度。另一方面,需要积累头发中睾酮、表睾酮、雄酮、苯胆烷醇酮和脱氢表雄酮(DHEA)等内源性类固醇成分的基础数据。作者实验室在头发中蛋白同化雄性类固醇类兴奋剂的分析方面进行了较多研究(Shen,2009),率先在国际上报道了中国人群头发中人睾酮、表睾酮、雄酮、苯胆烷醇酮和脱氢表雄酮的生理水平(沈敏,2008)。

虽然头发分析在兴奋剂检测领域有较大的应用价值,但至今头发检材还没有被国际反兴奋剂组织所接受。这主要是因为药物进入毛发与黑色素有关,因此头发分析可能存在种族问题,另外头发分析尚缺乏阳性的质控样品。

但是,毛发分析的证据性质和法律效力已得到大部分国家的法律或法庭认可,并得到广泛应用。而很多有关兴奋剂的案件最后又涉及法庭审,所以头发中兴奋剂分析已成为法科学领域的组成部分,在近几年的国际法庭毒物分析会议上,均设立专题进行讨论。

三、死后毒物学鉴定

随着毛发分析研究的逐渐深入,其在死后毒物学领域的应用价值也逐渐被挖掘。头发分析可调查死者是否长期滥用药物,辅助进行结果解释。虽然头发分析不能用于判断中毒程度,但头发的毛囊及根部分析可确认急性中毒。

1. 滥用物质对机体的损害

众所周知,药物滥用严重摧残身心健康,通常伴有机体的功能失调和组织病理变化。如海洛因滥用对消化系统毒害明显,吸毒者大多营养不良。特别对肝脏有直接毒害作用,易造成传染性肝病。海洛因吸毒也易造成局部血管甚至深部较大血管的阻塞,细菌性心内膜炎也是注射摄取海洛因者最常见的全身化脓性并发症之一,法医病理解剖中常可观察到这些病理形态改变。苯丙胺类兴奋剂能对心血管产生兴奋性作用,导致心肌细胞肥大、萎缩、变性、收缩带坏死、小血管内皮细胞损伤和小血管痉挛,从而导致急性心肌缺血、心肌病和心律失常,成为吸毒者突然死亡的原因。使用兴奋剂会对人的身心健康造成许多直接和间接的危害,导致细胞和器官功能异常,与滥用有关的死亡事件屡见不鲜。

如果法医解剖观察到有组织病理变化,那么采用常规的血液、尿液检材,仅能说明死者近几天的摄药情况,而无法与病理形态的改变相联系,而通过头发分析可确定死者是否长期滥用药物,以提供死亡原因的线索和证据。如某男子静注"摇头丸"1 h 后死亡,法医解剖结果为小脑出血所致脑水肿死亡。将死者头发进行分段分析,从根部起,前4个2 cm 段以及发梢段中均检出甲基苯丙胺成分,说明死者生前已滥用甲基苯丙胺至少8个月以上,该头发分段分析结果可协助法医解释小脑出血的原因。

2. 摄毒死亡与耐受性

海洛因等阿片类物质、酒精及其他中枢镇静催眠药在长期使用过程中会产生明显的耐受性。阿片类物质所产生的耐受性依其不同的药理作用而有所不同,通常这种耐受性较多见于其镇痛及情绪欣快作用,而镇静与呼吸抑制作用等方面的耐受性则产生徐缓。因此较长时间使用阿片类物质止痛的患者为了达到一定强度的镇痛效果不断增加使用剂量,可能造成使用者因呼吸抑制而死亡。耐受性的存在使死后血液中吗啡浓度的结果解释较为困难,同样的浓度值对于初次吸毒者可能为致死浓度,而对于长期吸毒者可能没有效果。吸毒死亡案件多见于初次吸毒或者戒断一段时间后,仅仅依靠血药浓度往往无法解释结果,同时进行头发分析则可反映死者生前的摄毒情况以及解释死亡原因。

3. 事故死亡与滥用史

在交通事故或生产事故中,许多伤者经过几天抢救后死亡,事发时未能及时留取血液,此时头发分析可提供有价值的证据。若血液结果阴性,而头发分析结果阳性,则可解释其抢救期间出现的戒断症状。头发分析的阴性结果也同样具有价值。Kintz(2004)曾报道某男子驾车撞树致车毁人亡,死者血液中检出7-氨基氟硝西泮。进一步的头发分析未发现氟硝西泮及其代谢物7-氨基氟硝西泮,说明其生前无长期服用氟硝西泮史。经过警方调查,其血液中检出氟硝西泮代谢物的原因系死者同居者加害,在其饮料中投药,制造交通事故。

4. 持续投毒的揭示

时至今日,有关拿破仑的死因依旧是个谜。但是依据头发分析结果的"砒霜投毒说"引起毒物学者的关注。2002年,法国科学家Bourdial(2002)根据对拿破仑19根头发化验后发现,全部头发样本中的砷浓度均明显高于普通健康人头发中的砷浓度。而2004年德国学者Lin(2004)比较拿破仑死后的头发和死前7年所保存的头发中的砷浓度,发现所有头发中砷浓度均很高,因此不能证明拿破仑死于砷中毒。但是到了2006年,Kintz(2006)采用高效液相色谱与电感耦合等离子体质谱(HPLC-ICP/MS)联用法对拿破仑头发进行砷形态分析,发现拿破仑头发中97%以上的砷为无机砷,力证拿破仑死于砷中毒。

实践中有一些持续投毒致人死亡案件。如一母亲多次给其2岁女儿服用氯氮平,致其不明原因死亡。1年后开棺取死者头发进行分段分析,头发中均检出氯氮平,死者母亲承认了持续投毒的事实(Ahrens,1995)。

5. 慢性中毒的揭示

在死亡案件中,若血液、尿液中检出毒(药)物,但浓度较低远未达到中毒致死浓度,或有的法医病理解剖可见肝等组织形态改变,这时可通过头发分析排除慢性中毒。例如,Kadoumi(2004)报道中草药慢性中毒案件,某妇女因肝昏迷进入医院,经抢救无效死亡。经调查其一直服用减肥药,从减肥药中检测出N-亚硝基二乙基苯胺(N-nitrosofenfluramine)(注册西药氟苯丙胺的衍生物)。后采集死者头发,头发中氟苯丙胺及其代谢物去甲氟苯丙胺的浓度分别为43~1 389 pg/mg和18~

680 pg/mg,可揭示死者服用 N-亚硝基二乙基苯胺至少 5 个多月,从而对肝等组织造成损害。

6. 尸体身份确认

发现尸体时法医首先要做的是确认死者身份。DNA 当然可确定死者的最终身份,但在完全未知的情况下,头发分析也可确定死者的人群类型,如吸毒者、精神病人、吸烟者等,可以缩小调查范围,提供侦破线索和方向。如在某拆迁的旧空房中发现一具女尸,已白骨化,无任何其他线索。女尸头发经分段分析发现其长期滥用海洛因。头发分析协助确定了人群类型,为侦察提供了方向,最终破获了此案。

四、药物辅助犯罪

药物辅助犯罪(drug-facilitated crime,DFC)是指在中枢神经抑制剂、兴奋剂和致幻剂等精神活性物质影响下,实施的麻醉抢劫、性犯罪等不法行为。近年来,药物辅助的麻醉抢劫、迷奸犯罪等日趋严重,对社会公共安全构成了极大的威胁。该类案件所涉药物种类繁多,主要为中枢神经系统抑制剂、兴奋剂和致幻剂等精神活性物质,均属于国际公约的管制范围。这些精神活性物质进入人体后使人产生知觉丧失(或短暂记忆丧失)、亢奋、行为失控或防御能力降低等作用,有利于罪犯实施抢劫和性侵犯。

1. 单次用药

麻醉抢劫和迷奸案件所涉药物具有单次用药、剂量小、作用强、体内浓度低、代谢速度快等特征,被害人清醒后报案时,其血液和尿液往往已无法提供有效的摄药证据。头发分析可发挥其独特的优势,作为血、尿等生物检材的补充,甚至成为提供证据的唯一手段。头发在 DFC 案件中可发挥独特的作用。头发具有易采集,稳定、易保存及检出时限长、能反映长程的用药信息等优点,随着高灵敏度的液相色谱-串联质谱(LC-MS/MS)技术的日渐成熟,头发分析成功应用于 DFC 案件,在鉴定实践中发挥了不可替代的证据作用。

近十年,包括本书作者(沈敏,2016)的一些实验室开展了大量的毛发分段分析研究,通过志愿者服药实验和实际案例的应用,单次摄药的头发分析技术得到飞速发展,基本掌握了分析结果的影响因素,对实际应用中的结果解释达成了共识。详见 2016 年由科学出版社出版的《滥用物质分析与应用》。

根据头发约为 1 cm/月(范围:0.7~1.4 cm/月)的生长速度,考虑头发生长速度差异、采集头发、分段剪取的误差等,可在案发后第 4~5 周贴头皮采集头发样本,然后从根部起按 2 cm 分段分析。但是,实际案例的头发采样时间往往不受实验室控制,对于这些案例,贴头皮采集头发样本后同样分段分析,最高浓度出现在案发对应的 2 cm 段头发中。

实践中苯二氮卓类和新型安眠药是最为频繁出现的药物,占 80% 以上,其次为

GHB、丁丙诺啡、吗啡、MDMA、美沙酮、苯海拉明、多西拉敏、氰美马嗪、乙酰丙嗪、丙嗪、阿利马嗪、硫喷妥、戊巴比妥、阿米替林、替马西泮、曲马多、二氢可待因、西地那非等。

2. 多次摄药

药物辅助性犯罪，也可能为多次摄药、多次犯罪的情形。Kintz（2003）实验室受理的一例案件中，14岁男孩死于有性犯罪前科者的家中，尸体解剖结果除了肺部和内脏淤血，未发现特殊的形态学改变，未发现有针眼。经毒物分析检测，血液和头发中均检出丁丙诺啡和去甲地西泮，表明死者生前曾服用且多次服用丁丙诺啡，与性犯罪者的供认相符。

药物辅助犯罪案件中所使用的药物通常是临床治疗的安眠镇静类药物。对于在案发后查获的药物，某些犯罪者谎称系自己用于治疗，此时也可通过头发分析进行调查。如一长途汽车上乘客喝了饮料后昏迷，遭受抢劫。经调查，怀疑一名随身携带有安眠药的妇女有犯罪嫌疑，该妇女声称所携带的安眠药系自己服用。采集其头发进行分析，结果为阴性，与其所述不符。

结语： 毛发分析具有易于采集、检测时限长、可提供长程的摄毒（药）信息等独特的优势，已经广泛应用于法科学领域。高灵敏度的分析技术使毛发分析不仅仅局限于长期多次用药的状况，也适用于单次摄药的涉毒案件、性犯罪案件、兴奋剂检测等，给毛发分析带来了广阔的应用前景。然而，毛发中药物结合机制、毛发参考物质、毛发分析的质量控制以及分析结果的解释仍然是法医毒物分析工作者面临的重要研究任务。

第三节 毛发分析在临床医学中的应用

国内毛发中毒（药）物分析的应用主要集中于法医毒物学领域，而很少涉及临床。至20世纪80年代，判断人体内是否存在某种药物，通常是检测其血液和尿液，因为要非侵害性获取其他生物检材或体液较为困难。然而，测定除血、尿之外的其他体液和组织的药物浓度在临床医学中已越来越显重要。一方面，技术进步如样品采集技术的改进，提取步骤的优化以及分析方法的升级，为复杂生物检材中痕量物质的分析提供了可能；另一方面，测定非常规体液和组织中的药物及代谢物浓度不仅可以直接确定靶器官的药物代谢动力学参数，而且根据检测结果还可以判断疗效，指导临床治疗。作为血液和尿液检测的补充，毛发分析就极具临床应用价值，它可以提供个体长期使用药物的信息，其检测结果可以辅助诊断、治疗，监测药物疗效，反映病人的遵从性等。

一、毛发分析的优势及问题

将毛发分析应用于临床医学领域,已经得到了人们很大的关注。这是因为相对于尿液或血液,毛发有其特有的优势:① 药物及其代谢物稳定存在于毛干中,随时间推移很少有降解现象,提供了很宽的检测窗(达数周或数月),而血液或尿液中的药物浓度则在相对较短的时间内(几小时至数天)迅速下降。② 毛发收集简便、无创,且样品可变性小,可进行重复采样,复现原始结果。③ 毛发样品稳定,不易污染,不能人为改变或控制样品及其结果。④ 毛发中药物原体稳定存在的特点有助于外源性目标物的确认。⑤ 根据毛发分析结果可以区分个体的摄药强度,低、中或重度的摄药剂量或频率。⑥ 处理毛发样品传播疾病的风险极低。

此外,头发以每月平均1 cm的速度生长,理论上可以通过头发分段分析来推断药物使用史(Beumer,2001)。头发中滥用药物的分析主要用于检测过去有无使用或长期慢性使用某种药物,其存在的关键问题是如何区分被动摄药与主动摄药,特别是吸入性药物和环境污染物等,目前该问题已经得到较好解决(Schaffer,2002)。另一有争议的问题是如何解释头发分析中药物浓度与摄药剂量和摄药时间的关系。某些研究者用其所在实验室的一些数据表明摄药剂量和头发中的药物原体及其代谢物之间存在线性关系(Welp,2003),而另一些报道则认为缺乏剂量-浓度关系。由于药物与毛发结合机制尚未完全明了以及多种结合机制的共存(如通过汗液或皮脂等),导致不同研究对象的研究结果存在很大可变性(Wennig,2000)。但不管如何,头发分析可以作为血液和尿液检测的补充,提供个人长期用药史的信息,具有其特有的应用价值。

二、头发元素分析——临床诊断工具

自20世纪80年代以来,国内外研究表明,头发中金属元素分析可应用于临床医学领域,借助于统计软件处理或与其他指标结合,可用作某些疾病的预测、诊断、监督工具及手段。

1. 有临床意义的头发中金属元素

Cranton和Ralston(1985)对头发元素分析进行广泛调查后把头发中金属元素分为三类:

(1) 有临床意义的元素,包括必需元素:钙、镁、锌、铜、铬;有毒元素:铅、汞、镉、砷。

(2) 可能有临床意义的元素,包括钠、钾、硒、锰、铝。

(3) 未知临床意义的元素,包括钴、铁、锂、钼、磷、钒。

经20世纪末的深入研究,现已经认识到头发中的铁、铌、钴、锂、锗、锶、碘、钒等元素都可能有重要意义,头发中这些元素的浓度异常(偏高或降低)极有可能表明体内存在代谢异常或疾病(表1-4)。

表1-4 可能有临床意义的头发金属元素

元素	与头发浓度异常有关的可能疾病
Ca	动脉粥样硬化、高血压、静脉炎、骨质疏松、牙周病
Mg	心律不齐、抑郁、骨质疏松、牙周病、震颤
Zn	口腔溃疡、免疫力低、抵抗力差、骨发育受损、糖尿病
Cu	威尔逊病、肝硬化、动脉硬化、心血管病、抑郁
Cr	心脏病、动脉粥样硬化、糖尿病、低血糖、血脂病
Pb	智力低下、免疫力差、变态病、骨质疏松
Hg	抑郁、震颤、记忆力差、协调性差、视力听力受损、肾损伤
Cd	高血压、肾损伤、贫血、肝损伤、骨质疏松
As	皮肤病、贫血、神经炎、高血压、心力衰竭、周围神经病、大细胞症
Ni	皮肤病、肺癌、鼻咽癌、白血病
Na	儿童囊性纤维性变、乳糜泻、蛋白质营养不良症、甲状腺功能亢进、高血压、尿毒症
K	变态病、乳糜泻、某些代谢性疾病
Se	克山病、大骨节病、胰腺病、癌、肝硬化、白内障、免疫功能低下
Mn	骨骼异常、葡萄糖耐量受损、癌症、动脉硬化、关节炎、早衰
Al	精神错乱、脑病、骨病、癌症、心脏和胃肠道中毒、抑郁
Fe	乌脚病、颈椎病、慢性肠炎、暴力犯罪
Nb	癌症、消化道溃疡、胆结石、贫血
Co	冠心病、高血压、高血压心脏病、肝炎、白癜风、白内障、胆石症
Li	心脏病、暴力犯罪、学习能力障碍、狂躁病、抑郁症
Ge	肝脏病、消化道癌、胃炎、上消化道溃疡、甲亢、白癜风、血液病
Sr	癌症、高血压、糖尿病、胃溃疡、心血管病、肝脏病、骨质疏松
I	囊性纤维性变、甲状腺病、甲状腺癌、尿毒症
V	脑血管硬化、冠心病、高血压、高血脂、胆石症、糖尿病

除上述元素外,还有其他一些元素可以单独作用或通过与其他元素的相互作用造成机体功能失调或异常(秦俊法,2005)。

2. 疾病相关头发金属元素异常

绝大部分文献采用病例-对照或类似的方法进行研究,这是一种由果推因的回顾性研究方法,其目的在于寻找该种疾病的发生或发展与哪些头发中元素异常有关,以便为疾病诊断、监督或防治提供基础。

大约有40多种元素异常与疾病有关,其中与疾病关系最为密切的元素依次是:锌、锰、镁、钙、铬、铁、铅、硒、铜、钴、镍、锶、钾、磷、钒以及钛、钼、钠、钡、铝,它们在17类疾病中出现异常的概率占40%以上。表1-5显示了多种疾病中头发的元素异常。

Sukumar等(2007)分析了吸烟人群及高血压、冠心病、糖尿病患者头发中的元素,发现与正常对照组相比,高血压病人头发中的铬、锌浓度较低,冠心病和糖尿病患者头发中的锌、铜浓度较低,镉的浓度在吸烟人群中较高。

表 1-5　与疾病相关的头发中元素异常

疾病类型	元素总数	与正常人有显著差异的元素	典型疾病(有关元素数)
癌症	28	Ag、Al、B、Ba、Ca、Cd、Co、Cr、Cu、Fe、Ga、Ge、In、La、Mg、Mn、Mo、Nb、Ni、P、Pb、S、Se、Si、Sn、Sr、Ti、Zn	肝癌(18)、肺癌(10)、鼻咽癌(8)、乳腺癌(9)、食管癌(20)、胃癌(16)
心血管疾病	22	Al、As、Ca、Cd、Co、Cr、Cu、F、Fe、K、Li、Na、Ni、Mg、Mn、Mo、P、Pb、Se、Sr、V、Zn	高血压(16)、冠心病(12)、肺心病(9)、高脂血症(8)、其他(13)
脑血管病	17	Ba、Ca、Co、Cr、Cu、Fe、Mg、Mn、Na、Ni、P、Pb、Se、Sr、Ti、V、Zn	脑出血(9)、脑梗死(10)、脑血管性痴呆(12)
神经精神病	41	Ag、Al、Au、Ba、Bi、Ca、Cd、Co、Cr、Cs、Cu、F、Fe、Ga、Ge、Hg、Hf、I、In、K、La、Li、Mg、Mn、Mo、Na、Ni、P、Pb、Sb、Sc、Se、Si、Sn、Sr、Te、Th、Ti、V、Zn、Zr	精神分裂症(20)、精神发育迟缓(18)、抑郁症(9)、痴呆(21)、癫痫(24)、智力障碍(19)
消化系统疾病	23	Al、Ba、Ca、Cd、Co、Cr、Cu、Fe、Ga、Ge、Mg、Mn、Na、Nb、Ni、P、Pb、Se、Sr、Ta、Ti、V、Zn	肝脏病(11)、胃肠道病(7)、胆结石(15)
呼吸系统疾病	18	As、Ba、Ca、Co、Cr、Cu、Fe、I、K、Mg、Mn、Mo、Ni、S、Sb、Sc、Se、Zn	慢支(12)、阻塞性肺病、结核病(6)、哮喘(8)、矽肺(3)
泌尿系统疾病	14	Al、Ca、Co、Cr、I、K、Mg、Mn、Na、Pb、Sb、Sr、V、Zn	泌尿结石(6)、肾病综合征(2)、尿毒症(10)
生殖系统疾病	22	Al、As、Au、Br、Ca、Ce、Cl、Cr、Fe、I、K、La、Mn、Na、P、Pb、Sb、Se、Sn、V、Zn	不育症(9)、流产和畸胎(20)、胎儿神经管缺陷(9)
运动系统疾病	12	Ca、Co、Cu、Fe、Mg、Mn、Mo、Ni、Pb、Sr、Ti、Zn	骨质疏松(2)、类风湿关节炎(12)、颈椎病(3)
儿科疾病	13	Br、Ca、Ce、Cr、Cu、Fe、I、K、Mg、Mn、Na、Pb、Zn	反复上感(4)、肌营养不良(5)、多动症(5)、佝偻病(6)、遗尿症(5)、囊性纤维性变(6)
五官科疾病	14	As、Ca、Cr、Cu、Fe、Mg、Mn、Mo、Ni、P、Pb、Se、Sr、Zn	口腔病(8)、眼病(11)、耳病(4)、鼻炎(7)
内分泌疾病	17	Ca、Cr、Cu、Fe、Ge、I、K、Li、Mg、Mn、Ni、P、Pb、Se、Sr、V、Zn	糖尿病(9)、甲状腺病(14)
血液病	15	Ba、Ca、Co、Cr、Cu、Fe、Ge、Li、Mg、Mn、Mo、Ni、Se、Sr、Zn	白血病(14)、再生障碍性贫血(14)、贫血(5)、其他(4)
皮肤病	28	As、Ba、Bi、Ca、Ce、Co、Cr、Cu、Fe、Ga、K、La、Li、Mg、Mn、Mo、Ni、P、Pb、Sb、Se、Sn、Sr、Th、Ti、V、Zn、Zr	白癜风(8)、银屑病(14)、皮炎(2)、红斑狼疮(25)、痤疮(4)、秃发(8)、乌脚病(5)、硬皮病(5)、白发(13)
地方病	21	Al、As、Ba、Ca、Cd、Cr、Cu、Fe、Hg、I、K、Mg、Mn、Mo、Na、Pb、Se、Sr、Ti、V、Zn	地甲肿(11)、地克病(10)、克山病(11)、大骨节病(12)
中医病症	16	Ba、Ca、Co、Cr、Cu、Fe、Li、Mg、Mn、Ni、P、Pb、Se、Sr、Ti、Zn	阴虚(10)、阳虚(10)、气虚(7)、两虚(12)、脾虚(10)、肾虚(7)、血瘀症(4)、舌象异常(4)
其他疾病	17	Bi、Ca、Co、Cr、Cu、Fe、Ga、K、La、Mg、Mn、Pb、Sb、Sn、Th、V、Zn	偏头痛(13)、克隆氏病(7)

3. 疾病诊断与鉴别诊断

头发分析可为疾病诊断、鉴别诊断提供重要依据。

(1) 肝炎的鉴别诊断　杨庆安(1994)观察了 128 例甲型和乙型病毒性肝炎与头发中硒的关系,发现甲肝急性早期发硒值明显低于正常值;稳定期随着血清谷丙转氨酶(SGPT)的下降,该值逐渐上升趋于正常;恢复期 SGPT 下降到正常范围,该值也升高到正常值。与甲肝不同,乙肝急性早期发硒值正常或接近正常,急性后期发硒值明显降低,稳定期和恢复期该值逐渐回升(表 1-6)。由此可见,在肝炎急性发病早期,测定发硒值有助于甲型肝炎与乙型肝炎的鉴别诊断。

表 1-6　甲型肝炎和乙型肝炎患者发硒的浓度($\mu g/g$)

病　程	甲　肝		乙　肝			例　数
	总例数	发硒值	总例数	性　别	发硒值	
急性早期	56	0.128~0.039	72	男	0.500~0.599	36
					0.600~1.220	30
				女	0.528~0.799	6
急性后期			72	男	0.240~0.299	55
					0.300~0.599	11
				女	0.249~0.324	6
稳定期	53	0.400~0.499	15	男	0.400~0.424	14
				女	0.429	1
恢复期	46	0.599~0.629	57	男	0.424~0.499	52
				女	0.424~0.489	5

注:发硒值正常范围为 0.600~1.000 $\mu g/g$。

(2) 克隆氏病的辅助诊断　邵玉芹(1998)对克隆氏病的研究表明,溃疡型患者头发中的锌、铁浓度显著低于正常人,而包块型患者发锰和发钾浓度显著低于正常人。两类患者的发钙浓度均显著低于正常人,但发铬则显著高于正常人。从个体比较也可看出,两类患者的头发元素谱十分不同,利用锌、锰、钾或钴浓度可互相区分(表 1-7)。可见头发分析可为克隆氏病的诊断和治疗提供有力依据和基础。

表 1-7　两类克隆氏病患者的头发元素比较($\mu g/g$)

	Zn	Mn	K	Co
溃疡型($n=3$)	59.80	2.98	185.00	0.10
	52.40	2.06	166.00	0.14
	61.10	2.31	178.00	0.16
包块型($n=8$)	152.10	0.48	43.00	0.02
	149.30	0.35	39.00	0.02
	167.00	0.61	46.00	0.03
	155.00	0.47	41.00	0.02

续 表

	Zn	Mn	K	Co
	155.00	0.54	41.00	0.03
	160.00	0.58	45.00	0.03
	158.00	0.52	42.00	0.02
	151.00	0.46	41.00	0.02

（3）肺癌的临床分期诊断　蔡若冰（1995）研究了 50 例各期肺癌病人，平均年龄 54 岁。发现肺癌患者头发铜浓度随癌症进展显著增高，头发锌浓度随病程进展显著降低（表 1-8），但各期患者头发铜、锌浓度有重叠现象。从临床分期分析，肺癌 Ⅰ 期患者头发铜、锌浓度比值为 0.069 ± 0.007，Ⅱ 期 0.092 ± 0.004，Ⅲ 期 0.12 ± 0.01，Ⅳ 期（1 例）0.147。Ⅰ、Ⅱ、Ⅲ 期间有非常显著的差异（$P<0.01$）且无重叠现象，说明头发铜、锌浓度比值对肺癌临床分期诊断和预告病程进展有较重要价值。

表 1-8　肺癌各期患者头发中铜、锌浓度及比值（μg/g）

	Ⅰ 期（$n=17$）	Ⅱ 期（$n=19$）	Ⅲ 期（$n=13$）
Cu	9.99	11.47	14.40
Zn	145.5	124.7	117.8
Cu/Zn	0.069 ± 0.007	0.092 ± 0.004	0.12 ± 0.01

（4）肝癌的早期诊断　徐刚（1996）用 ICP-AES 法测定了 22 例肝癌患者头发中的 18 种元素浓度，并选择 22 例相应的非癌症、无职业污染和金属粉尘接触史的健康人作对照比较。结果发现，患者头发硼、锌、锶、镁、铝、铬、镧、磷、铝浓度显著低于对照组，而铁、铟浓度则显著高于对照组（表 1-9）。徐刚采用多元逐步回归分析及流行病学设计、测量、评价原则（DME）对头发元素或比值与肝癌关系作了 DME 评估。结果发现，以铜、锌、铁、铬、硼、铟、钡、锰、铝组成的肝癌头发元素谱灵敏度达 100%，特异性为 97.98%，在相同病例数下比较，该谱准确率最大（98.51%），误判率最小（1.49%），阳性拟然比为 45.045，依 DME 原则可认为头发元素谱适合作为肝癌早期辅助诊断参考指标。

表 1-9　肝癌患者头发中元素浓度变化（μg/g）

元　素	肝癌组（$n=22$）	对照组（$n=22$）	OR 值	P
Al	8.08 ± 8.09	12.58 ± 4.15	0.64	<0.05
Fe	23.08 ± 11.86	16.13 ± 4.51	1.43	<0.02
Mg	69.92 ± 67.35	137.68 ± 107.07	0.51	<0.02
B	0.88 ± 0.63	1.83 ± 0.98	0.48	<0.001
Cr	0.18 ± 0.30	0.78 ± 0.43	0.23	<0.001

续　表

元　素	肝癌组($n=22$)	对照组($n=22$)	OR 值	P
In	0.61±0.61	0.18±0.28	3.39	<0.01
P	151.77±22.82	200.09±45.28	0.76	<0.001
Sr	2.17±1.30	4.75±3.86	0.46	<0.01
Zn	136.41±44.57	171.43±40.19	0.80	<0.001

注：OR 值=肝癌组/对照组。

（5）内分泌疾病的诊断　头发中皮质醇的检测作为诊断、预后和治疗临床症状的生物标志物，近年来受到了广泛关注。研究集中在库欣综合征，皮质醇分泌增加的经典例子，以及其他与皮质醇分泌增加相关的情况，包括严重的压力、抑郁、心血管疾病、心肌梗死、糖尿病（DM）、肥胖和严重的慢性疼痛。

库欣综合征（Cushing syndrome，CS）又称皮质醇增多症（hypercortisolism），是由于多种原因引起的肾上腺皮质长期分泌过多糖皮质激素所产生的临床症候群。临床诊断 CS 患者，第一步是排除外源性原因，通常是医源性的使用地塞米松、泼尼松或其他糖皮质激素治疗所致。下一步是评估是否真的存在内源性皮质醇过量。在临床实践中，用于诊断 CS 的检测方法有三种：是否无尿皮质醇（UFC；至少两次测量），深夜唾液皮质醇（两次测量）和 1 mg 地塞米松抑制试验（DST）。目前的研究通过测定头发中皮质醇浓度进行诊断，并提出了上限、下限阈值，分别为 75.9 ng/g 和 31.1 ng/g（Greff，2019）。Hodes（2017）发现 36 例 CS 患者的头发皮质醇值高于 6 例正常对照组，CS 患者的头发皮质醇均值为 266±738.4 pmol/g，正常组为 38.9±25.3 pmol/g（$P=0.003$）。

三、精神病患者的头发分析

精神病患者中的药物滥用现象较为普遍，同时在已形成药物依赖性的人群中，精神症状也非常常见（Warner，1994）。当其他所有途径获得的检测结果为阴性时，头发中药物分析可能检出被否认或误报的滥用物质，帮助临床医生获得更准确的诊断。头发分析作为一种检测方法，可以覆盖很长的检测时间窗，对于第一次爆发精神症状的精神病患者以及之后的治疗评估极为有用。Shearer（1998）建议，由于头发检测时限长，可以替代常规检材分析精神病患者体内的滥用药物。对具有精神分裂症的患者进行头发分析，检测到的苯丙胺、可卡因、阿片类和苯环己哌啶均与自我报告的滥用物质相符合。用放射免疫法对头皮近端 3 cm 的头发进行分析，可以追溯到前 3 个月的药物使用情况。在 203 名被检者中，仅有 16.3% 的人自我报告使用了违禁药物，12.5% 的人尿检阳性，而 31% 的人的头发分析结果呈阳性。虽然头发分析对于评估短期内是否使用药物而言，并不是一个很好的生物学标志，但与尿检相比，其阳性检出率高。更重要的是，大多数精神病患者认为，头发取样是一种可接受的、无侵袭性的操作,这使得在这些特殊人群中,更容易采集到所需的生物样品。

在精神分裂症患者中,分析与不配合治疗相关的因素显示:患者病情越严重,药物联用现象就越多见,并且联合使用违禁药物以及对治疗不配合很可能促成这些患者的暴力性行为(Swartz,1998)。采集近头皮端1.2 cm的一段头发,用于评价阿片类药物、可卡因、甲基苯丙胺和苯环己哌啶的使用情况,从而研究非法药物的使用情况。国外大多数患者的头发样本中可卡因检测呈阳性(与阿片类的8.1%,甲基苯丙胺的2%,以及苯环己哌啶的2%相比,可卡因阳性率可达55%),研究发现,抗精神病药物治疗大大减少了滥用可卡因的频率(降低约26%)。

还有人提议,应测定精神病患者头发样本中是否存在大麻和苯丙胺类药物,因为这些药物的使用有可能是引起精神错乱的病因。但对为数不多的人进行分析所得的初步结果并不能让研究人员得出明确的结论(Selten,2002)。Moore(2007)根据搜集的资料研究发现,使用大麻与精神病之间确实存在相关性。但大麻所包含的大麻酚种类繁多,并非所有的大麻酚都对精神健康有害,其中Δ^9-四氢大麻酚(THC)具有致幻觉的作用;而大麻二酚(CBD)则具有抗紧张、抗精神病的作用。这两种物质在大麻中所占的比例不同,导致吸食大麻后呈不同的精神症状。一般大麻中THC的浓度比较高,因此经常使用大麻的人更易患精神疾病,产生幻觉。Morgan(2008)分析了140例住院病人头发中的THC和CBD浓度,检出大麻阳性者54例,其中26例同时含有THC和CBD,而20例只含有THC,其余8例仅含有CBD。将其分为三组:无大麻组;THC组;CBD+THC组。根据牛津大学利物浦生活经验简化条目(OLIFE)来评定患者的精神状态(图1-1)。分析结果显示,THC组和CBD+THC组的THC浓度无明显差异(分别为0.17 ng/mg,SD=0.07;0.19 ng/mg,SD=0.33)。但THC组的反常行为和妄想症状明显比CBD+THC组以

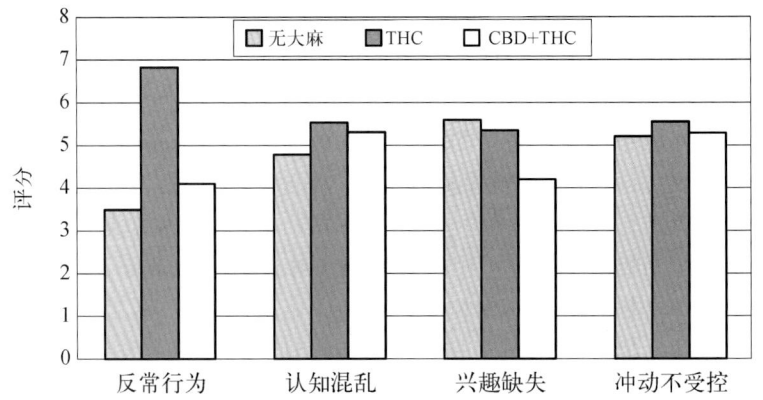

图1-1　牛津大学利物浦生活经验简化条目(OLIFE)对患者精神状态的评分

及无大麻组严重。此研究首次证实可以通过头发分析来区分精神病患者吸食大麻的亚类，并提出使用不同类型的大麻会产生不同的精神症状，同时也验证了THC和CBD对精神状态的不同影响。

四、癫痫治疗的头发分析

癫痫是一种全球性的常见的神经系统功能障碍，据统计，在美国每1 000人中约有7.1人罹患此病（Hirtz，2007）。大多数患者服用一种或多种药物以控制病情，但对于治疗过程中病人服药情况的监测却少有记录（Sander，2004；Kemp，2007）。

Paschal（2008）总结了评估病人顺从性的各种方法，包括直接手段（检测血液、唾液、头发等）和间接手段（行为能力评分、自我报告等），其中头发分析与血液检查相比，无侵袭性且所得结果为核查癫痫患者前几周或前几个月的服药情况提供了可能性，从而评估癫痫患者在治疗过程中的顺从性。

14名分别接受卡马西平和苯妥英治疗的门诊病人，在其头发中检测出的卡马西平和苯妥英的浓度范围分别为 $0.6 \sim 63.7$ ng/mg 和 $6.0 \sim 157.8$ ng/mg。虽然在头发中检出了不同浓度的药物，并且血液中也检出药物，证明这些患者确实已服药，但由于缺乏头发分段分析结果，因此并不能评估病人是否持续用药。在高度受监管的住院病人中，他们每天接受相同剂量的卡马西平治疗，头发分析结果显示这些住院病人不同的头发段中的药物浓度变化较小（$15.0 \pm 5.2\%$），但并未发现头发中药物浓度与日常剂量有相关性。这种相对较小的浓度变化提示，虽然从头发浓度推测用药剂量的可能性是相当小的，但仍可以使用毛发分析作为一种无创性手段去评估服药行为（Williams，2001）。

Williams（2002）还用头发分析检测在1 cm连续分段的头发中卡马西平和拉莫三嗪的浓度，从而评估孕妇与对照组（未孕女性）的抗癫痫药服药情况。孕妇分段头发中药物浓度的差异性比对照组高（变异率：1.59，$p<0.01$）。在孕妇中，有15%的人最近的一段头发中的药物浓度有所下降，提示她们因考虑到抗癫痫药的致畸作用，而减少或停止用药。

五、产前或产后接触药物的判断

在怀孕期间，妇女接触药物可产生严重影响，不仅对胎儿的宫内发育，而且对婴儿今后的成长均会产生不利影响。因此，母亲接触药物所生下来的新生儿应该在出生后不久便进行诊断，以给予适当的干预和后续治疗。如吸毒成瘾的母亲所生的新生儿可能出现新生儿戒断症状，需要立即采取密集的替代治疗。头发分析的结果可以确定胎儿是否接触药物以及接触的程度，可以作为以观察为基础的诊断的一种补充形式（Huestis，2002）。

监测儿童有无接触违禁药物或治疗性药物，与成年人相比更难执行，因为儿童相对比较脆弱,采集样本时需要无创或微创,并且要求分析方法高度敏感,从而评估是产前还是产后接触药物。鉴于头发采集的无创性,检测窗长,毛发分析在过去十年中广泛应用于儿科学(Bailey,1997)。

新生儿的胎毛是一个敏感的生物检材,可以确定在宫内几个月中累积接触的药物量。事实上,在怀孕的最后3至4个月,胎毛开始生长,所以滥用药物的头发分析可以反映妊娠后期的药物接触情况。与胎粪相比,胎毛分析虽然反映产前接触药物的检测窗比较短,但胎毛具有其自身的优点,它可以用于检测产前4至5个月内的药物接触情况(Bar-oz,2003)。由于在新生儿身上采集的胎毛样本往往量很少,并且在这类特殊情况下采集样本有时仍被视为侵袭性,因此具体实施仍有一定困难。新生儿胎毛样本也会受到羊水的污染,但在诊断宫内药物/烟草暴露时,这一污染不应视为外部污染。

Vinner(2003)等最近报道了一些胎毛分析的案例,通过胎毛分析证实孕妇在妊娠期使用或接触了不同的滥用药物,并与胎儿出生后的各项检查结果吻合。在新生儿组中,有两名新生儿胎毛大麻呈阳性,其中一例检测结果低于定量限,而另一例的大麻酚酸达0.5 ng/mg。两名新生儿胎毛检出可卡因和爱康宁甲酯(EME),其中一例检测结果低于定量限,而另一例可卡因达17.9 ng/mg,EME<2 ng/mg。阿片类物质成瘾的妇女所生的11个新生儿,胎毛中6-单乙酰吗啡(6-MAM)的浓度范围是2~29 ng/mg,吗啡的浓度范围是2~3.1 ng/mg,可待因浓度范围是2~3.47 ng/mg。这些慢性暴露于阿片类药物的数据对评估新生儿脱瘾性脑综合征的发生有很大帮助。当用阿片类药物(如美沙酮和丁丙诺啡)治疗毒瘾时,新生儿脱瘾性脑综合征的发生似乎更加频繁。

加拿大的Koren(2002)等一直致力于研究新生儿胎毛中可卡因、尼古丁、可铁宁、脂肪酸酯(一种酒精滥用的生物学标志物)的联合分析。近几年,加拿大滥用可卡因的人数急剧增加,包括很多育龄妇女,同时这些人还大量饮酒和吸烟。检测新生儿胎毛中的可卡因发现,其浓度从十到几十 ng/mg 不等。研究发现,多伦多1990~1991年胎儿暴露于可卡因的比率为6.2%,而到了2000年该数值上升至27.4%。最新的研究显示,通过新生儿的胎毛分析:阿片类的阳性率为14.1%,大麻的阳性率为15.9%,苯丙胺为9%,甲基苯丙胺为14.3%,巴比妥为10%。

可卡因对胎儿的不利影响是公认的,将对健康造成广泛的、多变的后果,应予以探讨并建立相关药物接触与发展后果的模型。这些探讨问题包括内科并发症、社会/环境风险及药物在胎儿体内的生物利用度(LaGasse,1999)。已有一些研究证明,胎毛中的可卡因浓度和胎儿小头或新生儿神经功能受损之间存在浓度-反应关系。经头发分析证实,如果胎儿在宫内被动接触可卡因,则他们的出生体重和出生体长明显小于一般婴儿。

在此背景下,双卵双胞胎的头发分析结果显示他们胎毛中可卡因和大麻的浓度均不同,这表明胎盘对于调节药物到达胎儿体内的最终浓度有重要作用。因此,胎盘转运可卡因的速度和程度决定了胎儿的免疫力和出生后患病与否。胎盘在可卡因转运中的重要性以及与胎儿出生后的人体测量结果的关系是显而易见的,这在251名具有药物成瘾性的母亲所生的非洲裔美国新生儿中得到证实。受检者可以根据胎毛中苯甲酰爱康宁(BZE)的来源分类,BZE可以来自产妇体内可卡因(在样品制备过程中水解成BZE)或胎儿自身沉积在毛囊中的由可卡因代谢而来的BZE。胎毛中BZE浓度范围为0.099~23.3 ng/mg,其中79%的胎毛样品中BZE的浓度低于5 ng/mg。在18对母亲/婴儿头发测试中,其中13对头发BZE比率(产妇/新生儿)为0.5~8.9,另有5对尽管产妇头发中有高浓度的BZE存在,但新生儿头发中未检出BZE,这点也强调了胎盘通道的作用。在排除胎龄影响后,发现高浓度的BZE与胎儿小头围($p<0.03$)和低出生体重($p<0.01$)之间存在正相关关系(Katikaneni,2002)。

除了吸毒,孕妇吸烟也会对胎儿造成不良影响,从而引起新生儿体重和体长的缺陷。在过去十多年中,分析新生儿胎毛中尼古丁及其代谢物可铁宁已被应用于临床,评估产妇长期主动和被动吸烟与新生儿身体测量值之间的关系。主动吸烟者、被动吸烟者及从未吸烟者所生出的新生儿胎毛中尼古丁和可铁宁的浓度有所不同(表1-10)。在头发角蛋白基质中检测到尼古丁和可铁宁的新生儿有较高比率的早产风险及低身体测量值,说明这些不良后果与母亲吸烟有关(Pichini,2003)。头发中的可铁宁与尼古丁相比,是一种更好的生物学标志物,它可以区分三类新生儿(未吸烟、环境性吸烟和母亲吸烟),并直接与产妇吸烟量相对应,而头发中尼古丁浓度只能鉴别主动吸烟的产妇和未吸烟者。

表1-10 新生儿胎毛及母亲头发中尼古丁和可铁宁的浓度(ng/mg)

人 群		未接触者	暴露于ETS	母亲主动吸烟
新生儿	尼古丁	0.41±0.47	0.29±0.25	2.41±5.35
	可铁宁	0.26±0.24	0.62±0.72	2.81±4.74
母 亲	尼古丁	1.2(0.4)	3.2(0.8)	13.32(3.95)
		2.80(0~2.5 cm发段)	4.30(0~2.5 cm发段)	2.80(0~2.5 cm发段)
		3.84(2.5~5 cm发段)	6.06(2.5~5 cm发段)	11.08(2.5~5 cm发段)
	可铁宁	0.3(0.06)	0.9(0.3)	6.3(4.0)

注:ETS(environmental tobacco smoke)环境性吸烟。

韩国的Seong(2008)在2005~2007年间运用头发分析手段,测量了母亲和新生儿头发中的尼古丁浓度,用于判断不吸烟母亲所生胎儿暴露于环境性吸烟(ETS)是否是由于家中其他人(三口之家的父亲)吸烟所致。根据Mann-Whitney检验(秩和检验),吸烟的父亲头发中的尼古丁和可铁宁水平明显高于不吸烟的父亲($p<0.05$),且二组母亲头发中的尼古丁和可铁宁浓度也存在显著差异($p<0.05$),

但吸烟和未吸烟父亲组的新生儿头发中的尼古丁和可铁宁水平无明显差异,同时父亲在室内吸烟比室外吸烟更易让孕妇和胎儿接触 ETS(表 1-11)。该研究组还认为,对于接触父源性吸烟的胎儿,头发中的尼古丁比可铁宁更适合作为生物学指标,因为室内吸烟组新生儿头发中的平均尼古丁浓度(0.53 ng/mg)明显高于最低检测限 0.16 ng/mg,而可铁宁的平均水平(0.11 ng/mg)仅略高于最低检测限 0.07 ng/mg。

表 1-11 韩国 2005~2007 年研究组中新生儿、母亲、父亲头发中的尼古丁和可铁宁浓度(ng/mg)

分 组	例数	尼古丁			可铁宁		
		新生儿	母亲	父亲	新生儿	母亲	父亲
不吸烟	27	0.12(0.15)	0.51(0.49)	2.67(3.01)	0.04(0.06)	0.05(0.05)	0.22(0.19)
父亲吸烟	36	0.20(0.39)	1.39(1.83)	30.21(32.75)	0.04(0.10)	0.14(0.17)	2.96(1.79)
室外吸烟	27	0.09(0.11)	0.80(0.81)	25.89(32.23)	0.02(0.05)	0.10(0.09)	2.82(1.69)
室内吸烟	9	0.53(0.69)	3.18(2.77)	43.18(29.18)	0.11(0.17)	0.29(0.28)	3.38(2.09)

注:表中浓度值是以平均值(标准差)的形式表示。

与吸烟相似,产前接触酒精也可导致一系列不利胎儿生长的后果,被称为胎儿酒精谱系障碍,包括颅面畸形、生长迟缓以及神经发育缺陷(Barr,2001)。脂肪酸乙酯(FAEE),可以作为反复接触酒精的生物学标志物。分析胎粪中的 FAEE 以确定婴儿宫内接触酒精的方法已确立,然而胎粪只存在于产后头两天,检测窗较窄,而分析新生儿胎毛中的 FAEE 可以延长检测窗,在出生后几个月仍可证实新生儿有无酒精接触史。至目前为止,唯一试图将新生儿胎毛中 FAEE 应用于临床的是 Klein(2002),他们检测了一新生女婴头发样本中的四种脂肪酸乙酯,包括乙基醇,棕榈酸乙酯,油酸乙酯和硬脂酸乙酯,发现总量达 0.4 pmol/mg,而其母亲为社会性饮酒者,头发中脂肪酸乙酯的浓度为 2.6 pmol/mg,证明母亲饮酒会影响胎儿。乙基葡萄糖醛酸苷(EtG)是酒精滥用的另一生物学标志物,测定胎毛中的 EtG 可以预知新生儿疾病。现有很多孕妇隐瞒饮酒史,使得新生儿出生后患上胎儿酒精综合征(FAS),早期无明显症状,不易察觉。若能通过头发 EtG 分析对新生儿进行筛检,则可以尽早进行治疗,以免影响新生儿成长(Pragst,2008)。

头发分析不仅可以应用于评估新生儿产前药物接触情况,还可用于判断产后慢性暴露于非法药物和环境性吸烟(ETS)。近几年,国外对儿童的头发分析引起了越来越广泛的关注。其中一个主要的应用就是在儿童监护权的问题上,如果一位家长(或保姆)被指控让孩子被动或主动接触任何药物,那么他将失去监护权。在这种情况下,测定头发中的药物浓度,可以使孩子远离不利于他们成长的有害环境。

Lewis(1997)检查了37例儿童保护组织的幼儿头发样品,发现有15个样本可卡因和苯甲酰爱康宁呈阳性,推测可能是主动或被动接触违禁药物。Smith(1996)检查了可卡因滥用者孩子的头发,检测出可卡因浓度范围为 0.2~14.4 ng/mg。这些被测儿童头发中存在高浓度的可卡因,但其直接吸毒的可能性不大,更有可能是儿童本身通过手口途径接触到药物,或是频繁地与父母接触。一个15月龄的孩子,产前和产后都长期暴露于可卡因,被送往急诊时昏迷并且有明显的癫痫发作,尿检可卡因呈阳性,头发分析发现近端2 cm和远端5 cm的头发中可卡因的值分别为 10.5 ng/mg 和 57.5 ng/mg,苯甲酰爱康宁的浓度分别为 2.2 ng/mg 和 7.7 ng/mg,而最远端部分含有 55.9 ng/mg 的可卡因和 7.0 ng/mg 的苯甲酰爱康宁。对于该检测结果,其母亲承认在家庭生活以及怀孕期间持续使用可卡因。同样她的另一个4岁大的孩子头发中可卡因也呈阳性(近端和远端部分的浓度分别是 1 ng/mg 和 5.4 ng/mg)。

被动暴露于环境中的可卡因也可导致头发检测结果阳性,考虑到近年来可卡因滥用现象越来越严重,并且在童年时期长期接触可卡因会对健康造成不良影响,一些西班牙学者建议,对于被送来紧急救护的儿童,如果医生高度怀疑有接触毒品的可能,都应进行针对可卡因和其他滥用药物的头发分析。这一提议的第一个应用就是上述所提到的15月龄的孩子,随后用于一个11月龄的幼儿,其被送到急救中心,经头发分段分析,近端 4 cm 段中可卡因浓度 1.3 ng/mg,苯甲酰爱康宁为 0.4 ng/mg,头发远端 4 cm 段中可卡因 4.6 ng/mg,苯甲酰爱康宁为 0.5 ng/mg。另外,加拿大学者也提出类似的建议,对儿童进行头发中滥用药物分析,以使他们免受环境中不利因素的危害(Klein,2000)。

环境性吸烟(ETS)是儿童突发各种疾病的一个主要原因。在过去十年中,头发检测尼古丁和可铁宁已被用作血检和尿检的补充。血清和尿液检测只能提供受检前几天的烟雾暴露情况,并且检测结果易造假,而头发分析可以反映较长时间内香烟烟雾的暴露情况,评估更加客观。Klein(1999)提出,在儿童和青少年(2~18岁)中,哮喘患者头发中的可铁宁浓度是非哮喘者的2倍多。类似地,以每毫克肌酐作参照时,尿中可铁宁浓度也是非哮喘者的数倍。作者假定尼古丁的机体清除率较低,得出较高的暴露于 ETS 会引起哮喘高发的结论。Groner(2005)测定了291名儿童(从出生至3岁)头发中的可铁宁浓度后,建立了一个简单而又具体的问题模型,该问题模型可用于医院幼儿办事处以确定儿童是否处于 ETS 的暴露危险中。它包括三个问题:"请问母亲抽烟吗?请问其他人抽烟吗?请问有人在室内吸烟吗?"。这些问题可以很好地预测儿童头发中可铁宁的浓度,而不管其母亲是否吸烟。同样,头发中尼古丁的检测也可以区分婴儿是从不接触,偶尔接触烟雾,还是长期处于父母吸烟的环境。

Wipfli(2008)考察了31个国家中的40个家庭,比较了空气中尼古丁的浓度和儿童头发中尼古丁的浓度,发现有吸烟者的家庭空气中尼古丁的平均浓度($0.18~\mu g/m^3$)是无吸烟者家庭中的 18 倍,儿童头发中的尼古丁浓度和空气中尼古丁的浓度随家庭中吸烟人数的增多而上升,儿童头发中的剂量-反应关系十分明显。

在暴露于 ETS 的儿童中发现,头发中可铁宁的浓度存在种族差异。根据自述情况,非洲裔儿童较少接触烟雾,但检查患有烟草相关疾病的儿童后发现,非洲裔美国儿童头发中可铁宁的浓度为 0.25 ng/mg,而白人儿童仅为 0.07 ng/mg(Wilson,2005)。这说明要准确地评估幼儿急性或慢性接触滥用药物和烟草烟雾,需要毛发分析的客观衡量标准,其将为后续治疗及对幼儿护理采取社会干预措施提供最基本的信息支持。

六、验证自述的真实性

滥用药物的头发分析还可以用于流行病学研究中验证自述的真实性,寻找不同人群的特征。利用头发分析作为一种客观指标,可在研究中得出更可靠的结论,并揭露隐瞒的吸毒行为。

David(2008)为了研究自述的真实性,对 613 名男性进行问卷调查,记录 90 天内的用药情况,然后再对他们的头发进行分析。根据头发每个月平均生长 1 cm,分析近头皮端 3 cm 的头发可以评估近 3 个月的摄药情况,头发样本中印度大麻、可卡因、阿片类、甲基苯丙胺等的检测结果见表 1-12。总体来看,自述与头发分析结果相符,但又不完全一致。在进一步研究年龄和种族后发现,隐瞒自己近期吸毒情况的主要是刚开始进行戒毒治疗的病人、年龄比较小的人群及非洲裔美国人。

表 1-12 自述与头发分析的比较($n=613$)

分析药物	样本量	头发测试阳性率(%)	自述阳性率(%)	检出率	头发分析的特异性(%)	头发分析的敏感性(%)	自述的特异性(%)	自述的敏感性(%)	相关性
印度大麻	538	14.3	15.4	0.93	94.6	75.3	95.8	69.9	0.677
可卡因	609	10.3	4.8	2.15	100.0	46.0	94.1	100.0	0.605
阿片类	613	1.5	2.6	0.58	98.5	77.8	99.7	43.8	0.552
甲基苯丙胺	611	1.5	2.0	0.75	98.7	44.4	99.2	33.3	0.370
联合用药	613	21.2	19.9	1.07	93.4	69.2	91.9	73.8	0.641

注:检出率=头发测试阳性率/自述阳性率。

在 111 例头发可卡因检测结果呈阳性的受检者中(共检查 322 人),仅 18% 的人自述过去一个月内曾使用可卡因,约 19% 自述过去一年内曾使用,27% 的表明一直在使用。当把这些数据赋予流行病学特征时,发现集中隔离地区比那些来自不同地区的人更有可能隐瞒药物滥用史(Richardson,2003)。头发分析结果若以

0.2 ng/mg 药物或代谢产物为临界值,则自述的特异性>98%。但对于最近使用可卡因和海洛因而言,近端 3 cm 的头发分析阳性结果分别是自述的 13.7 和 2.9 倍(Colon,2001)。根据头发分析结果,Colon(2002)调查了波多黎顽固吸毒者后发现,自述的敏感性大大提高(自述滥用可卡因和海洛因与实际毛发检测结果阳性相比,分别为 69.6%和 78.6%)。他们得出结论:较少吸毒者比经常吸毒者更易于隐瞒其药物滥用情况。Tassiopoulos(2004)的研究也确证了这一结论:336 名海洛因滥用者头发中可卡因检测均为阳性,但有 34.2%的人未报告他们最近使用了可卡因。报告者头发中可卡因浓度的平均值为 47.1 ng/mg,大大高于隐瞒者的平均水平 10.9 ng/mg。同样检测了纽约 179 名无家可归者和青年的头发,其中 115 人近端 1.5 cm 的头发中可卡因药检呈阳性,但仅 26%的人承认前几个月使用过该药物。有药物依赖性、必须进行治疗者承认使用毒品的比例约为无药物依赖性的 4 倍(Appel,2001)。

七、药物成瘾与治疗

由于自述的药物使用情况并不可靠,因此在确定吸毒和大多数治疗项目中(如:在临床对照性实验中,分析特殊干预措施的有效性及病人戒毒的进展),客观分析头发药物浓度还是很为重要(Kintz,1996)。

Pépin 和 Gaillard(1997)用气相色谱质谱法(GC‑MS)第一次确立头发中可卡因和海洛因代谢物的浓度与自述的吸毒情况具有一致性。他们发现海洛因和可卡因的摄入量与头发中 6‑MAM 的浓度存在一定的比例关系。根据所有收集到的数据,可以区分低、中、高三种不同程度的吸毒量。对于海洛因滥用者而言,低、中、高水平分别对应<2 ng/mg,2~10 ng/mg,>10 ng/mg;而可卡因滥用者,低、中、高水平分别对应<4 ng/mg,4~20 ng/mg,>20 ng/mg。此后,头发分析广泛应用于监测吸毒情况,评估自述情况的真实性。

对于用药物进行替代治疗而言,头发分析的主要优势是不仅可以验证患者进入康复中心前的吸毒情况,还可以检测随后的强制性戒毒疗效。Strano-Rossi 等(1995)最早对阿片类替代治疗者进行头发分段分析,将待测头发样本剪成 2 cm 的长度,各段头发中可卡因浓度约为 10~1 000 ng/mg;吗啡浓度约为 1~10 ng/mg。在大多数情况下,这两种药物的浓度从头发远端至近端递减,与戒毒疗程相一致,但在某些复吸的情况下,药物浓度呈现增加。与这些初步数据相似,8 名患者接受丁丙诺啡替代治疗,入院前头发中 6‑MAM 的浓度为 0.9~24.3 ng/mg,经过 6 个月治疗后 6‑MAM 的浓度降为 0.0~4.8 ng/mg,丁丙诺啡的浓度为 0.12~0.53 ng/mg。

但用丁丙诺啡治疗阿片类药物成瘾并未取得良好疗效,分析 10 名治疗者头发,结果显示至疗程结束,6 名患者停止使用阿片类药物,3 人减少了用量。而每周一次的尿检表明,仅有 4 人明显降低用量,其他人则继续滥用。由于头发生长缓慢，每周一次的头发分析，因时间间隔过短致信息不够准确。因此在较短的时间间隔内，尿检是一个更好的手段，而用头发反映过去一段时间内的摄药情况，时间应长于1个月。

戒毒治疗除了用丁丙诺啡，还常用美沙酮进行替代治疗，头发中美沙酮分析结果提供了长期的美沙酮摄药信息。Marsh（1995）研究发现，美沙酮摄入剂量与头发药物之间存在相关性。用放射免疫法分析头发，吸毒者头发中美沙酮的浓度为 0.20~10.63 ng/mg，高于临界值 0.1 ng/mg（分析23例未吸毒者所得）。用GC－MS法检测美沙酮及其代谢物，消旋-2-乙基-1,5-二甲基-3,3-联苯吡咯啉（EDDP）和消旋-2-乙基-5-甲基-3,3-二苯基-1-吡咯啉（EMDP），两名患者分别以每天 60 mg 和 80 mg 美沙酮治疗至少6个月，检测结果显示头发中美沙酮浓度分别为 10.1 ng/mg 和 21.0 ng/mg；EDDP 为 0.5 ng/mg 和 2.6 ng/mg；EMDP 为阴性（Wilkins，1996）。在戒毒中心用消旋美沙酮治疗的九名患者，美沙酮 R 型和 S 型对映体及 EDDP 测定结果如下：R 型美沙酮 2.58~10.22 ng/mg，S 型美沙酮 1.89~9.53 ng/mg，R 型 EDDP 0.42~1.73 ng/mg，S 型 EDDP 0.40~2.10 ng/mg（Kintz，1997）。Goldberger（1998）分析了18个戒毒中心的门诊病人头发，发现美沙酮的浓度范围为 0~15 ng/mg。尽管用美沙酮治疗的病人头发中都检出了美沙酮，但不论美沙酮是口服还是静脉给药，服用剂量与头发美沙酮、EDDP 的浓度均无相关性，而与血液浓度有关（Paterson，2003）。因此，美沙酮的头发分析对评估病人是否服从维持治疗的作用还有待进一步研究。

头发中可卡因的检测成功应用于一个5年随访的案例，以观察可卡因依赖性治疗效果。共收集到546个头发标本，进行分段分析以评估过去的用药情况，头发分析结果与自述的药物滥用情况相一致（Simpson，2002）。同样，头发分段分析也成功用于监测770名海洛因和可卡因滥用者的治疗，其中403名进行激发性干预治疗，375名接受基本治疗。6个月疗程后分析比较这些患者头发中可卡因和阿片制剂的浓度，发现干预组头发中可卡因的浓度减少了29%（从平均 6.2 ng/mg 降至 4.4 ng/mg），而控制组仅下降4%（从 48.5 至 46.4 ng/mg）。阿片类药物浓度的降低也与之相似：分别下降29%（从平均 2.6 至 1.9 ng/mg）和25%（从 3.1 至 2.3 ng/mg）（Bernstein，2005）。

如上所述，头发中可卡因和其他滥用药物检验主要用于怀疑有吸毒行为的人群，作为药物滥用的客观生物学标志。但头发分析也适用于一般人群筛查，如大学生。Kidwell（1997）首次对亚拉巴马州的158名大学生进行调查，一般的问卷调查显示只有2%的人使用可卡因，而头发分析结果显示6%的人使用（cut-off 值：0.05 ng/mg），相应的汗液分析发现有12%的阳性率（cut-off 值：1 ng/拭子）。然而，对于头发和汗液这两种检材，外部污染可能会使实际值偏高，而且在低剂量吸毒时，黑人更容易被检出阳性（头发黑色素越多，积累的药物就越多）。Quintela

（2000）也作了相关研究，但其设定的 cut-off 值为 2 ng/mg，在一所西班牙语大学中大学生头发可卡因阳性率为 19.5%，头发筛查阳性结果约为西班牙滥用药物调查年度报告的 10 倍。因此，在排除环境污染等因素后，头发分析更能客观反映整个社会的药物滥用情况。

凭借问卷调查中的自述，评估孕妇是否滥用药物以及维持治疗的疗效，是不可靠的，需要有更为客观的药物滥用的标志物。目前头发分析的应用已经成为研究热点。对费城 789 名孕妇（91%非裔美国人，55.3%接受公共援助）进行研究，头发分析显示 24%的人使用可卡因。与尿液分析相比，头发分析在自述从未使用可卡因的孕妇中检出的阳性率较尿检高 4 倍（尿检：3.6%，头发分析：19.7%）。206 名孕妇通过尿液或头发分析证明使用可卡因，其中仅 7.8%（16 例）的人尿检阳性而头发分析没有检出（Markovic，2000）。Kuhn（2000）对纽约市立医院的 345 名孕妇进行了头发分析，发现其中 168 名存在可卡因滥用（48.7%），头发中可卡因的浓度与婴儿的出生体重有着显著的负剂量反应关系（可卡因浓度每增加一个单位，婴儿的出生体重就下降 27 g）。

根据文献资料，头发分析的临床应用主要涉及海洛因和可卡因滥用，本书作者实验室还从医院送检的头发中检出甲基苯丙胺、氯胺酮等滥用药物。

为了检查自述的真实性，20 名德国志愿者参加了实验，他们承认偶尔或经常使用摇头丸（3,4-亚甲双氧甲基苯丙胺，MDMA）。经过头发分段分析，检出了 MDMA、甲基苯丙胺、苯丙胺、3,4-亚甲基双氧苯丙胺（MDA）、3,4-亚甲基双氧乙基苯丙胺（MDE）和 N-甲基-1-（3,4-亚甲基双氧苯）-2-丁丙胺（MBDB），结果见表 1-13。即使使用低剂量的药物，也能得到阳性结果，如在致幻剂滥用的案件中，摄入一片者就可在其头发中检测到 1 ng/mg 的浓度。一般来说，头发中检出的浓度要比根据自述判断的浓度高，近头皮端的头发检出高浓度药物往往是由于汗液污染所致（Rothe，1997）。Pujadas（2003）也进行了相关研究，分析了 17 名使用致幻剂的西班牙志愿者，分析结果稍高于 Rothe（表 1-13）。

表 1-13　德国与西班牙志愿者的头发分析结果（ng/mg）

目　标　物	浓度范围（Rothe，1997）	浓度范围（Pujadas，2003）
甲基苯丙胺	—	0.22~2.18
苯丙胺	0.1~4.8	0.74（$n=1$）
MDA	0.05~0.89	0.22~0.89
MDMA	0.1~8.3	1.2~12.6
MDE	0.12~15	0.7（$n=1$）
MBDB	0.21,1.3（$n=2$）	—

Pichini（2005）分析了 13 名用药者的头发，他们的头发均为自然色。自述上个

月摇头丸的使用量与近端 1 cm 头发中 MDMA 的浓度一致性较好（$R^2=0.92$）。当比较自述近 6 个月的用药量和近端 6 cm 头发中 MDMA 的浓度时，发现这种相关性下降；而比较过去 12 个月用药量和 9 cm 头发中的 MDMA 时发现无相关性。然而，当把具有类似的药物用量的人分组（不管是近一个月、近 6 个月还是过去 12 个月），比较相应的头发部分中 MDMA 的平均浓度，发现每月摄入不少于 5 粒摇头丸的组具有良好相关性（$R^2=0.93$）。作者的结论是以 0.5 ng/mg 作为 cut-off 值来评估有无使用摇头丸。如果每月摄入 4 片，则头发中 MDMA 的浓度会增加一倍，约为 1 ng/mg。与阿片类物质相似，头发中的黑色素也会影响苯丙胺与头发的结合，所以在解释结果时必须给予考虑。10 名具有不同颜色头发的志愿者单次口服 15 mg 司来吉兰，从第一周开始到第四周，采集约 2 cm 的头发检测甲基苯丙胺和苯丙胺的浓度，发现结果与头发中黑色素的浓度呈指数相关。而四周后的头发分析结果相似，说明甲基苯丙胺和苯丙胺一旦与头发结合，就会稳定存在于头发基质中（Kronstrand，2001）。

八、主动与被动接触烟草的判断

吸烟可能诱发多种疾病，对人体健康危害极大。头发中的尼古丁已被广泛证明是评估吸烟情况的可靠标志，通过分析发干中的尼古丁分布，可以了解个体的吸烟历史。Uematsu（1995）的研究结果，第一次证明头发中尼古丁浓度与自述的吸烟行为呈正相关。根据其所得的数据，头发中 5 ng/mg 的尼古丁浓度被定为区分主动吸烟和不吸烟者的界定值。Mizuno（1997）在研究尼古丁口香糖的辅助戒烟疗效时，应用了头发分段分析方法，得到了类似的结果。在口香糖的帮助下，头发中尼古丁的浓度有所下降。但成功戒烟者（以血中硫氰酸盐的浓度为标准）靠近头皮的一段头发中尼古丁浓度仍大于 5 ng/mg，这可能是由于尼古丁从毛囊细胞中分离较缓慢。另外，将头发分析应用于实际案例进行结果解释时，必须考虑到毛发生长的不确定性以及美容美发用品的使用。

测定接触环境性烟草烟雾的工人头发中的尼古丁，可以评估不同程度的职业性烟草暴露以及在工作场所禁烟政策的有效性。事实上，执行该项政策后，受检工人头发中尼古丁浓度有所下降。考虑到头发中的尼古丁不仅是来源于被动和主动接触烟草，而且还可以来源于环境中烟草烟雾沉积，加拿大的学者们建议将头发中可铁宁作为一个更有效的长期吸烟的生物学标志物。分析头发中可铁宁浓度以评价烟雾接触情况不仅适用于新生儿和儿童（如上所述），而且也适用于成人（Eliopoulos，1996）。近几年的研究发现，有长期吸烟习惯的健康吸烟者每日尼古丁的摄入量和头发中可铁宁的浓度存在显著相关性（$r=0.57$，$p<0.05$）。然而，吸烟的孕妇并不存在这种相关性，这可能是由于孕妇在怀孕期间吸烟习惯变化或隐瞒实际吸烟情况。Chan（2004）采用头发分段分析测定孕妇发中的尼古丁和可铁

宁,发现很多孕妇在怀孕期间吸烟没有减少且头发中可铁宁的浓度也没有下降,但头发中尼古丁的浓度却有减少趋势,可能是在怀孕期间尼古丁的代谢增强。综合考虑,即使头发中的尼古丁和可铁宁已被证明是烟草暴露的良好生物学标志物,但由于可铁宁在头发基质中的浓度较少,几乎只有尼古丁的十分之一(Eliopoulos,1994),需要更加灵敏和特异的分析方法,特别是在评估被动接触烟草的案例中更是如此。

九、戒酒治疗的监测

酒精滥用仍然是当今社会的主要问题,在近十年中,头发基质中的乙基葡萄糖醛酸苷(EtG)和脂肪酸乙酯(FAEE)作为酒精滥用两个生物学标志物引起了学者们广泛的关注。最近的研究显示,不饮酒者和社交性饮酒者头发中 EtG 的浓度 2 pg/mg,FAEE 的浓度为 0.37~0.50 ng/mg;而酗酒者头发中 EtG 的浓度为 30~425 pg/mg,FAEE 的浓度为 0.65~20.50 ng/mg(Yegles,2004)。因此,为了区分和确认酗酒者,分别以 1.0 ng/mg 和 30 pg/mg 作为头发中 FAEE 和 EtG 的 cut-off 值(Hartwig,2003)。在运用头发分段分析寻找 FAEE 沿发干的浓度分布时,发现 17 名酗酒者头发近端 0~6 cm 部分的浓度为 0.92~11.6 ng/mg(平均 4.0 ng/mg),13 名社交性饮酒者的浓度为 0.20~0.85 ng/mg(平均 0.41 ng/mg),而不饮酒者头发浓度为 0.06~0.37 ng/mg(平均 0.16 ng/mg)。几乎在所有情况下,头发分段分析均显示 FAEE 浓度从近端向远端增加,而自述饮酒量与 FAEE 的浓度无相关性。目前,由于个体差异,头发中 FAEE 的浓度仅用作酗酒的标志(Auwarter,2001)。

头发中 EtG 分析可监测在酒精依赖性治疗过程中的酒精使用情况,指导酗酒者的药物治疗。Appenzeller(2007)分析了 15 例在戒酒治疗中病人的头发样本,EtG 浓度范围为 8~261 pg/mg。其中一名头发漂白的病人头发中 EtG 的浓度最低,头发检测结果显示大部分病人 EtG 的浓度与慕尼黑酒精测试调查表(MALT)中自述饮酒量相符。临床医生常根据头发分析结果来了解戒酒情况,一般头发中 EtG 浓度的下降可以在戒酒一个月后从根部头发中显现。根据图 1-2 所示:病人 N

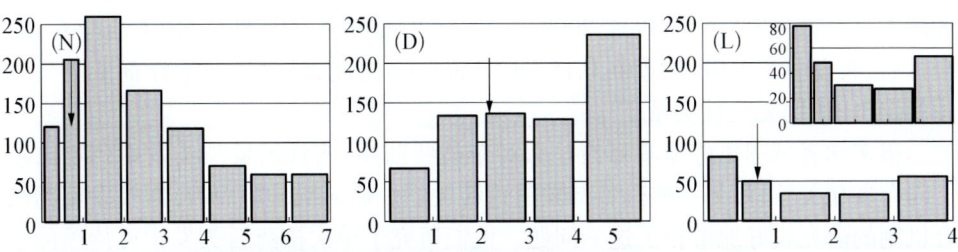

图 1-2 戒酒治疗过程中病人头发中 EtG 的浓度
(Y 轴为 EtG 的浓度 pg/mg,X 轴为靠近头皮头发的长度 cm)

遵从戒酒治疗，头发中 EtG 的浓度下降；相反，病人 D 没有听从医嘱，继续饮酒；而病人 L 则是戒酒一段时间后又复饮酒。头发分段分析可以帮助医生了解在治疗中病人有无遵从医嘱，制定下一步治疗计划。

十、治疗性药物的监测

药物治疗过程中的治疗药物监测通常基于临床观察及尿检和血检结果。近些年来，头发分析越来越频繁用于上述目的，以获得个人长期使用药物的信息和病人对治疗的配合性。由于个体差异存在，每个人的药物剂量-效应关系不同，因而对治疗性药物进行监测显得尤为重要，其结果可以辅助医生掌握最佳治疗剂量，防止低剂量治疗无效，高剂量引起毒性反应。在癫痫病的治疗管理和抗精神病药、抗抑郁药以及用阿片类镇痛的治疗管理中，头发分析已发挥重要作用。头发作为生物检材在治疗药物的监测中的潜在价值已经得到证明，多种药物的头发中药物浓度、血中浓度、给药剂量和治疗效果的相关性已经得到证实。初步研究结果表明，一些药物的血浆浓度和头发中药物浓度的相关性较好。正如某些学者提议，考虑到头发可以记录长期用药情况，头发应作为治疗性药物监测中的主要生物检材，并且应当建立头发药物浓度、血液浓度与临床疗效之间的关系（Beumer，2001）。

Nakahara(1999)对某些头发分析的实例进行了总结，包括氟哌啶醇、卡马西平和三环抗抑郁药等。在实际应用中，根据头发中检测到的药物浓度可以验证病人服药的遵从性。Pragst(1997)检测了病人头发中的阿米替林、氯丙咪嗪、多塞平、丙咪嗪与马普替林，没有发现药物剂量与头发中药物浓度有相关性（如 23 名用氯氮平治疗的患者头发浓度为 0.17~34.24 ng/mg，$R^2=0.54$）。即使存在剂量-浓度的关系，也应注意个体差异在治疗性药物监测中的影响作用，相同的剂量在不同个体中可能会出现不同的头发浓度（Cirimele，2000）。Shen(2002)的研究结果表明，头发中氯丙嗪和氯氮平浓度与剂量存在正相关性，相关系数分别为 0.709 7 和 0.804 7。

苯哌啶醋酸甲酯（MPH）是用于治疗儿童注意缺陷障碍（伴多动）症的主要药物，但对多动症儿童的血液 MPH 水平监测却很难实现，而运用头发分析则可无创采集标本，对儿童来说更易接受，并且头发分析结果还可提供长程的服药信息，监测病人是否遵从医嘱（Marchei，2008）。11 例儿童接受不同剂量 MPH 治疗 6~24 个月后，头发中的 MPH 浓度在 0.15~4.17 ng/mg 之间，结果显示治疗剂量与头发中的 MPH 浓度无线性关系。

很多学者试图更好地解释为什么对于某些药物，药物剂量与头发中药物浓度之间存在相关性，而另一些药物却缺乏这种关系。Kronstrand(1999)对头发药物结合机制的研究较好地解释了这一问题。他们研究了单次摄药后头发中可待因的浓度与头发黑色素和真黑素的关系，发现头发可待因浓度和总黑色素及真黑素之间存在相关性（分别为 $R^2=0.95$，$R^2=0.83$）。根据这一发现，作者认为如果将头发中黑色素浓度标准化,则头发中药物浓度分析就能更好地用于治疗药物监测。

Beumer(2001)在研究将头发作为生物检材监测各种药物的疗效时,总结了头发药物浓度、血药浓度、药物用量及临床疗效之间的关系。综合所有的数据,他们得出结论:治疗药物如卡马西平、苯巴比妥、阿米替林、氯丙嗪、氟哌啶醇和倍他洛尔在头发中的浓度与血药浓度之间存在相关性,头发分段分析可以监测病人服药的顺从性。此外,还发现甲丙氨酯(安宁片)和氧氟沙星的治疗剂量与头发中药物的浓度存在相关性。

表1-14总结了用GC-MS法可检测到的头发中的抗惊厥药、抗抑郁药和抗精神病药等,其结果可有助于判断受检者有无遵从医生的治疗处方。但头发分析不能解释摄药剂量及何时开始服药等很详细的问题,它只能提供病人服药的大体时间段信息,若检测结果阴性则说明病人没有遵从医嘱(Paterson,2009)。

表1-14 GC-MS法检测到的头发中治疗药物

种 类	药 物
镇痛药	对乙酰氨基酚,右丙氧芬,曲马多
抗惊厥剂	卡马西平,苯妥英
抗抑郁药	阿米替林,西酞普兰,度硫平,氟西汀,米尔塔扎平,帕罗西丁,舍曲林,文拉法辛
止吐药	赛克力嗪
抗组胺剂	苯海拉明
抗精神病药	奥氮平,喹硫平,硫利达嗪
局麻药	利多卡因
抗HIV药	奈韦拉平
其他	美沙酮,罂粟碱,咖啡因,尼古丁

一名22岁的女性,处于抑郁症治疗过程中,被发现卧轨自杀,将其头发分段分析,结果(表1-15)显示死者在死前12个月中一直服用抗抑郁药西酞普兰,同时她死前6个月中也持续使用可卡因和吗啡。虽然死者治疗性药物监测显示她遵从医嘱,但由于她持续使用可卡因,导致其抑郁症并无缓解。

表1-15 头发中治疗性药物监测结果(ng/mg)

药 物	第一段[a]	第二段	第三段	第四段
MDMA	0.1	<LOQ[b]	<LOQ	阴性
可卡因	5.9	8.1	10.3	10.6
苯甲酰爱康宁(BE)	0.5	0.6	0.6	0.7
爱康宁甲酯(EME)	0.8	0.3	0.2	0.4
吗啡	<LOQ	<LOQ	阴性	阴性
西酞普兰	阳性	阳性	阳性	阳性
西酞普兰代谢物	阳性	阳性	阳性	阳性

注:a. 第一段是紧贴头皮的一部分头发,每部分头发长度为3 cm。
   b. LOQ(定量限)= 5 ng/mg。

十一、其他

许多文献报道,在实际案件中接触药物制剂或某些特殊药物的非常规应用可能会导致中毒症状(如氯喹或慢性β-阻滞剂给药,阿米庚酸滥用后男子严重痤疮病变或致幻剂滥用后诊断中毒性肝炎),头发分析可以在上述情况下提供信息和证据。特别是滥用药物致 Munchausen 综合征,头发分析可以提供中毒信息,协助诊断。

头发中滥用药物分析被 Mahl(2000)应用于献血者的筛查。100 名献血者均否认有药物接触史,但对他们头发进行阿片类、可卡因、大麻和苯丙胺的筛选分析,发现其中 7 人呈阳性结果(一个吗啡阳性,一个大麻阳性,两个双氢可待因阳性,还有三个检出苯甲酰爱康宁,其中有两个同时还检出大麻和双氢可待因)。该应用结果表明,某些献血者隐瞒药物滥用史,可能会增加与滥用药物有关的病毒传播的风险。由于头发分析成本高,不适用于普查,所以作者建议随机进行头发分析,以确定一些高风险的献血者。

Cirimele(2008)还报道了一例暴露于四氯苯偶酰-p-二噁英(TCDD)的临床案例,在明确诊断为急性暴露后 5 到 6 个月,医院方面为了评估暴露时间和接触剂量需要进一步补充检查结果,而此时血液和脂肪中的 TCDD 已无法检测,只能分析头发中的目标物。根据 0~6 cm 和 6~8 cm 两段头发分析的结果,在 0~6 cm 头发段中检测到了高浓度的 2,3,7,8-TCDD,而 6~8 cm 的头发段检测结果阴性,头发分析结果验证了 6 个月前的高浓度急性暴露,同时也表明治疗有效。

结语:毛发分析可提供长程用药信息,可以有效监测临床对慢性疾病的用药情况和治疗效果,如精神疾病、艾滋病毒和心血管疾病等。虽然目前头发分析成本较高,无法在大多数临床治疗中使用,但相信在不久未来会改变,在临床医学中得到充分应用。

第四节　毛发分析在环境污染和食品安全监测中的应用

除了重金属元素,毛发分析在环境污染和食品安全领域的发展与应用相对较迟,主要是受限于分析的灵敏度。进入 21 世纪才出现研究报道并逐渐受到关注。毛发作为长期接触的生物标记物,可用于监测环境中的有机、无机污染物以及食物链污染等问题。

一、毛发监测有机污染物

随着近代工业的发展,特别是化学工业中的农药工业、化纤、塑料和合成橡胶的飞速发展,环境污染日趋严重,人类的生活居住环境日益遭到污染,人体健康受到危害。尤其是持久性有机污染物(Persistent Organic Pollutants,POPs),是一类具有很强毒性,在环境中难降解,可远距离传输,并随食物链在动物和人体中累积、放大的污染物,其不仅具有较高的致癌、致畸、致突变"三致"效应,而且能够导致生物体内分泌紊乱、生殖及免疫机能失调以及其他器官的病变。持久性有机污染物包括 8 种有机氯杀虫剂(艾氏剂、氯丹、狄氏剂、异狄氏剂、七氯、灭蚁灵、毒杀芬和滴滴涕)、2 种有机氯杀虫剂(六氯苯和多氯联苯)和二噁英类物质。

环境中的有机污染物可通过两条途径进入毛发,一条属于内部进入,污染物进入体内后经血液循环再进入毛发;另一条途径属于外部沉积,空气环境中的污染物附着在头发表面,然后逐渐进入头发。在环境污染监测领域,毛发分析对这两种方式均有应用价值。

1. 空气接触

空气中存在包括挥发性有机化合物在内的许多污染物,研究表明,头发分析可用于监测空气中污染物的接触,甚至可用此估计空气中污染物的浓度。

二噁英类物质(dioxins)主要产生于垃圾焚烧、含氯农药合成和纸浆的氯气漂白等工业过程,在大气、水体和土壤等环境介质中性质稳定,故对人类、牲畜等生物体危害极大。Schramm(1991)最早报道头发中可检出多氯代联二苯-对-二噁英(PCDDs),并且可从头发中浓度推测接触程度。Nakao(2002)改进了头发中分析 PCDDs、多氯代二苯并呋喃(PCDFs)和共平面多氯联苯(co-PCBs)的方法,将头发碱水解后液-液提取,经 HPLC 分离后采用气相色谱—高分辨质谱联用仪(HRMS)分析,最低检测限可至 pg/g。通过对 6 个志愿者的头发分析,发现大部分的二噁英可在第 1 次清洗时从头发上去除,由此可判断空气中的污染情况。

Zhang(2007)考察北京市区和郊区儿童头发中的有机污染物有机氯杀虫剂(OCP)和多氯联苯(PCB),头发中 OCP 和 PCB 浓度顺序为市区儿童>郊区女孩>郊区男孩,并且头发中浓度与头发中的脂类浓度有正相关性。作者认为,头发中的有机污染物浓度是体内进入和外部沉积的综合反映,可用于公众健康监测。

具有难降解、高残留特征的滴滴涕(DDT)污染,是一种全球性现象,头发可用于监测长时间的接触情况。Neuber(1999)从学龄前儿童的头发中检出林丹和DDT,结合当地空气质量,认为头发可用以监测室内空气。希腊的 Tsatsakis(2004)测得当地人头发中 DDTs 浓度在 19~400 ng/g;co-PCBs 在 0.27~0.45 ng/g;PCDDs 5~13 ng/g;PCDFs 0.1~10 pg/g;林丹 20~400 ng/g;HCHs 14~40 ng/g;二嗪农 110~520 ng/g 和灭多威 900~1 800 ng/g。

2. 入体监测

如上所述,头发可以用于检测空气中的污染物,附着于头发上的污染物可经多次去污处理清除后再分析头发样品,这样所得到的结果应是进入体内、经血液循环后存留于头发中的污染物成分。许多研究(表 1-16)证实了毛发分析可用于监测进入体内的有机污染物。

表 1-16 监测有机污染物的毛发分析研究

有机污染物	方法	结果	讨论	参考文献
PCB	受 PCB 污染的 20 头奶牛,连续 8 个月采集毛发、牛奶、血液和粪便	毛发、牛奶和脂肪中有明显的正相关性	除牛奶外,毛发可用于监测污染程度	Klein,1992
PCBs,DDT 和 HCH	3 mol/L HCl、40℃ 水解过夜,正己烷:二氯甲烷(4:1)液-液提取,GC-MS 分析 LOD 1~3 ng/g	同一个体的乳汁和头发中浓度相似	头发可用于有机污染物的人群调查	Covaci,2001
PCDDs、PCDFs、co-PCBs	头发碱消化后液-液提取,经 HPLC 分离后采用气相色谱—高分辨质谱联用仪(HRMS)分析,LOD 可至 pg/g	二噁英类的主要毒性异构体 HxCDD、PeCDF、PeCB 和 HxCB 在头发和血液中有一定相关性,相关系数分别为 0.626、0.926、0.658 和 0.667	头发可用于监测空气中的二噁英	Nakao,2002
PCBs,DDT 和 HCH	希腊、罗马尼亚和比利时国人的头发	希腊人头发中 α-HCH,β-HCH,林丹,HCB,opDDE,ppDDE,opDDD,opDDT,ppDDT 浓度分别为 1.4、6.1、33.8、0.5、20.2、37.6、4.2、5.9、22.0 pg/mg。罗马尼亚人头发中 α-HCH,β-HCH,林丹,HCB,opDDE,ppDDE,opDDD,opDDT,ppDDT 浓度分别为 3.5、12.0、16.3、0.9、ND 37.5、ND、3.8、7.9 pg/mg。比利时人头发中 α-HCH,β-HCH,林丹,HCB,opDDE,ppDDE,opDDD,opDDT,ppDDT 浓度分别为 1.5、3.5、9.6、0.9、ND 10.5、2.3、2.2、5.9 pg/mg	由于食品来源相同,PCBs 在这 3 个国家的污染相似	Covaci,2002
OCP、PCB	10 个美国志愿者头发和血液	洗发精可清除 25%~33% 的 OCP 和 62% 的 PCB,头发和血液中 pp-DDE 和 PCB 具有较好的相关性。头发中 pp-DDE 和 pp-DDT 浓度分别为 4.6 和 2.3 pg/mg	头发可用于流行性调查	Altshul,2004
PCBs,氯丹(CHLs),DDTs	野生的欧洲刺猬	毛发中 PCBs,DDTs,HCB,HCHs,和 CHLs 与内脏组织存在正相关性。相对内脏组织,pp'-DDT,α-HCH,和 PCBs 95,101,149 在毛发中浓度很高	动物毛发可用于陆地上有机氯污染物的监测	D'Have,2005

续 表

有机污染物	方 法	结 果	讨 论	参考文献
杀虫剂	产妇头发,SPE提取,衍生化,GC-MS分析,LOD 0.031~5.88 μg/g	产妇头发中检出生物烯丙菊酯、残杀威、毒死蜱、丙草胺和马拉硫磷	表明产妇在怀孕期间接触过这些杀虫剂	Posecion, 2006
杀虫剂	北京市区和郊区儿童头发	市区儿童头发中α-HCH、β-HCH、林丹、ppDDE、ppDDD、ppDDT浓度分别为5.9、18.0、26.0、10.0、1.5、7.5 pg/mg。郊区儿童头发中浓度分别为8.0、2.3、21.0、3.9、ND、5.8 pg/mg	头发中的有机污染物浓度是体内进入和外部沉积的综合反映,可用于公众健康监测	Zhang, 2007
杀虫剂	不同劳动人群。有机磷杀虫剂分析:头发球磨粉碎后,甲醇超声提取。有机氯分析:头发酸水解,SPE提取。均用GC-MS测定	总的HCHs和DDTs浓度:温室工人,95.0和8.9 pg/mg;动物饲养员 38.2和3.3 pg/mg;农耕人员 24.1和5.2 pg/mg	头发可用于临床的流行性调查	Tsatsakis, 2008
有机氯杀虫剂	希腊农民。3 M HCl,40℃水解过夜,正己烷:二氯甲烷(4:1)液-液提取,GC-MS分析	头发中总的HCHs和DDTs浓度中位值分别为117.8 pg/mg和9.4 pg/mg。该人群中HCHs浓度明显高于DDTs	头发可用于临床的流行性调查	Tsatsakis, 2008
有机氯杀虫剂	罗马尼亚东部人的头发	头发中α-HCH、β-HCH、林丹、HCB、opDDE、ppDDE、opDDD、ppDDD、opDDT、ppDDT浓度分别为13.3、54.9、78.9、0.8、7.1、127、26.4、18.2、73.5、192 pg/mg	所调查人群中HCHs和DDTs浓度明显高于中国、希腊和西欧国家的报道	Covaci, 2008

由表中各国的研究资料可知,毛发分析在监测有机污染物中具有较大的应用价值。D'Have(2007)调查土壤和欧洲刺猬毛发中PCBs、DDTs、HCHs和HCB浓度,发现两者之间没有相关性,但是,仅监测土壤中有机污染物并不能很好地反映人接触污染物的程度,而结合头发分析可以直接揭示环境污染对人影响的危险程度。

二、毛发监测无机污染物

数量惊人的有害无机污染物,大都来自人民生活和生产活动,如城市废弃物,污水沟中的污泥,农产品残渣,制造业中的有毒有害物及其副产品等。重金属是土壤环境中一类具有潜在危害的污染物,在土壤中一般不易随水移动,不能被微生物分解,常在土壤中积累,甚至转化为毒性更强的化合物。重金属可以被动植物吸收并在其体内富集、转化,给人类带来潜在的危害。

毛发分析的最早应用始于金属元素检测。一些重金属毒物如铅、镉、砷、汞等对毛发有较大的亲和性,能与毛发中的角质蛋白疏基结合,使毛发中蓄积较多的毒物,因此头发分析是监测环境中有毒污染物的理想手段。

1. 汞

随着工农业生产,主要是由于汞的开采冶炼、氯碱、化工、仪表、颜料等工业企业排出的废水及含汞农药的使用,汞污染越来越严重。甲基汞是汞的有机形式,可以通过水源、食品等进入体内,极易透过血脑屏障和胎盘屏障,从而对成年和发育中的大脑造成中枢神经系统损伤。所以,对甲基汞的监测具有重要意义。

汞可在鱼体中连续蓄积,一些受污染水域里的鱼类、贝类含汞量很高。进到人体的汞,有10%进入毛发并在毛发中保留下来。在头发生长过程中,如果人体对汞的摄取量不同,那么头发中的含汞量,也会有所不同。毛发已被证明是很好的汞生物标记物,WHO公布的头发中汞浓度警戒值为10 μg/g,见表1-17。

表1-17 各国头发中汞浓度研究

人群	结果	讨论	参考文献
意大利	渔民头发中汞浓度5.76 μg/g;妇女,1.86 μg/g;孕妇,1.73 μg/g;新生儿,2.25 μg/g	孕妇汞污染对胎儿影响很大	Belloni,1998
韩国汉城	男性头发中汞浓度为1.7±0.18 ppm,甲基汞浓度为1.0±0.12 ppm。女性分别为1.1±0.15 ppm和0.5±0.14 ppm(45.5%)	男性头发中汞浓度比女性高	Lee,2000
亚马孙河的印第安人	头发中汞浓度1.1~34.2 μg/g,亚马孙河中部塔帕若斯河盆地居民头发中汞浓度很高	大部分亚马孙河区域居民受到汞污染,食用鱼是主要的危险因素	Barbieri,2009
加纳人	头发中总汞平均浓度0.843 mμg/g,甲基汞平均浓度0.787 mμg/g,甲基汞与汞的比率为97.2%	该区域基本上没有受到汞污染	Voegborlo,2009
波斯湾渔民	头发中总汞平均浓度2.9±2.2 mμg/g,其中甲基汞占68%	头发中汞浓度与鱼肉有明显的相关性,与年龄也有相关性	Agah,2009
日本人	头发中汞平均浓度2.02 μg/g	女性食用鱼中汞量与头发中汞浓度有明显相关性	Zhang,2009
中国舟山渔民和家庭成员	渔民头发中总汞和甲基汞平均浓度分别为5.7和3.8 μg/g,比其妻子分别高2.6和2.0倍;比其子女分别高2.5和2.1倍	食用各种鱼食品是主要的汞污染途径	Cheng,2009
西班牙学龄前儿童	头发中总汞平均浓度0.96 μg/g	头发中汞浓度与食用鱼频率、居住区域、母亲年龄和被动吸烟等因素密切相关	Freire,2010

2. 其他金属元素

由于人类对重金属的开采、冶炼、加工及商业制造活动日益增多,造成不少重金属如铅、汞、镉、钴等进入大气、水、土壤中，引起严重的环境污染。例如，采矿行业、食用海产品牡蛎等引起的砷中毒；由炼锌工业和镉电镀工业所排放的镉污染；汽车尾气排放的铅污染等等。毛发以其独特的优势已广泛应用于环境中金属元素的监测，见表1-18。

表1-18　各人群毛发中金属元素浓度研究

人群	金属元素	结果	讨论	参考文献
地砷病区人	As、Fe、Cu、Ni、Mn、Ti、Sr、K	发现As、Fe、Cu、Ni、Mn、Ti、Sr、K在地砷病重病人头发中平均浓度最高，轻病人次之，正常人最低；而Ca和Zn在健康人头发中浓度最高，重病人、轻病人发根与发梢上述7种元素浓度差异显著（$P<0.05$ 或 $P<0.001$）	地砷病区的改水减砷工程大大降低了病人体内的砷浓度，促进了微量元素的代谢平衡	杨瑞瑛，2007
小秦岭金矿带某污染区村民	Hg、Pb、Cd、As、Cr、Cu	职业暴露或低水平长期接触导致污染区人群头发中重金属元素的浓度显著增高，直接从事淘金活动的人群头发中的重金属元素浓度明显高于低水平暴露人群	头发中重金属元素的累积状况反映对人群健康的危害	徐友宁，2008
燃煤污染型砷中毒患者	Cu、Fe、Mn、As、Se、Zn、Ca、Mg	砷中毒患者头发中的Se、Zn、Ca、Mg明显低于对照组；Cu、Fe、Mn、As明显高于对照组，差异均有统计学意义；砷中毒不同病情组Se、Zn和Cu、Fe、Mn、As等浓度有随病情加重而降低或升高的趋势	燃煤可致砷中毒，砷可影响人体内微量元素的平衡	张爱华，2008
黎巴嫩人	Pb	职业接触人群头发中Pb浓度比非接触者高5~6倍（23.60 ppm比4.33 ppm）	头发中Pb浓度与职业暴露程度如加油站工作密切相关	Salameh，2008
美国炼锰厂附近居民	Mn	头发中Mn平均浓度为4.4 mg/g，比对照组高5~8倍	居民长期暴露于富含Mn的环境中	Standridge，2008
芬兰工人	U	头发中U浓度比资料报道高3~15倍	与这些工人的饮用水源有关	Muikku，2009
澳大利亚居民，酸性硫酸盐土污染地区	Al、As、Cd、Pb、Cu、Zn	头发中金属元素浓度明显升高，浓度分别为Al，未检出-38 mg/kg；As，未检出-0.07 mg/kg；Cd，0.02~0.57 mg/kg；Pb，0.19~4.3 mg/kg；Cu，11~160 mg/kg；Zn，99~280 mg/kg	酸性硫酸盐土污染了地下水源	Hinwood，2008
某金属冶炼厂周围居民	As、Se、Cu、Zn、Pb、Cd	居民头发样品中具有较高浓度，其中Cu、Zn、Pb和Cd最高浓度分别达312、513、700和7.41 μg/g，As和Se最高浓度达10.08和0.85 μg/g；40岁以上人发中Cu、Pb、Cd、As平均浓度高于40岁以下约2倍	人发中元素污染程度的相似来源可能是小高炉冶炼	姚春霞，2008
意大利不同地区儿童	Pb	Carbonia, Gonnesa, Sinnai 3个地区的女孩头发中Pb浓度分别为2.21、2.03和0.50 mg/g，男孩浓度分别为1.86、0.91和0.68 mg/g	头发可作为生物标记，反映环境中Pb污染程度	Sanna，2008

续 表

人 群	金属元素	结 果	讨 论	参考文献
叙利亚工厂工人	Ni,Cu,Zn,Pb	电池厂工人头发中 Pb 浓度明显高于其他工厂工人	电池厂工人受污染最严重,其次为印刷和电缆厂工人	Khuder,2008
中国电子垃圾集散地人员	Pb,Cu,Mn,Ba,Cr,Ni,Cd,As,V	电子垃圾集散地人员头发中 Cu 和 Pb 浓度非常高,分别为 39.8 和 49.5 mg/g。其头发中重金属浓度顺序为 Pb>Cu>>Mn>Ba>Cr>Ni>Cd>As>V	暴露于电子垃圾中致头发中 Cd,Cu 和 Pb 浓度明显升高	Wang,2009
印度垃圾集散地人员	Cu,Mn,Ag,Cd,In,Sb,Tl,Pb	头发中 Cu,Mn,Ag,Cd,In,Sb,Tl 和 Pb 浓度,明显高于其他对照组	电子垃圾可致环境和人污染	Ha,2009
巴基斯坦钢铁工人	As,Cu,Co,Mn	血液、尿液和头发中 As,Cu,Co 和 Mn 浓度明显高于对照组	生物检材中浓度与其发病症状相吻合	Afridi,2009
澳大利亚哺乳动物毛发	Cd,Cu,Pb,Zn	毛发中 Pb 和 Cd 浓度明显升高,并且与土壤被污染程度有正相关性	动物毛发中 Pb 和 Cd 的监测可反映环境污染状况	McLean,2009
野生的欧洲刺猬	As,Cd,Pb	土壤污染区的动物体内金属元素浓度明显升高,毛发中浓度分别为 As,8.2 mg/g;Cd,0.48 mg/g;Pb,7.6 mg/g	毛发可用于反映血中重金属元素浓度	Vermeulen,2009
西班牙儿童,居住在废物焚化厂	As,Be,Cd,Cr,Hg,Mn,Ni,Pb,Sn,Tl,V	头发中未检出 As,Be 和 Tl,检出 Cr,浓度为 1.31 mg/g	血液和头发中金属元素浓度无相关性	Ferré-Huguet,2009

三、动物源性食品兽药残留监测

兽药残留已成为动物源性食品残留危害物中最重要项目,也是影响我国动物源性产品国际贸易的突出问题。欧盟、日本等往往借我国肉产品中的兽药残留,设置贸易壁垒,拒绝进口我国的畜禽产品,严重影响了我国的声誉和畜禽产品的出口。因此,如何进一步采取措施解决我国动物源性食品中兽药残留是一个急需解决的重要问题。

兽药残留物监控不同于常规的监管和检测工作,它是从源头抓起,按计划程序进行的有针对性的监管监测。通常兽药残留监测时,对于活体一般采集血液、尿液或粪便等;对于宰杀后的动物,采集肌肉、肝、肾等组织检材。由于兽药均具有很高的清除速率,饲养主如果在取样之前停止用药,那么体液和组织检材的监测结果可能为阴性,无法保证食品安全。

经过几十年的发展,毛发检材的易于采集、延长检测时限、可反映长程的用药信息等独特优势已为法庭毒物分析、临床毒物分析等领域所接受。近些年,毛发用于动物源性食品中兽药残留监测的研究越来越多,见表 1-19。相信在不久的将来,毛发可作为有效的生物检材应用于动物源性食品安全领域,进一步保障畜产品质量安全。

表1-19 兽药残留监测中的毛发分析研究

兽药	动物种类	方法	结果	参考文献
β-受体激动剂	牛	牛毛500 mg,0.1 mol/L HCl,60℃过夜,SPE提取,GC-MS分析	食用克伦特罗后采集的牛毛样品,去污处理的溶液中与牛毛中克伦特罗的比率小于0.25;克伦特罗污染的牛毛样品,去污处理的溶液中与牛毛中克伦特罗的比率大于0.7	Hernández-Carrasquilla,2002
	马	毛鬃毛或尾毛50 mg,0.5 mol/L KOH消化,SPE提取,GC-HRMS分析。LOD 0.2 ng/g	0.8 μg/kg给马注射10天,分别在0(用药前)、5,10,30,35,40,60,90,120,150和360天采集血液和毛发,第5天的毛发中即可检出克伦特罗,第90天最高,直到360天,毛发中仍可检出。而30天的血液中已无法检出克伦特罗	Schlupp,2004
皮质类固醇	牛	牛毛100 mg,1 mol/L HCl:甲醇(3:2),47℃ 4 h,SPE提取,LC-MS/MS分析	建立毛发中12个皮质类固醇分析方法,LOD在2.9~9.3 pg/mg	Antignac,2001
	牛	牛毛100 mg,Tris-HCl 0.1 mol/L(pH9.6),60℃ 2 h,SPE提取,LC-MS/MS分析	糖皮质激素肌内注射13头牛,然后取肌肉、肾脏和毛发检材进行比较,肌肉中浓度最低,毛发中浓度最高。毛发将是监测糖皮质激素残留的非常有用的检材	Van den Hauwe,2005
炔诺醇	牛	500 mg牛毛,1 mol/L NaOH消化,二氯甲烷提取,GC-MS/MS分析。LOD 0.52 ng/g	牛肌内注射炔诺醇,7~14天后的牛毛中即可呈阳性,一直到98天的牛毛中仍可检出炔诺醇	Durant,2002
睾酮、诺龙及其前体	马	首先用甲醇:水(1:1)去污处理,然后磨碎,用甲醇超声提取,再液液纯化提取,MSTFA衍生化后GC-MS/MS分析	肌注诺龙后10天马尾中呈阳性,直到120天仍可检出。雄性马尾中内源性睾酮和诺龙的最大浓度在1和3 pg/mg	Anielski,2005
苯甲酸雌二醇	牛	牛毛磨碎后加入TrisTCEP处理,然后液-液提取,LC-MS/MS分析	分析不同屠宰场的牛毛样品	Hooijerink,2005
苯甲酸雌二醇和诺龙	牛	LC-MS/MS分析	用于监测牲畜促生长激素的违法应用	Duffy,2009
睾酮酯和苯甲酸雌二醇	牛	头发和血液经LC-MS/MS分析	单次用药后,头发样品可监测至5~7周,两次给药,可至9~11周。血液中未检出睾酮酯类	Stolker,2009
甲睾	牛	冷冻研磨后乙腈提取,LC-MS/MS分析	用药后牛毛中检出甲睾	Regal,2010

续表

兽药	动物种类	方法	结果	参考文献
磺胺类药物	马	马尾毛 SPE 提取后 HPLC 分析	12 匹马中检出磺胺二甲氧嘧啶、磺胺嘧啶和甲氧苄啶。药物进入与马尾颜色、使用剂量有关	Dunnett, 2004
四环素和土霉素	猪和牛	0.1 mol/L NaOH 消化后 SPE 提取, LC-MS/MS 分析	使用 2 个月后毛发中仍可检出	Castellari, 2009

结语: 毛发分析具有非侵犯性、采集简便、检测时限长等独特的优势, 而且可有效降低监测成本, 对于兽药残留, 还具有保护动物的优势。当然, 目前的毛发分析还有许多有待进一步研究的内容, 如污染物、兽药等进入毛发的机制尚不清楚、缺少标准参考物质、缺乏标准化的分析方法、缺少基础数据等。尽管如此, 相信随着各国研究者的不断努力, 毛发分析终将成为监测环境污染和食品安全等的有价值的生物样品分析方法。

参 考 文 献

蔡若冰.1995.铜锌含量对肿瘤的诊断价值.广东微量元素科学,2(12): 28-33
秦俊法,李增禧,楼蔓藤等.2005.头发元素分析的科学意义及医学应用价值.广东微量元素科学,12(5): 33-34
邵玉芹,于艳莉.1998.克隆氏病患者头发中微量元素的测定及临床意义.微量元素与健康研究,15(2): 18-19
沈敏,姜варенья,向平等.2000.毛发中违禁苯丙胺类的代谢研究.质谱学报,21(1): 7-13
沈敏,向平,沈保华等.2000.头发中抗抑郁药及抗精神病药的检测及评价.法医学杂志,16(3): 148-152
沈敏,向平,沈保华等.2008.头发中内源性类固醇激素的气相色谱-串联质谱分析.色谱,26(4): 454-459
沈敏,向平.2016.滥用物质分析与应用.科学出版社
吴侔天,洪站英,卓先义.1998.头发中单乙酰吗啡和吗啡检测的研究.分析测试学报,6-10
向平,沈敏,沈保华等.2002.GC/MS 同时分析头发中大麻酚类和四氢大麻酸.法医学杂志,18(4): 216-219
向平,沈敏,沈保华等.2006.生物检材中 59 种滥用药物的 LC-MS/MS-MRM 分析.质谱学报,27(4): 237-241
向平,沈敏,沈保华等.2006.生物检材中吗啡类生物碱的 LC-MS/MS 分析.法医学杂志,22(1): 52-54
徐刚,王孟才.1996.肝癌患者血清与头发中多种元素的临床流行病学研究.微量元素与健康研究,13(4): 17-18
徐友宁,张江华,谢娟等.2008.小秦岭金矿带某污染区村民头发中重金属元素含量的比照分析.地质通报, 27(8): 1279-1285
杨庆安.1994.急性病毒性肝炎病人发硒检测 128 例临床分析.微量元素与健康研究,11(3): 19-20
杨瑞瑛,张智勇,王庆基等.2007.用扫描质子微探针研究地砷病区人发中微量元素的分布.中国地方病防治杂志,22(6): 26-31
姚春霞,尹雪斌,宋静等.2008.某金属冶炼厂周围居民人发的 6 种元素含量特征.环境科学,29(5): 1376-1379

Afridi HI, Kazi TG, Kazi NG et al. 2009. Evaluation of arsenic, cobalt, copper and manganese in biological Samples of Steel mill workers by electrothermal atomic absorption Spectrometry. Toxicol and Health, 25(1): 59-69

Agah H, Leermakers M, Gao Y et al. 2009. Mercury accumulation in fish species from the Persian Gulf and in human hair from fishermen. Environ Monit Assess, 16: 16-21

Ahrens B, Rochholz G, Sachs HW et al. 1995. Detection of clozapine in hair after 1 years burial in soil grave. Arch Kriminol, 196: 138-142

Alt A, Janda I, Seidl S et al. 2000. Determination of ethyl glucuronide in hair samples. Alcohol and Alcoholism, 35: 313-314

Althausen TL, Gunther L. 1929. Acute arsenic poisoning. JAMA, 92: 2002-2006

Altshul L, Covaci A, Hauser R et al. 2004. The relationship between levels of PCBs and pesticides in human hair and and Blood: Preliminary Results. Environmental Health Perspectives, 112(11): 1193-1199

Anielski P, Thieme D, Schlupp A et al. 2005. Detection of testosterone, nandrolone and precursors in horse hair. Analytical and Bioanalytical Chemistry, 383(6): 903-908

Antignac JP, Le Bizec B, Monteau F et al. 2001. Multi-residue extraction-purification procedure for corticosteroids in biological samples for efficient control of their misuse in livestock production. J Chromatogr B, 757: 11-19

Appel PW, Hoffman JH, Blane HT et al. 2001.Comparison of self-report and hair analysis in detecting cocaine use in a homeless/transient sample. J Psychoactive Drugs, 33(1): 47-55

Appenzeller BMR, Agirman R, Neuberg P et al. 2007. Segmental determination of ethyl glucuronide in hair: A pilot study. Forensic Sci Int, 173(2): 87-92

Auwarter V, Sporkert F, Hartwig S et al. 2001. Fatty Acid Ethyl Esters in Hair as Markers of Alcohol Consumption. Segmental Hair Analysis of Alcoholics, Social Drinkers, and Teetotalers. Clin Chem, 47: 2114-2123

Bailey B, Klein J, Koren G et al. 1997. Noninvasive method for drusg measurement in pediatrics. Pediatric Clinics of North America, 44(1): 15-26

Balabanova S, Arnold PJ, Luckow V et al. 1989. Tetrahydrocannabinole im Haar von Haschisch-rauchern. Z Rechtsmed, 102: 503-508

Balabanova S, Brunner H, Arnold PJ et al. 1989. Detection of methadone in human hair by gas chromatography/mass spectrometry. Z Rechtsmed, 102: 495-501

Balabanova S, Homoki J. 1987. Determination of cocaine in human hair by gas chromatography/mass spectrometry. Z Rechtsmed, 98: 235-240

Balabanova S, Parsche S, Pirsig W et al. 1992. First identification of drugs in Egyptian mummies. Naturwissenschaften, 79: 358-363

Barr HM, Streissguth AP. 2001. Identifying maternal self-reported alcohol use associated with fetal alcohol spectrum disorders. Alcohol Clin Exp Res, 25(2): 283-287

Bar-oz B, Klein J, Karaskov T et al. 2003. Comparison of meconium and neonatal hair analysis for detection of gestational exposure to drugs of abuse. Arch Dis Child Fetal Neonatal Ed, 88(2): 98-100

Baumgartner AM, Jones PR, Baumgartner WA et al. 1979. Radioimmunoassay of hair for determining opiate-abuse histories. T J Nucl Med, 20: 748-752

Bernstein J, Bernstein E, Tassiopoulos K et al. 2005. Brief motivational intervention at a clinic visit reduces cocaine and heroin use. Drug and Alcohol Dependence, 77(1): 49-59

Beumer JH, Bosman IJ, Maes R et al. 2001. Hair as a biological specimen for therapeutic drug monitoring. Int J Clin Pract, 55(6): 353-357

Boskovic R, Klein J, Woodland C et al. 2001. The role of the placenta in variability of fetal exposure to cocaine and cannabinoids: A twin study. Can J Physiol Pharm, 79: 942-945

Callaghan R, Wilson JF, Cartwright J. 1997. An Assessment of the Routes of Incorporation of Opiates into Beard Hair After a Single Oral Dose of Codeine. Therapeutic Drug Monitoring, 18(6): 724-728

Castellari M, Gratacós-Cubarsí M, García JA et al. 2009. Detection of tetracycline and oxytetracycline residues in pig and calf hair by ultra-high-performance liquid chromatography tandem mass spectrometry. Journal of Chromatography A, 1216: 8096-8100

Chan D, Caprara D, Blanchette P et al. 2004. Recent developments in meconium and hair testing methods for the confirmation of gestational exposures to alcohol and tobacco smoke. Clin Biochem, 37(6): 429-438

Chatt A, Katz SA. 1988. Hair Analysis, Application in the Biomedical and Environmental Sciences, VCH Publishers, New York, Weinheim, VCH Publishers

Chen H, Xiang P, Shen M. 2014. Determination of clozapine in hair and nail: The role of keratinous biological materials in the identification of a bloated cadaver case. Journal of Forensic and Legal Medicine, 22: 62-67

Cheng J, Gao L, Zhao W et al. 2009. Mercury levels in fisherman and their household members in Zhoushan, China: Impact of public health. J Sci Total Environ, 407(8): 2625-2630

Chèze M, Villain M, Pépin G et al. 2004. Determination of bromazepam, clonazepam and metabolites after a single intake in urine and hair by LC-MS/MS application to forensic cases of drug facilitated crimes. Forensic Sci Int, 145: 123-130

Cirimele V, Kintz P, Gosselin O et al. 2000. Clozapine dose-concentration relationships in plasma, hair and sweat specimens of schizophrenic patients. Forensic Sci Int, 107(1): 289-300

Cirimele V, Kintz P, Ludes B. 1999. Evidence of pesticide exposure by hair analysis. Acta Clinica Belgica, 1: 59-63

Cirimele V, Kintz P, Mangin P. 1995. Drug concentrations in human hair after bleaching. J Anal Toxicol, 19: 331-332

Cirimele V, Kintz P, Mangin P. 1996. Detection and quantification of lorazepam in human hair by GC-MS/NCI in a case of traffic accident. Int J Legal Med, 108: 265-267

Cirimele V, Villain M, Salquèbre G et al. 2008. Hair analysis to document a clinical case of TCDD over-exposure. Forensic Sci Int, 176: 51-53

Colon HM, Robles RR, Sahai H et al. 2001. The validity of drug use responses in a household survey in Puerto Rico: comparison of survey responses of cocaine and heroin use with hair tests. Int J Epidemiol, 30(5): 1042-1049

Cone EJ, Yousefnejad D, Darwin WD et al. 1991. Testing Human Hair for Drugs of Abuse. II. Identification of Unique Cocaine Metabolites in Hair of Drug Abusers and Evaluation of Decontamination Procedures. J Anal Toxicol, 15: 250-255

Cone EJ. 1990. Testing human hair for drugs of abuse. I. Indi-vidual dose and time profiles of morphine and codeine in plasma, saliva, urine and beard compared to drug-induced effects on pupils and behavior. J Anal Toxicol, 14: 1-7

Covaci A, Schepens P. 2001. Chromatographic aspects of selected persistent organochlorine pollutants analysis in human hair. Chromatographia, 53: 366-371

Covaci A, Tutudaki M, Tsatsakis AM et al. 2002. Hair analysis: another approach for the assessment of human exposure to selected persistent organochlorine pollutants. Chemosphere, 46: 413-418

Cranton EM. 1985. Update on hair element analysis in clinical medicine. J Holistic Med, 7(2): 120-134

David ML, Bruce AG, Nathan KR et al. 2008. Comparison between self-report and hair analysis of illicit drug use in a community sample of middle-aged men. Addictive Behaviors, 33: 1131-1139

Duffy E, Mooney MH, Elliott CT et al. 2009. Studies on the persistence of estradiol benzoate and nortestosterone decanoate in hair of cattle following treatment with growth promoters, determined by ultra-high-performance liquid chromatography-tandem mass spectrometry. 1216(46): 8090-8095

Dunnett M, Lees P. 2004. Retrospective Detection and Deposition Profiles of Potentiated Sulphonamides in Equine Hair by Liquid Chromatography Chromatographia, 59: 69-78

Durant AA, Fente CA, Franco CM et al. 2002. Gas Chromatography-Tandem Mass Spectrometry Determination of 17α-Ethinylestradiol Residue in the Hair of Cattle. Application to Treated Animals. J Agric Food Chem, 50(3): 436-440

D'Have H, Scheirs J, Covaci A et al. 2007. Non-destructive pollution exposure assessment in the European hedgehog (Erinaceus europaeus): IV. Hair versus soil analysis in exposure and risk assessment of organochlorine compounds. Environmental Pollution, 145: 861-868

Eliopoulos C, Klein J, Koren G, et al. 1996. Validation of self-reported smoking by analysis of hair for nicotine and cotinine. Ther Drug Monit, 18(5): 532-536

Eliopoulos C, Klein J, Phan MK et al. 1994. Hair Concentrations of Nicotine and Cotinine in Women and Their Newborn Infants. JAMA, 271(8): 571-630

Ferré-Huguet N, Nadal M, Schuhmacher M et al. 2009. Monitoring Metals in Blood and Hair of the Population Living Near a Hazardous Waste Incinerator: Temporal Trend. Biol Trace Elem Res, 128(3): 191-199

Freire C, Ramos R, Lopez-Espinosa MJ et al. 2010. Hair mercury levels, fish consumption, and cognitive development in preschool children from Granada, Spain. Environ Res, 110(1): 96-104

Frison G, Favretto D, Tedeschi L et al. 2003. Detection of thiopental and pentobarbital in head and pubic hair in a case of drug-facilitated sexual assault. Forensic Sci Int, 133: 171-174

Gaillard Y, Vayssette F, Balland A et al. 1999. Gas chromatographic-tandem mass spectrometric determination of anabolic steroids and their esters in hair. J Chromatogr B Biomed Sci Appl, 735: 189-205

Gleixner A, Sauerwein H, Meyer HH. 1996. Detection of the anabolic beta 2-adrenoceptor agonist clenbuterol in human scalp hair by HPLC/EIA. Clin Chem, 42: 1869-1871

Goldberger BA, Caplan YH, Maguire T et al. 1991. Testing human hair for drugs of abuse. III. Identification of heroin and 6-acetylmorphine as indicators of heroin use. J Anal Toxicol, 15: 226-231

Goldberger BA, Darraj AG, Caplan YH et al. 1998. Detection of methadone, methadone metabolites, and other illicit drugs of abuse in hair of methadone-treatment subjects. J Anal Toxicol, 22(6): 526-530

Goldblum RW, Goldbaum LR, Piper WN et al. 1954. Barbiturate Concentrations in the Skin and Hair of Guinea Pigs. Invest Dermatol, 22: 121-128

Goullé JP, Chèze M, Pépin G. 2003. Determination of endogenous levels of GHB in human hair. Are there possibilities for the identification of GHB administration through hair analysis in cases of drug-facilitated sexual assault? J Anal Toxicol, 27: 574-580

Groner JA, Hoshaw-Woodard S, Koren G et al. 2005. Screening for Children's Exposure to Environmental Tobacco Smoke in a Pediatric Primary Care Setting. Arch Pediatr Adolesc Med, 159: 450-455

Ha NN, Agusaa T, Ramu K et al. 2009. Contamination by trace elements at e-waste recycling sites in Bangalore, India. Chemsphere, 76(1): 9-15

Hartwig S, Auwärter V, Pragst F et al. 2003. Effect of hair care and hair cosmetics on the concentrations of fatty acid ethyl esters in hair as markers of chronically elevated alcohol consumption. Forensic Sci Int, 131(2): 90-97

Henderson GL, Harkey MR, Zhou C et al. 1998. Incorporation of isotopically labeled cocaine into human hair: race as a factor. J Anal Toxicol, 22: 156-164

Hernández-Carrasquilla M. 2002. External contamination of bovine hair with β2-agonist compounds: Evaluation of decontamination strategies. Journal of Chromatography B, 767(2): 235-243

Hinwood A, Horwitz P, Rogan R et al. 2008. Human Exposure to Metals in Groundwater Affected by Acid Sulfate Soil Disturbance. Arch Environ Contam Toxicol, 55(3): 538-545

Hirtz D, Thurman DJ, Gwinn-Hardy K et al. 2007. How common are the "common" neurologic disorders? Neurology, 68: 326-337

Hold KM, DG Wilkins, DJ Crouch et al. 1996. Detection of stanozolol in hair by negative ion chemical ionization mass spectrometry. J Anal Toxicol, 20: 345-349

Hooijerink H, Lommen A, Mulder PPJ et al. 2005. Liquid chromatography-electrospray ionisation-mass spectrometry based method for the determination of estradiol benzoate in hair of cattle. Analytica Chimica Acta, 529: 167-172

Huestis MA, Choo RE. 2002. Drug abuse's smallest victims: in utero drug exposure. Forensic Sci Int, 128 (1): 20-30

Ishiyama I, Nagai T, Toshida S. 1983. Detection of basic drugs (methamphetamine, anti-depressants and nicotine) from human hair. J Forensic Sci, 28: 380-385

Joseph RE, Su TP, Cone EJ. 1996. In vitro binding studies of drugs to hair: influence of melanin and lipids on Cocaine Binding to Caucasoid and Africoid hair. J Anal Toxicol, 20(6): 338-344

Kadoumi A, Wada M, Nakashima MN et al. 2004. Hair analysis for fenfluramine and norfenfluramine as biomarkers for N-nitrosofenfluramine ingestion. Forensic Sci Int, 146, 39-46

Katikaneni LD, Salle FR, Hulsey TC. 2002. Neonatal Hair Analysis for Benzoylecgonine: A Sensitive and Semiquantitative Biological Marker for Chronic Gestational Cocaine Exposure. Biol Neonate, 81(1): 29-37

Kemp S, Feely M, Hay A et al. 2007. Psychological factors and use of antiepileptic drugs: Pilot work using an objective measure of adherence. Psychol Health Med, 12: 107-113

Khuder A, Bakir MA, Hasan R et al. 2008. Determination of nickel, copper, zinc and lead in human scalp hair in Syrian occupationally exposed workers by total reflection X-ray fluorescence Environ Monit Assess, 143(1-3): 67-74

Kidwell DA, MA Blanco, FP Smith. 1997. Cocaine detection in a university population by hair analysis and skin swab testing. Forensic Sci Int, 84(1): 75-86

Kidwell DA. 1993. Analysis of phencyclidine and cocaine in human hair by tandem mass spectrometry. J Forensic Sci, 38: 272-284

Kintz P, Cirimele V, Jamey C et al. 2003. Testing for GHB in hair by GC/MS/MS after a single exposure. Application to document sexual assault. J Forensic Sci, 48: 195-200

Kintz P, Cirimele V, Jeanneau T et al. 1999. Identification of testosterone and testosterone esters in human hair. J Anal Toxicol, 23: 352-356

Kintz P, Cirimele V, Ludes B. 1999. Physiological concentrations of DHEA in human hair. J Anal Toxicol, 23: 424-428

Kintz P, Cirimele V, Mangin P. 1995. Testing human hair for cannabis. II. Identification of THC-COOH by GC-

MS - NCI as a unique proof. J Forensic Sci, 40: 619 - 623

Kintz P, Eser HP, Tracqui A et al. 1997. Enantioselective separation of methadone and its main metabolite in human hair by liquid chromatog- raphy/ion spray-mass spectrometry. J Forensic Sci, 42(2), 291 - 295

Kintz P, Ginet M, Marques N et al. 2007. Arsenic speciation of two specimens of Napoleon's hair. Forensic Sci Int, 170: 204 - 206

Kintz P, Kieffer I, Messer J et al. 1993. Nicotine analysis in neonates' hair for measuring gestational exposure to tobacco. J Forensic Sci, 38: 119 - 123

Kintz P, Ludes B, Mangin P. 1992. Evaluation of nicotine and cotinine in human hair. J Forensic Sci, 37: 72 - 76

Kintz P, Mangin P. 1992. Hair analysis for detection of beta- blockers in hypertensive patients. Eur J Clin Pharmacol, 42: 351 - 352

Kintz P, Mangin P. 1993. Determination of gestational opiate, nicotine, benzodiazepine, cocaine and amphetamine exposure by hair analysis. J Forensic Sci Soc, 1993, 33(3): 139 - 142

Kintz P, Mangin P. 1993. Opiate concentrations in human hair of the head, axillary and pubic regions. J Forensic Sci, 38: 657 - 662

Kintz P, Villain M, Cheze M et al. 2005. Identification of alprazolam in hair in two cases of drug-facilitated incidents. Forensic Sci Int, 153: 222 - 226

Kintz P, Villain M, Tracqui A et al. 2003. Buprenorphine in drug-facilitated sexual abuse: a fatal case involving a 14-year-old boy. J Anal Toxicol, 27: 527 - 529

Kintz P. 1996. A comparison between urine, sweat and hair. Ther Drug Monit, 18(4): 450 - 455

Kintz P. 2004. Value of hair analysis in postmortem toxicology. Forensic Sci Int, 142: 127 - 134

Kintz P. 2007. Bioanalytical procedures for detection of chemical agents in hair in the case of drug-facilitated crime. Anal Bioanal Chem, 388: 1467 - 1474

Klein J, Chan D, Koren G. 2002. Neonatal hair analysis as a biomarker for in utero alcohol exposure. N Engl J Med, 347, 2086

Klein J, Karaskov T, Koren G. 2000. Clinical applications of hair testing for drugs of abuse — the Canadian experience. Forensic Sci Int, 107(1): 281 - 288

Klein J, Koren G. 1999. Hair analysis-a biological marker for passive smoking in pregnancy and childhood. Hum Exp Toxicol, 18(4): 279 - 282

Klein U, Drochner W, Forschner E et al. 1992. Concentrations of PCBs in hair, blood, tissue and excretions of chronically contaminated cows, heifers and calfs. Dtsch Tierarztl Wochenschr, 99: 242 - 248

Klug E. 1980. Zur Morphinbestimmung in Kopfhaaren. Z Rechtsmed, 84: 189 - 193

Koren G, Chan D, Klein J et al. 2002. Estimation of Fetal Exposure to Drugs of Abuse, Environmental Tobacco Smoke, and Ethanol. Ther Drug Monit, 24(1), 23 - 25

Koren G, Klein J, Forman R et al. 1992. Hair analysis of cocaine: differentiation between systemic exposure and external contamination. J Clin Pharmacol, 32: 671 - 675

Kronstrand R, Andersson MC, Ahlner J et al. 2001. Incorporation of selegiline into hair after oral selegiline intake. J Anal Toxicol, 25(7): 594 - 601

Kronstrand R, Forstberg-Peterson S, KÅgedal B et al. 1999. Codeine Concentration in Hair after Oral Administration Is Dependent on Melanin Content. Clin Chem, 45: 1485 - 1494

Kuhn L, Kline J, Ng S et al. 2000. Cocaine Use during Pregnancy and Intrauterine Growth Retardation: New Insights Based on Maternal Hair Tests. Am. J Epidemiol, 152(2): 112 - 119

LaGasse LL, Seifer R, Lester BM. 1999. Interpreting research on prenatal substance exposure in the context of multiple confounding factors. Clin Perinatol, 26(1): 39-54

Lee WC, Lee MJ, Lee SM et al. 2000. An observation on the mercury contents of scalp hair in the urban residents of South Korea. Environmental Toxicology and Pharmacology, 8: 275-278

Lewis D, C Moore, P Morrissey et al. 1997. Determination of drug exposure using hair: application to child protective cases. Forensic Sci Int, 84(1): 123-128

Lin XL, Alber D, Henkelmann R. 2004. Elemental contents in Napoleon's hair cut before and after his death: did Napoleon die of arsenic poisoning? Analytical and Bioanalytical Chemistry, 379: 218-220

Liu J, Peng C, Suzuki O. 1998. Solid-phase microextraction (SPME) of drugs and poisons from biological samples. Forensic Sci Int, 97: 93-100

Mahl MA, Hirsch M, Sugg U. 2000. Verification of the drug history given by potential blood donors: results of drug screening that combines hair and urine analysis. Transfusion, 40(6): 637-641

Marchei E, Muñoz JA, Garcia-Algar O et al. 2008. Development and validation of a liquid chromatography-mass spectrometry assay for hair analysis of methylphenidate. Forensic Sci Int, 176: 42-46

Markovic N, Ness RB, Cefilli D et al. 2000. Substance use measures among women in early pregnancy. Am J Obstetric Gyneco, 183: 627-632.

Marsh A, Evans MB, Strang J. 1995. Radioimmunoassay of drugs of abuse in hair. Part 2: The determination of methadone in the hair of known drug users. J Pharm Biomed Anal, 13(7): 829-839

Matsuno H, Uematsu T, Nakashima M. 1990. The measurement of haloperidol and reduced haloperidol in hair as an index of dosage history. Br J Clin Pharmacol, 29: 187-194

McLean CM, Kollera CE, Rodger JC et al. 2009. Mammalian hair as an accumulative bioindicator of metal bioavailability in Australian terrestrial environments. Sci Total Environ, 407(11): 3588-3596

Mieczkowski T, Mieczkowski T, Newel R. 1993. An evaluation of patterns of racial bias in hair assays for cocaine: Black and white arrestees compared. Forensic Science Int, 63: 85-98

Mieczkowski T. 2004. Drug testing the police: some results of urinalysis and hair analysis in a major US metropolitan police force. J Clin Forensic Med, 11: 115-122

Mizuno A, Uematsu T, Ishikawa T et al. 1997. Clinical Outcome of Smoking-Cessation Trial of Nicotine Chewing Gum Evaluated by Analysis of Nicotine in Hair. Ther Drug Monit, 19(4): 407-412

Moeller MR, Fey P, Rimbach S et al. 1992. Identification and quantitation of cocaine and its metabolites, benzoylecgonine and ecgonine methyl ester, in hair of Bolivian coca chewers by gas chromatography/mass spectrometry. J Anal Toxicol, 16: 291-296

Moeller MR, Fey P, Wennig R, et al. 1993. Simultaneous determination of drugs of abuse (opiates, cocaine and amphetamine) in human hair by GC/MS and its application to a methadone treat-ment program. Forensic Sci Int, 63: 185-206

Moore TH, Zammit S, Lingford-Hughes A, et al. 2007. Cannabis use and risk of psychotic or affective mental health outcomes: a systematic review. Lancet, 370: 319-328

Morgan CJA, Curran HV. 2008. Effects of cannabidiol on schizophrenia-like symptoms in people who use cannabis. The British Journal of Psychiatry, 192: 306-307

Muikku M, Puhakainen M, Heikkinen T et al. 2009. The Mean Concentration of Uranium in Drinking Water, Urine, and Hair of the Occupationally Unexposed Finnish Working Population. Health Phys, 96(6): 646-654

Nakahara Y, Kikura R. 1994. Hair analysis for drugs of abuse. VII. The incorporation rates of cocaine, benzoylecgonine and ecgonine methyl ester into rat hair and hydrolysis of cocaine in rat hair. Arch Toxicol, 68: 54-59

Nakahara Y, Kikura R. 1996. Hair analysis for drugs of abuse XIII. Effect of structural factors on incorporation of drugs into hair: the incorporation rates of amphetamine analogs. Arch Toxicol, 70: 841-849

Nakahara Y, Simamine M, Takahashi K. 1992. Hair analysis for drugs of abuse. III. Movement and stability of methoxy-phenamine (as a model compound of methamphetamine) along hair shaft with hair growth. J Anal Toxicol, 16: 253-257

Nakahara Y, Takahashi K, Konuma TY et al. 1990. Hair Analysis for Drugs of Abuse. II. Hair Analysis of Methamphetamine by Isotope Dilution GC/MS. J Forensic Sci, 46: 243-254

Nakahara Y. 1999. Hair analysis for abused and therapeutic drugs. J Chromatogr B Biomed Sci Appl, 733(1): 161-180

Nakahara Y. 1999. Hair analysis for abused and therapeutic drugs. J Chromatogr B, 733: 161-180

Nakao T, Aozasa O, Ohta S et al. 2002. Assessment of human exposure to PCDDs, PCDFs and Co-PCBs using hair as a human pollution indicator sample I: development of analytical method for human hair and evaluation for exposure assessment. Chemosphere, 48: 885-896

Nakao T, Aozasa O, Ohta S et al. 2005. Survey of Human Exposure to PCDDs, PCDFs, and Coplanar PCBs Using Hairas an Indicator. Environ Contam Toxicol, 49: 124-130

Offidani C, Strano Rossi S, Chiarotti M. 1993. Improved enzymatic hydrolysis of hair. Forensic Sci Int, 63: 171-174

Paschal AM, Hawley SR, Romain TS et al. 2008. Measures of adherence to epilepsy treatment: review of present practices and recommendations for future directions. Epilepsia, 49(7): 1115-1122

Paterson S, Cordero R, McPhillips M et al. 2003. Interindividual dose/concentration relationship for methadone in hair. J Anal Toxicol, 27(1): 20-23

Paterson S, Cordero R, Stearns E et al. 2009. Chronic drug use confirmed by hair analysis: Its role in understanding both the medical cause of death and the circumstances surrounding the death. Journal of Forensic and Legal Medicine, 16: 143-147

Pepin G, Gaillard Y. 1997. Concordance between self-reported drug use and findings in hair about cocaine and heroin. Forensic Sci Int, 84(1): 37-41

Pichini S, Garcia-Algar O, Munoz L et al. 2003. Assessment of chronic exposure to cigarette smoke and its change during pregnancy by segmental analysis of maternal hair nicotine. J Expo Anal Environ Epidemiol, 13: 144-151

Pichini S, Poudevida S, Pujadas M et al. 2006. Assessment of chronic exposure to MDMA in a group of consumers by segmental hair analysis. Ther Drug Monit, 28(1): 106-109

Posecion N, Ostrea E, Bielawski D et al. 2006. Detection of Exposure to Environmental Pesticides During Pregnancy by the Analysis of Maternal Hair Using GC/MS. Chromatographia, 64: 681-687

Pragst F, Rothe M, Hunger J, et al. 1997. Structural and concentration effects on the deposition of tricyclic antidepressants in human hair. Forensic Sci Int, 84: 225-236

Pragst F, Yegles M. 2008. Determination of Fatty Acid Ethyl Esters (FAEE) and Ethyl Glucuronide (EtG) in Hair: A Promising Way for Retrospective Detection of Alcohol Abuse During Pregnancy? Ther Drug Monit, 30: 255-263

Pujadas M, Pichini S, Poudevida S et al. 2003. Development and validation of a gas chromatography-mass spectrometry assay for hair analysis of amphetamine, methamphetamine and methylenedioxy derivatives. J

Chromatogr B Anal Technol Biomed Life Sci, 798: 249 - 255

Quintela O, Bermejo AM, Tabernero MJ et al. 2000. Evaluation of cocaine, amphetamines and cannabis use in university students through hair analysis: preliminary results. Forensic Sci Int, 10: 273 - 279

Regal P, Nebot C, Vázquez BI et al. Determination of the hormonal growth promoter 17α - methyltestosterone in food-producing animals: Bovine hair analysis by HPLC - MS/MS. Meat Science, 2010, 84(1): 196 - 201

Richardson J, Fendrich M, Johnson TP et al. 2003. Neighborhood effects on drug reporting. Addiction, 98: 1705 - 1711

Rollins DE, Wilkins DG, Kruegger GG et al. 1996. Codeine disposition in human hair after single and multiple doses. Eur J Clin Pharmacol, 50: 391 - 397

Rothe M, Pragst F, Spiegel K et al. 1997. Hair concentrations and self-reported abuse history of 20 amphetamine and ecstasy users. Forensic Sci Int, 19: 111 - 128

Runne U, Ochsendorf FR, Schmidt K et al. 1992. Sequential concentration of chloroquine in human hair correlates with ingested dose and duration of therapy. Acta Dermato - Venereolog, 72: 355 - 357

Sachs H, Brunner H. 1986. GC/MS findings of morphine and codeine in vitreous humor and hair. Beitr Gerichtl med, 44: 281 - 286

Sander JW. 2004. The use of antiepileptic drugs—principles and practice, Epilepsia, 45(Suppl 6): 28 - 34

Sanna E, Floris G, Vallascas E et al. 2008. Town and Gender Effects on Hair Lead Levels in Children from Three Sardinian Towns (Italy) with Different Environmental Backgrounds. Biol Trace Elem Res, 124(1): 52 - 59

Schaffer MI, Wang WL, Irving J. 2002. An Evaluation of two wash procedures for the differentiation of external contamination versus ingestion in the analysis of human hair. J Anal Toxicol, 26(7): 485 - 488

Scherer C, Wachter U, Wudy SA et al. 1998. Determination of testosterone in human hair by gas chromatography-selected ion monitoring mass spectrometry. Analyst, 123: 2661 - 2663

Schlupp A, Anielski P, Thieme D et al. 2004. The β - agonist clenbuterol in mane and tail hair of horses. Equine Vet J, 36: 118 - 122

Schramm KW. 1997. Hair: a matrix for non-invasive biomonitoring of organic chemicals in mammals. Bulletin of Environmental Contamination and Toxicology, 59: 396 - 402

Segura J, Ventura R, Jurado C. 1998. Derivatization procedures for gas chromatographic-mass spectrometric determination of xenobiotics in biological samples, with special attention to drugs of abuse and doping agents. J Chromatogr B Biol Sci Appl, 713: 61 - 90

Selten JP, Bosman IJ, de Boer D et al. 2002. Hair analysis for cannabinoids and amphetamines in a psychosis incidence study. Eur Neuropsychopharmacol, 12(1): 27 - 30

Seong MW, Hwang JH, Moon JS et al. 2008. Neonatal hair nicotine levels and fetal exposure to paternal smoking at home. Am J Epidemiol, 168(10): 1140 - 1144

Shen M, Xiang P, Shen B et al. 2009. Physiological Concentrations of Anabolic Steroids in Human Hair. Forensic Sci Int, 184: 32 - 36

Shen M, Xiang P, Shen B. 2002.Detection of antidepressant and antipsychotic drugs in human hair. Forensic Sci Int, 126: 153 - 161

Shen M, Xiang P, Shi Y et al. 2014. Mass imaging of ketamine in a single scalp hair by MALDI - FTMS. Analytical and Bioanalytical Chemistry,406(19): 4611 - 4616

Shen M, Xiang P, SunYY et al. 2013. Disappearance of 6 - acetylmorphine, morphine and codeine from human scalp hair after discontinuation of opiate abuse. Forensic Sci Int, 227: 64 - 68

Shen M, Xiang P, Yan H et al. 2009. Hair analysis for anabolic steroids: the time courses in guinea pigs. Steroids, 74: 773-778

Shen M, Xing P, Shen B. 1999. Detection of meperidine and its metabolites in the hair of meperidine addicts. Forensic Sci Int, 103: 159-171

Shen M, Yan H, Xiang P et al. 2009. Simultaneous Determination of Anabolic Anarogenic Steroids and Their Esters in Hair by LC-MS-MS. Chromatographla, 70: 1381-1386

Shi Y, Shen B, Xiang P et al. 2010. Determination of ethyl glucuronide in hair samples of Chinese people by protein precipitation (PPT) and large volume injection-gas chromatography-tandem mass spectrometry (LVI-GC/MS/MS). J Chromatogr B, 878: 3161-3166

Simpson DD, Joe GW, Broome KM. 2002. A national 5-year follow-up of treatment outcomes for cocaine dependence. Arch Gen Psychiatry, 59: 538-544

Skopp G, Schmitt G, Pötsch L, et al. 2000. Ethyl glucuronide in human hair. Alcohol and Alcoholism Alcohol, 35: 283-285

Smith FP, DA Kidwell. 1996. Cocaine in hair, saliva, skin swabs, and urine of cocaine users' children. Forensic Sci Int, 83(3): 179-189

Sramek JJ, Baumgartner WA, Ahrens TN, et al. 1992. Detection of benzodiazepines in human hair by radioimmunoassay. Ann Pharmacother, 26: 469-471

Standridge JS, Bhattacharya A, Succop P et al. 2008. Effect of chronic low level manganese exposure on postural balance: A pilot study of residents in southwest Ohio. J Occup Environ Med, 50(12): 1421-1429

Stolker AAM, Groot MJ, Lasaroms JJP et al. 2009. Detectability of testosterone esters and estradiol benzoate in bovine hair and plasma following pour-on treatment. Anal Bioanal Chem, 395: 1075-1087

Strano-Rossi S, Bermejo-Barrera A, Chiarotti M. 1995. Segmental hair analysis for cocaine and heroin abuse determination. Forensic Sci Int, 5: 211-216

Sukumar A, Subramanian R. 2007. Relative element levels in the paired samples of scalp hair and fingernails of patients from New Delhi. Science of the Total Environment, 372: 474-479

Swartz MS, Swanson JW, Hiday VA et al. 1998. Violence and Severe Mental Illness: The Effects of Substance Abuse and Nonadherence to Medication. Am J Psychiatry, 155: 226-231

Tagliaro F, De Battisti Z, Lubli G et al. 1997. Integrateduse of hair analysis to investigate the phisical fitness to obtain the driving licence: a case-work study. Forensic Sci Int, 84: 129-135

Tagliaro F, Poiesi C, Aiello R et al. 1993. Capillary electrophoresis for the investigation of illicit drugs in hair: determination of cocaine and morphine. J Chromatogr, 638: 303-309

Tassiopoulos K, Bernstein J, Heeren T et al. 2004. Hair testing and self-report of cocaine use by heroin users. Addiction, 99(5): 590-597

Tracqui A, Krissig P, Kintz P et al. 1992. Determination of Amitriptyline in the Hair of Psychiatric Patients. Human and Experimental Toxicology, 11: 363-367

Tsatsakis A, Tutudaki M. 2004. Progress in pesticide and POPs hair analysis for the assessment of exposure. Forensic Sci Int, 145(2-3): 195-199

Tsatsakis AM, Tzatzarakis MN, Tutudaki M. 2008. Pesticide levels in head hair samples of Cretan population as an indicator of present and past exposure. Forensic Sci Int, 176(1): 67-71

Uematsu T, Miyazawa N, Okazaki O et al. 1992. Possible effect of pigment on the pharmacokinetics of ofloxacin and its excretion in hair. J Pharmaceut Sci, 81: 45-48

Uematsu T, Mizuno A, Nagashima S et al. 1995. The axial distribution of nicotine content along hair shaft as an indicator of changes in smoking behaviour: evaluation in a smoking-cessation programme with or without the aid of nicotine chewing gum. Br J Clin Pharmacol, 39(6): 665-669

Uhl M. 1997. Determination of drugs in hair using GC/MS-MS. Forensic Sci Int, 84: 281-294

Van den Hauwe O, Dumoulin F, Elliott C et al. 2005. Detection of synthetic glucocorticoid residues in cattle tissue and hair samples after a single dose administration using LC-MS/MS. J Chromatogr B, 817: 215-223

Vermeulen F, D'Havé H, Mubiana VK et al. 2009. Relevance of hair and spines of the European hedgehog (Erinaceus europaeus) as biomonitoring tissues for arsenic and metals in relation to blood. Sci Total Environ, 407(5): 1775-1783

Villain M, Chéze M, Tracqui A et al. 2004. Windows of detection of zolpidem in urine and hair. Application to two drug-facilitated sexual assaults. Forensic Sci Int, 143: 157-161

Vinner E, Vignau J, Thibault D et al. 2003. Neonatal Hair Analysis Contribution to Establishing a Gestational Drug Exposure Profile and Predicting a Withdrawal Syndrome. Ther Drug Monit, 25(4): 421-432

Voegborlo RB, Matsuyama A, Adimado AA et al. 2009. Head Hair Total Mercury and Methylmercury Levels in Some Ghanaian Individuals for the Estimation of Their Exposure to Mercury: Preliminary Studies. Bull Environ Contam Toxicol, 14: 34-38

Wainhaus SB, Tzanani N, Dagan S et al. 1998. Fast analysis of drugs in a single hair. J Am Soc for Mass Spectrometry, 9: 1311-1320

Wang T, Fu J, Wang Y et al. 2009. Use of scalp hair as indicator of human exposure to heavy metals in an electronic waste recycling area. Environ Pollut, 157(8-9): 2445-2451

Wang T, Shen B, Wu H et al. 2018. Disappearance of R/S-methamphetamine and R/S-amphetamine from human scalp hair after discontinuation of methamphetamine abuse. Forensic Sci Int, 284: 153-160

Warner R, Taylor D, Wright J et al. 1994. Substance use among the mentally ill: Prevalence, reasons for use, and effects on illness. Am J Orthopsychiatry, 64(1): 30-39

Welch M, Sniegoski LT, Tai S. 1993. Two new standard reference materials for the determination of drugs of abuse in human hair Forensic Sci Int, 63: 295-303

Welp EA, Bosman I, Langedam MW et al. 2003. Amount of self-reported illicit drug use compared to quantitative hair test results in community-recruited young drug users in Amsterdam. Addiction, 98(7): 987-994

Wennig R. 2000. Potential problems with the interpretation of hair analysis results. Forensic Sci Int, 10: 5-12

Wilkins DG, Nagasawa PR, Gygi SP et al. 1996. Quantitative analysis of methadone and two major metabolites in hair by positive chemical ionization ion trap mass spectrometry. J Anal Toxicol, 20(6): 355-361

Williams J, Myson V, Steward S et al. 2002. Self-discontinuation of antiepileptic medication in pregnancy: detection by hair analysis. Epilepsia, 43: 824-831

Williams J, Patsalos PN, Mei Z et al. 2001. Relation Between Dosage of Carbamazepine and Concentration in Hair and Plasma Samples From a Compliant Inpatient Epileptic Population. Ther Drug Monit, 23(1): 15-20

Wilson SE, Kahn R, Khoury J et al. 2005. Racial differences in exposure to environmental tobacco smoke among children. Environ Health Perspect, 113(3): 362-367

Wipfli H, vila-Tang E, Navas-Acien A et al. 2008. Secondhand smoke exposure among women and children: Evidence from 31 countries. Am J Public Health, 98: 672-679

Xiang P, Shen M, Drummer OH. 2015. Review: Drug concentrations in hair and their relevance in drug facilitated crimes. Journal of Forensic and Legal Medicine, 36: 126-135

Xiang P, Sun Q, Shen B et al. 2011. Disposition of ketamine and norketamine in hair after a single dose. Int J Legal Med, 125: 831 - 840

Xiang P, Sun Q, Shen B et al. 2011. Evaluation of segmental hair analysis after a single dose of benzodiazepines. Forensic Sci Int, 204: 19 - 26

Yegles M, Labarthe A, Auwärter V et al. 2004. Comparison of ethyl glucuronide and fatty acid ethyl ester concentrations in hair of alcoholics, social drinkers and teetotallers. Forensic Sci Int, 145: 167 - 173

第二章 毛发的概论

随着毛发中毒(药)物分析的发展和应用范围的拓展,以及对鉴定结果的科学性、可靠性、准确性要求的不断提升,现行毛发分析所面临的主要挑战不是来源于检测方法,而是聚焦于分析结果的说明解释及其证据效力。其关键点之一在于人们对毛发尤其是头发的结构特征和生长特征及其影响因素的认知,以及对毒(药)物进入毛发的机制认识和研究实践等。本章作为毛发分析的基础内容将重点介绍毛发的结构、性质及生长特征等知识,以期理解毒(药)物进入毛发的机制和解释毛发分析结果的内涵。

第一节 毛发的结构与生长

人类的毛发属于皮肤的附属器官,由角化的表皮细胞所构成。毛发分为长毛(头发、胡须、腋毛、阴毛)、短毛(睫毛、眉毛、鼻毛、外耳道短毛)、毳毛和胎毛4种。长毛和短毛合称终毛,特点是粗硬、颜色深、有髓质和黑素。男性的胸毛、躯干毛等90%以上为终毛,而女性的终毛则不足35%。形态介于终毛和毳毛之间的毛发称为中间毛,也有髓质和黑素,多见于白种人的胸壁、腹壁和四肢,黄种人少见。毳毛软,较短,多数不超过2 cm,无髓质,可有较淡的色素,遍布于除掌跖部、唇红、乳头、龟头、阴蒂和指(趾)末节外的全身,以头顶部的密度最高,达300 根/cm^{2}左右。胎毛软而细,无色素,无髓质。胎儿出生后,胎毛即被毳毛和终毛所替代。

生长在头皮上的毛发称为头发,头发的产生和生长与皮肤有着密切的关系。

一、皮肤的结构

皮肤由表皮、真皮和浅筋膜(即皮下组织)等组成,其间分布有丰富的血管、淋巴管、神经组织、肌肉组织及皮肤附属器(图2-1)。广义上的头皮是指颅顶的软组织,面积约为635 cm^2,狭义的头皮概念是颅顶软组织的浅部三层,即皮肤、浅筋膜和帽状腱膜(及枕额肌)。

皮肤的最外层即表皮（epidermis），是由外胚层分化而来，属角化复层鳞状上皮，借助于真皮层和浅筋膜相连。表皮由深层到表层依次分为基底层（stratum basale）、棘层（stratum spinosum）、颗粒层（stratum granulosum）、透明层（stratum lucidum）和角质层（stratum corneum）5层，一般厚度为 0.1～0.3 mm。角朊细胞和树枝状细胞两大类细胞组成了表皮。角朊细胞是表皮的主要成分，因其最终形成角蛋白，故又称角质形成细胞。树枝状细胞有黑素细胞、朗格汉斯细胞、迈克尔细胞和未定型细胞四种类型，其功能和结构各不相同。

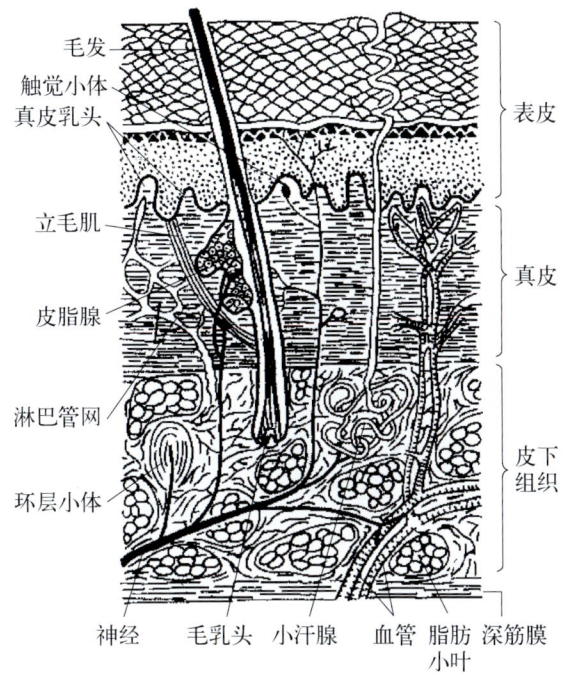

图 2-1 皮肤的结构图

真皮（dermis）位于表皮之下，是由中胚层分化而来，由胶原纤维、网状纤维、弹力纤维及各种细胞和基质构成。最靠近表皮基底层的一层组织称为乳头层，含有丰富的毛细血管和毛细淋巴管，以及游离神经末梢和触觉小体。乳头层的深部为网状层，两者无明显界限。网状层内除有较大的血管、淋巴管和神经外，还有肌肉组织和皮肤附属器等结构（吴志华，1993）。

皮下组织（subcutaneous tissue）位于真皮下方，与真皮无明显界限，由疏松结缔组织和脂肪小叶构成，又称皮下脂肪层。此层还有汗腺、血管、淋巴管和神经分布，毛根即在此层，以获取营养成分。

额顶枕区的皮肤，即狭义的头皮，与头发的生长最密切。

二、头发的结构

头发是毛发的一种，属于长毛，是人体皮肤的一种附属器。它由毛干（hair shaft）、毛根（hair root）和毛囊（hair follicle）三部分组成（图 2-2）。毛囊又可再分为上下两部，上部为漏斗部和峡部；下部可分为球部和茎部。

1. 毛干

毛干指露于皮肤表面的部分，是皮肤的附属器。由角朊细胞组成，其主要成分为角蛋白，占毛干总重量的 85%～90%，其他成分是水、色素、脂

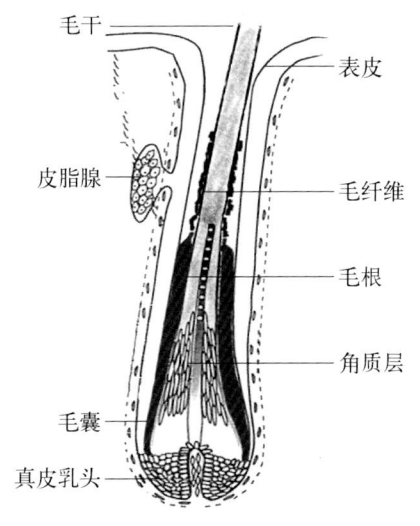

图 2-2 头发的组成结构图

质和微量元素(Montagna,1958)。如图 2-3 所示,毛干剖面由内至外可分三层:

(1) 毛髓质(Medulla)　位于毛发中轴部位,由 1~2 排立方上皮细胞纵列而成,可连续或断断续续存在。细胞内和细胞间充满空气间隙,这些饱含空气的洞孔具有隔热的作用,而且可以提高毛发的强度和刚性,又几乎不增加毛发的重量。电子显微镜下可见,毛球上部髓细胞的胞核较大,细胞质中有高电子密度的富含精氨酸的颗粒及黑素颗粒存在,位于毛球顶端的细胞呈不完全角化。

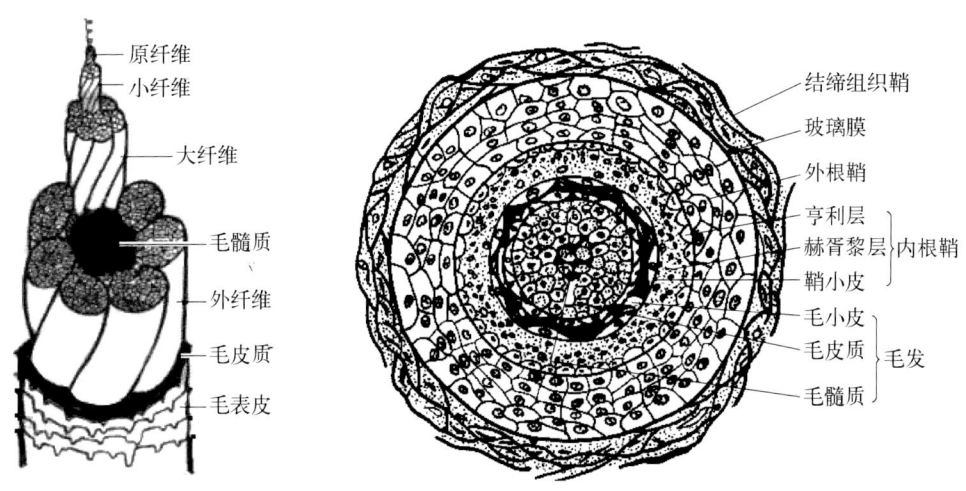

图 2-3 头发的三层结构图及毛干横切面图

(2) 毛皮质(Cortex)　占毛发的 75% 至 90%,是决定毛发的颜色、弹性、强度、粗细与屈曲性的重要组成部分,由柔软的角蛋白构成。毛皮质由细长的梭形细胞紧密排列而成,细胞之间界限不清。向远心端移动,细胞渐变细变长,并出现细纤维与毛长轴平行,数目和大小渐增加,呈束状。这些细纤维实质是成束的角蛋白链,也就是由低硫的 α 螺旋形角蛋白微纤维构成的粗纤维束,纤维之间有富含硫蛋白的基质填充。角蛋白质的链状结构,使毛发具有可伸缩的特性,不易被拉断。但毛发湿的时候较为脆弱,不当牵拉,容易造成损伤。皮质内,含有具有凝结力和左右毛发色质的黑色素。

(3) 毛表皮（Cuticle） 又称毛小皮、表皮层或角质层，是毛发的最外层，决定毛发的外观和亮泽度。毛表皮由无核的鳞状角化细胞呈叠瓦状而成，约 6~10 层，每层厚 350~450 nm。毛表皮细胞与内毛根鞘细胞相连接，使毛发牢固定位于毛囊中。按化学组成和结构，毛表皮细胞又分为以下三层：

1）上表皮（Epicutcile）：最外面一层，厚度约为 10 μm，水蒸气可以通透，但水不能渗入。上表皮是由多糖类、蛋白质牢固结合而成，具有抗氧化、抗化学药品、抗碱性及亲油性等特点。

2）外表皮（Exocutcile）：柔软的角质层包含了许多含巯基氨酸，易吸收可切断巯基氨酸的药物。

3）内表皮（Endoicutcile）：最内侧的一层，巯基氨酸浓度很少，所以对侵蚀角蛋白的药品具有很强的抵抗力。这一层的内侧有类似双面胶的细胞膜，可以紧紧黏附在毛表皮上。具有亲水性，但耐碱性较弱。

毛表皮可以抵御外来的刺激，保护皮质并抑制水分的蒸发。一般所说的毛发损伤，即角质层的损伤。毛表皮膨胀力强，可有效地吸收化学成分，遇碱时关闭毛孔。表皮层有凝聚力并延续了皮质的角蛋白纤维质，可以抵抗外界的一些物理作用与化学作用。角质层变薄的话，毛发会失去凝聚力和抵抗力，发质变得脆弱。因此，头发的光泽与本层结构有关，越远离头皮部的毛表皮，尤其是长发末端，由于接触外界的时间长，越容易受到各种因素的影响，边缘可轻度翘起或破裂，这种情况又称侵蚀。严重时，毛皮质被一定程度的裸露，内含的水分会丢失，头发变干燥和脆弱，造成发梢分叉。头发被侵蚀时，亮泽度自然会降低。而头发的近端，毛表皮最光滑、整齐，亮泽度也较好。

2. 毛根

毛发在皮肤内的部分称为毛根，同样也具有毛髓质、毛皮质和毛表皮三个部分。毛根末端膨大呈球状，称毛球。后者位于毛囊内，中央内凹，接毛囊真皮乳头。

(1) 毛球（hair bulb） 位于真皮与皮下组织之间，主要由未成熟的毛母质细胞组成，其中有少数黑素细胞。毛母质细胞代谢旺盛，增殖能力很强，胞质少而胞核大，核单一而多呈圆形，有 1~2 个明显的核仁，核分裂现象易见，染色质呈细点彩状，染深蓝色。毛母质细胞在毛乳头正上方排列成栅状，不断产生新的细胞，并合成含硫的角蛋白。往上推移到达毛球的上部时，逐渐沿两个途径分化，在尖端的内三层向毛发细胞分化形成毛干，占所增殖细胞的 1/3；两侧的外三层向内毛根鞘细胞分化，占所增殖细胞的 2/3。

(2) 毛乳头（hair papilla） 属于真皮组织，从毛发的基部突入毛球内。由结缔组织和丰富的毛细血管、神经末梢组成，其中有丰富的纤维细胞和大量黏蛋白。毛乳头与毛发的营养维持、生长有关。

3. 毛囊

广义的毛囊是指包绕毛根的软组织,由表皮下陷而成。毛囊内外由上皮性毛根鞘和毛囊周围鞘两部分组成,两者之间有玻璃膜。它包围着毛根,上面附有立毛肌,亦与皮脂腺相连,其最外层被毛囊周围鞘围绕。

(1) 上皮性毛根鞘(epithelial root sheath)　起源于表皮,又分内毛根鞘和外毛根鞘两部分。在正常情况下,毛根鞘随毛发不断向外生长,当毛发露出表皮时,毛根鞘分离并脱落。

1) 内毛根鞘(internal root sheath):由鞘小皮、Huxley 鞘和 Henle 鞘 3 层组成,其共同特点为细胞质中均含有弹力纤维和毛透明蛋白颗粒。后者与角质透明蛋白相似,为高电子、均质、椭圆形(大的呈不规则形)、外廓平滑的结构,含有特异性的氨基酸,如半胱氨酸。越向上,桥粒-张力纤维复合体越发达,数目越多。自毛囊茎部开始已完全角化,呈蓝灰色,并在其最上部分出现脱屑,但不完全脱落,直到峡部才完全消失。

2) 外毛根鞘(external root sheath):相当于表皮的基底层和棘细胞层。细胞质清晰,与表皮相连。在毛根的峡部最厚,到皮脂腺导管开口处又变薄。在峡部末端外毛根鞘细胞增殖,并且形成隆起,成为毛发上段的标记。该隆起可环绕整个峡部末端或仅限于单侧即立毛肌附着处,可能是移行期毛囊的生发细胞来源。

(2) 玻璃膜(glassy membrane)　位于外毛根鞘外侧,与表皮下基底膜层相连续,相当于表皮的基底膜。在毛囊下半部较厚,以毛囊球部最厚;往上变得狭窄,至峡部和漏斗处呈线条状;在毛球下部很薄,在乳头腔内几乎不可见。

(3) 毛囊周围鞘(peri-follicle sheath)　又称结缔组织性毛根鞘,起源于真皮,围绕毛囊,是特殊的结缔组织,由内层环状纤维和外层纵行纤维组成。两层均由Ⅲ型纤细胶原束疏松地排列而成,并有少数弹力纤维和卵圆或圆形纤维细胞。切面上仅根据胶原束难以区分内外层,必须根据纤维细胞核的形态分辨:胞核若呈卵圆形,表示纵切,为外层;胞核若呈圆形,则表示横切,为内层。

毛发上段是普通的真皮乳头内结缔组织的延伸,没有毛囊周围鞘。毛发下段毛囊周围鞘外结缔组织的纤维细胞核排列,方向混乱不一,没有上述双相排列方式,故容易与毛囊周围鞘区分。毛囊周围鞘内含有丰富的血管丛和神经末梢,毛细血管大多数与毛囊纵轴平行排列。

4. 毛发附属结构

毛发漏斗部、立毛肌、皮脂腺、毛盘、血管和神经等均是与毛发相关的结构,对毛发的生长与固定有着重要作用。

如皮脂腺可以分泌皮脂以润滑毛发和皮肤,人类皮脂腺大小与毛囊大小呈负相关,一般毛囊大者皮脂腺小,反之则小,秃发者皮脂腺比正常人要大得多。在毛发生长期,毛乳头的血液供给非常丰富;在移行期和休止期,毛球萎缩,毛细血管被吸收,仅留下少数毛囊外围纵行的极细毛细血管。当毛发开始再生长时,新的毛细血管长出供应营养。在电镜下可见在皮脂腺处的毛发周围,有丰富的末梢神经,并交织成网,形成领圈样或围栅样结构,内含 Schwann 细胞(施万细胞)围绕的轴索。在毛发和皮脂腺导管之间的空隙,部分可见这些结构被一半圆形或环形致密带的间质成分所围绕,其中主要含施万细胞和纤维细胞。经证实,毛发外围的这些神经末梢网,大多数是感觉神经,最适合于触觉功能。作为终末器官,毛干可以增加皮肤对细微机械性刺激的敏感性(陈军生,2000)。

三、毛发的生长

人体毛发总是处于不断地生长、脱落和再生状态。如头发的脱落和再生在总体上保持动态平衡,每天自然脱落的毛发数为 20~100 根,同时也有相应数量的新发萌出。

1. 头发的生长周期

单根头发经历生长和休止(静止)等几个周期,前者称为 Anagen(An)期,后者称为 Telogen(Te)期。在生长期和休止期之间还存在过渡期,称为移行期,又称为 Catagen(Ca)期。在休止后期,毛囊恢复生长,形成新发,它可以将前一循环期生长的老发逐出,也可以在其旁边生长,老发一旦被逐出,即自行脱落。

人体头发的生长和替换并非连续不断,而是在胚胎第4、5月时已经建立周期性。从生长期、移行期到休止期形成一周期(图2-4),这种生长周期的变化是一个连续的过程。头部的每个毛囊在胎儿出生后,一般可长20个生长周期。1岁内的婴儿头部的毛发均以同一速度生长,以后开始有不同的生长速度和不同的时间周期。对于毛发的生长期和休止期,人体不同部位均存在差异,眉毛、睫毛的生长

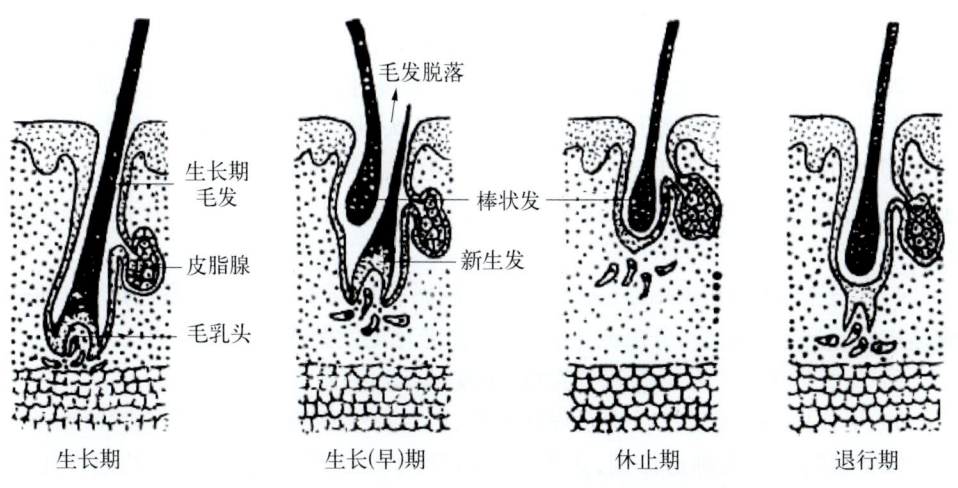

图 2-4 头发的生长周期

期为 2 个月,阴毛的生长期为 1~1.5 年,腋毛的生长期为 1~2 年。至于休止期和退行期,人们所知甚少,人发的休止期约为 3 个月,而体表其他毛发的休止期则比较长。

一般情况下,头皮部约 4%~24%(平均 13%)的头发处于休止期,仅 1%处于移行期,剩下的 75%~90%(平均 80%)为生长期。头发周期性的生长和脱落有赖于毛囊中的干细胞,它存在于毛囊外毛根鞘的"隆突"区。女性头部不同区域的头发,其生长期、移行期和休止期的比例基本相同,而男性则有如表 2-1 的区别(Montagna,1958)。

表 2-1 头发生长周期的比例(%)

性别	区域	生长期	移行期	休止期
男性	顶部	78	19	3
	枕部	83	15	2
	颞部	88	11	1
	平均	83	15	2
女性		88	11	1

从表 2-1 的数据中看出,处于生长期的头发比例,头顶部比枕部、颞部的均少,一般认为,枕项区头发寿命最长,这对头发移植有一定意义。

(1)生长期 或称活动期,头发的生长期为 2~7 年,平均为 4 年,最长可达 25 年。可再细分成以下 6 个阶段。

1)生长期 Ⅰ:毛乳头细胞增大、复制,并分泌某种生长因子。刺激毛囊隆突部的干细胞活化,向下生长形成毛母质细胞,毛发呈活跃的增生状态,继而上皮芽成为导管状。

2)生长期 Ⅱ:毛母质细胞部分围绕真皮乳头,毛球下部细胞分裂出髓质,形成由毛髓质、外毛根鞘和毛球组成的原始毛囊。紧接着,内毛根鞘亦逐渐形成。

3)生长期 Ⅲ:毛球增大并包绕全部真皮乳头,原不活跃的黑素细胞长出树枝状突,开始形成黑素。新毛囊内渐长出毛发,毛球上半部细胞分化出皮质、毛小皮;毛乳头增大,细胞分裂加快,数目增多,并持续不断地向上移位,供应给毛发的本体和内毛根鞘。

4)生长期 Ⅳ:在原来的毛囊底部。细胞融合成新毛囊壁。毛发已成形,远端到达皮脂腺区。这时候,分离的毛囊收缩,使老化毛发脱落。

5)生长期 Ⅴ:毛发下部充分发育,毛发已长到毛囊口。

6)生长期 Ⅵ:毛发已长出至皮肤表面,以后持续不断生长。

(2)移行期 或称退行期,头发的移行期为 2~4 周,与其他部位的毛发相比是最短的。

此期毛球变平,毛母质细胞停止核分裂;毛乳头逐渐缩小,细胞数目减少,异染现象消失。黑素细胞失去树枝状突,呈圆形而无活性,停止产生黑素。毛发上段的峡部、整个毛囊的外毛根鞘内出现程序性死亡细胞,该细胞呈嗜伊红性,缩小,含有一个或多个固缩核的碎片,是本期的重要标志。外毛根鞘逐渐角化,整个毛囊瓦解,代之以细柱状上皮细胞索。由明显增厚并皱缩的玻璃膜和毛囊周围鞘包绕,但不包绕毛乳头。内毛根鞘先于毛皮质停止生长,并逐渐消失。毛发活跃增生停止,形成杆状毛,其下端为嗜酸性均质性物质,由外毛根鞘所形成的致密外毛根鞘角蛋白组成。这种杆状毛是移行期的标志。

(3) 休止期　头发的休止期为3~4个月。

该期毛囊上皮索逐渐向上收缩,毛乳头紧跟在其下方往上移行,毛根部的角化逐渐向下。当上皮索缩至毛囊隆起水平面时,棒状毛发渐渐上移至立毛肌附着点水平的角化上皮囊处。这时毛乳头很小,细胞紧密。新的毛乳头逐渐形成,另一个生长期的毛球出现,又一根新发形成。如此又重复开始新的毛发周期。

如前所述,头发的生长期一般为2~7年。但也有极少数人头发生长期达到15~20年,甚至长达25年,这时头发可能超过身体的长度,有的达2 m以上。

2. 毛发的生长速度

头发从胚胎发育第10周左右开始生长,当婴儿2至3个月时,颈后部的第一批毛发会自然脱落。婴幼儿期,头前部的头发长得较好,以后逐步向后发展。成年男子估计约有500万个毛囊,其中100万个在头部。一般来说,毛囊的密度是先天生成的,到了成年期不再增添新的毛囊数目(表2-2)。

表2-2　头部毛囊在不同年龄的密度

年　　龄	平均毛囊数(个/cm^2)	备　注
新生儿	1 135	
3月~1岁	795	
20~30	615	
30~50	485	
50~70	465	
70~80	465	
80~90	435	
45~70	330	秃头
70~85	280	秃头

人体不同部位的毛发生长速度不同,见表2-3,头发是毛发中生长最快的。文献报道间差异较大。

表 2-3　人体不同部位毛发生长速度

毛 发 类 型	生长速度(cm/月)
头发	0.7~1.5
阴毛	0.60~0.90
腋毛	0.87~1.00
胡须	0.75~0.87
胸毛	0.66~0.96
臂毛	1.05
腿毛	0.81~1.05

头发生长的限制,主要是受头发生长周期的影响。此外,Pecoraro 等(1971)发现头发的生长速度还与以下因素有关。

(1) 性别　女性的头发比男性长得快。

(2) 年龄　头发于15~30岁期间生长最快,老年人头发生长减慢,两性差异消失。头发的毛囊数量随着年龄的增大而减少,20~30岁约为每平方厘米615个,30~50岁是485个,80~90岁是435个。Pelfini(1969)测定了不同年龄段毛发生长速度的平均值后,认为毛发的平均生长速度受年龄的影响不是很大,其结果为:40~49岁 0.34 mm/d,50~59岁 0.36 mm/d,60~69岁 0.38 mm/d,70~79岁 0.33 mm/d。

(3) 部位　不同部位的头发生长速度不同,头顶部生长周期约为129 d,颞部为117 d,腮部为92 d。

(4) 季节　由于夏季气温较高,机体新陈代谢旺盛,故此期头发生长较快。而冬季比较寒冷,则头发相对生长缓慢。

(5) 昼夜　白天人体活动多,新陈代谢快,头发生长较晚上快。

(6) 与毛囊的关系　毛囊的粗细与遗传有关,与毛发生长速度成正比,一般来讲,毛囊粗的头发生长快,反之则慢。头发粗细还与种族有关,黄种人尤其是印第安人的头发远较白种人为粗,也较白种人不易脱落。

(7) 与健康及营养状况的关系　呈平行关系,充足而均衡的营养可促进头发的生长,营养不良则会使头发出现某种缺陷。

通常毛发中毒(药)物分析时首选头发,因为其生长速度最快,且在生长期具有最高的毛囊百分比,可较准确地反映用药史,1 cm 头发段大致反映近 1 个月的用药情况(头发生长速度约 0.7~1.4 cm/月)。相比之下,其他部位毛发(体毛)生长速度较慢,且休止期较长。在分析体毛样本时,不仅要考虑生长速度的变化,而且要考虑生长期和休止期毛发比例的变化。1 cm 体毛反映约 4 个月的用药情况;3 cm 体毛反映约 6 个月的用药情况;若期望了解 1 年左右的用药情况,体毛长度至少为 6~8 cm;而剃后新长出的 1 cm 体毛大致可反映近 1 个月的用药情况(Kintz,

2015)。在头发缺失的情况下,阴毛是较好的补充检材,但是应关注尿液污染的可能性。

在推断头发检材长度所代表的时间段时,不仅要考虑生长速度的差异,还要考虑受试者的年龄。此外,头发从生长到长出头皮表面需要 7~10 d 的时间,从头皮上采集的头发并不代表最近的头发生长时期。目前,在头发分段分析时可根据毛发分析协会(SoHT)的建议,以约 1 cm/月进行推断。

3. 毛发的色素代谢

毛发的颜色由发干中的色素决定,这些色素是由黑素细胞所产生。黑素细胞内的酪氨酸酶将酪氨酸转化成黑素。每种毛发的色素代谢差别不大,以头发最为典型。色素代谢的过程主要考虑色素的形成、色素代谢机制和调控三个方面(陈军生,2000)。

(1) 色素的形成　在哺乳动物中,黑素主要在黑素细胞中形成,色素(滤泡黑素)的形成需经历以下 4 个阶段(Prota,1992)。第一阶段,由酪氨酸酶和蛋白质结合形成一种基本结构单元,然后再构成内部的膜性结构,这种膜性结构称为黑素小体,黑素在其中进行生物合成并积聚。第二阶段,黑素小体充满黑素后变成黑素颗粒。第三阶段,成熟的黑素颗粒迁入黑素细胞突起中,通过胞吐方式释出。最后,邻近的角朊细胞以吞噬的方式将黑素颗粒吞入细胞内(图 2-5)。这一连续的色素形成过程是由一系列的酶、结构蛋白、调节蛋白、转运受体及其配体所参与(Slominski,2005)。毛球是发轴中唯一形成色素的部位。有活性的黑色素细胞,仅存在于生长期的毛囊中。用多巴(DOPA)染色,发现毛发中的黑素细胞主要位于毛囊漏斗部外根鞘周边、毛球下部和毛母质区,在其他部位则可观察到无活性的多巴染色阴性的黑素细胞,不能合成黑色素(Yu Jialin,1993)。

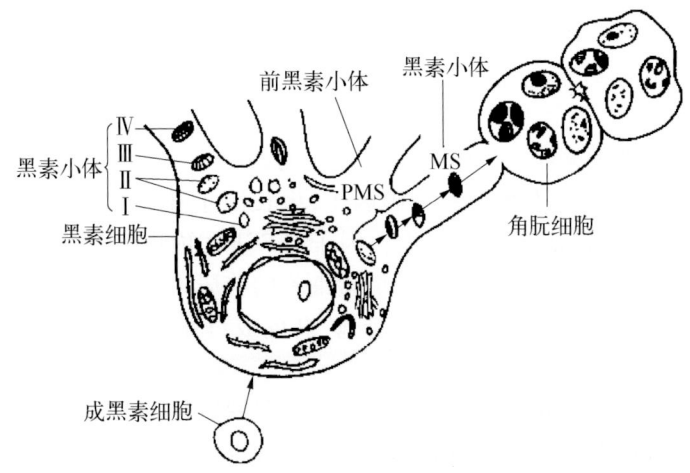

图 2-5　头发中色素形成的过程

黑素细胞内黑色素主要包括真黑素和棕黑素，两者都具有酸性，但真黑素羧基密度更高，酸性更强。真黑素在黑色和棕色头发中浓度较高，而在金黄色和红色头发中以棕黑素为主。碱性药物通过氢键和电荷转移与真黑素紧密结合，这是毛发中药物浓度与毛发颜色（其黑色素浓度）密切相关的主要原因。另一方面，酸性和中性物质则与两种类型的黑色素均产生微弱的相互作用（Kintz，2015）。

（2）色素代谢的机制　毛囊黑素细胞仅在毛发生长期合成黑素，在退行期及休止期则自行停止。这种周期性功能特征的发生机制尚不清楚，但提示毛囊黑素细胞与表皮黑素细胞可能为不同的细胞亚群。毛囊黑素细胞（HFM-Ⅰ）是一种胞质透亮及胞核深蓝色的黑素细胞，可能与维持毛囊黑素细胞的正常数量有关，在正常情况下并不合成黑素，处于休眠状态。但在受到某些刺激后可被激活、增殖、游走，并产生黑色素。HFM-Ⅱ则是正常情况下，分泌黑素颗粒，维持头发正常色素的黑素细胞。表皮黑素细胞生成树枝状突起，连续产生并转运黑素体。黑素细胞有较多的树枝状突起，伸向邻近的基底细胞、棘细胞或毛发细胞。每个黑素细胞借助于树枝状突起与 10~36 个角朊细胞接触，向它们输送黑素颗粒。在角朊细胞内，黑素颗粒逐渐被溶酶体酶所降解。

毛球中的黑色素在毛发周期中呈周期性改变。生长期时黑素细胞增大，产生黑素颗粒，并出现有树状突。后期黑素细胞通过树状突起将黑素颗粒传递到毛皮质细胞中去。毛发生长停止前，黑素细胞的树枝状突起逐渐消失。休止期黑素细胞皱缩而无树突。没有树枝状突起的黑素细胞也可以传递色素，其机制尚未完全弄清（Swan，1970）。

毛发生长时，黑素细胞通过树状突起传递黑素小体到毛囊上皮细胞，使毛皮质、髓质都有了色素。黑素小体被上皮细胞水解，失去限界膜，黑素颗粒直接游离于上皮细胞的胞质中。人类毛发的主体是毛皮质，因此黑素颗粒主要位于毛皮质中，大小均匀。由于黑发中的黑素颗粒不具有生物活性，不会很快被破坏，即使在日光作用下分解也需多年时间，所以短时间内由黑发自然变成白发是不可能的。

（3）色素代谢的调控　机体对色素代谢的调控主要是通过对毛囊黑素细胞的调控来达到的。研究发现多种细胞因子、生长因子和炎症介质尤其是干细胞生长因子（SCF）、碱性成纤维细胞生长因子（bFGF）、内皮素-1、白三烯 C4、神经生长因子等在诱导毛囊外毛根鞘休眠黑素细胞的移居中起着重要作用，这些分子主要是由角朊细胞（KC）、血管内皮细胞、真皮成纤维细胞和肥大细胞等产生（Prota，1972）。

已证实在毛囊和毛囊外毛根鞘隆突区存在多种生长因子、细胞因子以及这些因子的受体。其中有四大类的调节因子对毛囊有直接作用，分别是表皮生长因子（EGF）（包括 EGF 和 TGF-α 即 α-转化生长因子）、成纤维细胞生长因子（FGF）

(包括酸性成纤维细胞生长因子 aFGF、碱性成纤维细胞生长因子 bFGF、角朊细胞生长因子 KGF 以及 FGF5 和 FGF7)、β 转化生长因子(TGF-β)(包括 TGF-β1)和其他调节因子。

动物试验表明,EGF 存在于外毛根鞘,TGF-α 分布于内、外毛根鞘,两者的受体一样,均存在于毛母质,作用都是延缓毛囊的生长发育和降低毛发生长速度。KGF 由毛乳头合成,是迄今发现的作用最强的生长因子,其特异性的受体存在于毛囊外毛根鞘和毛母质中,KGF 在毛囊的早期生长发育中是一个重要的内分泌因子,可令裸鼠长出毛发,而重组成纤维细胞生长因子(rKGF)还可使乳鼠免受细胞毒引起的脱发。FGF5 是分泌性信号蛋白,分布于毛囊的外毛根鞘,可在毛囊的生长期晚期检测到 FGF5,其作用为诱导生长期毛囊转化到退行期毛囊。aFGF 和 bFGF 均分布于毛囊外毛根鞘,其受体分布于毛乳头,部分还存在于毛母质,使用 FGF 可令新生小鼠注射部位无毛发生长。体外试验证实 HGF 对毛囊生长刺激作用强于 KGF(Prota,2000)。

在某些内分泌疾病或青春期后也常发现毛发颜色的变化,而毛囊组织病理学检查却没有任何异常发现。Nanninga(1991)研究发现头发毛囊黑素细胞存在的特异性 α-促黑素(MSH-α)结合位点,可能在其中起着重要作用。头皮炎症性疾病如疖病后,可使局部头发颜色变深,提示炎症局部存在某些细胞或分子成分可激活人类毛囊黑素细胞。日光中紫外线也可促进毛囊黑素细胞的形成,通过多种途径作用于黑素细胞的生长、增殖、分化、移居过程,最终影响黑素形成和转运,改变头发对免疫损伤的易感性等。

因此,人类毛囊黑素细胞的调控是在各种因子、激素、紫外线、角朊细胞等多种环境因素和遗传基因共同作用下完成的,其作用机制迄今尚未完全研究清楚(Montagna,1989)。

第二节 毛发的形态学特征及生理功能

一、毛发的形态学特征

毛发的形态学特征包括颜色、粗细、曲直、疏密度等,这些可因地域、种族、饮食习惯、遗传因素而不同。

1. 颜色

毛发的颜色由毛皮质所含黑素颗粒的种类、数量、大小和分布,以及所存在的色素性质决定。这些色素由表皮树枝状细胞中的黑素细胞产生。黑素细胞起源于胚胎期的神经嵴,以后移至皮肤中,分散在基底层间(约占 10%)以及毛发和真皮结缔组织中。另外,毛发颜色也受有无空气泡及毛表皮构造等因素所造成的各种光学效应的影响,同时也和皮肤组织中所含金属元素量有一定的关系。

黑素颗粒有两种,即带棕色的黑色真黑素和带红色的黄色褐黑素。这两类黑素分子的大小和性质有很大差别,但它们有着共同的代谢通道和相同的中间体(氨基二氧环己二烯丙酸)。真黑素颗粒呈卵圆形,形态一致,边缘清楚,多见于黑发和白种人的浅黑色发中。褐黑素颗粒小,可溶于稀碱,是真黑素合成的中间产物,由多巴醌和半胱氨酸演化而来,位于球形黑素小体中。部分呈卵圆形,部分呈棒形,多见于红发及黄发中(Ortonne,1993)。人类头发的各种颜色,都是由这两种基本黑素演绎而来,根据毛囊中真黑素和褐黑素比例的不同,可将人发颜色分为以下7类。

(1) 黑色发　色素是由酪氨酸黑素细胞组成,含有铜、铁。黑色发细胞之间的气泡较少,对光的反射相对较低。其中含有棕黑色的真黑素,后者含有多个吲哚核,由酪氨酸、多巴、多巴胺和酪胺等物质合成,位于卵圆形的黑素小体中。

(2) 褐色发　也是由酪氨酸黑素细胞组成。与黑发相比,含有色素的黑素小体淡一些,小一些,细胞之间的气泡较多,并且有铜、钴、铁等微量元素的作用。

(3) 金黄色发　含钴量较多,且黑素小体的生成活性降低,黑素细胞和黑素小体较少。

(4) 灰色发　情况与金黄色发相似,只是含钛量较少,含镍量过多。黑素颗粒较分散。

(5) 白色发　与黑素小体减少,细胞间隙疏松,空气进入和折光度有关。无色素的头发在生长初期显示出的是角蛋白的黄色,之后由于反射光线作用才产生白色的视觉效果。

(6) 红色发　也有黑素细胞,但黑素颗粒内几乎全部为褐黑素。含钼量较多呈红褐色;含铜和钴多的头发为红棕色;病理性的含铁过多或严重缺乏蛋白质的头发也呈红色。

(7) 绿色发　含铜或氯过多。其原因包括:家中使用了铜质水龙头,水中含铜量增加;长时间浸泡在有含氯很高的浴室清洁剂的浴缸水中;反复接触含氯或含铜的灭藻剂的游泳池水。但绿色发往往发生于反复漂白头发者,或本身属于淡色发者,白种人多见。

白种人头发颜色变化很大,从黑色到浅黄、浅白都有。很多人的头发中同时含有真黑素和褐黑素,比例多少主要由基因决定。真黑素多则头发偏黑色。值得注意的是,即使是同一个人,每根头发所含的两种色素颗粒的多少也可不同。

另外,Prota(2000)根据头发中色素氧化分解产物将头发色素分为4类(表2-4)。

表2-4 头发颜色和色素分类(ng/mg)

类别	色素	颜色	PTCA	BTCA	TTCA
I	真黑素	黑色至深棕色	100~300	—	—
II	氧化型真黑素	棕色/栗色	50~80	—	≥200
III	褐黑素	红色	—	1 000~2 500	—
IV	氧化型褐黑素	其他红色系	—	—	100~300

PTCA：吡咯-2,3,5-三羧酸；BTCA：苯并噻唑羧酸；TTCA：噻唑-2,3,5-三羧酸。

2. 粗细

成人头发的直径大部分在 0.05~0.15 mm 之间，平均为 0.08 mm。与其他人种相比，中国或蒙古人种的头发最粗，截面形状较接近圆形，黑色人种头发最细，截面呈扁圆形，白色人种头发的粗细介于二者之间。根据头发直径，通常将其分为粗发、中粗发、细发三类(徐文龙，1989)。

(1) 粗发 直径通常在 0.1 mm 以上，多见于黄种人。

(2) 中粗发 直径为 0.06~0.09 mm。

(3) 细发 直径在 0.06 mm 以下。

头发直径的典型分布如图 2-6 所示，激素变化或疾病可影响毛发粗细分布(Astore，1979)。同一个人不同部位的头发，粗细也不相同，一般头后部头发较粗，而头顶部头发最细。中年以后，随着年龄的增长，头发可由粗变细，数量也逐渐减少。这种变化主要由遗传所决定，脂溢性脱发患者更多见，与美发用品的使用无直接关系。头发的粗细还与种族有关，一般来说，黄种人的头发较白种人的粗，也较白种人不易脱落。

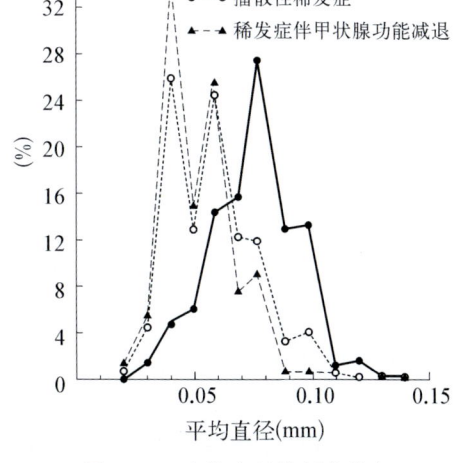

图 2-6 头发直径的频率分布

3. 曲直

毛发的卷曲，一般认为是和它的角化过程有关。凡卷曲的毛发，毛干在毛囊中往往处于偏心位。也就是说，其根鞘一侧薄而另一侧厚，越靠近薄根鞘的一面，毛表皮和毛皮质细胞角化开始越早；反之，越靠近厚根鞘的一面角化开始越晚。角化过程有碍毛发的生长速度，因此，角化早的这一侧生长缓慢，结果造成毛发向角化早的这一侧卷曲。一般认为，毛发的曲直与以下因素有关：首先，毛球在毛囊中的位置，黑种人的毛球在毛囊的一侧，因此毛干长出时毛囊有一个锐角；其次，毛球本身的不规则生长（如一侧比另一侧长得慢）会使头发呈波浪状；最后，毛囊形态的曲直也可以影响毛发的形态。

实际上，毛发的卷曲主要是受毛发细胞排列的影响，归根到底是受遗传基因的控制。烫发使头发变得卷曲，只是人为地迫使头发细胞发生排列重组，一般只能维持短暂的时间。人类头发按形态可分为以下三类。

（1）直发　我国大多数民族的头发属于这一类，直而不卷，头发的横断面呈圆形。

（2）波状发　大多数白种人的头发呈波状，也有属于直发的，横断面呈卵圆形。

（3）卷缩发　黑种人的头发归于此类，卷曲更甚。横断面变异更大，多数为卵圆形，但一侧为平边。而且毛囊在毛球以上就弯曲呈曲线，外毛根鞘一侧比另一侧厚。毛小皮边缘有明显的扭曲，故很容易受外界因素的损伤。

临床上所见，即使是直发的黄种人，其头发在生长过程中亦可发生弯曲，只是能否形成卷发还取决于弯曲头发的数量。不少黑种人的头发弯曲程度远远高于白种人的头发，可高达12倍。

4. 疏密度

不同生长发育阶段，头发的疏密程度是不一样的。

婴儿出生后，颅顶和枕部几乎全是处于休止期的头发，而前额处于休止期的头发仅占60%。随后，前额区的头发开始向生长期变化，并逐渐向颅顶和枕部扩展。

对3~9岁的儿童进行调查发现，处于生长期的头发比例与部位有关，枕部和冠部比前额和颅顶略大。男、女性的头发密度为（199±14.1）根/cm^2和（185±9.5）根/cm^2，平均密度为（192±12.3）根/cm^2。可见，头发密度虽有一定的部位差异，但男女差别不大（Pecoraro,1964）。

16~46岁的成年人头发密度在175~300根/cm^2的范围内，平均值为（192±12.3）根/cm^2，稍高于青春期前儿童。

根据对36名50~83岁高加索人种的研究，老年人头发的密度有一定的性别差异，女性平均值（$n=9$）为（147±10.4）根/cm^2，男性平均值（$n=27$）为（168.5±13.4）根/cm^2，女性低于男性。老年人头发的平均密度为（163.8±12.7）根/cm^2。头发密度随年龄增加而降低，男性A组（54~59岁）平均值为（178±13.4）根/cm^2，而B组（60~83岁）为（161±13.6）根/cm^2。

5. 性质

人类头发按性质可分为以下4类。

（1）干性头发　头发缺乏皮脂或水分。多为非遗传性，是由于头发护理失误造成的。看上去头发僵硬，弹性下降，暗淡无光，容易缠结成团，发干总是卷曲或发梢分裂。

（2）油性头发　是皮脂分泌过多所致，多与遗传有关。表现为头发油腻发光，发干直径较细。如前所述，头发细则皮脂腺大，后者开口于毛囊，分泌的油脂自然也多。油性头发也可能与性激素、精神压力等因素有关。

（3）中性头发　属于较为理想的头发类型,是健康正常的头发。它的皮脂与水分经常保持平衡,密度与质地适中,滋润光滑,富有弹性,无滞涩感或黏腻感,易保持发型。

（4）混合性头发　是指靠近头皮 1.3 mm 以内的发根多油,而越往发梢越干燥的混合状态头发。有些为同一根发干上兼有干燥及油腻的头发,常伴有较多的头皮屑。妇女在行经期间容易有这种类型头发。

一般判断头发性质,可在洗头的次日观察头发。见到油光发亮,紧贴头皮,手感黏腻的,必是油性头发；看上去暗淡无光,容易缠结成团,发干卷曲而发梢开叉,头发僵硬而无弹性,大多数为干性头发；若头发干燥,而脸中部、两乳中间、背中部多油脂或有鳞屑脱落,就可以肯定为混合性头发。处于月经期的妇女和青春期的少年多为混合性头发(Lynlield,1960)。

头发弹性测试也可用于判断头发性质。用拇指和食指拉住一根头发,慢慢地拉开,若头发伸展开而不易断,伸展后还可慢慢缩回,就表明头发弹性很强。若头发弹性不良,拉扯时就会很快伸展,也容易断裂。健康的头发,例如中性头发,可伸展到该发的 25%~30%长度,油性头发的伸展比例还要高些,而干性头发仅能伸展到其长度的 25%以下,有些更低。

二、头发的生理功能

1. 机械性保护

头发可以保护头皮和脑部,防止外力对头部的不良影响,减少外界环境所引起的损伤,这在人类和各种动物中都很重要。临床上,由于头发的存在,头皮不易直接接触外物,因而接触性皮炎比其他部位少见。

2. 防晒

日光中的紫外线照射可促进黑素的生成和转运,并产生晒斑,遮挡和反射光线。因此,覆于头皮部的含有黑色素的头发,具有屏障功能,可以保护深部组织免受辐射损伤、对减少日光中紫外线的过度照射有积极的作用。另外,毛干中心的毛髓质充满空气间隙,对缓和日晒也有一定的帮助。

3. 防寒

头发可以帮助抵御寒冷空气对头部的侵袭,女性尤其明显。头发的保温性能除与其疏密度有一定关系外,还与其结构形态有很大关系。毛干间具有剥离间隙,像是在毛干周围分布一些"枝干"一样,较大的空隙可以贮存空气,减缓空气流动速度,进而降低热交换的速度。

4. 引流液体

由于表面积的增加,毛发尤其是头发可加速汗液的蒸发。淋雨或沐浴后,毛发可把水分从皮肤上引流下来,加快皮肤的干燥。

5. 调节体温

毛发中的角蛋白是热的不良导体,且毛发中的毛髓质充满空气间隙,在一定程度上防止了头发受外界热源的侵袭。头发由于引流作用和表面积增加等因素,加速了汗液蒸发,从而达到调节体温的作用。另外,由于毛囊连着立毛肌和皮脂腺,当立毛肌兴奋时,皮脂腺就分泌皮脂到毛囊口,也可调节体温;寒冷时,皮肤会马上起"鸡皮",使毛囊紧缩,防止体热散发。

6. 触觉作用

头皮是人体毛发最集中的部位。含有丰富神经丛的毛乳头从头发的基部突入毛球内,使得毛囊对触觉极敏感,有助于提高头部的警觉性。

第三节　毛发的理化特性

一、毛发的物理性质

1. 弹性

毛发的弹性,对于抗拒外力,保持发的外形、长度不变有重要作用,甚至将毛发杂乱扭曲后,其良好的弹性仍能使毛发完全恢复至原状而不受损伤。这与角蛋白的氨基酸链间连接的化学键有关,后者主要为二硫键和数量很多的氢键。这种氢键的结合强度远比二硫键弱,尤其是在水中,很易断开。因此,健康的头发在潮湿的情况下牵拉,可增加30%的长度,干燥后可恢复到原来的长度。烫发、染发、日光和人工紫外线可破坏头发的角蛋白结构,因而影响其弹性。

2. 疏水性

毛发在相对湿度从0增大到100%的情况下,轴向肿胀仅有1%,由此推断,水并没有进入规则排列的氨基酸螺旋部分,而是进入无规则排列的基质相中。人类毛发与水的接触角比较大,因而具有良好的疏水性,毛表皮上的"沟槽"也有利于水珠"顺流而下"。

3. 强度

毛发是一种由完全角化的角质细胞所形成的天然高分子纤维。虽然这种角质细胞已丧失了活动能力,但其内充满着由多种氨基酸组成的角蛋白,其中以胱氨酸的浓度最高,可达15.5%。毛小皮、毛皮质为含硫的硬蛋白,髓质和内根鞘则是不含硫的软蛋白。作为毛发主体部分的毛皮质,是由60%的低硫α螺旋形角蛋白微纤维和40%的富硫蛋白基质的复合物组成,因此毛发能经得起牵拉和屈曲。单根毛发可承受100 g重量而不折断。

4. 静电作用

梳理干燥的头发时,由于摩擦易形成静电,使头发相互推开,不能平整地重叠在一起,导致头发蓬松分开,这种现象多见于燥热的天气。头发的静电作用还与选用梳子的质地有关,尼龙、金属、硬塑料做成的梳子,摩擦时较易产生静电,而牛角、木质梳则不易产生静电。使用护发产品可使头发表面光滑,摩擦力减少,并能预防静电产生。反复产生静电对头皮是一种不良的刺激,对头发也会有损伤,进而出现干枯、变白甚至脱落。

二、毛发的化学组成

毛发和人体其他组织一样,也含有蛋白质、脂肪、水、矿物质和微量元素等各种有机成分和无机成分,但其中部分成分发生角化变性,又使毛发具有不同于机体其他结构的特殊理化性质。

1. 蛋白质

毛发的蛋白质为变性的角化蛋白,占毛发重量的 90%~95%。角质细胞内绝大部分是角蛋白。

(1) 角蛋白的化学组成 角蛋白由很长的氨基酸链组成,该氨基酸链约有 20 种氨基酸,且大多数为胱氨酸,占 15.5%,蛋氨酸浓度仅为胱氨酸的 1/15 左右,氨基酸链含有 4% 的硫元素。由于正常的发干含有少量水分,完全干燥的头发氨基酸浓度稍有不同,其中胱氨酸 16.6%~18.0%。成人所需的 8 种必需氨基酸(小儿另加组氨酸共 9 种)均有,按浓度多少依次为亮氨酸 11.1%~13.1%、缬氨酸 7.4%~10.6%、苏氨酸 7.0%~8.5%、苯丙氨酸 2.4%~3.6%、赖氨酸 1.9%~3.1%、蛋氨酸 0.7%~1.0%、组氨酸 0.6%~1.2%、色氨酸 0.4%~1.3%、异亮氨酸量很少几乎测不到。研究表明,毛发中各种氨基酸浓度与年龄没有明显的关系。毛发不同部位的氨基酸浓度存在一定的差异(表 2-5、表 2-6)。从表 2-5 可见 α 螺旋蛋白中的赖氨酸、天门冬氨酸、丙氨酸、蛋氨酸、亮氨酸浓度比基质中的高,而基质中的脯氨酸、半胱氨酸浓度则比 α 螺旋蛋白高。如表 2-6 所示,毛发所含瓜氨酸主要分布在毛小皮上,毛小皮外层含有较多的胱氨酸,而内层浓度较少。毛髓质中谷氨酸浓度很高,而胱氨酸则甚微。毛皮质占毛发体积的大部分,全毛发的氨基酸分析结果可近似反映毛皮质氨基酸浓度(Barman,1965)。研究还发现不同颜色头发中氨基酸的浓度有所不同(表 2-7)。

表 2-5 毛发基质和 α 螺旋蛋白中的氨基酸浓度(%)

氨基酸	α 螺旋蛋白	基 质
赖氨酸	2.9	1.0
组氨酸	0.6	0.8

续 表

氨基酸	α 螺旋蛋白	基 质
精氨酸	7.0	6.3
天门冬氨酸	8.4	3.2
苏氨酸	5.9	7.9
丝氨酸	10.5	13.1
谷氨酸	17.1	10.1
脯氨酸	5.6	10.9
甘氨酸	5.3	3.9
丙氨酸	6.0	2.3
缬氨酸	5.3	4.8
蛋氨酸	0.6	0.3
异亮氨酸	3.0	1.8
亮氨酸	9.8	3.7
酪氨酸	2.8	1.6
苯丙氨酸	2.1	1.3
半胱氨酸	7.1	25.0

注：表中数据表示100份残基中的残基数。

表 2-6　毛发不同结构部位中的氨基酸浓度（μmol/g 干蛋白质）

氨基酸	毛小皮	毛皮质*	毛髓质
赖氨酸	—	217	740
组氨酸	—	76	100
胱氨酸	2 012	1 461	痕量
天门冬氨酸	287	449	470
苏氨酸	524	664	140
丝氨酸	1 400	1 077	270
谷氨酸	819	1 011	2 700
脯氨酸	994	667	160
甘氨酸	611	485	300
丙氨酸	360	529	180
缬氨酸	634	499	320
蛋氨酸	38	53	40
异亮氨酸	184	249	130
亮氨酸	132	184	320
苯丙氨酸	91	142	—
半胱氨酸	68	29	—
瓜氨酸	45	11	—

* 毛皮质浓度可以视为全毛发的近似浓度。

表 2-7　不同颜色头发中氨基酸的浓度(%)

氨基酸	黑发	红发
赖氨酸	4.41±0.10	4.61±0.30
组氨酸	1.25±0.02	1.11±0.12
精氨酸	7.38±0.10	6.81±0.25
门冬氨酸	10.08±0.13	9.70±0.04
苏氨酸	6.40±0.11	5.96±0.19
丝氨酸	7.58±0.14	8.03±0.43
谷氨酸	18.05±0.42	21.52±0.67
比咯氨酸	1.13±0.05	1.31±0.17
甘氨酸	4.73±0.40	4.35±0.23
丙氨酸	7.89±0.10	7.79±0.36
缬氨酸	8.08±0.14	7.47±0.38
甲硫氨酸	1.27±0.07	1.21±0.27
异亮氨酸	5.01±0.10	4.16±0.11
亮氨酸	10.83±0.25	11.97±0.36
酪氨酸	2.74±0.16	2.82±0.37
苯丙氨酸	3.10±0.09	2.95±0.04

注：表中数据表示100份残基中的残基数。

（2）角蛋白的化学结构　每条氨基酸链皆为螺旋形,然后再成束卷成绳索样。每个胱氨酸单位有两个半胱氨酸,邻近的两条链中的半胱氨酸在 CH_2 基团之间通过二硫键形成强的化学结构。二硫键的结合很牢固,只有用化学方法才能使其断开。

用过氧化氢作为氧化剂,可以使二硫键发生氧化反应,这是一个使毛发漂白的过程,加入金属铁和镉能强烈地催化这个反应,加速其进程。通过还原反应,也可破坏二硫键。常用的还原剂有甲醛、硫化钠、硫酸钠、硫酸氢钠、巯基醋酸及其盐等。把毛发置于100℃或以下的水中,其中的二硫键会缓慢发生水解反应而分开。在水温超过100℃时,二硫键发生的水解反应可以使胱氨酸被破坏,氨基酸链的硫元素损失。把毛发置于氢氧化钠溶液中煮沸,也会发生水解反应而破坏二硫键(Pascal,2006)。

角蛋白的氨基酸链间的化学键,除了二硫键外,还有数量很多的氢键,是在NH基团与CO基团之间形成,属于分子间的范德华力。氢键是稳定多环螺旋形结构的主要力量,但是这种氢键的结合强度远比二硫键弱,尤其在水中,很容易断开。因此当头发湿润时,氢键断开使头发有一定程度的拉伸和屈曲。当头发干燥后氢键再次结合,可保持湿发时的一定外形。不过这样做成的发型,仅是暂时性的,头发再次被弄湿时,这种发型即消失,恢复到原来的状况。

由于大多数氨基酸含有酸性支链-COOH或碱性支链-NH_2,它们之间可以互相作用,形成多肽盐。这种盐键也是稳定多环螺旋形结构的重要力量之一。在

0.1 mol/L 浓度的盐酸溶液或氢氧化钠溶液中,盐键可以打开,毛发可以伸展。

将毛发放在 6 mol/L 浓度的盐酸溶液中煮沸数小时,所有的氢键、盐键和二硫键等维持氨基酸链的结构均被破坏,毛发被完全水解成单个的氨基酸溶液。过氧化氢和硫化钠在一定条件下也可有类似效果。

氨基酸链中的酪氨酸有一个酚环,可以与碘发生反应生成一碘或二碘替代物,也可以与浓硫酸发生反应生成硫酸替代物。头发中引进这些基团可使原来的头发颜色发生改变,这对于染发有重要的意义。

2. 脂质

用脂溶性溶剂可以从头发中提取脂质,头发的平均脂质浓度为 4.65%±0.21%。对成年男性头发样品所做的分析表明,脂溶性提取物中游离脂肪酸浓度可占 56.1%,但不同性别、种族、头皮状态和发育过程中的头发,脂质的绝对浓度及各种脂肪酸的相对浓度均有一定的差异。Arrar(1990)研究发现人发中的脂质碳链链长在 7~22 范围内,其中 C_7 和 C_9 脂肪酸的浓度很少,C_{16} 和 C_{18} 浓度最高,二者占游离脂肪酸总量的 59%。

3. 水分

正常的发干含有少量水分。毛小皮起防水层的作用,因此发干中的水分很少从毛皮质逸出。染发、烫发、热吹风等会损伤毛小皮,使得毛小皮的鳞片不再紧贴毛干,或毛小皮出现较多的孔隙,于是水分很容易从毛皮质中逸出,头发表现为干燥、发梢裂开。同时,当毛发被弄湿时,水分亦易进入毛皮质,使得毛干异常肿胀。毛发反复干燥、肿胀,从而渐渐变得脆弱而易断。毛发的水分与环境的相对湿度有关(表2-8),相对湿度增高,含水量也增多。毛发中的水多为蛋白质结合水,平均含水量约为 8.5%。

表 2-8 不同湿度头发的含水量(%)

相对湿度*	29.2	40.3	50.0	65.0	70.0
含 水 量	6.0	7.6	9.8	12.8	13.6

* 温度为 74°F。

4. 矿物质和微量元素

毛发的灰分重量占毛发干重的 0.26%,其中某些元素位于色素蛋白质侧链盐桥的配位复合体上,是构成毛发纤维和色素的必需成分,有些元素则是人体的排泄物,有些元素还参与脂质结合,除 K、Na 在脂质中浓度较高之外,其他元素如 Mg、Sr、Ca、Ni、Cr、Fe、Cu、Mn、Zn 等均是在非脂质中的浓度较高(Pankhurst,1979)。

迄今为止,已用各种分析技术,如中子活化分析、原子吸收光谱仪分析、火花源质谱仪分析、等离子体发射光谱仪分析等测量到头发中的 80 余种元素(图2-7),其中有临床意义的元素如下(秦俊法,2003):

1	2	3	4	5	6	7	8	9	10	11	12	13	14	15	16	17	18
H																	
Li	Be											B	C	N	O	F	
Na	Mg											Al	Si	P	S	Cl	
K	Ca	Sc	Ti	V	Cr	Mn	Fe	Co	Ni	Cu	Zn	Ga	Ge	As	Se	Br	
Rb	Sr	Y	Zr	Nb	Mo		Ru	Rh	Pd	Ag	Cd	In	Sn	Sb	Te	I	
Cs	Ba	La	Hf	Ta	W	Re		Ir	Pt	Au	Hg	Tl	Pb	Bi	Po		

		Ce	Pr	Nd		Sm	Eu	Gd	Tb	Dy	Ho	Er	Tm	Yb	Lu
		Th		U											

图 2-7 头发中已检测到的元素

锌：儿童头发中含锌量少，容易食欲不振、身材矮小，甚至有异食癖。
钙：患有冠心病的老年人，其头发含钙量比正常人低 60.0%~70.0%。
锰、镉：精神病患者的头发中锰、镉的浓度都低于正常人。
汞：水俣病患者头发中汞浓度过高。
硒：克山病患者的头发中硒浓度较低。
铜、钴、铁、钛、钼、镍：可影响头发本身的颜色。

第四节　毛发的影响因素

毛发的生长与脱落主要受毛发本身的生长周期控制，但也受其他因素如种族、遗传、内分泌、疾病、精神状况、性别、年龄、季节等的影响。疾病、贫血、蛋白质食物不足、慢性消耗性疾病等都能使毛发生长缓慢或几乎停止，精神因素也常使毛发脱落或生长不良，内分泌对毛发的生长也有明显的影响。烫发、染发、日光和人工紫外线等外部因素也可破坏头发的角蛋白结构，进而影响头发的生长和理化性质（战立克，1985）。

一、自身因素的影响

1. 种族

种族的差异呈较明显的现象，不同种族的人，不仅头发的颜色不同，头发的多少和生长情况也有差别。秃头在白种人中十分常见，而在黄种人中就较少，在印第安人中则极为罕见。

2. 遗传

在同一家族中,头发的生长状况往往一致,研究表明男性型秃头与遗传有着密切关系。

3. 性别与年龄

女性头发的生长速度比男性快,年轻人比老年人快,但差别不是很大。随着年龄的增长,头部毛囊数量的减少比较显著。

4. 精神状况

紧张、恐惧、忧虑等可使头发脱落明显增多。有报道某死刑犯在宣判后每天脱发1 000多根,而正常人仅为20~100根。

5. 全身性疾病

某些全身性疾病,如发热性疾病、贫血、营养不良、肝病和严重的慢性消耗性疾病,往往可导致头发稀疏。

6. 内分泌

研究显示甲状腺激素不足时头发稀少,肾上腺功能低下时毛发减少,脑垂体前叶功能减退可致毛发全秃。

脑下垂体通过促肾上腺皮质激素对肾上腺皮质的作用,影响毛发的生长。当脑下垂体功能低下时则毛发减少,雄性激素有刺激毛母细胞生长的作用,睾丸素能促使躯干、四肢、须部、腋窝及阴部毛发的生长。当肾上腺皮质分泌的雄性激素增多时,可引起女子的多毛症。雄性激素也可直接作用于头发的毛囊,导致男性型秃头。雌激素具有对抗雄性激素的作用,因此女性在绝经期之前很少出现秃头。

当甲状腺功能失调时,额部及眉毛外1/3处可以发生脱毛现象。若甲状腺功能低下,则毛发减少并呈灰白色。

7. 营养因素

(1) 维生素　长期缺乏维生素A可致头发稀少;缺乏维生素B2可出现皮脂溢出增多,头发易脱落;维生素B6缺乏可引起皮脂分泌异常,口服避孕药可加快新陈代谢,消耗更多的维生素B6,有些女性弥漫性脱发可能与此有关。此外,维生素B6能影响色素代谢过程,缺乏时毛发可变灰、生长不良;泛酸(又称维生素B3)缺乏时也可使头发变白;生物素(又称维生素H3)缺乏时可使毛发脱落;肌醇属于维生素B族,它能防止头发脱落;对氨基苯甲酸也属于B族维生素,它能保护头发色泽,维持头发的正常生长。

(2) 蛋白质　头发的正常生长有赖于毛乳头内有供应头发营养的血管;毛乳头周围的毛母角化细胞分泌角朊蛋白而合成头发,使头发生长茂盛;毛母色素细胞分泌黑色素,合成色素颗粒,并充盈毛干,使头发乌黑。头发主要由角蛋白组成,显然,如果头发得不到充足的蛋白质供应,就会干枯、稀疏、脱落和早白。

非洲黄金海岸地区土著民族儿童易患一种恶性营养不良病,得这种病的儿童,头发明显减少，且干、脆、无光泽、易拔脱，从正常的黑色变为淡红色或白色。当患儿的营养状况改善，蛋白质摄入充足时，头发则很快变黑。但营养再度缺乏时，头发又很快变白。于是，同一根头发上就会出现像"斑马线"一样的黑白相间的颜色。这种特征现象也见于患溃疡性结肠炎或作部分肠道切除术而引起蛋白质摄入不足的病人。

（3）微量元素　有学者观察了头发中微量元素锌、铁、钼、钙、铅、镁、锰及硒的浓度变化，发现脱发患者铜、铁、锰的浓度显著降低，而钙、镁、硒值显著增高，不典型脱发者各元素值无显著差异。缺铜会影响铁的吸收和利用，铁代谢不良会出现贫血、精神激动等症状，后者可为斑秃的促发因素，如果女子的毛发呈红色或褐色，则与其毛发内的含铁量有关。缺铜还会影响毛发的角化过程，从而影响毛发生长。钙通过与钙调节蛋白结合而发挥作用，钙浓度高可能改变中枢神经免疫调节控制功能，从而导致脱发；硒的过量可致自身免疫性反应以及头皮溢脂增加而致脱发。

8. 头皮功能

（1）头皮功能紊乱　头皮外观上可完全正常，但由于其功能紊乱，会严重影响头发的生长。斑秃是一个典型的例子，得斑秃的患者头皮看起来并无异常，但头发总是突然成片脱落，其发病机理可能是：血管运动中枢机能紊乱，加上交感及副交感神经功能失调，引起患部毛细血管持久性收缩，造成毛乳头供血障碍，最后导致头发营养不良，头发生长暂时性抑制。另一方面，头皮存在着某种程度的松弛性，头皮一旦发胀，其中的血管就会受到压迫，令头发的营养受阻，从而头发变短，并逐渐脱落，发生脱发症。

（2）头皮器质性病变　有器质性病变的头皮一般表现为萎缩或疤痕，两者均会损伤或破坏毛囊，致使毛根萎缩，毛发脱落，形成永久性疤痕性秃发。引起头皮出现疤痕性秃发常见的原因有：① 头皮发育缺陷；② 肿瘤；③ 感染；④ 物理化学性损伤：烫伤、头皮外伤、超大剂量的 X 线照射等引起的放射性皮炎、机械性损伤如吸力引产等和局部外用化学药物等。

二、外部因素的影响

1. 染发

中青年过早出现白发，目前医学上还没有更好的方法使这些白发变黑，所以只能采用染发来使白发暂时性变黑。另有爱美人士，因不满意自身的头发颜色而采用染发的手段改变头发颜色。

理想的染发剂应对人体无害，对皮肤无刺激，不损伤头发的结构，使头发能迅速染上颜色，颜色保留持久等。市售的染发剂虽然商标不同，但其原料都是氧化类染料，如对苯二胺、苯甲二胺或硝基化合物等。如同时采用过氧化氢作为氧化剂，染料就更易固定在头发内而不易洗掉。高级染发剂中加入了少量的表面活性剂、增厚剂、浸湿剂等以增强染料的染发效果。为了特殊的美容目的,染发剂中还加入各种金属元素和有机合成物,使头发染成淡棕色、金色、红棕色等各种颜色(Kaplan,1982)。根据染发剂能到达毛发的层次(毛小皮、毛皮质或毛髓质),将其分为三类:

(1) 暂时性染发剂　利用水溶性聚合物和油脂的吸附性,或利用高分子树脂的黏合性使染料或颜料固定在头发表皮最外层毛小皮上,这类染发剂化学分子大,不易渗过头发的外皮层,不能使头发的色素发生变化,只用于暂时性的装饰。

(2) 半永久性染发剂　通过将酸性染料用各种手段浸透到头发的皮质和髓质内,由于离子键的作用而沉淀、染色。有些分子量大的染料,可用苄醇等溶剂作为载体,帮助其达到浸透的目的。

(3) 永久性染发剂　即指合成有机染料类染发剂,其利用低分子的氧化染料中间体,如胺类、酚类的化合物,使其浸透到头发内部,并在氧化剂作用下发生氧化聚合,形成高分子的色素并沉着到髓质内,不易从头发中游离出来。

暂时性染发剂只是物理吸附作用,对头发的损伤不大。而永久性和半永久性染发剂渗透至头发的皮质和髓质内,因此对头发的损伤较严重。头发对沸水、酸、碱、氧化剂与还原剂比较敏感。头发的表面覆盖着毛小皮,正常毛小皮犹如鱼鳞(或叠瓦),平行有序地覆盖在毛干表面,保护头发的完整性(图2-8)。染发后首先导致毛小皮损伤,如图2-9所示,毛小皮翘起,有脱黏附现象,部分毛小皮边缘微卷,或呈锯齿状(曹蕾,2008)。染发剂使用时间过长,头发逐渐被剥蚀,令头发变得粗糙,失去光泽。还有研究显示,染发剂使用不当会灼伤头发、头皮,引起过敏等症状(Schlatter,2007)。

图2-8　正常头发扫描电镜图

Cajkovac(1996)研究了48名染发者的头发,与正常未经任何处理的头发($n=46$)相比,染发者的头发明显损伤。Takayama等(1999)测定了经过染发处理后的头发样本中的苯丙胺(AMP)和甲基苯丙胺(MAMP)。结果显示染发前10个黑发样本中MAMP和AMP的值分别为12.8±6.06 ng/mg(范围: 5.10~23.2 ng/mg)和

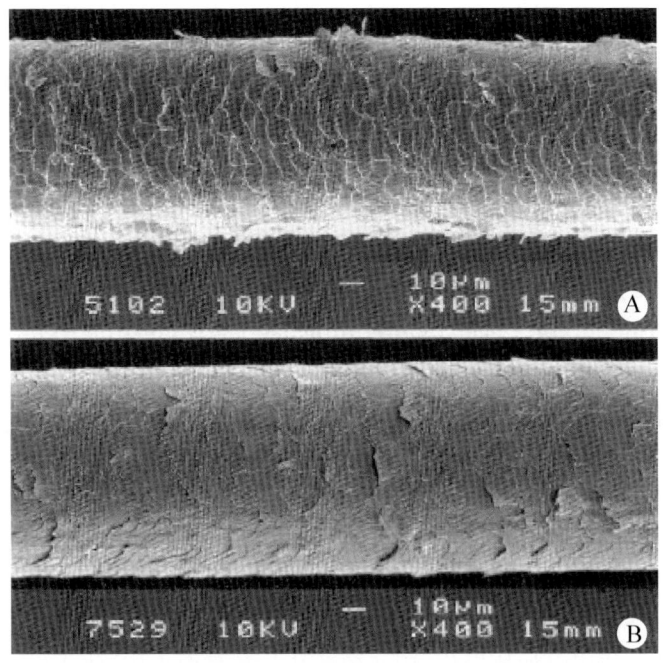

图 2-9 烫发后(A)、染发后(B)头发扫描电镜图

2.39±1.14 ng/mg(范围：0.70~4.29 ng/mg)。随后将其中 5 个样本进行染发，经染发处理后的头发($n=5$)，MAMP 和 AMP 的浓度减少，分别为 2.54±1.25 ng/mg 和 0.97±0.17 ng/mg。此结果说明，染发会在一定程度上影响药物与头发的结合，但其机制目前尚未完全清楚。

2. 漂白

头发漂白不是真正意义上将头发漂为白色，而是使原来深颜色的头发变浅，如黑发经漂白后可以变为黄色或红棕色。

有颜色的物质暴露在空气中，由于其色素被氧气所氧化，时间稍长颜色就会逐渐消退，日光可以加速此氧化过程。头发漂白剂就是根据此原理，将头发中的黑素氧化分解，从而使头发脱色。氧化漂白的时间越长，效果越大，头发的颜色就越淡。任何时候只要用大量的热水冲洗，氧化漂白的作用就会中止。一般情况下漂白出来的头发是淡黄色，用过氧化氢漂白黑色的头发可以呈黄色或红棕色。如果想把头发漂成纯白色，则需要使头发中的二硫键全部还原，一般不作此处理。

漂白剂的作用原理很简单，首先穿过毛小皮，到达毛皮质，在 pH 9.10 的条件下，黑素颗粒在黑素细胞分解前先被分解。过氧化氢作为氧化剂，可以使二硫键发生氧化反应而断开，从而降低头发的张力。加入金属铁和镉能强烈地催化这个反应，加速其进程。

被漂白过的头发表面受到不同程度的损伤,应避免再用其他有可能令头发损伤的处理,如烫发、电吹风等,以免加重原本的损伤。反复多次漂白头发,会引起角蛋白纤维断裂、光泽度低,并易于剥蚀。在头发漂白剂加入一些季铵类阳离子型表面活性剂等护发成分,有助于减轻头发表面的损害。

Takayama(1999)研究了漂白对头发中 MAMP(甲基苯丙胺)和 AMP(苯丙胺)的影响,经过漂白处理后的头发,MAMP 和 AMP 的浓度下降。比较头发漂白与染发对头发中药物浓度的影响后发现,阿片类、可卡因、大麻类和尼古丁的浓度平均降低 30%~80%,漂白后的头发中药物浓度比染发损失得更多,并且漂白对头发的损伤更严重(Kintz,2000)。

3. 烫发

烫发的目的是修饰发型、美容。烫发剂主要由还原剂和氧化剂组成,通过与头发中角蛋白发生化学反应而起作用。整个烫发过程实际上是先把头发中各种连接键打断,然后将已破坏的各种连接键按需要重建。在此过程中,发干干燥可使水分消失,氢键复原;调整水溶液的 pH 到 4~7,盐键也会复原。二硫键的修复需在原二硫键被破坏时,立刻使氨基酸链产生偏移,建立新的二硫键。常用的烫发方法有电烫和冷烫两种(Swift,1972)。

(1)电烫 使用电加热操作,用亚硫酸盐与角蛋白作用,使头发形成所需的发型。在高温下,头发中的二硫键就会缓慢发生水解反应而分开,随着时间的延长,头发中的角蛋白会有新的二硫键形成,头发的长度变化可达原来的 40%。电烫发的效果能较长时间地保留。

(2)冷烫 又叫化学烫发,是近年来流行的新的烫发方法。在低温的条件下,通过还原反应,可以破坏二硫键。常用的还原剂有甲醛、硫化钠、硫酸钠、硫酸氢钠、巯基醋酸和巯基醋酸盐等。硫醇和亚硫酸盐一样,属于负离子,在酸性环境下离子化受到抑制,使其与二硫键的反应减慢,并且二硫键处的多肽链也带负电荷,排斥硫醇和亚硫酸,使反应进一步减慢。因此,碱性环境可使冷烫发挥最大效果,最适合的 pH 应大于 9。

通过加热或用碱性溶液可使毛小皮鳞片分开,烫发剂穿过毛小皮到毛皮质内,化学反应令头发膨胀,烫发还可以直接损伤毛小皮,令头发表面粗糙甚至剥蚀(图2-9)。有些情况发生在烫发后的一段时间,如头发过度受氧化或还原会使角蛋白逐渐分解,头发出现过早断裂;反复烫发使得毛小皮的鳞片不再紧贴毛干,或毛小皮出现较多的孔隙,于是水分很容易从毛皮质中丢失或进入毛皮质,头发表现为反复干燥、发梢裂开或异常肿胀,从而渐变成脆弱而易断。

频繁烫发会使本来稠密乌黑的头发渐渐稀疏枯萎,反而有碍美观。电烫容易使头发断裂,而冷烫使用硫代甘醇盐类,不作加热处理,对头发的损害相对较少。不过冷烫使用的过氧化氢对黑色头发有脱色作用。冷烫用的固定剂,也是一种脱发剂,过多使用会使头发的角蛋白变性,发丝的弹性降低,头发肿胀发生皂化,油脂消失,使头发枯萎易断。由于烫发剂是一种具有很强刺激作用的还原剂,如果使用不当,可引起头发的化学灼伤,长期使用易使头发颜色变暗,脆弱易折。另外,反复使用电热卷发器会对头发表皮产生不利影响,卷发器产生的热会逐渐烤干发干内的水分,使发干变得脆弱而无弹性,因而更容易断裂。

郑赛华(2001)用 Diastron 张力仪对头发进行拉断实验,以最大力(头发拉断所需的力)和折断功(头发拉断所需的功)两个指标评价烫发对头发机械张力的影响。结果显示(表 2-9),头发机械张力的变化与烫发次数明显相关。最大力和折断功随烫发次数的增加而明显下降,两者与烫发次数的相关系数(r)分别为 0.963 8 和 0.947 5。烫发 2 次或 3 次对毛发的机械张力的影响更为明显,最大力和折断功与未烫发发束相比,差别显著,有统计学意义。

表 2-9 不同烫发处理后头发机械张力的变化($n=10$)

	未烫发	烫发 1 次	烫发 2 次	烫发 3 次
最大力(10^{-2} N)	172±12	150±10	122±12	114±14
折断功(10^{-2} J)	3.49±0.42	3.17±0.44	2.40±0.22	2.39±0.41

Takayama(1999)除了研究染发和漂白对头发的影响外,还研究了烫发对头发中 MAMP 和 AMP 的影响,经过烫发处理后的头发($n=5$),仅 2 个检出 MAMP,1 个检出 AMP,可见与染发和漂白相比,烫发对头发的损伤最严重。他们还研究了 MAMP 和 AMP 在烫发液中的稳定性,发现药物在这些美发液中的稳定性较好。这说明烫发处理不是直接影响药物的降解,而是影响药物与头发的结合。但到目前为止,药物与头发的结合机制尚不清楚。

4. 紫外线照射

在紫外线照射下,人体会发生很多改变,最常见的影响是对皮肤和头发造成灼伤。有研究显示,头发中的色素会在紫外线照射后有所改变,特别是红头发的人对紫外线格外敏感(Healy,2000)。Menon(1983)认为可能的机制是紫外线的照射加快了红发中色素的氧化作用,致使头发容易受到损伤,头发中色素浓度降低,长时间的紫外线直接照射会使色素量下降 10%~15%。

Nogueira(2004)分别研究了 UVB(313 nm)和 UVA(363 nm)照射后头发中蛋白质的损伤及头发颜色的改变。UVB 照射后,不同颜色头发中蛋白质的丢失有所差异。棕黑色头发蛋白质的明显丢失发生于辐照 56 h 后,而金色头发则开始于照射 112 h,之后金色头发在辐照下继续丢失蛋白质,448 h 后丢失的是 224 h 的两倍,而棕黑色头发不再发生明显丢失。黑色头发基本不损失蛋白质。UVA 照射后,头发的不均匀性增加,金色头发比黑色头发更容易改变颜色,UVB 对改变头发颜色的作用不大。

紫外线照射后,头发中药物的浓度会降低,一方面紫外线损伤头发后会破坏头发与药物的结合,另一方面,紫外线还将影响药物本身的稳定性。

5. 洗发香波

洗发香波的作用是清洗和除去头发及头皮表面的油污、灰尘及定型产品的残留物等,以保持头发及头皮的清洁卫生。护发素内含有的阳离子表面活性剂主要是季铵盐或其他各种胺盐。由于头发带有负电荷,季铵盐牢固地被吸附在其上,它的烷基链多层次地相互交联,形成膜状结合,将包括因洗发引起的表层缺损或翘起的鳞片填补、抚平,降低了头发摩擦产生静电的机会,头发的柔顺性增加。护发成分形成的保护膜可以减缓因湿度变化带来的头发内水分浓度的变化。选择含有蛋白质的洗发香波,还可维持头发角蛋白的健康,使头发显得柔软、有光泽、富有弹性。

虽然洗发香波可以在一定程度上起到保护头发的作用,但过度清洗可能会造成头发中药物浓度的降低。Rohrich(2000)研究了洗发香波对头发中药物浓度的影响,14个头发样本均没有经过其他的头发处理(如染发、烫发等),每个样本都分为两份,其中一份经洗发香波清洗,而另一份未经任何处理。两组头发中的药物浓度变化见表2-10,洗发后,除了二氢可待因浓度升高11%之外,其余药物的浓度基本都是降低的。结果显示,过度清洗后,虽然所有阳性样本中的药物仍可测得,但头发中的药物浓度均有不同程度的损失。

表2-10 过度清洗后头发中药物浓度的变化

药物	阳性数	批内分析CV(%)	药物浓度平均变化(%)	药物浓度变化中位值(%)
THC	4	8	-36(d)	-51(d)
苯丙胺	6	10	-41(d)	-51(d)
MDA	6	7	-9(d)	-11(d)
可卡因	10	13	-5(n)	-20(d)
海洛因	6	20	-19(n)	-51(d)
6-MAM	12	21	-9(n)	-22(n)
吗啡	12	12	-26(d)	-18(d)
可待因	13	11	-30(d)	-27(d)
二氢可待因	7	26	11(i)	-32(d)

注:d=下降;i=上升;n=无显著影响。

6. 其他

头发在夏天的生长比冬天略快,这是因为气温的升高,可促进代谢旺盛,导致头发生长加快之故。头发白天比夜间的生长稍快。X线可控制毛囊基质中的硫氢基结合物,从而引起暂时性脱发。某些化学因素如铁能影响角化形成,可能干扰胱氨酸参与角蛋白的组成,从而影响头发生长。药物、创伤、慢性炎症、皮肤病、局部按摩刺激等,对头发的生长与脱落也有一定的影响。口服醋酸铊可影响生长期的毛囊,使所有处在生长期中的头发脱落;而刺激物如苯、乙醚、甲胆蒽不引起生长期头发脱落,却可使休止期头发更快分离。

参 考 文 献

曹蕾,范卫新,王磊.2008.烫发和染发对头发损害及护发素对其修护作用.临床皮肤科杂志,37(6):351-353

陈军生.2000.头发健美与疾病防治.石家庄:河北科学技术出版社

秦俊法.2003.头发微量元素分析与疾病诊断.郑州:郑州大学出版社

沈敏.2003.体内滥用药物分析.北京:法律出版社

吴志华.1993.皮肤性病学.广州:广东科学技术出版社

徐文龙.1989.中国人头发截面大小和形态的初步观察.人类学学报,8:367-371

徐文龙.1992.毛发检验与个体识别.合肥:安徽科学技术出版社

战立克.1985.头发健美大全.南京:江苏科学技术出版社

郑赛华,於勤.2001.头发烫发的损伤与修护的研究.日用化学工业,4:19-20

Astore IPL, Pecoraro V, Pecoraro EG. 1979. The normal trich- ogram of pubic hair. Br J Dermatol, 101:441-442

Attar KM, Abdel-Aal MA, Debayle P. 1990. Distribution of trace elements in the lipid and nonlipid matter of hair. Clin Chem, 36(3):477-484

Barman JM, Astore I, Pecoraro V. 1965. The normal trichogram of the adult. J Invest Dermatol, 44:223-236

Cajkovac M, Oremovic L, Cajkovac V. 1996. The effect of hair colours and perm products on the state of hair. Acta Pharmaceutica, 46(1):39-49

Healy E, Flannagan N, Ray A, et al. 2000. Melanocortin-1-receptor gene and sun sensitivity in individuals without red hair. The Lancet, 355:1072-1073

Kintz P, Salomone A, Vincenti M. 2015. Hair Analysis in Clinical and Forensic Toxicology, Academic Press

Kintz P, V Cirimele, B Ludes. 2000. Pharmacological criteria that can affect the detection of doping agents in hair. Forensic Sci Int, 107:325-334

Kintz P. 2006. Analytical and Practical Aspects of Drug Testing in Hair. CRC Press

Menon IA, Persad S, Haberman HF, et al. 1983. A comparative study of the physicaland chemical properties of melaninsisolated from human black and red hair. J Invest Dermatol, 80:202-206

Montagna W, Ellis EA. 1958. The biology of hair growth. New York:Academic Press

Montagna W. 1969. Advances in biology of skin, Vol. Hair growth. London:Pergaman

Nanninga PB, Ghanem GE, Lejeune FJ, et al. 1991. Evidence for alpha-MSH binding sites on human scalp hair follicles:preliminary results. Pigment Cell Research, 4(4):193-198

Nogueira ACS, Dicelio LE, Joekes I. 2006. About photo-damage of human hair. Journal of Photochemistry and Photobiology B:Biology, 74:109-117

Orfanos CE, Happle R. 1990. Hair and hair diseases. Berlin. Heidelberg. New York:Springer-Verlag

Ortonne JP, Prota G. 1993. Hair melanins and hair color:ultrastructural and biochemical aspects.J Invest Dermatol, 101:82-90

Pankhurst CA, Pate BD. 1979. Trace elements in hair. Rev Anal Chem, 4(2-3):235

Pecoraro V, Astore I, Barman J, et al. 1964. The normal trich- ogram in the child before puberty. J Invest Dermatol,

42: 423-430

Pecoraro V, Astore I, Barman JM. 1964. Cycle of the scalp hair of the newborn child. J Invest Dermatol, 43: 145-147

Pecoraro V, I Astore, JM Barman. 1971. Growth rate and hair density of the human axilla. J Invest Dermatol, 56: 362-367

Pelfini C, Cerimele D, Pisanu G, et al. 1969 Aging of the skin and hair growth in man. Hair growth. London: Pergamon Press Ltd

Prota G. 1972. Structure and biogenesis of pheomelanins, in Pigmentation: Its Genesis and Biological Control, Riley, V., Ed., Appleton Century Crofts, New York

Prota G. 1992. The role of peroxidase in melanogenesis revisited.Pigment. Cell Res Suppl, 2: 25-31

Prota G. 2000. Melanins, melanogenesis and melanocytes: looking at their functional significance from the chemist's viewpoint. Pigment Cell Res, 13: 283-293

Rohrich J, Zörntlein S, Pötsch L, et al. 2000. Effect of the shampoo Ultra Clean on drug concentrations in human hair. Int J Legal Med, 13: 102-106

Schlatter H, Long T, Gray J. 2007. An overview of hair dye safety. Journal of Cosmetic Dermatology, 6: 32-36

Slominski A, Wortsman J, Plonka PM, et al. 2005. Hair Follicle Pigmentation. J Invest Dermatol, 124: 13-21

Swan GA, Waggott A. 1970. Studies related to the chemistry of melanins. Part X. Quantitative assessment of different types of unit present in DOPA-melanin.J Chem Soc Perkin Trans I, 10: 1409-1418

Swift JA, Brown AC. 1972. The critical determination of fine changes in the surface architecture of human hair due to cosmetic treatment. J Soc Cosmet Chem, 23: 695-702

Takayama N, Tanaka S, Kizu R, et al. 1999. High-performance liquid chromatography study on effects of permanent wave, dye and decolorant treatments on methamphetamine and amphetamine in hair. Biomed Chromatogr, 13: 257-261

Yu J, Yu DW, Checkla DM, et al, 1993. Human hair keratins. J Invest Dermatol, 101: 56-59

第三章 毒（药）物与毛发的结合机制

毛发是一种非常复杂的组织。毒（药）物入体后进入头发的时间、与头发结合的机制、在头发中的时间过程以及影响因素等是头发分析结果评判的基础，涉及头发分析证据的科学性、可靠性和应用价值，因而成为头发分析的研究热点。经过几十年的探索，人们形成了一些共识，但仍有许多问题尚待进一步的研究。

本章围绕毛发分析的研究热点，重点介绍毒（药）物进入毛发的途径、毒（药）物与毛发的结合机制、毒（药）物与毛发结合的影响因素以及毛发分析中可能存在的偏差等。由于黑色素在毒（药）物与毛发结合中起着重要的作用，所以第一节首先介绍黑色素，以便于理解和讨论。

第一节 黑 色 素

黑色素（melanin）是一类化学结构极其复杂的非均质类多酚聚合体（图3-1），没有固定的分子量，广泛存在于动植物中，在人体主要分布于眼睛、头发、大脑和皮肤等组织。黑色素由一类特殊的细胞生成，这类细胞称黑素细胞（melanocyte），为树枝状细胞。一个黑素细胞周围被30～40个角质细胞（keratinocyte）所包围，它是一种高度分化的细胞，细胞质内有特殊的细胞器，名为黑色素体（melanosome）。黑色素体是一种具有膜的球形或椭圆形的胞器，可保护细胞对抗黑色素生成过程中释放出的自由基对细胞产生氧化性伤害。

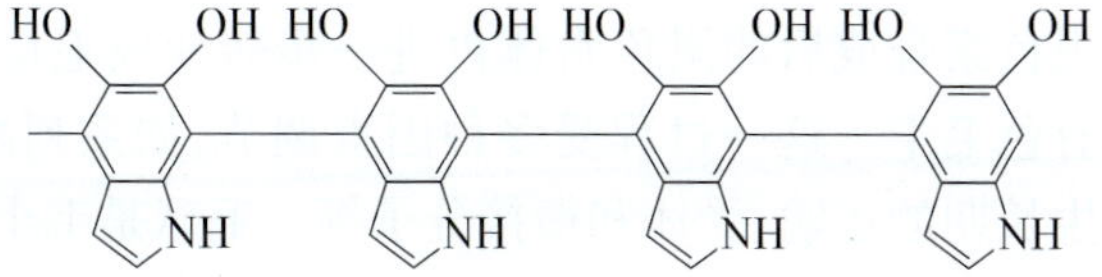

图3-1 黑色素的化学结构

黑色素在黑色素体内合成，主要包括4期，见图3-2。Ⅰ期黑色素体为圆形，直径约0.3 μm，酪氨酸酶活性强，沿细丝集中，黑色素体内不含黑色素。Ⅱ期黑色

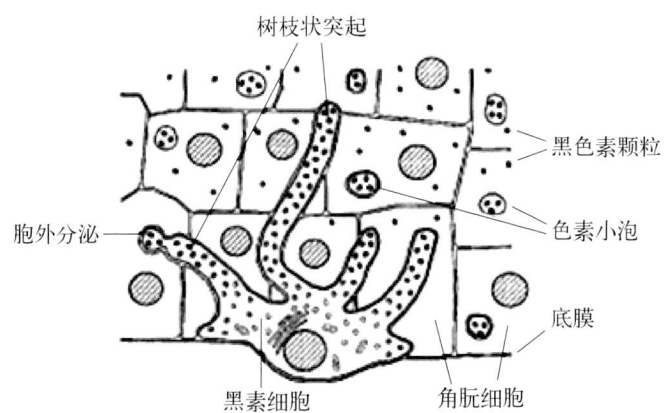

图 3-2　黑素细胞在黑色素体内合成黑色素的过程(Pragst,2006)

素体呈椭圆形,长约 0.5 μm,含有交替排列的纵形细丝,胞膜和细丝均有酶活性,有少量黑色素沉积。Ⅲ期黑色素体中酪氨酸酶活性减弱,部分是通过非酶性的聚合作用显示黑色素不断沉积。Ⅳ期黑色素体中酪氨酸酶活性消失,全部通过非酶性聚合作用形成黑色素,并充满整个黑色素体,最后形成均一、密集的黑色素颗粒。黑素体一旦成熟后即由树枝突输送到角朊细胞内。角朊细胞膜先突出一伪足,将充满黑素体的树枝突顶端包裹后吞入。在角朊细胞内黑素体的两层胞膜被破坏,黑素体即分散在角朊细胞内,被溶酶体所降解,随角朊细胞向表层分化推移,最后随角质细胞脱落。

　　黑色素体的大小、形态和黑素化的程度受基因控制。白种人黑色素体仅见于基底层细胞内,而且只有Ⅰ期、Ⅱ期和Ⅲ期黑色素体,没有Ⅳ期黑色素体;黄种人表皮内黑色素体为Ⅱ期、Ⅲ期和Ⅳ期黑色素体;黑种人表皮细胞内主要为Ⅳ期黑色素体,而且这些黑色素体可见于表皮各层细胞内。此外白种人和黄种人表皮角朊细胞内,黑色素体呈复合黑色素体,仅有个别的单个的黑色素体,这些黑色素体均为退变状态。黑人角朊细胞内的黑色素体均为单个散在,很少见有复合黑色素体。复合体的外膜有明显的磷酸酶活性,它能吞噬溶酶体以降解黑素。复合黑色素体可见于角朊细胞、黑素细胞、郎格汉斯(Langerhans)细胞和噬黑素细胞内。

　　毛发形成中,黑色素合成后的黑色素体再进一步转变成毛皮质和毛髓质的角化细胞,然后形成有色毛干。这一过程受多种因素调节,如系列酶、蛋白质的结合和调节作用、头发生长期的运输、受体和衔接分子等。毛球是毛干中色素形成的唯一部位,处于生长期的毛囊上层基质中有黑素细胞,这些黑素细胞具有活性,将大部分黑色素转运至毛皮质,少部分至毛髓质,但几乎不转运到毛表皮。

　　动物体内的黑色素主要包括真黑素(eumelanin)和棕黑素(phaeomelanin)。根据 Nicolaus(1967)和 Swan(1970)等的研究,真黑素主要是呈黑色和褐色的含氮色素,为 5,6-二羟吲哚和 5,6-二羟吲哚羧酸的聚合体,由酪氨酸、二羟苯丙氨酸(多巴)、多巴胺等氧化聚合而成,见图 3-3。棕黑素颜色稍浅,常呈棕色、红色甚至黄色,是由酪氨酸经与上述同样路径合成而来,其中有半胱氨酸等的参与。

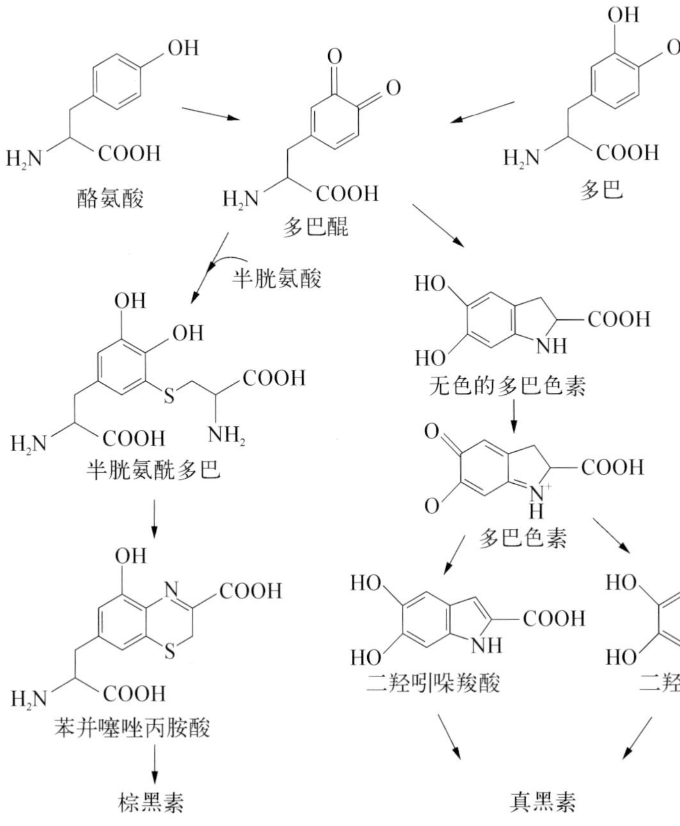

图 3-3 真黑素和棕黑素的生物合成路线(Kintz,2007)

毛发的颜色受遗传因素控制,颜色深浅取决于其中色素的量。毛发中的色素除了真黑素和棕黑素,还包括氧真黑素(oxyeumelanin)和氧棕黑素(oxypheomelanin)。氧真黑素和氧棕黑素为色素单体的氧化产物,Prota(2000)于 2000 年公布了决定毛发颜色的这 4 种色素在头发中的存在状况。根据此研究,黑色至深棕的头发主要含有真黑素。从棕色至淡颜色,除了真黑素,还含有氧真黑素。氧真黑素是有过氧化氢时由真黑素氧化产生,金发中含有大量的氧真黑素。毛发颜色的深浅不同由 4 种色素的相对量决定。

黑色素与毒(药)物的亲和力早已为医学领域所认知,主要集中在眼睛和皮肤的防护上。由于视网膜和葡萄膜中的黑色素浓度很高,因此,长期大量用药易使眼睛受到损害,严重影响身体健康。

黑素细胞和黑色素颗粒在毒(药)物进入毛发中起着极为重要的作用。尽管药物的毛发分析已得到了广泛应用，但是毛发颜色偏差始终是毛发分析领域争论的焦点。理论上，头发中的黑色素或真黑素是阴离子多聚体，具有较强的结合毒(药)物，特别是离子型或非离子型碱性毒(药)物的能力，结合后毒(药)物沉积于黑色素而导致毛发分析结果因颜色而偏差。这一理论通过各种实验设计得到了证明，如毒(药)物与黑色素的结合研究、采用不同毛色的同一个体的动物实验、人体摄药实验等。

第二节　毒(药)物进入毛发的途径

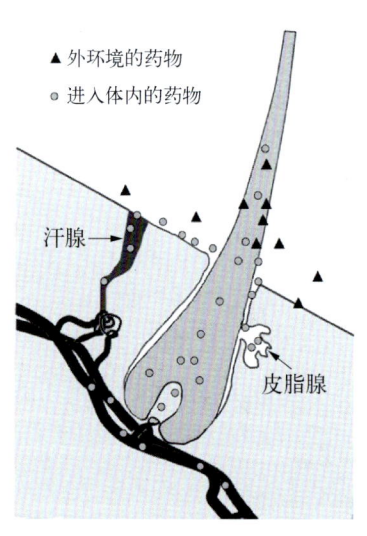

图 3-4　药物进入毛发的结构示意图

毒(药)物进入毛发头发的确切机制以及影响其稳定性的因素尚未清楚。根据毛发结构以及研究结果，多数学者倾向于毒(药)物进入毛发可能存在三种途径：① 毒(药)物经血液循环主动或被动地扩散至毛乳头细胞，在形成毛髓质、毛皮质的过程中与其结合；② 在毛干形成过程中，毒(药)物从汗腺、皮脂腺等分泌进入毛干；③ 在毛干形成后毒(药)物由蒸汽、粉尘等外部污染而附着于毛发最外层，然后分布于毛发中。图 3-4 是毒(药)物进入毛发的示意图。包括进入体内和外环境下外源性物质进入毛干的过程。

事实上，毒(药)物进入毛发是多种途径联合作用的结果，何种途径起主要作用也因毒(药)物和个体而不同。一般认为，经血液循环进入毛发是最主要的途径，并且据此可推测其用药时间和使用量。但是汗液等扩散作用也不容忽视，由此造成头发分析结果解释的复杂性。

一、经血液循环进入毛发

毛发的生长周期可分为生长期、退行期和休止期三个阶段，处于生长期的毛发呈活跃增生状态，毛球下部毛乳头增大，细胞分裂加快，数目增多，这时毛囊可以充分获得血液中各种成分，血液中的毒(药)物由此进入毛囊。进入生长期毛发的毒(药)物，首先需要透过细胞膜扩散，仅有未与蛋白结合的毒(药)物才能转运，转运的速度与毒(药)物的脂溶性、血浆与细胞间的 pH 梯度等有关。

多数毒(药)物为弱酸或弱碱,在体液中部分解离,离子型和非离子型(分子型)同时存在,毒(药)物常以分子型通过生物膜。血浆的 pH 为 7.3,而角化细胞和黑素细胞的 pH 较低,在 3~6 之间。故相对酸性物质,pH 梯度对碱性物质更为有利,碱性物质在胞质中质子化,不再扩散回血浆。碱性物质进一步与细胞蛋白结合,降低了胞质中毒(药)物浓度,相应地增强扩散作用。故可卡因、可待因、苯丙胺类等弱碱性毒(药)物主要以阳离子型存在,易于进入毛发;而苯巴比妥为弱酸性,pKa 为 7.4,在生理 pH 下,部分带负电或为分子型,难以进入毛发。

若毒(药)物进入毛发仅有血液循环这条途径,那么进入毛发后应可形成清晰的药带。若丹明染料为阳离子,具有荧光特性。Stout(1998)巧妙地采用若丹明染料设计一系列实验,显示了外源性物质经血液循环进入毛发的机制。

一组 Balb/C 和 C57 小鼠在每周的周三、周四和周五腹腔注射若丹明的盐溶液,连续三周(第一周剂量 50 mg/kg;第二周剂量 1 mg/kg;第三周剂量 10 mg/kg)。最后一次给药后一周处死,拔毛发,并取小鼠背部的皮肤。另一组单次给药若丹明 10 mg/kg,然后分别在给药后 5 min,20 min,2 h,20 h,44 h 和 168 h 处死小鼠,拔毛发,并取小鼠背部的皮肤。拔下的毛发置于载玻片,以 Permount(Fisher, Pittsburgh, PA) 封片,荧光显微镜下观察。小鼠背部的皮肤样品经福尔马林固定 12 h 后用石蜡包埋。切片后一部分直接置于载玻片上,以 Permount 封片,荧光显微镜下观察。另一部分苏木精伊红染色后在正常光、显微镜下观察细胞结构。结果见图 3-5。

给药后 5 min,皮肤包裹着的毛球中已可见明显的若丹明,直至 2 h 后仍很明显(图 3-5a)。若丹明大部分存在于形成毛干的毛髓质、毛皮质和 Henle 层(图 3-5b 和 c)。而髓小皮、Huxley 层和外根鞘则未见若丹明沉积(图 3-5b)。若丹明沉积在靠近毛球,特别是基部毛球细胞的纤维表面。与形成中的毛干和内根鞘相比,若丹明在毛乳头细胞中不沉积。黑素细胞呈树枝状,位于毛乳头的顶部(图 3-5d),这些细胞经苏木精伊红染色后显示为黑色颗粒,而在荧光下观察,这些黑色颗粒很明显出现在非染色区,位于毛乳头的顶部,黑素细胞的细胞质没有荧光(图 3-5c)。给药后 20 h,仅在毛囊峡部顶端的毛干中观察到荧光(图 3-5e)。20 h 后 Henle 层未见荧光,毛髓质和毛皮质的荧光相同,髓小皮处未见荧光。44 h 和 168 h 后,荧光仅出现在皮肤表面以上的毛发中。

毛发一旦成熟,长出皮肤表面,若丹明即固定于毛干中随毛发生长而形成一条色带。给药 1 次可形成明显的约 1 mm 色带(图 3-5g),显示毛发的生长速度大约 1 mm/d,间隔一周给药则毛发显示两条色带间隔大约 4 mm。第一次给药的色带很明显地移向发梢位置。这些化合物结构相似,连续 3 天腹腔注射这些染料,2 周后,在毛干上可观察到明显的 3 条若丹明色带。

体内实验模型表明外源性物质主要进入毛髓质和毛皮质,但若丹明与髓小皮亲和力小,未显示进入(图 3-5h)。若丹明快速出现在生长中的毛干和 Henle 层,

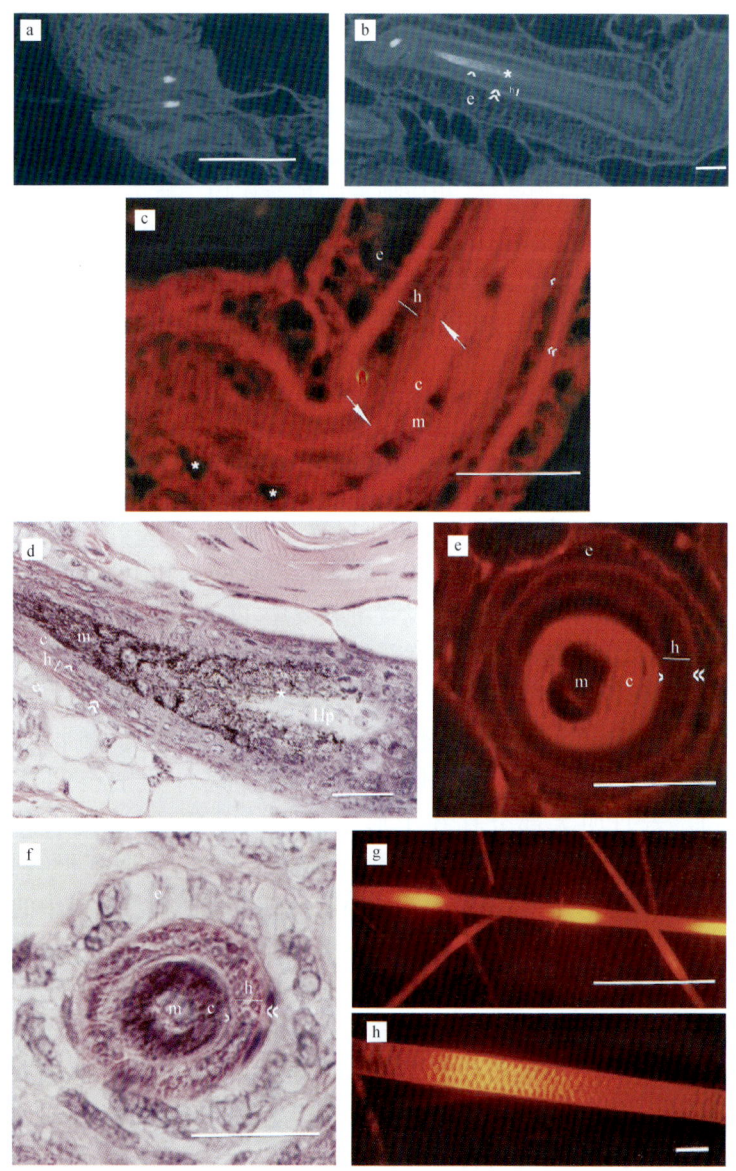

图3-5 Stout(1998)研究若丹明进入毛发途径

a. Balb/C 鼠用药 2 h 后皮肤横切面,表皮对着左边框(横线代表比例尺 1 mm),毛球较周围组织具有明显荧光;b. C57 鼠用药 20 min 后的毛囊(横线代表比例尺 50 μm),若丹明大部分存在于形成毛干的毛髓质(星号指示)、毛皮质和 Henle 层(双箭头指示),而髓小皮(单箭头指示)、Huxley 层(h 指示)和外根鞘(e 指示)则未见若丹明沉积;c. C57 鼠用药 2 h 后的毛球顶部(横线代表比例尺 50 μm),若丹明主要出现在毛皮质(c)和毛髓质(m)的形成纤维(靠近长箭)中,但未出现在髓小皮(单箭头指示)、Huxley 层和黑素细胞(星号指示);d. C57 鼠毛发经苏木精伊红染色后纵切面(横线代表比例尺 50 μm),类似于图 b 和图 c,可看出毛发的不同层次结构和毛乳头(Hp 指示);e. C57 鼠用药 20 h 后的毛发峡部,毛髓质(m 指示)充满空气间隙;f. 老鼠毛发的染色后横切面(横线代表比例尺 50 μm),毛干部分有明显荧光,髓小皮(单箭头指示)未见荧光;g. 给药 3 次后,毛干上可看出明显的三条约 1 mm 色带;h. 高倍放大其中一条色带,色带的边缘光滑,未显示髓小皮细胞的连接等表面结构,说明若丹明未进入髓小皮细胞。

但毛乳头处未见荧光,此现象说明,小分子化合物进入毛发主要是通过毛囊周围的毛细管,而不是毛乳头。C57 和 Balb/C 两种品系的小鼠体内实验结果相同,均显示荧光进入毛球内的毛纤维中。由于小鼠背部皮肤没有汗腺,体内实验证明血液循环是若丹明进入毛发的主要途径。

二、经汗腺、皮脂腺等分泌进入毛发

皮肤可分为真皮、表皮与皮下组织等三层。表皮是上皮组织,与外界接触最多。真皮层厚度为表皮的数倍,其中胶原纤维约占90%,与弹力纤维纵横交错,形成网状结构,这种网状结构就是皮肤柔软、具有伸缩性的原因。此外,真皮层中有血管,可将氧气与营养输送至表皮。皮脂腺、汗腺、毛根等也都位于真皮层中。每根头发毛囊的上部都有皮脂腺相连,在长出皮肤表面的前几天,实际上是浸于皮脂腺中。汗腺在毛根的周围,但与毛根分离。汗腺可湿润皮肤层外的毛干部分,由此加速毒(药)物扩散进入毛发。

已有很多研究证明毒(药)物及其代谢物可经汗腺、皮脂腺等分泌进入毛发。例如:Henderson(1996)给志愿者静注 0.6~4.2 mg/kg 的氘代可卡因(可卡因-d5),然后分段分析头发,发现药物在头发中的出现时间、沿着毛干的移动速率等方面存在很大差异,有的受试者氘代可卡因固定在毛干中,按照约 1 cm/月的速度延伸;有的则存在明显扩散现象。单次用药后 1 个月采样,13%的受试者在第 3 段(距根部 3 cm)中可检出药物,另 13%的受试者在第 4 段(距根部 4 cm)或更长的头发中检出药物,个体间存在较大差异。此现象表明除了血液循环,药物可通过汗腺、皮脂腺等分泌进入头发。Henderson 让受试者在服用期间手握空白头发,产生的汗液竟使空白头发中检出氘代可卡因。至今,已报道汗液中可检出阿片类、苯二氮卓类、可卡因、苯丙胺类、巴比妥类、PCP 等滥用药物。汗液有产品化的采集工具——汗液贴,将汗液贴附着于皮肤 1~7 d,取下后提取分析,汗液贴上药物量为 0~500 ng。

氢化可的松和可的松为内源性糖皮质激素,Raul(2004)测定正常人群头发中氢化可的松和可的松的浓度,头发中氢化可的松的浓度为 5~91 pg/mg,可的松的浓度为 12~163 pg/mg。没有明显的头发颜色和性别差异,小于 20 岁的人群头发中可的松的浓度明显偏高。氢化可的松和可的松均呈中性,理论上它们进入头发的速率大致相同,但实际上两者在头发中的比率与血液相反。因此,除血液循环外,氢化可的松和可的松进入头发可能主要通过汗液被动扩散。

Cone(1990)研究可待因在头发中出现的时间过程,受试者服用可待因后,24 h 后头发即可检出可待因,这一时间段比头发在根部形成、长出皮肤的所需时间(通常为 10~14 d)短得多。当然,在正常的头发生长段中也检出浓度非常高的可待因。实验在受控状态下进行,口服药片也避免了外污染的可能,此结果表明存在汗液扩散可能。

Stout(1999)采用显微放射自显影技术,给大鼠腹腔注射[^{3}H]氟硝西泮、[^{3}H]尼古丁和[^{3}H]可卡因。虽然不能证明药物可经皮脂腺进入毛发,但发现,药物的亲脂性越强,则透过细胞膜的能力越强,越容易进入毛发。

作者团队曾实施了艾司唑仑的志愿者试验以及实际阳性案例鉴定,服药后4周采样,结果除低剂量组外,第2~4 cm段头发均呈阳性;剂量大时,在4~6 cm段头发中也可检出药物。氯硝西泮也获得同样的结果。虽然可能存在头发生长速度、头发分段等实验误差,但按照2 cm分段和0.5 cm分段的数据结果相一致。氯硝西泮和其代谢物7-氨基氯硝西泮在0.5~1 cm段头发中浓度最高,与头发的生长速度相一致。结果表明药物除通过血液循环进入毛发外,也可经汗腺、皮脂腺等分泌扩散进入头发。

由于存在汗液进入头发的可能,使得毛发分段分析的结果解释趋于复杂,尤其是单次给药的毛发分析,汗液的被动扩散可能使毛干上的药物阳性带展宽。

三、经被动污染进入毛发

当人们处于吸食海洛因、大麻、香烟等的环境中时,滥用药物可能由蒸汽、粉尘等而附着于毛干。如果手等在环境中接触毒(药)物而未清洗,当护理头发时也可能使毒(药)物通过外污染进入头发。

多例实验研究表明,药物可经被动污染进入毛发。Pötsch(1996)将若丹明B水溶液和甲醇液分别涂于头发上,然后显微镜观察其进入头发纤维的途径。若丹明B首先出现在头发表皮细胞之间的纤维上,然后沿着细胞膜的非角蛋白部分和连接纤维部分开始扩散,水相的若丹明B更容易穿过纤维的高硫区域,形成明显的色带。DeLauder(2000)的实验如图3-6所示,将头发浸入若丹明,可见其进入头发的量随时间延长而增大,并与头发的种类有关。与高加索人相比,若丹明明显地

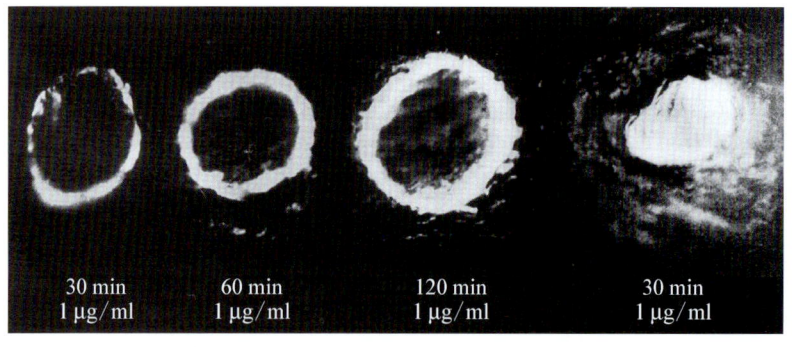

图3-6 若丹明进入毛发情况

[高加索人头发在含有1 mg/mL若丹明的10 mmol/L磷酸缓冲液(pH5.6)中浸入30 min,60 min和120 min后以及非洲裔美国人头发浸入30 min后](DeLauder,2000)

易于进入非洲裔美国人头发。以与可卡因、阿片类等同为阳离子的若丹明 6G 和与四氢大麻酸等同为阴离子的荧光素为目标物,Stout(1998)和 DeLauder(2000)实验证明,若丹明和荧光素与头发结合的能力不同。与若丹明相比,荧光素明显难以进入头发,而且与溶液的 pH 密切相关。药物更容易进入经过染发、漂白等处理后的头发。

环境中如人们经常接触的货币表面也可能存在滥用物质。吸毒、贩毒者接触过纸币,或者是经汗液扩散,很容易使滥用物质附着于纸币。Oyler(1996)随机抽查 55 张纸币,大部分老的纸币上均可检出不同量的可卡因,仅新的纸币显阴性。另外,纸币上的滥用物质也和纸币流通地区、滥用的流行性有关。

除了货币,其他物体上也可能附着毒(药)物。如小学生吸食毒品的可能性极小,Kintz 和 Kidwell(2007)考察市中心和郊区的学校课桌上可卡因的存在情况,结果可卡因和苯甲酰爱康宁(可卡因可分解成苯甲酰爱康宁)均呈阳性。市中心课桌上可卡因浓度明显高于郊区,但郊区课桌上的苯甲酰爱康宁相对浓度高于可卡因,这可能是由于郊区课桌污染频率较低,而清洗可能加速其分解。

是否可能因接触流通货币而使头发被污染?Kintz 和 Kidwell(2007)曾做了非常有趣的实验,让两个受试者在手干的情况下揉搓纸币 30 s,然后擦拭他们的手并检测,结果检出 15 ng 的可卡因。水相可促进药物的转移,将受试者的手先喷湿(模拟汗液)后再揉搓纸币,则可检出 197 ng 可卡因,明显高于前者。由于揉搓纸币的实验条件与日常接触纸币行为不同,故作者认为通常情况下流通货币不会对头发造成被动污染,除非存在手或纸币非常潮湿、纸币上滥用物质浓度非常高的特殊情况。

Haley(1985)的研究显示如果环境中存在某种物质,被动污染可能导致头发分析阳性结果。测定吸烟者和非吸烟者头发中的尼古丁和可铁宁浓度,不经去污处理,吸烟者头发中尼古丁浓度较高(平均 8.75 ng/mg),非吸烟者头发中尼古丁浓度也呈一定水平(平均 2.42 ng/mg),与吸烟者头发浓度有重叠。此外,可铁宁为尼古丁的体内代谢物,可作为摄取尼古丁的生物标记物,但在非吸烟者头发中也可检出。Kintz(1992)建议将头发中尼古丁浓度 2 ng/mg 定为 cut-off 值以区分吸烟者,但是即使按照这个标准,也不是所有的非吸烟者均呈阴性。

Smith(1996)监测可卡因滥用者和他们的孩子,这些孩子实际上处于可卡因污染的环境中。用棉花棒擦拭孩子的前额皮肤,结果均呈可卡因阳性。85%的孩子头发中均检出可卡因和苯甲酰爱康宁,而且分布与其父母头发相似,但是在浓度上与其父母头发存在很大差别,这也说明存在主动吸食与被动污染的区别。De Giorgio(2004)报道一例儿童急救案件,该儿童的父母均滥用可卡因,在该儿童的头发和尿液中均检出可卡因。

大麻的被动污染也是毛发分析结果解释时必须要考虑的一个问题,烟雾中的大麻可附着于毛干上、扩散进入毛发,很难通过去污处理清除,也难以区分是主动吸食还是被动污染。Thorspecken(2004)研究大麻烟造成的外污染,考察外污染的影响因素和去污染过程的效率。将头发分别用水打湿、浸油脂、漂白或电烫等法处理,然后将处理和未处理的头发同时暴露于大麻烟雾中 60 min。上述头发分别用甲醇、二氯甲烷、5 g/L 十二烷基磺酸钠清洗或不清洗,然后进行 GC-MS 分析。结果发现大麻酚类可以附着于头发,其浓度取决于空气中大麻浓度和头发的状况,未经处理的头发中浓度小于处理过的头发;大麻酚类在湿的头发上浓度增加,浸油脂后的头发上浓度更高;漂白和电烫处理后的头发上大麻酚类浓度没有明显差别。甲醇和二氯甲烷可将未处理的头发上大麻酚类完全清除,但十二烷基磺酸钠则无法使头发彻底脱污染。故头发接触大麻烟雾后可能产生假阳性或者假性浓度升高等结果。

除了有机小分子毒(药)物,毛发中金属元素分析也容易受环境影响被动污染。药物进入体内后,经代谢、排泄后可从体内清除。但是,毛发是一特殊的基质,外源性物质附着在毛干上后,不易经代谢、排泄后清除,只能通过剪发或日常护理等途径逐渐减少。即使头发短暂接触药物,通过日常护理清除也需非常长的时间。为了克服毛发分析的局限性,各国科学工作者都在不断进行研究。目前,主要通过毛发脱污染,同时监测特征代谢物和制定适当的 cut-off 值以尽量减少假阳性结果。

因此,毒(药)物可由如图 3-7 所示的血液循环、皮脂腺和汗腺分泌、外污染等途径从毛发的不同部位、不同生长周期中进入。

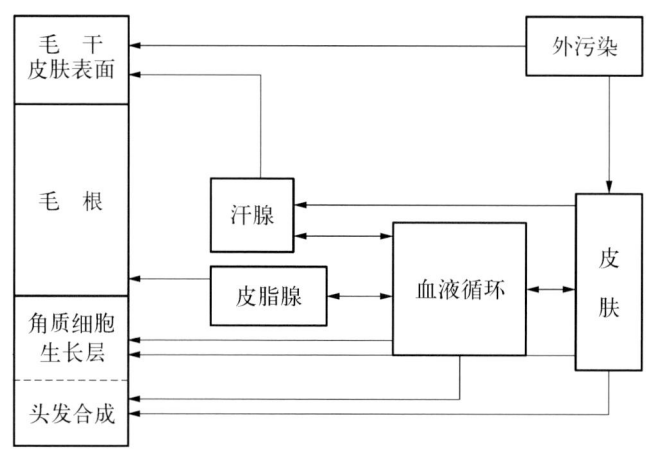

图 3-7 毒(药)物进入毛发的途径示意图

本书作者通过单次摄取氯胺酮志愿者实验,观察药物进入头发的途径(Xiang,2011)。健康女性志愿者 4 名(年龄 31~41,其中 1#和 3#药后 3 个月烫发,无滥用药物史),口服 10 mg 氯胺酮。药后一周取头发样品,每周一次;四周后改为每月一次,连续 4 个月。取样方法为从头顶后部选一束约 100 根头发,贴根剪下,标明发根和发梢,包裹后室温下保存。此外,为考察汗液等对头发中药物浓度的影响,3#、4#志愿者在给药后两天内,每天采集汗液样本,采集方式为:干净的棉签用去离子水润湿后,在采集头发的头皮部位来回擦拭。取样后立即进行检测。

收集的志愿者头发采用分段分析的方法来考察氯胺酮和去甲氯胺酮在头发中的时间过程。前四周采集的头发从发根起以 0.5 cm 为单位分段;从第八周起,采集的头发从发根起以 1 cm 为单位分段。1#-4#志愿者头发分段分析的结果见表 3-1~表 3-4。

表 3-1 1#志愿者单次给药后头发中的氯胺酮和去甲氯胺酮分段分析的结果

氯胺酮 (pg/mg)	0~0.5 cm	0.5~1 cm	1~1.5 cm	1.5~2 cm	2~2.5 cm	2.5~3 cm	3~3.5 cm	3.5~4 cm	4~4.5 cm	4.5~5 cm	5~6 cm	发梢
第一周	+	+										
第二周	13.4	8.2	2.5									
第三周	3.3	12.4	4.2	+								
第四周		7.1	10.4	2.8	+							
第八周		2.2	12.6	+								
第十六周						+	+		2.8			

去甲氯胺酮 (pg/mg)	0~0.5 cm	0.5~1 cm	1~1.5 cm	1.5~2 cm	2~2.5 cm	2.5~3 cm	3~3.5 cm	3.5~4 cm	4~4.5 cm	4.5~5 cm	5~6 cm	发梢
第一周	+											
第二周	8.1	9.3	+									
第三周	+	9.0	7.2									
第四周			2.9	8.8	2.7	+						
第八周				5.8	+							
第十六周							+	2.3				

注:(1) 第十二周的样品未采集。(2) 颜色表示不同的浓度范围:
"+"表示检出,但未达定量限; 2~5 pg/mg; 5~10 pg/mg; 10~15 pg/mg; 15~20 pg/mg; 20 pg/mg 以上,下同。

表 3-2 2#志愿者单次给药后头发中的氯胺酮和去甲氯胺酮分段分析的结果

氯胺酮 (pg/mg)	0~0.5 cm	0.5~1 cm	1~1.5 cm	1.5~2 cm	2~2.5 cm	2.5~3 cm	3~3.5 cm	3.5~4 cm	4~4.5 cm	4.5~5 cm	5~6 cm	发梢
第一周	+	+	+									
第二周	14.1	10.5	4.5	+								
第三周	14.1	14.7	10.3	7.58	5.04	+						

氯胺酮 (pg/mg)	0~ 0.5 cm	0.5~ 1 cm	1~ 1.5 cm	1.5~ 2 cm	2~ 2.5 cm	2.5~ 3 cm	3~ 3.5 cm	3.5~ 4 cm	4~ 4.5 cm	4.5~ 5 cm	5~ 6 cm	发梢
第四周	+	8.6	13.3	4.9								
第八周		7.9	16.5		11.2		4.1					
第十二周		2.4	4.3		15.5		10.0		7.2	+		
第十六周					2.8		11.6		8.3			

去甲氯胺酮 (pg/mg)	0~ 0.5 cm	0.5~ 1 cm	1~ 1.5 cm	1.5~ 2 cm	2~ 2.5 cm	2.5~ 3 cm	3~ 3.5 cm	3.5~ 4 cm	4~ 4.5 cm	4.5~ 5 cm	5~ 6 cm	发梢
第一周	+	+	+	+	+	+						
第二周	8.1	9.3	+									
第三周	4.6	11.1	10.8	6.5	+							
第四周	+	4.3	9.2									
第八周		+		7.4	3.2		2.1					
第十二周				2.6		11.5	4.2					
第十六周							3.6		+			

表3-3 3#志愿者单次给药后头发中的氯胺酮和去甲氯胺酮分段分析的结果

氯胺酮 (pg/mg)	0~ 0.5 cm	0.5~ 1 cm	1~ 1.5 cm	1.5~ 2 cm	2~ 2.5 cm	2.5~ 3 cm	3~ 3.5 cm	3.5~ 4 cm	4~ 4.5 cm	4.5~ 5 cm	5~ 6 cm	发梢
第一周	14.9	5.5	3.6	2.0	+							
第二周	27.6	4.3	+									
第三周	22.4	22.3	5.9									
第四周		27.7	15.4									
第八周		4.3		28.4		14.7	3.6					
第十六周						+	10.1		14.6	+		

去甲氯胺酮 (pg/mg)	0~ 0.5 cm	0.5~ 1 cm	1~ 1.5 cm	1.5~ 2 cm	2~ 2.5 cm	2.5~ 3 cm	3~ 3.5 cm	3.5~ 4 cm	4~ 4.5 cm	4.5~ 5 cm	5~ 6 cm	发梢
第一周	38.2	14.1	5.9	3.6	2.7	2.2	+	+				
第二周	22.7	5.7	+	+								
第三周	10.8	20.9	4.1									
第四周	+	14.3	17.6									
第八周				12.9		14.6	2.1					
第十六周							2.1		4.7	+		

注：第十二周样品未采集。

表 3-4 4#志愿者单次给药后头发中的氯胺酮和去甲氯胺酮分段分析的结果

氯胺酮(pg/mg)	0~0.5 cm	0.5~1 cm	1~1.5 cm	1.5~2 cm	2~2.5 cm	2.5~3 cm	3~3.5 cm	3.5~4 cm	4~4.5 cm	4.5~5 cm	5~6 cm	发梢
第一周	7.9	4.7										
第二周	8.7	5.6	2.4+	+								
第三周	5.8	13.9	7.0									
第四周		14.8	5.9									
第八周				15.9		11.3						
第十二周				7.3		17.5		5.3				
第十六周						7.4		15.6		5.9		

去甲氯胺酮(pg/mg)	0~0.5 cm	0.5~1 cm	1~1.5 cm	1.5~2 cm	2~2.5 cm	2.5~3 cm	3~3.5 cm	3.5~4 cm	4~4.5 cm	4.5~5 cm	5~6 cm	发梢
第一周	15.9	4.3										
第二周	7.0	6.3	+									
第三周	2.1	7.2	+									
第四周	+	6.2	5.0	+								
第八周				8.7		3.6	+					
第十二周						2.4	4.5		2.8			
第十六周							2.7		5.8		2.5	

研究结果显示：① 给药后第一周，所有志愿者的头发样品中即能检出氯胺酮和去甲氯胺酮；至用药后四个月，头发中仍能检测到目标物。② 氯胺酮浓度峰值在头发中位移边界不很清晰，存在纵向扩散的现象。2#和3#第一周的头发样品中目标物可在距发根3 cm左右的头发段中检出。这一现象可以从汗液样本的检测结果得到解释：在给药后18 h，3#和4#志愿者的汗液样本中即可检出氯胺酮和去甲氯胺酮，且之后两天内收集的汗液样本皆为阳性。排除外污染因素（第二次去污处理后的二氯甲烷中未检出氯胺酮），本实验结果表明氯胺酮可能经汗液等途径进入头发，致其存在沿毛干纵向扩散的现象。此外，与动物实验结果不同，3#和4#第一、第二周的头发样品中去甲氯胺酮的浓度大于氯胺酮的浓度，提示有可能为目标物经汗液途径进入头发造成头发中代谢物的浓度高于原药的浓度。③ 1#和3#志愿者在药后第十二周烫发，在第十六周采集的头发样品中氯胺酮的浓度显著降低，表明化学处理可使头发中已结合的目标物减少。

综上所述，毒（药）物进入毛发可能存在血液循环、皮脂腺和汗腺分泌、外污染等途径。头发中毒（药）物的进入、流出至头发分析存在动态的时间过程。药物经血液循环沉积在头发中可形成明显的药带，显示其用药时间。由于存在外污染的可能性,即使在随后的分析中进行去污处理,但仍然无法完全清除可能污染的外源性物质。因此进行毛发分析的结果解释时,应综合考虑各种影响因素。

第三节 毒(药)物与毛发的结合机制

研究毒(药)物进入毛发的途径不仅可指导毛发分析过程,也有助于解释毛发分析结果。在鉴定实践中,毛发分析的主要目的是期望确认被检者是否摄药。此时,首先要排除外污染所致阳性结果的可能,其次要区分主动服药还是外污染,这就必须了解毒(药)物与毛发的结合机制。目前已有的研究表明,角蛋白和黑色素是毒(药)物进入毛发的结合位点,毒(药)物进入毛发与黑色素亲和力、毒(药)物的亲脂性、碱性和化学结构密切相关。

一、毛发的结合位点

毒(药)物与毛发的结合位点是研究的焦点问题,毛发内部的许多成分和位点都有可能和毒(药)物结合,其中角蛋白和黑色素是公认的主要的结合位点。几十年前,人们已发现毒(药)物易与黑色素结合,以后的研究集中在药物入体后其物化性质与黑色素结合能力的关系,而对角蛋白与药物的结合研究较少。

Appelgren(1997)研究药物与毛发角蛋白结合。其测定牛的有色和白色毛中克伦特罗浓度,然后比较了克伦特罗与真黑素和角蛋白的结合力,Scatchard 分析显示,真黑素有多个结合位点,而角蛋白只有一个。角蛋白的关联常数相当于黑色素的第二个结合级别,但结果表明,角蛋白可以与克伦特罗结合,也是药物进入毛发的结合机制之一。

Banning(2002)考察强力霉素与角蛋白和黑色素的结合力,发现两者相近,且结合力与剂量呈正相关性。另外,各种药物均可在富含黑色素的有色头发和缺少黑色素的白色头发中检出,表明角蛋白在药物进入毛发中起一定的作用。进一步分离、分析老年人的灰白头发,发现氯丙嗪、可卡因、阿米替林和甲基苯丙胺在有色头发中浓度明显高于白色头发。此现象说明药物易于进入含有黑色素的有色头发,但白色头发中也检出药物又表明毛发颜色不是唯一的影响因素,与角蛋白的结合可能是药物在毛发中蓄积的主要原因。

角蛋白细胞是毛发的主要组成细胞,Borges(2001)采用苯丙胺和乙酰苯丙胺分别代表碱性药物和非碱性药物,考察这两种药物在角蛋白细胞、有颜色的黑素细胞和无颜色的黑素细胞中的流入和流出情况,以研究毒(药)物碱性在毛发颜色偏差中的作用和转运中细胞对药物的选择性。① 流入实验在 T25 细胞培养瓶中进行。无血清培养基预热后加入药物稀释,一定温度、时间后,吸出培养基,用冰的 PBS 磷酸盐缓冲液 5 mL 连续漂洗 3 次,然后将细胞溶于 2.5 mL 0.1 mol/L NaOH 溶液中,加入氘代内标,使用细胞刮刮脱培养瓶里的细胞,用液-液提取、LC-MS/MS 测定其中的苯丙胺和乙酰苯丙胺浓度。② 流出实验为先按照流入实验细胞预载药物 30 min,吸出培养基,采用冰的 PBS 磷酸盐缓冲液 5 mL 连续漂洗 3 次,加入 5 mL 预温过的无血清培养基,37℃下培养细胞。细胞用冰的 PBS 磷酸盐缓冲液 5 mL 连续漂洗 3 次,然后分别测定细胞和培养基中的苯丙胺和乙酰苯丙胺浓度。结果发现,无论是有色素的还是无色素的细胞,苯丙胺均可进入,而中性的乙酰苯丙胺则不被任何细胞接纳,显示细胞可选择性地转运碱性药物,但不能转运其中性同系物。

Borges(2001)又采用 Long Evans 大鼠进行体内用药实验,结果与体外实验不同。注射苯丙胺的大鼠,黑色毛发中苯丙胺的浓度为 6.44±1.31 ng/mg,白色毛发中苯丙胺的浓度为 2.04±0.58 ng/mg;而对于中性的乙酰苯丙胺,黑色毛发(乙酰苯丙胺浓度 0.87±0.08 ng/mg)和白色毛发(乙酰苯丙胺浓度 0.83±0.15 ng/mg)中浓度没有显著差异。Borges 的研究表明,即使体外实验中乙酰苯丙胺不能流入细胞,但入体后中性的药物还是能够进入毛发。

毛皮质是由含有许多黑色素的细小纤维质细胞所组成,纤维质细胞的主要成分是角质蛋白,角质蛋白由氨基酸组成,许多螺旋状的原纤维组成小纤维,再由多根螺旋状的小纤维组成大纤维,然后数根螺旋状的大纤维就组成了外纤维,这是毛皮质的主体。毛皮质是毛发的主要组成部分,几乎占毛发的 85%~90%。毛髓质位于毛发的中心,是含有黑色素粒子的空洞性的细胞集合体,呈立方体的蜂窝状排列。毛髓质和毛皮质含有独特的 trichocytes 角蛋白,其含硫成分高,与若丹明的亲和性强,故 Stout(1998)的实验结果呈现若丹明主要出现在形成毛干的纤维中。

而更多的研究结果则表明,黑色素是与小分子化合物结合的主要部位。但黑色素的结合存在选择性,结合的药物包括氯丙嗪和其他吩噻嗪类、克伦特罗、沙丁胺醇、氯喹、氟哌啶醇、三环类抗抑郁药、苯二氮卓类和苯丙胺类。此外,药物与黑色素的结合起始时非常快速,然后慢慢地似呈线性增长,药物结合位点增多后,表面的静电吸引力减少,将趋于饱和。

二、黑色素结合的时间

上述的体外和体内实验说明毒(药)物可以与黑色素结合,进一步研究表明,毒(药)物是在黑色素形成期间结合。

Pötsch(1997)比较氘代可卡因与黑色素颗粒和人头发的结合,^{3}H-cocaine 吸附至黑色素遵循 Langmuir 等温吸附方程,但这是经过体内过程后形成的药物黑色素的一部分,因为黑素形成中药物与黑色素的结合和包埋才是全部。Harrison

(1974)研究放射性苯丙胺如何进入动物毛发,尽管已经完全水解,但仅剩下25%~80%的药物,显示出苯丙胺可能在黑素形成时进入黑色素。

Claffey(2000)分别给有色老鼠和白色老鼠腹腔注射[^{3}H]-尼古丁或[^{3}H]-氟硝西泮,连续3天,21天后剃去背部毛发。收集的毛发分别在1 mol/L硫化钠或1 mol/L氢氧化钠溶液中水解24 h。与氢氧化钠相比,硫化钠可明显地减轻有颜色毛发的放射性,而对于白色毛发则两者相同。说明硫化钠可增大药物的回收率。此外,该结果也显示部分药物是以共价键形式在黑素形成时进入头发。外污染进入毛发的贡献远小于药物与黑色素表层结合、通过皮脂腺等结合和通过表皮等途径。进入毛发的药物很难通过日常洗发或有机溶剂洗涤等去除。

Palumbo(1994)将黑色素与硫脲嘧啶混合,生成中间体黑色素硫脲嘧啶加合物,发现此加合物的生成与产生的多巴醌有关,同时发现在多巴醌之后,药物可与生长素中间体反应而影响黑素形成。Dehn(2001)采用激光辅助解析/飞行时间质谱仪(MALDI-TOF MS)确认了尼古丁、可铁宁与黑色素中间体的加合物。

Testorf(2001)实验证实,药物不仅在表面结合,而且还迁移入颗粒。药物的这种相对亲和性使得直接从毛发中检测该药物成为可能,因为经过水解,目标物与黑色素之间的离子、氢键断裂、范德华力中断,可以从毛发中释放出来。

三、黑色素的亲和力

黑色素是一类化学结构极其复杂的阴离子多聚体,毒(药)物与黑色素结合的机制并不完全清楚,黑色素可能充当结合和释放外源性和内源性物质的调节者。大量的体内和体外实验研究表明,黑色素的结构特性决定了其结合能力最强,是最主要的外源性物质在体内存留的因素。但随目标物结构、形态的不同,与黑色素亲和力也不同。阳离子比中性或阴离子与黑色素的亲和性强,氟硝西泮(Testorf,2001)、苯丙胺(Borges,2003)和可卡因(Borges,2003)与黑色素结合的体外实验非常典型,动态显示了其结合机制。

有机胺和金属离子等与黑色素具有非常强的亲和力,这些化合物在生理pH下带正电荷,而黑色素聚合体上有羧基带负电荷,故通过静电作用药物与黑色素相结合;毒(药)物的芳香胺和黑色素的芳香环吲哚键之间可由范德华力增强结合力;作为电子给体的毒(药)物也可与黑色素经荷移反应结合;疏水性的脂肪族化合物可在黑色素的疏水中心结合;氯丙嗪和氯喹等化合物可与黑色素通过共价键结合。Pötsch(1996)认为毒(药)物与黑色素的结合主要发生在黑色素生成时,如药物包埋入黑色素多聚体,其认为表面结合力不是主要因素。碱性毒(药)物更容易与黑色素结合,毛发中毒(药)物浓度与毛发中黑色素浓度密切相关,主要是黑素细胞中的阴离子多聚体黑色素可与阳离子毒(药)物进行强离子反应,并且增强其保留。

Scatchard 分析可用于解释交叉反应的位点性质,但是在推断结合位点的数量和平衡常数时存在问题。Stepien(1982)通过观察氯喹与合成的多巴型黑色素的交叉反应来研究 pH、离子强度和有机溶剂的作用,以观察毒(药)物与黑色素结合的机理。结果显示,静电、疏水性和范德华力在氯喹-黑色素联合体的形成中起主要作用。Scatchard 分析显示,两类结合位点参与联合体的形成,比较强的是氯喹质子键和黑色素的邻-半醌基团间的疏水和亲电反应,较弱的是氯喹分子上质子化的脂肪胺与黑色素上的羧基之间离子键作用。另外,氯喹的芳环和黑色素的芳环吲哚之间的范德华力也是一种较弱的结合力。

Larsson(1978)研究氯丙嗪、氯喹、百草枯和 Ni^{2+} 与黑色素的结合,发现它们之间有多种结合力。最显著的是离子环境影响,即化合物的阳离子和黑色素聚合体的阴离子间的静电吸引力非常强。当然,同时也应考虑氯丙嗪、氯喹等结合位点的非静电作用,主要是化合物的芳环与黑色素的芳环吲哚之间的范德华力。实验还发现,氯丙嗪因其阳离子性质显示出极强的黑色素亲和力。

Gygi(1996)以白化 SD 大鼠(无黑色素)、棕色 DA 大鼠和 LE 大鼠(同时有黑色和白色毛发)等三种大鼠设计实验,考察可待因及其代谢物吗啡、吗啡葡萄糖醛酸苷在不同浓度黑色素的毛发中的进入情况,并将之与体外实验结果进行比较。① 多剂量实验:三种大鼠剃去背部中央的毛后,以 40 mg/kg 的剂量于大鼠腹腔注射可待因,每天 1 次,连续 5 天,然后在首次给药的第 14 天剃取背部毛发,GC-MS 测定毛发中的可待因及其代谢物浓度。结果表明,可待因及其代谢物吗啡、吗啡葡萄糖醛酸苷在有色素的毛发中浓度明显高于无色素的毛发,LE 大鼠的黑色毛发中浓度明显高于 DA 大鼠的棕色毛发。② 单剂量给药实验:取雄性 LE 大鼠,单次腹腔注射 40 mg/kg 的可待因,分别在 0,1 h,2 h,6 h 和 11 h 以及 1 d,2 d,7 d,14 d 拔取其背部的黑色和白色毛发,用 GC-MS 测定毛发中的可待因及其代谢物浓度。结果发现,除最早的采样时间点(1 h)外,有色素的毛发中可待因及其代谢物浓度总是高于无色素的毛发。24 h 后,血液中药物浓度已经很低甚至无法检测,但可待因及其代谢物浓度在有色素的毛发中依然保持稳定,而在无色素的毛发中浓度则逐渐降低。此结果说明初始时药物进入毛发是相同的,后期在有色素和无色素的毛发中药物保留不同,在有色素的毛发中,药物可能与黑色素等特殊位点结合,持续地进入毛发;无色素的毛发中药物可再流出毛发。

Rollins(2003)研究头发中可待因浓度与头发颜色的关系。高加索人种中黑色头发 6 人,棕色头发 12 人,金色头发 8 人,红色头发 6 人;非高加索人种 12 人,均为黑色头发。每个人以 30 mg 剂量口服可待因糖浆,每天 3 次,连续 5 天。然后分别在停药后 1 周,4 周,5 周,6 周,和 7 周贴根剪取头发,测定根部 3 cm 段头发中可待因浓度。第 5 周黑色头发中可待因浓度为 1 429($\pm$249) pg/mg,棕色头发为 208($\pm$17) pg/mg,金色头发 99($\pm$10) pg/mg,红色头发 69($\pm$11) pg/mg。黑色头发中,其中亚洲人种为 2 564(±170) pg/mg,高加索人种 865(±162) pg/mg。头发中可待因浓度与黑色素浓度存在明显的相关性($R^2 = 0.73$),表明摄入同样的剂量,亚洲人的头发检测结果为阳性,而高加索人头发结果则可能为阴性。

动物实验结果也证明了毛发中药物浓度与毛发中黑色素浓度密切相关。本书作者考察了甲基苯丙胺、MDMA、芬氟拉明、GHB、氯胺酮、可卡因、睾酮给药后毛发中目标物浓度与毛发颜色的关系,结果表明毛发中目标物浓度与毛发颜色明显相关,对于同一生物个体而言,黑色毛发的目标物浓度明显高于棕色和白色毛发。这一现象支持药物进入毛发主要与毛发中黑色素结合的假设,尤其是氯胺酮的实验结果揭示,实验豚鼠的黑色、棕色毛发中氯胺酮的浓度若按黑发、棕色毛发中黑色素总量均值修正,将趋于一致。但是,高剂量给药后白色毛发中仍可检出目标物的事实表明黑色素不是目标物存在于毛发的唯一因素。

四、不同类型黑色素的作用

黑色素主要分为真黑素和褐黑素。Borges(2003)制备了 2 种真黑素(5,6 - dihydroxyindole[DHI]和 5,6 - dihydroxyindole - 2 - carboxylic acid[DHICA]),1 种褐黑素(5 - cysteinyl - S - Dopa[5 - CysDOPA])和 2 种真黑/褐黑共聚体,以可卡因、苯甲酰爱康宁、苯丙胺和 N - 乙酰基苯丙胺为目标物,考察药物与黑色素之间的结合力。结果显示,碱性越强的药物(可卡因、苯丙胺)与真黑素、真黑/褐黑共聚体的结合力强,而不与纯的褐黑素结合。中性药物苯甲酰爱康宁和 N - 乙酰基苯丙胺不和任何一种黑色素结合。为进一步确定真黑素上哪个基团结合药物,采用苯丙胺为目标物,经质谱确认为其与氧化儿茶酚二聚物的非共价加合物,这些真黑素聚合体上的相似官能团可能是主要的结合位点。不同的黑色素种类与药物结合的能力不同,这也是引起头发颜色差异的主要原因。

Mårs(1999)利用体内和体外实验考察氯喹、氯丙嗪与黑色素的结合,发现药物主要蓄积在毛囊和黑素细胞中,药物除了与真黑素结合,还结合褐黑素,但是结合力相对较弱,结合受半胱氨酸浓度和 pH 影响。

五、毒(药)物的物理化学性质

毒(药)物进入毛发的程度与其自身的物化性质密切相关。根据基质细胞的浓度梯度规律,亲脂性有机毒(药)物容易穿过细胞膜、扩散进入细胞。而细胞膜对疏水性分子、中等分子量的有机离子则形成屏障。碱性或酸性药物在生理 pH 下有适当的解离度,经过质子化或去质子化进入基质细胞,见图 3 - 8。毒(药)物的 pKa 和基质细胞的 pH 都很重要,角化细胞比血浆酸性强,黑素细胞的 pH 为 3~5。理论上讲,碱性药物与黑色素的亲和力非常强,而酸性药物在毛发中浓度低,作者团队经过实验研究也证实了这一规律。

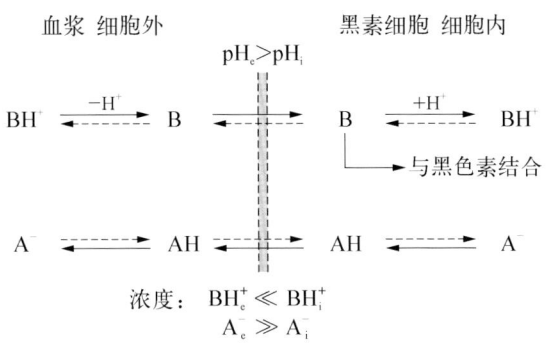

图3-8 酸碱性药物进入毛发的过程
(A=酸性药物；B=碱性药物；e=膜外；i=膜内. Kintz,2007)

Bridelli(2006)利用3个物理、化学和结构不同的药物庆大霉素(分子量462,水溶性,碱性)、甲氨蝶呤(分子量454,几乎不溶于水,酸性)和氯丙嗪(分子量319,溶解度0.4 g/mL,pKa 9.3)来评价药物与黑色素的表面结合力。实验数据分别用Langmuir、Freundlich、Tempkin和Dubinin-Radushkevich等温方程拟合,Langmuir等温方程假定吸附发生在特殊的均匀位点;Freundlich等温方程假定吸附发生在不同种类的位点;Tempkin等温方程考虑了非直接吸附作用;Dubinin-Radushkevich等温方程描述了不同化合物在不同表面的吸附。结果发现,不同药物适用不同的模式分析,化合物的物理化学和立体化学性质在与黑色素的结合中起着极大的作用。庆大霉素结合最强,符合Freundlich等温方程。甲氨蝶呤最符合Langmuir和Dubinin-Radushkevich等温方程,氯丙嗪则符合Langmuir和Tempkin等温方程。

Gygi(1996)以弱酸性的苯巴比妥和弱碱性的可待因为研究对象,采用SD大鼠和LE大鼠设计实验,结合血液药物浓度,研究药物进入白色毛发的机制,比较不同物化性质的药物进入毛发的程度与黑色素的关系。白色毛发的SD大鼠和兼有黑色和白色毛发的LE大鼠剃去背部中央的毛后,以40 mg/kg的剂量于大鼠腹腔注射苯巴比妥和可待因,每天1次,连续5天,然后在首次给药的第14天剃取背部毛发,GC-MS测定毛发中的苯巴比妥和可待因浓度。14天后剃取的SD大鼠毛发中苯巴比妥浓度较可待因高约17倍。考察两者的药时曲线,可待因在体内代谢很快,药后4 h即血液中无法检出;苯巴比妥代谢缓慢,可检测至56 h,可在血液中蓄积,毛发的生长细胞可通过血液的微循环受血浆浓度的影响。苯巴比妥的血浆半衰期是可待因的12倍,药时曲线下面积(AUC)是可待因的262倍,但是可待因的毛发中浓度与AUC的比率是苯巴比妥的15倍。苯巴比妥和可待因在LE大鼠的黑色和白色毛发中的分布情况也不同,同一个体上的黑色毛发中可待因浓度为白色毛发中的44倍,而苯巴比妥浓度在黑色和白色毛发中无显著差异。药物可进入无黑色素的白色毛发可能是其与毛发蛋白、脂类或其他大分子结合的缘故。结果表明在适当的生理环境下，药物可主动转运进入毛发。

Testorf(2001)通过体外实验，观察[^{3}H]-氟硝西泮与黑色素结合的时间过程，孵化约 10 min 后，可观察到药物先很快与 Langmuir 结合，然后再慢慢地扩散结合，可能起初是一个表面结合过程，然后再深度大量结合。采用 3 个浓度的黑色素，孵化 60 min，饱和值为 180±20 pmol/mg。通过替代实验，比较苯二氮卓类药物、镇静剂和[^{3}H]-氟硝西泮的结合力，发现除了苯巴比妥，都与[^{3}H]-氟硝西泮相似，苯巴比妥与黑色素的亲和力非常低。

Nakahara(1994)发现，虽然血浆中可卡因代谢物苯甲酰爱康宁浓度比原药可卡因高很多倍，但毛发中苯甲酰爱康宁浓度比可卡因低 10 倍。若给大鼠仅注射苯甲酰爱康宁，则毛发中苯甲酰爱康宁浓度很低。显然，血浆浓度不是进入毛发的决定因素。苯甲酰爱康宁结构上同时含有羧酸和碱性氮，为两性离子，其可再从毛发细胞中流出。有研究分析，毛干中检测出的苯甲酰爱康宁可能由毛干上的可卡因转变产生。

Gautam(2005)以苯丙胺为目标物，观察其与合成的真黑素的结合。同样发现初时结合非常快，然后缓慢增加，大约 32%的药物结合后达到平衡。比较苯丙胺和甲基苯丙胺的结合，通过 Scatchard 分析发现，苯丙胺与起始位点的结合力为甲基苯丙胺的 2 倍，到第二位点后，两者相同。苯丙胺初时结合较强可能是由于黑色素与伯胺的离子作用强于与仲胺的作用。

本书作者的毛发分析研究结果也表明药物代谢物的极性增强，疏水性减小，脂溶性也较弱，如苯甲酰爱康宁、吗啡、去甲氯胺酮等进入毛发的程度小于其亲脂性原体可卡因、单乙酰吗啡、氯胺酮等。三环类抗抑郁药也是如此，原药较代谢物易于进入毛发。

六、药物进入毛发速率

不同毒(药)物进入毛发具有不同的亲和力和结合能力。药物的 pKa、结构、大小、亲脂性、蛋白结合能力、黑色素亲和力等均可影响药物进入毛发。本书作者(Shen,2002)创建黑色、棕色和白色毛发于一体的豚鼠染毒模型，阐明毒(药)物均能进入毛发，进入毛发的速度和程度与其分子量、极性和脂溶性有关。尼古丁、卡马西平、阿米替林、多塞平、苯海索、氯丙嗪、泰尔登、三氟拉嗪、氯氮平和氟哌啶醇等精神药物均能进入头发，但进入头发的难易程度是不一致的。经对药物使用量和头发检出量作比较分析，见表 3-5，药物进入头发的容易程度大致有如下次序：卡马西平>苯海索>阿米替林>多塞平>氟哌啶醇>三氟拉嗪>氯普噻吨>氯丙嗪>氯氮平。药物进入头发的难易程度可能与药物的分子量、极性和脂溶性有关。

表 3-5　精神药物进入头发与剂量的关系(Shen,2002)

药　　物	样本数	头发浓度(ng/mg)	服药剂量(mg/d)
卡马西平	6	2.8~22.5	200~400
阿米替林	3	2.5~57.7	525
多塞平	5	55.6~183.3	100~250
苯海索	7	3.0~15.6	2
氯丙嗪	16	2.9~68.2	100~500
氯普噻吨	1	30	50
三氟拉嗪	1	368	50
氯氮平	16	16.7~59.2	150~425
氟哌啶醇	1	20.1	28

以 Nakahara(1992)为首的日本研究小组采用 DA 大鼠,研究药物进入毛发的血液循环途径(DA 大鼠没有汗腺)和药物的结构对进入毛发的影响。并且引入进入速率这一概念(incorporation rate,ICR),定义为毛发中的药物浓度与血浆药时曲线下的面积(AUC)之比,以 ICR 来定量地评价药物进入毛发的能力。其设计的测定 ICR 的方法:DA 大鼠剃去背部毛发,每天腹腔注射药物 1 次,分别在 5 min,15 min,30 min,60 min,120 min 和 360 min 采集血液,4 周后剃去背部新长出的毛发。分别测定血液和毛发中药物浓度,ICR 为毛发中的药物浓度与血浆药时曲线下的面积之比。

黑色素亲和力的评价:将 20 mg 黑色素溶于 0.5 mL 的二甲亚砜中,加入 50 mL 磷酸缓冲液(pH 7.00,0.1 mol/L)稀释。将待测药物配制成 5 个不同浓度的缓冲液,取 1 mL 与 1 mL 黑色素溶液混合,于 36℃孵化 2 h。然后取其中 1 mL 经过滤膜离心、过滤,测定滤纸上药物浓度。未加黑色素的样品同时按照本法处理后测定。求得孵化后结合与游离型的药物浓度方程,黑色素亲和力为方程的斜率与截距之比。

亲脂性的评价:采用液相色谱法的保留时间,Puresil C_{18} 柱(4.6×150 mm),甲醇和磷酸缓冲液(0.1 mol/L,pH 7.00)的配比分别为 70∶30;60∶40;50∶50;40∶60;30∶70。容量因子(capacity factor,k)为调整保留时间与死体积的比值,由不同色谱条件下的保留时间通过容量因子计算亲脂性。

根据 Nakahara 的实验,测得的 20 个不同种类药物的 ICR、黑色素亲和力和亲脂性结果见表 3-6。可卡因与黑色素亲和力最强,其次为苄甲苯丙胺、苯环利定、MDMA、MDA 和 LSD,如图 3-9 所示。四氢大麻酸亲脂性强,但是 ICR 特别低,可卡因的 ICR 为四氢大麻酸的 1 600 倍。除四氢大麻酸外,其他 19 个药物的黑色素亲和力和亲脂性与药物进入毛发速率有明显的相关性,亲脂性和碱性药物更容易进入毛发。

表 3-6　20 种药物的黑色素亲和力、亲脂性和进入毛发速率（Nakahara, 1992）

药　　物	Drug	AUC (ug.min/mL)	毛发浓度 [H] (ng/mg)	ICR ([H]/AUCtion)	黑色素亲和力 (k×10⁻⁵)	亲脂性 (logP)
可卡因	cocaine	4.3	15.4	3.6	3.45	3.35
苄甲苯丙胺	benzphetamine	4.1	12.6	3.0	2.48	4.05
苯环利定	PCP	1.5	3.34	2.3	2.24	4.31
MDMA	MDMA, methylenedioxymethamphetamine	6.4	3.85	0.6	1.08	2.15
1-(1-苯基)-哌啶-环己醇	1-(1-phenyl)-piperidinyl-cyclohexanol	1.6	0.8	0.5	1.04	2.30
MDA	MDA, methylenedioxyamphetamine	6.3	3.16	0.5	1.04	2.03
麦角酰二乙胺	LSD, lysergic acid diethylamide	10.9	4.4	0.4	0.994	1.95
甲氧那明	methoxyphenamine	92.0	32.1	0.36	0.960	1.28
甲基苯丙胺	methamphetamine	48.3	14.0	0.29	0.880	0.86
单乙酰吗啡	6-acetylmorphine	6.6	1.4	0.21	0.464	1.48
苯丙胺	amphetamine	85.3	13.2	0.15	0.800	0.82
o-去甲基甲氧那明	o-desmethyl methoxyphenamine	77.2	12.8	0.17	0.384	0.75
去甲苄甲苯丙胺	norbenzphetamine	9.4	2.63	0.28	0.616	0.87
p-羟基甲基苯丙胺	p-hydroxy methamphetamine	9.7	0.66	0.07	0.360	0.51
p-羟基苯丙胺	p-hydroxy amphetamine	10.7	0.29	0.03	0.320	0.41
爱康宁甲酯	ecgonine methyl ester	411	6.0	0.01	0.410	0.72
吗啡	morphine	22.0	0.66	0.03	0.250	0.50
司来吉兰	deprenyl	29.2	0.41	0.01	0.320	0.45
苯甲酰爱康宁	benzoylecgonine	38.5	0.1	0.003	0.20	0.44
四氢大麻酸	11-nortetrahydrocannabinol-9-carboxylic acid	49.7	0.05	0.001	0.16	7.95

尽管血液中苯甲酰爱康宁浓度为可卡因的 4 倍，但是毛发中其浓度比可卡因低 10 倍。显然血液浓度不是药物进入毛发的主要因素，而药物的物理化学性质则可能影响较大。可卡因为弱碱性，易于进入毛发；而苯甲酰爱康宁为两性离子，结构中含有一个羧酸和一个碱性氮原子。

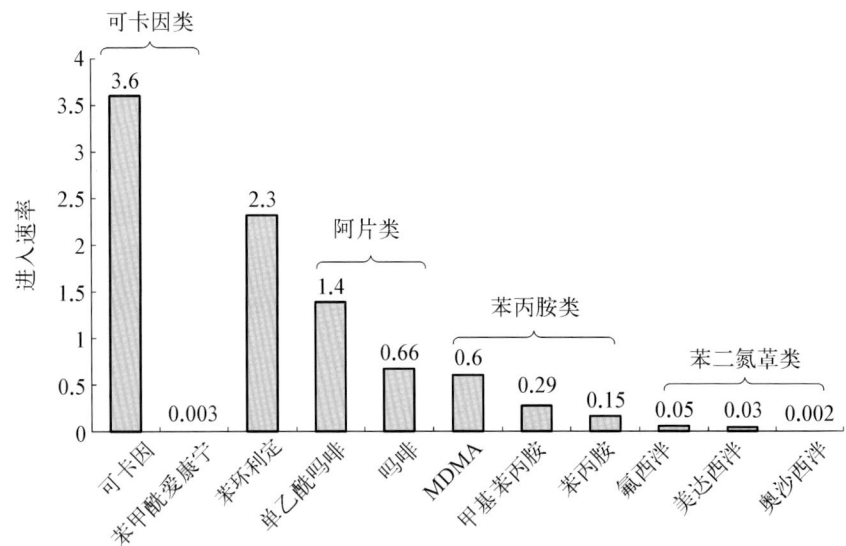

图 3-9 不同种类药物进入毛发的速率(Nakahara,1992)

Nakahara(1996)又确定了 32 个苯丙胺同系物的 ICR,范围从 0.03(p-羟基苯丙胺)到 1.81(氯苄苯丙胺),主要规律总结如下:① N-烷基链越长,ICR 越高;② 烷基链上三键降低了 ICR;③ N-苯环键增强了 ICR;④ 氮原子上取代基因碱性降低而使 ICR 几乎为零。甲基苯丙胺的苯环上不同取代基的影响程度不同,硝基取代同系物的 ICR 比羟基取代同系物的高 31.7 倍。研究发现,依硝基、溴、二氧甲基、甲氧基和氨基等取代基从强至弱的顺序可促进药物进入毛发,而羟基取代基则起阻碍作用。

Scott(2003)报道,8 个苯二氮卓类药物的 ICR 在 0.002(氟硝西泮)至 0.049(氟西泮)之间,顺序为:氟西泮>美达西泮>地西泮>艾司唑仑≈三唑仑>奥沙西泮≈利眠宁≈氟硝西泮。氟西泮和美达西泮呈碱性,易于进入毛发;氟硝西泮碱性较弱,奥沙西泮含有羟基,极性增强,因而难以进入毛发。

Nakahara 的所有实验均是采用 DA 有色大鼠,故其结论无法用于推断白色毛发。DA 有色大鼠毛发中黑色素为真黑素,而人的毛发更为复杂,色素变化大,因此毛发分析的结果解释不能照搬硬套。然而,这种 ICR、药物的碱性和黑色素亲和力的关系构成了有色和白色毛发体内实验研究的基础。

黑色素在药物进入毛发机制中起着非常重要的作用,但并不是药物在毛发中蓄积的唯一因素。药物进入毛发的速率与黑色素亲和力、亲脂性密切相关,碱性药物更容易进入毛发,药物易于进入有色毛发,但是白色毛发中也可以检出药物。所以,毛发中药物浓度不能单从其中黑色素浓度进行考虑,要综合考虑药物与黑色素、角蛋白的结合、药物在黑色素生成时包埋入毛发、药物的物化性质等因素。

第四节　毛发分析的影响因素及解决方案

毛发分析在临床和法庭毒物分析乃至反兴奋剂领域有非常大的应用价值,但同时又存在许多尚未解决的问题,故在进行结果解释时应极为慎重。针对所涉影响因素,适时采用不同策略和方案,以最大程度保障结果的科学性、有效性。

一、种族差异

毒(药)物进入头发与头发颜色相关,黑色头发中药物进入更多。这也是为何相同的剂量,头发中药物浓度存在很大差异的主要原因。如本实验室和法国实验室均进行口服 10 mg 唑吡坦的志愿者实验,但一个月后采集的头发中唑吡坦浓度明显不同,本实验室志愿者头发中浓度在 135～555 pg/mg,而法国实验室在 2～10 pg/mg 浓度范围,相差近 100 倍。同样在 Villain(2004)实验中,一名花白头发志愿者连续 3 天口服 10 mg 唑吡坦,一个月后所采集的贴头皮 2 cm 头发段中白色和黑色头发中唑吡坦浓度分别为 0.4 pg/mg 和 39.7 pg/mg,相差近 100 倍。日本的 Miyaguchi(2013)将采集的同一人头发按色分类分析,其中黑色和白色头发中唑吡坦浓度分别为 18,300 pg/mg 和 119 pg/mg,可见头发中黑色素浓度对于毛发中毒(药)物浓度起着很大的作用。

由此,毛发分析可能存在种族差异,许多学者分析不同种族的毛发证实了差异存在。造成该差异的原因主要包括遗传因素、毛发颜色和卫生习惯。Kidwell(2000)报道,暴露于含有可卡因的环境中,高加索人头发中浓度明显低于非洲裔美国人头发中浓度。Simeone(1997)将可卡因滥用者按剂量分组,比较高加索人和非洲裔美国人头发中浓度,见图 3-10,非洲裔美国人头发中浓度平均比高加索人高 3.2 倍。其主要原因是药物进入毛发与黑色素亲和力密切相关,药物更易进入黑色毛发。当然,外观相似的黑发之间也存在不同,亚洲-高加索混血者黑发中可卡因或吗啡的浓度低于非洲-美洲混血者黑发。电镜下观察,非洲人的黑发有很多结节且易受损伤。而药物首先要穿透头发表皮,所以容易进入易损伤的头发内部。另外,有些民族不经常洗头,加上汗腺、皮脂腺等的分泌,使得头发中药物浓度明显升高。

这种差异可能导致严重的后果:如不同种族的 2 人同样滥用药物,其中 1 人因头发色浅,药物进入头发量少,结果呈阴性而逃脱制裁,另 1 人则因头发色深,药物进入头发量多,结果呈阳性而受到处罚;又如不同种族的 2 人均未滥用药物,但受环境影响被动接触或污染,对于头发颜色深者,附着于毛干上的药物易于进入头发,因无法清除完全而呈阳性结果继而被起诉等。

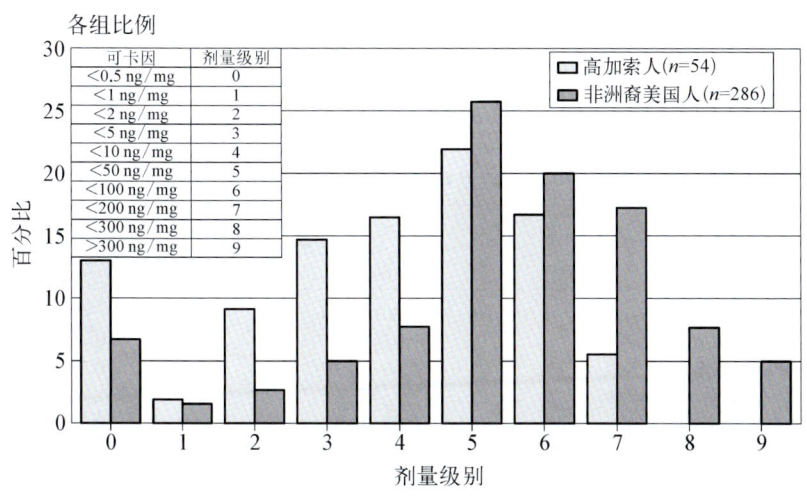

图 3-10　自述滥用者头发中可卡因的分布情况(Simeone,1997)

明确的头发药物浓度与颜色的关系实际上很难通过实际样本获得,因其受很多因素制约,如滥用者自述的使用量与实际用量的差异、滥用方式、滥用量、头发颜色的分类、样本量等。也有研究认为头发分析不存在种族差异。Mieczkowski(2000)测定 3 886 个 THC 阳性头发,发现头发中 THC 浓度与头发颜色没有显著性差异。Kelly(2000)分析 500 个大麻、可卡因和苯丙胺类滥用者的头发后也认为不存在种族差异。

二、被动外污染

毛发分析的难点之一是如何区分主动吸食与被动外污染。由于毛发的多孔性结构,很容易被动外污染。由环境引起的污染,包括与吸食毒品的人(例如海洛因、可卡因、大麻)接近而被动接触,通过直接接触毒品,触摸被毒品污染的物品后接触自己或他人的头发等。环境中的毒品附着于毛发表皮后,水或汗液都可促进毒品进入毛发,烫发、染发等可损伤头发的表皮,使毒品易于进入。一些护发产品中含有甘油等油脂成分,可吸附毒品,促进毒品进入头发。此外,毛发随生长部位不同存在自身污染的可能性,如阴毛易受尿液和腺体分泌物的污染。最值得注意的是儿童和婴儿,如果生活在吸毒、贩毒家庭中,就有很高的暴露、污染风险。

为清除毛发中的外污染成分,可采用一系列的去污处理过程,包括水相、有机相交替清洗,并监测清洗液中的目标物。水相对清除可电离毒品如可卡因等更有效,有机相对清除脂溶性的四氢大麻酚更有效。但去污清洗过程并不能清除全部的外污染(Mantinieks,2018)。另一方面,同时检测毛发中的毒(药)物代谢物也是一种有效的控制手段。如吸食海洛因时,可同时检测毛发中的单乙酰吗啡和吗啡;

甲基苯丙胺、MDMA 和氯胺酮滥用时,同时检测其代谢物苯丙胺、MDA 和去甲氯胺酮;可卡因滥用时同时检测其代谢物苯甲酰爱康宁;大麻滥用时同时检测四氢大麻酚的代谢物四氢大麻酸等。此外,考察目标物原药与代谢物的比率也很有必要,经常滥用者毛发中部分代谢物与原药的比率见表 3-7(Pragst,2006)。

表 3-7 经常滥用者的毛发中代谢物与原药的比率(Pragst,2006)

代谢物/原药	浓度比率	
	范围	平均值
THC-COOH/THC	0.001~0.01	-
吗啡/单乙酰吗啡(需确认)	0.21~0.74	0.49
EDDP/美沙酮	0.06~0.50	0.26
去甲丁丙诺啡/丁丙诺啡	3.3~12.3	-
苯甲酰爱康宁/可卡因	0.05~0.62	0.16
苯丙胺/甲基苯丙胺	0.015~0.14	0.050
MDA/MDMA	0.03~0.20	-
可铁宁/尼古丁	-	≈0.1

注:"-"表示缺少数据。

三、主动扩散

越来越多的研究发现主动扩散是毛发分析中不容忽视的因素,而且将直接影响已为大多数人所接受的分段分析的应用价值。

除血液循环外,毒(药)物可经汗腺、皮脂腺等分泌扩散进入毛干,或者经血液循环进入毛发后,在毛干上存在扩散现象。Henderson(1996)给高加索人和非高加索人分别静注 0.6~4.2 mg/kg 的氘代可卡因(可卡因-d5),然后分段分析头发,发现该物质在头发中的出现时间、沿着毛干的移动速率等方面存在较大差异:有的氘代可卡因固定在毛干中,按照约 1 cm/月的速度位移;有的则存在明显扩散现象。Kintz 和 Raul(2004)研究了头发中内源性皮质醇和可的松后认为,该内源性激素主要不是通过血液进入头发,而是通过汗液被动扩散。Negrusz(2001)设计单次服用氟硝西泮实验,10 个志愿者中有 5 人在药后 24 小时头发根部检出氟硝西泮代谢物 7-氨基氟硝西泮。

作者研究团队在苯二氮卓类药物志愿者实验和实际案例研究发现,苯二氮卓类药物可能经汗液等扩散进入头发,故而在多段头发中均可检出(图 3-11)。作者在研究氯胺酮的单次用药实验中,同样也观察到目标物的扩散现象(表 3-1~表 3-4)。

剃取胡子是观察药物在毛发中出现时间的一种方法,已有阿片类、苯丙胺类等的研究报道,见表 3-8。但由于存在汗液扩散等因素,Henderson(1996)的单次静注氘代可卡因(可卡因-d5)实验研究发现,部分受试者在药后第 1 天的发根段已可检出可卡因。作者研究团队在氯胺酮、苯二氮卓类药物的单次给药实验中也发现第 1 天采集的头发根部检测结果呈阳性。

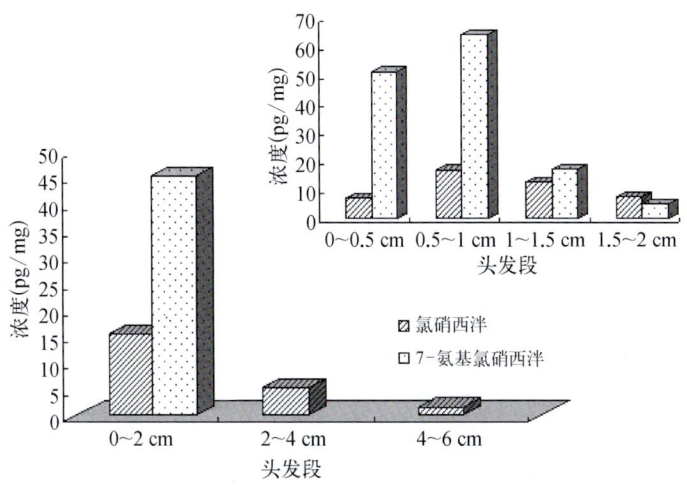

图 3-11　DFSA 案件受害人头发的分段分析结果

表 3-8　滥用药物在毛发中的出现时间

药　　物	天
苯丙胺类	1
可待因	1
吗啡	7~8
甲丙氨酯	4~5
异丙安替比林	3

已有很多通过动物实验研究药物在毛发中的出现时间。作者研究团队建立豚鼠单次用药动物模型,单次腹腔注射不同剂量甲基苯丙胺、GHB 和蛋白同化雄性类固醇后(背部取样区毛发给药前剃光),每天剃毛、测定毛发中目标物。发现甲基苯丙胺在给药后第 2 天的浓度达到峰值;GHB 在给药后第 1 天的浓度达到峰值;大部分蛋白同化雄性类固醇的毛发峰值浓度出现在给药后第 2~4 天,而司坦唑醇在药后第 9 天达浓度峰值。

由于生理、活动、环境等不同,个体排汗速度可能存在很大差异,因而由汗液扩散引起的毛发中药物浓度也存在较大的差异。为减少此种差异,有效的毛发清洗过程极为重要。

四、头发生长

如前所述,头发的生长历经生长、过渡和休止三个周期,通常头皮部约 4%~24%(平均 13%)的头发处于休止期,仅 1%处于过渡期,剩下的 75%~90%(平均80%)为生长期。头发生长速度随个体、年龄、性别存在较大的差异。已发表的文献中关于头发生长速度的描述范围很宽,为 0.65~2.2 cm/月。为尽可能保持一致,可采集头顶后部区域头发,该区域头发的生长速度大约 1 cm/月。

毒(药)物进入的头发所处于的生长周期和生长速度不同,造成了毛干中目标物阳性带的分散。若案发后延迟数月甚至更长时间采集头发,那么头发阳性带可能更为分散,此时的结果解释尤需谨慎。

摄毒者戒毒、停药后,何时目标物从头发中完全清除,何时头发发根段呈阴性结果,对于头发采集方案的选择、设计具有重要的意义。毒(药)物在毛干上的消除主要基于以下几方面的因素:① 头发生长速度存在个体差异。② 目标物随血液循环进入毛囊、固化于毛干,并生长至可采集的长度一般约需两周的时间。③ 停药后毛发周围的皮脂腺等附属结构中存在的目标物仍在逐渐释放。④ 个体的每根头发处于不同的生长周期。生长期的头发中目标物随毛干生长而向发梢方向移动,而休止期的头发中目标物仍停留在头发原位。故停药后发根端头发段中依然混杂有处于休止期、含有目标物的头发,这些头发可以在休止后期形成新发继续生长。⑤ 头发采样、分段分析时均采用剪刀手工实施,亦存在差异。

本书作者通过海洛因、甲基苯丙胺吸毒者戒毒后的头发分段分析证实这一消除规律,并计算出目标物在头发毛干上的消除半衰期。通过对 32 例海洛因戒毒者和 13 例甲基苯丙胺戒毒者(戒毒 4~5 月)头发样本分段分析,由图 3-12、图 3-13 可见,由戒毒时相对应的头发段到发根各目标物的浓度逐渐降低,表明戒毒后,发根端头发段中仍可检出目标物成分,随着时间的推移,新长出的贴头皮头发段中的目标物浓度逐渐减少。

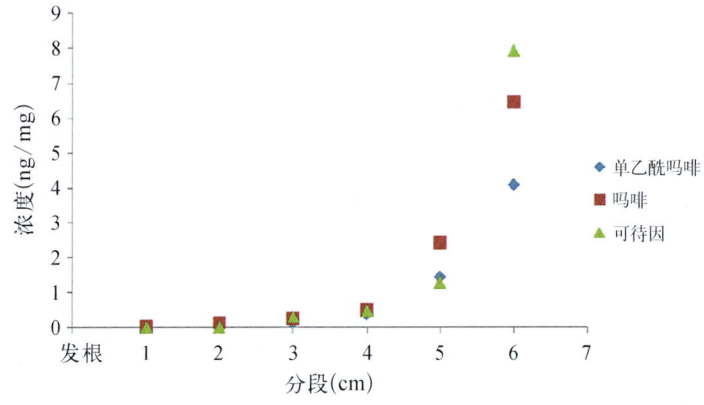

图 3-12　戒毒后单乙酰吗啡、吗啡和可待因在头发毛干上的消除曲线

按照头发生长速度均值 1 cm/月,单乙酰吗啡、吗啡和可待因在头发中的消除半衰期均值分别为 0.88 个月(95% CI,0.74~1.03)、0.73 个月(95% CI,0.64~0.81)和 0.61 个月(95% CI,0.54~0.69)。S-甲基苯丙胺、R-甲基苯丙胺、S-苯丙胺和

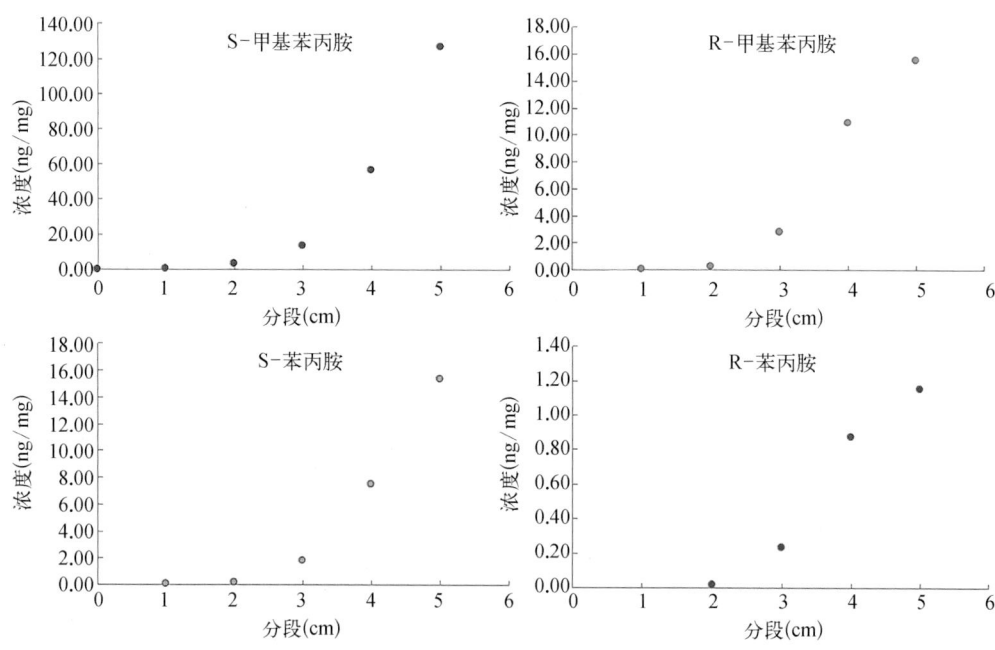

图 3-13 戒毒后甲基苯丙胺、苯丙胺在头发毛干上的消除曲线

R-苯丙胺在头发中的消除半衰期均值分别为 0.64 个月(95% CI,0.46~0.96)、0.58 个月(95% CI,0.41~0.93)、0.62 个月(0.49~0.88)和 0.50 个月(95% CI,0.42~0.56)。Garcia-Bournissen(2009)报道可卡因及其代谢物苯甲酰爱康宁在头发中的消除半衰期均值：女性分别为 1.5 个月(95% CI 1.2~1.8)、1.5 个月(95% CI 1.1~2),男性分别为 1.5 个月(95% CI 1.1~1.8)、1.5 个月(95% CI 0.8~1.8),男性和女性的头发中消除半衰期差异无统计学意义。国内外研究在消除半衰期上还存在较大差异,这可能是由于滥用药物的物理化学性质、剂量、体内代谢、毛发颜色、种族、卫生习惯等因素造成。

上述海洛因戒毒后头发分段分析研究结果,按照 SoHT 建议的 cut-off 值(0.2 ng/mg),戒毒大约 4 个月后,发根端 2 cm 头发段才呈阴性,见图 3-14。如果采用分析方法的检出限 LOD(0.02 ng/mg),那么发根端 2 cm 头发段亦会呈阳性。对于甲基苯丙胺,戒毒大约 4 个月后,甲基苯丙胺在发根端 1 cm 头发段呈阴性,苯丙胺在发根端 2 cm 头发段呈阴性。图 3-15 显示采用 SoHT 建议的 cut-off 值(0.2 ng/mg)可能的阳性头发段。Suwannachom(2015)研究发现,戒毒后甲基苯丙胺在头发段中以 16% 的速率消除。

因此,头发摄毒鉴定中,按照《涉毒人员毛发样本检测规范》,一般分析发根端 3 cm 头发段。如果有吸毒前科,本次毛发采样与上次吸毒处理时间间隔应超过半年。若为脱瘾鉴定或者驾照再次申领,采样前头发长度至少应大于 6 cm,才可申请鉴定。

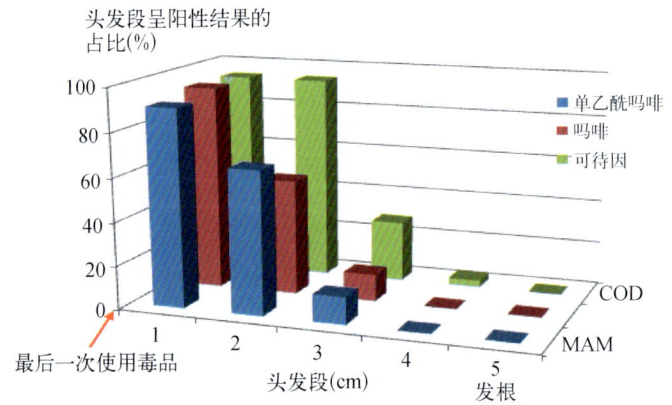

图 3-14 按照国际毛发分析协会(SoHT)建议的 cut-off,海洛因戒毒后的单乙酰吗啡(MAM)、吗啡(MOR)、可待因(COD)阳性段的比率

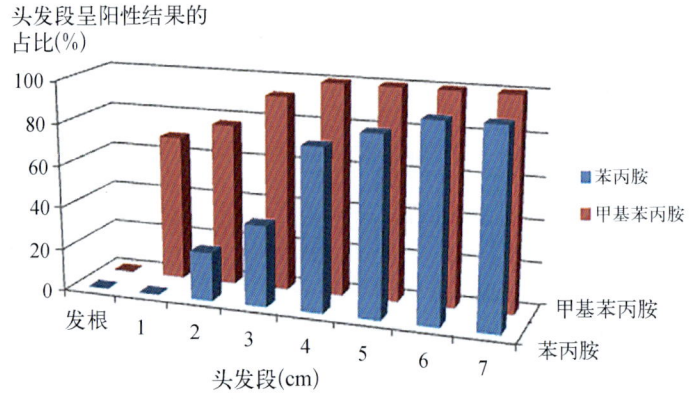

图 3-15 按照国际毛发分析协会(SoHT)建议的 cut-off,甲基苯丙胺戒毒后的甲基苯丙胺(MA)、苯丙胺(AM)阳性段的比率

五、人体不同部位的毛发

在头发检材难以获得的某些特殊情况下,人体其他部位的毛发可以帮助确认滥用药物。不同部位的毛发生长速度不同,与药物接触的机会不同(表 3-9),故目标物浓度存在差异。由表 3-9 可见,毛发采样首选头发,因其生长速率最快、在生长期的毛囊占比最高。相比之下,阴毛生长速度较慢,休止期较长。在没有头发的情况下可选择阴毛,但除了应考虑尿液污染的可能性外,还需要考虑其休止期因素。与头发相比,其他部位毛发不能准确地进行时间推断,但它们可反映较长时间内摄药的情况。例如某滥用可卡因的男性,戒毒后四个半月取头发和阴毛,此时贴根头发段中可卡因浓度已很低,但阴毛中浓度是其 10 倍,因为大部分阴毛在其戒毒前已存在。

表 3-9　不同部位毛发的生长和与药物接触情况(Hartwig,2003)

毛发部位	生长速度(mm/天)	生长周期	与药物接触情况
头发	0.37±0.07	2~6 年/15~20 周	头发护理、外污染
阴毛	0.2~0.3	47~77 周/51~73 周	接触尿液
腋毛	0.28~0.44	11~18 月/12~17 月	分泌的汗液、除臭剂
胡子	0.25~0.27	14~22 月/9~12 月	接触食品、酒精饮料
眉毛	0.15~0.16	6 周/15 周	眉毛护理
体毛	0.22~0.32	6~15 周/8~24 周	沐浴液等

很多研究报道了阿片类、美沙酮、可卡因、苯丙胺类、大麻等滥用药物在腋毛、阴毛、胸毛、腿毛等处的分布情况。

六、美发、护发的影响

通常,毒(药)物在毛发中较为稳定,但很多因素可能影响头发中目标物的浓度。日常的洗发、紫外线照射等可减小头发中的毒(药)物浓度,染发、烫发等美发过程影响更大。一方面,美发可造成头发中目标物的损失,其中的色素等化学品可增加基质影响;另一方面,美发可损害头发表层,加速了药物的扩散、进入速度。故美发处理的头发样品与未经美发的头发样品相比,阿片类、可卡因、大麻和尼古丁的浓度相差 30%~80%,阿片类相差最大。总体上,美发过程可降低头发中药物浓度,但不会完全消除。Skopp(1997)将烫发、染发处理后的头发接触含有可卡因、阿片类药物的汗液,结果表明,这些美发过程虽然增加了产生假阳性结果的风险,但不严重。

热拉直等美发处理也可影响毛发中药物浓度。Ettlinger(2016)用毛发拉直器对 17 例大麻阳性和 7 例可卡因阳性的头发样本进行了体外处理。在此过程中,头发被放置在 200℃ 的加热铁板间 2 s,连续 30 次,总接触时间为 1 min,然后测定其中目标物浓度。对于大麻,17 个头发样本中有 11 个在热处理后 THC 浓度下降,而在 6 个样本中 THC 浓度上升;各头发样中 CBN 浓度均明显升高。经热处理后头发中 CBN 浓度的大幅度增加可能是由于 THC 被热转化为 CBN。对于可卡因,所有 7 个头发样本经热处理后可卡因浓度均下降,BZE 浓度升高,这可能是由于可卡因被转化为 BZE。

七、毛发采集

头发分段分析中的结果解释是根据头发生长速度将头发段与对应时间点相联系,此时还应考虑毛发采集过程的误差。由于头部有弧度,用剪刀采集时很难紧贴头皮,每根头发采样点与头皮的距离也不尽相同。LeBeau(2011)制作的两幅图形象地说明采样误差(图 3-16)。

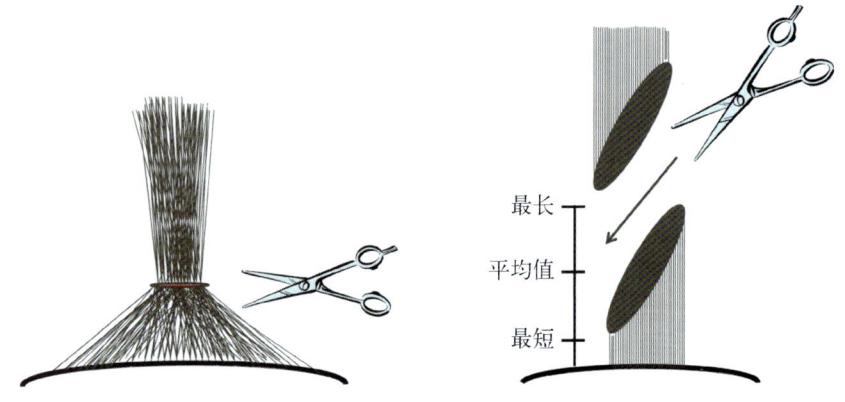

图 3-16 头发采集时可能的采样误差示意图(LeBeau,2011)

八、分析方法

由于毛发基质复杂、药物浓度低等因素,毛发分析在法庭毒物分析中具有挑战性。毛发分析过程包括了取样、去污、水解、提取和仪器分析等多个环节,实验室采用不同的毛发处理方法和分析方法,导致在分析结果上也存在差异。

缺少准确浓度的毛发控制样品是毛发分析领域的难题。分析结果的准确性和可靠性依赖于质量控制和校正方法,在进行方法有效性验证时应采用相同基质的质控样品,以消除偏倚,增强准确性。实验室的质量控制也应采用相同基质的控制样品,以考察实验室内部的精密度和实验室间的一致性。

头发分析的能力验证可用以考察一个实验室在该项目的实验室总体水平中所显示的能力。目前,国际上有4家机构提供滥用药物头发分析的能力验证活动,包括 The National Laboratory Certification Program (NLCP)、The International Society of Hair Testing (SoHT)、The German Society of Toxicological and Forensic Chemistry (GFTCh) 和 The Istituto Superiore di Sanita` of Rome, Italy(ISS)。关于能力验证的阳性头发样品,NLCP 采用将空白头发先浸入药物溶液中再清洗制备,SoHT 将滥用者的阳性头发磨成粉末,GFTCh 则是两者皆有。本实验室于 2018 年起实施面向国内司法鉴定机构的毛发分析能力验证项目,主要采用空白头发浸入目标物溶液的方法制备。每种方法各有其优缺点,样品数量也受到限制,基本控制在 100 mg 左右,很难用其完成方法的验证。

无论是浸泡法还是磨粉法制备头发控制样品,都无法对头发中滥用药物分析的整个过程进行质量控制。头发的最外部为毛表皮,由无核的鳞状角化细胞呈叠瓦状而成,不同的人发质不同,有的为多孔性,有的为少孔性。即使同一人的头发之间,多孔性也存在差异。毒(药)物容易进入多孔性的头发,同时,也容易被清洗、释放出。已有的酸水解实验结果表明,同一头发样品不同时间取样,结果存在较大差异。换言之,剪碎浸泡水解的方法不会造成假阴性结果,但可能使定量结果不准确。目前不能确定头发的多孔性是影响此差异的主要因素,但是采用研磨粉碎处理头发样品,可以消除由多孔性引起的误差。另一方面,剪碎后酸水解方法有其相对优势,简便实用,头发基质干扰少,为很多实验室所接受,而采用头发粉末样品则无法考察酸水解方法的释放程度和稳定性等因素。

可能影响萃取的分析参数有:粒度、萃取时间、能量温度/振动/超声、溶剂种类、溶剂体积和萃取步骤的频率。通过粉碎头发来减小颗粒大小,已被证明可以显著提高乙基葡萄糖醛酸苷和各种滥用药物的提取率。在2003年由国际毛发分析协会(SoHT)举办的能力验证活动中,18个实验室的样品前处理方法包括酶水解、酸水解、碱水解和甲醇超声法,分析仪器包括 GC－MS,GC－MS/MS 和 LC－MS/MS。从结果看,定性结果吻合性较好,但定量结果差异很大。除了水解方法,孵化时间也是主要的影响因素。2006年,意大利的 ISS 组织能力验证时,建议所有实验室采用的头发分析步骤见表3－10。国际毛发分析协会建议,各实验室建立自己的分析方法,建立自己的检出限,积累丰富的滥用药物的服用量、服用时间和头发中毒(药)物浓度关系资料,这样可以更合理地解释本实验室的分析结果。

表3-10 ISS 推荐的头发分析标准方法(Ventura,2008)

	阿片类、可卡因和苯丙胺类	大麻
清洗	2×2 mL 二氯甲烷,混旋1 min,离心5 min	2×2 mL 二氯甲烷,混旋1 min,离心5 min
取样量	20~50 mg	20~50 mg
控制样(校正曲线)浓度(ng/mg)	2(C0,C2)或6(C0,C1,C2,C3,C4,C5) C0:0 ng/mg,C1:0.5 ng/mg,C2:1 ng/mg,C3:5 ng/mg,C4:10 ng/mg,C5:50 ng/mg	2(C0,C1)或5(C0,C1,C2,C3,C4) C0:0 ng/mg,C1:0.1 ng/mg,C2:0.5 ng/mg,C3:1 ng/mg,C4:5 ng/mg
内标	氘代内标或阿片类用烯丙吗啡,可卡因和苯丙胺类用东莨菪碱	Delta－8－THC 或甲芬那酸
水解	1 mL 0.1 mol/L HCl,45℃,18 h	1 ml 2 mol/L NaOH,45℃,30 min
液-液提取	磷酸缓冲液 pH9.2,2×5 mL 氯仿:异丙醇:正庚烷(50:17:33,v/v/v)提取	THC:正己烷:乙酸乙酯(9:1,v/v)5 mL 提取 THC－COOH:加入冰醋酸(pH 4)后,正己烷:乙酸乙酯(9:1,v/v)5 mL 提取
SPE 提取	SPE 柱首先用甲醇和磷酸缓冲液 pH 6 活化,上柱,加入水、0.1 mol/L HCl 清洗,最后用2 mL 二氯甲烷:异丙醇:氨水(80:20:2,v/v/v)洗脱	—
衍生化	50 mL MSTFA,75℃,15 min	50 mL MSTFA,75℃,15 min
仪器分析	GC－MS	GC－MS

毒(药)物可通过多种途径进入毛发,从应用的角度看,最主要的途径为血液循环,学者也期望以此来推断用药时间。但实际上,其他入体途径同时存在,导致毛干中的毒(药)物带不如理论上仅有血液循环途径的清晰。毒(药)物进入毛发的速率与黑色素亲和力、亲脂性密切相关,碱性药物更容易进入毛发。

毛发分析的应用越来越广泛,在进行头发分析的结果解释时应考虑头发颜色、头发生长速度、药物进入毛发的机制、药物在毛干中的保留、稳定性等因素,结合毛发分析的去污处理、清洗标准、cut-off 值、原药与代谢物的比率等多原则进行综合判断。毒药物进入毛发的机制也仍需不断深化研究,以寻找区分主动吸食与被动污染的有效方法。

参 考 文 献

Agius R, Nadulski T, Kahl HG et al. 2012.Significantly increased detection rate of drugs of abuse in urine following the introduction of new German driving licence re-granting guidelines. Forensic Sci. Intl, 215(1-3): 32-37

Appelgren LE, Larsson BS, Torneke K. 1997. Clenbuterol in hair: in vitro studies on its binding to melanin and keratin. J Vet Pharmacol Ther, 20: 305-306

Banning TP, Heard CM. 2002. Binding of doxycycline to keratin, melanin and human epidermal tissue. Int J Pharmaceutics, 235: 219-227

Borges CR, Martin SD, Meyer LJ et al. 2002. Influx and efflux of amphetamine and N-acetylamphetamine in keratinocytes, pigmented melanocytes, and nonpigmented melanocytes. J Pharm Sci, 91: 1523-1535

Borges CR, Roberts JC, Wilkins DG et al. 2003. Cocaine, benzoylecgonine, amphetamine, and N-acetylamphetamine binding to melanin subtypes. J Anal Toxicol, 27, 125-134

Borges CR, Wilkins DG, Rollins DE. 2001. Amphetamine and N-Acetylamphetamine Incorporation into Hair: An Investigation of the Potential Role of Drug Basicity in Hair Color Bias. J Anal Toxicol, 25: 221-227

Bridelli MG, Ciati A, Crippa PR et al. 2006. Binding of chemicals to melanins re-examined: Adsorption of some drugs to the surface of melanin particles. Biophys Chem, 119: 137-145

Claffey DJ, Stout PR, Ruth JA. 2000. A comparison of sodium hydroxide and sodium sulfide digestion of mouse hair in the recovery of radioactivity following systemic administration of (3H)-nicotine and (3H)-flunitrazepam. J Anal Toxicol, 24: 54-58

Cone EJ. 1990. Testing human hair for drugs of abuse. I. Individual dose and time profiles of morphine and codeine in plasma, saliva, urine, and beard compared to drug-induced effects on pupils and behavior. J Anal Toxicol, 14: 1-4

De Giorgio F, Strano Rossi S, Rainio J et al. 2004. Cocaine found in a child's hair due to environmental exposure? Int J Legal Med, 118: 310-312

Dehn DL, Claffey DJ, Duncan MW et al. 2001. Nicotine and Cotinine Adducts of a Melanin Intermediate Demonstrated by Matrix-Assisted Laser Desorption/Ionization Time-of-Flight Mass Spectrometry. Chem Res Toxicol, 14: 275-279

DeLauder SF, Kidwell DA. 2000. The incorporation of dyes into hair as a model for drug binding. J Forensic Sci, 107: 93-104

Ettlinger J, Yegles M. Influence of thermal hair straightening on cannabis and cocaine content in hair. Forensic Sci

Int, 2016, 265: 13-16

Garcia-Bournissen F, Moller M, Nesterenko M et al. 2009. Pharmacokinetics of disappearance of cocaine from hair after discontinuation of drug use. Forensic Sci Int, 189: 24-27

Gautam L, Scott KS, Cole MD. 2005. Amphetamine binding to synthetic melanin and Scatchard analysis of binding data. J Anal Toxicol, 29: 339-344

Gygi SP, Joseph RE Jr, Cone EJ et al. 1996. Incorporation of codeine and metabolites into hair. Role of pigmentation. Dispos Biol Fate Chem, 24: 495-501

Haley NJ, Hoffmann D. 1985. Analysis for nicotine and cotinine in hair to determine cigarette smoker status. Clinical Chem, 31: 1598-1600

Harrison WH, Gray RM, Soloman LM. 1974. Incorporation of d-amphetamine into pigmented guinea-pig hair. Br J Dermatol, 91: 415-418

Hartwig S, Auwarter V, Pragst F. 2003. Fatty acid ethyl esters in scalp, pubic, axillary, beard and body hair as markers for alcohol misuse. Alcohol & Alcoholism, 38: 163-167

Henderson GL, Harkey MR, Zhou C et al. 1996. Incorporation of isotopically labeled cocaine and metabolites into human hair; 1. Dose response relationships. J Anal Toxicol, 20: 1-12

Joseph RE, Tsai WJ, Tsao LI et al. 1997. In vitro characterization of cocaine binding sites in human hair. J Pharm Exp Ther, 282: 1228-1241

Kelly RC, Mieczkowski T, Sweeney SA et al. 2000. Hair analysis for drugs of abuse. Hair color and race differentials or systematic differences in drug preferences? Forensic Sci Int, 107: 63-86

Kidwell DA, Lee EH, DeLauder SF. 2000. Evidence for bias in hair testing and procedures to correct bias. Forensic Sci Int, 107: 39-61

Kintz P. 2007. Analytical and practical aspects of drug testing in hair, by Taylor & Francis Group, LLC

Kintz P, Ludes B, Mangin P. 1992. Evaluation of nicotine and cotinine in human hair. J Forensic Sci, 37: 72-76

Larsson B, Tjälve H. 1978. Studies on the melanin-affinity of metal ions. Acta Physiol Scand, 104: 479-484

LeBeau MA, Montgomery MA, Brewer JD. 2011. The role of variations in growth rate and sample collection on interpreting results of segmental analyses of hair. Forensic Sci Int, 210: 110-116

Mantinieks D, Gerostamoulos D, Wright P et al. 2018. The effectiveness of decontamination procedures used in forensic hair analysis. Forensic Science Medicine & Pathology, 14: 349-357

Mars U, Larsson BS. 1999. Pheomelanin as a binding site for drugs and chemicals. Pigment Cell Res, 12: 266-274

Musshoff F, Kirschbaum KM, Graumann K et al. 2012. Evaluation of two immunoassay procedures for drug testing in hair samples. Forensic Sci Int, 215(1-3): 60-63

Nakahara Y, Kikura R. 1994. Hair analysis for drugs of abuse. VII. The incorporation rates of cocaine, benzoylecgonine and ecgonine methyl ester into rat hair and hydrolysis of cocaine in rat hair. Arch Toxicol, 68: 54-59

Nakahara Y, Kikura R. 1996. Hair analysis for drugs of abuse XIII. Effect of structural factors on incorporation of drugs into hair: the incorporation rates of amphetamine analogs. Arch Toxicol, 70: 841-849

Nakahara Y, Ochiai T, Kikura R. 1992. Hair analysis for drugs of abuse. V. The facility in incorporation of cocaine into hair over its major metabolites, benzoylecgonine and ecgonine methyl ester. Arch Toxicol, 66: 446-449

Negrusz A, Moore CM, Hinkel K et al. 2001. Deposition of 7-aminoflunitrazepam and flunitrazepam in hair after a single dose of Rohypnol. J Forensic Sci, 46: 1143-1151

Nicolaus RA, Prota G, Santacrose C et al. 1967. Struttura e biogenesi della feomelanine, nota VII: sulla struttura delle tricosiderine. Gazzetta Chimica Italiana, 99: 323-350

Oyler J, Darwin WD, Cone EJ. 1996. Cocaine contamination of United States paper currency. J Anal Toxicol, 20: 213-216

Palumbo A, Napolitano A, De Martino L et al. 1994. Specific incorporation of 2-thiouracil into biological melanins. Biochim Biophys Acta, 1200: 271-276

Pragst F, Balikova MA. 2006. State of the art in hair analysis for detection of drug and alcohol abuse. Clinica Chimica Acta, 370: 17-49

Prota G. 2000. Melanins, Melanogenesis and Melanocytes: Looking at Their Functional Significance from the Chemist's Viewpoint. Pigment Cell Res, 13: 283-293

Pötsch L. 1996. A discourse on human hair fibers and reflections on the conservation of drug molecules. Int J Legal Med, 108: 285-293

Pötsch L, Moeller MR. 1996. On pathways for small molecules into and out of human hair fibers. J Forensic Sci, 41: 121-125

Pötsch L, Skopp G, Moeller MR. 1997. Influence of pigmentation on the codeine content of hair fibers in guinea pigs. J Forensic Sci, 42: 1095-1098

Pötsch L, Skopp G, Rippin G. 1997. A comparison of 3H-cocaine binding on melanin granules and human hair in vitro. Int J Legal Med, 110: 55-62

Raul JS, Cirimele V, Ludes B et al. 2004. Detection of physiological concentrations of cortisol and cortisone in human hair. Clin Biochem, 37: 1105-1111

Rollins DE, Wilkins DG, Krueger GG et al. 2003. The effect of hair color on the incorporation of codeine into human hair. J Anal Toxicol, 27: 545-551

Scott KS, Nakahara Y. 2003. A study into the rate of incorporation of eight benzodiazepines into rat hair. Forensic Sci Int, 133: 47-56

Skopp G, Pötsch L, Moeller MR. 1997. On cosmetically treated hair--aspects and pitfalls of interpretation. Forensic Sci Int, 84: 43-52

Smith FP, Kidwell DA. 1996. Cocaine in hair, saliva, skin swabs, and urine of cocaine users' children. Forensic Sci Int, 83: 179-189

Stepien KB, Wilczok T. 1982. Studies of the mechanism of chloroquine binding to synthetic DOPA-melanin. Biochem Pharmacol, 31: 3359-3365

Stout PR, Ruth JA. 1998. Comparison of in vivo and in vitro deposition of rhodamine and fluorescein in hair. Drug Metab Dispos, 26: 943-948

Stout PR, Ruth JA. 1999. Deposition of [3H]cocaine, [3H]nicotine and [3H]flunitrazepam in mouse hair melanosomes after systemic administration. Drug Metab Dispos, 27: 731-735

Suwannachom N, Thananchai T, Junkuy A et al. 2015. Duration of detection of methamphetamine in hair after abstinence. Forensic Sci Int, 254: 80-86

Swan GA, Waggott A. 1970. Studies related to the chemistry of melanins, X: quantitative assessment of different types of units present in dopa-melanin. J Chem. Soc Perkin Trans, 10: 1409-1418

Testorf MF, Kronstrand R, Svensson SP, et al. 2001. Characterization of [3H]flunitrazepam binding to melanin. Anal Biochem, 298: 259-264

Thorspecken J, Skopp G, Potsch L. 2004. In vitro contamination of hair by marijuana smoke. Clinical Chemistry, 50: 596-602

Ventura M, Stramesi C, Pichini S et al. 2008. HAIRVEQ 2006: Evolution of laboratories' performance after different educational actions. Forensic Sci Int, 176: 2 - 8

Xiang P, Sun Q, Shen B et al. 2011. Disposition of ketamine and norketamine in hair after a single dose. Int J Legal Med, 125: 831 - 840

第四章 毛发的采集和处理

毛发样品的采集与处理方法主要包括：毛发的采集及分段、毛发的脱污染、毛发的提取处理（包括分离、提取、净化、衍生化）等。随着毛发分析的发展，需要分析的目标物种类越来越多，目标物的浓度越来越低，毛发样品数量越来越少，这对生物检材的处理方法提出了新的挑战。此外，毛发样品的采集时间和方法、毛发样品的脱污染效果以及目标物的提取效率直接影响分析结果的质量和可靠性。因此，毛发的采集和处理也是毛发分析的关键环节。

毛发检材的采集和处理应遵循以下原则：
（1）毛发的采集时间、数量和分段，应适合分析目的且有判断意义；
（2）毛发的脱污染方法应能去除外部污染而尽可能不损失目标物；
（3）毛发样品处理方法的选择应能同时提取目标物及其代谢物；
（4）毛发样品的处理过程尽可能使目标物完全释放和少丢失；
（5）毛发样品处理过程中应防止外部目标物玷污，减少无关化合物引入；
（6）毛发样品处理方法应注意并包括将目标物转化为适合分析方法的状态（如通过衍生化增强目标物的特征性或改善其色谱行为）。

第一节 毛发样品的采集

毛发样品的采集时间、长度选择和采集方法与案情、摄毒药史以及分析目的密切相关。因此，采样者在采样前应了解委托方的检验目的和所需解决的问题。可能时，应获取案件信息，包括疑摄毒（药）种类、摄毒（药）时间和摄毒（药）史等，在此基础上制定毛发采集方案。

一、采集原则

在毛发样品中，头发生长具有一定的规律（0.7~1.4 cm/月），头发采集部位和采集长度应符合分析目的，最大程度反映特定生长周期的摄毒（药）信息。头顶后部的头发生长速度变化较小，受年龄和性别的影响较小，处于生长期的数量（85%）

相对恒定,所代表的整体信息较为一致,一般采集头顶后部的头发。人体其他部位的毛发,如腋毛、阴毛、男性胡须等所反映的摄毒(药)时间信息不清晰,仅作无头发时的替代品,提供辅助信息。毛发采集的量应满足分析的目的和重复分析的需求(沈敏,2004)。

二、采集方法

1. 采集要求

(1) 毛发采集一般由经过专门培训的工作人员实施,应能规范实施采样并了解采样方法对结果的影响。

(2) 毛发采集应在无污染物质的环境中进行;采集、保存毛发所用的工具、材料(剪刀、镊子、剃须刀、固定带、包装袋等)严禁滥用药物或其他物质污染(当毛发用于监测环境有机污染物时,对所用工具和包装袋要求更为严格)。

(3) 毛发采集的操作方法应文件化,应记录所采毛发的个体信息和采集过程。

2. 采集数量

毛发采集量应考虑毛发洗涤的损耗并满足重复分析的需要,一般采集量为直径 3~4 mm 的毛发束或发根 3 cm 段头发不少于 200 mg。对于法科学而言,可采集两份毛发样品,一份用于分析及必要的重复分析,另一份留作复核样。在特殊情况下,也允许分析一根毛发。

对于监测环境污染的毛发分析,因毛发污染物处于 pg/g 水平,故需采集毛发量达 1~5 g。

3. 采集方法

我国现行《涉毒人员毛发样本检测规范》规定了涉毒人员毛发采集的方法。一般要求如下:

(1) 头发 贴根(紧贴头皮)剪取头顶后部(枕骨部位)的头发,见图 4-1。所采头发平放于清洁纸或铝箔纸上,标记发根位置,经包裹、折叠后,置于纸袋(信封袋)中。记录个体信息、摄毒(药)史、毛发颜色、长度特征以及特殊处理情况等。若为药物辅助犯罪案件,则尽可能贴头皮采集头发,并且采样前先将一束待剪头发扎紧固定,以利于分段分析。若为中毒死亡案件,应在尸检前采集毛发样品。

当无头发可采或个体的头发极短或重大案件需要时,可采取人体其他部位的毛发,如腋毛、阴毛、男性胡须等,作为头发的替代品,或提供辅助信息。

(2) 腋毛 贴根(紧贴皮肤)剪取腋部毛发,平放于清洁纸或铝箔纸上,经包裹、折叠后,置于纸袋(信封袋)中。

(3) 阴毛 贴根(紧贴皮肤)剪取阴部毛发,以下同"腋毛"项操作。

(4) 胡须 用剃须刀(电动、手动)剃刮胡须,收集胡须于清洁纸上或铝箔纸上,经包裹后,置于纸袋(信封袋)中。

图 4-1 采集头发样品

对于药物辅助犯罪案件,根据头发约为 1 cm/月(范围:0.7~1.4 cm/月)的生长速度,考虑头发生长速度差异、采集头发、分段剪取的误差等,可在案发后第 4~5 周贴头皮采集头发样本,然后从根部起按 2 cm 分段分析。但实际上,该类案例的采样时间往往不受实验室控制,一般根据委托要求贴头皮采集头发样本后分段分析。药物辅助犯罪案件相对于摄毒鉴定需要采集更多的头发,因为单次摄毒(药)后头发中的浓度痕量,且可能涉及的精神活性物质范围宽广。建议紧贴头皮采集 4 束头发,每束约 100 根以上。必要时 1 束进行此类案件中最常见安眠镇静类药物筛选,1 束进行常见毒品筛查,1 束用于 GHB 测定,1 束留作复核样。此外,询问被检者在相应时间段内是否进行染发、烫发等化学处理也很必要。

4. 分段方法

对于需分段分析的头发样品,可在采集同时进行分段或日后需要时分段。头发段长度的选择应与分析目的、期望得到某时间段的信息相一致。

虽然可以对整个头发进行分析,但通常使用一个或多个样本片段。常用的节段长度是近发根端 3 cm 的部分,主要反映在过去 3 个月头发生长期的摄毒(药)情况。然而,也可根据不同的情况采用不同的分割策略。几个短片段可以比单个片段更详细地描述个体的毒(药)物暴露情况。

对于有明确委托要求的,按照头发的生长速率直接选取相应的头发段,或采集发根 3 cm 段的头发以反映近期摄药信息;对于药物辅助犯罪案件,头发的分段方法有等长度分段法和逐步增长度分段法,如 45 cm 长毛发分段为:4×0.5 cm,3×1.0 cm,2×2.0 cm,2×3.0 cm,2×5.0 cm,2×10.0 cm。随着头发离发根距离的增加,头发段的时间分辨下降,故此分法有其合理性。

将头发束整齐置于铝箔纸上(避免单根头发的混乱),仔细地从发根至发梢按需分段,分别入袋保存。

三、保存方法

毛发样品应用清洁纸或铝箔纸包裹，置于纸袋内。塑料袋因含有软化剂，易污染毛发并存在提取毛发中脂溶性物质的潜在风险而不宜使用（Pragst，2006）。用于环境污染监测的毛发样品则应贮存于干净的棕色玻璃瓶，用铝膜密封或用铝膜包裹贮存于聚乙烯袋中，且每种类型的包装方法均需一个空白对照。

毛发样品应置干燥、黑暗处室温贮存。理论上，毛发样品中的毒（药）物及其代谢物有长期稳定性。

四、讨论

头发样品的采集时间并非都是可以选择的，但采集头发一般应考虑从摄毒（药）到毒（药）物到达发根一般需数天时间（不同物质表现不同）。对于麻醉抢劫、迷奸案件等属单次摄毒（药）方式的，Kintz（2004）建议应在案发后4~5周内取样，这样头发可有适合采集、分析的长度（≥1 cm）。

头发分段分析在许多情况下可提供有价值的信息。人体其他部位的毛发，如腋毛、阴毛、男性胡须等生长周期不同，所反映的摄药时间信息不清晰，因而无分段分析的价值（Pragst，2006）。

毛发采集应由经专门训练、有经验的人员进行，必须严格按照采集规范进行，以消除样品被污染的可能性，并确保证据链的完整性。头发采集应紧贴头皮，Le Beau（2011）考察具有不同经验水平的人员采集头发，发现贴头皮采集后，头皮上残留的头发长度可达0.8±0.1 cm，如此长的残留头发长度将显著影响结果解释。

头发样品的采集时间、采集方法、分段方法对于分析结果至关重要，任何不合理都可能导致错误的分析结果。

第二节 毛发样品的脱污染

毛发受到一定程度的外源性和内源性污染，外源性污染包括被动污染和被动摄取，如环境污染、粉尘吸附、在吸食毒品的环境中被动吸收、与摄毒者口、黏膜、皮肤接触吸收等。内源性污染包括出汗、皮脂腺分泌等。毛发污染是假阳性结果的主要来源，故毛发的脱污染是必须执行的关键步骤。

一、脱污染原理

毛发按溶剂可到达的程度分为三个微结构区域：接触区、半接触区、非接触区。

(1) 接触区　指毛发的外表面层,该区域的污染物可通过有机溶剂洗净,有机溶剂(二氯甲烷、丙酮等)因不能使毛发膨胀而不能到达半接触区和非接触区。

(2) 半接触区　指使毛发膨胀的溶剂(如水、甲醇)能到达的区域,该区主要为汗水污染,可用水性溶剂洗净。

(3) 非接触区　毒(药)物与毛髓质结合的主要区域,用酸、碱溶液处理或在强烈条件的作用下才能释放结合的毒(药)物。外源性污染和内源性污染均可分布在接触区和半接触区。

毛发清洗的基本原则为:尽可能洗净接触区的污染物;可洗去半接触区的毒(药)物(主要为内源性污染);避免非接触区的毒(药)物的溶出损失,即除去毛发外部污染物而不提出毛发结合物。

二、脱污染方法

常用的脱污染溶剂包括清洁剂(SDS、洗洁净等)、水性溶剂(水、缓冲液)和有机溶剂(甲醇、乙醇、异丙醇、丙酮、二氯甲烷等)。一般而言,非极性溶剂二氯甲烷、丙酮等具有不膨胀毛发的优点,而极性溶剂磷酸缓冲液、甲醇等则因膨胀毛发而可能促进结合物过早溶出受损。但另一方面,溶剂极性越小,膨胀毛发能力越小,除污染的效果也越差。

目前尚无形成共识的脱污染标准方法,SoHT建议对毛发样品依次用有机溶剂和水性溶液清洗,有机溶剂去除表层油污,水性溶液清除可能的毒(药)物污染。较常用的毛发清洗方法有:

(1) 毛发样品依次用0.1% SDS、去离子水和丙酮浸洗。
(2) 毛发样品用二氯甲烷浸洗2~3次,每次5 min。
(3) 毛发依次用二氯甲烷、水、二氯甲烷浸洗。
(4) 毛发样品用甲醇超声清洗2次。

每种清洗方法脱污染的能力难以评估,目前多采用将毛发浸泡入滥用药物溶液中制备阳性样品,然后测定不同步骤后的毛发中目标物浓度,以考察溶剂的脱污染能力,见表4-1。由表可见,甲醇是较好的脱污染溶剂(Mantinieks,2018)。但由于甲醇毒性较强,大多数实验室并不采用其进行脱污染处理。

表4-1　脱污染方法清除能力比较

滥用药物	脱污染方法	能　　力	参考文献
可卡因(15 ng/mL,1 mg/mL)	12×5 min,蒸馏水、甲醇、丙酮、氯仿、1% SDS	1% SDS:最有效溶剂,可清除43%可卡因;甲醇:最有效有机溶剂,可清除36%可卡因	Mantinieks,2018

续表

滥用药物	脱污染方法	能　　力	参考文献
可卡因(10,50,100 μg/mL)	3×甲醇	甲醇：可清除16%~41%可卡因；但毛发中可卡因>SoHT阈值	Wang,1995
可卡因	30 min甲醇、乙醇、阴离子去污剂、阳离子去污剂、吐温20、曲拉通100	阳离子去污剂最有效,可清除64%可卡因；甲醇可清除7%~16%可卡因	Blank,1995
可卡因(10 μg/mL)	2×2 min二氯甲烷、甲醇；3×30 min乙醇,2×90%乙醇	甲醇最有效,可清除12.9%可卡因；可卡因在处理前和经脱污染处理后浓度均>SoHT阈值	Hill,2014
可卡因(1,10,50 μg/mL)	水相持续清洗	可清除97%可卡因；1 μg/mL.浸泡后的阳性毛发经清洗后其中可卡因浓度<SoHT阈值；10,50 μg/mL,浸泡后的阳性毛发经清洗后其中可卡因浓度>SoHT阈值	Schaffer,2005
可卡因(1 μg/mL)	3×甲醇；3×磷酸缓冲液；水相持续清洗	甲醇可清除16.7%~77.5%可卡因,清洗后毛发中浓度>SoHT阈值；两种水相均可清除>80%可卡因,清洗后毛发中浓度<SoHT阈值	Schaffer,2002
可卡因、吗啡、甲基苯丙胺、PCP(1 μg/mL)	水相持续清洗	可卡因、吗啡、甲基苯丙胺和PCP分别可被清除98.9%、97.4%、97.3%和99.7%,但清洗后毛发中浓度>SoHT阈值	Paterson,2011
海洛因、单乙酰吗啡(100 μg/mL)	30 s甲醇；3×15 min甲醇	甲醇快速清洗可分别清除56.1%和77.3%的海洛因、单乙酰吗啡；延长甲醇清洗时间和次数,约90%的海洛因、单乙酰吗啡被清除,但清洗后毛发中浓度>SoHT阈值	Goldberger,1991
THC(0.3 μg/mL)	15 min不同水相/有机相溶剂；连续有机相、水相溶剂交替清洗	甲醇最有效,可清除89% THC；有机相、水相溶剂交替清洗并没有清除更多THC	Duvivier,2016

三、讨论

　　毛发脱污染的第一个问题是毛发表层干燥的或有机溶剂方式接触的药物很易通过脱污染去除,而水溶液中的药物则易进入毛发,很难除去。脱污染处理应在毛发分段之后进行,这样可以避免外污染物质沿毛干扩散。

Baumgartner 和 Hill(1993)建立了用于商业实验室的毛发脱污染方法,表 4-2 列举了最初的方法 1 和其后的改进方法 2 至 4。Baumgartner 还定义了毛发阳性且有效脱污染的评判指标(表 4-3),包括早期的 3 个指标:曲率比(Re)、扩展清洗比(Rsz)和安全带比(Rew),以及后期增加的适应法庭证据需要的指标扩展安全带比(Resz)和新指标 Rnc。

表 4-2 Baumgartner 和 Hill 建立的毛发脱污染步骤

方法	步骤	参考文献
1	毛发用无水乙醇清洗 15 s;10 mmol/L 磷酸缓冲液(pH5.5)振摇 30 s,共 3 次。GC-MS 分析清洗液	Baumgartner(1989)
2	毛发用无水异丙醇清洗 15 s;10 mmol/L 磷酸缓冲液(pH5.5)振摇 30 s,共 3 次。GC-MS 分析清洗液	Baumgartner(1993)
3	毛发用无水异丙醇清洗 15 s;10 mmol/L 磷酸缓冲液(pH5.5)振摇 30 s,共 3 次;10 mmol/L 磷酸缓冲液(pH5.5)振摇 1 h,共 2 次。GC-MS 分析清洗液	Baumgartner(1996)
4	毛发用无水异丙醇清洗 15 s;10 mmol/L 磷酸缓冲液(含 0.01% BSA,pH6.0)振摇 30 s,共 3 次;10 mmol/L 磷酸缓冲液(含 0.01% BSA,pH6.0)振摇 1 h,共 2 次。LC-MS/MS 分析清洗液	Cairns(2004)

表 4-3 Baumgartner 和 Hill 提出的脱污染评价指标

评判指标	符号	数学定义	cut-off 值
曲率比(curvature)	Re	三次磷酸清洗液中药物总量/3×(第三次磷酸清洗液中药物量)	1.3
扩展清洗比(extended wash ratio)	Rew	毛发提取药物量/第三次磷酸清洗液中药物量	10
安全带比(safety zone ratio)	Rsz	毛发提取药物量/所有磷酸清洗液中药物总量	0.33
扩展安全带比(extended safety zone ratio)	Resz	毛发提取药物量/所有磷酸清洗液中药物总量	0.25
新指标(new criterion)	Rnc	毛发提取药物量/5×(第三次磷酸清洗液中药物量)	0.5

Blank(1993)用 110 例高度污染的头发样品(非摄药者)评价 Baumgartner 建立的评价指标曲率比(Re)、扩展清洗比(Rsz)和安全带比(Rew),结果所有外部污染样品均通过了评价指标,表明仅用这些指标区分外部污染是不充分的。Mieczkowski(1997)也分别将可卡因外部污染头发和可卡因吸毒者头发送商业实验室进行评估,结果也出现了错误的评估结论。分析其中原因,对于高度污染或污染时间较长的头发,药物可能到达头发的半接触区或非接触区,因而使用这些评价指标不能有效识别。图 4-2 反映了用可卡因水溶液浸染方式污染头发后头发中可卡因分布及脱污染状况。

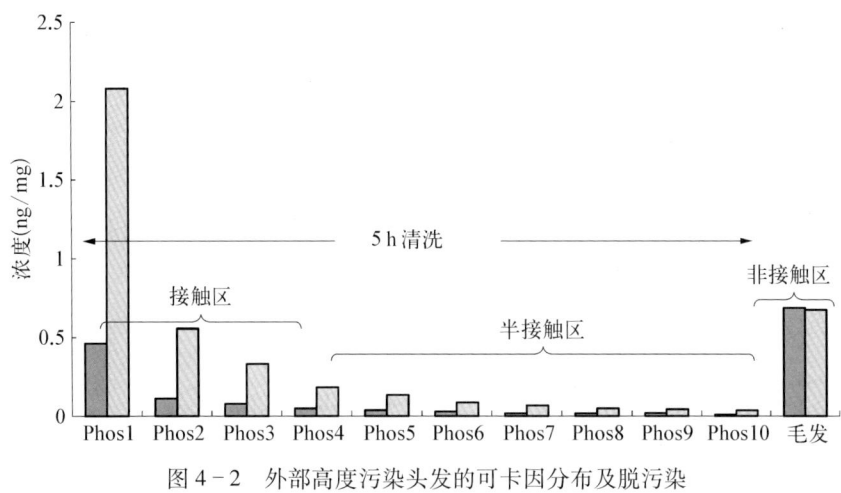

图4-2 外部高度污染头发的可卡因分布及脱污染

Phos：清洗液

Cairns(2004)采用表4-2清洗方法4结合评价指标对可卡因、吗啡、单乙酰吗啡、PCP和甲基苯丙胺污染的头发进行脱污染和鉴别,得到正确的结果。

总之,毛发可用溶剂除去外部污染,但对于因污染强度、污染时间所致深度进入毛发的药物,很难通过脱污染步骤去除。因此,确立毛发中目标物的Cut-off值,考察代谢物的存在及其与原体的比例,是避免假阳性结果重要判断指标。Hill(2008)将73名无可卡因滥用史的志愿者的头发未经脱污染直接进行LC-MS/MS分析,采用可卡因的cut-off值和代谢物/原体比≥0.05指标,均得正确的阴性结果。

毛发脱污染的第二个问题是在除去毛发外源性污染的同时,不可避免地使毛干中目标物损失。因此,对于很少可能产生环境污染的物质,应尽可能使用简捷的清洗方法,同时增加分析清洗液（W）并与毛发浓度（H）比较步骤,可对是否存在外污染做出正确判断。

毛发脱污染过程是法科学毛发分析样品前处理中必需的步骤,应包含水相清洗和有机相清洗,各实验室可根据自己的方法步骤形成评价外污染指标。目前市场上出现的毛发毒品快速筛查仪,均是对毛发直接进行分析,这种筛查分析对于阴性结果是可靠的,而对于阳性结果,必须首先进行脱污染处理,并采用具不同原理的质谱方法进行确认。

第三节　毛发样品的提取处理

毛发样品在分析前通常需进行均匀化,并最大程度从毛发基质中释放目标物。

目标物可通过毛发的消化和溶剂提取与毛发基质分离。分离、提取方法的选择应考虑目标物的化学结构和稳定性。在某些情况下，毛发分析用于筛选、确认大范围的毒(药)物，还必须考虑方法的适用性。

由于头发样品采集的数量有限，头发分析的取样量随着分析技术的发展趋于减少。然而必须强调的是，用于分析的头发量越少，其对不同头发生长周期的代表性就越差。因此，实际案例中毛发样品的取样量应需 10~50 mg，对应相当于 50~100 根头发。

一、碎度处理

毒(药)物进入毛发后，包埋在毛发的角蛋白中，需先使其释放、呈游离状态再行提取。毛发剪碎或磨碎后可增大其表面积，有利于毒(药)物的释放。但应特别注意，碎度处理不能破坏目标物在毛发中的原始状态。

最常用的碎度处理方法是将毛发剪成 1~2 mm 长的小段，简便且损耗小。剪碎方法在大多数情况下是有效的，尤其是以碱消化作为后续步骤时，毛发可完全溶解而无须考虑目标物的溶出效果。Aqai(2009)考察了毛发剪碎程度对类固醇酯类检测的影响，毛发碎度高时类固醇酯类回收率可提高 20%。因此，为了达到尽可能高的回收率，应将毛发样品剪成约 1~2 mm 的小段。

另一种碎度处理方法是用研磨机将毛发磨碎成粉末状，充分增大毛发的表面积，使结合在毛发中的目标物尽可能得到释放。毛发磨碎可减少后续水解时间，提高目标物的回收率，尤其在目标物浓度低或涉及样品均匀性时，应考虑选择。但磨碎处理的缺点是常规的研磨机粉碎费时，毛发损耗较大，杂质效应增大，且毛发研磨时产生的热量可导致不稳定化合物的分解。冷冻研磨在毛发毒(药)物分析中具有明显的优势，在低温(液氮温度，-196℃)状态下对样品进行研磨，有效避免了研磨过程的过热问题。

本书作者考察了单乙酰吗啡在样品处理过程中的稳定性，发现用冷冻研磨方法处理，毛发中单乙酰吗啡浓度明显升高。而对于稳定化合物苯丙胺类，其优势体现在大大缩短样品前处理时间。

二、分离处理

毛发中毒(药)药物分离提取的方法有甲醇超声法、酸水解法、碱消化法、酶消化法等。不同性质的毒(药)物可选取不同的分离提取方法。

1. 甲醇超声

方法：毛发样品用甲醇或酸性甲醇超声提取 5~18 h(Pragst,2006)。甲醇超声提取几乎可应用于全部毒药物。亲水性甲醇可以进入毛发基质，通过扩散导致药物的溶解和释放，同时，甲醇作为有机溶剂，又可以溶解中性和脂溶性化合物。超声可破坏毛发结构,有助于药物的溶解和扩散。亲水性药物如海洛因和亲脂性药物如四氢大麻酚(THC)均可用该方法提取。对于高浓度的药物,甲醇提取物可以直接进样分析,但缺点是提取物的杂质较多,故通常需要进一步的液液萃取或固相萃取净化。本法尽管采用了超声,但甲醇提取时毒(药)物释放仍不完全,回收率较其他水解方法低。此外在分析毛发中乙醇标志物脂肪酸乙酯时,毛发基质中的乙酯受超声过程的高能量的影响易甲酯化(Pragst,2001),应予以关注。

2. 酸水解

方法:毛发用0.01~0.5 mol/L HCl溶液于室温或45℃水解过夜,也有用酸性甲醇(甲醇/盐酸=20∶1)超声1 h后放置过夜。碱性药物在酸溶液或缓冲溶液中因质子化作用而被提取,因而水性提取物比甲醇提取物更为洁净。酸水解法条件较为温和,适用范围较广,释放效率较高。但同时应注意,在酸性水溶液条件下,可卡因可部分水解为苯甲酰爱康宁,单乙酰吗啡可部分水解为吗啡。有研究报道用甲醇/三氟醋酸(9∶1)可有效降低单乙酰吗啡的水解而得到较高的回收率(Nakahara,1999)。

3. 碱消化

方法:毛发用1 mol/L NaOH溶液于80℃消化0.5~1 h。碱浓度(0.1~2 mol/L)和消化温度、消化时间(10 min,10 h)有一定可选范围(Gratacos-Cubarsi,2006)。碱消化可破坏毛发结构,使毛发溶解,故可认为碱消化法可使毛发基质中的毒(药)物完全释放。对于在碱性条件下稳定的化合物如尼古丁、苯丙胺类、大麻类、抗抑郁药、类固醇(沈敏,2009)等而言,碱消化法是首选的毛发样品处理方法,简便且回收率高。此外,该法还可和顶空固相微萃取结合,用于挥发性化合物的分析(Sporker,2000)。碱消化的缺点是条件激烈,不适合毛发中可卡因、单乙酰吗啡、酯类等不稳定化合物的处理。

4. 酶消化

方法:用β-葡糖甙酸-芳基硫酸酯酶消化,温度通常为40~45℃,时间为2~4 h;或用蛋白酶K及链蛋白酶,37℃消化4~6 h。酶可分解毛发中的蛋白,在二硫苏糖醇存在时可以改善消化效果。酶消化在中性pH下进行,其既能溶解毛发,得到高的毒(药)物回收率,又不会引起不稳定化合物的分解,因而具有普遍的适用性(Vassiliki,2006),如Van(2005)成功地用酶消化法处理毛发中的糖皮质激素。但实际上酶消化很少使用,其原因是成本过于昂贵。酶消化与酸水解、碱消化的特点及适用范围见表4-4。

5. 超临界萃取

超临界萃取(SFE)由于其低黏度和高流动性,具有快速萃取、微型化、自动化、无须分离被测物和回收率高等特点而优于经典方法(Pragst,2006;Bogdanov,2007)。将粉末状的毛发放在CO_2环境中300bar,60℃处理。加入乙酸乙酯、氯仿或异丙醇等改良剂可改善 CO_2 的性质。虽然方法具有很多优点,但由于高消耗而很少应用。

表4-4 毛发样品酶消化与酸水解、碱消化的比较

		碱消化	酸水解	酶消化
溶液		0.1~2 mol/L NaOH	0.1~0.6 mol/LHCL;5 mol/L HCL 甲醇溶液(1/20);三氟乙酸的甲醇溶液(1/9)	蛋白酶Ⅷ、蛋白酶K 等
时间	温度	65~95℃,10~20 min;室温,16~18 h	37~56℃,16~18 h	20~55℃,数小时至一天
分析对象		合成类固醇 尼古丁 大麻类 鸦片剂 苯丙胺类及其代谢物 克伦特罗 苯二氮卓类 抗抑郁药 抗精神病药	PCBs 丙氧芬 可卡因及其代谢物 鸦片剂 苯丙胺类及其代谢物 LSD 及其代谢物 哌替啶及其代谢物 多塞平 苯环己哌啶及其代谢物 苯巴比妥	苯二氮卓类 单乙酰吗啡 可卡因和其衍生物
完全性		可能	不可能	可能

某些化合物如海洛因和单乙酰吗啡性质不稳定,选择的样品处理条件应对海洛因和单乙酰吗啡不产生降解影响。本书作者采用冷冻研磨法粉碎毛发样品,增加其与缓冲液接触的面积,有效提高头发中药物释放效率,亦保证了样品的代表性。进一步考察四种样品处理方法对海洛因和单乙酰吗啡的影响,见表4-5、图4-3和图4-4。

表4-5 海洛因阳性毛发样品处理方法

方法	样品处理方法
方法1	加入 2 mL pH9.2 硼酸缓冲液,超声 30 min 后液液萃取,离心后取下清液吹干,100 μL 流动相复溶,进样分析
方法2	加入 2 mL 流动相,超声 30 min,离心,取上清流动相直接进样分析
方法3	加入 1 mL 0.1 mol/L^{-1} 盐酸 60℃超声 2 h,用 NaOH 和磷酸缓冲溶液调节 PH 至弱碱性,液液萃取、离心,取下层提取液直接进样分析
方法4	加入 1 mL 甲醇 60℃超声 2 h,加入磷酸缓冲液混匀,液液萃取、离心,取下层提取液直接进样分析

由图可见,虽然各方法的重复性良好,但经方法2、方法3、方法4处理,海洛因和单乙酰吗啡损失严重,而方法1仅有5.7%海洛因降解,29.6%单乙酰吗啡降解,具有相对较高的回收率,明显优于其他方法。

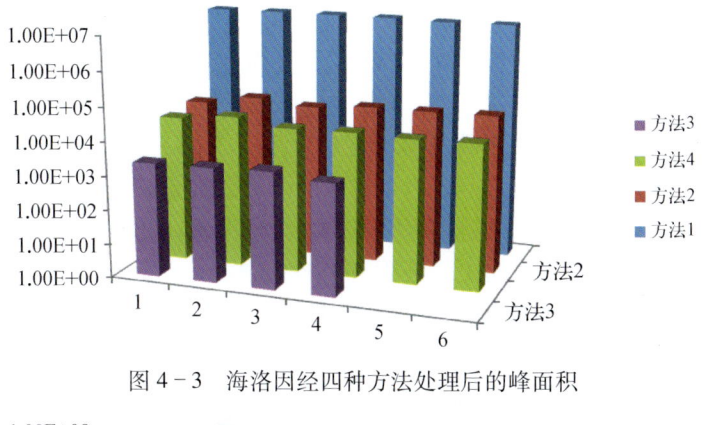

图4-3 海洛因经四种方法处理后的峰面积

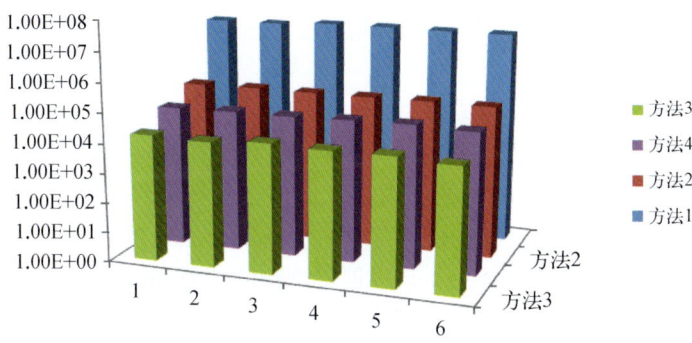

图4-4 单乙酰吗啡经四种方法处理后的峰面积

总之,酸水解法条件温和,适用范围广,但耗时长;甲醇超声和缓冲液浸泡法也是温和的水解方法,缺点是药物的释放效率不高;碱消化能使药物完全释放,但是水解条件剧烈,对于不稳定的药物不适宜采用;酶消化法温和、高效,但成本也高。目前,冷冻研磨已解决这些问题成为毛发样品的主要处理方法。具体采用哪种方法应根据目标物的性质和实验室的具体条件决定。

三、提取净化

从毛发基质中提取毒(药)物取决于几个因素,如毛发表面积、孵育时间、毛发碎度程度、溶剂和目标物的物理化学性质以及提取条件。毛发样品经分离处理后,除了甲醇和超临界萃取外,由于水性提取液或消化液中存在杂质,需要通过液-液提取(L-L)或固相萃取(SPE)进一步净化,也可用固相微萃取(SPME)、顶空固相微萃取(HP-SPME)、免疫亲和柱提取等技术。毛发提取净化方法的选择依据被测物的性质、分析方法及实验室情况而定。

1. 液-液提取法

利用样品中不同组分分配在两种不混溶溶剂中溶解度或分配比的不同来达到

分离、提取或纯化的目的,是适用面最广的一种方法。

液-液提取受被测物的性质、溶剂极性、介质pH、溶剂体积、混合方式等因素的影响。

(1) pH　水相的最佳pH的选择主要与被测物的pKa值有关,当pH与pKa相当时,则50%的药物以非电离形式存在,因而对于碱性毒(药)物最佳pH要高于pKa值1~2个pH单位,对于酸性药物来说则要低于pKa值1~2个pH单位,以使90%药物以非电离形式存在而更易溶于有机溶剂中。

(2) 溶剂　溶剂的选择既涉及提取效率和选择性,也涉及操作方便问题。实践中应注意尽可能使用非极性溶剂,以减少内源性共提物。为了减少极性物的吸附损失和克服提取极性代谢物能力上的不足,也常常使用混合溶剂的提取方法。溶剂蒸发可能造成痕量组分损失,在较低温度下进行以减少被测物被氧化或破坏的可能性。

2. 固相萃取法

利用固体吸附剂将液体样品中的待测物吸附,与样品的基体和干扰化合物分离,达到分离和富集待测物的目的。固相萃取由于高选择性的吸附剂和自动化而得到广泛的应用。混合固定相的使用为筛选分析的样品处理提供了可能性。

固相萃取中吸附剂的选择主要是根据待测物的性质和样品基体的性质。待测物与吸附剂的性质越相似,待测物的保留越好;样品基体(溶剂)的溶解能力越弱,待测物的保留越好。固相萃取过程包括:① 柱活化:用适当的溶剂淋洗固相萃取柱,使吸附剂保持湿润,以吸附待测物。② 上样:将含待测物的液体注入固相柱,利用抽真空或加压的方法使待测物被吸附。③ 淋洗:用较弱的溶剂将弱保留干扰物洗去,并通过真空或加压除去洗涤溶剂。④ 洗脱:用较强的溶剂将待测物洗脱。

3. 固相微萃取或顶空固相微萃取法

在固相萃取基础上发展起来的一种新的萃取分离技术,具有可与GC-MS、HPLC-MS等在线联用、样品量小、无须溶剂、重现性好等优点,实现提取、浓缩、衍生化、分析的一体化(Spokert,2000;Musshoff,2007)。图4-5列举了顶空固相微萃取法(HS-SPME)分析毛发中苯丙胺类物质的样品消化、提取、衍生化、分析的全过程。SPME采用熔融石英纤维,外面涂有适当的固定相,如聚丙烯酸酯(PA),聚硅氧烷(PDMS),聚二甲基硅氧烷/二乙烯苯(PDMS/DVB)等。样品中的被分析物直接吸附于纤维涂层上,平衡后注入气相色谱注射口进行热解吸。

固相微萃取关键在于选择石英纤维上的涂层(吸附剂)。涂层类型的选择应综合考虑待测物的分配系数、极性、沸点等因素,根据相似相溶原理,极性涂层对极性待测物具有较强的亲和力,反之亦然,这就要求选择的涂层性质应与待测物的性质相匹配。首先,涂层应对待测物有较强的富集能力,使待测物在纤维涂层中可以较快地扩散,快速达到分配平衡;其次,在解吸时待测物能迅速脱离纤维涂层,不会造成

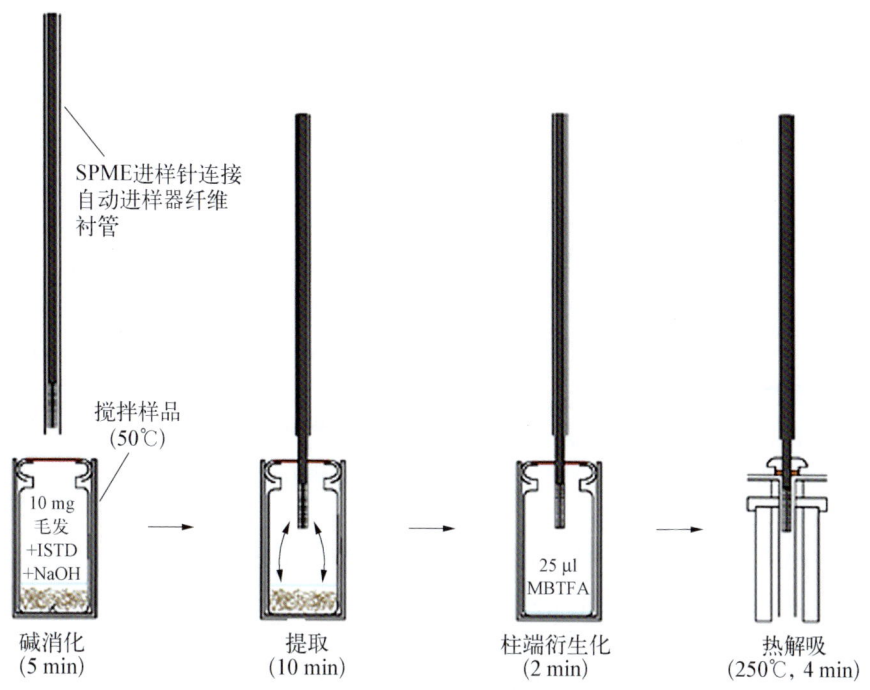

图 4-5 顶空固相微萃取技术测定毛发中苯丙胺类物质(Musshoff,2007)

色谱峰扩宽。目前常用的涂膜有以下几种：① 聚二甲基硅氧烷类(PDMS)适于分析低沸点、低极性的物质；② 聚丙烯酸酯类(PA)适于分离酚等强极性化合物；③ 混合涂膜，如聚乙二醇/二乙烯苯(CW/DVB)，聚二甲基硅氧烷/二乙烯苯(PDMS/DVB)。被测物从样品混合物和顶空中扩散到涂膜的量与涂膜的厚度成正比。较厚的膜可吸附并运载挥发性化合物至 GC 进样口而无损失。对高沸点化合物而言，厚膜虽能有效地从样品混合物中吸附高沸点物，但解吸时间将会延长，并可能有残留现象。而薄膜使被测物快速扩散和释放，缺点是容量较低。

取样方式(浸入或顶空取样)对 SPME 分析影响很大，易挥发的待测物可浸提或顶空提取，一般以顶空分析为佳，平衡到达快、背景干扰小、且能延长 SPME 萃取头的寿命。要取得 SPME 的高灵敏度，样品顶空部分体积应尽可能小。难挥发的待测物必须浸提，中等挥发性的物质浸提较顶空 SPME 更为灵敏。浸入 SPME 可应用于直接萃取毛发的消化液，但其致命缺点是萃取头寿命短。

另外，凡是影响吸附和解吸附的任何因素均会影响 SPME 的萃取效率。吸附效果可以从以下方面优化。

（1）萃取时间 萃取时间是待测物在纤维涂层和样品间分配平衡所需要的时间，与效率的曲线接近 S 形，萃取初期待测物易到达纤维固定相富集，但随着时间延长速度变慢，接近平衡状态时萃取率不再随时间发生变化。因此选择的最佳时间是曲线接近平衡的最短时间,而影响萃取速度的因素有搅拌和温度。搅拌可以加快待测物在涂层和样品间的分配,很多实验中发现搅拌能明显提高萃取率,缩短平衡时间。用于加快萃取速度的方法有磁力子搅拌、高速匀浆和超声三者到达平衡的时间依次递减。三种方式中超声效果最好,但是由于磁力转子搅拌所用设备简单而应用广泛。萃取温度对 SPME 的影响具有双重作用:加热可以加速样品分子运动的速度有利于分析物在基质中扩散,缩短平衡时间;另一方面过高的温度会降低石英纤维固定相对组分的吸附能力,因此选择合适的温度十分重要。

（2）溶液 pH　调整 pH 使溶液中大部分待测物处于等电点或者接近等电点,从而处于分子状态易被固定相吸附,因此酸性物质需要在酸性环境中萃取,碱性物质需要在碱性环境中萃取。

（3）溶液中盐浓度　适量 NaOH、K_2CO_3 等盐类,可增强离子强度降低极性有机化合物在水中的溶解度而易被石英纤维固定相萃取,但并不是对所有待测物均有效。

用 SPME 方法,被测物的完全提取和充分平衡是不必要的,但是统一的取样时间、温度、萃取头插入深度、样品体积、顶空体积等对分析结果的重现性,尤其对定量分析是十分重要的。采用自动固相微萃取装置可获得良好的重现性。

Musshoff（2007）介绍新的用以优化固相微萃取的实验设计。即通过制作各种表面曲线描述操作变量之间的关系,可预测提取率的最佳条件（即最少的提取时间,所有组分都能有最高的提取率）。如在五个浓度下研究三种因素的一个完整设计通常需要 125（5^3）个样本,而中心组合设计只需要 20 个样品,就可满足所有要求,并可计算所有因素的相互作用和非线性特性。

SPME 萃取完成后将萃取纤维直接插入进样口或接口进行解吸,根据联用技术的不同,有两种解吸过程。与 GC 联用时萃取头纤维直接插入 GC 进样口中进行热解吸,使待测物从纤维上脱吸附进入色谱柱中进行分析;与 HPLC 联用时萃取头纤维直接放入 SPME 和 HPLC 的接口处,利用合适的溶剂进行溶解后随流动相进入色谱柱内分析。

上述方法虽然提取回收率高,但仅适用针对确定类别的毒（药）物,不宜用于筛选分析,而且整个样品前处理过程较为烦琐、费时。目前越来越多的实验室采用毛发剪碎、冷冻研磨、甲醇超声等相结合操作步骤。Kintz（2015）比较毛发仅剪碎（intact）、冷冻研磨成粉末（power）、水浴孵化（water bath）和超声（sonication）条件下的回收率,由图 4-6 可见,冷冻研磨后甲醇超声是最为广谱的毛发处理方法。

四、衍生化

为了改善药物及代谢物的气相色谱行为及提高分析灵敏度,衍生化是样品处理中的一个重要环节。常用的衍生化方法包括:

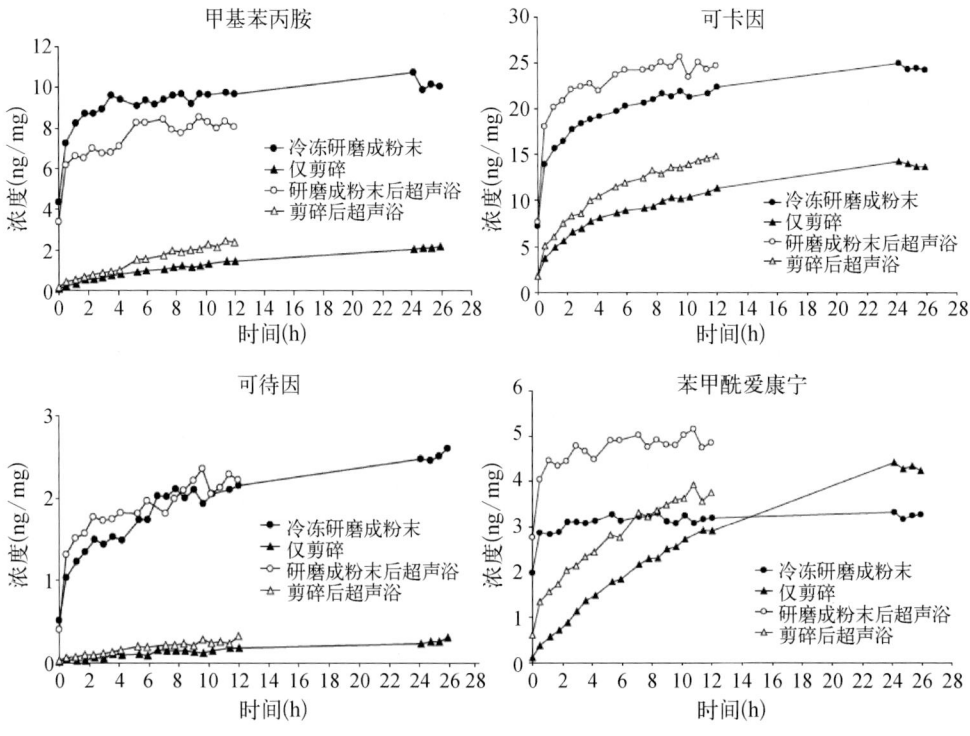

图4-6 毛发样品处理方法回收率比较（Kintz,2015）

（1）硅烷化衍生化　硅烷化衍生化方法是GC-MS分析样品处理中应用最多的方法，它是利用质子性化合物（如醇、酚、酸、胺、硫醇等）与硅烷化试剂反应，形成硅烷化衍生物。能进行硅烷化的化合物反应活性一般为：醇>酚>羧酸>胺>酰胺，反应活性还受空间位阻的影响；其醇的反应活性为伯醇>仲醇>叔醇；胺的反应活性为伯胺>仲胺。

主要硅烷化试剂有：N,O-双三甲基硅基三氟乙酰胺（BSTFA, N,O-bistrimethylsilyl-trifluoroacetamide）；N-甲基叔丁基二甲基硅基三氟乙酰胺（MTBSTFA, N-methyl-tert-butyldimethyl-silyl-trifluoro-acetamide）；N-甲基三甲基硅基三氟乙酰胺（MSTFA, N-methyl-trimethylsilyl-trifluoroacetamide）。

（2）酰化衍生化　酰化能降低羟基、氨基、巯基的极性，改善这些化合物的色谱性能（减少峰的拖尾），提高化合物的挥发性。毛发分析常采用多氟酰化。

常用的多氟酰化试剂有三氟乙酸酐（TFA, Trifluoroacetic anhydride）、五氟丙酸酐（PFPA, Pentafluoro-propinonic anhydride）、七氟丁酸酐（HFBA, Heptafluorobutyryl anhydride）以及N-甲基-双三氟乙酰胺（MBTFA, N-Methyl-bis-trifluoroacetamide），其反应活性为：MBTFA>TFA>PFPA>HFBA。TFA和PFPA的衍生物挥发性较强，而HFBA的衍生物用ECD或负化学源质谱检测灵敏度较高。

常见毒(药)物的衍生化方法列于表 4-6。

表 4-6 常见滥用药物的衍生化方法

滥用药物	衍生化方法
苯丙胺类	乙酰化、多氟酰化、硅烷化
巴比妥类	硅烷化、烷基化
苯二氮杂卓类	硅烷化
阿片类	烷基化、酰化、硅烷化
可卡因	烷基化、酰化、硅烷化
大麻类	酰化、酯化、烷基化、硅烷化

MSTFA 具有强硅烷化能力的优点,但当活性基团出现空间位阻时,单独使用 MSTFA 不易完全衍生化,可用 TSIM(Trimethylsilylimidazole)作为催化剂。对于包含多目标物的筛选分析,衍生化试剂的选择应考虑能对毒(药)物及代谢物的所有活性基团进行衍生化。TMS、TFA 双衍生化的方法是一种良好的选择,其中 MSTFA 等硅烷化试剂可选择性地与含羟基、羧基、酚基的药物及代谢物如吗啡、单乙酰吗啡、苯甲酰爱康宁反应,形成 O-TMS 衍生化物;MBTFA 则与含氮基的伯胺、仲胺如苯丙胺类反应形成 N-TFA 衍生化物。

第四节 毛发样品处理方法的应用

毛发分析的历史也是毛发样品处理的历史,毒(药)物一旦从毛发中分离、提取出来,后续的分析方法对于所有的生物样品都是相同的。自 1979 年以来,建立、发展了十余种毛发处理方法,包括甲醇超声、碱水解、酸水解、酶水解以及超临界萃取等。

毛发样品通常使用 0.1~1.0 mol/L HCl 或 NaOH 于 56~80℃ 水解或消化 0.5~12 h。但此条件对于分析毛发中的不稳定化合物如单乙酰吗啡是不合适的。Skender(2002)报道用 10% HCl 于 100℃ 时水解 1 h 或甲醇提取,吗啡类物质可获得较好的结果。Nakahara(1994)比较了五种毛发中吗啡和 6-MAM 提取方法的效率,包括甲醇、0.1 mol/L HCl、甲醇-5 mol/L HCl(20:1)、甲醇-TFAA(9:1)和酶消化,结果甲醇-5 mol/L HCl 提取得到最为清洁的色谱图,时间(1~20 h)和温度优化试验表明,37℃ 保温 20 h 可以获得最高的回收率。Claffy(2000)建议用 1 mol/L 硫酸钠消化含尼古丁和氟硝西泮的毛发样品可使药物回收率增加。该方法在含苯丙胺类毛发样品提取中得到应用,并与普通消化方法如 NaOH、甲醇/HCl 和甲醇/三氟乙酸相比较。Kintz(1997)比较了毛发中苯丙胺类的消化和提取方法,得到使用 NaOH(1 mol/L)碱消化所获得的回收率最高的结论。事实上目前报道的酸水解的高回收率归功于 SPE 萃取,早期采用液-液萃取时,酸水解回收率远低于碱消化的回收率。

Bévalot(2000)比较研究了毛发中皮质类固醇提取的三种方法:不建议使用 NaOH(70℃,1 h)消化,因为在强碱条件下皮质类固醇不稳定;而使用酸性水解(HCl,50℃,1 h)和甲醇提取可获得较好的回收率。Nielen(2003)使用 4 mL 1 mol/L NaOH,或者 0.5 mol/L NaOH 于 65℃ 2 h,或者 100℃ 30 min 条件下消化毛发样本,用 10 mL 异丙醇提取。

水解或消化液须经液-液提取或固相萃取净化、富集。Fente(1999)对毛发中克伦特罗的提取溶液(叔丁基甲酯,氯仿,二氯甲烷,正己烷,乙醚)进行考察,认为二氯甲烷是最好的提取剂,获得的提物相对比较干净,回收率可达 80%。Irving(2007)分析毛发中硝西泮、三唑仑等 14 种苯二氮卓类药物,毛发或指甲用三氟醋酸:甲醇(1:50)室温浸泡 18 h,二氯甲烷液-液提取净化,回收率高于 50%,LOD 大部分低至 0.01~0.1 ng/mg。含阿片类物质的毛发消化液可用混合性固相柱 Spec Plus 3 mL DAU discs(Balikova,2003)或 Bond Elut Certify 柱(Pujadas,2003)固相萃取。尼古丁可用液-液提取或用 Extreleut 柱(Pichini,1997)固相萃取。超临界萃取(SFE)可广泛应用于很多介质和分析物的测定。Edder(1994)首先将 SFE 方法应用于毛发阿片类物质分析,Brewer(2001)也将 SFE 方法用于毛发中可卡因、可待因和吗啡类分析,但其认为超临界萃取的重现性和提取回收率与经典方法相比不具可比性。

固相微萃取技术(SPME)作为一种样品处理的新方法在分析领域得到了广泛的关注(Musshoff,2002)。SPME 和 GC-MS 联用已成功应用于多种有机化合物的测定尤其是使用顶空进样技术(HS-SPME)分析测定挥发性和半挥发性物质。在毛发药物滥用分析中,SPME 主要应用于测定苯丙胺类(Gentili,2002)、可卡因和苯甲酰爱康宁(deToledo,2003)。另外,也有用于毛发中大麻和美沙酮的分析(Lucas,2000)。Strano-Rossi(1999)建立 SPME 方法分析毛发中的大麻并认为可应用于其他药物包括可卡因。HS-SPME 方法已用于分析毛发中美沙酮及其代谢物,苯丙胺类,利多卡因,苯二氮卓类和其他精神药物等(Musshoff,2007)。Nadulski(2007)用 HS-SPME/PDMS 纤维顶空萃取、分析毛发中大麻酚类物质。Stefano(2004)建立了 HS-SPME-GC-MS 快速筛选方法,可同时分析毛发中的娱乐性药物,包括可卡因、氯胺酮、美沙酮、苯丙胺、甲基苯丙胺、MDA、MDMA、MDE、MBDB 等,并对主要影响因素,如纤维类型、基质处理、吸附和解吸附等条件进行优化,结果见表 4-7。表 4-8 列举了部分典型的毛发中滥用药物提取处理方法。

表 4-7　HS-SPME-GC-MS 方法评价

药　　物	标准浓度（ng/mg）	测定浓度（ng/mg）	CV%（$n=5$）	相对回收率（%）	LOD（ng/mg）	LOQ（ng/mg）
苯丙胺	4	4.22	19.15	105.50	1.29	3.87
甲基苯丙胺	2	1.99	16.68	99.50	0.37	1.11
MDA	4	3.90	15.47	97.50	1.61	4.83
MDMA	2	1.92	16.65	96.00	0.76	2.28
MDE	2	1.95	16.97	97.50	0.66	1.98
MBDB	2	1.94	15.33	97.00	0.60	1.80
氯胺酮	2	1.94	17.52	97.00	0.59	1.77
美沙酮	2	1.96	7.37	98.00	0.35	1.05
可卡因	2	2.03	7.97	101.50	0.35	1.05

表 4-8　部分毛发样品处理方法举例

药　　物	前　处　理	提　　取	分析方法	参考文献
苯丙胺,甲基苯丙胺,MDA,MDMA	1 mol/LNaOH(1 mL), 95℃ 10 min	乙酸乙酯液-液提取	PFP-PFPOH 衍生化 GC-MS	Kintz,1995
苯丙胺,甲基苯丙胺	3 mL 甲醇:5 mol/LHCl(20:1,v/v), 室温 1 h	pH6.0 磷酸缓冲液，液-液提取	LC-MS	Phinney,2004
司坦唑醇	甲醇(5 mL)浸提两个小时；1 mol/L NaOH 于 95℃ 消化 15 min	C$_{18}$ SPE 提取	MBHFA/TMSI(1 000:20,v/v)衍生化 GC-MS(NCI)	Cirimele,2000
克伦特罗	1 mol/LKOH(2 mL), 70℃ 2 h	T-叔丁基甲基醚	MSTFA-TMS 衍生化 GC-MS,GC-HRMS	Machnik,1999
苯丙胺,甲基苯丙胺,MDA,MDMA,MTD	0.1 mol/LHCl(1 mL) 50℃ 16 h	SPE-Bond Elut	PFP-PFPOH 衍生化 GC-MS	Stanaszek,2002
可卡因,6-单乙酰吗啡	甲醇	—	GC-MS, ES-LC-MS	Wainhaus,1998
苯丙胺,甲基苯丙胺	—	SPME	HPLC-MS	Wu,2001
吗啡,6-单乙酰吗啡,可待因,美沙酮	甲醇超声	SPE-Bond Elut	PFP-PFPOH 衍生化 GC-MS	Satanaszek,2003
诺龙	1 mol/LNaOH(1 mL), 95℃ 15 min	0.1 mol/LHCl(1 mL)+0.2 mol/L 磷酸盐缓冲溶液(pH7.0)(2 mL) C$_{18}$ SPE	MSTFA/NH$_4$I/2-巯基乙醇(1 000:2.5,v/v),GC-MS	Kintz,2001
MDA,MDMA,MDE,MDEA,MBDM	1 mol/LNaOH, 37℃ 3 h	T-叔丁基甲基醚液-液提取, SPE-Bond Elut	MBTFA,IMS 衍生化 GC-MS	Pujadas,2003

续 表

药 物	前 处 理	提 取	分析方法	参考文献
去甲西泮和代谢物,奥沙西泮	SÖerensen 缓冲液 pH7.6,40℃ 20 h	乙醚-氯仿(1:2,v/v)	BSTFA + TMCS 衍生化 GC - MS	Kintz,1996
克伦特罗	0.1 mol/LHCl(2 mL),56℃ 12 h,	C_{18} SPE	GC - MS	Gailard,1997
卡马西平 trans - 10,11 - 二氢 - 10,11 - 二羟卡马西平	1 mol/LNaOH,37℃ 20 h	甲醇,甲醇 - 5 mol/LHCl(20:1,v/v),乙腈或者丙酮,SPE	HPLC - UV(λ = 195 ~ 345 nm)	Saris,1997
MDMA,MDA,MDE,MBDB	30%NaOH,70℃ 30 min	SPME	GC - MS	Gentili,2002
苯丙胺,DMAP,甲基苯丙胺	1 mol/L NaOH(1 mL)	乙醚液-液提取,0.2 mol/LHCl 反提,氯仿-异丙醇(3:1,v/v)提取三次	TFAA 衍生化 GC - MS	Kikura,2000
克伦特罗	1 mol/LNaOH(2 mL),80℃ 1 h	二氯甲烷,37℃ 4 h	BSTFA 和乙酸乙酯(1:1,v/v)衍生化 GC - MS	Fente,1999
哌替啶,去甲哌替啶	0.1 mol/LHCl(2 mL) 45℃ 18 h,	乙醚液-液提取	GC - MS	Shen Min,1999
尼古丁、卡马西平、阿米替林、多塞平、苯海索、氯丙嗪、泰尔登、三氟拉嗪、氯氮平、氟哌啶醇	1 mol/LNaOH(1 mL),80℃ 30 min	乙醚液-液提取	GC - MS	Shen Min,2002
硫喷妥	0.1 mol/L 碳酸氢钠溶液 2 mL,30℃ 过夜	HS - SPME (CW/TPR)纤维	GC - MS/MS(PCI)	Frison,2003
荷尔蒙:17 - β - 勃地酮、睾酮、epitestorenone	1 mol/LNaOH(2 mL) + 磷酸缓冲溶液(pH6.8,2 mL),80℃ 60 min	乙酸乙酯(3×6 mL)提取,C_{18} SPE	LC - MS/MS	Sangiorgi,.2005
糖皮质激素	蛋白酶(pH 9.6),60℃ 2 h	SPE(C_{18})	LC - MS/MS	O.Van,2005
GHB	0.1 mol/LNaOH(0.5 mL),90℃ 45 min	乙酸乙酯液-液提取	MTBSTFA 衍生化 GC - MS	沈敏,2006
苯二氮卓类 14 种药物	三氟醋酸:甲醇(1:50)室温浸泡 18 h	二氯甲烷液-液提取	GC - MS	Irving,2007
大麻酚类	1 mol/LNaOH(0.5 mL),80℃ 20 min	HS - SPME (PDMS)纤维	BSTFA 衍生化 GC - MS	Nadulski,2007
脂肪酸乙酯(FAEE)	0.5 mL 二甲基亚砜/2 mLn - 庚烷 25℃ 振荡 15 h	HS - SPME	GC - MS(SIM)	Pragst,2008

续　表

药　物	前　处　理	提　　取	分析方法	参考文献
乙基葡萄糖醛酸苷（EtG）	2 mL 水超声 2 h	阴离子交换 SPE（Oasis MAX）提取	PFPA 衍生化 GC－MS(/NCI)	Kerekes,2009
尼古丁	1.0 mol/LNaOH,室温过夜	甲醇/氯仿（1∶3）提取	GC－MS	Che,2009
DHEA、睾酮、表睾酮、甲睾酮、群勃龙、美雄酮、勃地酮、诺龙、美替诺龙和司坦唑醇	1 mol/LNaOH（1 mL），95℃ 10 min	pH 6.8,戊烷液-液提取	MSTFA 衍生化 GC－MS/MS LC－MS/MS	Shen Min,2009

参 考 文 献

沈敏.2004.体内滥用药物分析方法（Ⅱ）——毛发中滥用药物分析方法.中国司法鉴定,2：30－35

沈敏,刘晓茜,刘伟等.2006.毛发中 GHB 的检测及评价.法医学杂志,22：48－51

孙英英,向平,沈敏.2011.液相色谱-串联质谱法测定头发中 11 种阿片类生物碱.药学学报,12：1501－1506

Aqai P, Stolker AAM, Lasaroms JJP. 2009. Effect of sample pre-treatment on the determination of steroid esters in hair of bovine calves. J Chromatogr A, 1216(46)：8233－8239

Baumgartner WA. 1996. Hair analysis for organic analytes, CRC Press, 224－265

Baumgartner WA, Hill VA. 1993. Sample preparation techniques. Forensic Sci Int, 63：121－135

Baumgartner WA, Hill VA, Blahd WH. 1989. Hair analysis for drugs of abuse. J Forensic Sci, 34：1433－1453

Blank DL, Kidwell DA. 1993. External contamination of hair by cocaine：an issue in forensic interpretation. Forensic Sci Int, 63：145－156

Blank DL, Kidwell DA. 1995. Decontamination procedures for drugs of abuse in hair：Are they sufficient?.Forensic Sci Int, 70(1－3)：13－38

Bogdanov AV, Glazkov IN, Polenova TV et al. 2006. Determination of organic compounds in human hair. Anal Chem, 61：936－951

Bogdanov AV, Glazkov IN, Revel'skii IA. 2007. Supercritical fluid extraction coupled with chromatography-mass spectrometry：Hair analysis. Chromatography-mass spectrometry data processing using the CODA mathematical algorithm. Anal Chem, 62：63－67

Boumba VA, Ziavrou KS, Vougiouklakis T. 2006. Hair as a Biological Indicator of Drug Use, Drug Abuse or Chronic Exposure to Environmental Toxicants. Int J Toxicol, 25：143－163

Bévalot F, Gaillard Y, Lhermitte MA et al. 2000. Analysis of corticosteroids in hair by LC/ESI/MS. J Chromatogr B, 740：227－236

Cairns T, Hill V, Schaffer M et al. 2004. Removing and identifying drug contamination in the analysis of human hair. Forensic Sci Int, 145：97－108

Che NM, Syazwani I, Gam LH et al. 2009. Determination of hair nicotine by gas chromatography-mass spectrometry. J Chromatogr B, 877(3)：339－342

Cirimele V, Kintz P, Ludes B. 2000. Testing of the anabolic stanozolol in human hair by gas chromatography-negative ion chemical ionization mass spectrometry. J Chromatogr B, 897：295－305

Claffy DJ, Claffey DJ, Ruth JA. 2000. Incorporation and Retention of Radiolabeled S－(＋)－and R－(－)－Methamphetamine and S(＋)－and R(－)－N－(n-butyl)－amphetamine in Mouse Hair after Systemic Administration. J Anal Toxicol, 24: 54－58

De Toledo FCP, Yonamine M, De Moraes RL et al. 2003. Determination of cocaine, benzoylecgonine and cocaethylene in human hair by solid-phase microextraction and gas chromatography-mass spectrometry. J Chromatogr B, 798: 361－365

Duvivier WF, Peeters RJP, Beek TA et al. 2016. Evidence based decontamination protocols for the removal of external Δ9－tetrahydrocannabinol (THC) from contaminated hair. Forensic Sci Int, 259: 110－118

Edder P, Staub C, Veuthey JL et al. 1994. Subcritical fluid extraction of opiates in hair of drug addicts. J Chromatogr B, 658: 75－86

Fente CA, Vazquez BI, Franco C et al. 1999. Determination of clenbuterol residues in bovine hair by using diphasic dialysis and gas chromatography-mass spectrometry. J Chromatogr B, 726: 133－139

Frison G, Favretto D, Tedeschi L et al. 2003. Detection of thiopental and pentobarbital in head and pubic hair in a case of drug-facilitated sexual assault. Forensic Sci Int, 133: 171－174

Gaillard Y, Balland A, Doucet F et al. 1997. Detection of illegal clenbuterol use in calves using hair analysis. Application in meat quality control. J Chromatogr B, 703: 85－95

Gentili S, Cornetta M, Macchia T. 2004. Rapid screening procedure based on headspace solid-phase microextraction and gas chromatography-mass spectrometry for the detection of many recreational drugs in hair. J Chromatogr B, 801: 289－296

Gentili S, Torresi A, Marsili R et al. 2002. Simultaneous detection of amphetamine-like drugs with headspace solid-phase microextraction and gas chromatography-mass spectrometry. J Chromatogr B, 780: 183－192

Gratacos-Cubarsi M, Castellari M, Valero A et al. 2006. Hair analysis for veterinary drug monitoring in livestock production. J Chromatogr B, 834: 14－25

Hill V, Cairns T, Schaffer M. 2008. Hair analysis for cocaine: factors in laboratory contamination studies and their relevance to proficiency sample preparationand hair testing practices. Forensic Sci Int, 176: 23－33

Hill V, Elvan L, Thomas C et al. 2014. Identification and analysis of damaged or porous hair. Drug Testing & Analysis, 6(S1): 42－54

Huang DK, Liu C, Huang MK et al. 2009. Simultaneous determination of morphine, codeine, 6－acetylmorphine, cocaine and benzoylecgonine in hair by liquid chromatography/electrospray ionization tandem mass spectrometry. Rapid communications in Mass Spectrometry, 23: 957－962

Irving RC, Dickson SJ. 2007. The detection of sedatives in hair and nail samples using tandem LC－MS－MS. Forensic Sci Int, 166: 58－67

Kerekes I, Yegles M, Grimm U et al. 2009. Ethyl glucuronide determination: head hair versus non-head hair. Alcohol & Alcoholism, 44(1): 62－66

Kikura R, Nakahara Y, Kojima S. 2000. Simultaneous determination of dimethylamphetamine and its metabolites in rat hair by gas chromatography-mass spectrometry. J Chromatogr B, 741: 163－173

Kintz P. 1996. A comparison between urine, sweat and hair. Ther Drug Monitor, 18: 450－455

Kintz P, Cirimele V. 1997. Interlaboratory comparison of quantitative determination of amphetamine and related compounds in hair samples. Forensic Sci Int, 84: 151－156

Kintz P, Cirimele V, Tracqui A et al. 1995. Simultaneous determination of amphetamine, methamphetamine, MDA and MDMA in human hair by GC/MS. J Chromatogr B, 670: 162－166

Kintz P, Salomone A, Vincenti M. 2015. Hair Analysis in Clinical and Forensic Toxicology, Academic Press

Kintz P, Villain M, Ludes B. 2004. Testing for the undetectable in drug-facilitated sexual assault using hair-analyzed by tandem mass spectrometry-as an evidence. Ther Drug Monit, 26(2): 211-214

LeBeau MA, Montgomery MA, Brewer JD. 2011. The role of variations in growth rate and sample collection on interpreting results of segmental analyses of hair. Forensic Sci Int, 210: 110-116

Lucas AC, Bermejo AM, Tabernero MJ et al. 2000. Use of solid-phase microextraction (SPME) for the determination of methadone and EDDP in human hair by GC-MS. Forensic Sci Int, 107: 225-232

Machink M, Geyer H, Horning S et al. 1999. Long-Term Detection of Clenbuterol in Human Scalp Hair by Gas Chromatography-High-Resolution Mass Spectrometry. J Chromatogr B, 723: 147-155

Mahoney GN, Mahoney GN, Al-Delaimy W. 2001. Measurement of nicotine in hair by reversed-phase high-performance liquid chromatography with electrochemical detection. J Chromatogr B, 753: 179-187

Mantinieks D, Gerostamoulos D, Wright P et al. 2018. The effectiveness of decontamination procedures used in forensic hair analysis. Forensic Science Medicine & Pathology, 14: 349-357

Mieczkowski T. 1997. Distinguishing passive contamination from active cocaine consumption: assessing the occupational exposure of narcotics officers to cocaine. Forensic Sci Int, 84: 87-111

Musshoff F, Lachenmeier DW, Kroener L et al. 2002. Automated headspace solid-phase dynamic extraction for the determination of amphetamines and synthetic designer drugs in hair samples. J Chromatogr A, 958: 231-238

Musshoff F, Madea B. 2007. New trends in hair analysis and scientific demands on validation and technical notes. Forensic Sci Int, 165: 204-215

Nadulski T, Pragst F. 2007. Simple and sensitive determination of Δ9-tetrahydrocannabinol, cannabidiol and cannabinol in hair by combined silylation, headspace solid phase microextraction and gas chromatography-mass spectrometry. J Chromatogr B, 846(1-2): 78-85

Nakahara Y, et al. 1999. Hair analysis for abused and therapeutic drugs. J Chromatogr B, 733: 161-180

Nakahara Y, K Takahashi, M Shimamine et al. 1992. Hair analysis for drugs of abuse.Ⅳ. Determination of total morphine and confirmation of 6-acetylmorphine in monkey and human hair by GC/MS. Arch Toxicol, 67: 669-671

O.Van DH, Dumoulin F, Elliott C et al. 2005. Detection of synthetic glucocorticoid residues in cattle tissue and hair samples after a single dose administration using LC-MS/MS. J Chromatogr B, 817: 215-223

Paterson S, Lee S, Cordero R. 2011. Analysis of hair after contamination with blood containing 6-acetylmorphine and blood containing morphine. 210(1-3): 129-132

Phinney KW, Sander LC. 2004. Liquid chromatographic method for the determination of enantiomeric composition of amphetamine and methamphetamine in hair samples. Anal Bioanal Chem, 378: 144-149

Pragst F, Auwaerter V, Sporkert F et al. 2001. Analysis of fatty acid ethyl esters in hair as possible markers of chronically elevated alcohol consumption by headspace solid-phase microextraction (HS-SPME) and gas chromatography- mass spectrometry (GC-MS). Forensic Sci Int, 121: 76-88

Pragst F, Balikova MA. 2006. State of the art in hair analysis for detection of drug and alcohol abuse. Clinica Chimica Acta, 370: 17-49

Pragst F, Spiegel K, Sporkert F et al. 1998. Are there possibilities for the detection of chronically increased alcohol consumption by hair analysis? A report about the state of investigation. Forensic Sci Rev, 10(2): 81-111

Pujadas M, Pichini S, Poudevida S et al. 2003. Development and validation of a gas chromatography-mass spectrometry assay for hair analysis of amphetamine, methamphetamine and methylenedioxy derivatives. J

Chromatogr B, 789: 249

Sangiorgi E, Polignano V, Gardini S. 2005. Boldenone and related hormones quantification by liquid chromatography-mass spectrometry in urine and faeces after calf administration of boldenone undecanoate. Anal Chim Acta, 529: 239-248

Saris L. 1997. HPLC determination of carbamazepine and metabolites in human hair. J Chromatogr B, 691: 409-415

Schaffer M, Hill V, Cairns T. 2005. Hair Analysis for Cocaine: The Requirement for Effective Wash Procedures and Effects of Drug Concentration and Hair Porosity in Contamination and Decontamination. Journal of Analytical Toxicology, 29(5): 319-326

Shen M, Xiang P, Shen B et al. 2009. Physiological concentrations of anabolic steroids in human hair. Forensic Sci Int, 184: 32-36

Shen M, Xiang P, Wu H et al. 2002. Detection of antidepressant and antipsychotic drugs in human hair. Forensic Sci Int, 126: 153-161

Shen M, Xiang P, Yan H et al. 2009. Analysis of anabolic steroids in hair: Time courses in guinea pigs. Steroids, 74: 773-778

Skender L, Karai V, Bri I et al. 2002. Quantitative determination of amphetamines, cocaine, and opiates in human hair by gas chromatography/mass spectrometry. Forensic Sci Int, 125: 120-126

Stanaszek R, Piekoszewski W, Karakiewicz B et al. 2002. Correlation between self-reported drug use and the results of hair analysis in detoxification and methadone treatment patients. Probl Forensic Sci, 40: 17

Stanaszek R, Piekoszewski W. 2003. Determination of morphine, codeine, 6-monoacetylmorphine and methadone in hair after pentafluoropropionyl derivatisation by gas chromatography coupled with mass spectrometry. Chem Anal, 48: 1-11

Strano-Rossi S, Chiarotti M. 1999. Solid-phase microextraction for cannabinoids analysis in hair and its possible application to other drugs. J Anal Toxicol, 23: 7-10

Wainhaus SB, Tzanani N, Dagan S, et al. 1998. Fast analysis of drugs in a single hair. J Am Soc Mass spectrum, 9: 1311-1320

Wang WL, Cone EJ. 1995. Testing human hair for drugs of abuse. IV. Environmental cocaine contamination and washing effects. Forensic Sci Int, 70(1-3): 39-51

Wu J, Pawliszyn J. 2001. Polypyrrole-coated capillary controlled solid phase microextraction based on conductive polypyrrole films. Anal Chem, 73: 55-63

第五章 毛发中毒(药)物分析方法

毛发中毒(药)物分析方法近十年飞速发展,毋庸置疑,与质谱技术的发展息息相关。当质谱与色谱分离相结合时,提供了一种强大的检测技术,用于复杂生物基质的定性和定量分析。

目前,毛发中的毒(药)物分析主要采用气相色谱-质谱联用法(gas chromatography/mass spectrometry, GC - MS)、液相色谱-质谱联用法(liquid chromatography/mass spectrometry, LC - MS)、电感耦合等离子体质谱法(inductively coupled plasma mass spectrometry, ICP - MS)和免疫测定法(immunoassay, IA)等。色谱法虽然在复杂样品分析中显示出很高的分离效率,且定量准确,但其定性和结构分析能力却较为薄弱,质谱法能给出目标物丰富的结构信息,但存在对混合物缺乏分辨能力的不足,而色谱-质谱联用分析方法兼具在线分离和定性鉴别的独特能力,除能提供保留时间外,还可提供丰富的样品结构信息,如分子离子、碎片离子、准分子离子、多电荷离子、离子峰度比、同位素离子峰、总离子流色谱峰、选择离子色谱峰及质谱图等多种定性分析指标。特别是色谱与串联质谱的联用技术近年来得到极大的发展,拓宽了质谱仪分析化合物的范围,提高定量分析准确度,并可同时分析多种目标物,得到全方位多维的数据信息,从而大大提高检测效率。由于质谱分析具有样品用量少,分析速度快,分离和鉴定同时进行等优点,特别是对毛发中痕量外源性物质的分析检测具有极高的灵敏度,因此色谱-质谱联用分析已被广泛应用于毛发样品中复杂组分的分离与鉴定,是毛发中毒(药)物及其代谢物定性定量的有效工具。本章将根据毛发中毒(药)物分析的特点,对质谱联用技术进行介绍。

第一节 质谱技术概述

1912年,英国物理学家Joseph John Thomson研制出了世界上第一台质谱仪,20世纪50年代又成功地将质谱仪与气相色谱仪联用,使质谱仪的应用领域大大扩展,开始成为有机物分析的重要手段。20世纪80年代以后新的质谱技术层出不穷,如快原子轰击电离子源、基质辅助激光解吸电离源、电喷雾电离源、大气压化学电离源等技术的发明,使得液相色谱-质谱联用技术得到迅猛发展。色谱-质谱分析已成为化学、化工、材料、地质、环境、能源、医药、司法鉴定、生命科学、运动医学等各个领域中不可或缺的重要分析手段。

一、质谱原理及其仪器基本组成

1. 基本原理

质谱分析法(mass spectrometry,MS)是以多种离子化技术将化合物的分子电离、碎裂,然后按照离子的质荷比(m/z)大小把生成的各种离子分离,检测他们的强度,并将其排列成谱,简称质谱。质谱除可用于确定化合物分子量外,还能提供其他相关信息,如从分子离子丢失、碎片断裂特征、碎片离子大小等推测化合物分子结构、元素组成、官能团辨认等。

2. 质谱仪器基本组成

质谱仪主要是由进样系统、离子源、质量分析器、检测器和计算机数据处理系统组成。进样系统的作用是将样品导入离子源中,进样方式的选择取决于样品的性质、纯度及所采用的离子化方式,一般可通过直接探针进样、间歇式进样和通过接口进样(色谱与质谱联用时)的方式实现。样品导入应不影响质谱仪的真空度,进入离子源的样品在离子源电离而形成各种离子。在离子源的出口处,对离子施加一个加速电压,使其到达质量分析器。质量分析器的作用是把不同质荷比的离子分开。检测器的作用是将离子束转变成电信号,并将信号放大,常用检测器是电子倍增器。放大后的信号由计算机进行采集和处理后,记录为质谱图。

离子源和质量分析器必须在高真空状态下进行工作,以减少本底的干扰,避免发生不必要的离子-分子反应,一般要求真空度达到 $10^{-4} \sim 10^{-6}$ Pa。通常质谱仪都采用机械真空泵先抽真空后,再用高效率扩散泵或涡轮分子泵连续地运行以保持高真空。在质谱仪中离子源和质量分析器是核心部分,下面将对这两部分进行详细介绍。

(1)离子源 离子源是质谱仪中最为重要的组成部分,是将被分析物的原子或分子电离为带电离子,并对离子进行加速使其进入质量分析器的装置。化合物分子在离子源中电离成带电离子,不同的电离方式可得到不同的质谱图。有机质谱常见的离子源包括电子轰击离子源、化学电离离子源、快原子轰击离子源、电喷雾离子源、基质辅助激光解吸离子源等,以下介绍各离子源的电离方式及相应的特点。

1)电子轰击电离(electron impact ionization,EI):EI源是质谱仪中最为常用的一种离子源,也是气相色谱-质谱联用仪大多采用的离子源。由 GC 或直接进样杆进入的样品气化后,以气体形式进入离子源,气态分子被一定能量的电子束(通常能量为 70 eV)轰击,失去一个外层电子,形成带正电荷的分子离子[M]$^+$,并可以继续发生化学键的断裂形成各种碎片离子、中性离子或游离基,从而得到化合物分子量和化合物的结构信息。国际上质谱界统一以在 70 eV 的电子能量轰击下得到的质谱图作为有机化合物的标准质谱图。EI 特点:电流强度稳定,电离效率高,能量分散小,操作方便;图谱具有特征性,再现性好,可作为标准谱图以便于计算机检索及比较;化合物分子碎裂多,提供较多碎片信息,有利于化合物的鉴别和结构解析。EI 的局限性:对高分子量、难气化或热不稳定的化合物所得分子离子峰强度低,不适于此类化合物相对分子质量的测定。

2) 化学电离(chemical ionization,CI):CI 和 EI 在源结构上差别不大。其主要差别是 CI 源工作过程中要引进一种反应气体(甲烷、异丁烷、氨气等)。离子源中反应气的量远大于样品气的量。电子束首先将反应气电离,然后反应气离子与样品分子碰撞进行离子-分子反应,样品分子电离后常捕捉一个质子形成[M+H]$^+$离子,或称为准分子离子。样品分子除可形成准分子离子外,还可形成大量的碎片离子。CI 特点:CI 是一种软电离方式,与 EI 中那么强的能量交换相比缓和许多,较少发生化学键断裂,避免了分子离子的进一步碎裂,对有些用 EI 方式得不到分子离子的样品可用 CI 得到准分子离子,继而求得分子量,所得谱形简单,易于解析;反映异构体的差别较 EI 谱要好些;对于含有较强吸电子基团的化合物,检测负离子的灵敏度远高于正离子的灵敏度,因此,CI 源一般都有正离子化学电离(positive ion chemical ionization,PICI) 和负离子化学电离子(negative ion chemical ionization,NICI),可以根据样品情况进行选择。CI 的局限性:所得碎片离子峰少,强度低;由于 CI 得到的质谱不是标准质谱,所以不能进行库检索。

EI 和 CI 源主要用于气相色谱-质谱联用仪,适用于易气化的有机物样品分析。

3) 快原子轰击电离(fast atom bombardment ionization,FABI):氩气在电离室依靠放电产生氩离子,经加速后高能氩离子经电荷交换产生高能氩原子,氩原子撞击样品分子,产生样品离子及其碎片离子。由于配备了阴离子捕获器,还可给出相应的阴离子质谱,与阳离子质谱互相补充,大大增加了信息来源及可信程度。FABI 特点:是一种软电离技术。电离过程中不必加热气化,得到的质谱不仅有较强的准分子离子峰,而且有较丰富的结构信息。因此适合于分析分子量大、极性强、难气化、热稳定性差的样品,特别适用于多肽和蛋白质等的分析研究。FABI 的局限性:FABI 得到的分子量信息不是分子离子峰[M]$^+$,而往往是[M+H]$^+$或[M+Na]$^+$等准分子离子峰,且碎片峰比 EI 谱要少。

4) 电喷雾电离(electrospray ionization,ESI):ESI 是 20 世纪 80 年代发展起来的一种新的使用强静电场的软电离技术,主要应用于液相色谱-质谱联用仪。它既作为液相色谱和质谱仪之间的接口装置,同时又是电离装置。其主要部件是一个多层套管组成的电喷雾喷嘴,内衬弹性石英管的不锈钢毛细管被加以一定电压,与相距 1 cm 接地的反电极形成强静电场。被分析的样品溶液从毛细管流出时在电场作用下形成高度荷电的雾状小液滴;在向质量分析器移动的过程中,液滴因溶剂的挥发逐渐缩小,其表面上的电荷密度不断增大。当电荷之间的排斥力足以克服表面张力时,液滴发生裂分,经过这样反复的溶剂挥发—液滴裂分过程,最后产生单个多电荷离子。加到喷嘴上的电压可正可负,通过极性调节,可得到正离子或负离子质谱。ESI 特点:ESI 是一种软电离方式,容易形成多电荷离子而不是碎片离子,使质荷比(m/z)降低到多数质量分析仪器都可以检测的范围,因而大大扩展了分子量的分析范围,也可以根据质荷比及电荷数算出离子的真实分子质量。ESI - MS 应用范围较广,既可分析大分子也可分析小分子。对于分子量在 1 000 以下的小分子,会产生 $[M+H]^+$ 或 $[M-H]^-$ 离子,选择相应的正离子或负离子形式进行检测,就可得到化合物的分子量。而分子量高达 20 000 左右的大分子会生成一系列多电荷离子,通过数据处理也能得到样品的分子量。因此 ESI 也适合于分析极性强、稳定性差的大分子有机化合物,如蛋白质、肽、糖等。ESI 的局限性:离子化效率受基质影响显著,稳定性相对较差,因此,ESI - MS 谱图很难进行谱图检索等工作。

5) 大气压化学电离(atmospheric pressure chemical ionization,APCI):APCI 源的结构与 ESI 源大致相同,区别在于 APCI 源喷嘴的下游放置一个针状放电电极。色谱柱后流出物经过喷雾探针中心的毛细管流入,被其外部雾化气套管的氮气流(雾化气)雾化,形成气溶胶,并在毛细管出口前被加热管剧烈加热气化。在加热管端口用电晕放电针进行电晕尖端放电,使溶剂分子电离,形成溶剂离子。溶剂离子再与组分的气态分子反应,生成组分的准分子离子。正离子通过质子转移、加合物形成或电荷抽出反应而形成;负离子则通过质子抽出、阴离子附着或电子捕获而形成。APCI 特点:APCI 主要产生的是单电荷离子,故主要用于分析中等极性、分子量一般小于 1 000 的化合物,得到的质谱主要是准分子离子,很少有碎片离子。有些分析物由于结构和极性方面的原因,用 ESI 不能产生足够强的离子,可以采用 APCI 方式增加离子产率,一般认为 APCI 是 ESI 的补充手段。APCI 的局限性:由于大量由溶剂形成的离子与分析物离子一起进入质谱仪,造成较高的化学噪声,从而对分析物的离子峰产生干扰,或给完全未知化合物的解谱造成困难。同时与传统的 CI 相同,APCI - MS 的响应值对许多条件很敏感,给定量产生困难。

6) 基质辅助激光解吸电离(matrix-assisted laser desorption ionization,MALDI):MALDI 是利用激光照射样品使其电离的一种电离方式。将微量被分析物的溶液和某种过量的小分子基体溶液混合,经加热或风吹烘干以蒸发溶剂,使被分析物与基体成为共晶体,放入离子源内;再用一定波长的脉冲式激光进行照射,基体吸收激光能量后,均匀地传递给待分析物,使待分析物瞬间气化并离子化。通常认为 MALDI 是时间飞行质量分析器的最佳搭配。MALDI 特点:MALDI 是一种软电离方式,适用于结构较为复杂、不易气化较难电离的大分子如多肽、蛋白质等的研究,可得到分子离子、准分子离子和具有结构信息的碎片离子;灵敏度高,需用样品量少;质谱图比较简单,适合多组分样品的分析。同时对样品处理的要求不高,甚至可以直接分析未处理过的生物样品,从而简化烦琐的样品处理过程。MALDI 的局限性:大质量离子检测较困难;离子型表面活性剂和低挥发性溶剂干扰严重,和其他进样技术联用困难等。

(2) 质量分析器 质量分析器位于离子源和检测器之间,依据不同方式将离子源中生成的样品离子按质荷比的大小分开,将相同的质荷比离子聚焦在一起,组成质谱。常见质量分析器有磁质量分析器、四极杆质量分析器、离子阱质量分析器、飞行时间质量分析器、串列式多级质量分析器等类型。

1) 磁质量分析器(magnetic mass analyzer):磁质量分析器分为单聚焦型磁质量分析器和双聚焦型磁质量分析器。单聚焦型磁质量分析器用一个扇形磁场进行质量分析,由于不同质荷比的离子在扇形磁场中有其特有的运动曲率半径,通过改变磁场强度,检测依次通过狭缝出口的离子,从而实现离子的空间分离。单聚焦型磁质量分析器只是将质荷比相同而入射方向不同的离子聚集到一点,但对于质荷比相同而动能不同的离子不能聚焦,故其分辨率低,一般为 5 000。而双聚焦型磁质量分析器在离子源和磁分析器之间加一个静电分析器,可同时实现能量聚焦和方向聚焦,经过两次聚焦,可大大提高质谱仪的分辨率,使得分辨率可达 150 000。双聚焦分析器的优点是分辨率高,缺点是扫描速度慢,结构复杂,价格昂贵。

2) 四极杆质量分析器(quadrupole mass analyzer):由四根平行的棒状电极组成。电极分为两组,分别加上直流固定电压(DC)和一定频率的射频电压(RF),两对电极之间的电位相反。对于给定的直流和射频电压,样品离子沿电极间轴向进入电场后,只有特定质荷比的离子才能在轴向稳定运动通过四极杆,到达检测器,其他质荷比的离子则与电极碰撞湮灭。因此改变电压或频率,可使不同质荷比的离子依次到达检测器,被分离检测。四极杆质量分析器能够通过电场的调节进行连续或跳跃式变化,实现质量扫描(scan)或质量选择离子监测(select ion monitoring,SIM)。四极杆质量分析器具有结构简单、体积小、质量轻、价格低廉且扫描速度快的优点,但这种仪器也存在分辨率不够高、质量范围较窄的不足。

3) 离子阱质量分析器(ion trap mass analyzer):离子阱是由两个端盖电极和位于它们之间的类似四极杆的环电极构成。端盖电极施加直流电压或接地,环电极施加射频电压(RF),通过施加适当电压就可以形成一个势能阱(离子阱)。根据 RF 电压的大小,离子阱就可捕获特定质荷比的离子。离子阱可以储存离子,待离子累积到一定数量后,升高环电极上的 RF 电压,离子按质荷比从高到低的次序依次离开离子阱,被检测器检测。离子阱质量分析器的特点是结构小巧,质量轻,在全扫描模式下仍然具有较高灵敏度,而且单个离子阱通过时间序列的设定还可实现多级质谱的功能。

4）飞行时间质量分析器(time of flight mass analyzer,TOF)：样品离子受加速电压加速后，通过一个真空管无场区，按照相应的时间间隔飞行出分析器而被检测。在相同的加速电压下，如果固定离子飞行距离，则不同质量离子的飞行时间不同，质量小的离子飞行时间短而首先到达检测器。各种离子的飞行时间与质荷比的平方根成正比。TOF的优点在于扫描速度快，在低于毫秒级的时间内即可得到全相对分子质量范围的质谱图，新发展的TOF具有宽的质量分析范围和较高的质量分辨率，尤其适合蛋白等生物大分子分析。

5）傅里叶变换离子回旋共振质量分析器(fourier transform ion cyclotron resonance mass analyzer,FTICR)：该分析器是根据离子在磁场中会进行回旋运动的特性设计的。在一定强度的磁场中，离子做圆周运动，离子运行轨道受共振变换电场限制，当变换电场频率和回旋频率相同时，离子稳定加速，运动轨道半径越来越大，动能也越来越大。当电场消失时，沿轨道飞行的离子在电极上产生交变电流。对信号频率进行分析可得出离子质量。将时间与相应的频率谱利用计算机经过傅里叶变换形成质谱。傅里叶变换离子回旋共振质量分析器的优点是：分辨率极高，可超过1×10^6，而且在高分辨率下不影响灵敏度；测量精度好，能达到百万分之几；灵敏度高，且不随分辨率和质荷比的改变而不同；具有多级质谱功能；可以和任何离子源相连，拓宽了仪器功能；此外还有扫描速度快、性能稳定可靠、质量范围宽等优点。其不足之处在于价格昂贵、仪器操作复杂。

6）串联质谱(tandem mass spectrometry)：串联质谱(MS－MS或MS^n)是将质谱作质量分离的质谱技术，由两个或两个以上的分析器构成。其基本原理是选择一定质量的离子通过一级质谱(MS1)，使其进入碰撞室，与室内充有的碰撞气体(常用气体为He、Ar、Xe、CH_4等)进行碰撞诱导裂解(collision-induced dissociation，CID)，发生离子-分子碰撞反应，产生子离子，再经第二级质谱(MS2)进行分析。它可以研究母离子和子离子的关系，获得裂解过程的信息，用以确定前体离子和产物离子的结构。因此在未知化合物的结构解析、复杂混合物中待测化合物的鉴定、碎片裂解途径的阐明以及生物样品中痕量物质的定量分析方面具有很大优势。串联质谱法可以分为空间串联和时间串联两类。空间串联是两个以上的质量分析器联合使用，两个分析器间有一个碰撞活化室，目的是将前级质谱仪选定的离子打碎，由后一级质谱仪分析。如三重四极杆串联质谱、串联四极杆线性离子阱质谱、四极杆串联飞行时间质谱。而时间串联质谱仪只有一个分析器，前一时刻选定一离子，在分析器内打碎后，后一时刻再进行分析，如离子阱分析器。空间串联可以完成子离子扫描(daughter ion scan)、母离子扫描(parent ion scan)、中性丢失扫描(neutral loss scan)等，而时间串联只能完成子离子扫描，不能进行母离子扫描、中性丢失扫描。

自 20 世纪 80 年代串联质谱开发以来,随着采用新技术的质量分析器不断推出,大大促进了串联质谱技术的发展。串联质谱有分离和结构解析同步完成的特点,当质谱与气相色谱或液相色谱联用时,即使色谱仪未能将多种化合物完全分离,串联质谱法可以通过选择性地测定某组分的特征性前体离子,获取该组分的结构和量的信息,而不会受到共存组分的干扰。由于毛发中毒(药)物及其代谢物浓度甚微,且含有较多的内源性杂质,需要采用更为灵敏、准确度更高的检测方法,串联质谱的发展为毛发中毒药物分析提供了可能,采用多反应监测(multiple reaction monitoring,MRM)模式可有效消除干扰,同步、专属、灵敏地定量测定毛发中多个组分。在表 5-1 列出串联质谱在毛发中毒药物检测中的部分应用。

表 5-1 用 MS/MS 技术分析的毛发中的毒(药)物

毒(药)物名称	分析方法	LOD(pg/mg)	参考文献
苯丙胺类(苯丙胺、甲基苯丙胺、MDMA、MDA、MDEA)	GC-MS/MS	7~45	Villamor(2005)
吗啡	LC-MS/MS	10	向平(2006)
阿片类(吗啡、可待因、6-单乙酰吗啡)、可卡因及代谢物(苯甲酰爱康宁)	LC-MS/MS	1~10	Huang(2009)
可卡因及代谢物(苯甲酰爱康宁)	LC-MS/MS	1	孙其然(2008)
滥用药物筛选	GC-MS/MS	6~52	Lachenmeier(2003)
乙基葡萄糖醛酸苷(EtG)	GC-MS/MS	0.6	Agius(2010)
EtG	LC-MS/MS	2	Brice(2007)
苯二氮卓类	LC-MS/MS	0.5~5	Villain(2005)
内源性类固醇(睾酮、表睾酮、雄酮、苯胆烷醇酮、脱氢表雄酮)	GC-MS/MS	0.1~0.2	Shen(2009)

二、质谱仪的主要性能指标

衡量质谱仪性能的指标很多,主要包括质量范围、分辨率、灵敏度、质量稳定性等。

1. 质量范围

质量范围是质谱仪所能测定的离子质荷比的范围。对于多数离子源,电离得到的离子为单电荷离子,则质量范围就是可以测定的分子量范围;对于电喷雾源形成带有多电荷的离子,质量范围则因离子的多重电荷扩散到相应的倍数。质量范围的大小取决于质量分析器,一般四极杆质量分析器的质量范围上限在 1 000(m/z)左右,也有的可达 3 000(m/z),而飞行时间质量分析器的质量范围上限可达几十万。

2. 分辨率

分辨率表示质谱仪把相邻两个离子分开的能力。为便于严格比较不同质谱仪器的分辨率,现公认仪器的分辨率是两峰间的"峰谷"高度为峰高的10%时的测定值,用 $R_{10\%}$ 表示。

3. 灵敏度

灵敏度表明仪器出峰的强度与样品量间的关系。一种表示法为一定的样品在一定的分辨率下,产生一定信噪比的分子离子峰所需的样品量。

4. 质量稳定性和质量精度

质量稳定性表明仪器在工作时质量稳定的情况,常用一定时间内质量漂移的质量单位来表示。质量精度表明质量测定的精确程度,常用相对百分比表示。质量精度是高分辨质谱仪的一项重要指标,对低分辨质谱仪而言意义不大。

第二节 气相色谱-质谱联用法

将气相色谱仪与质谱仪连接起来组合成的分析装置称之为气相色谱-质谱联用仪(gas chromatography/mass spectrometry,GC-MS),简称气-质联用仪。在气-质联用仪中,气相色谱仪作为质谱仪的进样系统,利用各被测组分在流动相与固定相之间的分配系数的差异依次被载气带出色谱柱,然后通过接口把气相色谱流出的各组分送入质谱仪;质谱仪作为气相色谱仪的检测器对各组分进行分析;计算机系统控制气相色谱、接口和质谱仪,进行数据采集和处理,同时获得色谱和质谱数据,从而对复杂样品中的组分进行定性和定量分析。

一、气-质联用仪接口

由于气相色谱样品气化后色谱柱出口压力高,与需高真空状态下的质谱不匹配,因此当样品通过色谱柱进入质谱仪时需要有一接口,将从 GC 色谱柱流出的气体中的大量载气去除,富集被测物、使两者压力平衡。目前气-质联用仪的接口主要有直接导入型和开口分流型两种。直接导入型接口即是在色谱柱和离子源之间用不锈钢毛细管连接,色谱流出物经过毛细管全部进入离子源,这种接口技术的样品利用率高。而开口分流型接口是通过一个限流装置放空一部分色谱流出物,让另一部分进入质谱仪,通过不断流入清洗氦气,将多余流出物带走。此法样品利用率低,对痕量组分的检测不利。

二、质谱检测方式

在气-质联用分析中,有两种扫描方式:全扫描(full scan)和选择离子监测(selected ion monitoring,SIM)。全扫描是质量分析器在给定的时间范围内对给定质荷比范围内的离子进行无间断地扫描,获得样品中每一个组分(或在某一特定时刻)的全部质谱。这种质谱图可以提供未知物的分子量和结构信息,可以进行库检索。选择离子监测是只对选定的一个或一组离子进行检测,而其他离子不被记录。其最大优点是能对离子进行选择性监测,排除其他离子的干扰,使得选定离子的检测灵敏度大大提高,通常采用选择离子监测方式比全扫描方式灵敏度可提高大约100倍。但由于选择离子监测只能检测有限的几个离子,不能得到完整的质谱图,因此选择离子监测用于检测已知或目标化合物,不能用来进行未知物定性分析。

三、气-质联用仪提供的信息

1. 总离子流色谱图

总离子流色谱图(total ion current chromatogram,TIC)是总离子流强度随时间(扫描次数)变化的色谱图。其中对应某一时间点的峰高是该时间点流进的组分的所有质荷比的离子强度的加和。纵坐标为总(全)离子流的强度,即是在该时间流出组分的所有的 m/z 离子的离子流强度的加和,图中横坐标为时间或连续扫描的频次。此图与普通色谱图没有什么区别,也同样给出保留值、峰高和峰面积,峰高和峰面积很难用于组分的定量分析。

2. 质谱图

由总离子色谱图可以得到任何一个组分的质谱图(mass spectrum)。一般情况下,为了提高信噪比,通常由色谱峰峰顶处得到相应质谱图。图中横坐标为离子的质荷比值,纵坐标为离子流的强度,通常用相对强度来表示。如果两个色谱峰有相互干扰,应尽量选择不发生干扰的位置得到质谱,或通过扣本底消除其他组分的影响。

四、GC-MS 分析方法的优化

在 GC-MS 分析中,色谱的分离和质谱数据的采集是同时进行的。为使各个组分都得到分离和鉴定,需对色谱和质谱分析条件进行选择和优化。以相关文献为参考,并作为条件优化的基础。

色谱条件包括色谱柱类型(填充柱或毛细管柱)、固定液种类、色谱柱长度及内径、柱升温程序、气化温度、载气流量、分流比等。其优化原则是:通常条件下使用毛细管柱,根据相似相溶原理,极性化合物分析采用极性毛细管柱,非极性化合物分析采用非极性毛细管柱,未知样品可先用中等极性的毛细管柱,经试用后再调整。

质谱条件包括电离电压、电子电流、扫描速度、质量范围、扫描方式等,这些都要根据样品情况进行设定。为了保护灯丝和倍增器,在设定质谱条件时,要设置溶剂延迟时间,使溶剂峰通过离子源之后再打开灯丝和倍增器。

五、应用

GC-MS 具有气相色谱的高效分离能力和质谱的高灵敏度、高特异性的特点,特别适合于分析小分子、易挥发、热稳定的化合物。GC-MS 已成为毛发分析有力的检测工具之一。

有关用 GC-MS 法检测毛发中毒药物的文献较多,涉及的目标物也很广泛。沈敏(2001)运用 GC-MS 的电子电离和化学电离技术,通过对质谱图的解析,检测、确认了尼古丁、卡马西平、阿米替林、多塞平、苯海索、氯丙嗪、泰尔登、三氟拉嗪、氯氮平、氟哌啶醇等十种精神药物以及相应的代谢物;对这些药物在头发中的代谢途径进行解释,考察了精神病患者头发中常见精神药物及其代谢物的存在状况,发现各药物进入头发的难易程度以及头发中它们的代谢物的比例有较大的差异,但头发中药物浓度与剂量有相关性。

Guelle(2003)建立了头发中 GHB 的 GC-MS/MS 测定方法,并对不同颜色头发中内源性 GHB 的浓度进行统计学分析,结果表明不同头发颜色中的内源性 GHB 没有显著差别,并对服用 GHB 阳性案例进行头发的检测及评价。

Han(2006)建立了经三氟乙酸酐衍生化后用 GC-MS(SIM)检测头发中甲基苯丙胺(MA)和 MDMA 的方法,头发清洗剪碎后用酸性甲醇提取 20 h,经测定后对 2 444 例 MA 滥用者和 53 例 MDMA 滥用者分成不同浓度组评价 MA 与苯丙胺(AP)/MA 之间的关系,MDMA 与 MDA/MDMA 之间的关系,并探讨了年龄、性别因素对它们的影响,原体与代谢物的检测及比例关系能为判断是否存在外污染提供依据。

沈敏(2008)建立了 GC-MS/MS 方法测定健康中国人头发中内源性类固醇激素水平,由于头发中的内源性类固醇成分浓度极低,所建方法足够灵敏,检出限可达 $0.1 \sim 0.2$ pg/mg,运用此方法测定了 80 例中国健康人头发中睾酮、表睾酮、雄酮、苯胆烷醇酮和脱氢表雄酮的生理水平,并与尿液中相应浓度进行比较,为内源性类固醇兴奋剂滥用的判断提供了方法和基础数据。

孟品佳(2008)建立 GC-MS(SIM)检测头发中苯丙胺类兴奋剂方法,方法灵敏,毛发仅需用 5 mg,灵敏度可达 50 pg/mg,并通过对阳性毛发的分段分析判断苯丙胺类兴奋剂滥用者的吸毒史、吸毒程度,以及与尿液中滥用药物浓度之间的关系。

表 5-2 列举了部分运用气-质联用技术分析毛发中常见毒药物的研究。

尽管目前很多毛发分析都采用 LC-MS 法,GC-MS 在毛发中毒(药)物检测时多数情况下需要衍生化,前处理烦琐,灵敏度较低,但是对于某些特殊类别化合物,GC-MS 仍然非常重要。GC-MS 通常采用正离子模式,但也可采用负离子模式下。在负离子模式下,它可能是对强电子捕获分析物最敏感的分析技术。

表 5-2　气-质联用技术分析毛发中常见毒(药)物研究

毒(药)物名称	分析方法	研究内容	参考文献
阿片(海洛因、单乙酰吗啡、吗啡、可待因)可卡因及代谢物类	GC-MS/MS	定性定量	Pichini(1999)
阿片类(单乙酰吗啡、吗啡、可待因)	GC-MS/MS	头发中海洛因及代谢物的释放	国菲(2009)
哌替啶	GC-MS	豚鼠毛发中哌替啶时间过程和浓度变化	沈保华(2002)
苯丙胺类(苯丙胺、甲基苯丙胺、MDMA、MDA、MDEA)	GC-MS	定性定量分析及异构体分析	Strano-Rossi(2009)
苯丙胺类(苯丙胺、甲基苯丙胺、MDMA、MDA、MDEA)	GC-MS	毛发分段分析及结果解释	孟品佳(2008)
可卡因及代谢物	GC-MS	定性定量分析	Barroso(2008)
EtG	GC-MS	不同部位体毛中 ETG 浓度的比较	Kerekes(2009)
EtG	GC-MS/MS	定性定量评价酒精滥用	Kharbouche(2009)
PCP	GC-MS/MS	染发对结果的影响、主动、被动吸收	钟岩(2005)
8 种内源性类固醇激素	GC-MS/MS	豚鼠毛发中浓度变化的时间过程	Shen(2009)
氯胺酮及代谢物	GC-MS	剂量、毛发颜色与浓度的关系、原体与代谢物浓度关系	向平(2005)
GHB	GC-MS/MS	单次服药 GHB 浓度	Kintz(2003)
戊硫代巴比妥、戊巴比妥	GC-MS/MS	定性定量分析	Frison(2003)
抗抑郁药及抗精神病药	GC-MS	定量分析及分段分析与用药史	沈敏(2000)
大麻类	GC-MS/MS	判断主动吸食还是被动吸食	Uhl(2004)
大麻类	GC-MS	大麻的外污染及去污染方法	Thorspecken(2004)
大麻	GC-MS	同时分析原体及代谢物	向平(2002)

　　本书作者采用毛发分析成功揭示一毒鼠强集体中毒案件(Shen,2012)。自 2005 年以来,河南省某村许多村民患有严重的癫痫,其经医院治疗,康复回家。数月后,一些患者再次出现严重症状,包括失去意识和严重癫痫发作,甚至死亡。2009 年 7 月,警方开始调查,并采集村民的头发以帮助调查毒物中毒的可能性。作者实验室采用 GC-MS 建立了毛发中毒鼠强的测定方法,毛发样品处理包括去污、冷冻研磨、2 mL 乙酸乙酯超声提取等,方法线性范围 $0.1\sim20$ ng/mg,最低检测限为 0.05 ng/mg。所采集村民的毛发分析结果见表 5-3。

　　毛发中某些毒(药)物如 GHB、乙基葡萄糖醛酸苷(EtG)、丙泊酚、毒鼠强、四氢大麻酸、杀虫剂以及蛋白同化激素等采用 LC-MS 技术难以达到理想灵敏度,用 GC-MS 均可获得期望的结果。GC-MS、LC-MS 等多种技术平台相互补充,可为毛发分析提供保障并拓展其应用范围。

表 5-3 毒鼠强集体中毒案件中毛发分析结果

家庭	编号	性别	年龄	毛发样品	结果(ng/mg)	案情
#1	1	男	42	头发：4 cm 阴毛：6 cm	0.25 1.55	2006.11 出现抽搐等症状；2008.7 再次出现同样症状；2009.3 又出现相同症状，采集的血液中检出毒鼠强；2009.7 和 2009.9 采集的血液中未检出毒鼠强
	2	女	43	头发：0~3 cm 3~8 cm 阴毛：5 cm	0.22 0.64 0.74	2008.7 出现抽搐等症状；2009.7 和 2009.9 采集的血液中未检出毒鼠强
#2	3	男	51	阴毛：5 cm	1.2	2008.1 出现抽搐等症状；2009.7 再次出现同样症状
	4	女	49	头发：0~3 cm 3~6 cm 阴毛：4 cm	— 0.26 0.24	2008.1 出现抽搐等症状；2009.7 采集的血液中未检出毒鼠强
#3	5	男	37	阴毛：4 cm	0.98	2008.9 出现抽搐等症状；2009.7 采集的血液中未检出毒鼠强
	6	女	36	阴毛：4 cm	0.21	2008.8 出现抽搐等症状；2009.7 采集的血液中未检出毒鼠强
	7	男	7	头发：0~3 cm 3~6 cm 6~11 cm	0.33 0.35 0.51	2008.7 出现抽搐等症状；2009.7 采集的血液中未检出毒鼠强
	8	女	5	头发：4 cm	0.89	2008.8 出现抽搐等症状；2009.7 采集的血液中未检出毒鼠强
#4	9	男	7	头发：2 cm	—	对照样品，生活在同一村庄，但不同姓氏家庭。2008.7 曾与 7 号男童一起玩耍。健康良好，未出现过抽搐等症状
#1	10	女	7	头发：0~3 cm 3~6 cm 6~9 cm 9~27 cm	— — — —	对照样品，生活在同一村庄。2008.7 曾与 7 号男童一起玩耍。健康良好，未出现过抽搐等症状

第三节 液相色谱-质谱联用法

液相色谱-质谱联用技术(liquid chromatography/mass spectrometry, LC - MS)的研究始于 20 世纪 70 年代，自 90 年代以来，由于大气压电离技术的出现和成功应用以及质谱本身的发展，液相色谱与质谱的联用技术得到了极大的重视和发展，特别是与多级质谱的联用将液相色谱的高分离效能和质谱的高灵敏度及较强的结构解析能力有机地结合在一起,开辟了复杂样品分离和检测的新领域。

一、HPLC 与 MS 接口

HPLC 与 MS 接口问题是液相色谱-质谱联用发展的主要问题,随着接口技术的不断完善,尤其是一系列质谱软电离技术的实现和发展,目前在接口研制方面,已有 20 多种技术,包括直接导入接口(DLI)、移动带接口(MB)、热喷雾接口(ES)、粒子束接口(PB)、快原子轰击(FAB)、大气压电离接口(API)和基体辅助激光解吸电离(MALDI)等,在毛发中常见毒(药)物的分离检测应用方面得到了前所未有的拓展。

二、扫描方式

1. 选择反应监测

选择反应监测(selected reaction monitoring,SRM)是串联质谱的一种检测模式,即监测一个或几个特定的离子反应,监测几个离子反应又称为多反应监测(multiple reaction monitoring,MRM)。在选择反应监测中要先选定前体离子,再对其进行 CID,产生产物离子,最后对选定的产物离子进行检测。选择反应监测与 SIM 相似可对复杂混合物中的痕量组分进行快速鉴别和定量分析,由于其监测两组特定且直接相关的离子,故其选择性更高,同时由于对特定离子的扫描次数更多,灵敏度也更高,其峰面积或峰高用于目标化合物的定量分析。

2. 子离子扫描

选择一定的前体离子经 CID 活化,MS2 记录产生的子离子。子离子扫描(product Ion Scan)适合于软电离(如 ESI,CI,FD,FAB)得到的分子离子进一步裂解以获得分子的结构信息。

3. 母离子扫描

在串联质谱中,选择 MS2 中的某一子离子,测定 MS1 中的所有前体离子。前体离子扫描(precursor Ion Scan)可用来鉴定和确认类型已知的化合物,尽管它们的前体离子的质量可以不同,但在分裂过程中会生成共同的子离子,因此该方式能帮助追溯碎片离子的来源,能对产生某种特征碎片离子的一类化合物进行快速筛选。

4. 中性丢失扫描

MS1 和 MS2 同时扫描,但 MS2 与 MS1 始终保持质量差 Δm,最终的谱图将显示那些来自一级谱图中通过裂解丢失中性碎片(Δm)的离子。中性丢失扫描(neutral loss scan)最能反映化合物的特定官能团,可用来鉴定和确认类型已知的化合物。

三、应用

近些年随着串联技术的不断成熟,液相色谱-串联质谱法以其分析速度快、灵敏度高、特异性好等特点广泛应用于毛发中毒(药)物的检测。

Hegstad(2008)建立了头发中滥用药物的快速筛选方法,20 mg 头发经处理后,用 LC-MS/MS 进行筛选分析,色谱柱选用 Zorbax SB-Phenyl 柱,滥用药物包括尼古丁、可铁宁、吗啡、单乙酰吗啡、可待因、苯丙胺、甲基苯丙胺、MDMA、可卡因、苯甲酰爱康宁、7-氨基硝西泮、7-氨基氟硝西泮、奥沙西泮、地西泮、阿普唑仑、佐匹克隆、唑吡坦、卡立普多、甲丙氨酯、丁丙诺啡和美沙酮等,所建方法简便、灵敏,可用于头发中滥用药物的筛选。Kronstrand(2004)用相近的方法同时快速筛选尸体中毒(药)物,结果在 16 个案例中出现 26 个阳性结果,26 个阳性结果中有 2 个用 GC-MS 方法未检出,在 59 个阴性案例中仅有 1 例在外周血中检出 6-单乙酰吗啡和吗啡,通过结果的比较,结论是可能死者首次使用海洛因或是戒毒后耐受性下降所致。LC-MS/MS 法的高灵敏性、宽适用性可以达到快速筛选目的(表 5-4)。

表 5-4 LC-MS/MS 技术应用于毛发中毒(药)物分析

毒(药)物名称	分析方法	研究内容	参考文献
吗啡	LC-MS/MS	定性定量	向平(2006)
美沙酮及代谢物	LC-MS/MS	结果解释外部污染	Kintz(2010)
美沙酮及代谢物	LC-MS/MS	光学异构体的检测	Kelly(2005)
苯丙胺类	LC-MS/MS	同时筛选 6 种苯丙胺类兴奋剂	Chèze(2007)
氯胺酮及代谢物和苯丙胺类	LC-MS/MS	定性定量	Tabernero(2009)
可卡因及代谢物	LC-MS/MS	判别是摄入还是污染	Hoelzle(2008)
苯二氮卓类	LC-MS/MS	服药史	Kronstrand(2002)
苯二氮卓类、唑吡坦、佐匹克隆	LC-MS/MS	定性定量	Villain(2005)
唑吡坦	LC-MS/MS	单次服药后的检测时间窗	Villain(2004)
GHB	LC-MS/MS	内源性 GHB 水平	Stout(2010)
抗精神病药(氯氮平、氟哌塞吨、氟哌啶醇、五氟利多、甲硫哒嗪、珠氯噻醇)	LC-MS/MS	治疗浓度监测	Weinmann(2002)
ETG	LC-MS/MS	戒酒者 ETG 浓度	Lamoureux(2009)
蛋白同化激素	LC-MS/MS	10 种蛋白同化激素定性定量	严慧(2007)
蛋白同化激素	LC-MS/MS GC-MS/MS	8 种蛋白同化激素在豚鼠单次给药后的时间过程	Shen(2009)
甲睾酮	LC-MS/MS	豚鼠单次给药后的时间过程和检出时限	严慧(2008)
司坦唑醇	LC-MS/MS	豚鼠单次给药后的时间过程和检出时限	向平(2008)

第四节 液相色谱-高分辨质谱联用法

高分辨质谱(high resolution mass spectrometer, HRMS)具有在超高分辨率下测定化合物精确分子质量的功能,并能借助同位素离子的丰度比来推断化合物的元素组成。通过一级、二级谱库的匹配也能够对复杂基质中的痕量组分进行筛选和确证。高分辨质谱相对于低分辨质谱的优势在于,由于采用全扫描数据采集方式,因此不需要预先设定待测物的分子量等相关信息,而是在检测结束后对质谱信息进行分析,这样不但能一次性分析大量的目标化合物,还能检测出非目标化合物,并对未知化合物进行鉴定。分子式确定的化合物其分子质量是唯一的,借助超高分辨率可以区分复杂背景中的杂质和共流出物,进行痕量分析,降低样品前处理要求和色谱条件优化要求。另外,超高分辨率保证了复杂样品分析所需的高质量精度,即使同时进行多组分分析也不会降低灵敏度。

高分辨质谱让高通量已知目标物筛选和高通量完全未知目标物筛选成为可能。高分辨质谱包括磁质谱(Magnetic Sector MS)、飞行时间质谱(Time of Flight MS)、傅里叶变换离子回旋共振质谱(Fourier Transform Ion Cyclotron Resonance MS)和静电场轨道阱质谱(Orbitrap MS)等。液相色谱与高分辨质谱相连的各种质谱技术目前在毛发分析领域得到广泛应用。

一、HRMS 的基本分析原理

HRMS 分析主要提供三方面的特征表观信息,即:高分辨质荷比、同位素丰度比和多级质谱图,以此可进一步获得目标物的精确分子量、元素组成、化学式和疑似结构等信息。

HRMS 可获得至少精确至小数点后第四位,且质量精度小于 5 ppm 的 m/z 信息。对目标物基峰的倍数峰和倍差峰进行观察和分析,可推算该目标物的精确分子量。

自然界中各元素的同位素比率是相对恒定的,称天然同位素丰度(表 5 - 5)。以已知的天然同位素丰度为标尺,观察 HRMS 测得的同位素丰度比,可知该目标物的元素组成。

不同元素的原子结合成分子时,会进行质量与能量的转化,这被称为质量亏损。结合元素组成与质量亏损计算,可获得该目标物的化学式。

表 5-5　部分常见元素的同位素丰度（Hoefs, 2013）

元素	A		A+1		A+2	
	质量	丰度(%)	质量	丰度(%)	质量	丰度(%)
H	1	100	2	0.02		
C	12	100	13	1.10		
N	14	100	15	0.37		
O	16	100	17	0.04	18	0.20
Si	28	100	29	5.10	30	3.40
Si	32	100	33	0.80	34	4.40
Cl	35	100			37	32.50
Br	79	100			81	98.00

获取目标物的分子式后，查询网络数据库，如 Chemspider 在线数据库（http://www.chemspider.com/）等，可知目标物的可能结构。对可能结构进行理论质谱裂解，在实际测得的多级质谱图中查找、比对是否存在理论碎片离子，即分析得到疑似结构。形成如图 5-1 的未知物鉴定体系。

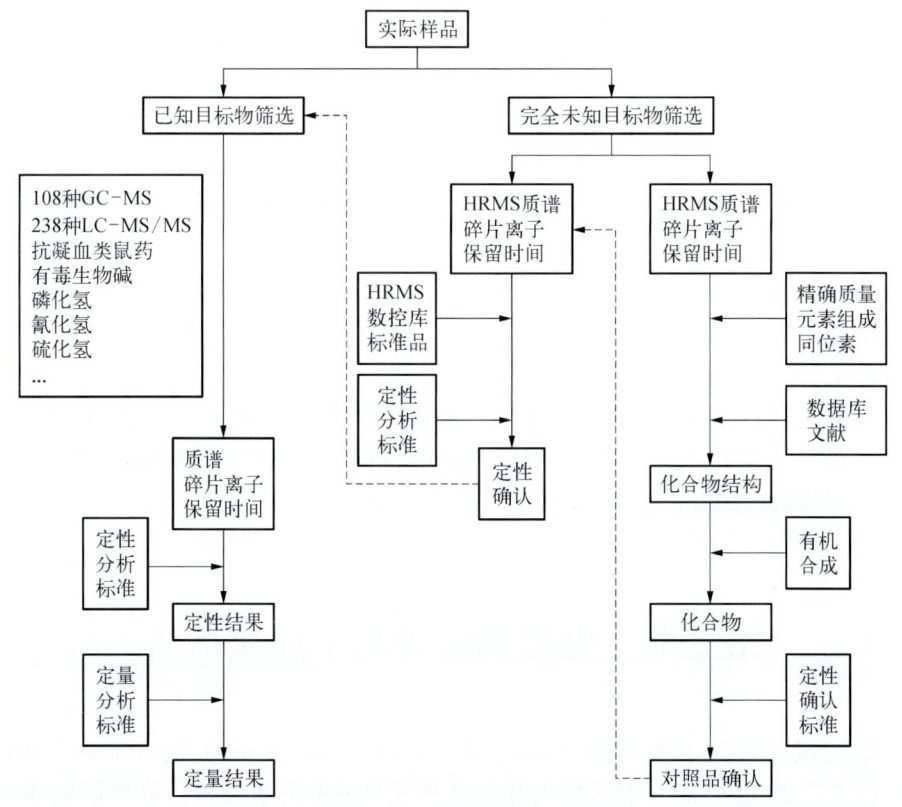

图 5-1　未知毒（药）物鉴定体系

二、应用

筛选分析是毒物鉴定实践中的关键且主要的内容,毛发分析同样需要多种类、大范围毒(药)物的筛选分析。Nielsen(2010)采用UPLC-TOFMS同时筛选分析52种滥用药物和临床药物,包括苯丙胺类、麻醉药、抗抑郁药、抗精神病药、苯二氮卓类药物、可卡因、氯胺酮和阿片类药物,毛发样品取样量10 mg,LOD在0.01~0.10 ng/mg。作者使用的质量精度(±15 mDa)与添加对应的对照品保留时间偏差为±0.2 min。Dominguez-Romero(2011)采用LC-TOF MS筛选30个不同种类的滥用药物,包括阿片类、可卡因及其代谢物、大麻酚类、苯丙胺类和其他兴奋剂,比较甲醇超声、酸浸泡、碱水解等毛发样品前处理方法,发现甲醇超声法提取液最洁净、回收率最高。方法LOD在5~75 pg/mg,可用于未知物筛选。Kronstrand(2013)采用四级杆-飞行时间质谱仪,在12 min内同时筛选分析苯丙胺类、阿片类、可卡因及其代谢物、镇静药等30种滥用药物,取样量20 mg,方法LOQ在0.05~0.1 ng/mg。Kronstrand(2018)又采用新型号的四级杆-飞行时间质谱仪,考察包含更多的7-氨基氟硝西泮、7-氨基氯硝西泮、7-氨基硝西泮、氟硝西泮、氯硝西泮、硝西泮、阿普唑仑、地西泮等滥用药物的筛选方法。作者认为,对于摄毒鉴定的毛发分析,该方法灵敏度足以满足要求,但是对于单次用药的毛发分析,该方法尚不适用。

新精神活性物质(NPS)正以前所未有的速度扩散,NPS种类繁多,包括合成大麻素类、卡西酮类、苯乙胺类、哌嗪类、色胺类、氨基茚类、氯胺酮及苯环利定类、植物类和其他类,且每年更新、增长,近期又呈现合成阿片类、苯二氮卓类NPS物质的泛滥。毛发中NPS分析不仅可应用于摄毒鉴定,而且对于NPS的流行性监测可发挥重要作用。Montesano(2016)率先利用HPLC-HRMS同时分析毛发中的5个卡西酮类物质和7个合成大麻素类物质,取样量20 mg,卡西酮类LOQ在8~50 pg/mg,合成大麻素类LOQ在9~40 pg/mg。

目前已有的报道大多都是针对NPS原药所建的方法,由于大部分NPS在体内的代谢过程尚未明确,研究NPS在体内的代谢过程,明确其代谢物的结构,并建立NPS代谢物的检测方法也是亟待解决的一大难题。

第五节 电感耦合等离子体质谱法

电感耦合等离子体质谱(inductively coupled plasma mass spectrometry,ICP-MS)技术是20世纪80年代发展起来的新型无机元素分析技术。近些年来,ICP-MS一直是无机元素分析和应用领域内重点使用的分析技术。自从1984年第一台商品化ICP-MS仪器问世以来,ICP-MS技术发展相当迅速,已从最初在地质领域的应用迅速发展到广泛应用于环境、高纯材料、核工业、生物、医药、冶金、石油、农业、食品等领域,成为公认的最强有力的元素分析技术。ICP-MS可分析几乎地球上所有金属和非金属元素,与其他无机质谱相比,ICP-MS的优越性在于：在大气压下进样,便于与其他进样技术联用;提供了最低的检出限、最宽的动态线性范围、干扰最少、分析精密度高、分析速度快;可进行同位素分析,单元素和多元素分析,以及有机物中金属元素的形态分析;离子初始能量低,可使用简单的质量分析器(如四极杆和时间飞行质谱仪);独特的接口技术将ICP高温(8 000 K)电离特性和四极杆质谱仪的灵敏快速扫描的优点相结合而形成一种新型的元素和同位素分析技术。由于ICP-MS具有上述超凡的性能,因而被广泛接受并应用于各行业,特别是在毛发中金属元素检测方面也得到了广泛的应用。

一、ICP-MS基本结构

ICP-MS仪器的基本结构主要有离子源、质量分析器和检测器三部分组成。

1. 离子源

离子源是将待测样品离子化的装置。ICP-MS离子化过程主要依靠电感耦合等离子体(ICP)对待测分析样本进行电离。等离子体是指含有一定电子和离子,能导电的气体混合物。在等离子体中,电子数和离子数基本相同,宏观上呈电中性。等离子体是20世纪60年代发展起来的一类新型发射光谱分析用的光源,等离子体工作气体一般多为氩气。已经出现的ICP装置很多,但是最为常见的为石英同心炬管。石英同心炬管由三个同心石英管组成,三股氩气流分别进入炬管,最外层通入的气体为等离子气,气流由切线方向通入,主要起冷却作用,冷却气把等离子体焰炬推离石英管,防止石英管被烧熔;中间管以轴向或切向通入辅助气,中间管辅助气的作用是保护中心管口。内管的载气流作用是将样品气溶胶载到等离子体的中心,进而使样品发生干燥、去溶剂、解离、原子化和电离等过程(中心温度约6 800 K)。在炬管上部环绕着水冷感应线圈,接通高频电源后,线圈轴线方向产生高频振荡的磁场。用高频火花等方法使中间流动的工作气体电离,产生离子和电子。射频电压诱导氩离子和电子快速震荡,强大的电流产生高温(约8 000 K),使气体加热,从而形成火炬状的等离子体。

2. 质量分析器

质量分析器是质谱仪的主要组成部分,其主要作用是利用电磁学原理将在离子源产生的离子,按照质荷比(m/z)大小进行分开。质量分析器类型主要根据其工作原理进行区分。目前,商用ICP-MS仪常采用的质量分析器主要有：四极杆质量分析器、飞行时间质量分析器、扇形磁场质量分析器、双聚焦磁式质量分析器、离子阱质量分析器等。质谱仪的名称一般由其所采用的质量分析器所命名,如电感耦合等离子体飞行时间质谱仪(ICP-TOF/MS),质量分析器为飞行时间质量分析器。由于质量分析器的工作原理不同,不同类型的质谱仪在离子分离和检测方面都有各自的优越性。

四极杆质谱仪是出现最早,目前使用最广泛的电感耦合等离子体质谱仪。它结构简单、操作简便、稳定性好、价格便宜、维护方便,在一般分析检测实验室具有较高的普及性。但同样由于四极杆质量分析器的制约,在四极杆 ICP-MS 问世不久,人们就发现该系统存在一些严重的质谱重叠干扰,分辨率较低,虽然通过碰撞反应池技术可以改善多原子离子的干扰,但是对于质荷比非常接近的不同原子的离子,难以进行区分。

针对四极杆质谱分辨率的问题发展起来的高分辨质谱主要有双聚焦扇形磁场质谱仪和多接收器磁扇形等离子体质谱仪(MC-ICP-MS)。双聚焦扇形磁场质谱仪高分辨 ICP-MS 仪器的应用发展很快,尤其是在同位素测定方面。双聚焦扇形磁场 ICP-MS 在低分辨率时,峰的形状为平顶状,所以使同位素测定精密度显著改善。该仪器测定 $^{25}Mg/^{24}Mg$ 以及 $^{206}Pb/^{207}Pb$ 在低分辨时精密度(RSD)可达 0.04%。$^{63}Cu/^{65}Cu$ 在中分辨时精密度可达 0.1%。多接收器磁扇形等离子体质谱仪,是近年来发展起来的高精度同位素分析仪器,它是 ICP-MS 仪器的一个非常重要的进步,同位素比值测定精密度有了实质性的改善。$^{235}U/^{238}U$ 精度可达到 0.008%,同位素比值精密度最低可达 0.002%。

ICP 飞行时间质谱仪(ICP-TOF/MS)在最近几年受到极大关注。ICP-TOF/MS 特别适合于瞬时信号的测定,比如与激光、电热蒸发、气相或液相色谱、毛细管电泳等一些分离技术联用。该系统的最大优点是具有极高的精密度和准确度,同位素精密度一般可达到 0.05%。和顺序式仪器相比,ICP-TOF/MS 从等离子体中采集的每个离子束都是同时进行的,实质上消除了一些由雾化效率、电离效率以及流速等变化引起的噪声影响,因此非常适合于同位素比值分析。李冰(2003)对双聚焦扇形 ICP-MS、多接收器扇形 ICP-MS、热电离质谱(TIMS)以及 ICP-TOF/MS 测定同位素比值的精密度进行了论述比较,ICP-TOF/MS 同位素比值的精密度一般≤0.05%,质量歧视与其他类型的 ICP-MS 仪器相同(在中质量处大约为 1%)。

3. 检测器

通过质量分析器分离后的离子到达检测系统,通过接收、测量和数据处理给出质谱分析的最终结果。离子的检测器主要有电子倍增管、法拉第筒和照相板,其中以电子倍增管最为常见。电子倍增管种类很多,主要是通过加速的离子轰击电子倍增管的转换极,发出二次电子,然后被后续的一系列次级电子发射极放大,发出倍增数量的电子。由于被测离子流大小与源离子束分析物的浓度成正比,亦即与原始样品中被分析物的浓度成正比,所以测量离子流大小的检测系统必须在线性工作范围、稳定性、响应时间、质量歧视效应等方面具有很好的特性,才能给出理想的分析结果。通常应用中有两种测量方式,如果单位时间内离子密度很高,实际输出的脉冲相互重叠而成为直流电流,这种对输出脉冲不作为单个脉冲对待,而按照许多脉冲形成的模拟电流来处理的方式被称为模拟模式。当离子密度很低以离散入射时,那么从接收极得到的输出脉冲也是分离的,输出脉冲的个数正比于入射离子的总量,这种脉冲计数方式一般被称为脉冲模式。脉冲计数方法在信噪比和稳定性方面较之模拟模式有优势,因为模拟模式中将所有脉冲都做了平均。

二、ICP‑MS 样品引入方式

ICP 样品引入要求以气溶胶的方式进入等离子体。通常所见样品主要包括液体和固体。

1. 液体样品的引入

液体样品的引入一般多采用气动雾化器,常见的雾化器多为同心雾化器,同心雾化器通过流经同心外管的喷雾气体把试样溶液从中心毛细管强制抽吸出喷雾器喷口,高速的喷雾气流将被抽吸出的液流变为气溶胶雾滴。同心雾化器结构简单,使用方便,容易制作而被广泛采用。雾化器产生的气溶胶通过雾化室向等离子炬传递。雾化室的作用在于通过去溶剂过程,滤去大的雾滴,保持稳定的细小雾滴的气溶胶流,降低进样系统的噪声,改善信号稳定性。气溶胶的传雾化器产生的雾滴大小分布高度分散,较大的雾滴在传输过程中会沉降在雾化室壁上,去溶剂过程一般通过低温冷凝手段,使气溶胶中的溶剂分离。通过去溶剂过程带溶剂的湿气溶胶变成较干的气溶胶,去溶剂作用可以减少水和溶剂对等离子体造成的负载,减少等离子体中的氢氧干扰,改善等离子体的漂移以及多原子离子的干扰,提高检测结果的精密度和准确度。除去常规的气动雾化方式以外,还有其他一些进样技术,如流动注射(FI)、超声雾化(USN)、悬浮雾化(SN)、氢化物发生(HG)、液相色谱(LC)和毛细管电泳(CE)等进样方式,这些技术主要是针对常规的气动雾化方式进样效率低(<3%)、不适合小体积样品分析、对溶液中溶解固体总量的承受能力低、无法进行无机元素价态分析等缺点进行的改进技术。

2. 固体样品的引入

固体样品引入是指将固体样品直接引入等离子体离子化后测定的分析方法。固体样品引入通常具有不需加入化学试剂,省去试样溶解、分离或富集等化学处理,减少污染的来源和试样的损失的优点。但固体进样技术也存在取样的均匀性、形成的气溶胶不稳定、存在分馏效应以及无法获得合适的固体标样等问题,严重影响了测定的准确度和精密度。由于固体样品存在的缺点,因此固体样本的检测,首先要对固体样本进行处理,通过干法灰化和湿法消化将固体样本变为液体形成,然后引入 ICP‑MS 进行检测分析,可以克服上述固体进样的一些缺点。常见的固体引入技术包括电热蒸发(ETV)和激光烧蚀(LA)进样技术。

三、质谱的干扰与校正

生物样品基质非常复杂,采用 ICP-MS 法分析存在着比较复杂的干扰问题,一般可分为谱干扰和非谱干扰两类。谱干扰是指待测元素的离子与其他离子或多原子离子的质谱峰之间的相互重叠,这种干扰对于低分辨谱仪来说,需认真判别。非谱干扰是指较高浓度的基体元素或溶液的介质对样品气溶胶在产生、传输以及待测离子的电离、提取和聚焦等过程产生的影响。

1. 谱干扰及其校正

谱干扰除了来自同质异位素、第二电离能低的元素的双电荷离子外,主要来自等离子体的工作气体(Ar)、样品基体(O、H、C、P、S、Cl、Na 等)和工作环境中的空气以及处理样品所用试剂中各种元素组合而产生的多原子离子干扰。有关消除或降低谱干扰的方法主要有:分离法、改进进样方式、混合气等离子体法、数学校正法、高性能质谱仪和化学添加剂等。对生物样品分析而言,通过同位素选择或数学校正方法可基本消除同质异位素的干扰,选择适当的仪器工作参数往往可将双电荷离子及某些氧化物、氢氧化物离子的干扰降低到可以接受的水平。

2. 非谱干扰及其校正

ICP-MS 离子的提取和聚焦过程中,非谱干扰较强。由于采样锥的孔径很小,高盐溶液容易在锥口沉积,改变离子提取的外界条件,使分析信号的强度降低。因此,一般将样品中溶解物浓度控制在 0.1% 以下。高浓度的基体元素的传输和聚焦过程会对分析的质谱信号产生抑制或增强效应,现在普遍认为是由空间电荷效应引起的。由于阳离子间库仑力的排斥作用,离子束在传输过程中逐渐发散,发散程度与基体元素和分析元素的质量有关。生物样品分析时,选择适当的内标元素可较好地校正基体效应。Vandecasteele(1993)推荐选择 Be、Co、In、Tl 作内标,分别校正低质量数、过渡金属、中质量数和高质量数的元素。同位素稀释法可有效地消除样品处理过程的损失和检测中的基体效应。它是在样品处理过程中加入待测元素的富集同位素,通过测量同位素比的变化,精确测定元素浓度的方法。标准加入法也是校正非谱干扰的有效方法,但样品数量较多时将明显增加工作量。基体匹配或将分析元素与基体元素化学分离是适合于任何情况、最为有效地克服非谱干扰的方法。

四、ICP-MS 在毛发分析中的应用

ICP-MS 在毛发无机元素分析中也得到了广泛应用。本节就常见各种分析技术的特点进行概述,这些技术在毛发分析中的具体应用可见第十三章第三节。

1. 微波消解 ICP-MS 检测技术

利用微波的穿透性和激活反应能力加热密闭容器内的毛发样品,使毛发样品

中的有机质在强酸或者强氧化剂短时间的作用下被破坏。常见的消化试剂有 HNO_3、H_2O_2、$HClO_4$、HF、HCl 等。微波消解方法是目前最常使用的样品前处理方法,在消解方法中毛发用量一般在 0.1~0.5 g 之间,消解试剂通常使用 3∶1(V/V) 的 HNO_3 和 H_2O_2。通过消解破坏毛发样本的有机质,将本属于固体的毛发样本消解为溶液进样检测。微波消解 ICP-MS 检测毛发样本是目前最为常用的毛发中金属和非金属元素分析技术,因为采用该技术有丰富的标准品可以进行准确的定量分析,能够获得满意的定量结果,该技术精密度和准确度较高,检测限较低。但是采用该技术无法进行毛发样本的微区分析,不能得到毛发中待测元素的空间分布信息,同时无法进行待测元素的形态分析,因为微波消解容易改变待测元素的形态,这在一定程度上限制了将该技术用于毒理学研究。

2. LC-ICP-MS 检测技术

如前所述 ICP-MS 的溶液分析中基体干扰是分析测试中的主要限制因素,而液相色谱提供了将被测物与基体分离的可能。随着色谱技术的发展,高效液相色谱(HPLC)在超纯分析和形态分析等方面表现出独特的优越性,并且与多种新的检测技术相结合。ICP-MS 具有极低的检出限和快速的多元素同时测定能力,并且其分析状态下的液体流速与 LC 系统的淋洗速率类似,这使 ICP-MS 与 HPLC 的联用具有极大的应用潜力。LC-ICP-MS 对于一般的液态样品可以经过简单的处理后直接进样。而对于固态样本需进行样品前处理使其转化为液态,再根据不同形态金属化合物化学性质的差异,采用改变固定相、流动相以及 pH 等达到分离检测的目的。此技术也比较成熟、可靠,所以高效液相色谱技术被研究工作者广泛采用,其与灵敏度较高的检测仪器结合能更好地进行元素的形态分析。

3. CE-ICP-MS 检测技术

毛细管电泳法是 20 世纪 80 年代发展起来的新型分离技术,其与气相色谱、液相色谱相比具有分离效率高、操作简单、价格便宜、分离模式多样等优点,发展至今已经较广泛地用于各种环境有毒、有害物质的分离。CE 和 ICP-MS 联用进行毛发中元素形态分析时,具有十分明显的优势,即极低的检出限和快速分析能力,其存在的不足是分析过程中样品的损失、化学基体效应和分离过程中可能引起形态变化等。

4. LA-ICP-MS 检测技术

LA-ICP-MS 分析技术是最近发展起来的一项固体微区分析新技术,同时也是一种痕量元素直接检测技术,可用于测定固体材料中的主要元素、次要元素和痕量元素,分析固体样品中痕量和超痕量放射性核素以及同位素,并能作固体环境基体中元素的快速分析。其原位分析(in situ)的特点和良好的空间分辨率(<5 μm)以及分析快速、取样量小、灵敏度较好,尤其是 LA-ICP-MS 分析方法不需要对毛发样本进行消化等样品前处理,可大大节约分析时间,避免样品处理而带来的污染

风险等特点,因此特别适合生物样本毛发中金属和非金属元素的分析。目前 LA-ICP-MS 在毛发分析中有一定的应用,虽然可以检测毛发中金属或非金属元素暴露情况,而且可根据原位分析结果来推断金属或非金属暴露时间,但是目前由于缺少相应的标准品以及技术发展还不是很成熟,无法得到满意的定量分析结果。

5. ETV-ICP-MS 检测技术

ETV-ICP-MS 联用的优点是样品传输效率高,样品消耗量低,可分析溶解性固体浓度高的样品和固体样品,由于减少了进入 ICP 焰水蒸气量,与 O 和 H 相关的多原子离子的干扰得到有效的抑制,通过控制选择性蒸发的方式还可将分析元素与干扰物预先分离,消除或降低干扰。该方法缺点是分析时间长,精密度不高,ETV 的瞬时原子化过程限制了一次性检测的元素数量,石墨管在原子化时还可能产生与 C 有关的多原子离子干扰。Dconrad(1999)研究了 ETV-ICP-MS 的传送效率,研究了石墨炉的性质和条件、传送管的长度等因素,对分析物传送效率的影响,发现加入载体并用旧的石墨管,比没有加载体并用新的石墨管传送效率要高,前者可达到 20% 以上,而后者大约为 10%。将 ETV-ICP-MS 检测技术用于毛发分析的报道较为少见。

在上述分析技术中微波消解 ICP-MS 检测技术是毛发中无机元素总量测定最常使用的分析技术,而 LC-ICP-MS 则是毛发样本中无机元素形态分析中最成熟的分析技术,大部分毛发中无机元素分析的文献报道集中使用上述方法。而 LA-ICP-MS 固体微区分析技术,作为一种比较新颖的分析技术,在毛发中无机元素空间分布等方面有一定的探索性研究,LA-ICP-MS 所具有的技术特点,也将使该技术在毛发分析领域有一定的应用前景。

第六节　质谱成像法

质谱成像(imaging mass spectrometry,IMS)是将质谱的离子扫描技术与成像处理软件相结合的一种新型的成像技术,可实现对样本表面多种物质的原位定性、定量分析。该技术理念始于 20 世纪 90 年代在对生物组织中蛋白质的空间分布研究中,至 2010 年左右才逐渐趋于成熟。其利用激光或离子束使组织切片表面的分子离子化,然后通过质谱测定这些离子化分子的质荷比,再由软件重构出目标物在组织中分布。IMS 技术与传统影像学方法相比具有以下优势:① 在保持较高空间分辨率的情况下,可以同时检测组织切片表面的多种目标物分子;② 具有较高的灵敏度和较宽的质量检测范围,可检测组织中低浓度的生物分子、小分子化合物和完整蛋白质;③ 检测前无须知道被检测成分的信息,且不需要特征性标记;④ 样本处理过程较简单,无需对样本进行预处理。借助这些优势,IMS 技术逐渐开始作为法医毒物学领域毒理学过程、毒药物空间分布以及机理研究的新式"武器"而被学者们重视。

一、IMS 分析的基本操作过程

IMS 的操作过程包括样本制备、离子化、质谱分析和图像重构等四个基本步骤。如图 5-2 所示,首先将毛发样本切片并转移至具有导电性的承载靶,然后通过各类技术手段将毛发基质中的目标化合物解吸附并离子化,经由质谱分析并采用软件将测得的质谱信息转化为像素点,从而重构出被测毛发上感兴趣的目标物分布图像。

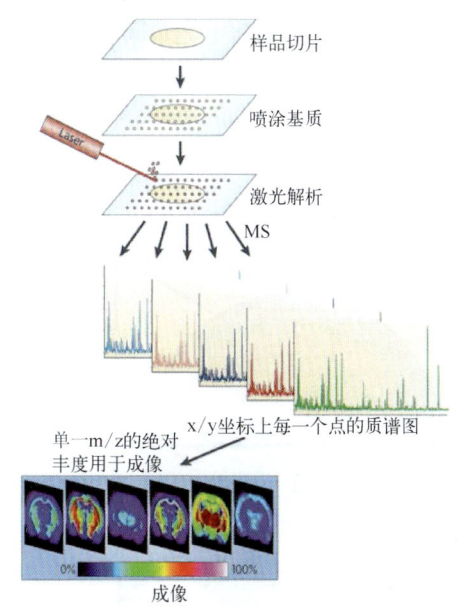

图 5-2 IMS 的基本操作步骤(Norris,2013)

毛发样本的制备和目标物的离子化是两大技术难题。在毛发样本制备方面,IMS 要求样本的待测面要绝对平整(依不同离子化手段各异,通常要求待测面高低差不超过 10~100 nm)。荷兰表面分析和生物技术研究中心的学者 Flinders(2015)等研制了一种特制的装置,用于获取毛发的纵截面(图 5-3)。在离子化方面,由于目标物紧密结合于毛发且呈极低的质量浓度,需将其从复杂构成的毛发基质中解吸附,以供质谱分析。此外,IMS 技术在空间分辨率和灵敏度上有"杠杆关系"(即空间分辨率越高,单位灵敏度越低;反之亦然),在离子化技术的选择和应用方面上需要特别注意。

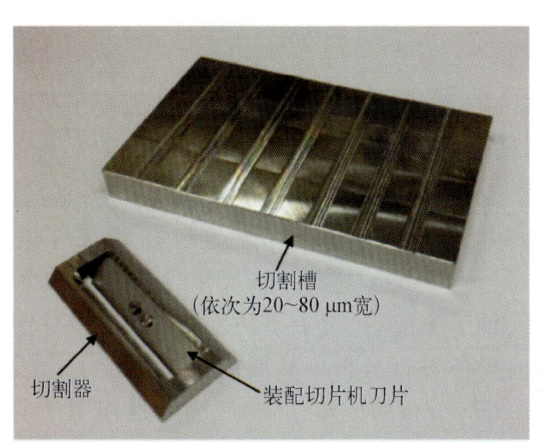

图 5-3 切割头发装置(Flinders,2015)

二、毛发分析的 IMS 离子化技术及其研究进展

用于 IMS 的代表性离子化技术包括基质辅助激光解吸/电离(matrix-assisted laser desorption/ionization,MALDI)、二次离子质谱(secondary ion mass spectroscopy,

SIMS)、解吸电喷雾电离(desorption electrospray ionization, DESI)、激光消融电喷雾电离(laser ablation electrospray ionization, LAESI)、纳米结构启动质谱技术(nanostructure initiator mass spectrometry, NIMS)等,图5-4显示了各IMS离子化的技术特点及适用范围。

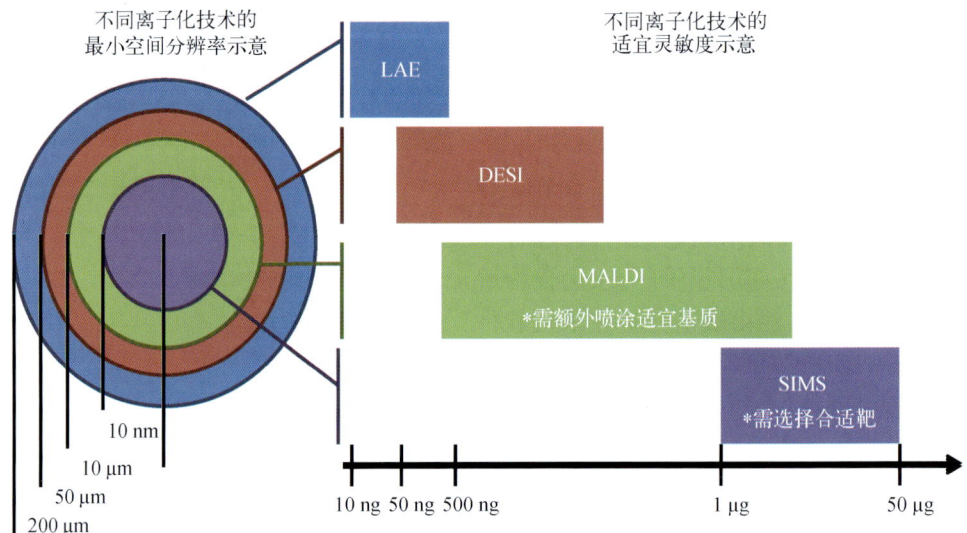

图5-4 IMS离子化的技术特点及适用范围

1. MALDI技术

MALDI技术是21世纪初发展起来的一种新型软电离质谱技术,因开拓了原位分析而在2002年获得诺贝尔奖。MALDI的基本原理是将待测目标物分散于基质分子,使用激光照射后基质分子蓄积能量并迅速产热,辅助待测目标物离子化(图5-5)。进行IMS操作时,将毛发切片铺于靶板后,喷上基质液体,置于MALDI设备进行分析。基质的选择决定了毛发IMS分析的成败,其中起决定性作用的两个要素分别为:① 基质是否可将固化于毛发内的待测目标物溶解出来;② 基质吸收的激光能量是否足以辅助待测目标物离子化,同时不造成目标物离子的源内分解。

2010年意大利帕多瓦大学的学者Vogliardi等人首次尝试使用MALDI分析

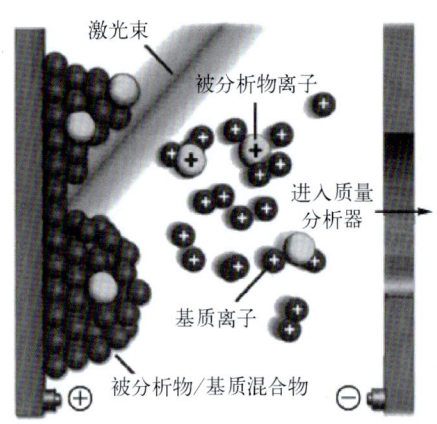

图5-5 MALDI的基本原理示意图
(冯鲍盛,2014)

头发中的可卡因及其代谢物。其比较了不同的基质和基质喷涂技术,最终选择氰基-4-羟基肉桂酸(alpha-cyano-4-hydroxycinnamic acid,HCCA)作为基质,以石墨电喷雾的方法喷涂经甲醇/三氟乙酸孵育(45℃,15 min)处理后的毛发粉末样本,在可卡因滥用者头发中成功检出了可卡因、苯甲酰爱康宁和古柯碱。

2011 年日本学者 Miki 等通过具有更高灵敏度的傅里叶变换离子回旋共振质谱联合 MALDI 分析头发中甲基苯丙胺成分的研究。在同样使用 HCCA 作为基质的情况下,获得了单根头发轴纵向切片中甲基苯丙胺成分的空间分布(图 5-6)。尽管由于激光导致的热变形使得所获取的图像尚不能说明科学问题,但该研究所取得的创造性成果揭示了 MALDI 技术可为研究毒(药)物与毛发的结合机理提供有效的新平台。

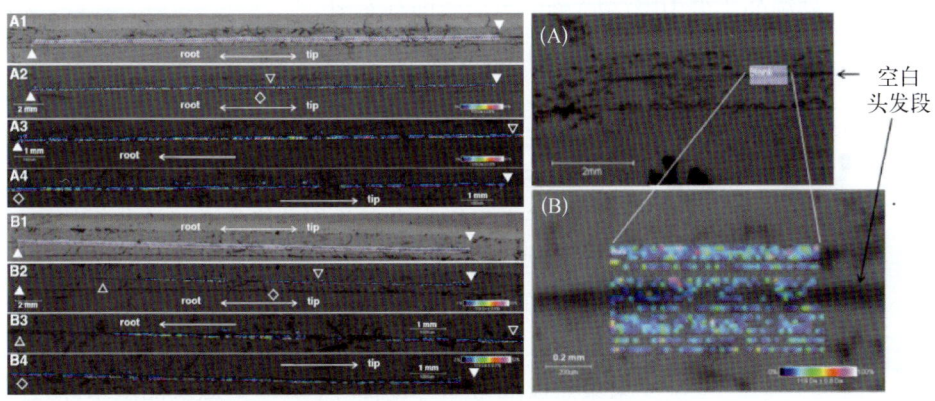

图 5-6 甲基苯丙胺在头发中纵向空间分布图(Miki,2011)

2014 年苏黎世学者 Poetzsch 等系统研究了通过 MALDI 分析单根头发中毒(药)物成分的几个主要影响因素。结果显示,提取工艺、内标的使用、电离参数等是影响分析结果的主要因素,发色等不对分析产生影响。同时也指出基质喷涂是影响分析"定量"结果的重要因素,基质喷涂的不均匀可能会导致获得"假"的成像图。同年本作者团队(Shen,2014)通过自制的基质喷涂装置获得了氯胺酮在单根头发中的纵向分布(图 5-7)。

2015 年荷兰学者 Flinders 研发的毛发切面装置使得头发纵切面制备时易产生卷曲的难题得到解决。其首次观察到了更为细微的可卡因在头发中的纵向分布特征。但尽管消除了空间卷曲所带来的影响,MALDI 基质对定量的影响仍然限制了 MALDI 所获取的空间图像意义。

2018 年苏黎世大学 Kernalléguen 等联合欧洲 8 个实验室,共同开发了高密度微阵列(high-density microarray for mass spectrometry,MAMS)方法,实现了基质的均匀喷涂。通过与 LC-MS/MS 方法比较,MAMS 处理后的头发样品,经 MALDI 定量

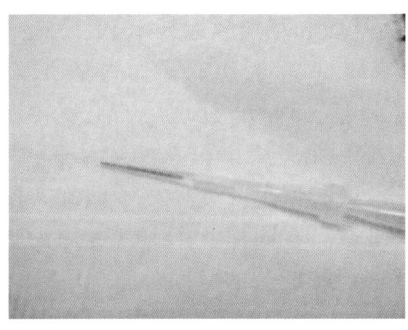 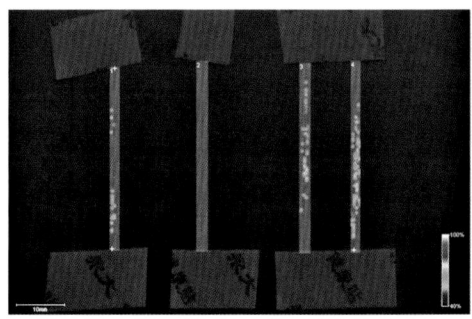

图 5-7　氯胺酮在头发中纵向空间分布图(Shen,2014)

后,其中的可卡因及其代谢物具有非常理想的平行性和定量能力,显示 MALDI 有望获得更加精确的头发中毒(药)物的纵向空间分布图。

2. SIMS 技术

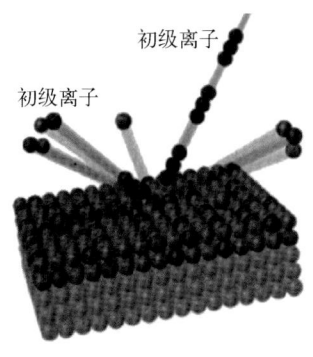

图 5-8　SIMS 技术的原理示意图

MALDI 的技术原理限制了其空间分辨率的大小,使得其在更细微的空间层面上无法获得更多有效信息。SIMS 技术是利用高能初次离子撞击样本表面,使初次离子穿入样本表面并将动能传递给被分析的原子或分子,当原子或分子的动能大于与组织表面的相互作用能时,二次离子就从组织表面释放出来(图 5-8)。不同于 MALDI(激发能量来源为激光,光束聚焦极限为 10~50 μm),SIMS 的激发能量来源为离子束,能够轻易地聚焦在纳米级别范围内,实现纳米级的空间分辨率。

然而,目前 SIMS 的初次离子源分为气体放电源(O^{2+}、N^{2+}、Ar^+)、表面电离源(Cs^+、Rb^+)和液态金属场离子发射源(Ga^+、In^+)等,这导致了其主要对金属离子具有较好的灵敏度,而对有机小分子的激发能力不足。早期的研究应用均集中于毛发中的金属离子分布,如 2003 年南澳大利亚大学马森湖分校伊恩沃克研究所 Kempson 等利用 SIMS 研究头发纵切面中的钙离子分布(图 5-9),由于 SIMS 的高空间分辨率,能准确观察到钙离子在毛鳞片边缘的沉积情况。高空间分辨率也使得毛发横截面的 IMS 分析成为可能。法国布里埃尔研究中心的 Audinot(2004)等人首次获得了头发横截面中砷离子的空间分布(图 5-10)。

然而使用 SIMS 分析毛发中的低浓度有机小分子至今仍较为困难。清华大学学者 Chen(2006)曾尝试分析中国人头发中的染发剂成分(图 5-11),结果显示磷酸和对苯二胺($m/z=80$)具有较好的分析灵敏度。在最新的学术会议中,苏黎世大学的研究者们介绍了使用 SIMS 方法分析可卡因和唑吡坦浸泡的头发横截面的研究进展,相信在不远的将来,SIMS 必将成为获取毛发中毒(药)物空间分布的重要技术之一。

第五章　毛发中毒(药)物分析方法

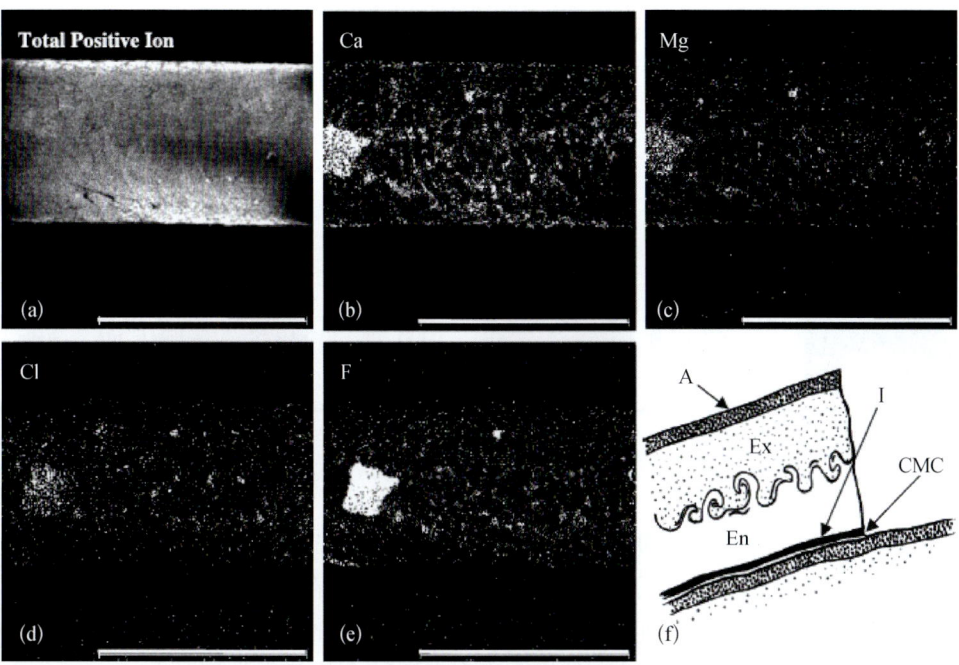

图 5-9　SIMS 技术获得的头发纵切面中的钙离子空间成像(Kempson,2003)

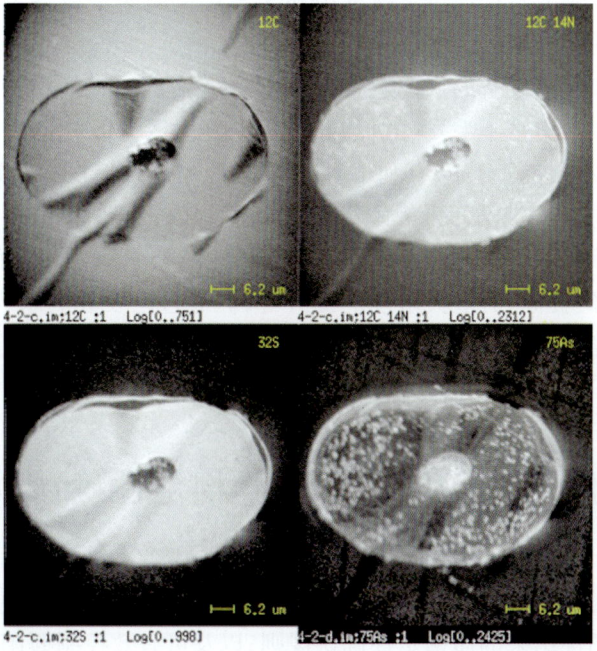

图 5-10　SIMS 技术获得的头发横切面中的砷离子空间成像(Audinot,2004)

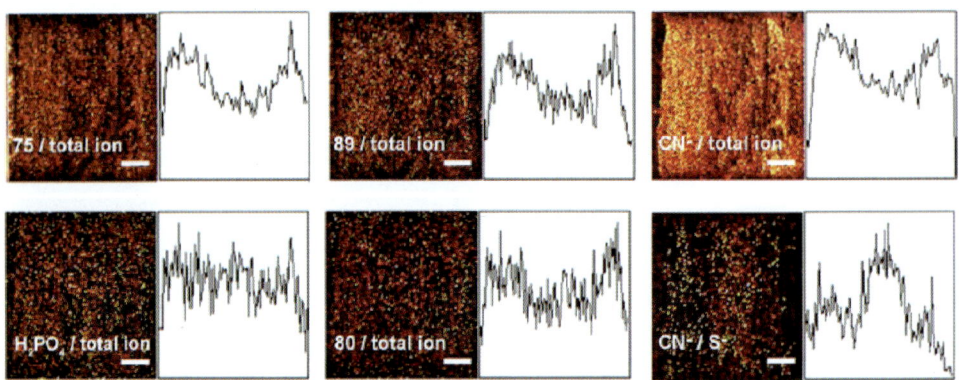

图 5-11　SIMS 技术获得的头发切面中的多离子的空间成像(Chen,2006)

3. 其他 IMS 技术

其他可能用于 IMS 分析毛发的离子化技术包括了 DESI、LAESI、NIMS、DART 等。鉴于这些技术的空间分辨率远低于 MALDI,因此在毛发分析中尚鲜见研究。已知的研究中仅有西弗吉尼亚大学于 2014 年使用 LAESI 对吸毒人员毛发进行的研究报道(Price,2014)。LAESI 是将激光和 ESI 结合的新型常压敞开式离子化方法,其原理是被分析物先被激光消融解吸后再由电喷雾进行离子化并进入质量分析器进行检测。研究直接通过 LAESI 分析毛发中的吗啡虽取得了一定的结果,但无法形成有效的成像图谱。

科学技术和仪器设备的快速发展,衍生出多类各具特色的前沿分析技术,其所能提供的信息大大丰富了毛发分析的广度和深度。以 IMS 技术为例,由于能获取头发中毒(药)物的空间分布,有利于研究毒(药)物进入毛发的渠道、毒(药)物在毛发中的分布、主动/被动污染等困扰毛发分析鉴定的难题。目前主要的研究集中在使用 MALDI 和 SIMS 技术,尽管仍存在瓶颈性的技术难题,如样品的合理化制备、空间分辨率的提高、有效灵敏度的提升等,但通过已发表的系列研究显示,IMS 技术在未来应当在解决毒(药)物与毛发的结合机制方面有所作为。

第七节　毛发中毒(药)物定性确认规则

毛发中毒(药)物阳性结果的确认和结果报告遵循法医毒物鉴定的一般规则,主要涉及毛发阳性结果的质谱定性确认规则,以及可有效控制假阳性、假阴性的阈值规则。

一、质谱定性规则

我国目前已有《质谱分析方法通则》(GB/T 6041 2002)、《液相色谱-质谱联用分析方法通则》(GB/Z 35959 2018)等,但法科学有其自身特点,涉及自然科学与证据科学交叉的毒物分析需要更高的准确性和可靠性。国际法医毒物学协会、美国、德国和澳大利亚等协会均有《法医毒物学实验室准则》(Forensic Toxicology Laboratory Guidelines)和《法医毒物学质谱确认标准》(MS Identification Guidelines in Forensic Toxicology),本书作者团队也研究、制定了司法部技术规范《法医毒物分析有机质谱定性通则》(SF/Z JD0107019 - 2018),以规范结果认定的科学性、规范性和鉴定结果的可靠性。其主要确定的规则和内容介绍如下。

范围: 适用于法医毒物分析使用有机质谱[质量分析系统包括四极杆、离子阱、飞行时间、扇形磁场及傅里叶变换离子回旋共振等类型,离子源包括电子轰击电离源(EI)、化学电离源(CI)、电喷雾离子源(ESI)、大气压化学离子源(APCI)等]对分子量低于 800 g/mol 的毒(药)物定性确证的通用要求。

色谱分离: 气相色谱-质谱联用(GC - MS)分析的色谱分离需使用合适的毛细管柱;液相色谱-质谱联用(LC - MS)分析的色谱分离需使用合适的液相色谱柱。

1) 采用 GC 进行色谱分离,在相同实验条件下,检材样品与相同基质添加样品之间,保留时间(RT)的相对误差允许为±2%以内。若有合适的内标或标志物(如柱流失峰),计算相对保留时间(RRT),RRT 的相对误差允许为±1%以内。

2) 采用 LC 进行色谱分离,检材样品与相同基质添加样品之间,保留时间(RT)的相对误差允许为±2.5%以内。若有合适的内标或标志物(如柱流失峰),计算相对保留时间(RRT),RRT 的相对误差允许为±2%以内。

质谱检测: 有机质谱法分析可以采用质谱技术的全扫描、选择离子、多级质谱技术如多反应监测模式,或其他具有适当电离、采集模式的质谱、多级质谱等联合技术。

(1) 单级质谱电子轰击电离源分析

采用全扫描或选择离子监测模式时,应满足以下要求:

1) 至少选取 3 个相对离子丰度≥5%的特征碎片离子,检材样品与相同基质添加样品中对应目标物比较,相对离子丰度的相对误差应在表 5 - 6 所示的允许范围内。若不计算相对离子丰度,需选取 4 个特征碎片离子,样品的质谱图应能匹配相应标准品的质谱图;若无法获得 3 个特征碎片离子,则需要衍生化再分析或者采用另一种离子化技术分析。

2) 所选取特征碎片离子色谱峰的信噪比(S/N)均应>3∶1。

3) 每张质谱图上至少须有两个特征碎片离子。

表5-6　单级质谱电子电离源分析定性时相对离子丰度的最大允许相对误差

相对离子丰度(基峰%)	最大允许相对误差
≥50%	±10%
>10%~50%	±20%
≤10%	±50%

(2) 单级质谱化学电离源分析

1) 至少选取2个相对离子丰度≥10%的特征碎片离子。

2) 至少计算1个离子比率,检材样品与相同基质添加样品中对应目标物比较,相对离子丰度的相对误差应在表5-7所示的允许范围内。

3) 所选取特征碎片离子色谱峰的信噪比(S/N)均应>3∶1。

表5-7　单级质谱化学电离源分析的最大允许相对误差

相对离子丰度(基峰%)	最大允许相对误差
≥50%	±20%
>20%~50%	±25%
≤20%	±30%

(3) 串联质谱分析

1) 中性丢失和母离子扫描模式可以用于增加信息,但不能用于确证。

2) 多反应监测模式分析时应满足:

a) 母离子质量分辨应小于或等于1Da。

b) 至少监测1个母离子和2个子离子,计算离子丰度比率。或者,监测2个母离子和各自对应的1个子离子。若无法获得子离子,则需要衍生化再分析或者采用另一种离子化技术分析。

c) 所选取特征碎片离子色谱峰的信噪比(S/N)都应>3∶1。

d) 检材样品与相同基质添加样品中对应目标物比较,相对离子丰度的相对误差应在表5-8所示的允许范围内。

表5-8　串联质谱分析定性时相对离子丰度的最大允许相对误差

相对离子丰度(基峰%)	最大允许相对误差
≥50%	±20%
>20%~50%	±25%
≤20%	±30%

(4) 多级质谱(三级以上)分析

1) 至少监测 MS^n 的1个母离子和 MS^n 的1个子离子。

2) MS^n 的子离子色谱峰的信噪比(S/N)均应>3∶1。

3) 检材样品与相同基质添加样品中对应目标物比较,相对离子丰度的相对误差应在表 5-8 所示的允许范围内。

(5) 高分辨质谱分析

高分辨质谱的单级分析、多级质谱采用全扫描或部分扫描采集模式分析,均应满足以下要求:

1) 检材样品中包含分子质量数的图谱与单同位素峰的理论值质量精度至少在 $5×10^{-6}$ 以内。

2) 检材样品的质谱图中应包含至少 2 个子离子,并且与相同基质添加样品中对应目标物子离子的质量精度至少在 $5×10^{-6}$ 以内。

3) 所选取特征碎片离子色谱峰的信噪比(S/N)均应>3∶1。

4) 检材样品与相同基质添加样品中对应目标物比较,相对离子丰度的相对误差应在表 5-9 所示的允许范围内。

表 5-9　高分辨质谱分析定性时相对离子丰度的最大允许相对误差

相对离子丰度(基峰%)	最大允许相对误差
≥50%	±20%
>20%~50%	±25%
≤20%	±30%

二、阈值及其应用

阈值(cut-off)又称临界值(threshold),是指一个效应能够产生的最低值或最高值。阈值概念在各领域均有应用并赋予特定含义,毒理学上为一种物质使机体开始发生效应的剂量或浓度,即低于阈值时不发生,而达到阈值时效应将发生;反兴奋剂领域,确认运动员体内含有违禁物质;食品安全领域,界定农残超标;摄毒鉴定中头发分析的结果判断均涉及阈值概念。

法医毒物学领域所涉阈值存在多种形式,有的是分析方法的最低浓度,有的为产生毒性或危险的浓度,可以是区分内源性与外源性物质的临界浓度,也可以为行政法规规定的浓度。摄毒鉴定、毒驾、毛发中滥用物质分析、反兴奋剂等专业项目的阈值设定一般由多个实验室、协会成员共同研究制定,主要考虑因素如下:① 仪器因素:方法的重复性是否可满足日常分析工作,阈值太低,许多实验室可能难以操作,也不能进行批量间有效质控。② 法规要求:如美国滥用物质和精神健康服务管理局(SAMHSA)和检测实验室质量管理规定,实验室应有在 40% 阈值浓度时进行定量分析的能力,这一规定要求实验室在阈值点时定性定量分析能满足要求的精密度和准确度。③ 科学和保护考虑:为防止环境污染、被动接触等造成的假阳性结果往往需要提高阈值,以区分主动吸食和被动污染。但太高的阈值会排除低剂量或偶尔接触的吸毒者,需要把握平衡关系。

　　阈值的设定可控制、规范法医毒物学鉴定的过程和结果。由于不同实验室采用的分析方法不同,检测灵敏度不同,故设定共同遵守的判断阈值,才能确保鉴定结果的科学性。如果检材中浓度低于阈值,即使按照实验室检出限检出该药物,也视为阴性结果。通过不同案件类型中阈值的设定,不仅可更科学、准确地判定结果,而且可降低因实验室间方法灵敏度等差异造成鉴定结果不一致的风险。

　　阈值的设定可直接控制假阳性和假阴性率。如对于摄毒鉴定,理想的阈值设定应能辨识出绝大部分的滥用者,又能控制环境污染、被动吸食等影响而造成假阳性。而对于毒驾,特别是法规为零容忍毒驾的国家,阈值设定应较低,以尽量减少假阴性结果。

　　阈值的设定在消除种族差异上起着重要作用,图 5-12a 和图 5-12b 显示了理论上两个不同种族,浅色和黑色头发中差异的产生(Kidwell,2000)。药物进入黑色头发的速率是浅色头发的 2 倍。图 5-12a 为低剂量时,根据不同的 cut-off 值,偏差可从 0.5% 至 100%。图 5-12b 表明大剂量时,浅色和黑色头发中浓度均高于 cut-off 值,两个不同种族则均可检出,不显示偏差,只是黑色头发浓度高于浅色头发。

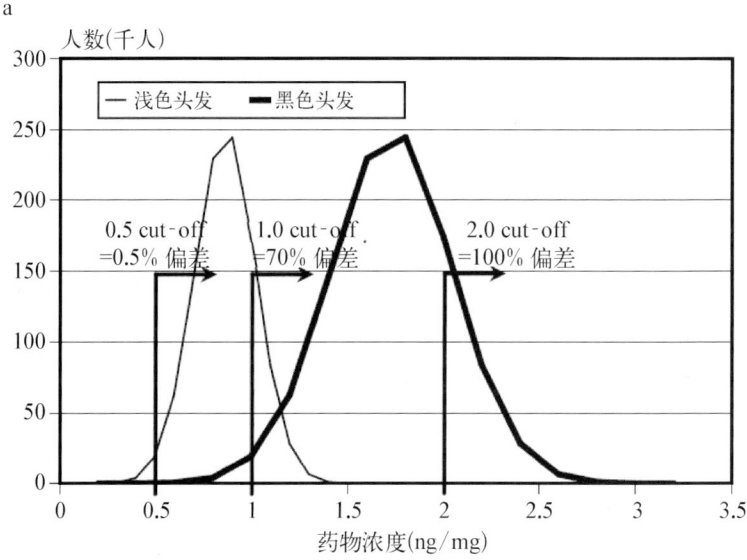

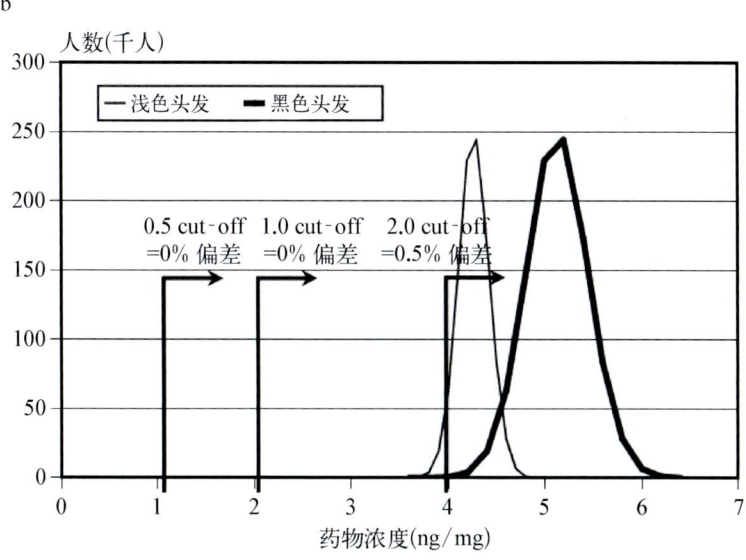

图 5-12 阈值以消除毛发颜色造成的结果差异
a. 低剂量　b. 高剂量（Kidwell，2000）

阈值的设定可为行政执法提供保障。特定的阈值服务于特定案件类型，阈值经行政部门批准、发布后成为共同遵守的规则，执法部门依据建立在阈值基础上的鉴定结果进行判罚。因此，阈值设定的科学性对于有效执法至关重要。

毛发中滥用物质分析中的阈值设定，美国滥用物质和精神健康服务管理局（SAMHSA）、毛发分析协会（the Society of Hair Testing，SoHT）、欧洲的标准有所不同，见表 5-10。同样为毛发中滥用物质分析，摄毒鉴定和驾照再次申领事项的阈值不同，驾照再次申领事项的阈值浓度更低。

表 5-10　不同组织建议的毛发中滥用物质判断阈值（ng/mg）

滥用物质	SoHT	SAMHSA	欧洲工作场所毒品检测	德国驾照再次申领案件
THC	0.1	0.00005(THC-COOH)	0.05	0.02
阿片类	0.2	0.2	0.2	0.1
可卡因	0.5	1	0.5	0.1
苯丙胺类	0.2	0.3	0.2	0.1
苯二氮卓类			0.05	
EtG	0.03		0.007(0.03)*	

*：0.03 ng/mg EtG 为酗酒阈值，超过 0.007 ng/mg 时如果申诉为社交性饮酒，需提供证据。

由于阈值的设定受现行法律法规、国家治理要求、科技发展水平和行业实验室现状等因素影响，因而阈值将随社会发展和科技发展而变化。

参 考 文 献

冯鲍盛,白玉,刘虎威.2014.实时直接分析质谱新技术及其应用.中国科学化学(中文版)44(5):784-788
国菲,王燕燕.2009.毛发中海洛因代谢物的释放与分析方法研究.分析化学,37:1263-1268
李冰,杨红霞.2003.电感耦合等离子体质谱技术最新进展.分析试验室,1:94-100
孟品佳,何洪源,朱丹等.2008.苯丙胺类毒品滥用者毛发中毒品及其代谢物的分析与解释.药物分析杂志,28:709-714
沈保华,沈敏.2002.度冷丁在豚鼠毛发中的分布研究.法医学杂志,18:220-221
沈敏,吴向坚,向平等.2001.头发中精神药物及代谢物的GC/MS检测.质谱学报,22:32-38
沈敏,向平,沈保华等.2000.头发中抗抑郁药及抗精神病药的检测及评价.法医学杂志,16:148-152
沈敏,向平,沈保华等.2008.头发中内源性类固醇激素的气相色谱-串联质谱分析.色谱,26:454-459
孙其然,向平,严慧等.2008.LC-MS/MS法测定豚鼠毛发中可卡因及其代谢物苯甲酰爱康宁.药物学报,43:1217-1223
向平,沈敏,沈保华等.2005.氯胺酮滥用的毛发分析研究.法医学杂志,21:290-293
向平,沈敏,沈保华等.2006.生物检材中吗啡类生物碱的LC-MS/MS分析.法医学杂志,22:52-54
向平,沈敏,沈保华等.2008.液相色谱-串联质谱法测定毛发中的司坦唑醇.色谱,26:469-472
向平,沈敏.2002.GC/MS同时分析头发中大麻酚类和Δ9-四氢大麻酸.法医学杂志,18:216-219
严慧,向平,沈保华等.2008.液相色谱串联质谱法测定毛发中的甲睾酮浓度.药物分析杂志,28:1789-1792
严慧,向平,王萌烨等.2007.液相色谱-串联质谱法测定头发中10种蛋白同化激素.分析化学,35:949-953
钟岩.2005.吸毒者毛发中苯环己哌啶的串联质谱分析.吉林公安高等专科学校学报,3:24-27
Agius R, Nadulski T, Kahl HG et al. 2010. Validation of a headspace solid-phase microextraction GC-MS/MS for the determination of ethyl glucuronide in hair according to forensic guidelines. Forensic Sci Int, 196: 3-9
Appenzeller BM, Schuman M, Yegles M et al. 2007. Ethyl glucuronide concentration in hair is not influenced by pigmentation. Alcohol and Alcoholism, 42: 326-327
Audinot JN, Schneider S, Yegles M et al. 2004. Imaging of arsenic traces in human hair by nano-SIMS 50. Applied Surface Science, 231(23): 490-496
Barroso M, Dias M, Vieira DN et al. 2008. Development and validation of an analytical method for the simultaneous determination of cocaine and its main metabolite, benzoylecgonine, in human hair by gas chromatography/mass spectrometry. Rapid Commun Mass Spectrom, 22: 3320-3326
Chen BJ, Lee PL, Chen WY et al. 2006. Hair dye distribution in human hair by ToF-SIMS. Applied Surface Science 252(19): 6786-6788
Chèze M, Deveaux M, Martin C et al. 2007. Simultaneous analysis of six amphetamines and analogues in hair, blood and urine by LC-ESI-MS/MS: application to the determination of MDMA after low Ecstasy intake. Forensic Sci Int, 170: 100-104
Domínguez-Romero JC, García-Reyes JF, Molina-Díaz A. 2011. Screening and quantitation of multiclass drugs of abuse and pharmaceuticals in hair by fast liquid chromatography electrospray time-of-flight mass spectrometry. 879(22): 2034-2042
Flinders B, Cuypers E, Zeijlemaker H et al. 2015. Preparation of longitudinal sections of hair samples for the analysis of cocaine by MALDI-MS/MS and TOF-SIMS imaging. Drug Testing & Analysis, 7(10): 859-865
Frison G, Favretto D, Tedeschi L et al. 2003. Detection of thiopental and pentobarbital in head and pubic hair in a case of drug-facilitated sexual assault. Forensic Sci Int, 133: 171-174

Goulle JP, Chèze M, Pepin G et al. 2003. Determination of endogenous levels of GHB in human hair. Are there possibilities for the identification of GHB administration through hair analysis in cases of drug-facilitated sexual assault? J Anal Toxicol, 27: 574-580

Grégoire DC, Sturgeon RE. 1999. Analyte transport efficiency with electrothermal vaporization inductively coupled plasma mass spectrometry. Spectrochim Acta Part B, 54(5): 773-786

Han E, Park Y, Yang W et al. 2006. The study of metabolite-to-parent drug ratios of methamphetamine and methylene-dioxymethamphetamine in hair. Forensic Sci Int, 161: 124-129

Hegstad S, Khiabani HZ, Kristoffersen L et al. 2008. Drug screening of hair by liquid chromatography-tandem mass spectrometry. J Anal Toxicol, 32: 364-372

Hoelzle C, Scheufler F, Uhl M et al. 2008. Application of discriminant analysis to differentiate between incorporation of cocaine and its congeners into hair and contamination. Forensic Sci Int, 176: 13-18

Huang DK, Liu C, Huang MK et al. 2009. Simultaneous determination of morphine, codeine, 6-acetylmorphine, cocaine and benzoylecgonine in hair by liquid chromatography/electrospray ionization tandem mass spectrometry. Rapid communications in Mass Spectrometry, 23: 957-962

Kelly T, Doble P, Dawson M 2005. Chiral analysis of methadone and its major metabolites (EDDP and EMDP) by liquid chromatography-mass spectrometry. J Chromatogr B, 814: 315-323

Kempson IM, Skinner WM, Kirkbride PK. 2003.Calcium distributions in human hair by ToF-SIMS. Biochimica Et Biophysica Acta General Subjects,1624(1): 1-5

Kerekes I, Yegles M, Grimm U et al. 2009. Ethyl glucuronide determination: head hair versus non-head hair. Alcohol and alcoholism,44: 62-66

Kernalléguen A, Steinhoff R, Bachler S et al. 2018. High-Throughput Monitoring of Cocaine and its Metabolites in Hair Using Microarrays for Mass Spectrometry and MALDI-MS/MS. Anal Chem, 90(3): 2302-2309

Kharbouche H, Spokert F, Troxler S et al. 2009. Development and validation of a gas chromatography-negative chemical ionization tandem mass spectrometry method for the determination of ethyl glucuronide in hair and its application to forensic toxicology. J Chromatogr, 877: 2337-2343

Kintz P, Cirimele V, Jamey C, et al. 2003. Testing for GHB in hair by GC/MS/MS after a single exposure. Application to document sexual assault. J Forensic Sci, 48: 195-200

Kintz P, Evans J, Villain M et al. 2010. Interpretation of hair findings in children after methadone poisoning. Forensic Sci Int,196(1-3): 51-54

Kronstrand R, Forsman M, Roman M. 2013. A Screening Method for 30 Drugs in Hair Using Ultrahigh-Performance Liquid Chromatography Time-of-Flight Mass Spectrometry. Therapeutic Drug Monitoring, 35(3): 288-295

Kronstrand R, Forsman M, Roman M. 2018. Quantitative analysis of drugs in hair by UHPLC high resolution mass spectrometry. Forensic Sci. Int, 283: 9-15

Kronstrand R, Nyström I, Josefsson M et al. 2002. Segmental ionspray LC-MS/MS analysis of benzodiazepines in hair of psychiatric patients. J Anal Toxicol, 26: 479-484

Kronstrand R, Nyström I, Strandberg J et al. 2004. Screening for drugs of abuse in hair with ion spray LC-MS-MS. Forensic Sci Int, 145: 183-190

Lachenmeier DW, Kroener L, Musshoff F et al. 2003. Application of tandem mass spectrometry combined with gas chromatography and headspace solid-phase dynamic extraction for the determination of drugs of abuse in hair samples. Rapid Commun Mass Spectrom, 17: 472-478

Lachenmeier DW, Kroener L, Musshoff F et al. 2003. Application of tandem mass spectrometry combined with gas chromatography and headspace solid-phase dynamic extraction for the determination of drugs of abuse in hair samples. Rapid Communications in Mass Spectrometry, 17(5): 472-478

Lamoureux F, Gaulier J, Sauvage FL et al. 2009. Determination of ethyl-glucuronide in hair for heavy drinking detection using liquid chromatography-tandem mass spectrometry following solid-phase extraction. Anal Bioanal Chem, 394: 1895-1901

Miki A, Katagi M, Kamata T et al. 2011. MALDI-TOF and MALDI-FTICR imaging mass spectrometry of methamphetamine incorporated into hair, Journal of Mass Spectrometry, 46(4): 411-416

Montesano C, Vannutelli G, Massa M et al. 2017. Multi-class analysis of new psychoactive substances and metabolites in hair by pressurized liquid extraction coupled to HPLC-HRMS. Drug Testing & Analysis, 9: 798-807

Nielsen MK, Johansen SS, Dalsgaard PW et al. 2010. Simultaneous screening and quantification of 52 common pharmaceuticals and drugs of abuse in hair using UPLC-TOF-MS. Forensic Sci Int, 196(1-3): 85-92

Norris JL, Caprioli RM. 2013. Analysis of tissue specimens by matrix-assisted laser desorption/ionization imaging mass spectrometry in biological and clinical research, Chemical reviews, 113(4): 2309-2342

Pichini S, Pacifici R, Altieri I et al. 1999. Determination of opiates and cocaine in hair as trimethylsilyl derivatives using gas chromatography-tandem mass spectrometry. J Anal Toxicol, 23: 343-348

Poetzsch M, Steuer AE, Roemmelt AT et al. 2014. Single hair analysis of small molecules using MALDI-triple quadrupole MS imaging and LC-MS/MS: investigations on opportunities and pitfalls, Analytical Chemistry, 86(23): 11758-11765

Price JC, Mayberg HS, Dannals RF et al. 2014. Direct analysis of drugs in forensic applications using laser ablation electrospray ionization-tandem mass spectrometry (LAESI-MS/MS), Analytical Methods, 6(13): 4810-4817

Shen M, Xiang P, Shen B et al. 2009. Physiological concentrations of anabolic steroids in human hair. Forensic Sci Int, 184: 32-36

Shen M, Xiang P, Shi Y et al. 2014. Mass imaging of ketamine in a single scalp hair by MALDI-FTMS, Analytical & Bioanalytical Chemistry 406(19): 4611-4616

Shen M, Xiang P, Yan H et al. 2009. Analysis of anabolic steroids in hair: Time courses in guinea pigs. Steroids, 74: 773-778

Shen M, Xiang P, Zhou F et al. 2012. Hair as a Specimen to Document Tetramethylene Disulfotetramine Exposure. J Forensic Sci, 57(3): 669-673

Strano-Rossi S, Botrè F, Bermejo AM et al. 2009. A rapid method for the extraction, enantiomeric separation and quantification of amphetamines in hair. Forensic Sci Int, 193: 95-100

Tabernero MJ, ML Felli, AM Bermejo et al. 2009. Determination of ketamine and amphetamines in hair by LC/MS/MS. Anal Bioanal Chem, 395: 2547-2557

Thorspecken J, Skopp G, Potsch L. 2004. In vitro contamination of hair by marijuana smoke. Clin Chem, 50: 596-602

Uhl M, Sachs H. 2004. Cannabinoids in hair: strategy to prove marijuana/hashish consumption. Forensic Sci Int, 145: 143-147

Vandecasteele C, Vanhoe H, Dams R. 1993. Inductively coupled plasma mass spectrometry of biological samples. J Anal Atom Spectrom 8: 781-786

Villain M, Chéze M, Tracqui A et al. 2004. Windows of detection of zolpidem in urine and hair. Application to two drug-facilitated sexual assaults. Forensic Sci Int, 143: 157-161

Villain M, Li ncheiro M, Cirimele V et al. 2005. Screening method for benzodiazepines and hypnotics in hair at pg/mg level by LC - MS/MS. J Chromatogr B, 825: 72 - 78

Villamor JL, Bermejo AM, Fernandez P et al. 2005. Technical Note: A New GC - MS Method for the Determination of Five Amphetamines in Human Hair. J Anal Toxicol, 29: 135 - 139

Vogliardi S, Favretto D, Frison G et al. 2010. A fast screening MALDI method for the detection of cocaine and its metabolites in hair, Journal of Mass Spectrometry, 44(1): 18 - 24

Weinmann W, Müller C, Vogt S et al. 2002. LC - MS - MS analysis of the neuroleptics clozapine, flupentixol, haloperidol, penfluridol, thioridazine, and zuclopenthixol in hair obtained from psychiatric patients. J Anal Toxicol, 26: 303 - 307

第二篇　分　论

第六章 毛发中阿片类物质分析

第一节 概 述

阿片(opioid)是一类天然或人工合成的具有吗啡药理作用的中枢神经抑制——兴奋剂。阿片的原生植物为罂粟科植物罂粟(Papave Sonmifun L),含有吗啡、可待因、蒂巴因和罂粟等生物碱。阿片的药理作用大部分是由其主要成分吗啡所致。

从罂粟中获取阿片已有6 000年的历史,1803年,德国青年药剂师Serturner从阿片中分离并提取出一种生物碱——吗啡,从而开创了此类药物的现代史。在吗啡的母体结构上,进一步进行化学修饰,又发现和产生许多此类药物,其中最重要的是1874年用吗啡合成的海洛因。此外,还出现了各种全合成物质。主要阿片类物质见表6-1。

表6-1 主要阿片类物质

分 类	阿 片 类 物 质
天然阿片	吗啡(morphine)、可待因(codeine)
半合成阿片	海洛因(heroin)、吗啉吗啡(pholcodine)、乙基吗啡(codethyline)、丁丙诺非(buprenorphine)、纳洛酮(naloxone)
全合成阿片	环丙甲羟二羟吗啡酮(naltrexone)、美沙酮(methadone)、右丙氧酚(dextropropoxyphene)、哌替啶(pethidine)、右吗拉胺(dextromoramide)、苯哌利定(phenoperidine)、芬太尼(fentanyl)、阿芬太尼(alfentanil)、苏芬太尼(sufentanyl)、镇痛新(pentazocine)、雷米芬太尼(remifentanil)、1-乙酰基-α-美沙醇(LAAM)、纳布啡(nalbuphine)、曲马多(tramadol)

近年来,由于芬太尼及其衍生物的高效力带来严重不良反应且滥用致死的事件时有发生,引起了全球关注。2017年10月,美国白宫宣布美国全国性阿片类物质泛滥是美国历史上最严重的毒品危机。2018年统计当年美国人死于与毒品有关的中毒死亡中非法合成阿片类物质近30 000余人(以芬太尼类物质为主)、海洛因15 000余人(初钰霖,2019)。

随着新精神活性物质全球性泛滥,2017年1月,公安部、国家卫生健康委、国家药监局联合发布公告,自2017年3月1日起将卡芬太尼、呋喃芬太尼、丙烯酰芬太尼、戊酰芬太尼四种物质列入非药用类麻醉药品和精神药品管制品种增补目录。2019年4月,公安部、国家卫生健康委、国家药监局联合发布公告,宣布从5月1日起将芬太尼类物质列入《非药用类麻醉药品和精神药品管制品种增补目录》。"芬太尼类物质"是指化学结构与芬太尼(N-[1-(2-苯乙基)-4-哌啶基]-N-苯基丙酰胺)相比,符合以下一个或多个条件的物质:① 使用其他酰基替代丙酰基;② 使用任何取代或未取代的单环芳香基团替代与氮原子直接相连的苯基;③ 哌啶环上存在烷基、烯基、烷氧基、酯基、醚基、羟基、卤素、卤代烷基、氨基及硝基等取代基;④ 使用其他任意基团(氢原子除外)替代苯乙基。上述所列管物质如果发现有医药、工业、科研或者其他合法用途,按照《非药用类麻醉药品和精神药品列管办法》第三条第二款规定予以调整。

阿片类物质与中枢特异性受体阿片受体相互作用,起中枢抑制和兴奋作用。其抑制作用主要包括镇痛、镇静和呼吸抑制;兴奋作用则有欣快、幻觉、惊厥、缩瞳和催吐。同时也具有较强的成瘾性和耐受性,滥用后易产生依赖。

阿片类物质的药理作用:

(1) 镇痛作用　阿片类物质都是有效的镇痛剂,也是这类物质用于医疗的主要指征。不同物质其镇痛作用强度不同,如海洛因的作用最强,其后依次为吗啡、哌替啶、双氢可待因、可待因和丙氧酚;作用时效不同,如芬太尼的作用时间很短,而其他药的镇痛时间可达6 h。

(2) 镇静作用　镇静作用不仅减弱了对疼痛的反应,也可消除紧张、烦躁不安等不快情绪。此构成了这类物质被严重滥用的药理学基础。

(3) 呼吸抑制作用　使用临床治疗剂量时,几乎不产生呼吸抑制,然而当剂量较大或与其他中枢抑制剂合用,则可引起明显的呼吸中枢抑制。

(4) 改变心境作用　舒适和欣快感是阿片类物质的典型药理学特征,也是滥用者滥用的追求境界。

(5) 催吐作用　阿片类物质通过兴奋延脑催吐化学感受区,引起恶心和呕吐。

(6) 缩瞳作用　阿片受体激动剂都有使瞳孔缩小的作用,这对诊断阿片类物质中毒和识别阿片类成瘾者具有重要的临床意义。

(7) 其他中枢作用　多数阿片类物质还是镇咳药,其中可待因是最常使用的,也有被滥用的倾向。

阿片类的滥用起源于17世纪,主要以鼻吸、烫吸阿片粗制品为主。而后,随着海洛因等物质的问世,滥用方式也变得多样化,由单纯的吸食向肌注、静注发展;由海洛因向所有的合成、半合成物质发展,联合使用也成为滥用方式的一大特征。① 阿片类物质交替使用。如海洛因和哌替啶交替使用,哌替啶作为不能获得海洛因时的替代剂。也有在无法获取海洛因的情况下,使用镇咳药或美沙酮替代。② 阿片类与巴比妥、苯二氮卓类安眠镇静药合用。用于加强海洛因的作用或者当不能获得海洛因时作为替代剂,以及使用安眠镇静药来缓解海洛因戒断症状。③ 阿片类与可卡因合用。可卡因可以增强海洛因的欣快作用,而海洛因又可以减轻可卡因产生的不舒适效果。④ 阿片类与苯丙胺类合用。苯丙胺类可防止海洛因造成的极度松弛和淡漠,以便获得能量和充沛精力。

　　从流行病学角度,可将阿片类滥用者分为三个亚群:① 社会吸毒者。至2000年,统计在册已达九十多万,是造成健康和社会问题的最危险的人群;② 合法药物滥用者。慢性疼痛病人如果长期用药或用药不当,就会形成对这类药物的依赖性,变成生活中的一种消费;③ 卫生工作者。这也是药物滥用的一个特殊人群,药物的易获得性是这类人群滥用的主要因素。

　　阿片类物质与中枢催眠镇静药相同,在长期使用中能产生药理上的耐受性,以及在减少或终止用药时产生戒断综合征。戒断综合征包括主观症状与客观体征两个方面:植物神经系统方面活动增强;精神运动性激动,焦虑、不安、惊恐、激越或自残等;强烈渴求用药与觅药;失眠与厌食;广泛性疼痛。戒断症状多出现在短效作用的阿片类物质如海洛因、哌替啶中断用药的 12~24 h 之间,一般在 72 h 后逐渐减轻。长作用的阿片类物质如美沙酮的戒断现象则发生在停药后的 48~72 h,持续 1~2 周。

　　阿片类物质进入人体后,大多迅速离开血液,分布于组织肝、肺、脾、肾中。阿片类物质在体内以亲水形式存在,仅有少量能穿透血脑屏障,海洛因是一个例外,尽管其结构与吗啡很相似,却能以十倍吗啡量穿透血脑屏障,这也解释了为什么海洛因较其他物质能更快地发生作用。

　　肝是代谢体外物质的主要器官,代谢的目的有两个:一是使物质失活,二是使物质具有水溶性,易于通过肾排泄。代谢途径的知识在分析毒物学中具有重要的意义,因为代谢物的存在可以是曾经摄入母体物质的唯一指证,母体物质与代谢物的相对浓度也可指明是否存在耐受性。更重要的是分析工作者必须确信所用的任何提取、检测、测定方法不仅适用于物质原体,同时也适用于主要代谢物。

第二节　海洛因、吗啡、可待因

一、体内过程

　　海洛因(Heroin)又名二乙酰吗啡(Diacetylmorphine, Diamorphine, Acetomorphine),化学名为 3,6-二乙酰氧基-7,8-去氢-4,5-环氧-N-甲基吗啡烷(3,6-Diacetpoxy-7,8-dehydro-4,5-epoxy-N-methylmorphine)。

$$C_{21}H_{23}NO_5 = 369.41$$
CAS：561-27-3

吗啡(Morphine)，化学名为7,8-二脱氢-4,5-环氧-17-甲基吗啡喃-3,6-二醇(7,8-Didehydro-4,5-epoxy-17-methylmorphinan-3,6-diol)。

$$C_{17}H_{19}NO_3 = 285.34$$
CAS：57-27-2

可待因(Codeine)又名甲基吗啡(Methylmorphine, Morphine methyl ether)，化学名为7,8-去氢-4,5-环氧-6-羟基-3-甲氧基-N-甲基吗啡喃(7,8-Dehydro-4,5-epoxy-6-hydroxy-3-methoxy-N-methylmorphinan)。

$$C_{18}H_{21}NO_3 = 299.37$$
CAS：76-57-3

海洛因吸食和注射吸收良好，可大量穿透血脑屏障，迅速产生作用。海洛因进入人体后在血脂酶的作用下迅速代谢成6-单乙酰吗啡，血浆半衰期为2~3 min，然后进一步在肝脏代谢成吗啡并与葡醛酸结合。海洛因在尿中的代谢产物有6-单乙酰吗啡、游离吗啡、吗啡-3-葡醛酸结合物、吗啡-6-葡醛酸结合物和微量的去甲吗啡(游离或结合)、可待因、二氢吗啡酮等(图6-1)。其中可待因可因海洛因样品中的杂质乙酰可待因而升高，也有认为可待因非源于海洛因的代谢。

海洛因的代谢物主要通过肾排泄(24 h约排出67%)，尿中主要以代谢产物吗

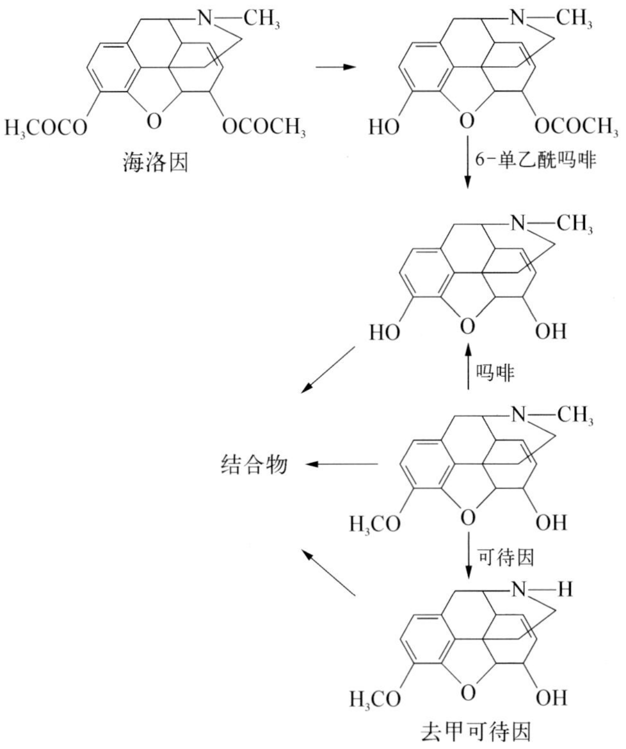

图 6-1 海洛因在体内的主要代谢途径

啡 3-葡醛酸结合物形式存在，也有少量的游离物，1%为 6-单乙酰吗啡，0.1%为原形，以及微量其他代谢物。

吗啡肌注、静注快速吸收，口服存在首过效应，生物利用度 20%~30%。吗啡注射给药 10~20 min 可发挥作用，1~2 h 可达浓度高峰，通过被动扩散进入血液，并广泛分布于肾、肝、肺等组织。吗啡在体内以亲水形式存在，不易透过血脑屏障，故吗啡在组织中浓度较高，在脑和肌肉中浓度较低。

吗啡的主要代谢途径是 3-羟基与葡醛酸结合，研究发现这种结合物在胆汁中的浓度最大，但仅有一小部分通过大便排泄，大部分重吸收进入血循环，通过尿排出。吗啡药后 72 h 排出剂量的 87%，其中 75%以 3-葡醛酸结合物形式存在，同时在尿中也发现微量去甲吗啡、去甲可待因等代谢物（Baselt，1982）。

可待因口服或非胃肠道给药，均可吸收，生物利用度 50%。口服后 20 min 生效，1 h 到达血液浓度峰值。可待因在体内的主要代谢途径是 O-去甲基转化为吗啡和 N-去甲基形成去甲可待因，并与葡醛酸或硫酸结合。单一剂量摄入，48 h 排出剂量的 95%，其中 5%~17%游离可待因，32%~46%结合可待因，痕量的游离吗啡,5%~13%结合吗啡,痕量的游离去甲可待因,10%~21%结合去甲可待因。此外,尚检出痕量的氢化可待因。

海洛因进入人体后迅速离开血液,分布于组织肝、肺、脾、肾中。表6-2总结了各文献报道的海洛因和吗啡滥用致死者各脏器吗啡浓度数据。11例可待因中毒致死者体内可待因和吗啡的浓度分布见表6-3。(Dalpe-Scott,1995)。

表6-2 尸体组织吗啡的毒物学数据

总吗啡浓度(μg/mL,μg/g)									
血	尿	胆汁	肝	肺	脾	肾	脑		例数
0.1~1.0	2.0~50	1.0~100	0.4~5.0			1.0~8.0			30
0.3~1.0	20	1.0~600	1.0~20.5	0.3~18.0	1.3~8.5	0.5~41.0	1.3~3.8		8
0.1~0.9	0.1~10	0.2~50	0.6~3.3	0.1~40					13
0.03~0.1	0.1~10	1.0~43	0.2~1.8	1.7~50					5
0.2~2.0	14.0~81	0.5~53	0.06~2.0			0.05~2.3	0.04~2.0		66
0.2~2.3	1.9~29		0.4~18						14
0.02~1.0		3.4~130	0.5~9.9	1.0~9.6	1.6~3.1	0.9~17.2			6
0.01~1.4	0.1~120	0.02~106		0.02~4.2			0.02~0.6		22
0.02~3.3	0.1~20	0.12~54		0.01~1.6					33

表6-3 尸体组织中可待因和吗啡的浓度分布

组织	浓度(μg/g,μg/mL)	
	可待因均值(范围)	吗啡均值(范围)
血	2.8(1.0~8.8)	0.2(0~0.5)
胆汁	18(5.0~43)	38(3.1~117)
肝	6.8(0.6~45)	1.5(0~6.3)
肾	12(2.3~36)	2.0(0.3~5.2)
尿	104(29~229)	20(0~58)

乙酰可待因是海洛因的主要杂质成分,故在海洛因滥用者毛发中可同时检出单乙酰吗啡、吗啡、可待因、乙酰可待因,可待因滥用者毛发中也存在可待因和吗啡成分,但二者吗啡和可待因的比例不同。同时,单乙酰吗啡是海洛因的唯一来源,可提供海洛因滥用的证据。

二、样品处理

1. 去污处理

海洛因滥用者毛发处理前须经洗涤剂和有机溶剂脱污染,有机溶剂通常包括丙酮、甲醇、二氯甲烷、正己烷等。仅使用水和甲醇不能有效除去外部污染。参考洗涤方法如下：① 取毛发样品,依次用 5 mL 二氯甲烷、5 mL 水、5 mL 二氯甲烷各浸洗 2 min。收集第三次清洗溶剂二氯甲烷,浓缩后经 GC-MS 分析,应为阴性结果。② 取毛发样品,依次用 10 mL 0.1% 十二烷基磺酸钠(SDS)、10 mL 0.1% 洗洁净、10 mL 水、10 mL 丙酮振荡洗涤 2 min。③ 取毛发样品,分别用 1 mL 正己烷、丙酮超声 30 s。

毛发自然晾干后剪成约 1~2 mm 长的小段,或用球磨机粉碎和冷冻研磨粉碎。

2. 提取方法

单乙酰吗啡、吗啡和可待因固化在毛发的变性角蛋白中,须先使其呈游离态再提取。

（1）酸水解法　准确称取剪细的毛发 20~50 mg,添加乙基吗啡作内标。加入 0.1 mol/L 稀盐酸溶液 1 mL,于 45℃ 水浴中保温 18 h。冷却后调 pH 为 8,加 1 mL 磷酸缓冲液(pH 8.4),用氯仿：异丙醇(9:1)混合溶剂 2 mL 混旋提取;或上 Bond Elut 小柱,用 2 mL 含 2% NH_4OH 的氯仿：异丙醇(80:20)混合溶剂洗脱。提取液或洗脱液转移至另一离心管中,45℃ 下氮气吹干,用于 LC-MS/MS 分析。或残渣中加 MSTFA：乙腈(1:1)混合溶液 50 μL 于 70℃ 衍生化 30 min 后,用于 GC-MS 法分析。

（2）溶剂浸提法　取洗净剪细的毛发 20~50 mg,添加乙基吗啡作内标。加入甲醇-三氟乙酸(9:1) 2 mL,37℃ 水浴中保温过夜。甲醇液 45℃ 下氮气吹干。需要时同上衍生化。

（3）超声提取法　取洗净、粉状毛发 20~50 mg,添加乙基吗啡作内标,加入甲醇 2 mL,于 50℃ 超声提取 1 h。甲醇液 45℃ 下氮气吹干。需要时同上衍生化。

（4）冷冻研磨浸提法　将剪碎的头发段装入冷冻研磨机,粉碎。称取毛发粉末 20 mg 于 EP 管中,加入 1 mL 内标工作液(甲氧那明 1 ng/mL 甲醇液),保持水浴 20℃ 以下超声 30 min,然后以 12 000 r/min 离心 3 min,转移上清液,60℃ 水浴中挥至近干,加入 100 μL 甲醇溶解残余物,转移至进样瓶中,待检。

3. 讨论

（1）水解方法　对于海洛因滥用者毛发而言,水解方法选择的关键是避免单乙酰吗啡水解为吗啡。比较甲醇、0.1 mol/L HCl、甲醇-5 mol/L HCl(20:1)和甲醇-三氟乙酸(9:1)等方法提取毛发中单乙酰吗啡和吗啡的提取效率,发现后者的提取效率最高、单乙酰吗啡水解最少。超声浸提法的杂质多于酸水解法和甲醇-三氟乙酸提取法,但该法适用于目标物不明确的毛发筛选分析。而冷冻研磨浸提法可避免酸水解、超声浸提过程中单乙酰吗啡因长时间遇热、遇水而分解为吗啡,是目前最为有效的样品处理方法。

可采用 β-葡糖苷酸-芳基硫酸酯酶于 40~45℃ 水解海洛因阳性毛发,也有报道用蛋白酶 K 及链蛋白酶于 37℃ 消化过夜。理论上讲,碱消化可使毛发完全溶解,获得高效的提取率,但该法不适用于不稳定化合物单乙酰吗啡。

(2) 提取方法　阿片类阳性毛发的提取方法主要为液-液提取和固相提取(Brewer,2001;Montagna,2002;Balikova,2003),为了提高分析信噪比,必要时应考虑进一步净化。Brewer(2001)报道采用超临界流体提取法用于样品净化,该法的优点是可与 GC-MS 连接进行在线提取。最近,Sarafraz(2005)建立了表面增强液相微提取法(SE-LPME)。

(3) 内标　商品化的氘代内标包括:吗啡-d_3,可待因-d_3,6-单乙酰吗啡-d_3,二氢可待因酮-d_3,氢化吗啡酮-d_3。氘代内标的优点是吗啡和可待因的溶解度和 pKa 均不同,在某一 pH 条件下,两者的提取效率也不同,用其相应的氘代化合物作内标,可消除 pH 控制偏差时产生的提取损失。非氘代内标主要有乙基吗啡、烯丙吗啡,其优点是适用面广。由于内标和被测物可很好分离,不仅可用于 GC-MS 分析,还可用于 GC,HPLC 分析。

(4) pH 的控制　吗啡为两性化合物,其 pKa 为 8.2,一般在 pH 8.5~9.0 用含氯溶剂提取,加入 10%~20%的高醇可减少吸附损失。也有使用非氯溶剂的,也需加入高醇以改善回收率。所有玻璃器皿的硅烷化可进一步减少吸附损失。单乙酰吗啡和可待因可在较宽 pH 范围(9~14)下用含氯溶剂提取。许多文献报道了在pH9.0~9.2 时用含有不同高醇比例的各种溶剂同时提取吗啡和可待因时,可待因回收率(85%~90%)高于吗啡(67%~80%)。

(5) 衍生化　吗啡的气相色谱行为极差,检测灵敏度很低,甚至在一些色谱柱上不出峰,因而必须衍生化。酰化、硅烷化、氟化试剂均可用于单乙酰吗啡、吗啡、可待因的衍生化。比较吗啡和可待因的各种衍生物稳定性,发现酰化物最稳定。其中乙酰化物将吗啡和单乙酰吗啡均转化为海洛因,因而不能区别这些化合物,但使用氘代乙酰化物可解决此问题。丙酰化也可产生稳定化合物,同时又可区分吗啡、单乙酰吗啡和可待因。

对氟化衍生物的研究表明,TFA、PFPA 和 HFBA 衍生物色谱行为良好,但不稳定性是一个大问题,在 24 h 内衍生物发生水解。在分子中引进了强电负性基团,大大增强了负化学源质谱检测的灵敏度是氟化物(如 HFBA)衍生化的一大特性。

三甲基硅衍生物最为常用,但因其强大的吸湿水解能力也存在不稳定问题,将衍生物置于过量的衍生化试剂中可克服此缺点。如吴侔天(1998)报道 MSTFA 衍生化后试剂不挥干,将样品置于过量的 MSTFA:乙腈中于 4℃冰箱保存,3 天内比值不变。

三、分析方法

1. GC-MS

色谱条件:DB-5 毛细管柱(30 m×0.25 mmI.D.,0.33 μm 膜厚)或 HP-5 毛细管柱(30 m×0.25 mmI.D.,0.25 μm 膜厚),初温 100℃,10℃/min 程序升温至 150℃,然后以 25℃/min 升温至 280℃,保持 10 min。

质谱条件：EI 源，离子源温度 150℃，接口温度 250℃。工作前自动调谐仪器。常见海洛因及其代谢物的衍生化物 EI 质谱图如下：

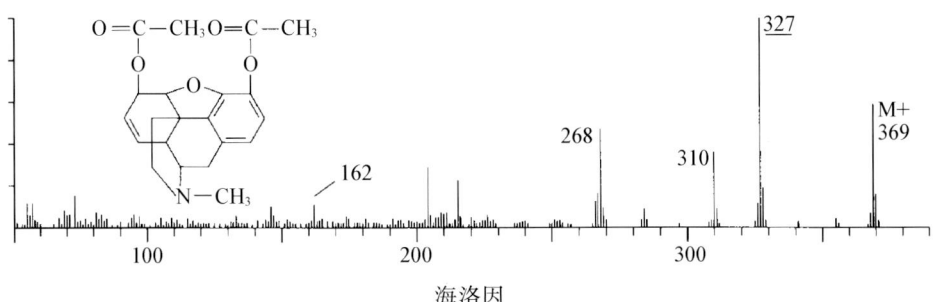

海洛因

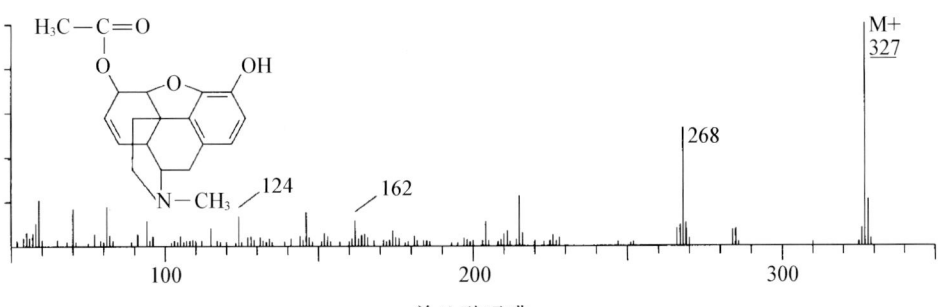

单乙酰吗啡

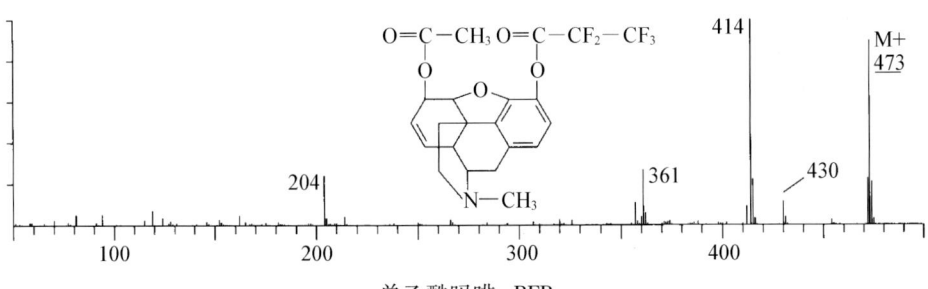

单乙酰吗啡-PFP

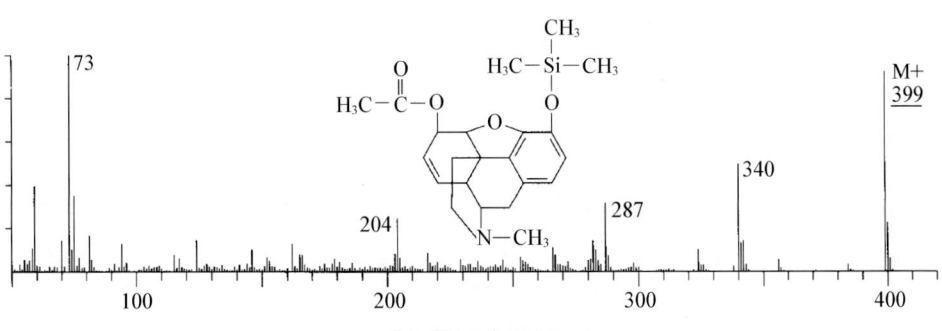

单乙酰吗啡-TMS

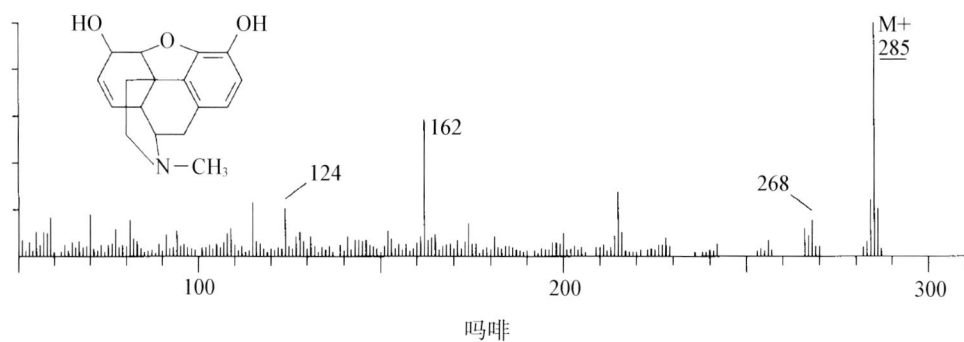
吗啡

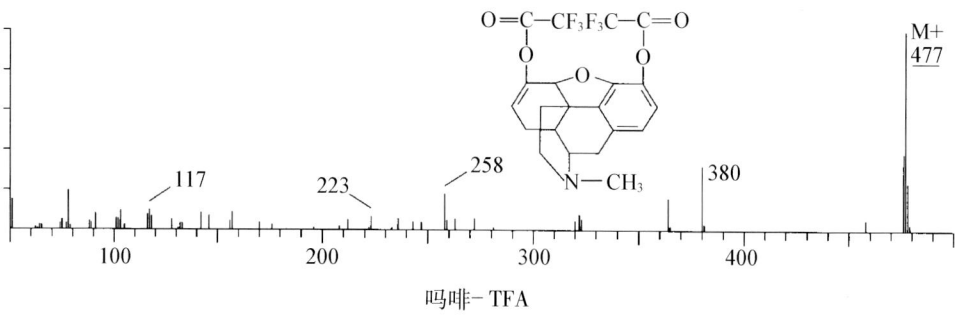
吗啡-TFA

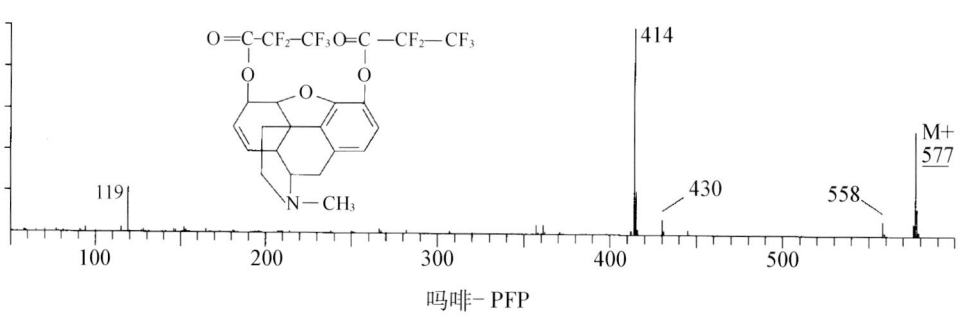
吗啡-PFP

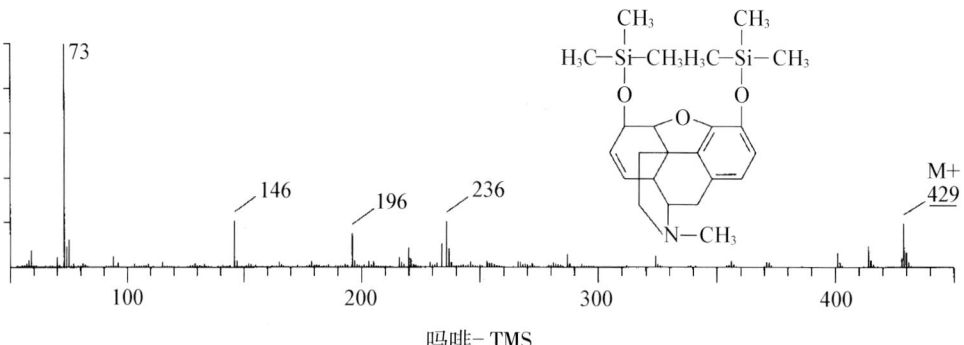
吗啡-TMS

第六章 毛发中阿片类物质分析

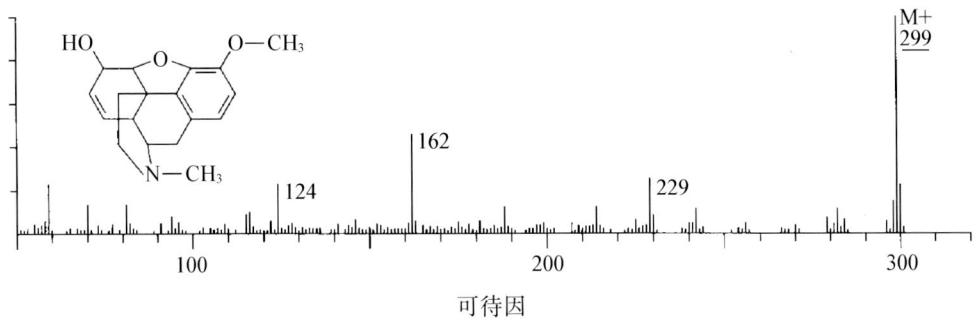

可待因

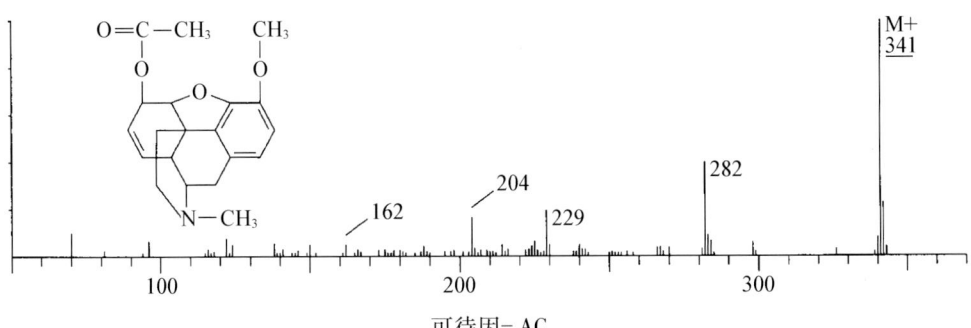

可待因-AC

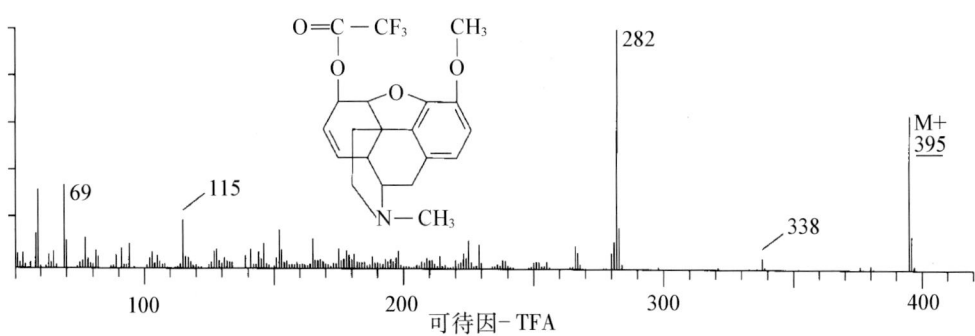

可待因-TFA

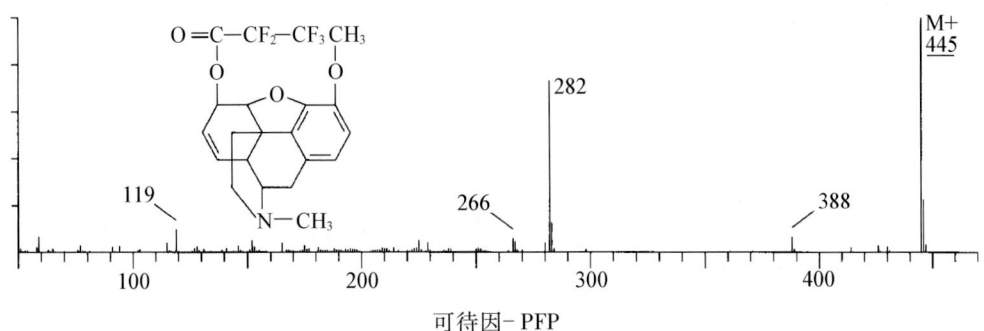

可待因-PFP

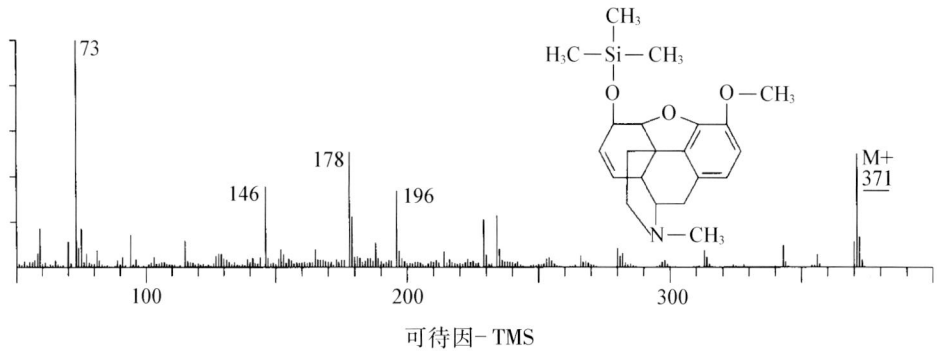
可待因-TMS

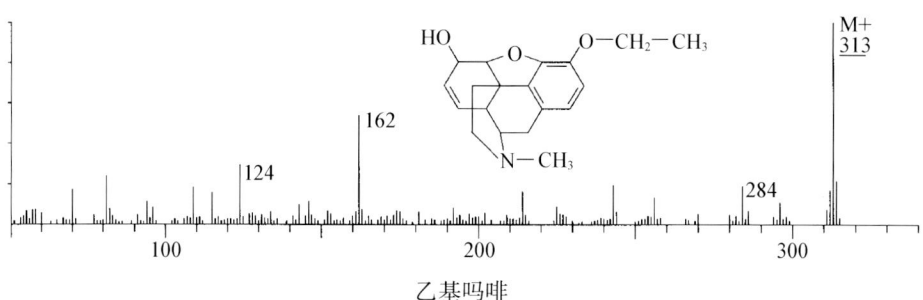
乙基吗啡

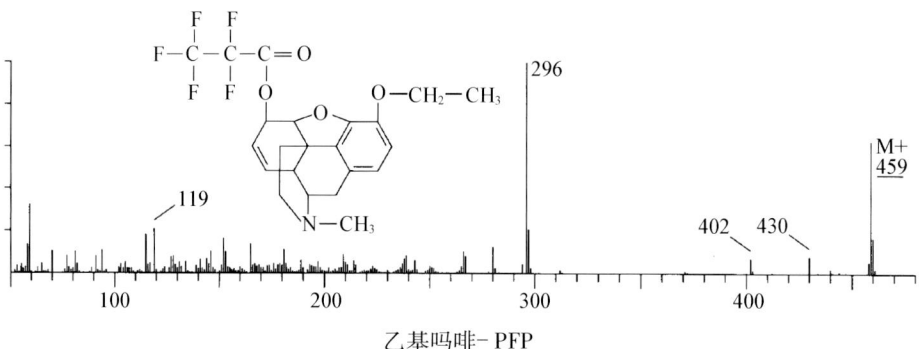
乙基吗啡-PFP

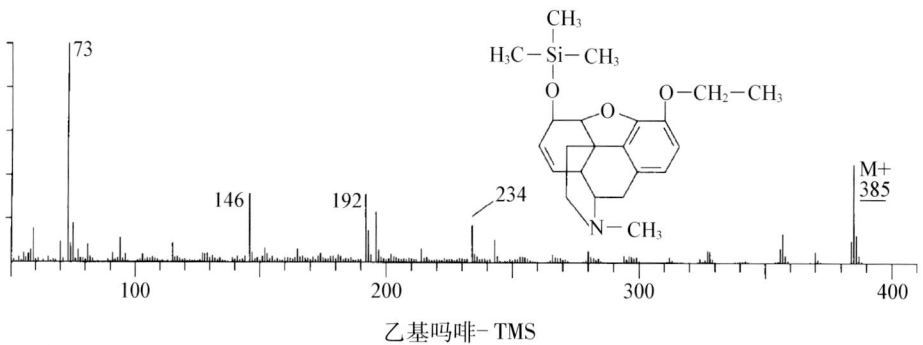
乙基吗啡-TMS

选择离子检测(SIM)：SIM 法可大大提高灵敏度，并消除或降低背景信号，使峰高、峰面积的测定更具特征性。SIM 法的特异性取决于：① 所选的质量单位对被检物有特征意义，通常选择的质量数越高，则受其他化合物干扰的可能性越小；② 从各选定质量单位离子间的相对丰度比可判断被检物的纯度；③ GC 保留时间。故用 SIM 法既可定量又可定性。一般选择分子离子、基峰离子和丰度较大的特征离子。吗啡、可待因、单乙酰吗啡各衍生物的保留指数和常用选择离子见表 6-4。

表 6-4 吗啡、可待因、单乙酰吗啡各衍生物的保留指数和常用选择离子

衍生化	化合物	保留指数	选择离子(m/z)
乙酰化	吗啡-2AC	2 620	369,327
	可待因-AC	2 500	341,282
	乙基吗啡-AC	2 530	355,327
三氟乙酰化	吗啡-2TFA	2 250	477,364
	可待因-TFA	2 280	395,282
	乙基吗啡-TFA	2 320	409,296
五氟丙酰化	吗啡-2PFP	2 360	577,414
	可待因-PFP	2 430	445,282
	单乙酰吗啡-PFP	2 650	473,414
	乙基吗啡-PFP	2 430	459,296
MSTFA	吗啡-2TMS	2 560	429,236
	可待因-TMS	2 520	371,196
	单乙酰吗啡-TMS	2 590	399,340
	乙基吗啡-TMS	2 540	385,192

方法评价：毛发中单乙酰吗啡、吗啡和可待因最低检出限为 0.02 ng/mg、0.03 ng/mg 和 0.02 ng/mg；定量限 0.15 ng/mg、0.11 ng/mg 和 0.04 ng/mg(Musshoff，2005)。

2. GC-MS/MS

色谱条件：DB-5 毛细管柱(30 m×0.25 mmI.D.，0.33 μm 膜厚)，初温 100℃，10℃/min 程序升温至 150℃，然后以 25℃/min 升温至 280℃，保持 10 min。

质谱条件：离子阱温度：150℃，Manifold 温度：45℃，传输线温度：250℃，其他参数见表 6-5。

表 6-5 吗啡、可待因、单乙酰吗啡衍生物的 MS/MS 条件

Rt(min)	化合物	母离子	CID 电压	RF 值	子离子(m/z)
10.6	可待因-TMS	371	34(非共振)	60	234,343(65)
10.8	吗啡-diTMS	429	0.8	60	414
11.3	单乙酰吗啡-TMS	341	0.65	60	324

方法评价：头发中吗啡、单乙酰吗啡和可待因最低检出限为 0.05 ng/mg、0.02 ng/mg 和 0.05 ng/mg（沈敏，2002）。

3. LC-MS/MS

（1）分析参考条件（向平，2006）

色谱条件：液相柱为 Allure PFP Propyl 100 mm×2.1 mm×5 μm，前接 phenomenex 的保护柱。流动相为乙腈：缓冲液（70∶30），缓冲液为 20 mmol/L 乙酸胺和 2% 甲酸的溶液。恒流 200 μL/min。

质谱条件：Applied Biosystems 公司的三重四级串联质谱（API 4000），采用电喷雾电离-正离子模式（ESI+），操作参数分别为：碰撞气（Collision Gas），7；气帘气（Curtain Gas），30；离子喷雾电压（Ionspray Voltage），5 500；温度（Temperature），500℃。每种化合物选取两个母离子/子离子对，质谱参数见表 6-6。

表 6-6　阿片类物质的 LC-MS/MS 条件

中文名	英文名	母离子 (m/z)	子离子 (m/z)	DP (V)	CE (eV)	Rt (min)
吗啡	morphine	286.1	201.2 165.3	80	36 56	2.76
吗啡-d3	morphine-d3	289.2	201.1 165.3	80	35 56	2.76
可待因	codeine	300.2	199.2 165.3	80	40 60	3.65
单乙酰吗啡	6-acetylmorphine	328.1	211.3 165.3	90	36 54	4.16
海洛因	heroin	370.2	268.2 165	90	38 60	6.24
乙酰可待因	acetylcodeine	342.2	225.2 165.3	85	35 61	6.62
二氢可待因酮	hydrocodone	300.2	199.2 171.3	85	42 55	4.76
氢吗啡酮	hydromorphone	286.2	185.3 199.1	85	40 40	3.20

方法评价：本法所用 Allure PFP Propyl 液相柱对阿片类物质分离良好，由此可减少离子抑制，提高灵敏度。每个化合物选取两个离子对定性，采用第一个离子对定量分析，以第二个离子对峰强度信噪比 S/N>3 确定最低检测限（LOD），增加了分析的准确性和特异性。具有相同离子对的可待因和二氢可待因酮、吗啡和氢吗啡酮可通过保留时间不同得到分离。

LC-MS/MS-MRM 方法线性范围和最低检测限见表 6-7，灵敏度较 GC-MS 法高 2~10 倍。

表6-7 毛发中阿片类物质的线性关系及检出限

化合物	线性范围(ng/mg)	线性回归方程	r	LOD(ng/mg)
吗啡	0.04~100	$y=2.52x+1.29$	0.999 3	0.01
单乙酰吗啡	0.1~10	$y=3.93x-0.377$	0.999 3	0.04
可待因	0.01~100	$y=1.99x+0.222$	0.999 9	0.004
乙酰可待因	0.01~0.4	$y=11.9x+0.182$	0.996 7	0.004
二氢可待因酮	0.1~10	$y=32.4x-4.75$	0.994 8	0.04
氢吗啡酮	0.4~10	$y=3.07x-0.529$	0.994 8	0.1

(2) 分析参考条件二(Klys,2007)

色谱条件：液相柱为 LiChroCART RP C_{18} 柱(125 mm×3 mm×4 μm)，前接 LiChrospher 60 RP B 预柱(4 mm×4 mm×5 μm)。流动相(A)为0.1%甲酸的水溶液，流动相(B)为乙腈。液相梯度洗脱程序：初始状态为95%A+5%B，保持2 min；经30 min至30%A+70%B，保持2 min；然后经8 min至终状态的95% A+5%B。恒流400 μL/min。

质谱条件：Finnigan TSP 4000 质谱仪，采用 APCI+模式，操作参数分别为：气帘气(nebulizer gas),60 psi；放电电流(discharge current),5.0 μA；源温度(source temperature),400℃。目标物的质谱参数：吗啡 m/z 286→268，吗啡-d3（内标）m/z 289→271，单乙酰吗啡 m/z 328→268，单乙酰吗啡-d3（内标）m/z 331→271，可待因 m/z 300→282，可待因-d3（内标）m/z 303→285。

方法评价：头发中吗啡、单乙酰吗啡和可待因最低检出限和定量限均为0.2 ng/mg；线性范围：0.2~20 ng/mg；准确度：94.9%~98.5%；日间精密度：7.02%~15.4%。

(3) 分析参考条件三(Grabenauer,2018)

色谱条件：液相柱为 SB C_{18} column (2.7 μm,2.1×100 mm)，柱箱温度50℃，流动相A为0.1%甲酸的5 mM甲酸铵溶液，流动相B为0.1%甲酸的甲醇溶液。液相梯度洗脱程序：0.5 min,5% B；0.5~5.0 min,75% B；5.0~6.1 min,90%；6.1~6.2 min,5%；柱后2 min。进样量4 μL，流速0.50 mL/min。

质谱条件：ESI 正离子模式，碎裂电压380 V，池加速电压4 V，气体温度250℃，气体流速15 L/min，毛细管电压3 000 V。每种化合物选取两个母离子/子离子对，见表6-8。

表6-8 阿片类物质的 LC-MS/MS 条件

中文名	英文名	保留时间(min)	前体离子(m/z)	碎片离子1(m/z)	碎片离子2(m/z)	CE 1(V)	CE 2(V)
可待因	Codeine	2.97	300.2	165.0	152.1	56	52
可待因-6B-D-葡萄糖醛酸苷	Codeine-6B-D-glucuronide	2.87	476.2	300.2	215.1	32	44

续表

中文名	英文名	保留时间(min)	前体离子(m/z)	碎片离子1(m/z)	碎片离子2(m/z)	CE 1(V)	CE 2(V)
二氢可待因	Dihydrocodeine	2.95	302.2	199.0	128.1	36	70
二氢可待因-6B-D-葡萄糖醛酸苷	Dihydrocodeine-6B-D-glucuronide	2.94	478.2	302.3	199.2	32	56
二氢吗啡	Dihydromorphine	1.29	288.2	185.1	157.0	36	52
二氢吗啡-3B-D-葡萄糖醛酸苷	Dihydromorphine-3B-D-glucuronide	0.80	464.2	288.2	185.1	36	64
氢可酮	Hydrocodone	3.51	300.2	199.2	128.0	32	68
氢吗啡酮	Hydromorphone	1.81	286.2	185.1	157.1	36	52
氢吗啡酮-3B-D-葡萄糖醛酸苷	Hydromorphone-3B-D-glucuronide	1.04	462.2	286.2	185.1	32	56
吗啡	Morphine	1.29	286.2	152.1	165.2	44	70
吗啡-3B-D-葡萄糖醛酸苷	Morphine-3B-D-glucuronide	0.81	462.2	286.2	—	36	—
吗啡-6B-D-葡萄糖醛酸苷	Morphine-6B-D-glucuronide	1.25	462.2	286.3	—	36	—
羟考酮	Oxycodone	3.27	316.2	298.1	241.1	20	36
羟吗啡酮	Oxymorphone	1.54	302.1	284.2	227.0	24	32
羟吗啡酮-3B-D-葡萄糖醛酸苷	Oxymorphone-3B-D-glucuronide	0.81	478.2	284.2	227.0	36	56
6-单乙酰吗啡	6-Acetylmorphine	3.72	328.2	211.1	164.9	28	40
可待因-d6	Codeine-d6	2.93	306.2	165.0	—	44	—
可待因-6B-D-葡萄糖醛酸苷-d3	Codeine-6B-D-glucuronide-d3	2.85	479.2	61.1	—	40	—
二氢可待因-d6	Dihydrocodeine-d6	2.90	308.2	171.2	—	44	—
氢可酮-d6	Hydrocodone-d6	3.47	306.2	202.3	—	32	—
氢吗啡酮-d3	Hydromorphone-d3	1.80	289.2	185.0	—	32	—
吗啡-d6	Morphine-d6	1.27	292.2	151.9	—	68	—
吗啡-3B-D-葡萄糖醛酸苷-d3	Morphine-3B-D-glucuronide-d3	0.81	465.2	289.2	—	36	—
吗啡-6B-D-葡萄糖醛酸苷-d3	Morphine-6B-D-glucuronide-d3	1.24	465.2	289.0	—	36	—
羟考酮-d6	Oxycodone-d6	3.23	322.2	304.1	—	20	—
羟吗啡酮-d3	Oxymorphone-d3	1.53	305.2	287.1	—	24	—
羟吗啡酮-3B-D-葡萄糖醛酸苷-d3	Oxymorphone-3B-D-glucuronide-d3	0.79	481.2	287.1	—	32	—
6-单乙酰吗啡-d6	6-Acetylmorphine-d6	3.70	334.2	164.9	—	44	—

方法评价：毛发中所有目标物的 LOD 在 0.2 pg/mg~1 pg/mg 范围,非葡萄糖醛酸结合物的目标物线性范围为 40~1 200 pg/mg,葡萄糖醛酸结合物的目标物线

性范围为 2~120 pg/mg。

4. CE-MS(Gottardo,2007)

毛细管电泳条件：Beckman P/ACE 毛细管电泳仪,熔硅毛细管柱(100 cm×75 μmI.D.),分离缓冲液 25 mM 甲酸胺(pH 9.5),分离电压 15 kV,柱温 20℃。采用场放大样品复集(FASS)进样技术：先将毛细管柱的进样端在水中浸 1 s,然后在 0.5 psi 的压力下向内注水 1 s,最后以 7 kV 的电压进样,持续 30 s。

质谱条件：SL 质谱仪,ESI+,SIM 模式,电压：4 kV,源温度：200℃,雾化气：3 psi。

方法评价：吗啡和单乙酰吗啡的最低检测限分别为 0.05 ng/mg 和 0.02 ng/mg。日间精密度为 4.15%~6.81%。

5. 方法讨论

毛发中阿片类物质筛选和确证分析方法包括 GC-MS、GC-MS/MS、LC-MS/MS 和 CE-MS 等。早期较多采用 GC-MS 法,用 PFPA、HFBA、BSTFA 衍生化,SIM 模式以提高分析灵敏度。而 GC-MS/MS 具有更高的灵敏度和选择性,可确认极低浓度的分析目标物。近年来,LC-MS/MS 因可分析极性毒药物或极性代谢物而无须衍生化的优势在阿片类物质分析中显示出优越性。

四、结果解释

1. 海洛因滥用的判断(cut-off 值)

与体液、组织相比,毛发分析可提供更为确凿的海洛因滥用的证据。体液分析通常只能检测到吗啡(单乙酰吗啡仅在摄毒后 24 h 内存在),而毛发分析可同时检测到单乙酰吗啡和吗啡,且毛发分析不受时间限制,可在摄毒后数月至数年获得阳性结果。

海洛因滥用的毛发分析中,阈值(cut-off)的确立是非常重要的。Pepin(1997)报道了 61 例海洛因滥用者头发中各代谢物的浓度(表 6-9),可见单乙酰吗啡浓度一般高于吗啡和可待因浓度,可以认为单乙酰吗啡是海洛因滥用的证据。

表 6-9 海洛因滥用者头发中各代谢物的浓度

按单乙酰吗啡浓度分类(ng/mg)	代谢物浓度(ng/mg)		
	单乙酰吗啡	吗啡	可待因
<0.5($n=3$)	0.3(0.3~0.3)	0.30(0.2~1.0)	1.16(0.3~1.5)
0.5~1.0($n=6$)	0.72(0.5~1.0)	0.87(0.4~2.0)	4.25(0.7~21.6)
1.0~5.0($n=25$)	2.14(1.1~4.9)	1.07(0.4~5.2)	0.83(0.2~5.7)
5.0~10.0($n=9$)	7.24(5.2~9.9)	3.95(1.3~8.2)	3.93(1.3~9.7)
10.0~20.0($n=9$)	12.97(11.0~19.4)	6.07(2.1~12.3)	4.08(0.4~13.6)
>20.0($n=9$)	43.19(22.1~131.2)	12.52(0.5~44.6)	10.14(0.4~30.4)

Moeller(1993)认为,头发吗啡/可待因浓度比可成为海洛因滥用的另一判断指标。在吗啡浓度低于 1 ng/mg 时,吗啡/可待因浓度比为 5∶1,而吗啡浓度高于 1 ng/mg 时,则两者的比值为 2∶1。同时,其认为单乙酰吗啡/吗啡比值应在 1.3~10 范围。Kauert(1996)等分析了 141 名海洛因滥用者的头发,得到单乙酰吗啡的平均浓度为 5.46 ng/mg,吗啡平均浓度为 0.86 ng/mg 的结果。并评价了海洛因滥用程度与单乙酰吗啡浓度的关系:头发单乙酰吗啡浓度<1 ng/mg 符合周滥用状况;1~10 ng/mg 符合周滥用至天滥用程度;>10 ng/mg 则表明每天多次滥用或极高剂量的滥用。

Pepin(1997)测定 135 例涉案者头发,单乙酰吗啡的平均浓度为 11.3 ng/mg,并将其分为三类(表 6-10)。显然,将海洛因滥用的认定阈值定为单乙酰吗啡 0.5 ng/mg。

表 6-10 单乙酰吗啡浓度的结果解释

分析结果	阴	性	阳	性
滥用程度	无	低	中	高
单乙酰吗啡浓度(ng/mg)	<0.5	<2	2~10	>10

毛发分析协会(SoHT)首次(Anon,1997)推荐海洛因滥用的确认指标为单乙酰吗啡/吗啡浓度比大于 1.3∶1。2004 年,协会认为海洛因滥用和可待因或吗啡滥用不同的是存在单乙酰吗啡,推荐色谱技术分析的单乙酰吗啡 cut-off 值为 0.2 ng/mg。目前,我国的《涉毒人员毛发样本检测规范》中,单乙酰吗啡和吗啡的 cut-off 值均为 0.2 ng/mg。

Kintz(1998)提出海洛因样品的主要杂质成分——乙酰可待因是否可作为滥用海洛因的标志物?其分析 50 例阿片类过量致死者的头发样品,其中 22 例检出乙酰可待因,平均浓度为 1.04 ng/mg,同时检出单乙酰吗啡,平均浓度为 7.79 ng/mg。而乙酰可待因阴性的 28 例头发中,21 例存在单乙酰吗啡。向平(2006)的研究也得到同样的结果。因此,乙酰可待因无法替代单乙酰吗啡作为海洛因滥用的标志物。部分头发样品中乙酰可待因阴性的可能原因为:海洛因样品中乙酰可待因的浓度不同,收集检材的时间不同,乙酰可待因不稳定、在前处理过程中转变成可待因等。

2. 海洛因滥用剂量与头发浓度关系

摄毒剂量与头发浓度的关系是毛发分析中又一重要问题。慢性滥用情况下,日摄取量的变化非常大,建立剂量-浓度关系需要大量的数据并考虑个体差异。

Kintz(1998)进行剂量与浓度的相关研究。20 名受试者在严格控制的情况下,每天静注海洛因 30~800 mg。自根部采集 4 cm 段头发样品,此约反映 100 天头发生长期的摄药情况,总量为 14 100～71 540 mg。分别检测头发段中海洛因、单乙酰吗啡和吗啡浓度,结果见表 6-11,发现剂量与浓度不呈相关性($r=0.346$)。Girod(2001)也得到海洛因滥用剂量与单乙酰吗啡无相关性的结果($r=0.01$)。Musshoff(2005)发现在受控状态下,摄药剂量与头发中目标物总浓度的相关性为 0.66(图 6-2)。Welp(2003)在进行大样本(95 名)研究后,同样发现研究对象头发中吗啡和单乙酰吗啡浓度与自述用量一致。Shearer(2007)在对监狱 382 名个体分析后认为两者存在一定的关系。总之,根据目前的研究结果,通过测定药物浓度推测摄入海洛因量尚不可行。

表 6-11 海洛因总剂量、头发颜色与头发中海洛因、单乙酰吗啡和吗啡浓度

对象	海洛因总剂量(mg)	头发颜色	海洛因(ng/mg)	单乙酰吗啡(ng/mg)	吗啡(ng/mg)
1	45 020	黑色	0.12	2.58	2.16
2	14 620	深棕色	1.13	0.51	0.71
3	52 330	深棕色	N.D.	9.33	3.26
4	37 840	金色(染)	1.75	3.40	2.12
5	31 220	黑色	1.36	6.83	2.13
6	39 200	深棕色	0.28	10.11	3.24
7	50 900	浅棕色	1.01	1.09	2.72
8	51 350	浅棕色	0.68	4.72	2.62
9	35 850	浅棕色	1.46	6.74	1.97
10	57 930	黑色	0.49	5.12	4.07
11	56 390	黑色	0.34	8.18	5.20
12	49 700	深棕色	3.85	6.32	4.19
13	71 540	黑色	N.D.	3.52	2.66
14	58 350	红色(染)	1.63	1.01	1.15
15	57 850	深棕色	1.48	1.67	3.04
16	42 100	黑色	4.53	5.44	1.73
17	41 810	浅棕色	1.65	3.02	2.02
18	14 100	红色(染)	1.35	0.38	0.80
19	31 180	深棕色	0.39	2.33	1.43
20	26 130	黑色	0.81	1.51	1.50

N.D.:未检出(低于检出限)。

吴侔天(1998)考察了吸食和静注海洛因成瘾者头发中代谢产物的浓度,发现滥用方式对海洛因代谢后进入头发无明显影响。

3. 不同部位毛发中单乙酰吗啡及吗啡浓度

Lee(2009)考察了 82 名海洛因滥用死亡者头发和阴毛中单乙酰吗啡及吗啡浓度。采集的 82 份头发按照头发量和用药史分成 173 段,阴毛 15 份不分段,经 GC-

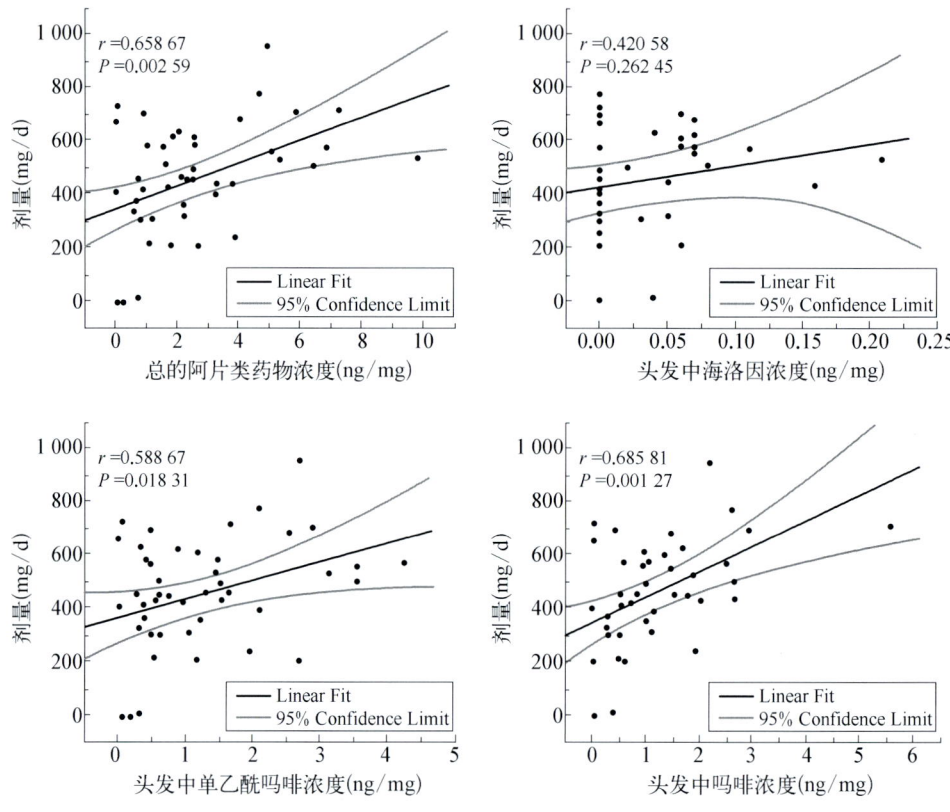

图6-2 摄入量与头发中目标物浓度的关系(Musshoff,2005)

MS法分析后得到以下结果,见表6-12,表6-13。头发和阴毛有不同的生长速率和生长周期。头发受到外部污染和洗涤处理的影响,而阴毛则可能受到尿液的污染。一般而言,尿液中代谢物浓度高于原体浓度,因而阴毛中有较高的代谢物比例。尽管头发中目标物浓度高于阴毛,但ANOVA统计分析结果表明,两者无显著性差异。向平(1999)的研究也得到同样的结果。

表6-12 海洛因滥用死亡者头发中单乙酰吗啡及吗啡浓度(82名,173段)

	单乙酰吗啡(ng/mg)	吗啡(ng/mg)	范围
平均值	10.7	4.9	
最小值	0.1	0.1	低范围
25%	0.9	0.8	
中位值	3.2	2.1	中范围
75%	12.5	6.0	高范围
最大值	154.1	36.3	

表6-13 海洛因滥用死亡者阴毛中单乙酰吗啡及吗啡浓度(15名)

	单乙酰吗啡(ng/mg)	吗啡(ng/mg)	范围
平均值	2.6	2.0	
最小值	0.2	0.2	低范围
25%	0.5	0.4	
中位值	1.0	0.8	中范围
75%	2.3	2.4	高范围
最大值	18.2	13.3	

4. 美发处理对头发中药物浓度的影响

头发中单乙酰吗啡、吗啡和可待因浓度将受到头发染发、漂白、烫发等影响,某些美发处理方式将损害头发表皮,破坏色素的分子结构,减少药物与头发的结合,导致药物浓度降低。Jurado(1997)比较了经染发处理和未经处理头发中药物的浓度,发现染发处理后单乙酰吗啡、吗啡和可待因浓度分别减少41.3%、61.2%和29.5%。漂白、烫发处理同样显示头发药物浓度降低。因此,头发分析结果判断时应考虑美发处理可能导致药物浓度的降低,甚至产生阴性结果。

5. 血液污染影响

外污染影响是毛发分析结果解释中一个必须考虑的首要因素。实践中尤其是中毒死亡案例,如果需要采集毛发进行毒药物分析,毛发采样必须在尸检前完成,因为体液有可能会污染到毛发。Paterson(2011)考察海洛因吸毒死亡案例中血液对毛发的外污染。配制单乙酰吗啡浓度0.05 mg/mL、0.1 mg/mL、0.2 mg/mL、0.5 mg/mL和3.0 mg/mL的血液,将大约3.2 g空白毛发置于血液中5 min,取出后于室温下放置。分别于6 h、1 d、2 d、4 d和7 d后取污染毛发0.5 g,用洗发液去污处理后进行分析。所有样品中单乙酰吗啡均有部分分解为吗啡,由0.05 mg/mL、0.1 mg/mL、0.2 mg/mL单乙酰吗啡血液污染的头发中,单乙酰吗啡和吗啡浓度均低于0.2 ng/mg;0.5 mg/mL单乙酰吗啡血液污染的头发中单乙酰吗啡和吗啡浓度范围分别在0.65~1.11 ng/mg和0.34~0.80 ng/mg;3 mg/mL单乙酰吗啡血液污染的头发中单乙酰吗啡和吗啡浓度范围分别在2.12~3.67 ng/mg和0.84~2.05 ng/mg。所以,在中毒死亡案件中若需要进行毛发分析,应仔细观察毛发是否受血迹污染。

6. 毛发中阿片类物质的Ⅱ相葡萄糖醛酸结合物

代谢物检测可以帮助区分主动吸食与外部污染。Grabenauer(2018)建立毛发中检测可待因-6B-D-葡萄糖醛酸苷、二氢可待因-6B-D-葡萄糖醛酸苷、二氢吗啡-3B-D-葡萄糖醛酸苷、氢吗啡酮-3B-D-葡萄糖醛酸苷、吗啡-3B-D-葡萄糖醛酸苷、吗啡-6B-D-葡萄糖醛酸苷等阿片类物质的Ⅱ相葡萄糖醛酸结合物分析方法,发现阿片类物质阳性毛发样品中,Ⅱ相葡萄糖醛酸结合物的浓度在1~

25 pg/mg,大部分样品中浓度在 1~5 pg/mg。毛发中Ⅱ相葡萄糖醛酸结合物浓度与对应的原体浓度比率分别为:可待因-6β-D-葡萄糖醛酸苷,2.33%;氢吗啡酮-3β-D-葡萄糖醛酸苷,0.94%;羟吗啡酮-3β-D-葡萄糖醛酸苷,0.77%;吗啡-3β-D-葡萄糖醛酸苷,0.59%;吗啡-6β-D-葡萄糖醛酸苷,0.93%。毛发中Ⅱ相葡萄糖醛酸结合物暂时无法作为区分主动吸食与外部污染的常规生物标志物。

7. 乙酰可待因分析

乙酰可待因为海洛因合成过程中的杂质成分,其浓度随合成路线不同存在很大差异。本书作者研究中,所有吸毒者阳性样品中均可检出乙酰可待因,平均浓度为 0.58 ng/mg(范围:0.05~3.99 ng/mg)。但是,与 6-单乙酰吗啡相比,由于其浓度低、差异大,乙酰可待因难以替代 6-单乙酰吗啡作为海洛因吸毒的判断指标。

五、阳性数据

Michael(1995)应用甲醇直接浸提、GC-MS 法测定了 8 名滥用海洛因过量致死者头发中原体及代谢物的浓度(表 6-14),其中 4 例检出海洛因原体,所有 8 例均检出代谢物单乙酰吗啡和吗啡。

表 6-14 8 名海洛因过量致死者头发中原体及代谢物的浓度

案例	年龄(性别)	海洛因(ng/mg)	单乙酰吗啡(ng/mg)	吗啡(ng/mg)	可待因(ng/mg)
1	40(m)	2.5	12.0	5.8	1.4
2	35(m)	2.7	3.6	2.1	0.6
3	33(f)	3.0	4.3	1.6	1.1
4	31(m)	1.3	3.8	0.9	0.6
5	22(m)	0.0	1.2	0.6	0.5
6	55(m)	0.0	0.8	0.5	0.4
7	19(m)	0.0	0.2	0.1	0.0
8	23(m)	0.0	0.1	0.1	0.1

向平(2002)应用酸水解、LC-MS/MS 法分析 10 名海洛因滥用者头发样品中原体及代谢物浓度,见表 6-15。样品中均未检出原体海洛因,可能与摄入量、摄入时间有关,而吗啡浓度明显高于单乙酰吗啡浓度,与向平(1999)采用 GC-MS 分析的结果一致,可能与样品处理方式有关。

表 6-15 10 名海洛因滥用者头发样品的分析结果

样品	吗啡(ng/mg)	单乙酰吗啡(ng/mg)	可待因(ng/mg)	乙酰可待因(ng/mg)	二氢可待因酮(ng/mg)	氢吗啡酮(ng/mg)
1	18.6	+	17.7	-	0.445	0.485
2	10.2	0.263	14.4	0.044 9	0.371	+

续 表

样 品	吗啡 (ng/mg)	单乙酰吗啡 (ng/mg)	可待因 (ng/mg)	乙酰可待因 (ng/mg)	二氢可待因酮 (ng/mg)	氢吗啡酮 (ng/mg)
3	0.565	0.112	2.19	-	0.181	-
4	30.2	0.385	29.4	0.0766	1.10	0.888
5	19.1	1.84	33.1	0.520	1.18	0.682
6	6.74	0.115	8.64	-	0.273	-
7	21.8	0.493	22.1	0.0767	0.788	0.624
8	7.37	1.65	10.6	0.314	0.303	+
9	19.3	2.64	30.7	0.804	0.822	0.504
10	2.74	1.03	4.01	0.203	0.231	+

注：+检出，未定量；- 未检出。

本书作者于2013年采用冷冻研磨处理头发样品，考察50例海洛因吸毒者头发中海洛因、6-单乙酰吗啡、吗啡、可待因和乙酰可待因的浓度，与其他非中国吸毒人群的毛发分析结果比较，并进一步考察SoHT建议的6-单乙酰吗啡与吗啡的浓度比率区分方法的可行性。50例吸毒者的头发样品经所建的LC-MS/MS方法分析，结果见表6-16，其中均检出6-单乙酰吗啡、吗啡、可待因和乙酰可待因成分，仅有2个样品中未检出海洛因成分。头发中海洛因、6-单乙酰吗啡、吗啡、可待因和乙酰可待因的浓度均值分别为1.83（范围0.02~12.20）、5.36（范围0.20~52.90）、2.42（范围0.11~10.30）、6.07（范围0.25~55.60）和0.58（范围0.05~3.99）ng/mg。

表6-16 吸毒者头发中海洛因、6-单乙酰吗啡、吗啡、可待因和乙酰可待因的浓度(ng/mg)

样品(#)	海洛因	6-单乙酰吗啡	吗 啡	可待因	乙酰可待因	比率(6-单乙酰吗啡/吗啡)
1	0.03	0.26	0.59	1.75	0.17	0.44
2	7.97	5.88	4.50	4.45	1.70	1.31
3	0.64	1.75	1.72	2.19	0.48	1.02
4	0.51	3.36	4.78	8.72	0.43	0.70
5	10.80	2.47	0.89	1.43	1.23	2.78
6	0.12	4.24	7.87	14.60	0.41	0.54
7	2.18	1.99	1.30	2.42	0.28	1.53
8	0.34	0.34	0.38	0.91	0.16	0.89
9	0.96	2.02	2.26	2.08	0.76	0.89
10	6.87	3.61	1.20	1.99	0.44	3.01
11	3.67	7.36	3.24	6.22	1.38	2.27
12	6.28	7.49	3.17	5.88	1.89	2.36
13	0.14	6.25	3.82	6.49	0.71	1.64
14	4.25	3.27	2.52	5.54	0.61	1.30

续 表

样品(#)	海洛因	6-单乙酰吗啡	吗 啡	可待因	乙酰可待因	比率(6-单乙酰吗啡/吗啡)
15	0.51	0.21	0.30	0.53	0.14	0.70
16	0.20	1.02	0.91	2.10	0.20	1.12
17	1.88	3.97	1.46	2.62	0.67	2.72
18	−	1.43	1.98	2.53	0.37	0.72
19	2.24	3.44	2.80	2.93	0.76	1.23
20	0.15	0.22	0.17	0.27	0.10	1.29
21	0.96	0.55	0.52	0.59	0.16	1.06
22	0.65	4.28	3.73	5.79	0.61	1.15
23	0.56	2.31	1.67	3.28	0.24	1.38
24	1.42	3.27	1.00	1.41	0.35	3.27
25	2.50	11.20	10.30	10.40	1.38	1.09
26	0.36	0.48	0.37	0.92	0.17	1.30
27	12.20	20.50	4.05	6.19	3.99	5.06
28	1.31	1.21	0.65	1.07	0.37	1.86
29	0.19	1.54	10.00	16.10	0.94	0.15
30	0.02	7.02	3.18	5.94	0.41	2.21
31	0.09	2.55	1.78	8.76	0.45	1.43
32	3.68	18.50	0.51	2.36	0.31	36.27
33	−	7.04	2.63	5.88	0.06	2.68
34	+	0.95	0.70	3.04	0.05	1.36
35	0.84	12.95	2.44	9.58	0.45	5.31
36	0.20	1.91	1.18	9.98	0.37	1.62
37	0.22	0.79	0.58	1.11	0.13	1.36
38	0.49	9.38	7.13	11.00	0.38	1.32
39	0.10	0.86	0.17	0.73	0.17	5.06
40	0.75	52.90	6.70	55.60	1.99	7.90
41	0.61	1.02	0.55	0.65	0.10	1.85
42	0.39	9.14	0.29	0.52	0.17	31.52
43	6.64	26.05	6.62	37.75	0.96	3.94
44	0.03	0.49	0.28	1.06	0.07	1.75
45	0.69	2.62	3.20	4.16	0.65	0.82
46	0.16	1.82	2.27	4.89	0.18	0.80
47	0.38	1.46	1.34	9.22	0.21	1.09
48	0.34	1.95	0.36	0.98	0.11	5.42
49	0.29	2.25	0.95	8.81	0.17	2.37
50	0.15	0.20	0.11	0.25	0.47	1.82

注:"−"表示未检出;"+"表示检出但未定量。

所有样品中仅 2 个样品中海洛因的浓度最高,这主要是由于外污染或个人卫生习惯,在日常的洗发过程中,海洛因可降解为 6-单乙酰吗啡,6-单乙酰吗啡继续降解为吗啡。

毛发分析时排除外污染干扰是确保结果准确性的关键，通常可进行三个步骤。首先，毛发样品处理前需要清洗，再者，分析时同时检测相应的代谢物，最后在结果分析时根据 cut-off 值。在本研究中，头发中海洛因、6-单乙酰吗啡和吗啡的浓度远超过最后一次清洗液中浓度 10 倍以上。海洛因的体内主要代谢物 6-单乙酰吗啡和吗啡出现在所有头发样品中，并且 6-单乙酰吗啡浓度高于 SoHT 建议的 cut-off 值（0.2 ng/mg）。与其他研究相比较，头发中海洛因、6-单乙酰吗啡、吗啡、可待因和乙酰可待因的浓度无明显差异。

海洛因滥用者毛发分析时一个很重要的问题是样品前处理时 6-单乙酰吗啡在酸、碱条件下可能分解为吗啡，因此不同的样品前处理方法可能造成不同的定量结果，使分析结果的解释变得复杂化。本研究中，头发样品采用冷冻研磨粉碎、缓冲液（pH 9.2）中超声 30 min 的方法有效地减小了 6-单乙酰吗啡的分解。50 例头发样品中 6-单乙酰吗啡与吗啡的浓度比率在 0.15～36.27。由本实验室早期采用酸水解方法前处理、文献研究等可发现，单乙酰吗啡的稳定性、单乙酰吗啡与吗啡的比率和样品前处理方法密切相关。同时其也受毒品成分、剂量、代谢、头发颜色、吸毒习惯等方面影响，各实验室应注重样品数据积累以便于更好地进行结果解释。

六、典型案例

1. 单次用药的毛发分析

某 18 个月的幼儿遭父母的朋友报复，被注射少量海洛因。一周后，警方委托尿液分析以提供证据，结果为阴性。二周后，采集根部头发用 GC-MS 法分析得阴性结果；用 GC-MS/MS 法分析检出吗啡和单乙酰吗啡成分。毛发分析结果被法庭采纳，作案者被判有期徒刑 8 年。

2. 毛发筛选和确证分析

警方委托对某嫌疑人的尿液进行分析鉴定，结果因苯丙胺类呈弱阳性而难以确认。故另取贴根头发（3 cm）经 GC-MS/MS 筛选分析，检出甲基苯丙胺、尼古丁、吗啡和单乙酰吗啡，表明其在近三个月内有海洛因和甲基苯丙胺滥用史。

3. 6 例海洛因滥用的案例分析（向平，1999）

案例 1：某男，有海洛因吸食史，在拘捕过程中跳河，溺水死亡。尸体解剖，取心血、胆汁、玻璃体液、尿、肝、肾、肺、胃、脾、肌肉等各生物检材，并贴根取头发（约 4 cm）、腋毛（约 5 cm）、阴毛（约 6 cm）。

案例 2：某女，有海洛因吸食史，静脉注射白粉过程中昏迷，后送医院抢救无效死亡。尸体解剖，取心血、胆汁、玻璃体液、尿、肝、肾、肺、胃、脾、肌肉等各生物检材，并贴根取头发（约 30 cm）、阴毛（约 5 cm）。

案例 3：某男，刑事拘留两周后贴根取头发，长约 9 cm。自述吸毒仅三至四个月。

案例 4：某男，上海市戒毒康复中心强制戒毒，但其否认吸毒。为了取得司法证据，贴根取头发，长约 4 cm。

案例 5：某男，因贩毒被抓获。取阴毛长约 5 cm（头发已剃）。

案例 6：某男，因盗窃被拘留，否认吸毒。一周后取尿样检测，吗啡为阴性，遂贴根取头发，长约 10 cm。

上述案例分析结果见表 6-17。案例 3 中贴根 5 cm 头发中检出单乙酰吗啡和吗啡成分，而 5 cm 至末梢段未检出，根据毛发生长速度 1~1.5 cm/月，可判定其近四个月内曾吸食海洛因，该结果与其自述相符。案例 6 中头发分段分析结果提供了其近 8 个月的摄毒情况。案例 1 和案例 2 中阴毛浓度接近于头发浓度，说明在缺乏头发样品时，可用阴毛、腋毛代替，如案例 5 由于嫌疑人头发已剃，故取阴毛替代，同样取得了满意的效果。

表 6-17 海洛因滥用者毛发中单乙酰吗啡和吗啡浓度

案例	检材	吗啡(ng/mg)	单乙酰吗啡(ng/mg)
1	头发	35.5	2.24
	阴毛	21.28	1.36
	腋毛	12.11	—*
2	头发	18.11	—
	阴毛	16.8	—
3	头发(根~5 cm)	16.51	4.8
	(5~9 cm)	—	—
4	头发	10.16	1.92
5	阴毛	10.0	3.28
6	头发(根~2 cm)	9.95	0.44
	(2~4 cm)	8.89	2.32
	(4~6 cm)	13.02	3.52
	(6~8 cm)	13.17	3.40
	(8~10 cm)	8.25	1.44

4. 5 例海洛因滥用者的头发分段分析

5 例海洛因滥用者的头发分段分析结果见表 6-18。例 3 中头发分为三段，分别对应采样前 0~2 月（第一段）、2~6 月（第二段）、6~7 月（第三段）生长的头发，测定这三段头发中 6-单乙酰吗啡和吗啡的浓度，发现测定结果与该滥用者自述的滥用史基本相符。例 1 滥用者自述曾停摄海洛因（即对应头发第二段），但测定结果表明单乙酰吗啡和吗啡的浓度均较高，在证据前其承认一直吸毒。例 5 滥用者自称仅吸食海洛因一个多月，但在其整根头发中均检出 6-单乙酰吗啡和吗啡，相应的时间至少达 6 个月左右。

表6-18 5例海洛因滥用的头发分段分析(ng/mg)

案例	性别	第 一 段			第 二 段			第 三 段		
		发长(cm)	MAM	MOR	发长(cm)	MAM	MOR	发长(cm)	MAM	MOR
1	男	2.5	10.7	27.7	4	17.8	21.8	3	14.9	16.5
2	女	1	4.5	6.6	2	6.7	0.26	7	12.8	14.0
3	男	2	1.3	1.2	4	0.2	/	1	2.6	/
4	男	6	10.8	13.4	6	15.1	12.8			
5	男	2	13.5	7.1	6	16.4	5.3			

MAM：单乙酰吗啡；MOR：吗啡。

第三节　哌　替　啶

一、体内过程

哌替啶(Meperidine)又名度冷丁，美吡利啶，麦啶，利多尔，地美露(Pethidine, Dolantin, Isonipecaine)等，化学名为1-甲基-4-苯基哌啶-4-甲酸乙酯(Ethyl 1-Methyl-4-phenylpiperidine-4-carboxylate)。

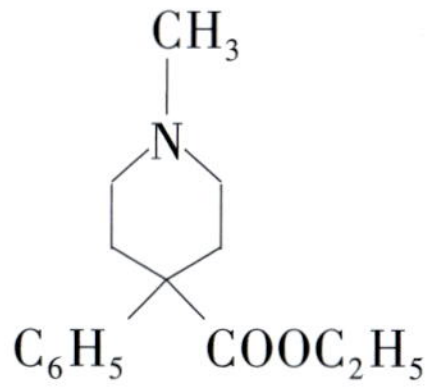

$$C_{15}H_{21}NO_2 = 247.33$$

CAS：57-42-1

哌替啶口服吸收较慢，存在首过效应，生物利用度约为55%，而肌肉注射数分钟即发生作用。哌替啶吸收后40%与血浆蛋白结合，除约5%以原形自肾脏排出外，大部分在肝脏中代谢。哌替啶在体内的主要代谢途径为N-去甲基和酯的水解，然后进一步形成葡醛酸结合物，此外还有微量其他代谢物(图6-3)。沈敏(1995)报道在滥用者尿液中检出哌替啶代谢物去甲哌替啶、N-羟甲基哌替啶和乙酰去甲哌替啶。

沈敏(1997)曾考察了哌替啶治疗剂量受试者和哌替啶滥用者尿中原体及其主要代谢物去甲哌替啶浓度以及代谢物和原体的浓度比，发现两者存在显著差异。哌替啶滥用者具有较大的代谢物/原体浓度比，可能系滥用者多次摄入哌替啶，其代谢物在体内发生蓄积所致。

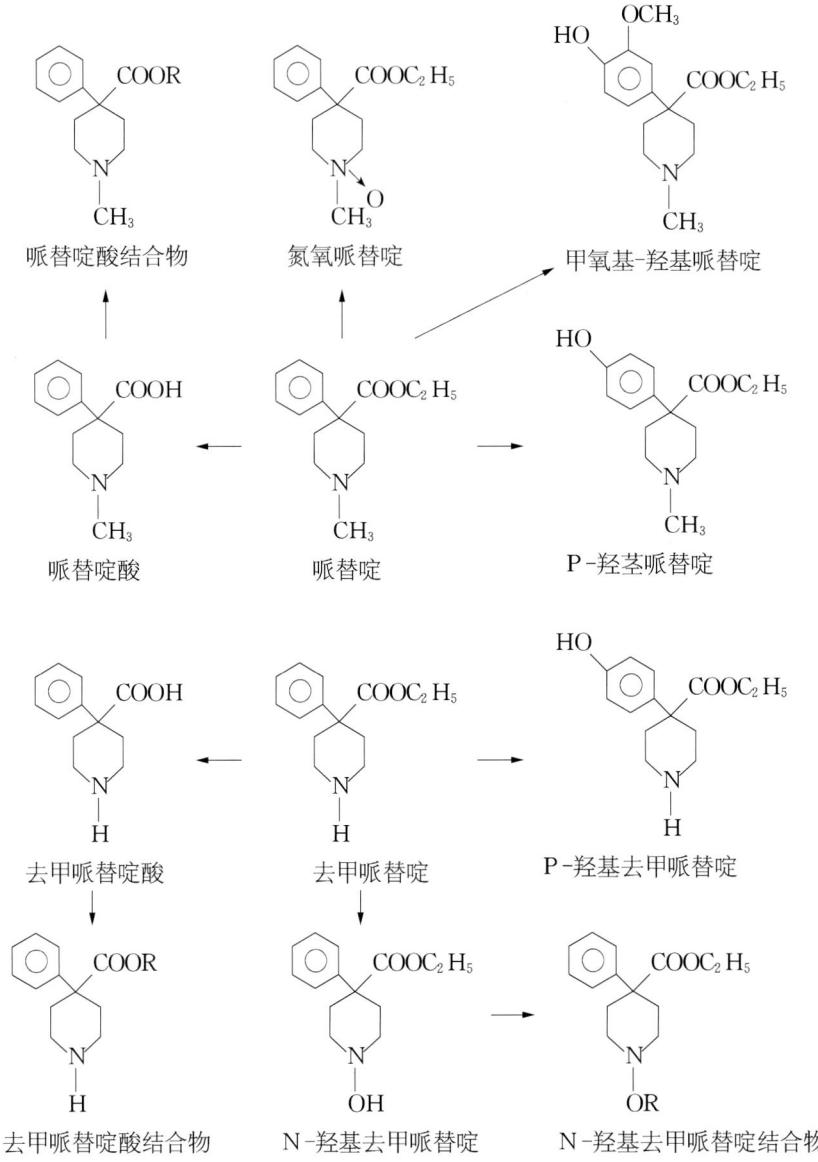

图 6-3 哌替啶在体内的代谢

向平(1999)报道肌肉注射大剂量哌替啶中毒致死者体内 13 个脏器药物原体和代谢物分布状况,浓度顺序为:尿>胆汁>肺>肾>胰>胃>脾>肝>肠>血>注射部位肌肉、肌肉>玻璃体液,去甲哌替啶的分布也大致相同。

沈敏(1999)发现在哌替啶滥用者毛发中也存在去甲哌替啶、N-羟甲基哌替啶和乙酰去甲哌替啶,表明哌替啶及其主要代谢物均能通过一定的途径进入毛发。

二、样品处理

1. 去污处理

毛发样品参照本章第二节,用丙酮、甲醇、二氯甲烷、正己烷、水等洗涤,自然晾干后剪成约 1~2 mm 长的小段,或用球磨机粉碎和冷冻研磨粉碎。

2. 提取方法

(1) 酸水解法 准确称取剪细的毛发 5~10 mg,添加利多卡因或 d3-哌替啶为内标。加入 0.1 mol/L 稀盐酸溶液 1 mL,在 45℃ 水浴中保温 18 h。取出,调 pH 约为 11,用乙醚或乙酸乙酯 2 mL×2 混旋提取;或上 Bond Elut 小柱,用 2 mL 含 2%NH_4OH 的二氯甲烷:异丙醇(80:20)混合溶剂洗脱。提取液或洗脱液转移至另一离心管中,45℃ 下氮气吹干,加入 50 μL 醋酸酐:吡啶(3:2)混合衍生化试剂于 60℃ 衍生化 30 min 或微波衍生化,或用 MSTFA 微波衍生化,供分析哌替啶和代谢物去甲哌替啶。

(2) 超声提取法 取洗净、粉状毛发 5~10 mg,添加内标,加入甲醇 2 mL,于 50℃ 超声提取 1 h。甲醇液 45℃ 下氮气吹干。需要时同上衍生化。

定性分析时同步提取空白控制样品和添加控制样品(哌替啶添加量 1 ng/mg);定量分析时应取检样和校准样品各二份,同步操作。

3. 讨论

哌替啶阳性毛发可采用酸水解法、酶水解法和超声提取法处理。实验发现:① 酸水解具有很高的回收率,达 80% 以上,且提出物洁净,GC/NPD 分析时不受杂质干扰;② 超声法的添加回收率也接近 80%,但数据不够稳定,且蛋白质、脂质干扰增大。经超声法提取的样品,一般仅适合 GC-MS/SIM 分析;③ 碱消化时毛发哌替啶回收率仅为 30%,不宜采用。

水解产物可用乙醚、乙酸乙酯、氯仿:异丙醇(9:1)提取,实验结果(沈敏,2002)表明乙醚难以提取极性较大的化合物;氯仿:异丙醇虽提取回收率较高,但同时提出物杂质干扰也较大,综合考虑,提取溶剂以乙酸乙酯为佳(表 6-19)。

表 6-19 毛发中常见哌替啶及代谢物的提取效率($n=3$)

药 物	回收率(%)		
	乙醚	乙酸乙酯	氯仿:异丙醇
哌替啶	94.0	101.8	99.3
去甲哌替啶	74.5	79.1	84.9

三、分析方法

1. GC-MS 法

色谱条件: HP-1 毛细管柱(12 m×0.2 mm),初温 100℃(1 min),程序升温

20℃/min,终温 280℃;进样口温度 250℃。

质谱条件: 接口温度 280℃;源温 230℃。EI 质谱图如下:

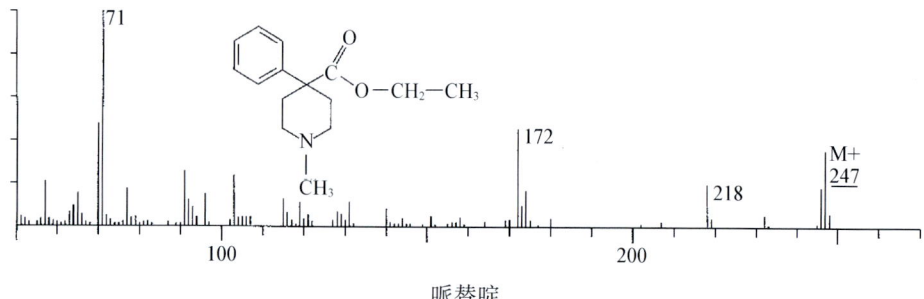

哌替啶

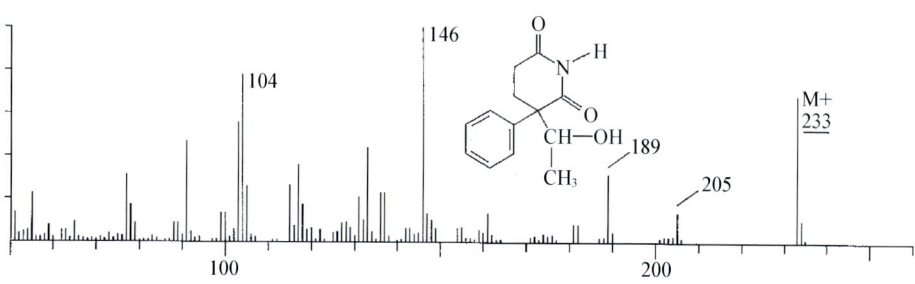

去甲哌替啶

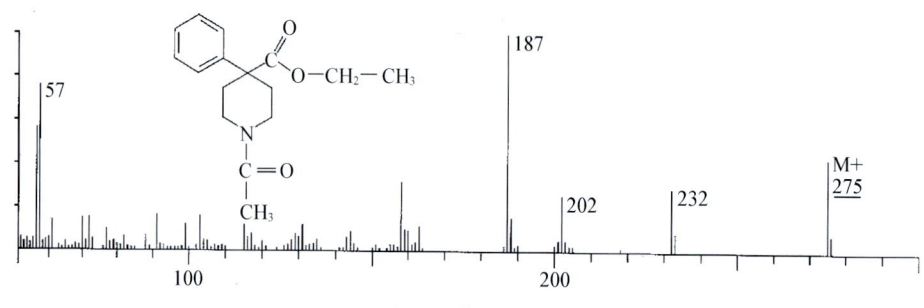

去甲哌替啶-AC

哌替啶、去甲哌替啶各衍生物的常用选择离子见表 6-20。

表 6-20 哌替啶、去甲哌替啶各衍生物的常用选择离子

化合物	衍生化	选择离子(m/z)
哌替啶		247,172
去甲哌替啶		233,158
去甲哌替啶	乙酰化	187,275
去甲哌替啶	三氟乙酰化	143,241,329
去甲哌替啶	五氟丙酰化	143,291,379

方法评价：最低检出限：哌替啶 0.1 ng/mg 毛发,去甲哌替啶 0.5 ng/mg 毛发（沈敏,1999）。

2. GC‐MS/MS 法

色谱条件：DB‐5 毛细管柱(30 m×0.25 mmI.D.,0.33 μm 膜厚),初温 100℃,10℃/min 程序升温至 150℃,然后以 25℃/min 升温至 280℃,保持 10 min。

质谱条件：离子阱温度：150℃,Manifold 温度：45℃,传输线温度：250℃。

以一级质谱分析结果为基础,选择哌替啶以及代谢物的分子离子为母离子,利用 AMD 软件,确定各药物的最佳电离方式(共振或非共振)、碰撞电压(CID)和离子存储水平(RF),见表 6‐21。

表 6‐21　哌替啶及代谢物的 MS/MS 条件

Rt(min)	药　物	母离子(m/z)	CID 电压	RF 值	子离子(m/z)
7.7	哌替啶	247	0.35	60	172,218(10)
8.2	去甲哌替啶‐TMS	304	0.45	67	230,290(40)

方法评价：最低检出限：哌替啶 0.02 ng/mg 毛发,去甲哌替啶 0.2 ng/mg 毛发（沈敏,2002）。

3. LC‐MS/MS 法

色谱条件：Dimonsil C_{18} 柱(150 mm×2.1 mm×5 μm),前接 Phenomenex(5 mm×2 mm)保护柱。流动相：乙腈和 5 mM 乙酸胺水溶液(pH 6.2,40∶60,v/v)。柱温 30℃,流速：0.4 mL/min。

质谱条件：API 3200 LC‐MS/MS 仪,电喷雾电离‐正离子模式(ESI+),多反应监测模式(MRM)。碰撞气(Collision Gas)：5 psi;气帘气(Curtain Gas)：20 psi;离子喷雾电压(Ionspray Voltage)：4 500 V;离子源温度(Temperature)：500℃。质谱参数见表 6‐22。

表 6‐22　哌替啶、去甲哌替啶的离子对和质谱参数分析参考条件(Zhang,2013)

名　称	离子对(m/z)	去簇电压 DP(V)	碰撞能量 CE(eV)	CXP(V)
哌替啶	248.1/174.2	42	25	2.5
去甲哌替啶	234.2/160.0	40	20	3.7

4. 方法讨论

毛发系含复杂生物基质的体系,有较多的内源性杂质,这些杂质经衍生化后,产生较高的背景干扰。另一方面,由于毛发中目标物浓度很低,一般不允许对其进行过多的净化处理。因此多级质谱技术,可有效降低背景对目标化合物的干扰,降低检出限。

四、结果解释

1. 哌替啶代谢物的判断意义

毛发中哌替啶代谢物的存在对于哌替啶滥用的确认有着重要的价值(沈敏，1999)。已有实验结果表明哌替啶出入毛发的通透性良好，毛发短时间与较高浓度哌替啶接触，可通过 SDS、洗洁净、丙酮等洗涤步骤除去；而毛发长时间与哌替啶接触，药物有可能穿过毛小皮进入毛发内部。尽管毛发受哌替啶长时间污染的可能性较小，但由于外源性哌替啶污染的可能性存在，故必须同时检出哌替啶原体及代谢物，才能确认哌替啶滥用。

2. 头发中哌替啶浓度与摄毒剂量的关系

沈敏(1999)比较了有明确哌替啶摄取量和用药史的 10 名低剂量使用者(第 1 组)和 10 名高剂量使用者(第 2 组)头发中哌替啶和去甲哌替啶浓度，发现两者存在显著性差异(表 6-23)，表明摄毒剂量和头发浓度具有一定的相关性。

沈敏等在对大量阳性案件的鉴定中发现，哌替啶使用量为 6~10 支(100 mg/支)时，头发中哌替啶浓度峰值为 2.4~3.5 ng/mg，而未检出去甲哌替啶。

表 6-23 头发中哌替啶浓度与滥用剂量的关系

第1组	浓度(ng/mg)		浓度比	摄药量	第2组	浓度(ng/mg)		浓度比	摄药量
	哌替啶	去甲哌替啶				哌替啶	去甲哌替啶		
1	2.8	—		数支+吗啡	11	346	431	1.24	2~3 支/日
2	16.7	19.1	1.14	20 支+吗啡	12	250	292	1.17	2 支/日
3	15.5	20.8	1.34	20 支+吗啡	13	442	288	0.65	2~3 支/日
4	2.4	—		~6 支+吗啡	14	496	685	1.38	3~4 支/日
5	2.4			~8 支	15	289	196	0.68	2 支/日
6	17.4	50	2.87	~2 支/星期	16	136	189	1.39	1 支/日
7	9.9			~15 支	17	404	631	1.56	3~4 支/日
8	3.5			~10 支	18	138	408	2.96	1~2 支/日
9	14.3			~20 支治疗	19	95.7	154	1.61	1 支/日
10	8.7			~20 支治疗	20	242	196	0.81	1~2 支/日
均值	9.36				均值	284	347	1.35	

3. 头发中哌替啶及其代谢物的检出时限

一般认为，药物进入头发后，稳定地存在于其中而不再发生变化，且按头发生长速率(1 cm/月)沿着毛干移动。因此从理论上讲，假如有足够长的头发，数年后仍应能检出药物。沈敏(1999)对一有 6 年哌替啶滥用史的女性的 24 cm 长的头发进行分段分析，结果在每一段头发中均检出哌替啶及其代谢物，表明哌替啶在毛发中稳定存在，检出时限至少为药后 20 个月。

4. 不同部位毛发中哌替啶及去甲哌替啶浓度

沈敏等(1999)考察哌替啶滥用致死者相同长度(根部 5 cm)的头发、阴毛、腋毛中药物存在状况,发现阴毛与头发药物浓度接近(表6-24)。结果表明阴毛也可辅助提供药物滥用的长程信息,可作为无头发采取时的替代样品。

表6-24　哌替啶滥用致死者头发、阴毛、腋毛中哌替啶和去甲哌替啶浓度

样品	哌替啶(ng/mg)	去甲哌替啶(ng/mg)
头发	198	256
阴毛	175	218
腋毛	49	—

五、阳性数据

60例哌替啶滥用者毛发中原体以及主要代谢物去甲哌替啶的浓度范围参考值(沈敏,1999)见表6-25。

表6-25　阳性毛发分析结果统计值

例数	哌替啶浓度(ng/mg)			去甲哌替啶浓度(ng/mg)			去甲哌替啶/哌替啶	
	X±s	M	范围	X±s	M	范围	X±s	M
60	107±130	58.2	4.8~496	117±143	53.4	17~685	1.40±1.07	1.21

六、典型案例

1. 案例一(沈敏,1999)

Z有三个月的哌替啶滥用史,将头发自根部起分成1 cm一段,共7段。结果在自根部起第1段中检出哌替啶和去甲哌替啶,第2~4段中检出哌替啶,见图6-4。

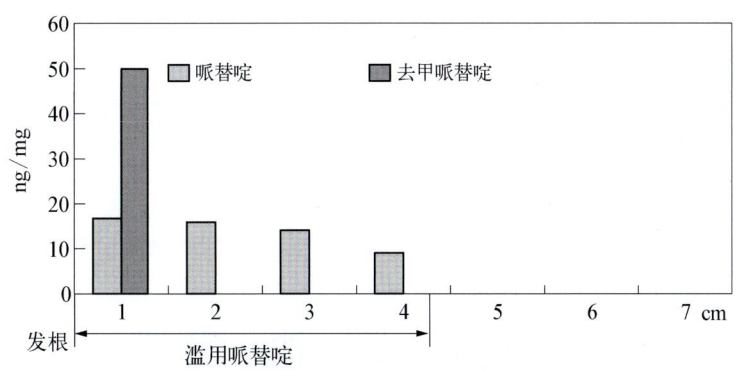

图6-4　Z头发分段分析与哌替啶滥用史

2. 案例二(沈敏,1999)

Y头发长15 cm,自述有半年的哌替啶滥用史,5个月前已停用,将头发自根部

分成 5 cm 一段,共 3 段。结果在第 1 段中未检出哌替啶,在第 2~3 段中均检出哌替啶和去甲哌替啶,见图 6-5。

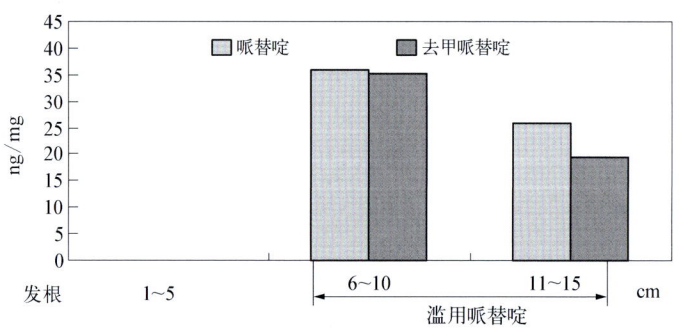

图 6-5　Y 头发分段分析与哌替啶滥用史

3. 案例三(沈敏,1999)

G 头发长 22 cm,约能反映 18 个月的头发生长期的摄药情况。G 采样前 10 个月滥用哌替啶,前 11 个至前 13 个月于戒毒所戒毒,前 14 个月至前 15 个月中滥用少量哌替啶。将头发自根部起 3 cm 一段,分成 5 段;再按 1 cm 一段分成 7 段。结果在第 1~4 段(1~12 cm)中检出高浓度哌替啶和去甲哌替啶;在第 5 段(13~15 cm)中检出极微量哌替啶;在第 6~7(16~17 cm)段中检出少量哌替啶和代谢产物;在第 8~12(18~22 cm)段中未检出哌替啶,见图 6-6。

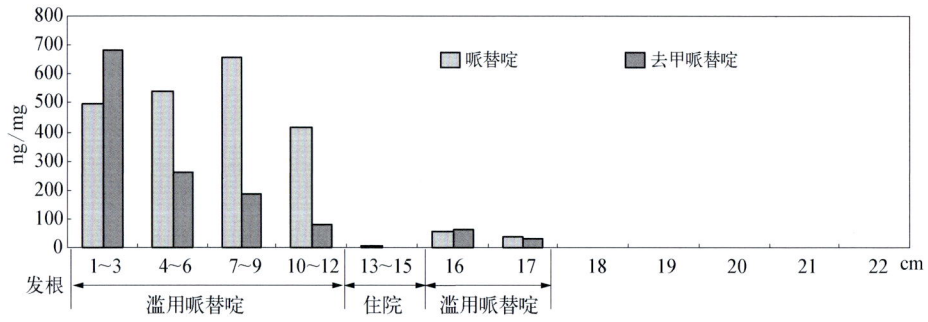

图 6-6　G 头发分段分析与哌替啶滥用史

第四节　美　沙　酮

一、体内过程

美沙酮(Methadone)又名美散酮、非那酮、阿米酮(Dolophine,amidone,Adanon,

Miadone,Diadone),化学名为消旋-6-二甲氨基-4,4-二苯基-3-庚酮[(±)-6-Dimethylamino-4,4-diphenyl-3-heptanone]。

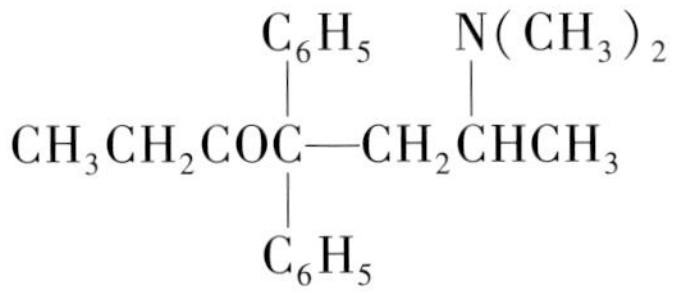

$$\mathrm{CH_3CH_2COC\underset{C_6H_5}{\overset{C_6H_5}{|}}-CH_2\underset{}{\overset{N(CH_3)_2}{|}}CHCH_3}$$

$C_{21}H_{27}NO = 309.45$

CAS:76-99-3;297-88-1(±)

美沙酮具有 R,S 光学异构体,R-美沙酮比 S-美沙酮的药效强 8~50 倍。美沙酮皮下或肌肉注射吸收迅速而完全,易于从胃肠道吸收。口服 30 min 后可在血中检出,4 h 浓度达峰值。美沙酮在肝、肺、肾、脾内药物浓度最高,仅有一部分入脑。注射 1~2 h 后脑中浓度达峰值。美沙酮可与某些组织的蛋白质牢固结合,反复使用可在组织中逐渐蓄积,停药后,由于从组织结合部位逐渐释放,血浆中仍保持低浓度的美沙酮。一次使用美沙酮其半衰期为 10~25 h,平均 15 h。长期用药者半衰期 13~55 h,平均 30 h(Moffat,1986)。

美沙酮的主要代谢途径是 N-去甲基及环化作用,形成吡咯烷 EDDP(2-ethylidiene-1,5-dimethyl-3,3-diphenylprrolidine)和吡咯啉 EMDP(2-ethyl-5-methyl-3,3-diphenylpyrroline),见图 6-7。

美沙酮大部分以代谢物形式经尿和粪便排泄。当尿酸化时尿中排出量增加。从尿中和粪便中排出未变化的美沙酮一般为剂量的 10%。Nilsson(1982)报道 5 个受试者在酸性尿(pH 5.2)条件下,血浆半衰期为 19.5±3.6 h;而在 pH 7.8 时,血浆半衰期增加至 42.1±8.8 h。尿 pH 对 EDDP 排出影响不明显。对用美沙酮维持治疗者而言,其尿中 EDDP 与原体之比较一次使用美沙酮者高得多。经肾排出的美沙酮及其代谢物绝大部分呈非结合状态(Moffat,1986)。

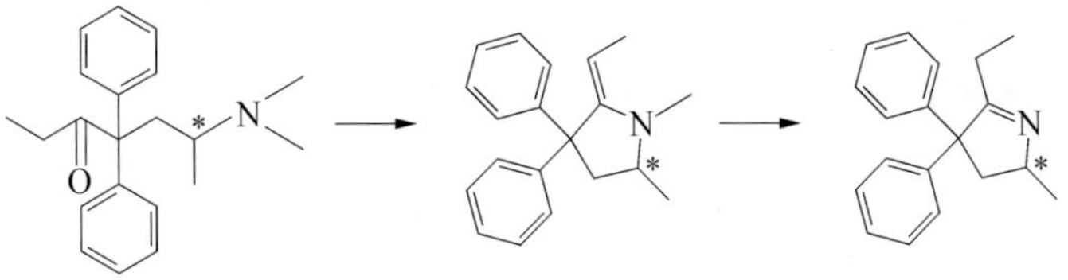

图 6-7 美沙酮在体内的主要代谢途径

美沙酮中毒致死者各脏器的药物浓度见表 6-26。

表 6-26 尸体组织美沙酮和 EDDP 的毒物学数据(μg/mL 或 μg/g)

	美沙酮(平均值,例数)	EDDP(平均值,例数)
血	0~3(1.2,21)	0~0.4(0.1,10)
玻璃体液	1.1~75(13,18)	0.2~3.5(41,18)
脑	0.23~2.2(0.9,7)	
肾	0.51~18.3(3.5,19)	0.5~3.1(1.2,14)
肝	0.05~49.5(6,23)	0.02~27(0.6,16)
肺	1.6~110(16,17)	0.01~0.98(0.2,10)
尿	0.52~76.2(21,22)	0.4~46.2(11,17)

毛发中主要存在美沙酮原体和主要代谢物 EDDP,EMDP 极为痕量。

二、样品处理

1. 去污处理

美沙酮滥用者毛发的脱污染同海洛因,分别用极性溶剂和非极性溶剂洗涤。① 取毛发样品,依次用 5 mL 二氯甲烷、5 mL 水、5 mL 二氯甲烷各浸洗 2 min。② 取毛发样品,依次用 10 mL 0.1%十二烷基磺酸钠(SDS)、10 mL 0.1%洗洁净、10 mL 水、10 mL 丙酮振荡洗涤 2 min。收集上述第三次清洗溶剂,浓缩后分析应为阴性结果。

头发自然晾干后剪成约 1~2 mm 长的小段,或用球磨机粉碎。

2. 提取方法

毛发中美沙酮的提取有较多的文献报道,有 β-葡糖甙酸-芳基硫酸酯酶水解法(Kintz,1997),链霉蛋白酶 E 法(Lucas,2000),甲醇浸提法(Paterson,2003),酸水解法等,由于美沙酮及其代谢物的稳定性,也适用于碱消化法(Lachenmeier,2003)。

(1) 酸水解法 准确称取剪细的毛发 10~20 mg,添加内标后加入 0.01 mol/L 盐酸溶液 1 mL,于 60℃ 水浴中保温 12 h。冷却后调 pH 为 9,用氯仿:异丙醇(9:1)混合溶剂 2 mL 混旋提取;或上 Bond Elut 小柱,用 2 mL 含 2%NH_4OH 的氯仿:异丙醇(80:20)混合溶剂洗脱。提取液或洗脱液转移至另一离心管中,45℃ 下氮气吹干。

(2) 碱消化法 准确称取剪细的毛发 10~20 mg,添加内标后加入 1 mol/L 氢氧化钠溶液 1 mL,45℃ 水浴中保温过夜。消化液中加入 30 mg 硫酸铵中和或调 pH 为 9 后,按"酸水解法"处理。

美沙酮及其代谢物不存在活性基团,故无须衍生化。

三、分析方法

GC-MS、LC-MS 法是分析头发中美沙酮及其代谢物的常用方法,如 GC-MS/

SIM 法(Paterson,2003),GC-MS/PCI 法(Girod,2001),GC-MS/MS 法(Lachenmeier,2003)。为了区分美沙酮的光学活性体,也常用配有手性柱的 LC-MS 法(Kelly,2005)或毛细管电泳法(Berene,2003)。

1. GC-MS 法

GC-MS 的 PCI 模式较 EI 模式更为优越。美沙酮的 EI 质谱基峰离子 m/z 为 72,特征性较差,SIM 分析时干扰较大,采用 PCI 质谱可获得高质量的准分子离子 m/z310,选择性好,干扰少。

(1) EI 质谱 分析参考条件见海洛因。SIM 法分析条件见表 6-27。

EI 质谱图

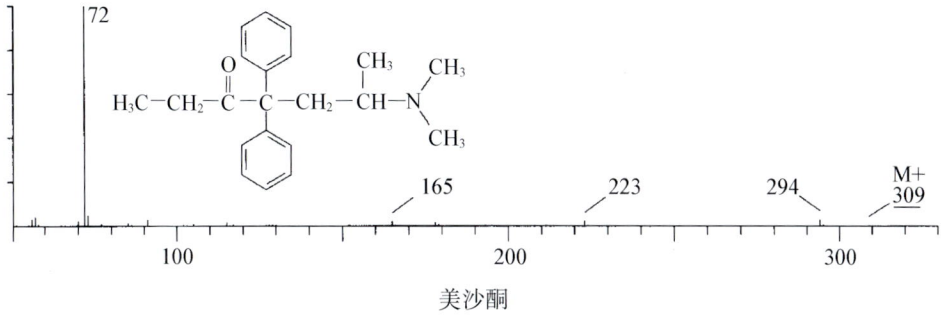

美沙酮

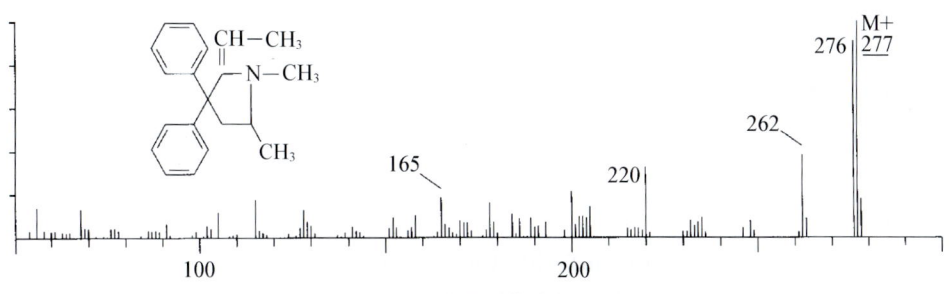

EDDP(美沙酮代谢物)

表 6-27 美沙酮及其代谢物的保留指数和常用选择离子

化 合 物	保留指数	选择离子 m/z
美沙酮	2 160	72,91,165
EDDP	2 040	220,262,277
EMDP		179,193,208

(2) PCI 质谱

色谱条件: ① HP-1 15 m×0.2 mm 柱;柱温:100℃--15℃/min--310℃(5′)。
② DB-5 15 m×0.2 mm 柱;柱温:80℃(1′)--20℃/min--280℃(5′)。

质谱条件：PCI 源，240 eV，源温 200℃，反应气：甲烷：氨=4:1 或丙酮。美沙酮、EDDP 和 EMDP 的 MH$^+$ 特征离子 m/z 分别为 310，278，264。

方法评价：头发中美沙酮和 EDDP 的线性、回收率及 LOQ 见表 6-28（Girod，2001）。

表 6-28 头发中美沙酮和 EDDP 的线性、回收率及 LOQ

化合物	线性范围 （ng/mg）	线性方程	R^2	回收率 （%）	RSD （%）	LOQ （ng/mg）
美沙酮	0.05~20	$y=0.053x+0.002$	0.9960	80	12	0.05
EDDP	0.2~20	$y=0.066x+0.001$	0.9951	86	11	0.2

2. SPME-GC-MS

固相微萃取（SPME）：取洗净剪碎的毛发 50 mg，加 0.5 mL 6 mg/mL 1,4-双硫脲液（Tris 缓冲液，pH 7.2），2 h 后加入 0.5 mL 1 mg/mL 链霉蛋白酶 E（Tris 缓冲液，pH 7.2），于 37℃ 水解 12 h。在水解液中加入内标，0.5 mL 硼砂缓冲液（pH 9.2）及 100 mg NaCl，混匀。然后放入 Supelco®100 μm PDMS 萃取纤维针萃取 30 min，取出后直接插入 GC 进样口，在 250℃ 解吸附 5 min。

色谱条件：HP-5 毛细管柱（12 m×0.22 mmI.D.，0.33 μm 膜厚），初温 90℃（1 min），以 30℃/min 程序升温至 200℃，保持 5 min，然后以 30℃/min 升温至 290℃。

质谱条件：SIM 模式，70 eV。

方法评价：美沙酮和 EDDP 的最低检出限为 2.48 ng/mg 和 0.15 ng/mg；定量限为 3.46 ng/mg 和 0.36 ng/mg。在 3.0 和 30.0 ng/mg 质控浓度下考察，精密度 7.3%~13.3%（Lucas，2000）。

3. LC-MS/MS 法

色谱条件：液相柱为 ChromTech^{TM} Chiral-AGP 柱（150×4.0 mm，5 μm），前接 Chiral-AGP（10×3.0 mm）保护柱。流动相为含 3% 异丙醇的乙酸胺溶液（5 mmol/L，pH 7.4），恒流 0.9 mL/min。进样体积 10 μL。

质谱条件：SCIEX API 365 LC-MS/MS，采用 ESI 正离子模式，操作参数为：气帘气（Curtain Gas），1.2 L/min；源气流，1.8 L/min；离子喷雾电压，5 000 V。目标物的质谱参数：美沙酮 m/z 310→265（25 V），美沙酮-d3（内标）m/z 313→268（24 V），EDDP m/z 278→234（46 V），EMDP m/z 264→220（49 V）。

方法评价：采用 AGP 手性液相柱并通过流动相的优化，可使 R-美沙酮、S-美沙酮、R-EDDP、S-EDDP、R-EMDP 和 S-EMDP 等 6 种成分得到良好分离，其中美沙酮和 EDDP 对映体达到基线分离（Rs≥1.19），EMDP 对映体基本分离（Rs 0.65）。美沙酮、EDDP 和 EMDP 的定量线性范围分别为 0.05~2.0 ng/mg、0.1~

2.0 ng/mg 和 1.2~3.2 ng/mg；最低检出限分别为 0.001 5 ng/mg、0.008 ng/mg 和 0.09 ng/mg(Kelly,2005)。

四、结果解释

1. 头发中美沙酮及其代谢物的存在状况

Goldberger(1998)用 GC-MS 方法考察了 20 名海洛因滥用者头发中美沙酮及其代谢物的存在状况,结果在 18 例头发中检出美沙酮,其中 13 例检出痕量的 EDDP,1 例检出 EMDP。Sporkert(2000)分析了 19 例涉美沙酮案件的头发,均检出美沙酮和 EDDP,其中头发中美沙酮浓度为 0.36~11.8 ng/mg,EDDP 浓度为 0.19~10.8 ng/mg,而仅在 2 例头发中检出 EMDP,浓度分别为 0.18 ng/mg 和 0.84 ng/mg。Girod(2001)报道在 26 名美沙酮维持治疗者的头发中均检出美沙酮,浓度为 0.7~43.0 ng/mg,而仅在其中 50%头发样品中检出 EDDP。由于 EDDP 并非在所有美沙酮使用者头发中都能检出,故作者认为用头发中美沙酮和代谢物 EDDP 双指标来判断是否使用美沙酮是不合适的。与任何碱性药物相同,头发中美沙酮代谢物浓度远低于药物原体浓度。

R-美沙酮比 S-美沙酮有更强的药理活性的特点使研究者关注头发中光学活性美沙酮及其代谢物的存在状况。Kintz(1997)用 LC-MS/MS 测定了使用美沙酮消旋体治疗的 9 名患者头发中美沙酮和 EDDP 光学活性体浓度,R-美沙酮、S-美沙酮、R-EDDP、S-EDDP 浓度分别为 0.58~10.22 ng/mg、1.89~9.53 ng/mg、0.42~1.734 ng/mg 和 0.40~2.10 ng/mg。Kelly(2005)考察了 20 名使用美沙酮治疗的病人头发中药物存在状况,发现所有头发样品中 R 体高于 S 体,其 R、S 体美沙酮和 EDDP 浓度分别为 0.18~1.69 ng/mg、0.09~1.06 ng/mg、0.04~0.18 ng/mg 和 0~0.16 ng/mg。

2. 摄药剂量与头发中美沙酮及其代谢物浓度的关系

大部分研究报道认为,美沙酮摄药剂量与头发中美沙酮浓度不存在相关性。以美沙酮 60 mg/d 剂量维持治疗者,头发中美沙酮及其 EDDP 浓度分别为 10.1 ng/mg 和 0.5 ng/mg；以 80 mg/d 剂量维持治疗者,头发中美沙酮及其 EDDP 浓度分别为 21.0 ng/mg 和 2.6 ng/mg,均未能检出 EMDP。Wilkins(1996)从这 2 名病人头发分析中得到"高剂量给药者头发中药物浓度高于低剂量给药者"的结果。Goldberger(1998)认为美沙酮剂量、种族、性别与头发中美沙酮浓度的相关关系不明显($p<0.05$)。Paterson(2003)通过分析 60 名长期服用美沙酮治疗者的头发,得到剂量与头发药物浓度不存在相关性的结论。

Girod(2001)的研究结果见表 6-29 和图 6-8。从 26 名美沙酮维持治疗者的用药剂量与头发中美沙酮及 EDDP 浓度数据可见,两者不具有相关性($r=0.102\ 2$)。如 10 号对象的美沙酮日剂量达 230 mg,头发中美沙酮浓度仅为 5.4 ng/mg；

而 2 号对象的日剂量为 120 mg，头发中美沙酮浓度则达 43 ng/mg。一般认为，黑色素是弱碱性药物与毛发结合的重要因素，但表 6-29 所列数据显示，美沙酮与头发的结合程度，还受到个体的代谢等内源性因素影响。Kidwell(1993)假设药物通过离子交换机理进入头发，这也许可以解释 2 号对象头发的高美沙酮浓度，而仅有痕量代谢物 EDDP 的情况。若存在有限活性点的离子交换反应，美沙酮和 EDDP 将发生竞争性结合，当存在高浓度的美沙酮时，所有活性点均被美沙酮饱和，故 EDDP 不能有效进入头发。

美沙酮剂量与头发美沙酮浓度无相关性，而与血液美沙酮浓度有相关性，因而头发美沙酮浓度与血液美沙酮浓度也不存在相关性(表 6-29)。因此，毒物分析工作者在回答有关美沙酮剂量问题时应十分谨慎。

表 6-29 美沙酮剂量与血液、头发中美沙酮及 EDDP 浓度的关系

研究对象	性 别	重量(kg)	剂量(mg/day)	美沙酮/血液(mg/L)	美沙酮/头发(ng/mg)	EDDP/头发(ng/mg)
1	M	70	90	0.30	4.8	0.3
2	M	63	120	0.20	43	0
3	M	68	50	0.16	26	0
4	M	69	135	0.27	5.0	0.5
5	M	82	125	0.26	10	5.0
6	M	62	175	0.30	5.0	1.0
7	M	70	60	0.12	5.0	1.2
8	F	72	80	0.32	4.0	1.6
9	F	54	100	0.30	8.5	1.7
10	M	76	230	0.60	5.4	0
11	M	66	140	0.53	6.0	0
12	M	62	35	0.11	3.7	0
13	M	95	120	0.20	4.4	0
14	M	54	150	0.20	14	3.0
15	M	79	93	0.12	5.0	1.3
16	M	52	70	0.24	7.0	1.0
17	M	74	25	0.12	3.7	1.0
18	F	54	20	0.10	3.7	1.6
19	M	60	70	0.16	18.6	0
20	M	85	80	0.11	12	0
21	M	66	15	0.10	3.0	0
22	F	55	120	0.16	2.0	0
23	M	75	130	0.34	4.0	0
24	M	76	35	0.13	0.7	0
25	M	73	90	0.14	4.2	0
26	F	56	35	0.11	5.2	2.9
范围				0.10~0.60	0.7~43	0~5.0
平均值				0.22	8.2	0.85
中位值				0.18	5.0	0.15

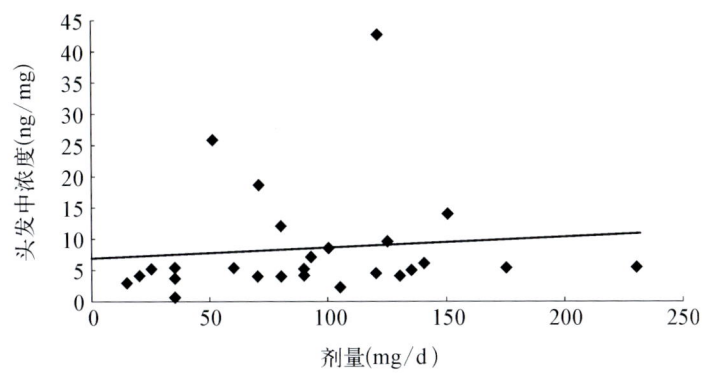

图6-8　美沙酮剂量与头发中美沙酮浓度的关系(Girod,2001)

五、阳性数据

美沙酮维持治疗是主要的戒毒方法。文献报道的关于毛发中美沙酮浓度的分析结果归纳、总结于表6-30。

表6-30　美沙酮治疗者毛发分析结果

方　法	例　数	美沙酮(ng/mg)	EDDP(ng/mg)	文　献
放射免疫-半定量	13 10 11	头发：0.5~2.7 腋毛：1.3~8.0 阴毛：1.0~4.0		Balabanova(1989)
放射免疫-定量	19	0.20~10.63		Marsh(1995)
GC-MS/PCI	2	10.1~21.0	0.5~2.6	Wilkins(1996)
LC-MS/MS	9	2.58~10.22(R) 1.89~9.53(S)	0.4~1.73(R) 0.40~2.10(S)	Kintz(1997)
GC-MS	18	1.0~15.0	痕量	Goldberger(1998)
GC-MS	8	2.45~78.1	0.98~7.76	Lucas(2000)
GC-MS	19	0.36~11.8	0.19~10.8	Sporkert(2000)
GC-MS	26	0.7~43	0~5.0	Girod(2001)
LC-MS/MS	20	0.18~1.69(R) 0.09~1.06(S)	0.04~0.18(R) 0~0.16(S)	Kelly(2005)

Himes(2012)采集孕期使用美沙酮维持治疗的产妇头发,通过测定头发中美沙酮及其代谢物EDDP、EMDP浓度,研究毛发中目标物浓度与剂量的关系,见表6-31。结果显示个体差异很大,头发中美沙酮及其代谢物EDDP、EMDP浓度与服用剂量无相关性。但对于产妇个体,服用美沙酮剂量增加和头发中EDDP与美沙酮的浓度比率有正相关性。产妇头发中美沙酮浓度高于其新生儿胎毛中浓度,而胎毛中EDDP高于产妇头发中浓度。

表 6-31 美沙酮维持治疗产妇头发分析结果

美沙酮总剂量(mg)	美沙酮日剂量(mg)	人数	头发样品数	美沙酮浓度(ng/mg)均值±SD	EDDP浓度(ng/mg)均值±SD	EMDP浓度(ng/mg)均值±SD
2 500~3 990	45~60	3	3	29.4	16.2±7.6	0.21(ND-0.31)
4 000~4 990	65~75	8	9	17.3±9.7	4.5±3.6	0.18(ND-1.07)
5 000~5 990	75~90	5	8	28.1±15.4	5.3±2.1	0.14(ND-0.18)
6 000~6 990	95~100	2	3	21.9±4.4	3.2±1.3	ND

Nielsen(2015)研究99例涉美沙酮死亡案例,分为仅美沙酮中毒死亡、多个药物联合中毒死亡和美沙酮与疾病致死三组,贴根采集死者头发2.5 cm段,分为距根部S1: 0~0.5 cm、S2: 0.5~1.5 cm、S3: 1.5~2.5 cm三个头发段,血液和头发段中浓度见表6-32。由结果可见,血液和头发中美沙酮浓度没有显著性差异。毛发分段分析结果表明死者曾长期滥用美沙酮,同时亦说明滥用美沙酮并不是导致死亡的关键因素,而大量的多种精神活性物质联合使用,药物-药物相互作用的不良反应是导致这些死亡的更重要的危险因素。在涉美沙酮中毒的案件中,同时筛选多种滥用药物非常必要。

表 6-32 美沙酮死亡案例中血液和头发段中浓度

死亡原因	血液(mg/kg)	头发				
		S1(ng/mg)	S2(ng/mg)	S3(ng/mg)	S1/S2-比率	S3/S2-比率
全部案例						
范围	0.015~5.3	0.061~211	0.048~150	0.040~204	0.25~5.0	0.08~4.7
中值	0.52	11	11	10	1.1	0.98
案例数	99	97	97	86	97	86
仅有美沙酮中毒死亡						
范围	0.098~5.3	0.061~211	0.048~150	0.046~204	0.3~5.0	0.14~4.7
中值	0.54	9.8	10	9.8	1.1	0.98
案例数	64	62	62	54	62	54
多个药物联合中毒死亡						
范围	0.015~2.1	0.13~64	0.077~57	0.040~63	0.25~4.6	0.08~1.6
中值	0.40	2.7	2.5	1.7	1.1	0.97
案例数	28	28	28	25	28	25
美沙酮与疾病致死						
范围	0.28~1.6	0.65~48	0.59~49	1.1~26	0.96~1.1	0.08~1.9
中值	0.56	23	22	15	1.0	0.99
案例数	7	7	7	7	7	7

美沙酮体内药代具有立体选择性,R-美沙酮在体内的消除明显比S-美沙酮慢,因此,血液和毛发中R-美沙酮明显高于S-美沙酮,血液中R/S比率均值在1.3~1.6,毛发中R/S比率均值在1.5~1.7。

六、典型案例

婴幼儿死亡案例(Kintz,2010)

病理检验尸表无暴力痕迹、无针眼痕迹,除肺部和内脏充血外无明显组织学改变。血液和头发的毒物分析结果表明近期有美沙酮摄取史。欧美国家的涉美沙酮中毒、死亡婴幼儿案(事)件较多,此类案件中由于许多情况下无法排除外污染因素,在结果解释时需要非常慎重,不能仅依赖毛发分析阳性结果判断。

案例一:14个月的女婴死于家中,其血液美沙酮和EDDP浓度分别为1 071 ng/mL和148 ng/mL;头发(6 cm)美沙酮和EDDP阳性,浓度分别为1.91 ng/mg和0.82 ng/mg。

案例二:5个月的女婴因昏迷送医院,死前血液分析表明摄取美沙酮(142 ng/mL),死后取其5 cm头发段分段分析,美沙酮浓度范围为1.0(发根)至21.3 ng/mg(发梢)。

两个女婴的死因为美沙酮意外窒息死亡,而其母亲不否认长期使用美沙酮作为女孩的镇静剂。

孕期滥用药物(Su,2012)

两名吸毒者在孕期仍滥用海洛因,同时接受美沙酮戒毒治疗。婴儿出生后出现明显的新生儿戒断综合征,婴儿出生第一天的尿液呈吗啡阳性。取胎毛分析,均检出甲基苯丙胺、美沙酮、EDDP、吗啡和可待因成分,其中1份胎毛中浓度分别为865 pg/mg、4 145 pg/mg、960 pg/mg、180 pg/mg和180 pg/mg,另1份胎毛中浓度分别为1 035 pg/mg、15 850 pg/mg、1 165 pg/mg、1 520 pg/mg和320 pg/mg。

第五节 丁丙诺啡

一、体内过程

丁丙诺啡(Buprenorphine)又名布诺非、布普林诺啡、丁苯诺啡、叔丁啡(Buprenorphy,Buprenox,Temgesic),其化学名为21-环丙基-7α[(S)-1-羟基-1,2,2-三甲基丙基]-6,14-桥亚乙基-6,7,8,14-四氢东罂粟碱(21 - cyclopropyl - 7alpha -[(S)- 1 - hydroxy - 1,2,2 - trimethylpropyl]- 6,14 - endo-ethano - 6,7,8,14 - tetrahydrooripavine)。

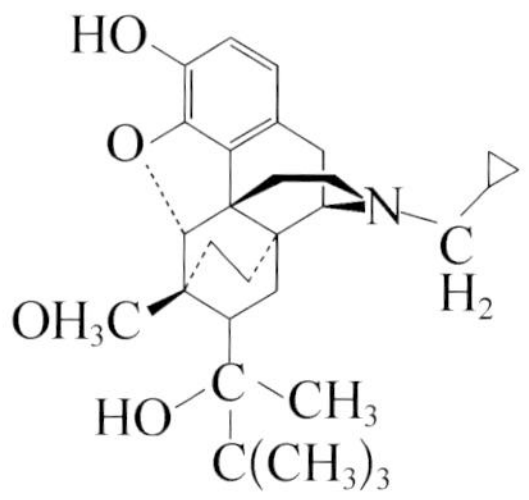

$C_{29}H_{41}NO_4 = 467.65$

CAS：52485-79-7

丁丙诺啡是蒂巴因的衍生物,其化学结构与吗啡相似,对阿片受体具有激动作用;但它的某些基因又与纳洛酮相似,有拮抗阿片受体的作用。因此,丁丙诺啡对阿片受体具有激动-拮抗双重作用。丁丙诺啡的镇痛作用强,作用时间长,其镇痛强度约为吗啡的100倍,哌替啶的300倍,镇痛活性为吗啡的25~40倍。药理研究证明,丁丙诺啡与阿片μ受体间具有高度亲和性,能形成牢固结合,之后能从受体中缓慢释放,故镇痛时间长,针剂可持续6~8h,舌下含片可维持8~12h,约为吗啡镇痛持续时间的115倍。丁丙诺啡的身体依赖性低于吗啡和哌替啶,精神依赖性与吗啡相当,滥用倾向与成瘾性可能极小,临床应用安全。由于丁丙诺啡的欣快效应有限,药效持续时间长,可有效替代海洛因等毒品,缓解阿片类依赖者的戒断症状和体症,适用于各种阿片类依赖者的治疗。

丁丙诺啡具有高度亲脂性,易通过口腔黏膜而被吸收,直接经颈静脉回心脏入体循环,其系统绝对生物利用度可高达57%,故舌下含片吸收快、使用方便(Stoller,2001)。口服有显著的首过效应。注射后吸收好,可透过血脑和胎盘屏障。丁丙诺啡进入体内被迅速吸收,几分钟内达到血药浓度高峰,血浆蛋白结合率为96%,消除$t_{1/2}$为1.2~7.2h不等。血药浓度与镇痛效果无明显相关性。丁丙诺啡在N-脱烷基作用和细胞色素酶P450 CYP3A4的作用下,代谢成N-脱烷基丁丙诺啡(去甲丁丙诺啡,norbuprenorphine[nBUP]),再与葡萄糖醛酸结合形成共轭产物(图6-9)。这些代谢产物主要是通过粪便排出体外,一小部分由尿液中排出(Moody,2002)。

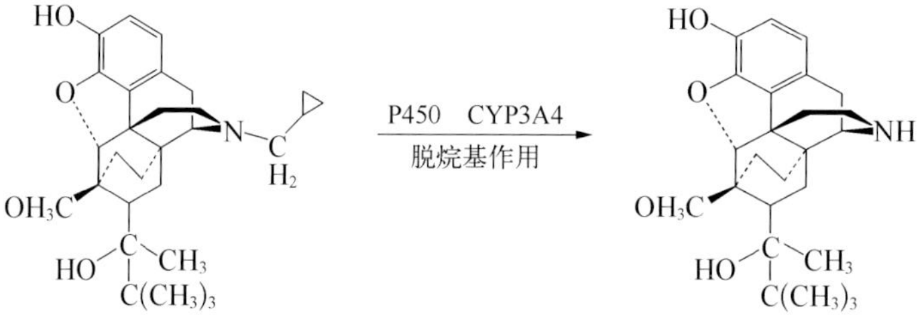

图6-9 丁丙诺啡的体内代谢

二、样品处理

1. 去污处理

丁丙诺啡滥用者毛发的脱污染同阿片类物质,分别用极性溶剂和非极性溶剂洗涤。① 取毛发样品,依次用 5 mL 二氯甲烷、5 mL 水、5 mL 二氯甲烷各浸洗 2 min。② 取毛发样品,依次用 10 mL 0.1% 十二烷基磺酸钠(SDS)、10 mL 0.1% 洗洁净、10 mL 水、10 mL 丙酮振荡洗涤 2 min。收集上述第三次清洗溶剂,浓缩后分析。

毛发自然晾干后,用剪刀剪成 1~2 mm 的小段,或用球磨机粉碎。

2. 提取方法

(1) 酸水解法。称取粉碎的毛发 50 mg,添加氘代内标后,加入 1 mL 0.1 mol/L HCl,于 56℃ 保温过夜。调 pH 为 10.5,用丁基氯-乙腈:乙酸乙酯(4:1:1,v/v)提取,离心后取有机相氮气吹干。

(2) 碱消化法。称取粉碎的毛发 20 mg,添加氘代内标后,加入 2 mL 0.1 mol/L NaOH,于室温消解过夜;或加 2 mol/L NaOH 于室温消解过夜(头发溶解)(Goodwin,2007)。调 pH 为 10.5 后,按"酸水解"法处理。

(3) 超声提取法。剪碎的毛发添加氘代内标后,加入 3 mL 甲醇,于 55℃ 超声提取 3 h(Thieme,2008)。调 pH 为 10.5 后,按"酸水解"法处理。

(4) 固相萃取(SPE)。取酸水解后的毛发样品,加 1 mL 0.1 mol/L NaOH 中和,4 mL 0.1 mol/L 磷酸缓冲液(pH 为 6.0)调节 pH,上 BondElut 固相小柱。固相小柱先依次用 2 mL 甲醇和 2 mL 0.1 mol/L 磷酸缓冲液(pH 6.0) 活化。上样后,分别用 6 mL 去离子水、3 mL 0.1 mol/L HCl 和 5 mL 甲醇淋洗固相小柱,且每种溶剂淋洗后均用真空泵干燥。然后用新鲜制备的 2 mL 二氯甲烷-异丙醇-氨水(78:20:2,v/v)洗脱,吹干。

3. 衍生化

(1) 提取物加 30 μL 硅烷化试剂(100 μLMSTFA,50 μLTMCS 和 20 μLTMSIM 混合物)于 65℃ 衍生化 30 min,用于 GC-MS 分析。

(2) 提取物加 40 μL 2-氟-1 甲基吡啶-对甲苯磺酸盐衍生化试剂,10 μL 三乙胺,室温超声 20 min 后,氮气吹干。

4. 讨论

毛发酸水解后固相萃取的提取回收率分别为 43% 和 51%,低回收率应归结为毛发中药物释放的不完全而非 SPE 方法本身,因其他生物检材的 SPE 可达 80% 的回收率。酸水解和酶水解结合可考察游离型和总的丁丙诺啡。

当用 GC-MS 分析,为改进药物的色谱行为必须对其极性基团衍生化,可选用氟化剂如 PFPA、HFBA 或硅烷化试剂。当选择硅烷化时,用单一的硅烷化试剂如

MSTFA 或 BSTFA 可生成丁丙诺啡-1TMS,但去甲丁丙诺啡则不能完全衍生化,导致去甲丁丙诺啡-1TMS 和去甲丁丙诺啡-2TMS 共存,而影响二者的比例和判断。MSTFA、TMCS 和 TMSIM 混合硅烷化试剂有很强的衍生化能力,可使原体和代谢物的活性基团完全衍生化。丁丙诺啡用 2-氟-1 甲基吡啶-对甲苯磺酸盐衍生化形成丁丙诺啡-甲基吡啶衍生物则可显著改善 LC-MS 分析的灵敏度和选择性。

三、分析方法

1. GC-MS

色谱条件:HP-5MS 毛细管柱(30 m×0.25 mmI.D.,0.25 μm 膜厚),初温 100℃,保持 1 min,20℃/min 程序升温至 300℃,保持 9 min。进样口温度 250℃。

质谱条件:HP5 973,EI 源,离子源温度:220℃,四级杆温度:100℃,传输线温度:300℃。质谱参数:丁丙诺啡-TMS 的监测离子 m/z 450,482,506;去甲丁丙诺啡-TMS 的监测离子 m/z 468,500,524;丁丙诺啡-d_4-TMS 的监测离子 m/z 454,486,510;定量离子分别为 m/z 450,468,454。

方法评价:头发中丁丙诺啡和去甲丁丙诺啡的最低检出限(LOD)均为 2 pg/mg,最低定量限(LOQ)均为 5 pg/mg。线性范围:0.005~10 ng/mg,在 0.02 和 0.4 ng/mg 质控浓度下考察,其日内精密度为 3.4%~8.4%,日间精密度为 4.1%~7.6%(Vincent,1999)。

2. LC-MS/MS

(1)分析参考条件(Wilkins,1999)

色谱条件:Alltech C_8 柱(150 mm×2.1 mm)。流动相含 1%甲酸的水-甲醇-乙腈(25:30:45,v/v)。

质谱条件:TSQ 700 MS/MS,Q1 m/z 468(丁丙诺啡),Q2 m/z 414(去甲丁丙诺啡)。

方法评价:头发中丁丙诺啡和去甲丁丙诺啡的最低检出限分别为 3 pg/mg 和 5 pg/mg(20 mg 头发),日内精密度<12%。

(2)分析参考条件(Goodwin,2007)

色谱条件:YMC ODS-AQ 柱(150 mm×2.0 mm)。

质谱条件:MS/MS,MRM 模式,m/z 468.2/396.1(丁丙诺啡),m/z 414.2/100.9(去甲丁丙诺啡),m/z 472.2/400.1(丁丙诺啡-d_3),m/z 417.2/100.9(去甲丁丙诺啡-d_3)。

方法评价:毛发中丁丙诺啡和去甲丁丙诺啡的最低检出限为 3 pg/mg,线性范围:3~10 000 pg/mg,在 25、100 和 1 000 pg/mg 质控浓度下考察,日内和日间精密度<11%。

(3)分析参考条件(Thieme,2008)

色谱条件:Zorbax XDB C_{18} 柱(150 mm×3 mm×5 μm)。流动相 A:1%甲酸(含

5 mM 乙甲酸铵);流动相 B:甲醇。线性洗脱:0 min,100%A;6.5 min,100%B。恒流,流速 700 μL/min。

质谱条件:API 4000 质谱仪,电喷雾电离-正离子模式(ESI+)。优化 MS/MS 条件见表 6-33。

表 6-33 丁丙诺啡及其代谢物的 MS/MS 条件

化 合 物	母离子 (m/z)	子离子 (m/z)	DP (V)	CE (eV)
丁丙诺啡-甲基吡啶衍生物	559.27	443.10	101.1	63
		450.50		43
		487.00		61
去甲丁丙诺啡-甲基吡啶衍生物	505.00	389.00	101.1	59
		281.00		59
丁丙诺啡-d_3-甲基吡啶衍生物	563.20	447.20	101.1	63

方法评价:毛发中丁丙诺啡 LOD<3.3 pg/mg。

3. 方法讨论

丁丙诺啡的高药效、低剂量,对毛发中丁丙诺啡的分析方法提出了高灵敏的要求,故通常使用串联质谱。因丁丙诺啡的分子结构中具极性基团,因此,LC-MS/MS 更具优势。

四、结果解释

检出去甲丁丙诺啡是药物进入体内的证据。Kintz(1993)观察到 3 名丁丙诺啡使用者头发中药物原体浓度高于代谢物浓度,相继又采集了 14 名接受丁丙诺啡治疗者的贴根 3 cm 段头发样品,结果所有样品中均检出丁丙诺啡原体,而其中 3 份样品中未能检出代谢物,且原体浓度为代谢物浓度的 2~18 倍,头发中丁丙诺啡和去甲丁丙诺啡的最大浓度分别为 0.59 ng/mg 和 0.15 ng/mg。Tracqui(1997)测定了 6 名口服丁丙诺啡治疗者头发中药物原体与代谢物浓度,得到了相同的结果,头发中丁丙诺啡和去甲丁丙诺啡浓度范围分别为 4~140 pg/mg 和 0~67 pg/mg。

Valdez(1998)测定了 4 名丁丙诺啡长程治疗者的头发药物浓度,发现药物浓度随时间而增加,并注意到代谢物浓度高于原体浓度。认为这一结果与脂溶性强的物质更易进入头发的理论不相符合。Wilkins(1999)也发现 11 名接受 8 mg 日剂量丁丙诺啡长程治疗者的头发中代谢物浓度高于原体浓度,头发丁丙诺啡和去甲丁丙诺啡的浓度范围分别为 3.1~123.8 pg/mg 和 4.8~1 517.8 pg/mg。Vincent(1999)也报道了高去甲丁丙诺啡浓度,见表 6-34。Cirimele(2000)试图通过分析头发洗涤液解释上述不一致结果,发现洗涤液中丁丙诺啡量高于去甲丁丙诺啡,认为在去污过程中,原体有更多的损失。

表 6-34 5 名滥用者头发中药物浓度

	头发(ng/mg)		
	丁丙诺啡	去甲丁丙诺啡	丁丙诺啡/去甲丁丙诺啡
A	0.361	0.546	0.66
B	0.266	0.785	0.34
C	0.060	0.029	2.03
D	0.265	0.772	0.34
E	0.305	0.470	0.65

Goodwin(2007)研究了 9 名怀孕女性丁丙诺啡摄取剂量与母亲和新生儿洗涤与未洗涤头发中丁丙诺啡和去甲丁丙诺啡浓度的关系,发现未洗涤头发中丁丙诺啡浓度明显高于洗涤头发($p=0.031$);母亲和新生儿头发中去甲丁丙诺啡浓度均明显高于丁丙诺啡浓度(母亲 $p=0.0097$,新生儿 $p=0.0033$),见表 6-35、表 6-36。Goodwin 的研究结果表明,丁丙诺啡摄取者头发中代谢物浓度高于原体浓度的情况普遍存在,两者比例与头发洗涤无关。

表 6-35 母亲摄取丁丙诺啡累计剂量与新生儿头发中丁丙诺啡和去甲丁丙诺啡浓度

新生儿	母亲丁丙诺啡累计剂量(mg)	丁丙诺啡(pg/mg)	去甲丁丙诺啡(pg/mg)	丁丙诺啡+去甲丁丙诺啡(pg/mg)	丁丙诺啡/去甲丁丙诺啡
E	1 242	36.8	732.2	769.0	0.050
F	2 280	62.0	793.3	855.3	0.078
H	1 590	37.7	579.9	617.6	0.065
I	1 400	82.1	1 037.1	1 119.2	0.079

表 6-36 母亲摄取丁丙诺啡累计剂量与洗涤和未洗涤头发中丁丙诺啡和去甲丁丙诺啡浓度

母亲	累计剂量(mg)	洗涤头发			未洗涤头发		
		丁丙诺啡(pg/mg)	去甲丁丙诺啡(pg/mg)	丁丙诺啡/去甲丁丙诺啡	丁丙诺啡(pg/mg)	去甲丁丙诺啡(pg/mg)	丁丙诺啡/去甲丁丙诺啡
A	0	ND[a]	ND				
	246	ND	ND				
	682	3.6	56.4	0.064			
	1 234	16.4	262.2	0.063	24.1	240.0	0.101
	1 774	18.9	301.7	0.063	24.3	421.6	0.058
B	0	ND	ND				
	118	ND	ND		ND	ND	
	478	2.8	39.0	0.073			
	1 006	7.6	102.2	0.075	13.7	158.1	0.087
	1 418	10.3	134.5	0.076			
	2 174	15.0	180.5	0.083			

续 表

母亲	累计剂量（mg）	洗涤头发			未洗涤头发		
		丁丙诺啡（pg/mg）	去甲丁丙诺啡（pg/mg）	丁丙诺啡/去甲丁丙诺啡	丁丙诺啡（pg/mg）	去甲丁丙诺啡（pg/mg）	丁丙诺啡/去甲丁丙诺啡
C	0	ND	ND				
	324	3.5	12.8	0.276			
	744	26.0	424.5	0.061			
	1 302	27.6	381.5	0.072			
	1 590	33.1	458.5	0.072			
	2 454	83.6	704.9	0.119	111.0	846.5	0.131
D	0	ND	ND				
	270	10.4	186.4	0.056	11.2	185.9	0.060
	918	51.7	1 230.8	0.042			
	1 292	24.7	571.4	0.043			
	1 724	30.6	714.6	0.043	47.0	1 218.9	0.039
	1 886	32.0	760.8	0.042	70.8	2 018.6	0.035
	2 210	88.9	1 220.5	0.073			
	2 808	143.8	1 583.4	0.091			
E	0	ND	ND				
	414	7.0	75.2	0.094			
	970	29.9	312.0	0.096			
	1 242	11.1	124.1	0.090	18.6	199.0	0.094
F	0	0.9	ND				
	256	20.3	31.7	0.640	22.9	46.5	0.493
	794	33.9	245.5	0.138	17.9	177.7	0.101
	1 416	60.3	392.8	0.153	60.9	499.8	0.122
	2 040	63.4	263.2	0.241			
	2 280	44.4	374.6	0.118			
G	18	ND	ND				
	386	13.0	ND				
	870	24.1	12.5	1.933			
	1 544	31.9	21.3	1.503			
	2 292	40.5	26.3	1.541			
H	176	33.4	33.7	0.990			
	568	4.0	66.1	0.061			
	934	20.2	181.1	0.111			
	1 590	31.5	330.9	0.095	35.6	336.7	0.106
	2 044	28.2	317.2	0.089	36.4	334.2	0.109
	2 458	44.1	511.9	0.086	59.7	765.7	0.078
I	532	ND	6.2	0.000	0.9	10.8	0.088
	728	2.6	36.8	0.070	3.3	48.4	0.068
	1 302	50.0	589.7	0.085			
	1 400	14.1	94.2	0.150			
	1 636	26.8	422.8	0.065	73.8	1 174.7	

作者认为上述不同研究结果可能与研究对象的摄药史有关,长程摄药者易形成代谢物的累积,增加代谢物与原体浓度的比值。

Wilkins(1999)考察能否通过头发分段分析反映其真实的用药史。研究对象为 12 名接受 8 mg 剂量丁丙诺啡长程治疗者,结果某些个体的头发分段分析结果与治疗周期不相符合,表明存在药物扩散和其他药物结合机制。Kintz(1994)报道存在剂量浓度关系,Goodwin(2007)的研究结果支持剂量浓度关系存在。但文献数据同时表明,当接受相同剂量相同治疗周期时,头发药物浓度仍存在较大的个体差异。

五、阳性数据

文献报道的头发中丁丙诺啡及其代谢物分析的结果归纳、总结于表 6-37。

表 6-37 丁丙诺啡摄取者头发分析结果

方法	例数	丁丙诺啡(ng/mg)	去甲丁丙诺啡(ng/mg)	研究
酸水解;HPLC	3	0.48~0.59	0.06~0.15	Kintz(1993)
酸水解;HPLC;GC-MS	14	0.02~0.59	0.02~15	Kintz(1994)
酸水解;LC-MS	6	0.004~0.14	0~0.067	Tracqui(1997)
酸水解;GC-MS	5	0.47~2.4	0.03~0.72	Vincent(1999)
碱水解;LC-MS	12	0.003~0.124	0.005~1.518	Wilkins(1999)
酸水解;LC-MS	33	0~1.19	0~1.21	Cirimele(2000)
酸水解;LC-MS	24	0.01~1.08	0~1.02	Kintz(2001)
酸水解;LC-MS	1	0.023	<LOD	Kintz(2003)
超声;LC-MS	18	0.04~0.36	—	Cirimele(2004)

六、典型案例

性兴奋意外死亡案例(Kintz,2003)

14 岁男孩死于某性犯罪者家中。尸体解剖未见暴力痕迹和针眼,仅见肺及内脏充血。毒物学分析检出丁丙诺啡和去甲安定,血液和头发中丁丙诺啡浓度分别为 1.1 ng/mL 和 23 pg/mg,表明其反复使用丁丙诺啡和安定类药物。男孩的死亡归结于用丁丙诺啡和安定类药物促进性兴奋状态中的意外窒息。

第六节 芬太尼类物质

芬太尼类物质是化学合成的强效阿片类物质,对人体产生麻醉和镇痛作用。

由于其强大的镇痛效果,芬太尼类物质被广泛使用。芬太尼非药用以及芬太尼滥用的现象也随之出现。芬太尼滥用首次报道是在 20 世纪 80 年代并持续到 21 世纪初。当前,芬太尼类物质的滥用问题在北美洲较为突出。美国 2017 年发布数据显示年度共破获 1 299 起芬太尼、芬太尼相关物质和其他新合成阿片类物质案件:其中芬太尼案件查获数 877 起,占全部案件的 68%,是查获案件数最多的合成阿片类物质。同时根据美国缉毒局(DEA)年度新趋势报告表明,在这 877 例芬太尼案件中,46.5%案件中仅存在芬太尼,42%案件中同时存在海洛因,这表明芬太尼类物质常与海洛因等毒品混合使用并且成了海洛因和处方阿片类物质防控体系的最大威胁。

非法研制出来的芬太尼类物质近些年急剧增多。芬太尼特殊的化学结构,通过结构改造和构效关系研究,很容易对芬太尼进行修饰,从而得到新的衍生物。芬太尼类物质是指以芬太尼为母体结构,使用其他基团替代丙酰基,苯乙基被其他任意非氢原子的基团取代,哌啶环上有烷氧基、卤素、羟基、酯基、烷基、烯基、醚基、卤代烷基、硝基和氨基等取代基团,用单环芳香基团取代与氮原子直接相连的苯基而衍生出来的一系列物质,见图 6-10。

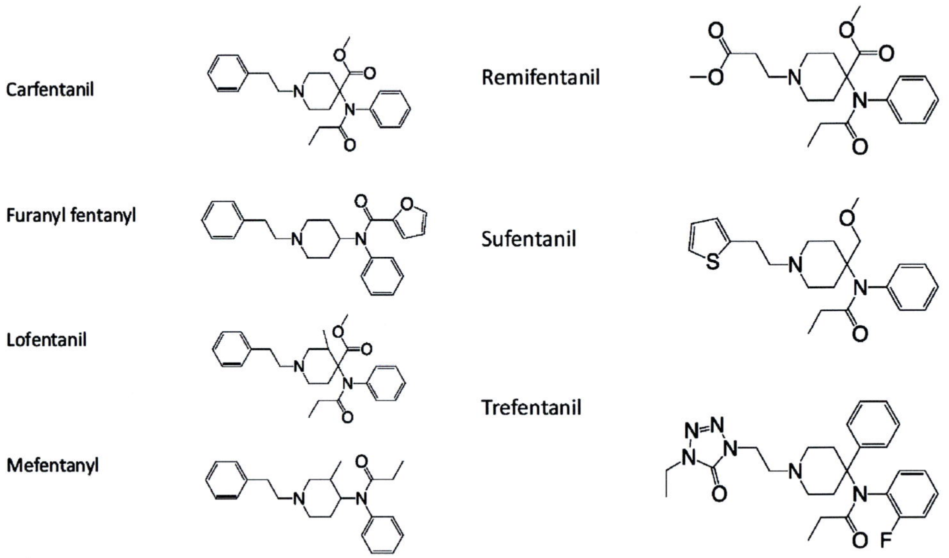

图 6-10 部分芬太尼类物质化学结构(Raffa,2017)

芬太尼类物质麻醉作用极强,不依赖于毒品源植物种植,不受地域限制,合成工艺简单价格低廉,在欧美发达国家滥用日趋严重,已有替代海洛因等传统阿片类毒品的趋势。芬太尼类物质药效较强,摄入极少量即可对人体造成伤害乃至危及生命。由于个体耐受和给药途径不同,给药剂量差异也较大。静脉给药、吸入给药和鼻腔给药吸收较快,而口服或肌内给药的吸收则较慢,见表 6-38。如卡芬太尼的剂量约为几微克,芬太尼的剂量约为 1 mg,而较低效的阿片类物质的剂量则为 10 mg 左右。2019 年 5 月 1 日,中国对芬太尼类物质实行整类列管。

表 6-38 部分芬太尼类物质的阿片受体亲和力和半衰期(口服)(Raffa,2017)

名称	阿片受体亲和力(nmol^{-1})L^{-1}	半衰期(口服)
Alfentanil	47.4	25 min
Carfentanil	0.05	7.7 h
Fentanyl	1.01	3.65 h
Lofentanil	0.14	4.5~5.5 h
Loperamide	3.0	14.4 h
Remifentanil	12.4	8~10 min
Sufentanil	0.45	79 min

一、体内过程

芬太尼(Fentanyl),化学名为 N-(1-苯乙哌啶基-4)丙酰苯胺[N-(1-phenethyl-4-piperinyl) propionanilide]。

$$CH_3CH_2CON\underset{C_6H_5}{\underbrace{}}N-CH_2CH_2-C_6H_5$$

$$C_{22}H_{28}N_2O = 336.47$$

CAS：437‑38‑7

芬太尼吸收后在肝脏快速代谢，其主要代谢途径为 N‑去烷基、水解去丙酰基以及苯基、哌啶环和支链的羟化反应(Guitton, 1997)。芬太尼的主要代谢物为 N‑去烷基芬太尼和去丙酰基芬太尼。芬太尼的血浆半衰期为 1~6 h（与浓度有关），血液中代谢物浓度与原体浓度接近，尿液中大多以代谢物形式存在。芬太尼的代谢物不具有药理活性(Brandenberger, 1997)。

芬太尼大部分以代谢物形式经尿液和粪便排泄，72 h 内从尿液中排出剂量的 70%，其中 7% 为原体，26%~55% 为 N‑去烷基芬太尼，以及少量的羟基芬太尼和羟基去烷基芬太尼。剂量的 9% 从粪便中排出。

芬太尼致死各脏器药物浓度报道有：9 例芬太尼滥用致死者血液和尿液的浓度范围分别为 0.5~17 ng/mL 和 5~160 ng/mL(Kronstrand, 1997)。30 例芬太尼滥用致死者血液中芬太尼浓度为 18 ng/mL(2.2~100 ng/mL)(Smialek, 1994)。7 例静注芬太尼急性中毒死亡者各脏器芬太尼浓度见表 6‑39。

表 6‑39　芬太尼中毒死亡者各脏器中芬太尼浓度分布

	芬太尼浓度(ng/mL, ng/g)				
	血	脑	肝	肾	尿
平均值	8.3	20	37	18	28
范围	3.0~2.8	9.2~30	5.9~7.8	6.1~42	5.0~93

二、样品处理

1. 去污处理

毛发样品参照本章第二节用丙酮、甲醇、二氯甲烷、正己烷、水等洗涤，自然晾干后剪成约 1~2 mm 长的小段，或用球磨机粉碎。

2. 提取方法

（1）固相萃取法　取毛发样品，用丙酮洗涤后剪成约 1 mm 长的小段。称取剪细的毛发 10 mg，添加氘代内标，加入 1.5 mL 0.025 mol/L 磷酸缓冲液(pH 2.7)，于 75℃ 保温 3 h，然后加入 0.1 mol/L 磷酸缓冲液(pH 6.0)。

Clin II 固相小柱用 2 mL 乙酸乙酯，2 mL 甲醇，2 mL 0.1 mol/L 磷酸缓冲液(pH 6.0)活化。以 1 mL/min 速度上样，用 2 mL 去离子水，1 mL 0.1 mol/L HCl 淋

洗,柱干燥后用2 mL 甲醇,1 mL 乙酸乙酯淋洗。真空干燥5 min 后,用2 mL 乙酸乙酯∶NH₄OH(98∶2)洗脱,收集洗脱液于40℃下吹干,乙酸乙酯定溶(Moore, 2008)。

(2)液-液提取法　取毛发样品,用二氯甲烷清洗二次,剪成约1 mm长的小段。称取剪细的毛发50 mg,添加氘代内标,于1 mL 磷酸缓冲液(pH 8.4)中保温过夜。用5 mL 二氯甲烷∶异丙醇∶正己烷(50∶17∶33)液-液提取。提取液吹干后用30 μL 甲醇溶解。该方法相对提取回收率大于75%(Kintz,2005)。

(3)研磨浸提法　取毛发约25 mg,依次用2 mL 的二氯甲烷、甲醇清洗二次,每次3 min。清洗后的毛发室温下干燥后球磨粉碎,然后加入2.5 μL 内标溶液(0.01 ng/mg),再加入1 mL 甲醇,55℃孵化15 h。离心后转移有机相,取2 μL 进LC-MS/MS。如实际样品浓度超过线性范围,则将提取液加入甲醇稀释后重新进样(Salomone,2018)。

三、分析方法

由于头发中芬太尼浓度较低,必须选择灵敏高、可靠性强的分析方法。

1. GC-MS/MS

色谱条件:HP-5 毛细管柱(30 m×0.25 mmI.D.,0.25 μm 膜厚)或,初温100℃(1 min),程序升温30℃/min,终温295℃,保持5 min。

质谱条件:TSQ700 EI 源。芬太尼和氘代芬太尼分别选择 m/z 245.2/146.1 和 250.2/151.2 离子对。芬太尼 EI 质谱图如下:

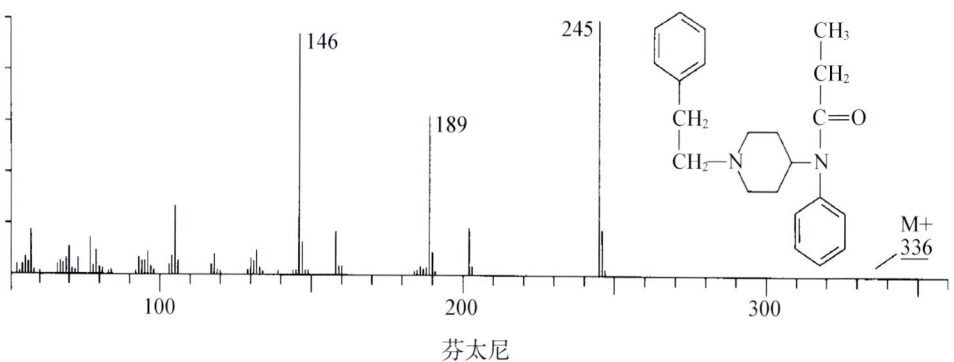

芬太尼

方法评价:线性范围:5~750 pg/mg;最低检出限:1 pg/mg(Kintz,2005)。

2. GC-MS

色谱条件:第一柱 DB-17 毛细管柱(15 m×0.25 mmI.D.,0.25 μm 膜厚);第二柱 DB-5 毛细管柱(15 m×0.25 mmI.D.,0.25 μm 膜厚)。初温70℃(30 s),程序升温35℃/min,终温310℃,保持3 min。

质谱条件：5973MS EI 源；监测离子：芬太尼 m/z 245.2，146.1 和 189.1；氘代芬太尼 m/z 250.2，151.2。

方法评价：线性范围：5～200 pg/mg；最低检出限：5 pg/mg（Moore，2008）。

3. LC‐MS/MS

色谱条件：液相柱为 CORTECS UPLC C_{18} 柱 column（100 mm×2.1 mm，1.6 μm）。流动相（A）为 5 mM 甲酸水溶液，流动相（B）为 5 mM 甲酸乙腈溶液，流动相：0.5 min，95% A；4.0 min，50% A；4.5 min，50% A；6 min，95% A。流速 0.5 mL/min，柱温 45℃。

质谱条件：API 5500 三重四级串联质谱，采用 ESI+正离子模式。源温 600℃，离子喷雾电压 1 900 V。气流压力：气帘气（CUR）35 psi，雾化气（GS1）45 psi；辅助气（GS2）50 psi。MRM 模式采集，优化的质谱参数见表 6‐40。

表 6‐40 芬太尼类物质的质谱参数

序号	化合物名称	英文名	Rt (min)	前体离子 [M+H]⁺	DP (V)	碎片离子 (m/z)	CE (V)	碎片离子 (m/z)	CE (V)	碎片离子 (m/z)	CE (V)
1	去甲芬太尼	Norfentanyl	2.4	233.0	50	84.1	24	150.1	22	55.0	50
2	瑞芬太尼	Remifentanil	2.8	377.1	43	317.2	22	228.0	27	116.1	37
3	乙酰芬太尼	Acetyl‐Fentanyl	3.0	323.0	73	188.2	38	105.0	38	77.0	86
4	阿芬太尼	Alfentanil	3.3	417.0	52	268.3	24	197.2	35	165.0	47
5	U‐47700	U‐47700	3.3	330.9	47	286.1	24			206.1	34
				328.9	47			204.1	36		
6	芬太尼	Fentanyl	3.3	337.1	57	188.2	32	105.0	49	132.1	42
7	4‐ANPP	4‐ANPP	3.3	281.0	72	188.2	32	105.0	41	103.0	63
8	呋喃芬太尼	Furanyl‐Fentanyl	3.4	375.0	55	188.2	28	105.0	52	103.0	82
9	卡芬太尼	Carfentanil	3.5	395.0	50	335.2	25	246.1	34	113.0	34
10	舒芬太尼	Sufentanil	3.7	387.0	43	238.1	26	355.2	26	111.0	46
IS1	去甲芬太尼-d5	Norfentanyl‐d5	2.4	238.0	50	84.1	24				
IS2	芬太尼-d5	Fentanyl‐d5	3.3	342.0	57	188.2	32				

方法评价：毛发中芬太尼类物质的最低检出限为在 0.1～0.3 pg/mg 范围（Salomone，2018）。

四、结果解释

Sachs（1996）对一以 0.6 mg/d 剂量接受 25 d 治疗的病人的头发进行分析，芬太尼浓度为 100 pg/mg。Wang(1993)测定了接受芬太尼治疗的 13 位外科病人头发,发现在外科手术中摄取中等至高剂量的芬太尼者,均可在其头发中检出药物。当用药剂量为 1~6 mg 时,头发中芬太尼浓度为 13~48 pg/mg,药物浓度与剂量相关性不明显。空白对照组头发药物分析为阴性。其中有一名接触芬太尼(处理与称重芬太尼)的药剂工作者,其头发芬太尼浓度为 29 pg/mg,而头发洗涤液中芬太尼浓度为 630 pg/mg,这是环境污染的一个例子,在实际工作评价中应予以注意。

Lebeau(2002)用 LC-MS/MS 分析可疑头发样品,得到头发芬太尼浓度为 20~93 pg/mg。Moore(2008)报道从送检的头发中检出芬太尼和其他阿片类物质,其中 4 份头发样品芬太尼呈阳性,浓度分别为 12 pg/mg、17 pg/mg、490 pg/mg 和 1 930 pg/mg。Palamar(2019)测定 39 名阿片类吸毒者毛发中芬太尼类物质,结果发现许多吸毒者在未知情况下吸食了芬太尼类物质,毛发分析结果见表 6-41。

表 6-41　阿片类吸毒者毛发中芬太尼类物质浓度(pg/mg)

序号	毛发长度(cm)	毛发类型	芬太尼	乙酰芬太尼	呋喃芬太尼	U-47700	4-ANPP	去甲芬太尼
1	1.5	臂毛	800	12	42	—	54	60
2	1.5	臂毛	8 600	3 200	1.4	1.9	1 400	110
3	5.0	头发	480	28	—	—	70	35
4	5.5	头发	130	50	—	—	1.4	8.5
5	5.0	头发	77	—	3.1	—	8.9	5.0
6	7.0	头发	2 200	26	12	4.5	61	199
7	3.0	头发	170	10	0.7	—	8.3	26
8	5.0	头发	23	5.9	—	—	—	—
9	2.5	腿毛	57	5.2	—	—	2.4	3.0
10	1.0	胡须	51	2.1	—	—	9.9	10
11	1.0	胡须	450	3.5	—	—	6.3	58
12	3.0	臂毛	650	190	14	—	16	16
13	8.0	头发	4.3	—	—	—	—	—
14	1.0	阴毛	380	19	2.7	—	12	30
15	3.0	头发	210	21	—	—	2.7	7.1
16	2.0	腿毛	820	30	1.3	—	13	38
17	2.5	腿毛	450	30	13	—	35	21
18	1.0	臂毛	1 400	95	0.8	—	100	56
19	4.0	头发	340	13	2.9	—	11	16
20	10	头发	2.3	—	—	—	—	—
21	1.0	腿毛	520	33	4.4	—	56	21
22	3.0	胸毛	2 400	25	—	—	130	110
23	2.0	胸毛	810	120	0.7	—	37	25
24	7.0	头发	440	67	0.8	—	5.1	20
25	5.0	头发	1 100	3.7	—	—	64	69
26	1.5	胸毛	430	130	0.9	—	12	15

续　表

序号	毛发长度（cm）	毛发类型	芬太尼	乙酰芬太尼	呋喃芬太尼	U-47700	4-ANPP	去甲芬太尼
27	6.0	头发	160	—	—	—	4.0	7.9
28	2.5	头发	370	7.1	—	1.4	57	32
29	2.0	头发	89	—	—	—	1.1	2.8
30	3.0	头发	330	—	—	—	3.4	18
31	1.0	阴毛	—	—	—	—	—	—
32	13.0	头发	230	7.9	12	—	4.1	15
33	3.0	腿毛	3 000	730	0.9	—	71	210
34	1.0	臂毛	1 400	25	38	—	98	39
35	3.0	头发	1 200	11	—	—	90	110
36	2.5	头发	290	15	—	—	3.1	10
37	20	头发	950	150	1.6	—	5.2	130
38	1.0	头发	1 500	160	—	—	89	95
39	7.0	头发	1 400	41	—	—	260	110
40	1.5	头发	440	54	—	—	120	21

芬太尼类物质中毒死亡案例很多，但采集头发分析的甚少，目前仅有 Salomone 等（2018）的两个毛发样品报道，一例检出芬太尼、呋喃芬太尼和 4-ANPP，浓度分别为 3 pg/mg、44 pg/mg 和 3 pg/mg，另一例检出芬太尼和 4-ANPP，浓度分别为 6 pg/mg 和 1 pg/mg。4-ANPP（4-anilino-N-phenethyl-4-piperidine）为许多芬太尼类物质的前体和代谢物，因此，生物检材中 4-ANPP 可以作为使用芬太尼类物质的标志物。Palamar（2019）报道的 39 个阳性毛发中，4-ANPP 浓度为 1.1～1 400 pg/mg。对此尚需要更多的研究积累，以探明芬太尼类物质原药与 4-ANPP 的浓度关系。

五、典型案例

案例一：某 50 岁的麻醉师疑为阿片类物质滥用。取其贴根 3 cm 段头发分析，头发中芬太尼浓度为 644 pg/mg，是目前文献报道中最高的浓度。该麻醉师被责成退休，3 个月后静注哌替啶和阿曲库铵死亡。

案例二：某 42 岁的麻醉师疑为阿片类物质滥用，由于其古怪的表现而要求进行头发分析。贴根 6 cm 段头发分析结果：头发芬太尼浓度为 101 pg/mg；舒芬太尼浓度为 2 pg/mg。该麻醉师被辞退。

案例三：某 40 岁的麻醉师疑为阿片类物质滥用，但数次尿样分析阴性。因极差的工作表现而要求进行头发分析。贴根 4 cm 段头发分析结果表明其滥用多种药物，头发中芬太尼浓度为 30 pg/mg；可待因浓度为 210 pg/mg；咪达唑仑浓度为 160 pg/mg。该麻醉师被辞退。

案例四：某 46 岁的麻醉师死于医院的厕所内。由于数周前医院麻醉制剂的丢失，故疑其药物滥用。尸检发现左上臂有较多针眼，血液分析表明药物过量，芬太尼浓度为 45 ng/mL，乙醇浓度为 1.32 g/L。贴根 3 cm 段头发分析显示芬太尼类滥用，芬太尼浓度为 8 pg/mg(Kintz,2005)。

案例五：某 23 岁男性死于其公寓的浴室内，其有药物滥用史。现场发现其卧室的托盘中有白色粉末的痕迹，并有一根管子。尸表检验未发现受伤或暴力死亡的迹象。进一步 CT 检查和尸检显示没有非特异性中毒症状，如脑水肿和中度膀胱充盈。鼻子里发现少量白色粉末残留。生物检材经 LC-MS/MS 分析，丁酰芬太尼的浓度：股动脉血 66 ng/mL；心血 39 ng/mL；肌肉 110 ng/g；肝组织 57 ng/g；肾组织 160 ng/g；肺组织 3 100 ng/g；脾脏 590 ng/g；脂肪组织 550 ng/g；尿液 1 100 ng/mL；胃内容物 2 000 ng/mL；脑组织 200~340 ng/g；头发 11 ng/mg。分析检验中作者同时考察头发清洗液，头发清洗液中丁酰芬太尼浓度与头发中浓度比率为 0.32，表明头发可能受汗液污染，因急性阿片类物质中毒出现多汗症状(Staeheli,2016)。

第七节 其他阿片类物质

其他阿片类物质包括二氢可待因酮、二氢吗啡酮、氧可酮、1-乙酰基-α-美沙醇(LAAM)、吗啉吗啡、喷他佐辛、丙氧芬、曲马多、哌腈米特、右吗拉胺、纳布啡、替利定等，除表 6-42 中所列的分析方法和毛发浓度，目前已有文献报道研究阿片类物质的筛选分析方法。

表 6-42 头发中其他阿片类物质分析结果

去污染	水解方法	提取方法	检测方法	浓度(ng/mg)	参考文献
二氢可待因酮，二氢吗啡酮，羟考酮					
—	磷酸盐缓冲液	SPE	甲肼/BSTFA 衍生化 GC-MS	定性结果	Jones,2002
丙酮	磷酸盐缓冲液	SPE	GC-MS	0.71,0.88,1.01	Moore,2008
1-乙酰基-α-美沙醇(LAAM)					
多种洗液	蛋白酶Ⅷ	L/L	GC-MS PCI	0.88~1.27($n=6$)	Wilkins,1997
吗啉吗啡					
丙酮	磷酸盐缓冲液	L/L	RIA GC-MS	头发 0.5~0.6($n=1$) 胡须 0.6~1.7($n=1$)	Maurer,1990

续表

去污染	水解方法	提取方法	检测方法	浓度(ng/mg)	参考文献
喷他佐辛					
水/丙酮	β-葡萄糖醛酸苷酶 芳香基硫酸酯酶	SPE	GC-MS	200	Moeller,1993
水/丙酮	磷酸盐缓冲液	SPE	LC-MS/MS	0.057($n=1$)	Yegles,2005
右丙氧芬(DPX)-去甲丙氧酚(NPX)					
水/丙酮	β-葡萄糖醛酸苷酶 芳香基硫酸酯酶	SPE	HPLC-UV	$n=11$ DPX: 1.2~26.6 NPX: 2.6~71.0	Mersch,1997
二氯甲烷 磷酸盐缓冲液	0.1 mol/L 盐酸	SPE	GC-MS	$n=13$ DPX: 0.2~27.4 NPX: 0.3~68.0	Gaillard,1998
曲马多					
甲醇/丙酮	磷酸盐缓冲液	SPE	GC-MS/MS CI	残基	Uhl,1997
水/丙酮	β-葡萄糖醛酸苷酶 芳香基硫酸酯酶	SPE	GC-MS	0~3 cm 段: 3.7 3~6 cm 段: 0.3($n=1$)	Asselborn,1997
水/丙酮 汽油	甲醇	SPE	GC-MS	80($n=1$)	Rickert,1999
水/丙酮	碱水解	HS-SPME	GC-MS	0.78;1.14($n=2$)	Sporkert,2000
SDS/甲醇	3 mol/L 盐酸	SPE	GC-MS	0.18~16.30($n=11$)	Hadidi,2003
丙酮	磷酸盐缓冲液	SPE	GC-MS	1.85~150($n=3$)	Moore,2008
哌腈米特					
—	甲醇	—	LC-MS/MS	0.64;0.004($n=2$)	Sachs,2003
右吗拉胺					
二氯甲烷	0.1 mol/L 盐酸	L/L	GC-MS	1.09~1.48($n=1$)	Kintz,1995
纳布啡					
—	磷酸盐缓冲液	L/L	LC-MS	5.07~7.06($n=1$)	Vinner,2005
替利定					
/丙酮	β-葡萄糖醛酸苷酶 芳香基硫酸酯酶	SPE	GC-MS	0~3 cm 段: 5.6 3~6 cm 段: 9.1($n=1$)	Asselborn,1997

注 SPE:固相萃取;HS-SPME:顶空固相微萃取;L/L:液-液提取。

一、分析方法

阿片类物质的 LC-MS/MS 筛选分析(Kim,2014)

样品处理： 毛发依次采用 2 mL 甲醇×2、2 mL 蒸馏水×2、2 mL 甲醇×2 清洗,晾干后称取 10 mg,加入 25 μL 100 ng/ml 内标可待因-d3 和 2 mL 甲醇,孵化 16 h,离心,氮气流下吹干,加入 100 μL 流动相溶液,过 0.45 μmPVDF 膜,取 5 μL 进样 LC-MS/MS。

色谱条件:液相柱为 Porosell 120 EC-C18 column(3.0 mm×50 mm,2.7 μm),柱温 40℃。流动相 A 为 5 mM 甲酸铵和 0.01% 甲酸水溶液,流动相 B 为 0.01% 甲酸乙腈溶液。液相梯度洗脱程序:0~0.5 min,10%~15% B;0.5~3.0 min,15%~50% B;3.0~4.0 min,50%~95%B;4.0~6.0 min,95% B;6.0~7.0 min,95%~10% B;7.0~8.0 min,10% B。流速 300 μL/min。

质谱条件:三重四极质谱系统,ESI+模式,优化后的源参数分别为:毛细管电压,3.8 kV;雾化气压力,60 psi;燥气温度,350℃;干燥气流速,8 L/min;鞘气温度,380℃;鞘气流速,10 L/min;喷嘴电压,0.5 kV。采用 MRM 模式,阿片类物质及其代谢物、内标的质谱参数见表 6-43。

表 6-43 阿片类物质的质谱参数

化合物	英文名	前体离子(m/z)	碎片离子(m/z)	Rt(min)	Frag(V)	CE(V)
6-单乙酰吗啡	6-Acetylmorphine	328.2	151.9	3.0	165	72
			165.1		165	36
可待因	Codeine	300.2	152.1	2.1	95	68
			165.1		95	58
去甲可待因	Norcodeine	286.1	152.0	1.9	145	68
			165.0		145	58
右美沙芬	Dextromethorphan	272.2	147.1	4.9	115	32
			171.0		115	34
去甲右美沙芬	Dextrorphan	258.2	157.1	4.0	125	36
			199.1		125	28
芬太尼	Fentanyl	337.3	105.1	4.9	135	44
			188.2		135	22
去甲芬太尼	Norfentanyl	233.2	55.2	3.8	145	40
			84.1		145	14
氢可酮	Hydrocodone	300.2	128.1	3.2	145	66
			199.1		145	42
氢吗啡酮	Hydromorphone	286.2	157.0	1.4	155	46
			185.0		155	34
吗啡	Morphine	286.2	152.1	1.1	135	66
			165.1		135	64

续表

化合物	英文名	前体离子（m/z）	碎片离子（m/z）	Rt(min)	Frag(V)	CE(V)
去甲吗啡	Normorphine	272.2	152.0	1.1	145	50
			165.0		145	60
纳布啡	Nalbupine	358.2	161.1	3.6	95	48
			340.2		95	24
羟考酮	Oxycodone	316.2	241.1	2.8	135	26
			298.1		135	18
去甲羟考酮	Noroxycodone	302.2	227.1	2.7	135	30
			284.1		135	12
喷他佐辛	Pentazocine	286.2	69.1	4.6	95	24
			218.2		95	18
哌替啶	Pethidine	248.2	174.1	4.4	95	18
			220.1		95	18
去甲哌替啶	Norpethidine	234.2	56.1	4.4	75	18
			160.2		75	12
蒂巴因	Thebaine	312.2	58.1	4.2	85	10
			152.1		85	70
可待因-d3	Codeine-d3	303.2	165.1	2.1	105	58

方法评价：本方法中毛发取样量 10 mg，最低检出限在 5~25 pg/mg 范围。

Kim(2014)将所建毛发中阿片类物质的筛选方法应用于 15 例阿片类物质滥用者的头发分析，结果见表 6-44。可见建立大范围目标物的毛发筛选分析方法非常重要，毛发在确证长期使用阿片类物质方面可提供有价值的信息。

表 6-44　15 例阿片类物质滥用者的头发分析结果

样品序号	性别	年龄	用药史	头发长度（cm）	浓度(ng/mg)
1	男性	56	种植罂粟、自己注射罂粟提取物	0~3	吗啡(0.06),可待因(0.04),蒂巴因(<0.005)
				3~6	吗啡(0.08),可待因(0.02),蒂巴因(<0.005)
				6~9	吗啡(0.12),可待因(0.01),蒂巴因(<0.005)
2	女性	50	种植罂粟、注射罂粟提取物	18	吗啡(0.14),可待因(0.03),蒂巴因(<0.005)
3	男性	57	种植罂粟、注射罂粟提取物	7	吗啡(0.12),可待因(0.04),蒂巴因(0.04)
4	女性	56	种植罂粟、注射罂粟提取物	8	吗啡(0.04),可待因(0.01),蒂巴因(0.02)
5	男性	69	种植罂粟、注射罂粟提取物	6	吗啡(0.04),可待因(0.05),蒂巴因(0.01)
6	男性	61	种植罂粟	2	可待因(<0.005),蒂巴因(<0.005)
7	女性	37	护士,怀疑其滥用哌替啶	22	哌替啶(14.4),去甲哌替啶(5.6)

续 表

样品序号	性别	年龄	用 药 史	头发长度(cm)	浓度(ng/mg)
8	女性	29	护士,怀疑其滥用哌替啶	12	哌替啶(11.8),去甲哌替啶(3.6)
9	男性	66	临床医师,怀疑其滥用哌替啶	9	哌替啶(0.23),去甲哌替啶(0.03)
10	女性	30	有大麻吸毒史,怀疑其滥用阿片类物质	35	羟考酮(0.75),去甲羟考酮(<0.05)
11	男性	31	怀疑其滥用阿片类物质	17	可待因(<0.005)
12	男性	38	怀疑其滥用阿片类物质	12	右美沙芬(6.09),去甲右美沙芬(2.45),芬太尼(<0.05),哌替啶(0.49),去甲哌替啶(<0.05)
13	男性	29	海洛因贩毒者	3	6-单乙酰吗啡(0.28),可待因(0.22),氢可酮(0.30),吗啡(0.02),去甲可待因(0.03)
14	女性	37	现场发现哌替啶安瓿	22	纳布啡(0.02),哌替啶(17.5),去甲哌替啶(0.39)
15	男性	30	怀疑其滥用阿片类物质	12	哌替啶(21.3),去甲哌替啶(0.34),纳布啡(0.04),芬太尼(<0.05)

二、结果解释

曲马多(tramadol)广泛应用于各种急、慢性中度以上的疼痛,如术后镇痛、晚期痛的治疗和分娩镇痛。现在很多阿片类依赖者使用曲马多戒毒替代成瘾,其滥用情况日益严重,且滥用人群呈年轻化趋势。曲马多的体内主要代谢物为 N-去甲基曲马多(NDMT)和 O-去甲基曲马多(ODMT)。70 名长期服用曲马多治疗病人的头发中曲马多浓度为 120~29 000 pg/mg(中值: 650 pg/mg);NDMT 浓度为 10~18 070 pg/mg(中值: 130 pg/mg);ODMT 浓度为 8~12 230 pg/mg(median: 71 pg/mg)(Madry,2012)。

头发分析可提供曲马多滥用以及滥用时间等重要信息。由于曲马多通常与其他药物同时使用,多种药物在进入毛发时可能存在着竞争机制,根据 Hadidi(2003)的调查,头发中曲马多浓度与滥用剂量无明显相关性,见表 6-45。

表 6-45　头发中曲马多浓度与滥用剂量、滥用时间关系调查

滥用者	滥用日剂量	滥用时间	浓度(ng/mg)
1	100 mg×2~3 肌注	7 月	5.06
2	100 mg×1 肌注	2 月	3.94
3	100 mg×2 肌注	12 天	0.21
4	100 mg×2 肌注	10 天	0.176
5	100 mg×2~3 口服	3 月	1.26
6	100 mg×1 肌注	2 月	5.95

续 表

滥用者	滥用日剂量	滥用时间	浓度(ng/mg)
7	100 mg×2 肌注	6 周	0.83
8	50 mg×2 口服	1 月	1.1
9	50 mg×2 口服	1 周	8.65
10	50 mg×2~3 口服	10 天	16.3
11	50 mg×3 口服	16 天	3.5

曲马多的头发分析存在被动污染问题，除了采用头发的去污清洗、同时分析清洗液等策略外，头发中曲马多及其代谢物的比率也有助于区分主动吸食与被动污染。同时测定头发中曲马多及其代谢物 O-去甲曲马多、N-去甲曲马多，当 N-去甲曲马多与曲马多的浓度比率高于 0.037，O-去甲曲马多与曲马多的浓度比率高于 0.021 时可判断为主动吸食(Madry,2012)。

羟考酮是一种半合成的强效阿片类药物，其药理作用和持续时间类似于吗啡，但比吗啡起效快、生物利用度高，在许多国家已取代吗啡成为术后疼痛和癌痛的治疗药物。但目前有滥用羟考酮趋势，我国将含羟考酮复方制剂等品种列入精神药品管理，于 2019 年 9 月 1 日起施行。羟考酮(OC)主要是在肝脏和肠壁通过 CYP2D6 和 CYP3A4/5 分别代谢为羟吗啡酮(OM)和去甲羟考酮，氧吗啡酮进一步代谢为去氧吗啡酮。羟吗啡酮对 μ 受体有着很高的亲和力，是羟考酮的 10~60 倍，亦在麻醉药品管制目录中。某些情况下，需要证实究竟是服用羟考酮还是羟吗啡酮，而毛发分析可帮助进行区分、推断。Reisfield(2015)同时分析头发中羟考酮和羟吗啡酮，466 个羟考酮阳性头发的浓度在 102~26 712 pg/mg(均值 2 375 pg/mg)，其中仅有 47 个头发中检出羟吗啡酮(占 10%)，浓度在 100~6 500 pg/mg(均值 596 pg/mg)。当头发中羟考酮浓度低于均值时，仅有 2.2%的头发样品中羟吗啡酮阳性。头发中羟考酮与其代谢物羟吗啡酮浓度差别明显。

参 考 文 献

初钰霖.2019.芬太尼类物质滥用的扩张形势与防控策略.北京警察学院学报,3: 109-115
沈敏.2003.体内滥用药物分析.北京：法律出版社
沈敏.2004.体内滥用药物分析方法(Ⅱ)——毛发中滥用药物分析方法.中国司法鉴定,2: 30-35
沈敏,沈保华.1995.尿中度冷丁及其代谢产物的 GC/MS 分析研究.质谱学报,2: 41-46
沈敏,沈保华.1997.血、尿中甲基苯丙胺以及代谢产物苯丙胺的分析研究.法医学杂志,13: 3-5
沈敏,沈保华.2002.GC/MS/MS 法在头发中毒品及代谢物的筛选分析中的应用.质谱学报,1: 11-16
沈敏,向平.1999.毛发中度冷丁及其代谢产物的鉴定.药学学报,5: 379-382
吴侔天.1998.头发中单乙酰吗啡和吗啡检测的研究.分析测试学报,17: 4-8
向平,沈敏,沈保华等.2006.生物检材中吗啡类生物碱的 LC-MS/MS 分析.法医学杂志,1: 52-54
向平,沈敏.1999.GC/MS 研究海洛因代谢物在吸毒者体内的分布.法医学杂志,15: 208-210
向平,孙英英,沈保华等.2013.吸毒者头发中海洛因、6-单乙酰吗啡、吗啡、可待因和乙酰可待因的分析及评

价. 中国司法鉴定, V66(1): 19-23

Balikova MA, Habrdova V. 2003. Hair analysis for opiates: evaluation of washing and incubation procedures. J Chromatogr B, 789: 93-100

Baselt RC. 1982. Disposition of Toxic Drug and Chemicals in Man (2nd ed.). Biomedical Publications

Brandenberger H. 1997. Analytical Toxicology for Clinical, Forensic and Pharmaceutical Chemists

Brewer WE, Galipo RC, Sellers KW et al. 2001. Analysis of cocaine, benzoylecgonine, codeine, and morphine in hair by supercritical fluid extraction with carbon dioxide modified with methanol. Anal Chem, 73: 2371-2376

Cirimele V, Etienne S, Villain M et al. 2004. Evaluation of the One-Step^{TM} ELISA kit for the detection of buprenorphine in urine, blood, and hair specimens. Forensic Sci Int, 143: 153-156

Cirimele V, Kintz P, Lohner S et al. 2000. Buprenorphine to Norbuprenorphine Ratio in Human Hair. J Anal Toxicol, 24: 448-449

Dalpe-Scott M, Degouffe M, Garbutt D et al. 1995. A comparison of drug concentrations in post-mortem cardiac and peripheral blood in 320 cases. Can Soc For Sci J, 28: 113-121

Favretto D, Frison G, Vogliardi S et al. 2006. Potentials of ion trap collisional spectrometry for liquid chromatography/electrospray ionization tandem mass spectrometry determination of buprenorphine and norbuprenorphine in urine, blood and hair samples. Rapid Communications in Mass Spectrometry, 20: 1257-1265

Gaillard Y, Pepin G. 1997. Screening and Identification of Drugs in Human Hair by High Performance Liquid Chromatography Photodiode-Array UV Detection and Gas Chromatography Mass Spectrometry After Solid-Phase Extraction. J Chromatogr A, 762: 251-267

Gaillard Y, Pepin G. 1998. Gas chromatographic-mass spectrometric quantitation of dextropropoxyphene and norpropoxyphene in hair and whole blood after automated on-line solid-phase extraction: Application in twelve fatalities. J Chromatogr B, 709: 69-77

Gambelunghe C, Rossi R, Ferranti C et al. 2005. Hair analysis by GC/MS/MS to verify abuse of drugs. J Appl Toxciol, 25: 205-211

Girod C, Staub C. 2001. Acetylcodeine as a marker of illicit heroin in human hair: method validation and results of a pilot study. J Anal Toxicol, 25: 106-111

Goldberger BA, Darraj AG, Caplan YH et al. 1998. Detection of methadone, methadone metabolites, and other illicit drugs of abuse in hair of methadone-treatment subjects. J Ana Toxciol, 22: 526-530

Goodwin RS, Wilkins DG, Averin O et al. 2007. Buprenorphine and Norbuprenorphine in Hair of Pregnant Women and Their Infants after Controlled Buprenorphine Administration. Clinical Chemistry, 53: 2136-2143

Gottardo R, Bortolotti F, De Paoli G et al. 2007. Hair analysis for illicit drugs by using capillary zone electrophoresis-electrospray ionization-ion trap mass spectrometry. J Chromatogr A, 1159: 185-189

Grabenauer M, Bynum ND, Moore KN et al. 2018. Detection and quantification of codeine-6-glucuronide, hydromorphone-3-glucuronide, oxymorphone-3-glucuronide, morphine 3-glucuronide and morphine-6-glucuronide in human hair from opioid users by LC-MS-MS. J Anal Toxicol, 42: 115-125

Guitton J, Désage M, Alamercery S et al. 1997. Gas chromatographic-mass spectrometry and gas chromatographic-Fourier transform infrared spectroscopy assay for the simultaneous identification of fentanyl metabolites. J Chromatography B, 59: 59-70

Hadidi KA, Almasad JK, Al-Nsour T et al. 2003. Determination of tramadol in hair using solid phase extraction and GC-MS. Forensic Sci Int, 135: 129-136

Himes SK, Goodwin RS, Rock CM et al. 2012. Methadone and Metabolites in Hair of Methadone-Assisted Pregnant

Women and Their Infants. Therapeutic Drug Monitoring, 34(3): 337-344

Jones J, Tomlinson K, Moore C et al. 2002. The simultaneous determination of codeine, morphine, hydrocodone, hydromorphone, 6-acetylmorphine, and oxycodone in hair and oral fluid. J Anal Toxicol, 26: 171-175

Jurado C, Kintz P, Menendez M et al. 1997. Influence of the cosmetic treatment of hair on drug testing. Int J Legal Med, 110: 159-163

Kauert G, Röhrich J. 1996. Concentrations of $\Delta 9$-tetrahydrocannabinol, cocaine and 6-monoacetylmorphine in hair of drug abusers. Int J Legal Med, 108: 294-299

Kelly T, Doble P, Dawson M. 2005. Chiral analysis of methadone and its major metabolites (EDDP and EMDP) by liquid chromatography-mass spectrometry. J Chromatogr B, 814: 315-323

Kidwell DA. 1993. Analysis of phencyclidine and cocaine in human hair by tandem mass spectrometry. J Forensic Sci, 38: 272-284

Kim J, Ji D, Kang S et al. 2014. Simultaneous determination of 18 abused opioids and metabolites in human hair using LC-MS/MS and illegal opioids abuse proven by hair analysis. Biomedical and clinical Analysis, 89(4): 99-105

Kintz P, Bundeli P, Brenneisen R et al. 1998. Dose-concentration relationships in hair from subjects in a controlled heroin-maintenance program. J Anal Toxicol, 22: 231-236

Kintz P, Cirimele V, Edel Y et al. 1995. Characterization of dextromoramide (Palfium) abuse by hair analysis in a denied case. Int J Legal Med, 107: 269-272

Kintz P, Cirimele V, Edel Y, et al. 1994. Hair analysis for buprenorphine and its dealkylated metabolite by RIA and confirmation by LC/ECD. J Forensic Sci, 39: 1497-1503

Kintz P, Eser HP, Tracqui A et al. 1997. Enantioselective separation of methadone and its main metabolite in human hair by liquid chromatography/ion spray-mass spectrometry. Forensic Sci Int, 42: 291-295

Kintz P, Evans J, Villain M et al. 2010. Interpretation of hair findings in children after methadone poisoning. Forensic Sci Int, 196(1-3): 51-54

Kintz P, Jamey C, Cirimele V et al. 1998. Evaluation of Acetylcodeine as a Specific Marker of Illicit Heroin in Human Hair. J Anal Toxicol, 22: 425-429

Kintz P, Mangin P. 1993. Determination of meprobamate in human plasma, urine, and hair by gas chromatography and electron impact mass spectrometry. J Anal Toxicol, 17: 443-444

Kintz P, Villain M, Dumestre V et al. 2005. Evidence of addiction by anesthesiologists as documented by hair analysis. Forensic Sci Int, 153: 81-84

Kintz P, Villain M, Dumestre V. 2005. Methadone as a Chemical Weapon: Two Fatal Cases Involving Babies. Therapeutic Drug Monitoring, 27: 741-743

Kintz P, Villain M, Tracqui A et al. 2003. Buprenorphine in drug-facilitated sexual abuse: a fatal case involving a 14-year-old boy. J Anal Toxicol, 27: 527-529

Kintz P. 2001. Deaths involving buprenorphine: a compendium of French cases. Forensic Sci Int, 121: 65-69

Klys M, Rojek S, Kulikowska J et al. 2007. Usefulness of multi-parameter opiates-amphetamines-cocainics analysis in hair of drug users for the evaluation of an abuse profile by means of LC-APCI-MS-MS. J Chromatography B, 854: 299-307

Kronstrand R. Druid H, Holmgren P et al. 1997. A cluster of fentanyl-related deaths among drug addicts in Sweden. Forensic Sci Int, 88: 185-195

Lachenmeier DW, Kroener L, Musshoff F et al. 2003. Application of tandem mass spectrometry combined with gas chromatography and headspace solid-phase dynamic extraction for the determination of drugs of abuse in hair samplesRapid Commun Mass Spectrom, 17: 472－478

Lebeau MA, Montgomery MA, Schaff JE et al. 2002. Fentanyl in human hair by liquid chromatography tandem mass spectrometry. Ann Toxicol Anal, 14: 218

Lucas AC, Bermejo AM, Tabernero MJ et al. 2000. Use of solid-phase microextraction (SPME) for the determination of methadone and EDDP in human hair by GC－MS. Forensic Sci Int, 107: 225－232

Madry MM, Kraemer T, Baumgartner MR, et al. 2012, Systematic assessment of different solvents for the extraction of drugs of abuse and pharmaceuticals from an authentic hair pool. Forensic Sci Int,223: 330－334

Maurer HH, Fritz CF. 1990. Toxicological detection of pholcodine and its metabolites in urine and hair using radio immunoassay, fluorescence polarisation immunoassay, enzyme immunoassay and gas chromatography-mass spectrometry. Int J Legal Med, 104: 43－46

Mersch F, Yegles M, Wennig R. 1997. Quantification of dextropropoxyphene and its metabolite by HPLC in hair of overdose cases. Forensic Sci Int, 84: 237－242

Moeller MR, Fey P, Sachs H. 1993. Hair analysis as evidence in forensic cases. Forensic Sci Int, 63: 43－53

Moffat AC. 1986. Clarke's Isolation and Identification of Drugs in Pharmaceuticals, Body Fluids and Post-mortem material(2nd Edition). The Pharmaceutical Press

Montagna M, Polettini A, Stramesi C et al. 2002. Hair analysis for opiates, cocaine and metabolites. Evaluation of a method by interlaboratory comparison. Forensic Sci Int, 128: 79－83

Moody DE, Slawson MH, Strain EC et al. 2002. A Liquid Chromatographic－Electrospray Ionization－Tandem Mass Spectrometric Method for Determination of Buprenorphine, Its Metabolite, norBuprenorphine, and a Coformulant, Naloxone, That Is Suitable for in Vivo and in Vitro Metabolism Studies. Analytical Biochemistry, 306: 31－39

Musshoff F, Lachenmeier K, Wollersen H et al. 2005. Opiate concentrations in hair from subjects in a controlled heroin maintenance program and from opiate-associated fatalities. J Anal Toxicol, 29: 345－352

Musshoff, Lachenmeier K, Trafkowski J et al. 2007. Determination of opioid analgesics in hair samples using liquid chromatography/tandem mass spectrometry and application to patients under Palliative Care. Ther Drug Monit, 29: 655－661

Nilsson MI, Änggård E, Holmstrand J et al. 1982. Pharmacokinetics of methadone during maintenance treatment: Adaptive changes during the induction phase. J Clin Pharmacol, 22: 337－342

Palamar JJ, Salomone A, Bigiarini R et al. 2019. Testing hair for fentanyl exposure: a method to inform harm reduction behavior among individuals who use heroin.The American Journal of Drug and Alcohol Abuse, 45: 90－96

Paterson S, Cordero R, McPhillips M et al. 2003. Interindividual dose/concentration relationship for methadone in hair. J Anal Toxicol, 27: 20－23

Paterson S, Lee S, Cordero R. 2011. Analysis of hair after contamination with blood containing 6－acetylmorphine and blood containing morphine.Forensic Sci Int, 210(1－3): 129－132

Pepin G, Gaillard Y. 1997. Concordance between self-reported drug use and findings in hair about cocaine and heroin. Forensic Sci Int, 84: 37－41

Reisfield GM, Jones JT. 2015. The Disposition of Oxycodone and Metabolite in Human Hair.J Anal Toxicol, 39(9): 746－750

Sachs H, Uhl M, Hege－Scheuing G et al. 1996. Analysis of fentanyl and sufentanil in hair by GC/MS/MS. J Legal Med, 109: 213－215

Salomone A, Joseph J. Palamar JJ, Bigiarini R et al. 2018. Detection of Fentanyl Analogs and Synthetic Opioids in Real

Hair Samples. J Anal Toxicol, 41(5): 376-381

Scheidweiler KB, Huestis MA. 2004. Simultaneous Quantification of Opiates, Cocaine, and Metabolites in Hair by LC-APCI-MS/MS Anal Chem, 6: 4358-4363

Shearer J, White B, Gilmour S et al. 2006. Hair analysis underestimates heroin use in prisoners. Drug and Alcohol Review, 25: 425-431

Smialek JE, Levine B, Chin L et al. 1994. A fentanyl epidemic in Maryland. J Forensic Sci, 39: 159-164

SoHT. 2004. Recommendations for hair testing in forensic cases. Forensic Sci Int, 145: 83-84

Sporkert F, Pragst F. 2000. Determination of methadone and its metabolites EDDP and EMDP in human hair by headspace solid-phase micro- extraction and gas chromatography-mass spectrometry. J Chromatogr B, 746: 255-264

Sporkert F, Pragst F. 2000. Use of headspace solid-phase microex- traction (HS-SPME) in hair analysis for organic compounds. Forensic Sci Int, 107: 129-148

Staeheli SN, Baumgartner MR, Gauthier S et al. 2016. Time-dependent postmortem redistribution of butyrfentanyl and its metabolites in blood and alternative matrices in a case of butyrfentanyl intoxication. Forensic Sci Int, 266: 170-177

Stoller KB, Bigelow GE, Walsh SL et al. 2001. Effects of buprenorphine/naloxone in opioid-dependent humans. Psychopharmacology, 154: 230-242

Su PH, Chang YZ, Yang C et al. 2012. Perinatal Effects of Combined Use of Heroin, Methadone, and Amphetamine during Pregnancy and Quantitative Measurement of Metabolites in Hair. Pediatrics and Neonatology, 53(2): 112-117

Thieme D, Sachs H, Thevis M. 2008. Formation of the N-methylpyridinium derivative to improve the detection of buprenorphine by liquid chromatography-mass spectrometry. J Mass Spectrometry, 43: 974-979

Uhl M. 1997. Determination of drugs in hair using GC/MS/MS. Forensic Sci Int, 84: 281-294

Vincent F, Bessard J, Vacheron J et al. 1999. Determination of buprenorphine and norbuprenorphine in urine and hair by gas chromatography-mass spectrometry. J Anal Toxicol, 23: 270-279

Wang WL, Cone EJ, Zacny J. 1993. Immunoassay evidence for fentanyl in hair of surgery patients. Forensic Sci Int, 61: 65-72

Welp E, Bosman I, Langendam MW et al. 2003. Amount of self-reported illicit drug use compared to quantitative hair test results in community-recruited young drug users in Amsterdam. Addiction, 98: 987-994

Wilkins DG, Nagasawa PR, Gygi SP et al. 1996. Quantitative analysis of methadone and two major metabolites in hair by positive chemical ionization ion trap mass spectrometry. J Anal Toxicol, 20: 355-361

Wilkins DG, Rollins DE, Valdez AS et al. 1999. A retrospective study of buprenorphine and norbuprenorphine in human hair after multiple doses. J Anal Toxicol, 23: 409-415

Wilkins DG, Valdez AS, Krueger GG et al. 1997. Quantitative analysis of l--acetylmethadol, l- -acetyl-N-normaethadol, and l- -acetyl-N,N-dinormethadol in human hair by positive chemical ioniztion mass spectrometry. J Anal Toxicol, 21: 420-426

Yazdi AS, Es' haghi Z. 2005. Two-step hollow fiber-based, liquid-phase microextraction combined with high-performance liquid chromatography: A new approach to determination of aromatic amines in water. J Chromatogr A, 1082: 136-142

Zhang C, Li X, Xu Y et al. 2013. Simultaneous determination of pethidine and norpethidine in mouse plasma by liquid chromatography-electrospray ionization source-mass spectrometry. J Anal Toxicol, 37(6): 351-356

第七章 毛发中可卡因等兴奋剂分析

在毒品问题全球化的大背景下,甲基苯丙胺、海洛因、氯胺酮、可卡因成为我国最常见的毒品类型,这四类毒品每年的缴获量占我国毒品总缴获量的95%以上(刘翠梅,2019)。同样,该四类毒品也占据了世界范围内毒品总缴获量的最大份额。

兴奋剂是指对人体中枢神经和交感神经产生兴奋作用的物质。国际上流行滥用的兴奋剂主要有可卡因、苯丙胺类、尼古丁和咖啡因等。虽然尼古丁和咖啡因作为合法的滥用物质已为人们普遍接受,但其副作用仍是显而易见的,因而各国的医疗卫生组织都尽力减少人们对尼古丁和咖啡因的摄入。而可卡因和苯丙胺类兴奋剂属违禁物质,具有明显的依赖性、耐受性和危害性。因苯丙胺类兴奋剂包含有很多同系物,将在第八章中介绍,本章重点讲述可卡因、尼古丁和咖啡因。

第一节 可 卡 因

一、体内过程

可卡因(Cocaine, Neurocaine, Methyl benzoylecgonine, COC),又名古柯碱,化学名为甲基(2R,3S)-3-苯甲酸-8-甲基-8-氮-二环[3.2.1]辛烷-2-乙酸酯(Methyl (2R,3S)-3-benzoyloxy-8-methyl-8-azabicyclo[3.2.1]octane-2-carboxylate)。

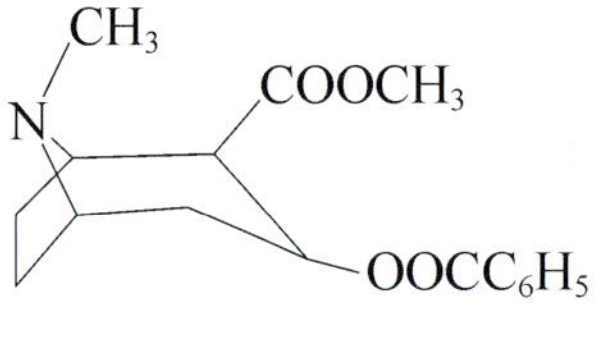

$C_{17}H_{21}NO_4 = 303.35$

CAS:50-36-2

可卡因吸食和注射吸收良好,脂溶性的结构使之能穿透血脑屏障,迅速产生作用;消除同样快速,半衰期不长于35 min。稳态表观容积为2 L/kg,清除率为2 L/min。

可卡因在人体内的主要代谢产物是苯甲酰爱康宁（Benzoylecgonine，BZE）、爱康宁甲酯（Ecgoninemethylester，EME）和少量的爱康宁（Ecgonine）、去甲可卡因（Norcocaine，NCOC）(Brandenberger,1997)；同时使用可卡因和酒精时，酒精在肝脏微粒体内通过转酯作用在可卡因结构中增加一个甲基形成古柯乙烯（Cocaethylene，CE）(姜佐宁，1997)；另外在抽吸"Crack"（加热吸用的精炼可卡因，是盐酸可卡因与氨水或者碳酸氢盐的反应产物）时，由于高温会形成无水爱康宁甲酯（Anhydroecgoninemethyester，AEME）(Cognard,2005)。可卡因在体内的代谢过程见图7-1。

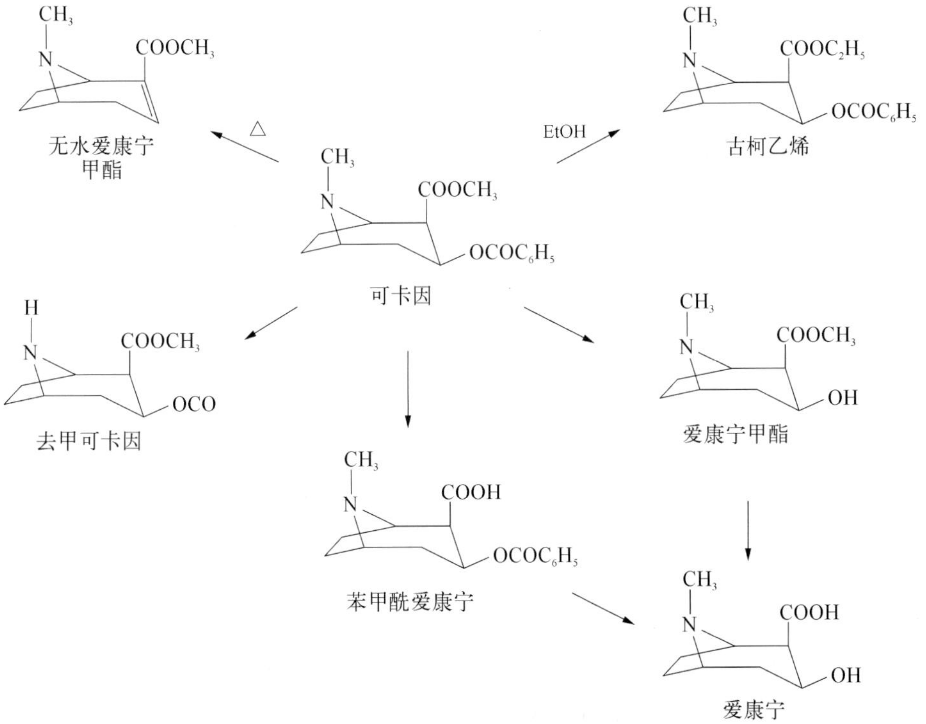

图7-1 可卡因在体内的主要代谢过程

可卡因在人体内分布广泛，脑、心脏、肝、肾等组织中都见分布，以脑中可卡因的浓度最高，存在时间长。可卡因中毒死亡病例的尸解研究发现末次吸毒后24 h脑中还能检出可卡因，其浓度是血中浓度的4倍；注射可卡因后2~3 min即有总量的2.5%出现在血液中，10 min后从心脏排出；肝脏中含有高密度的可卡因受体，可卡因静脉注射后大约20%进入肝脏，10~15 min达到摄取峰值；肾脏浓度达峰时间为2~3 min，清除半衰期为10 min左右。可卡因在体内几乎全部被转化，其中80%转化为BZE和EME。人体注射120 mg可卡因，24 h尿中排出的原体为剂量的1%~9%，代谢物BZE和EME占26%~49%(Moffat,1986)。表7-1总结了各文献报道的可卡因及其主要代谢物BZE的体内分布资料。

表7-1 可卡因及其主要代谢物BZE的体内分布资料(μg/mL或μg/g)

	可卡因(平均值,例数)	BZE(平均值,例数)
血	0~7.6(2.7,5)	1.0~7.4(4.4,5)
	7~12.8(8.9,4)	
	0.1~11(3,6)	
	0.3~11(4.4,4)	
肝	0.04~3.2(1.2,5)	1.4~7.1(4.2,5)
尿	38.4~118.6(76,5)	15~185(110,5)
脑	10.4	1.0
肾	0.1	2.9

可卡因是毛发中滥用物质分析最常见的目标物之一,也是最早应用毛发分析来检测的滥用物质之一。1990~1998年间,有关毛发分析的文献报道最多的滥用物质依次是:可卡因、阿片类和苯丙胺类。在可卡因滥用者的毛发中可测得可卡因,以及苯甲酰爱康宁、爱康宁甲酯、古柯乙烯、去甲可卡因等代谢物,其中可卡因浓度最高。作为一种与毛发结合率极高的碱性药物,可卡因也常被选作毛发分析研究的代表物质,通过建立毛发可卡因结合或者毛发可卡因污染的实验模型,来研究外源性物质与毛发结合的影响因素、污染头发的有效清洗方法等问题。

二、样品处理

1. 去污处理

由于头发中可卡因易受外部污染,故去污处理非常重要。毛发样品一般用洗涤剂、水及有机溶剂清洗以去除外污染,常用的有机溶剂有甲醇、丙酮、二氯甲烷、异丙醇和石油醚。参考洗涤方法有:① 毛发样品用2~5 mL甲醇涡旋振荡两次,或超声5 min。② 毛发样品用5 mL二氯甲烷浸洗三次,每次5 min。③ 对于用蛋白酶消化处理的毛发样品,依次用10 mL 0.1% SDS(或Tween 80)和10 mL去离子水超声1 min,重复三次。④ 毛发样品依次用10 mL 0.1% SDS振荡清洗,去离子水、5 mL二氯甲烷、5 mL异丙醇和2 mL丙酮浸洗。

毛发自然晾干后,用剪刀剪成1~2 mm的小段,或者用球磨粉碎机磨成粉。

2. 水解提取

(1)酸水解法 称取剪碎的毛发20~100 mg,添加内标后,加入1~2 mL 0.1 mol/L HCl,于45℃水浴下水解18 h。取酸水解后的样品,加1 mL 0.1 mol/L NaOH中和,用磷酸缓冲液调pH为9.2,加入5 mL氯仿-异丙醇-正庚烷(50∶17∶33,v/v)混合,离心后取有机相氮气吹干。残渣加100 μL流动相复溶,供LC分析;或加100 μL七氟丁酸酐和70 μL六氟丙醇在60℃下衍生化30 min。取出后吹干,加100 μL乙酸乙酯复溶,用于GC-MS分析。或用固相萃取法提取。

(2)酶解法 称取30 mg剪碎的毛发,添加内标,加入3 mL蛋白酶k(22.5~33

单位)的磷酸钠缓冲液(pH 7.5,含 6 mol/L 尿素和 5 mmol/L 氯化钠),25℃过夜。取酶解后的样品,加碱和缓冲液调 pH 为 6~7。上 BondElut 固相小柱。固相小柱先依次用 3 mL 甲醇、3 mL 去离子水和 1 mL 0.1 mol/L 磷酸缓冲液(pH 6.0)活化。上样后,用 2 mL 去离子水、2 mL 0.1 mol/L HCl 和 3 mL 甲醇淋洗固相小柱。然后用新鲜制备的 2 mL 二氯甲烷-异丙醇-氨水(78∶20∶2)洗脱,吹干,残渣加 100 μL 流动相复溶,供 LC 分析;或进行氟化衍生化,用于 GC - MS 分析。

(3) 溶剂浸提法 取 10~50 mg 毛发,加入 0.5 mL 流动相(乙腈-甲醇-20 mmol/L 甲酸缓冲液=10∶10∶80)和内标,37℃水浴 18 h,取 10 μL 进 LC - MS/MS 分析;或用 1~5 mL 甲醇于 52℃下浸泡过夜,移取甲醇溶液,吹干后衍生化供 GC - MS 分析。

(4) 固相微萃取(SPME) 取 100 μL 酸水解或酶水解的样品,加入 400 μL 硼砂缓冲液(pH 8.5)及 100 mg NaCl,混匀。然后将 Supelco®100 μm PDMS 萃取纤维(聚二甲硅氧烷涂层纤维)在样品溶液中浸没 25 min,取出后直接放入 GC 进样口,在 250℃解吸附 5 min。

3. 讨论

对于可卡因从头发中释放的方式,常见的有酸水解、酶消化和有机溶剂浸提等方法,酶消化的成本较高,较少采用;采用有机溶剂浸提时,可以用超声辅助药物释放,但是要注意超声时间过长会使温度上升;酸水解的方式提取效率高,回收率稳定。在同样提取 12 h 以上的条件下,酸水解和有机溶剂浸提的回收率相当,但是实验室间的变异系数以前者为低(Jurado,2003)。

三、分析方法

1. GC - MS

色谱条件: DB - 1 毛细管柱(30 m×0.32 mmI.D.,1 μm 膜厚),初温 120℃,保持 1 min,25℃/min 程序升温至 300℃。进样口温度 200℃。

质谱条件: EI 源,离子源温度 230℃。可卡因及其代谢物的质谱图如下,其特征碎片见表 7 - 2。

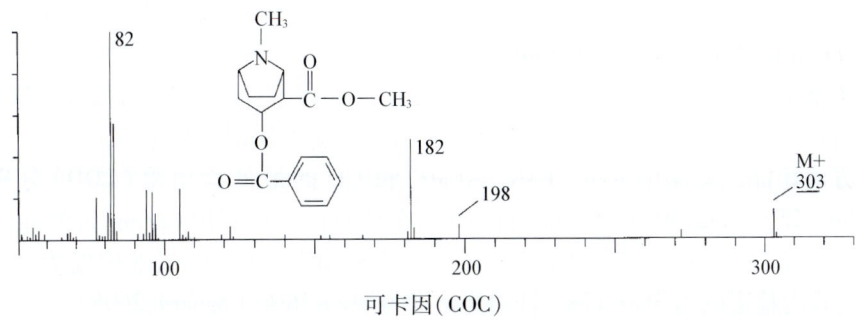

可卡因(COC)

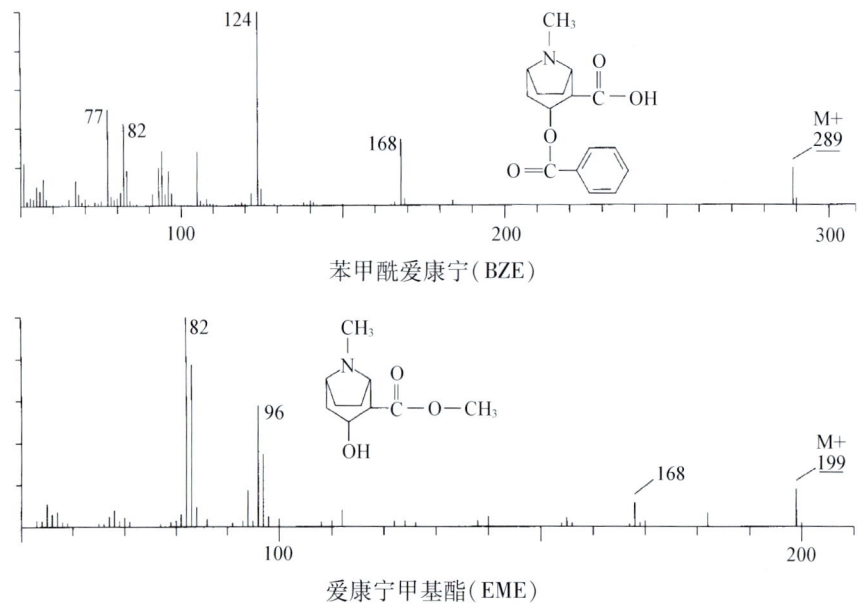

苯甲酰爱康宁（BZE）

爱康宁甲基酯（EME）

表 7-2　可卡因及其代谢物的衍生物的特征碎片离子

出峰顺序	TMS 衍生化物	保留指数	TMS 特征碎片离子(m/z)	PFPA 特征碎片离子(m/z)
1	无水爱康宁甲基酯（AEME）		152,166,181	
2	爱康宁甲基酯（EME）	1 630	82,96,271	94,182,345
3	可卡因（COC）	2 200	182,272,303	
4	古柯乙烯（CE）	2 330	82,196,317	
5	苯甲酰爱康宁（BZE）	2 365	82,240,361	300,316,421
6	去甲可卡因（NCOC）	2 422	140,240,346	194,313,435

方法评价：该法可同时检测 COC、BE、EME 和 NCOC（Hubbard，2000）。

2. GC-CI/MS/MS

色谱条件：DB-5MS 毛细管柱（15 m×0.25 mmI.D.，0.25 μm 膜厚），初温 75℃，保持 1 min，15℃/min 程序升温至 170℃，然后以 5℃/min 升温至 210℃，最后以 30℃/min 程序升温至 310℃。进样口初温 75℃，保持 1 min，然后以 50℃/min 升温至 280℃ 并保持 1.4 min。进样体积 3 μL。

质谱条件：Saturn 2000 离子阱质谱，化学源正离子模式，离子阱温度：240℃，Manifold 温度：120℃，传输线温度：290℃，各化合物的质谱参数见表 7-3。

方法评价：头发中 COC、EME、AEME 和 CE 的最低检出限（LOD）分别为 5 pg/mg、25 pg/mg、50 pg/mg 和 5 pg/mg。在 0.05 ng/mg、0.10 ng/mg、0.50 ng/mg、2.50 ng/mg 和 4.00 ng/mg 四个质控浓度下考察，四个化合物的准确度为 80%~120%，日内精密度为 3%~17%，日间精密度为 3%~26%（Cognard，2005）。

表 7-3 COC、AEME、EME 和 CE 的 CID 条件

化合物	保留时间(min)	母离子(m/z)	子离子(m/z)	CID 电压(V)
COC	14	304.1	182*	46
AEME	5.5	182.1	105,118,122,150	32
EME	6.0	200.1	150,182	34
CE	15	318.2	196	46
COC-d3		307.1		46
EME-d3		203.1		34

* 定量离子。

3. HPLC-荧光检测

色谱条件: Hypersil BDS C_{18}(150 mm×2.1 mm×3 μm)柱,流动相 A: 45 mmol/L 乙酸铵水溶液-甲醇-乙腈(84:8:8,v/v/v);流动相 B: 甲醇-乙腈-水(42:42:16,v/v/v)。梯度洗脱程序:初始状态为 100% A,保持 7 min,然后经 20 min 至终状态的 65%A,保持 3 min。恒流 0.2 mL/min。

荧光检测器: 激发光 242 nm,发射光 315 nm。

方法评价: 同时检测毛发中 COC、BZE 和 CE 成分。线性范围: 0.2~100 ng/mg;准确度: 98.2%~99.3%(0.2 ng/mg),99.7%~101.2%(10 ng/mg);日间精密度: 2.1%~12.9%(Clauwaert,2000)。

可卡因含有长共轭的苯环结构,受激发后能发射出 315 nm 的荧光,所以可用荧光检测。该方法使用的仪器简便易得,成本较低,而且荧光分析具有很高的灵敏度,仅需要 10 mg 头发样本。方法通过梯度洗脱,在 36 min 的循环内实现可卡因和代谢物 BZE、CE 以及内标的分离。

4. LC-MS/MS

(1) 分析参考条件一(Sun,2008)

色谱条件: 液相柱为 Allure PFP Propyl 100 mm×2.1 mm×5 μm,前接 phenomenex 的保护柱。流动相为甲醇:缓冲液(80:20)。缓冲液为 20 mmol/L 的乙酸胺和 2%的甲酸溶液。恒流 200 μL/min。

质谱条件: 采用电喷雾电离-正离子模式(ESI+),操作参数分别为:碰撞气(Collision Gas),241.325 kPa(35 psi);气帘气(Curtain Gas),172.375 kPa(25 psi);离子喷雾电压(Ionspray Voltage),5 500 V;温度(Temperature),450℃。每种化合物选取两个离子对,见表 7-4。

表 7-4 可卡因及其代谢物的 LC-MS/MS 条件

化 合 物	母离子(m/z)	子离子(m/z)	DP(V)	CE(eV)	保留时间 Rt(min)
可卡因	304.1	182.3	60	28	5.58
		150.1		35	

续 表

化 合 物	母离子(m/z)	子离子(m/z)	DP(V)	CE(eV)	保留时间 Rt(min)
苯甲酰爱康宁	290.2	168.3	70	26	2.11
		105.0		43	
哌替啶（内标）	248.3	220.3	50	30	5.29
		174.2		28	

(2) 分析参考条件二(Thieme,2003)

色谱条件：Zorbax XDB C_8柱(75 mm×4.6 mm×3.5 μm)，前接 XDB C_{18}保护柱(4 mm×4 mm×5 μm)。流动相 A：0.2 mmol/L 乙酸铵缓冲液(pH 7)-乙腈(95∶5，v/v)；流动相 B：0.2 mmol/L 乙酸铵缓冲液(pH 7)-乙腈(5∶95，v/v)。梯度洗脱程序：初始状态为10%B，保持1 min，经过8 min 至终状态的90%B，保持1 min。恒流0.7 mL/min。

质谱条件：三重四极串联质谱(API 2000)，采用 ESI+模式，操作参数分别为：雾化气，60 psi；加热气，85 psi；气帘气，30 psi；离子喷雾电压，+5 300 V；源温度，200℃。每个化合物的质谱参数见表 7-5。

表 7-5 可卡因及其代谢物的 MS/MS 条件

化 合 物	母离子(m/z)	子离子(m/z)	DP(V)	CE(eV)
COC	304	182	46	25
BZE	290	168	61	27
EME	200	182	25	25
CE	318	196	46	27

方法评价：头发中 COC 和 BZE 的最低检出限(LOD)分别为 17.3 pg/mg、14.7 pg/mg；精密度分别为 7.3%以及 3.8%。

(3) 分析参考条件三(Moore,2007)

色谱条件：Zorbax XDB C_{18}柱(50 mm×4.6 mm×1.8 μm)，柱温40℃。流动相 A：20 mmol/L 乙酸铵(pH6.4)；流动相 B：甲醇。洗脱条件见表 7-6。柱后平衡时间为7 min。进样量2 μL。

表 7-6 可卡因及其代谢物的液相分离条件

时间(min)	流速(mL/min)	流动相 B%
0	0.9	25
1.5	0.9	30
4.5	1	55
5	1	60
7	1	75

质谱条件：三重四级杆串联质谱仪，APCI 离子源，源温度 350℃，雾化气：50 psi，毛细管电压：4 500 V。每个化合物选两对母离子/子离子对，具体参数见表 7-7。

表 7-7 可卡因及其代谢物的 MS/MS 条件

化 合 物	母离子 m/z	子离子 m/z	电离电压 (Fragmentor Voltage)/V	碰撞能量 (CE)/V
BZE - d3	293.3	171.2	120	20
BZE	290.3	168.1	120	15
		105.1	100	15
COC - d3	307.3	185.3	120	20
COC	304.3	182.3	120	20
		82.3	120	25
CE - d8	326.3	204.4	160	20
CE	318.3	196.4	120	25
		82.2	120	25
NCOC - d3	293.3	171.4	120	15
NCOC	290.3	168.3	120	15
		136.3	120	25

方法评价：所有目标物的最低定量限（LOQ）为 25 pg/mg（10 mg 头发用量），在 0.025~10 ng/mg 的范围内线性关系良好（$r>0.998$）。COC、BZE、CE 和 NCOC 的日内精密度（RSD）分别为 0.3%、8.1%、0.8% 和 0.4%，日间精密度依次为 4.8%、9.2%、15.7% 和 12.6%（100 pg/mg）。样品在 7℃ 的自动进样器上放置两天，稳定性差异小于 5%。

（4）分析参考条件四（Musshoff, 2018）

色谱条件：液相柱为 Eclipse XDB - C_8 柱（4.6×150 mm, 5 μm），柱温℃，流速 850 μL/min。流动相 A 为 0.1% 甲酸溶液，流动相 B 为 0.1% 甲酸甲醇。梯度程序：3 min, 10% B; 9 min, 100% B; 12 min, 100% B; 12.5 min, 10% B。

质谱条件：SCIEX 5600TripleTOF 质谱，离子源参数：离子喷雾电压，5 500 V；源温度，500℃。IDA 参数，一级扫描 DP60 V, CE10 V，m/z 100~600 的离子超过 10 cps 时进行 QTOF 扫描，二级扫描的 DP60 V, CE35 V。可卡因及其代谢物的质谱参数见表 7-8。

表 7-8 可卡因及其代谢物的质谱参数

目标物	英文名	保留时间 Rt(min)	Q1 离子 (m/z)	DP[V]	Q3 离子 (m/z)	CE[V]
可卡因	cocaine	2.36	304.154 3	46	105(182)	46(29)
可卡因- d3	cocained3	2.36	307.173 2	56	185	29

续 表

目标物	英 文 名	保留时间 Rt(min)	Q1 离子 (m/z)	DP[V]	Q3 离子 (m/z)	CE[V]
苯甲酰爱康宁	benzoylecgonine	1.21	290.138 7	61	168(105)	27(35)
苯甲酰爱康宁-d3	benzoylecgonined3	1.21	293.157 5	61	171	27
去甲可卡因	norcocaine	2.48	290.138 7	56	136(168)	33(27)
古柯乙烯	cocaethylene	2.79	318.170 0	66	196(82)	27(37)
o-羟基可卡因	o-hydroxycocaine	2.56	320.149 2	46	182(121)	30(45)
m-羟基可卡因	m-hydroxycocaine	1.41	320.149 2	46	182(121)	30(45)
p-羟基可卡因	p-hydroxycocaine	1.25	320.149 2	46	182(121)	30(45)
m-羟基苯甲酰爱康宁	m-hydroxybenzoylecgonine	0.92	306.133 6	50	168(121)	25(30)
p-羟基苯甲酰爱康宁	p-hydroxybenzoylecgonine	0.79	306.133 6	50	168(121)	25(30)
m-羟基去甲可卡因	m-hydroxynorcocaine	1.49	306.133 6	50	136(168)	35(25)
p-羟基去甲可卡因	p-hydroxynorcocaine	1.30	306.133 6	50	136(168)	35(25)

方法评价：采用 50 mg 毛发，可卡因及其代谢物的 LOD 在 2~5 pg/mg (Musshoff,2018)。

5. CE-TOF

毛细管电泳条件：Beckman P/ACE 毛细管电泳仪，熔硅毛细管柱(100 cm× 75 μmI.D.)分离电压 15 kV，柱温 20℃。采用场放大样品复集(FASS)进样技术，先将毛细管柱的进样端在水中浸 1 s，然后在 0.5 psi 的压力下向内注水 1 s，最后以 7 kV 的电压进样，持续 30 s。

质谱条件：TOF 质谱仪，ESI+，毛细管电压：-4 kV，源温度：200℃，雾化气：8.7 psi。

方法评价：可卡因和 BZE 的最低检测限分别为 0.015 ng/mg 和 0.1 ng/mg。可卡因的线性范围：0.025~2 ng/mg；BZE 的线性范围：0.100~5 ng/mg(Gottardo,2007)。

四、结果解释

1. 毛发外污染的影响

外部污染有可能造成毛发分析的假阳性结果。为了评价外污染对分析结果的影响，Romano(2001)进行了志愿者空白头发的污染实验：把 10 mg 盐酸可卡因粉末均匀地从发根涂抹至发梢。污染头发的采样时间为：污染后 1 h、污染后 1 d，以及之后的每周，持续 10 周。期间志愿者可以按原有习惯正常洗发；每周接受尿检以确保没有摄入可卡因。Romano 考察了两种去污方法，方法 A 是 Kintz(1995)推荐的：100 mg 头发用 5 mL 二氯甲烷洗三次，每次 5 min；方法 B 是由 Baumgartner 和 Hill(1993)提出的：100 mg 头发经以下脱污染过程：① 5 mL 乙醇洗 15 min；② 5 mL 0.01 mol/L 磷酸缓冲液(pH 5.6)洗 30 min(45℃摇床)，重复 3 次；③ 5 mL

0.01 mol/L 磷酸缓冲液(pH 5.6)洗 2 h(45℃摇床),重复 5 次;④ 蒸馏水冲洗 1 次;⑤ 乙醇冲洗 2 次,干燥。用方法 A 洗涤,直至 10 周后采集的头发样品中,可卡因的检测结果仍然高于 Kintz 提出的 1 ng/mg 的 cut-off 值;而由 Baumgartner 所提出的繁复、耗时的去污方法,只有在头发刚被污染的时候立即应用(1 天以内),才能有效地去除外源污染。此外,在不同时间点采集的头发样品中检出了 BZE,这固然是头发上可卡因的自然水解,但却使 1997 年由毛发分析协会(SoHT)提出的阳性参考标准岌岌可危:当头发中测得的 BZE/COC 的比值大于 0.05 时,可以认为是阳性结果。事实上,在 Romano 的实验中,4 周后采集的污染头发样品中,有些样品的 BZE/COC 即超过了 0.05。

外污染是否真的难以辨别? Hill(2007)进行了相似的实验:将 4 g 空白头发剪成 2 cm 长的小段,然后与 5 mg 盐酸可卡因均匀混合。为了模拟实际情况,又对污染的头发进行了人造汗液喷淋,并且每日用洗发水和温水洗涤。喷淋人造汗液前后各取一次样,之后每周取样检测,持续四周。对污染的头发,Hill 简化了 Baumgartner 的洗涤方法:将第③步重复五次的磷酸缓冲液洗涤改为 2 次,每次时间也缩短为 1 h。洗涤的头发酶解后用 LC-MS/MS 分析;同时分析最后一次洗涤用过的磷酸缓冲液。不同的是,在判断阳性结果时,Hill 采用了更严格的标准:① 头发中可卡因的 cut-off 值为 0.5 ng/mg;② BZE 的 cut-off 值为 0.05 ng/mg;③ BZE/COC 大于等于 0.05;④ $C_{hair} - 5 \times C_{last\ wash} > 0.5$ ng/mg。只有同时满足上述标准,才会被认定为可卡因阳性。检测的结果,所有污染毛发样品在这四条标准之下都被判为阴性。在此之前,Hill(2004)曾应用同样的洗涤方法对 75 名可卡因滥用者的头发进行清洗后,用 LC-MS/MS 分析,其中有 70 例样品的检测结果通过了上述全部阳性标准。

模拟污染实验是一种比较极端的情况,在一般情况下不会出现如此严重的外污染现象,SoHT 建议对头发样品依次用有机溶剂和水性溶液清洗即可;针对个别案例可以采用特殊的脱污染方式(比如化学伤害的头发结构比较疏松,外污染易于吸附进入,此时用乙醇等使头发溶胀,有利于污染物的去除)。各实验室根据各自的分析方法确立头发中可卡因的 cut-off 值,加上代谢物/原体比 BZE/COC≥0.05,基本能够避免由于头发污染造成的假阳性结果,例如 Hill(2004)对 73 名无滥用药物史的志愿者的头发进行 LC-MS/MS 分析,即使在头发没有经过脱污染处理的情况下,所有样品的检测结果仍然为阴性。为了避免污染影响分析结果,可以在头顶后部不同位置分别取两份样品,相互验证结果;另外,在检测样品的同时,对洗涤溶剂也进行分析。

可卡因的外污染问题一直是法庭证据的一个焦点问题,除了毛发样品在提取前的去污处理,同时分析可卡因及其代谢物,特别是两个以上代谢物也是排除外污染的手段之一。为了排除外污染干扰,国际毛发分析协会设立可卡因阈值为

0.5 ng/mg。但在实际案例中存在很多已知阳性,而毛发中浓度低于阈值的情况,许多实验室呼吁将可卡因阈值降为 0.1 ng/mg(Musshoff,2018)。

2. 毛发颜色对头发中药物浓度的影响

毛发颜色对头发中药物浓度的影响很早就引起了研究者的注意。Reid(1994)发现不同颜色头发中 COC/BZE 的大小依次是:黑色>棕色>金色;Henderson(1996)发现深色头发中结合的目标物 COC - d_5 较浅色头发多;Joseph(1997)提出角蛋白中的黑色素极有可能是可卡因与头发的结合位点,可卡因与深色头发结合的亲和力是浅色头发的 5~43 倍;Hubbard(2000)的动物实验结果表明,可卡因及其代谢物 BZE、EME 和 NCOC 都倾向于同有色毛发结合。如果这种由毛色引起的差异确实普遍存在,那么在毛发分析的结果中,就有必要对不同头发颜色的检测结果进行校正,避免对不同种群的人造成不公正的结果。

但是毛发颜色或者说黑色素的浓度对毛发分析的影响是否能够量化还是一个问题。Mieczkowski(2000)搜集了 8 份资料共 2 791 个数据,涉及阿片类、可卡因、苯丙胺类等常见滥用物质,毛发颜色分类从 2 到 12 种不等。对这样一个数据库应用多种统计学方法进行分析,结果不能说明毛发颜色对头发浓度有显著性影响,在大样本量时不同颜色头发中的同类物质浓度趋于平均,在组间没有显著性差异。之后,Mieczkowski(2005)着重考察了毛发颜色对可卡因以及 BZE 在头发中浓度的影响,在显著性差异的基础上提出了"差异大小"的概念。他选择由同一个商业化实验室分析的 8 687 份头发样品作为研究对象,这些头发都被鉴定为可卡因和 BZE 阳性(cut-off 值为 0.2 ng/mg),分为黑色发和棕色发两组进行统计分析,结果毛色差异对头发中可卡因的浓度没有显著性影响;而两组间 BZE 的浓度有"显著性差异"。但是进一步衡量其大小,却发现它其实"微不足道"。Mieczkowski 进而建议,除了明显的毛色差异(比如黑色和白色)外,一般的头发分析无须考虑颜色差异而对结果进行校正。

本书作者采用黑色、白色毛发于一体的豚鼠进行给药实验,考察可卡因及其代谢物在毛发中的存在状况及时间过程,探讨毛发中目标物浓度与其物理化学性质、用药剂量、毛发颜色的关系。8 只豚鼠分成 2 组,其中具黑/白、黑/棕两色毛发的 4 只为高剂量组,其余为低剂量组。给药前剃去豚鼠背部中央的毛发(8 cm×4 cm)作为取样区,剃下的毛发作为空白样品。然后分别以 10 mg/kg 和 0.4 mg/kg 的剂量腹腔注射盐酸可卡因水溶液一次,在给药后第 7 天和第 14 天分色剃取毛发。所采集的毛发经 LC - MS/MS 分析,结果见表 7 - 9。

结果可见,毛发中的目标物浓度反映了明显的时间变化规律:第一周浓度较大,表明峰值出现在给药后的第一周内,随后逐渐减小,至第二周 BZE 已经无法检出。比较低剂量和高剂量组中可卡因的平均浓度,可以看出毛发中目标物浓度和给药剂量呈明显正相关性:给药剂量大,则毛发中可卡因浓度也高。

表 7-9　单次给药实验豚鼠毛发中 COC 及 BZE 浓度

样　品	COC(pg/mg)		BZE(pg/mg)		BZE/COC
	第一周	第二周	第一周	第二周	第一周
L1 黑	41.2	12.8	-	-	-
L2 黑	37.6	7.4	7.7	-	0.20
L3 黑	43.6	4.7	+	-	-
L4 黑	169.9	8.9	6.1	-	0.06
H1 白	629.7	76.5	76.4	-	0.12
H1 黑	874.6	156.2	101.6	-	0.12
H2 棕	108.7	99.6	8.9	-	0.08
H2 黑	1 011	136.8	104.3	-	0.10
H3 白	385.3	-	26.5	-	0.07
H3 黑	2 071.5	191.8	176.3	-	0.09
H4 棕	346.9	28.5	54.2	-	0.16
H4 黑	1 365.9	113	309.7	-	0.23

注："-"表示未检出，"+"表示检出，但未达定量限。L 为低剂量组，H 为高剂量组。

毛发中目标物浓度与毛发中黑色素的浓度密切相关。毛发中 COC 及其代谢物 BZE 浓度随黑色素的增加而增加，见图 7-2、图 7-3，这可能是目标物在毛发中主要同真黑素相结合。本研究毛发的分色比较均是基于同一个体，所使用的剂量、生活环境及皮下血液循环等因素均保持一致，有效地避免了个体差异及其他各种内外因素的干扰，更具有可比性。

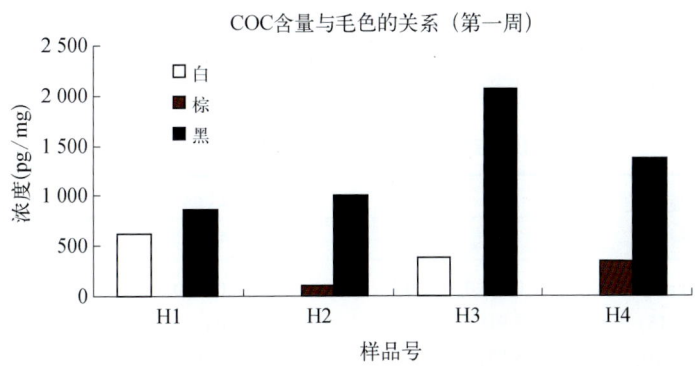

图 7-2　高剂量组豚鼠毛发中可卡因的分色比较

但另一方面，实验中高剂量组白色毛发中也同时检测出了可卡因及其代谢物，这说明黑色素不是影响药物进入毛发的唯一因素。药物与毛发结合的结合机制还有待更多的研究和发现。

3. 毛发中可卡因及其代谢物的相对浓度

毛发中可卡因的浓度一般大于其代谢物，Nakahara(1992)与 Jurado(1997)认

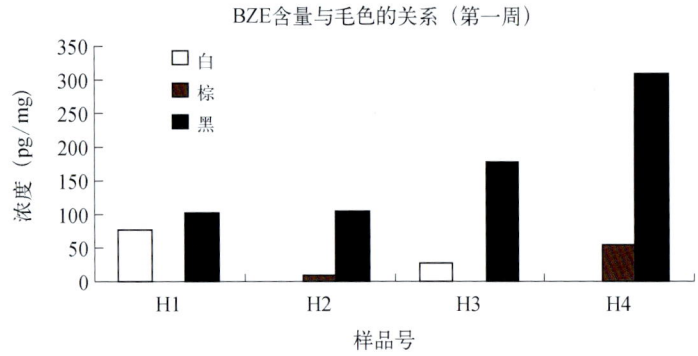

图 7-3　高剂量组豚鼠毛发中 BZE 的分色比较

为这与物质的化学结构和理化性质相关,与其代谢物相比,可卡因脂溶性大,容易穿过细胞膜进入毛囊,而且碱性强,易于从弱碱性的血液进入到酸性的毛发基质中去。Nakahara(1992)用 DA 大鼠进行动物实验,得到毛发中的浓度顺序为:COC>BZE>EME,且比例大致为 1∶0.1∶0.05;Hubbard(2000)从 LE 大鼠的毛发中得到的浓度顺序是:COC>EME>NCOC>BZE;这可以解释为种属不同导致的代谢差异。Pepin(1997)报道了 48 例可卡因滥用者头发中各代谢物的浓度(表 7-10)。在人的头发样品中,由于剂量、给药方式、年龄、性别、人种等差别,数据差异更大,各代谢物在头发中的浓度关系几无规律可循;目前只能确定可卡因的浓度大于其代谢物的浓度,但是考虑到可卡因会自然水解成 BZE,COC>BZE 的关系也并不总是成立(Clauwaert 2000)。在进行具体的结果解释的时候,应当考察头发样品所处的环境是否会使可卡因水解,并且在检测分析的过程中避免水解现象发生,比如采用酸而非碱来水解头发样品。

表 7-10　可卡因滥用者头发中各代谢物的浓度

按可卡因浓度分类 (ng/mg)	代谢物浓度(ng/mg)		
	可卡因	苯甲酰爱康宁	爱康宁甲酯
0.5~1.0($n=2$)	0.89(0.5~1.0)	0.15(0.0~0.3)	0
1.0~5.0($n=15$)	2.91(1.2~5.0)	0.79(0.0~3.5)	0.46(0.0~3.3)
5.0~10.0($n=10$)	6.92(5.9~9.8)	1.88(0.0~5.6)	0.91(0.0~2.6)
10.0~20.0($n=8$)	14.21(10.5~19.6)	5.08(1.6~13.3)	1.28(0.4~2.6)
>20.0($n=13$)	109.22(27.8~242.0)	27.67(6.8~~71.3)	5.42(1.5~10.7)

4. 毛发中浓度与剂量的相关性

了解毛发中目标物浓度与剂量的相关性对于结果解释有重要参考意义,但真实获得滥用剂量数据较为困难,此外,其还与毒品纯度、滥用方式、频度等密切相关。许多学者通过吸毒者自述和毛发浓度以分析相关性。Pepin(1997)分析 84 例可卡因吸毒案例,毛发中可卡因浓度在 0.9~242 ng/mg 范围,将吸毒程度分为低、中、高三类,低浓度为 1~4 ng/mg,中浓度为 4~20 ng/mg,高浓度为 >20 ng/mg。Tassiopulos(2004)从 336 个毛发样品将吸毒程度分为四类,轻度类浓度为 0.5~3 ng/mg,中毒类浓度为 3.1~10 ng/mg,重度类浓度为 10.1~40 ng/mg,超重类浓度为 >40 ng/mg。Welp(2003)采用 100 个青年吸毒者头发样品,按照种族、剂量分组,结果见表 7-11,可卡因与代谢物的比率见表 7-12。由分析结果发现,尽管一些偶尔吸毒非洲人头发中浓度很高,但总的来说,头发中浓度与自述一致性较好。每日吸食者,非洲人中最高浓度为 242.4 ng/mg,高加索人的最高浓度为 115.6 ng/mg,头发中浓度与黑色素密切相关。按照种族分类后,头发中浓度依照吸毒频度可清晰分类。由 COC/BZE 比率可见,无论何种种族,均为原药浓度高于代谢物浓度。

表 7-11 头发中可卡因与代谢物苯甲酰爱康宁浓度与种族、剂量分析

种族	化合物	每天摄毒		2~4 次/周		1~2 次/月	
		均值	CV%	均值	CV%	均值	CV%
非洲人	COC(ng/mg)	60.74	44	33.42	60	14.98	49
	BZE(ng/mg)	6.01	41	4.05	38	1.83	47
高加索人	COC(ng/mg)	39.82	49	18.96	59	3.99	44
	BZE(ng/mg)	5.69	49	2.61	46	0.56	44

表 7-12 头发中可卡因与代谢物苯甲酰爱康宁浓度比率

吸毒频度	COC/BZE	
	非洲人	高加索人
每天	10.1	7
2~4 次/周	8.25	7.26
1~2 次/月	8.12	7.12

5. 母婴头发中可卡因浓度的相关性

胎儿的头发在母亲怀孕大约 20 周的时候开始生长,母体内摄入的药物部分可以通过胎盘,进而累积于胎毛中。故通过检测胎毛,可以知晓母亲在怀孕后期是否有滥用药物史,以及胎儿所接触到的滥用药物的量。Garcia-Bournissen(2007)在分析了近 10 000 个 COC 或/且 BZE 阳性的毛发样品后发现,在一对母婴中,母亲头发中的可卡因浓度平均是婴儿胎毛中的 10 倍(3.56 ng/mg Vs 0.31 ng/mg),婴儿胎毛中可卡因和 BZE 的浓度和母亲头发中这两种物质的浓度各有相关性($P<0.001$),r^2 分别为 0.41 和 0.50。Garcia-Bournissen 提出了检测胎毛的参考阈值:母亲头发中可卡因浓度大于 0.24 ng/mg。另一方面,婴儿胎毛的阳性检出率为 28.5%,说明胎盘对胎儿起到了很好的保护作用。

五、阳性数据

Clauwaert(2000)应用酸水解、SPE、HPLC-荧光检测的方法,对8例疑为可卡因过量致死者的头发样品进行分段分析(1~3 cm)。所有8例头发样品的检测结果均为可卡因阳性,其中6例头发的所有分段都检出可卡因,表明死者有长期的可卡因滥用史;另2例头发段有间隔的阴性结果,表明曾经停用可卡因。在分段的头发中检出的可卡因的浓度在0.29~316 ng/mg的范围内;BZE的浓度范围是0.43~141 ng/mg;CE的浓度范围是0.93~1.83 ng/mg。8例头发的分析结果见表7-13。

表7-13 8例头发样品分段分析定量结果(浓度 ng/mg)

案例1:男性,28岁,黑色头发,2 cm×5				案例4:女性,19岁,棕色头发,3 cm×3				案例7:男性,19岁,金色头发,1 cm×21			
分段	COC	BZE	COC/BZE	分段	COC	BZE	COC/BZE	分段	COC	BZE	COC/BZE
1	14.32	5.93	2.41	4	0.32	0.43	0.74	3	17.39	5.67	3.07
2	28.8	9.96	2.89	5	<0.2	0.66	/	4	20.32	5.19	3.92
3	41.55	12.96	3.21	6	<0.2	0.78	/	5	24.54	4.73	5.19
4	41.32	13.52	3.56	7	<0.2	0.64	/	6	16.11	4.6	3.5
5	58.17	16.34	3.56					7	17.35	5	3.47
案例2:男性,19岁,棕色头发,2 cm×5				案例5:男性,20岁,黑色头发,3 cm×3				8	12.81	4.75	2.7
分段	COC	BZE	COC/BZE	分段	COC	BZE	COC/BZE	9	13.56	5.01	2.7
1*	21.08	46.48	0.45	1	<0.2	1.47	/	10	9.43	5.08	1.85
2	32.93	72.79	0.45	2	<0.2	<0.2	/	11	10.38	4.27	2.43
3*	47.76	79.7	0.6	3	1.7	2.36	0.72	12	11.04	4.57	2.42
4*	50.53	69	0.73	案例6:男性,20岁,黑色头发,2 cm×7				13	8.86	5.8	1.53
5*	66.75	90.11	0.74	分段	COC	BZE	COC/BZE	14	8.94	6.46	1.38
案例3:男性,20岁,棕色头发,2 cm×7				1	20.64	21.18	0.97	15	8.7	10.72	0.81
分段	COC	BZE	COC/BZE	2	7.11	8.99	0.79	16	6.47	13.64	0.47
				3	4.91	7.99	0.61	17	4.78	12.92	0.37
1	0.74	45.63	0.02	4	7.23	17.42	0.41	18	4.38	14.47	0.3
2	<0.2	21.36	/	5	3.51	6.22	0.56	19	4.8	17.58	0.27
3	<0.2	21.39	/	6	3.67	6.63	0.55	20	4.87	17.47	0.28
				7	2.17	5.01	0.43	21	3.76	14.26	0.26
案例4:女性,19岁,棕色头发,3 cm×3				案例7:男性,19岁,金色头发,1 cm×21				案例8:女性,24岁,金色头发,1 cm×30			
分段	COC	BZE	COC/BZE	分段	COC	BZE	COC/BZE	分段	COC	BZE	COC/BZE
1	0.29	0.69	0.42	1	12.5	4.96	2.52	1	202.39	69.00	2.93
2	<0.2	<0.2	/	2	38.62	13.99	2.76	2	110.28	53.03	2.08
3	0.68	0.48	1.42					3	73.14	28.93	2.53
								4	216.99	89.95	2.41
								5	95.89	31.01	3.09
								6	43.81	18.39	2.38

续 表

案例8：女性，24岁，金色头发，1 cm×30				案例8：女性，24岁，金色头发，1 cm×30				案例8：女性，24岁，金色头发，1 cm×30			
分段	COC	BZE	COC/BZE	分段	COC	BZE	COC/BZE	分段	COC	BZE	COC/BZE
7	86.07	36.15	2.38	15	109.37	35.84	3.05	23	114.95	117	0.98
8	150.62	66.47	2.27	16	82.46	30.17	2.73	24	72.76	113.48	0.64
9	225.79	124.61	1.81	17	60.25	18.3	3.29	25	78.34	102.2	0.77
10	288.46	127.19	2.27	18	79.52	32.9	2.42	26	105.61	136.2	0.77
11	316.1	122.6	2.57	19	86.96	34.11	2.55	27	175.75	76.53	2.3
12	188.04	67.63	2.78	20	126.48	67.65	1.87	28	132.17	138.63	0.95
13	124.38	14.74	8.43	21	127.99	101.1	1.27	29	98.76	105.88	0.93
14	133.19	40	3.33	22	143.97	141.48	1.02	30	88.21	59.94	1.47

* 同时检出古柯乙烯（CE），浓度依次为：0.93、1.27、1.06和1.83 ng/mg。

在Clauwaert等的研究之前的文献报道中，可卡因在头发中的浓度一般要高于代谢物BZE的浓度，COC/BZE在0.7到38.1的范围内；而在Clauwaert的检测结果中，COC/BZE低于0.7的值屡见不鲜。他们曾怀疑是在样品处理和检测分析的过程中，由于人为因素导致可卡因水解为BZE，但是之前的实验结果（Clauwaert，1998）表明检测过程中的可卡因的水解现象在可控范围内，所以排除了这种可能性。从案例7和8来看，在一个较长的时间范围内（2~3年），离头顶越远的头发段中COC/BZE的值越小，表明随着时间的推移，COC可能在头发中自然水解为BZE。

Bermejo（2006）将50 mg头发酶解后，用固相微萃取（SPME）接GC-MS分析头发中的可卡因和古柯乙烯（CE），对15份头发样品的检测结果见表7-14。

表7-14 阳性头发样品中可卡因和古柯乙烯的浓度（ng/mg）

样品名	可卡因	古柯乙烯
1	7.76	0.62
2	1.05	1.20
3	4.91	1.24
4	0.43	1.49
5	4.59	0.97
6	8.91	2.23
7	0.81	0.89
8	5.98	0.49
9	4.32	0.42
10	6.34	0.56
11	5.26	0.67
12	6.31	1.80
13	8.6	1.60
14	6.58	1.38
15	8.98	1.23

Cognard(2005)应用 GC-CI/MS^2 分析了 80 名可卡因滥用者头发中的可卡因、AEME、EME 和 CE 的浓度,结果见表 7-15。

表 7-15　80 例头发中可卡因及其代谢物浓度的统计结果(ng/mg)

	COC	AEME	EME	CE
平均数	160	7.3	6.4	2.8
最小值	0.2	0.0	0.0	0.0
最大值	3 080	45	55	54
中位数	41	2.5	3.7	0.1
上四分位数	15	0.9	0.7	0.0
下四分位数	118	11.0	10.0	0.7

Musshoff(2006)收集了 51 名滥用药物者的尿样和毛发样品:尿样用免疫分析法检测;毛发样品包括头发(贴头皮取)和阴毛,剪成≤3 cm 的小段,依次用去离子水、二氯甲烷和石油醚各 5 mL 清洗,晾干后剪为 1 mm 长的小段。毛发样品水解后,用 SPE 萃取目标物,GC-MS 分析。毛发样品的分析结果见表 7-16。

表 7-16　毛发样品中可卡因及 BZE 的分析结果(ng/mg)

	头 发		阴 毛	
	COC	BZE	COC	BZE
阳性样本量	45	30	16	14
最小值	0.1	0.1	0.2	0.1
最大值	35.3	7.5	8.5	14.2
平均数	3.78	1.99	2.89	3.05
中位数	2	1.25	1.79	1.7

阴毛中代谢物 BZE 的浓度接近 COC 浓度,而头发中则 COC 浓度大于 BZE。这可能是由于:① 身体不同部位的毛发的生长周期不同;② 尿液的污染。

六、典型案例

案例一:被动摄入可卡因的头发分析(Giorgio,2004)

一名 6 岁的男孩因出现心动过速、动脉高血压、瞳孔散大等症状被送入急诊室。因其母亲为已知的可卡因滥用者,医院怀疑该男孩出现上述症状是因为可卡因急性中毒,建议做尿检。同时为了检查以前是否也摄入过可卡因,同时贴头皮采集了长约 1.5 cm,重约 80 mg 的头发样品。经 GC-MS 分析,尿液中可卡因的浓度为 109 ng/mL,BZE 的浓度为 145 ng/mL;头发中可卡因的浓度为 16 ng/mg,BZE 的浓度为 0.6 ng/mg。其中头发样品用甲醇清洗过两次,仅在第一次的洗液中检测到 2 ng/mL 的可卡因。考虑到男孩的父母经常在家中加热吸食"crack",而且头发的洗液中也检出了可卡因,说明头发可能受环境污染。但是阳性的尿检结果有力说明了男孩确实曾摄入可卡因,此外头发中检出的可卡因浓度也远远大于洗涤甲醇中检出的。因而在这起案例中,头发及洗涤液的分析结果不仅表明该男孩摄入过可卡因,而且提示了其摄入的方式——由于长期暴露在含可卡因的环境中而被动吸入。

案例二:戒毒者头发中药物浓度监测(Felli,2005)

一名40岁的妇女在滥用可卡因一年后戒毒。对其进行了为期10个月的跟踪检测。隔月采集头发,考察戒断后可卡因在头发中的检测时限,同时为了确认她是否不再摄入可卡因,每两天进行一次尿检。头发样品的采集时间分别为戒断0、1、3、5和9个月后,每次贴头皮剪下3 cm长的头发,清洗后酸水解,经液-液提取、衍生化后用GC-MS分析。按头发平均1 cm/月的生长速度计算,该名妇女头发中可卡因的浓度与戒毒时间的对应关系见图7-4。结果表明在戒断后约3个月,头发中可卡因的浓度即显著下降。

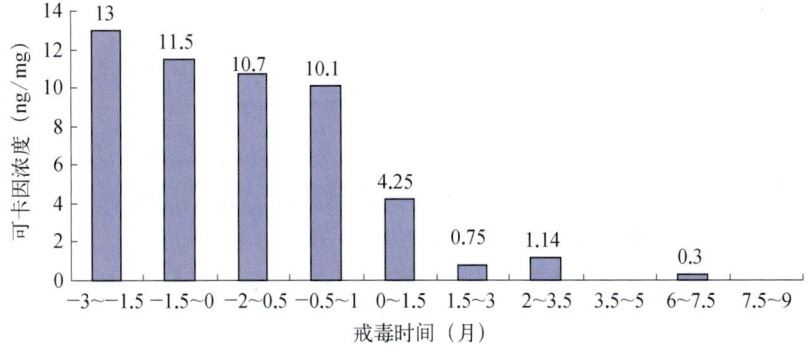

图7-4 戒断后不同时间头发中可卡因的浓度

第二节 尼 古 丁

一、体内过程

尼古丁(nicotine),又名烟碱,化学名为3-(1-甲基-2-吡咯烷基)嘧啶[3-(1-Methyl-2-pyrrolidinyl)pyridine]。

$C_{10}H_{14}N_2 = 162.23$

CAS: 54-11-5

R 型为液体,消旋体为无色到浅黄色油状液体。易挥发、易引湿,暴露在空气或光线下,渐渐变成棕色并有烟草味。沸点 247℃(部分分解),溶于水、乙醇、乙醚和氯仿。尼古丁是一双质子碱,嘧啶键 pK_a 为 3.12;四氢吡咯键 pK_a 为 8.02。

可铁宁(cotinine),又名可亭宁、吡啶吡咯酮,化学名为 1 -甲基- 5 -(3 -吡啶基)- 2 -吡咯烷酮[1 - methyl - 5 -(3 - pyridinyl) - 2 - pyrrolidinone]。

$$C_{10}H_{12}N_2O = 176.22$$

CAS:486 - 56 - 6

尼古丁是烟草中的一种天然生物碱,烟草中浓度约为 0.6% ~ 3.0%。尼古丁进入体内后,很快进入血液循环,并透过血脑屏障,如吸烟后仅大约 7 秒即可到达大脑。尼古丁的半衰期大约 2 h。吸烟后进入体内的量取决于烟草类型、吸食方式、是否加过滤嘴等。咀嚼、鼻塞等方式比吸烟进入体内的量高。吸烟时,其中尼古丁10% ~ 50% 由口腔喷烟吸收,80% ~ 100% 通过肺部深呼吸吸收。公共场合空气中尼古丁浓度为 1 ~ 10 $\mu g/m^3$,故非吸烟者也不同程度暴露于有烟环境中。

尼古丁在肝部经细胞色素 P450(主要为 CYP2A6)代谢,可铁宁是其主要代谢物,其他代谢物还包括氧化尼古丁、去甲尼古丁、羟化尼古丁以及尼古丁葡萄糖结合物。可铁宁的半衰期(18 ~ 20 h)约为尼古丁的 10 倍,是比较稳定的尼古丁的体内标志物。经常吸烟者,尼古丁及其代谢物可在体内停留 3 ~ 4 d,大部分吸烟者在 72 h 的尿液样品中可检出可铁宁。尼古丁透皮吸收迅速,戒烟贴便是据此使尼古丁透过皮肤,替代治疗。

吸烟有害健康,虽然国际社会近年来在戒烟方面做了大量努力,但收效并不令人满意,这主要是因为尼古丁的成瘾性和耐受性非常强。吸烟使人产生舒适感,并因尼古丁的耐受性而持续增加吸烟量。事实上,尼古丁的毒性非常强,在农业上用作杀虫剂。大鼠、小鼠的 LD_{50} 分别为 50 mg/kg 和 3 mg/kg,也就是说,一支香烟所含的尼古丁可毒死一只小白鼠,20 支香烟中的尼古丁可毒死一头牛。成人的致死剂量在 40 ~ 60 mg(0.5 ~ 1.0 mg/kg),相当于 20 ~ 25 支香烟的尼古丁的浓度。如果将一支雪茄烟或三支香烟的尼古丁注入人的静脉内 3 ~ 5 min 即可死亡。尼古丁中毒、死亡案件多见于服用了高浓度的尼古丁溶液或杀虫剂,见表 7 - 17。

表 7-17 尼古丁中毒死亡案件中血液中浓度

尼古丁浓度 （μg/mL）	可铁宁浓度 （μg/mL）	备　　注	文献报道
0.6	2.0	某男性在背部和胸腹部贴有 25 个戒烟贴，并服用含有曲马多的棕色合剂后死亡。	Solarino(2010)
3.7(a);1.2(b)	/	样品取自死后 11(a)和 57 h(b)，未进行解剖。	Sanchez(1996)
2.2	2.2	服用含有尼古丁的溶液，自杀。	Solarino(2009)
6.3	/		Takayasu(1992)
13.6	/	血液样品取自死亡前。	Levoie(1991)

二、样品处理

1. 去污处理

由于吸烟是摄取尼古丁的主要方式，所以头发表面很容易沾染到环境中的尼古丁，必须对头发样品进行脱污染处理，常用的脱污染方式有：3 mL 二氯甲烷（或正己烷）振荡混合 15 min，重复洗三次；或依次用 2 mL 异丙醇、2 mL 0.01 mol/L 磷酸缓冲液(pH 6，重复三次)、2 mL 异丙醇洗 15 min。

头发清洗后室温下晾干，剪成 1~2 mm 小段，或用球磨粉碎机粉碎。

2. 提取方法

（1）丙酮超声法。称 25~75 mg 洗净的头发加 10 mL 丙酮室温下超声 30 min 后，移取丙酮，吹干后加 250 μL 缓冲液（每升缓冲液中含 1 g 凝胶、150 mmol NaCl、10 mmol Tris 和 10 mmol EDTA，pH 7.4），混匀后取 25 μL 供 RIA（放射免疫分析）检测。

（2）碱消化法。① 50 mg 头发加 2 mL 5 mol/L NaOH 70℃水解 20 min。用 3 mL 乙醚提取，混合 15 min。有机相浓缩至 100 μL。1 μL 进 GC-MS。② 10 mg 头发加 4.0 ng d_3-甲基尼古丁和 d_3-甲基可铁宁作内标，然后加 400 μL 2.5 mol/L NaOH 超声 2 h。用 400 μL 二氯甲烷提取，重复两次。有机相和 500 μL 甲醇（含 25 mmol/L HCl）混合，吹干。然后用流动相复溶，供 LC-MS 分析。

3. 讨论

Pichini(1997) 比较头发样品分别用 0.5 mol/L NaOH 室温消化 4 h、0.1 mol/L HCl 60℃水解 4 h 和 0.1 mol/L HCl 60℃水解 24 h 的回收率，发现用碱消化法尼古丁的回收率较高，而对可铁宁来说，酸水解和碱消化法得到的回收率没有差别。

Chetiyanukornkul (2004) 对添加已知浓度的尼古丁和可铁宁的头发样品，比较了二氯甲烷和乙醚的提取回收率，发现用前者提取，尼古丁及其代谢物可铁宁能同时获得较高的回收率。另外在有机相中添加盐酸甲醇(25 mmol/L)，能有效防止尼古丁挥发(Pichini,1997)。

三、分析方法

1. RIA

碱消化后的头发样品取出后调 pH 至 7.4,添加缓冲液[成分:盐酸三甲基氨基甲烷(0.14 mmol/L)、氯化钠(0.14 mmol/L)、0.1%凝胶;体系 pH 7.4]。把氚代尼古丁和氚代可铁宁作为标记抗原;从兔子的抗血清中提取单克隆抗体,与尼古丁/可铁宁进行抗原抗体反应,再加入羊抗兔 γ 球蛋白作为二抗,形成抗原-第一抗体-第二抗体复合物而沉淀。

方法评价:尼古丁的 LOD 为 0.05 ng/mg,可铁宁的 LOD 为 0.02 ng/mg,头发用量仅需 5 mg。尼古丁和可铁宁相互间的交叉反应率不超过 5%(Klein,2004)。

2. GC-MS

色谱条件:HP-5 毛细管柱(30 m×0.25 mmI.D.,0.25 μm 膜厚),初温 70℃,以 25℃/min 程序升温至 230℃,保持 3 min。分流进样,进样器温度设为 250℃,接口温度设为 280℃。

质谱条件:EI 选择离子模式(SIM),尼古丁的特征离子 m/z 84,133,162;可铁宁的特征离子 m/z 98,176。EI 质谱图如下:

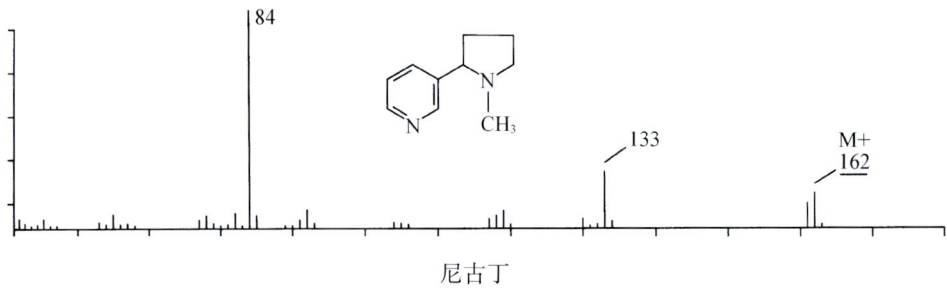

尼古丁

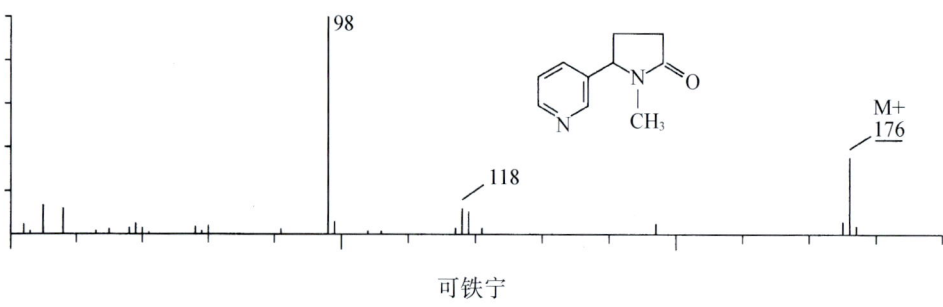

可铁宁

方法评价:尼古丁 LOQ 为 0.04 ng/mg(头发用量 5 mg),线性范围 0.04~200 ng/mg(R^2>0.995),准确度 94.9%~99.3%,回收率 88.1%~96.1%,日内精密度(RSD)7.4%~10.9%,日间精密度(RSD)8.9%~10.4%(Man,2009)。

3. LC-MS

色谱条件：Waters ODS C_{18} 柱（250 mm×2.1 mm×5 μm），前接 Waters XTerra MS-C_{18} 保护柱（10 mm×2.1 mm×5um）。流动相：甲醇-10 mmol/L 乙酸铵（30∶70，v/v），流速 0.35 mL/min。柱温 50℃。

质谱条件：Micromass LCZ-ESI 质谱。离子源温度 120℃，去溶剂化温度 400℃，毛细管电压 3.5 kV，锥孔电压 25 V。SIM 模式：尼古丁 m/z 163，可铁宁 m/z 177，d3-甲基尼古丁 m/z 166，d3-甲基可铁宁 m/z 180。

方法评价：头发取样量 10 mg，评价数据见表 7-18（Chetiyanukornkul，2004）。

表 7-18 LC-MS 检测头发中尼古丁和可铁宁的方法评价数据

	尼古丁	可铁宁
LOD（ng/mg）	0.16	0.02
线性范围（ng/mg）	0.32~45.04	0.04~3.52
准确度（%）	97.2~108.9	102.0~108.0
日内精密度 RSD（%）	0.9~2.9	2.9~7.7
日间精密度 RSD（%）	5.3~6.3	4.4~7.3

4. LC-MS/MS

（1）分析参考条件一（Ryu，2006）

色谱条件：Agilent 1100 HPLC，接 Phenomenex 保护柱（4.0 mm×100 mm），不接分析柱。流动相：甲醇-水（80∶20，v/v），流速 0.3 mL/min。

质谱条件：API4000 质谱仪，离子源：APCI，离子源温度：400℃，雾化电压：2.0 V，雾化气 25 mL/min，气帘气 10 mL/min。MRM 离子对：尼古丁 m/z 163.1→84.0，d3-甲基尼古丁 m/z 166.1→87.0，可铁宁 m/z 177.1→98.0，d3-甲基可铁宁 m/z 180.1→101.0。

方法评价：尼古丁：LOD 0.16 ng/mg，LOQ 0.28 ng/mg；回收率 93.5%~102.6%，日内精密度（RSD）6.6%~13.4%；可铁宁：LOD 0.07 ng/mg，LOQ 0.10 ng/mg；回收率 77.2%~105.0%，日内精密度 4.6%~10.2%。

所建方法灵敏度高，一次分析仅需 1 mg 头发。用乙腈-甲醇-10 mmol/L 乙酸铵作流动相时，若重复进高浓度阳性样品，基线会明显提高。而用甲醇-水的时候，基线稳定。添加盐酸甲醇可以避免吹干时尼古丁损失。当盐酸浓度大于 0.05% 时，对保留尼古丁所起的作用没有显著差异。

（2）分析参考条件二（周宛虹，2013）

色谱条件：Agilent 1100 液相色谱仪，A.Q.柱（4.6×50 mm，5 μm），柱温为 35℃，流速 0.5 mL/min，流动相 A 为 10 mmol/L 醋酸铵水溶液（pH 6.8），流动相 B 为 10 mmol/L 醋酸铵的甲醇溶液。梯度洗脱条件：起始时 A 为 85%，保持至 0.2 min，到

0.5 min 时变为 5%，保持至 0.8 min，到 0.85 min 变为 85%，保持至 7 min 结束。

质谱条件：AB 4000QTRAP 质谱仪，离子源：APCI，气帘气 25 psi，雾化气 80 psi，碰撞气 6 psi，离子源温度：550℃，离子化电流设为 3 μA。

在 APCI 源下对尼古丁葡萄糖醛酸酐、可铁宁葡萄糖醛酸酐、3-OH-可铁宁葡萄糖醛酸酐及其各自氘代内标化合物进行母离子全扫描，即使在温和的离子化条件下，葡萄糖醛酸酐都很不稳定，会中性丢失 m/z 176，形成各自的配基加氢离子 (3-OH-可铁宁)，166（d_3-尼古丁），180（d_3-可铁宁），196（d_3-3-OH-可铁宁)[M-Glu+H]+m/z 163（尼古丁），177（可铁宁），193，所以目标物及其复合物的确认需要借助液相分离后的保留时间。尼古丁及 9 种代谢物的 MRM 参数及保留时间见表 7-19。

表 7-19　尼古丁及其代谢物的 LC-MS/MS 参数

化 合 物	离子对(m/z)	解簇电压(V)	碰撞电压(V)	碰撞池出口电压(V)	保留时间(min)
尼古丁/尼古丁葡糖醛酸酐	163.20→129.90	51	26	7	1.38/0.42
d_3-尼古丁/d_3-尼古丁葡糖醛酸酐	166.20→129.90	45	29	7	1.25/0.41
降尼古丁	149.04→79.90	68	29	14	1.67/0.27
可铁宁/可的宁葡糖醛酸酐	177.10→79.90	45	32	3	1.66/0.27
d_3-可铁宁/d_3-可的宁葡糖醛酸酐	180.20→79.90	56	33	3	0.83/0.41
d_3-3-羟可铁宁/d_3-3-羟可铁宁葡糖醛酸酐	196.20→79.90	66	40	3	0.82/0.24
3-羟可铁宁/3-羟可铁宁葡糖醛酸酐	193.20→79.90	65	40	10	0.48
可铁宁氮氧化物	193.13→95.90	51	30	4	1.17
尼古丁氮氧化物	179.13→132.00	46	27	5	0.4
降可铁宁	163.05→79.93	74	33	14	0.51

四、结果解释

1. 主动吸烟、被动吸烟与未接触者的区分

Kintz(1992) 比较了尼古丁及其代谢物可铁宁在吸烟者和非吸烟者头发中的浓度，发现被检测的 31 名非吸烟者头发中尼古丁的浓度在 0.06~1.82 ng/mg 的范围，由此他建议将头发中尼古丁浓度 2 ng/mg 设为区分吸烟者和非吸烟者的 cut-off 值。此外，在非吸烟者中，被动吸烟者的头发中尼古丁浓度高于 0.5 ng/mg；而即使未接触烟雾者，头发中也能检测出 0.06~0.33 ng/mg 的尼古丁。

然而此后的研究结果显示,非吸烟者头发中尼古丁的浓度不一定低于 2 ng/mg,被动吸烟者头发中尼古丁的浓度也常大于 0.5 ng/mg(Chetiyanukornkul,2004;Seong,2008;Man,2009)。这一方面与吸烟人数增多、环境污染有关,另一方面也与各实验室所采用的脱污染方式、水解条件和分析仪器的灵敏度有关。因此,若要区分"主动吸烟、被动吸烟和未接触烟雾者",在实验室内部还是可以比较头发中尼古丁浓度的相对大小,即主动吸烟>被动吸烟>未接触烟雾者,但目前尚无一个公认的界限来解决此问题。对此,Chetiyanukornkul(2004)提出可以考虑设定可铁宁的 cut-off 值作为区分标准,因为可铁宁只有经过体内代谢才会产生,外污染情况远不如尼古丁那么严重。Florescu(2007)分析了 1 746 例育龄期妇女、产妇和新生儿的头发,建议区分吸烟者和非吸烟者(包括被动吸烟)者的头发中可铁宁的 cut-off 值为 0.8 ng/mg(非孕妇)和 0.2 ng/mg(孕妇);区分被动吸烟和不接触烟雾的孩子的 cut-off 值为 0.2 ng/mg。

2. 反映吸烟量的生物标志物

头发中尼古丁的浓度是否能够反映尼古丁摄入量? Mizuno(1993)、Dimich-Ward(1997)、Jaakkola(1997)、Jacqz-Aigrain(2002)以及 Pichini(2003)的研究结果表明二者有相关性。但是就母亲和新生儿头发中尼古丁的浓度而言,二者之间没有相关性(Jacqz-Aigrain,2002;Pichini,2003),这可能是由于母亲还同时接触环境中的尼古丁,头发中尼古丁的来源并不唯一。

另一方面,可铁宁作为体内代谢物,虽然它在头发中的浓度要远低于尼古丁的浓度,却可能是一种更为理想的生物标志物,能更准确客观地反映吸烟量。已报道的文献中,未接触烟雾者头发中可铁宁的浓度范围是 0.01~0.3 ng/mg;被动吸烟者 0.01~0.94 ng/mg;主动吸烟者 0.09~6.3 ng/mg(Florescu,2009)。母亲头发中可铁宁的浓度不仅和吸烟量相关,而且还和新生儿胎毛中可铁宁的浓度相关(Jacqz-Aigrain,2002)。因此,胎毛中可铁宁的浓度可用作胎儿在子宫内接触尼古丁的生物标志物。

此外,在分析头发中尼古丁和可铁宁的浓度时,头发的颜色以及是否经过烫、染等化学处理仍然是影响检测结果的因素,深色头发中测得的目标物浓度较高,而化学处理会使已结合在头发中的目标物流失(Florescu,2009)。

五、阳性数据

Chetiyanukornkul(2004)用 LC-MS 分析了 19 名志愿者头发中的尼古丁和可铁宁,结果见表 7-20。

Man(2009)选了马来西亚一所大学内 105 名大一学生,平均年龄 20±0.9,用 GC-MS 分析他们头发中尼古丁的浓度,结果见表 7-21。

Jacqz-Aigrain(2002)选择 182 位产妇和她们的孩子作为研究对象,在孩子出生的当天,取母亲和婴儿的头发样本(对应的时间段为怀孕的最后三个月),用 RIA 分析,结果见表 7-22。

表7-20 吸烟者和非吸烟者头发中尼古丁及可铁宁的浓度

非吸烟者($n=9$)					吸烟者($n=10$)					
编号	年龄	性别	尼古丁(ng/mg)	可铁宁(ng/mg)	编号	年龄	性别	尼古丁(ng/mg)	可铁宁(ng/mg)	吸烟支数/天
1	52	男	1.6	n.d.	10	69	男	21.8	0.7	15
2	47	男	0.8	n.d.	11	66	男	57.1	2.9	50
3	41	男	1.6	n.d.	12	66	男	55.6	1.4	20
4	32	女	8.3	n.d.	13	52	男	33	2	40
5	31	女	2.5	n.d.	14	52	男	84.3	2.1	10~15
6	29	男	2.1	n.d.	15	52	男	41.5	4.4	15
7	26	男	2	n.d.	16	26	男	59.2	1.7	10
8	23	女	1.1	n.d.	17	25	男	14.1	1.5	10
9	22	女	2.1	n.d.	18	24	男	17.4	1.8	10
					19	24	男	6.4	0.4	10
平均数	33.7		2.5		平均数	45.6		39.0	1.9	19.3
SD	10.7		2.2		SD	19		24.8	1.1	14.1

n.d.：未检出。

表7-21 105名大学生头发中尼古丁的浓度

	人数	%	尼古丁(ng/mg)	95%置信区间(ng/mg)
不接触烟雾者	16	15.2%	1.02±1.36	0.30~1.75
被动吸烟者	70	66.7%	2.94±0.45	2.05~3.83
有吸烟史的人	2	1.9%	4.59±0.15	3.28~5.91
吸烟者	17	16.2%	26.25±2.65	13.62~38.87

表7-22 182对母婴头发中的尼古丁及可铁宁的浓度

吸烟支数/天	尼古丁(ng/mg)		可铁宁(ng/mg)	
	母亲	婴儿	母亲	婴儿
0($n=9$)	13.6±10.8	4.75±6.69	0.64±0.48	0.62±0.35
1~5($n=44$)	28.2±28.0	5.81±6.62	1.76±1.76	0.83±0.59
6~10($n=56$)	32.4±22.8	6.37±7.33	2.27±3.20	1.24±1.32
11~15($n=38$)	26.0±16.2	4.68±4.27	1.95±1.64	1.32±0.90
≥16($n=35$)	40.6±22.3	4.32±4.74	2.79±2.08	1.61±1.20

统计结果表明：母亲的吸烟量与其头发中的尼古丁、可铁宁都有相关性（$P<0.0006$ 和 $P<0.001$）；婴儿胎毛中仅有可铁宁的浓度与母亲的吸烟量、母亲头发中可铁宁的浓度相关（$P<0.0001$）。

Klein(2004)研究了怀孕不同阶段内（每三个月为一个时间段），吸烟产妇头发中尼古丁和可铁宁的浓度,以考察怀孕期间,女性体内尼古丁的代谢变化。RIA 分析的结果见表 7-23。

表 7-23 吸烟产妇头发中尼古丁和可铁宁的浓度

化 合 物	怀孕前期	怀孕中期	怀孕后期
尼古丁(ng/mg)	15.59±3.61	11.74±1.91	10.07±1.32
可铁宁(ng/mg)	0.78±0.13	0.76±0.12	0.98±0.86
尼古丁/可铁宁	20.60±2.58	19.89±2.80	13.26±1.61
吸烟支数/d	12.07±1.44	12.21±1.48	12.10±1.21

该数据表明到怀孕后期,女性体内的尼古丁代谢加快,而可铁宁的浓度没有变化,提示体内可铁宁的代谢也有所增加,可能和尼古丁的代谢联动。

Seong(2008)研究了父亲吸烟对家庭成员的影响。选择 63 个家庭,其中 27 个家庭中无吸烟者,36 个家庭中父亲吸烟,这 36 个家庭又细分为"在外吸烟"($n=27$)和"在家中吸烟的"($n=9$,包括在阳台或走廊吸烟的)两组。从家庭的每个成员头上取 2~3 mg 头发。每次取 1 mg 头发,用 LC-MS/MS 进行分析,发现父亲若在家中吸烟,不仅待产的妻子会被动吸入尼古丁,而且对出生的孩子也有影响,结果见表 7-24。

表 7-24 家庭成员头发中尼古丁和可铁宁的浓度

组 别	数量	尼古丁(ng/mg)			可铁宁(ng/mg)		
		新生儿	母 亲	父 亲	新生儿	母 亲	父 亲
无烟组	27	0.12±0.15	0.51±0.49	2.67±3.01	0.04±0.06	0.05±0.05	0.22±0.19
父亲吸烟	36	0.2±0.39	1.39±1.83	30.21±32.75	0.04±0.10	0.14±0.17	2.96±1.79
室外吸烟	27	0.09±0.11	0.80±0.81	25.89±32.23	0.02±0.05	0.10±0.09	2.82±1.69
室内吸烟	9	0.53±0.69	3.18±2.77	43.18±29.18	0.11±0.17	0.29±0.28	3.38±2.09

第三节 咖 啡 因

一、体内过程

咖啡因(Caffeine)又名 1,3,7-三甲基黄嘌呤;咖啡碱(1,3,7-trimethylxanthine;coffeine;thein;guaranine;methyltheobromine),化学名为 3,7-二氢-1,3,7-三甲基-1H-嘌呤-2,6-二酮[3,7-Dihydro-1,3,7-trimethyl-1H-purine-2,6-dione]。

$$C_8H_{10}N_4O_2 = 194.08$$

CAS：58 - 08 - 2

咖啡因为弱碱性化合物，味苦，含于咖啡、茶、可可豆、可乐树的叶子和种子中，占重量的2%以上。1 g 咖啡因可溶于46 mL 水，66 mL 乙醇，50 mL 丙酮，5.5 mL 氯仿，530 mL 乙醚，100 mL 苯。溶于吡咯、四氢呋喃、乙酸乙酯，极易溶于稀酸，遇强碱分解。咖啡因既可作为食品的组分，又可以作为药品的原料。茶、咖啡、可乐这三大非酒精饮品和许多功能饮料都含有咖啡因成分。适量摄入咖啡因对人体有益，如可以缓解工作压力，起到提神醒脑作用等。可乐型饮料中咖啡因的浓度为103.37~115.42 mg/L，奶茶类饮料咖啡因的浓度为172.17 mg/L，茶饮料中咖啡因的浓度为74.65 mg/L，功能饮料中咖啡因浓度为208.56 mg/L，咖啡中的咖啡因浓度为1 137.45~1 519.44 mg/100 g。咖啡中的咖啡因浓度最高，其次是某些奶茶和功能饮料，可乐和茶饮料中的咖啡因浓度比较低(宁丽峰，2009)。目前我国仅在食品添加剂使用卫生标准(GB 2760-1996)中规定可乐型饮料中咖啡因的最大使用量为150 mg/L。美国、加拿大、阿根廷、日本、菲律宾规定饮料中咖啡因的浓度不得超过200 mg/L。

咖啡因是感冒药中的主要添加成分，是许多减肥药中的辅助成分，同时也是利尿剂。咖啡因具有中枢兴奋作用，大量摄入咖啡因容易上瘾。咖啡因是世界上使用最广泛的精神活性物质，但管制程度远低于其他滥用药物，连美国FDA 也明确指出咖啡因是有许多用途的安全物质。

咖啡因口服、注射给药均可迅速吸收，其吸收速度决定于制剂和给药途径。咖啡和饮料中的咖啡因经胃肠道进入在45 min 内吸收，2 h 内达到血液峰浓度，吸收后分布于全身体液中，表观分布容积在0.4~0.6 L/kg 之间，可迅速透过血脑屏障，亦可通过胎盘进入胎儿循环和乳汁中。

咖啡因基本符合一级动力学消除。其半衰期依年龄、肝功能、孕期、联合用药等因素而不同，健康成人的半衰期约为4.9 h；妇女如口服避孕药则会延长至5~10 h；孕妇半衰期约为9~11 h；如果患有肝疾病，则半衰期可长至96 h；吸烟则会缩短半衰期。

咖啡因主要在肝部经细胞色素P450 氧化酶代谢，尿可可豆素、可可碱和茶碱是其主要代谢物，见图7-5。

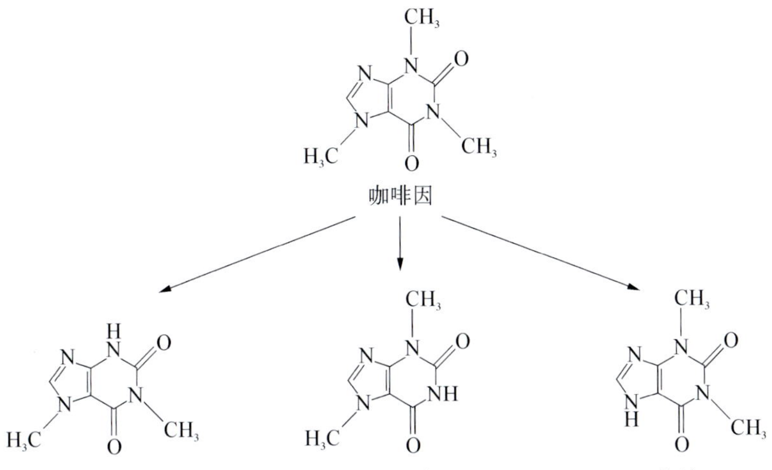

咖啡因

尿可可豆素 (84%)　　可可碱 (12%)　　茶碱 (4%)

图 7-5　咖啡因的主要代谢途径

咖啡因的大鼠口服 LD_{50} 为 192 mg/kg，成人口服 LD_{50} 约为 150~200 mg/kg，相当于 80~100 杯咖啡。咖啡因过量可出现烦躁、紧张、失眠、多尿、心动过速、焦虑等症状，严重者可致死亡。

二、样品处理

1. 去污处理

毛发样品(20~100 mg)依次用 0.1% 十二烷基磺酸钠、0.1% 洗洁精、3 mL 蒸馏水(重复三次)和 3 mL(重复三次)丙酮洗涤，晾干后剪成约 1 mm 段，或研磨机粉碎备用。

2. 提取方法

（1）酸水解法　毛发样品洗净加入 1 mL 0.1 mol/L HCl，于 45℃ 水解过夜。水解液冷却后调碱性，用乙醚混旋、离心、提取。转移有机层，氮气流下吹干。

（2）碱消化法　在清洗后的毛发样品中加入 1 mL 1 mol/L NaOH，于 100℃ 消化 30 min，然后用氯仿提取，转移有机层，氮气流下吹干。

3. 讨论

咖啡因和其代谢物茶碱、可可碱都呈弱碱性，在中性或碱性条件下提取比较完全。茶碱和可可碱极性强，适合用 HPLC 分析，用 GC-MS 分析时需衍生化，而咖啡因可用 GC-MS 直接分析。

三、分析方法

1. GC-MS

色谱条件：DB 柱(15 m×0.25 mm)；初温 70℃，升温速率 15℃/min，终

温 280℃。

质谱条件：EI 源，咖啡因 m/z 为 67,109,194；可可碱 m/z：109,137,180；茶碱 m/z：68,95,180。EI 质谱图如下：

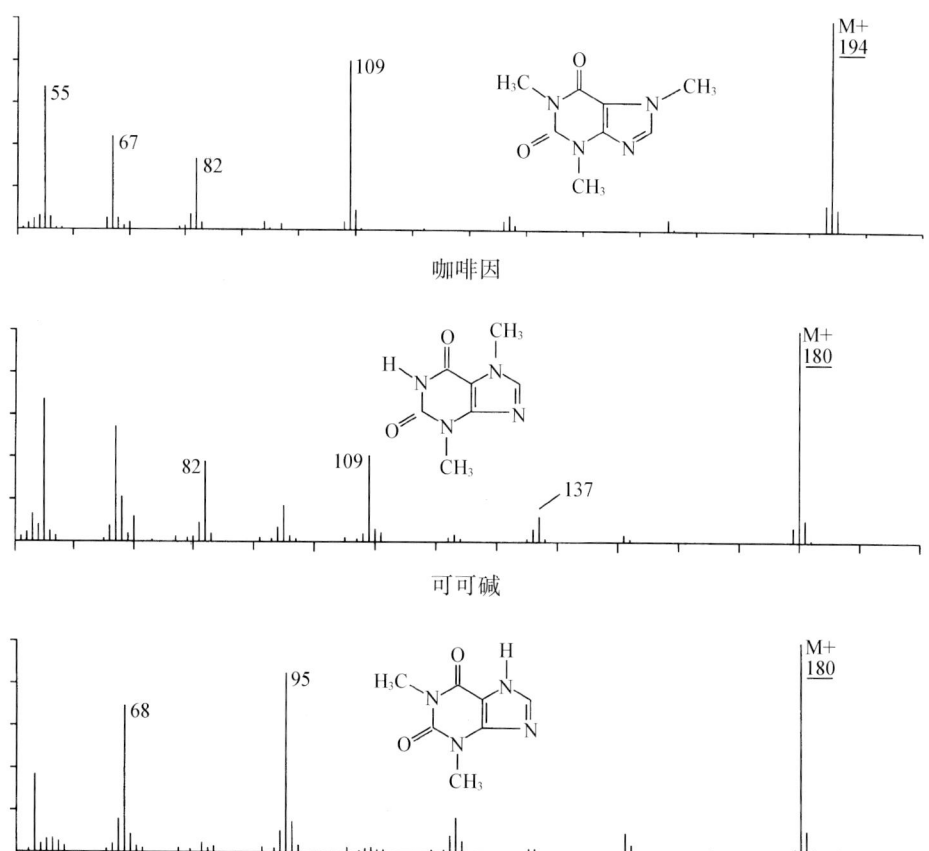

2. LC‐MS(Wang,2008)

色谱条件：Phenomenex Kromasil C_{18} 柱（150 mm×4.6 mm×5 μm），前接 Phenomenex 保护柱（4 mm×3.0 mm）。柱温 25℃。流动相为甲醇‐0.2%甲酸（40∶60,v/v），流速 1.0 mL/min，分流比 4∶1，进样量 20 μL。

质谱条件：ESI+，毛细管电压 3.5 kV，锥孔电压 23 V，离子源温度 105℃，去溶剂气流 350 L/h，温度 250℃。SIM 模式：咖啡因 m/z 195.2，扫描时间 0.2 s。

3. LC‐MS/MS 筛选方法(向平,2006)

色谱条件：液相柱为 Allure PFP 丙基柱（100 mm×2.1 mm×5 μm），前接 phenomenex 的保护柱。流动相为乙腈‐缓冲液（70∶30,v/v），缓冲液为 20 mmol/L 乙酸胺和2%甲酸的溶液。恒流 0.2 mL/min。

质谱条件：API 4000 三重四级杆串联质谱,ESI+,碰撞气,7;气帘气,30;离子喷雾电压,5 500 V;离子源温度,500℃。MRM 模式,具体参数见表 7-25。

表 7-25 咖啡因的 LC-MS/MS 参数

	母离子 m/z	子离子 m/z	去簇电压 DP(V)	碰撞能量 CE(eV)	保留时间 Rt(min)	LOD (ng/mL)
咖啡因	195.2	138.2 110	50	29	2.86	0.1

四、阳性数据

头发中咖啡因浓度的个体差异较大,35 例滥用者头发中咖啡因浓度为 0.1~2.3 ng/mg(Kintz,1993),利用这一特性,头发分析可以辅助个体识别。Mizuno(1996)比较了健康志愿者和肝硬化的病人头发中咖啡因的浓度,其中 6 名健康志愿者,人均每天消耗咖啡因 178.0±84.3 mg(个体间的变异系数 CV = 23.8±6.3%),他们头发中测得的咖啡因的浓度为 7.21±3.11 ng/mg,较肝硬化病人头发中的咖啡因浓度要低许多(26.5±5.04 ng/mg),提示了肝病对咖啡因代谢的影响。

五、典型案例

案例：一名新生婴儿在出生后 17 h 内,持续出现紧张、易怒、高声啼哭、四肢强直、腱跳反射过敏等戒断症状。她的母亲不吸烟,但是承认平时常喝巴拉圭茶,每天要喝 1 L 自制的茶。用 LC-ESI/MS 检测胎盘、脐血、胎粪、乳汁、新生儿的尿液等生物样品,都检测到高浓度的咖啡因和可可碱;在新生儿的胎毛(3 cm)中检测出 19.86 ng/mg 的咖啡因和 16.06 ng/mg 的可可碱,而其母亲头发(6 cm)中咖啡因和可可碱的浓度分别高达 220.73 ng/mg 和 45.95 ng/mg。该婴儿反常的原因为：由于其母亲在怀孕后期仍然大剂量饮用茶饮料,导致她出生后不久就出现了咖啡因戒断症状(Martin,2007)。

参 考 文 献

姜佐宁.1997.药物成瘾的临床与治疗.北京：人民出版社

刘翠梅,韩煜,闵顺耕.2019.甲基苯丙胺、氯胺酮、海洛因、可卡因红外光谱快速定性分析方法研究.光谱学与光谱分析,39：2136-2141

宁丽峰,王慧萍,何轩等.2009.高效液相色谱法测定饮料中咖啡因的含量.中国卫生检验杂志,19(3)：560-562

向平,沈敏,沈保华等.2006.生物检材中 59 种滥用药物的 LC-MS/MS-MRM 分析.质谱学报,27(4)：237-241

周宛虹,邵晓霞,郭占云.2013.吸烟者血清中尼古丁及其多种代谢物的测定与代谢分析.现代科学仪器,1：

124-127.

Aldridge A, Aranda JV, Neims AH.1979. Caffeine metabolism in the newborn. Clin Pharm Ther, 25: 447-453

Baselt RC, Cravey RH. 1977. A compendium of therapeutic and toxic concentrations of toxicologically significant drugs in human biofluids. J Anal Toxicol, 1: 81-103

Baumgartne WA, Hill VA .1993. Sample preparation techniques. Forensic Sci Int, 63: 121-135

Bermejo AM, Lopez P, Alvarez I et al. 2006. Solid-phase microextraction for the determination of cocaine and cocaethylene in human hair by gas chromatography-mass spectrometry. Forensic Sci Int, 156: 2-8

Blanchard J, Sawers SJ, Jonkman JH et al. 1985. Comparison of the urinary metabolite profile of caffeine in young and elderly males. Br J Clin Pharm, 19: 225-232

Brandenberger H. 1997. Analytical Toxicology for Clinical, Forensic and Pharmaceutical Chemists

Cairns T, V Hill, M Schaffer et al. 2004. Levels of cocaine and its metabolites in washed hair of demonstrated cocaine users and workplace subjects. Forensic Sci, Int, 145: 175-181

Callahan MM, Robertson RS, Arnaud MJ et al.1982. Human metabolism of [1-methyl-14C] and [2-14C] caffeine after oral administration. Drug Metab Disp, 10: 417-423

Chetiyanukornkul T, Toriba A, Kizu R et al. 2004. Hair analysis of nicotine and cotinine for evaluating tobacco smoke exposure by liquid chromatography-mass spectrometry. Biomedical Chromatography, 18: 655-661

Clarke EGC. 1969.Isolation and Identification of Drugs 1, Pharmaceutical Press, London: 440-441

Clauwaert KM, Van Bocxlaer JF, Lambert WE et al. 1998. Narrow-Bore HPLC in Combination with Fluorescence and Electrospray Mass Spectrometric Detection for the Analysis of Cocaine and Metabolites in Human Hair. Anal Chem, 70: 2336-2344

Clauwaert KM, Van Bocxlaer JF, Lambert WE et al. 2000. AP Segmental analysis for cocaine and metabolites by HPLC in hair of suspected drug overdose cases. Forensic Sci Int, 110: 157-166

Cognard E, Rudaz S, Bouchonnet S et al. 2005. Analysis of cocaine and three of its metabolites in hair by gas chromatography-mass spectrometry using ion-trap detection for CI/MS/MS. J Chromatogr B, 826: 17-25

Dimich-Ward H, GeeH, Brauer M et al. 1997. Analysis of nicotine and cotinine in the hair of hospitality workers exposed to environmental tobacco smoke.Occup Environ Med, 39: 946-948

Felli M, Martello S, Marsili R et al. 2005. Disappearance of cocaine from human hair after abstinence. Forensic Sci Int, 154: 96-98

Florescu A, Ferrence R, Einarson T et al. 2009. Methods for Quantification of Exposure to Cigarette Smoking and Environmental Tobacco Smoke: Focus on Developmental Toxicology. Ther Drug Monit, 31: 14-30

Florescu A, Ferrence R, Einarson TR et al. 2007. Reference Values for Hair Cotinine as a Biomarker of Active and Passive Smoking in Women of Reproductive Age, Pregnant Women, Children, and Neonates: Systematic Review and Meta-Analysis. Ther Drug Monit, 29: 437-446

Garcia-Bournissen F, Rokach F, Karaskov B et al. 2007. Cocaine detection in maternal and neonatal hair: implications to fetal toxicology. Ther Drug Monit, 29: 71-76

Giorgio F, S Strano Rossi, J Rainio et al. 2004. Cocaine found in a child's hair due to environmental exposure? Int J Legal Med, 118: 310-312

Gottardo R, Fanigliulo A, Bortolotti F et al. 2007. Broad-spectrum toxicological analysis of hair based on capillary zone electrophoresis-time-of-flight mass spectrometry. J Chromatogr A, 1159: 190-197

Grusz-Harday E. 1967. Fatal nicotine poisoning. Arch Toxicol, 23: 35-41

Hafezi M, Bohnert M, Weinmann W et al. 2001.Prevalence of nicotine consumption in drug deaths. Forensic Sci Int,

119: 284-289

Haley NJ, Hoffmann D. 1985. Analysis for nicotine and cotinine in hair to determine cigarette smoker status. Clin Chem, 31(10): 1598-1600

Hill V, Cairns T, Schaffer M. 2008. Hair analysis for cocaine: factors in laboratory contamination studies and their relevance to proficiency sample preparation and hair testing practices. Forensic Sci Int, 176: 23-33

Holmgren P, Nordén-Pettersson, L Ahlner J et al. 2004. Caffeine fatalities—four case reports Forensic Sci Int, 139(1): 71-73

Hubbard DL, Wilkins DG, and Rollins DE. 2000. The incorporation of cocaine and metabolites into hair: effects of dose and hair pigmentation. Drug Metab Dispos, 28: 1464-1469

Jaakkola MS, Jaakkola JJ. 1997. Assessment of exposure to environmental tobacco smoke. Eur Respir J, 10: 2348-2397

Jacqz-Aigrain E, Zhang D, Maillard G et al. 2002. Maternal smoking during pregnancy and nicotine and cotinine concentrations in maternal and neonatal hair. BJOG, 109: 909-911

Joseph RE, Tsai WJ, Tsao LI et al. 1997. In Vitro Characterization of Cocaine Binding Sites in Human Hair. J Pharmaco Exp Ther, 282: 1228-1241

Jurado C, Rodriguez C, Menendez M et al. 1997. Time course of cocaine in rabbit hair. Forensic Sci Int, 84: 61-66

Jurado C, Sachs H. 2003. Proficiency test for the analysis of hair for drugs of abuse, organized by the Society of Hair Testing. Forensic Sci Int, 133: 175-178

Kalinic N, Skender L, Karacic V et al. 2003. Passive exposure to tobacco smoke: hair nicotine levels in preschool children. Bull Environ Conmtam Toxicol, 71: 1-5

Kemp PM, Sneed GS, George CE et al. 1997. Postmortem distribution of nicotine and cotinine from a case. J Anal Toxicol, 21: 310-313

Kerrigan S, Lindsey T. 2005. Fatal caffeine overdose: two case reports. Forensic Sci Int, 153(1): 67-69

Kintz P. 1995. Interlaboratory comparison of quantitative determinations of drug in hair samples. Forensic Sci Int, 70: 105-109

Klein J, Blanchette P, Koren G. 2004. Assessing nicotine metabolism in pregnancy - a novel approach using hair analysis. Forensic Sci Int, 145: 191-194

Kronstrand R, Nystron I, Standberg J et al. 2004. Screening for drugs of abuse in hair with ion spray LC-MS-MS. Forensic Sci Int, 145: 183-190

Lavoie FW, Harris TM. 1991. Fatal nicotine ingestion. J Emerg Med, 9: 133-136

Man CN, Ismail S, Harn GL et al. 2009. Determination of hair nicotine by gas chromatography-mass spectrometry. J Chromatogr B, 877: 339-342

Martin I, López-VílchezÁ M, Mur A et al. 2007. Neonatal withdrawal syndrome after chronic maternal drinking of mate. Ther Drug Monit, 29: 127-129

Mieczkowski T, Kruger M. 2007. Interpreting the color effect of melanin on cocaine and benzoylecgonine assays for hair analysis: brown and black samples compared. J Forensic Leg Med, 14: 7-15

Mieczkowski T, Newel R. 2000. Statistical examination of hair color as a potential biasing factor in hair analysis. Forensic Sci Int, 107: 13-38

Mizuno A, Uematsu T, Gotoh S et al. 1996. The Measurement of Caffeine Concentration in Scalp Hair as an Indicator of Liver Function. J Pharm Pharmacol, 48(6): 660-664

Mizuno A, Uematsu T, Oshima A et al. 1993. Analysis of the nicotine content of hair and its utilization for assessing individual cigarette-smoking behavior. Ther Drug Monit, 15: 99 - 104

Moffat AC. 1986. Clarke's Isolation and Identification of Drugs in Pharmaceuticals, Body Fluids, and Post-mortem material(Second Edition). The Pharmaceutical Press.: 868

Moore C, Coulter C and Crompton K. 2007. Determination of cocaine, benzoylecgonine, cocaethylene and norcocaine in human hair using solid-phase extraction and liquid chromatography with tandem mass spectrometric detection. J Chromatogr B, 859: 208 - 212

Musshoff F, Driever F, Lachenmeier K et al. 2006. Results of hair analysis for drugs of abuse and comparison with self-reports and urine tests. Forensic Sci Int, 156: 118 - 123

Musshoff F, Thieme D, Schwarz G, et al. 2018. Determination of hydroxy metabolites of cocaine in hair samples for proof of consumption. Drug Testing and Analysis. 10(4): 681 - 688

Nair MK, Chetty DJ, Ho H et al. 1997. Biomembrane permeation of nicotine: mechanistic studies with porcine mucosa and skin. J Pharm Sci, 86: 257 - 262

Nakahara Y, Ochiai T, Kikura R et al. 1992. Hair analysis for drugs of abuse III. Arch Toxicol, 66: 446 - 449

Pichini S, Altieri I, Pellegrini M et al. 1997. Hair analysis for nicotine and cotinine: evaluation of extraction procedures, hair treatments, and development of reference material. Forensic Sci Int, 84: 243 - 252

Pichini S, Garcia-Algar O, Munoz L et al. 2003. Assessment of chronic exposure to cigarette smoke and its change durino pregnancy by segmental analysis of maternal hair nicotine. J Expo Anal Environ Epidemiol, 13: 144 - 151

Reid RW, Connor F, Crayton J. 1994. The in vitro differential binding of benzoylecgonine to pigmented human hair samples. J Toxicol Clin Toxicol, 32: 405 - 410

Ryu HJ, Seong MW, Nam MH et al. 2006. Simultaneous and sensitive measurement of nicotine and cotinine in small amounts of human hair using liquid chromatography/tandem mass spectrometry. Rapid Commn Mass Spectrom, 20: 2781 - 2782

Seong MW, JH Hwang, JS Moon et al. 2008. Neonatal hair nicotine levels and fetal exposure to paternal smoking at home. Am J Eidemiol, 168: 1140 - 1144

Solarino B, Di Vella G, Magrone T et al. 2009. Death due to ingestion of nicotine-containing solution: Case report and review of the literature. Forensic Sci Int, 195: e19 - e22

Sun Qi-ran, Xiang Ping, Yan Hui et al. 2008. Determination of cocaine and benzoylecgonine in guinea pig's hair after a single dose administration by LC - MS/MS. 药学学报. 43（12）: 1217 - 1222

Tagliaro F, Smyth WF, Turrina S et al. 1995. Capillary electrophoresis: a new tool in forensic toxicology. Applications and prospects in hair analysis for illicit drugs. Forensic Sci Int, 70: 93 - 104

Takayasu T, Ohshima T, Lin Z et al. 1992. An autopsy case of fatal nicotine poisoning. Nihon Hoigaku Zasshi, 46: 327 - 332

Thieme D, Sachs H. 2003. Improved screening capabilities in forensic toxicology by application of liquid chromatography- tandem mass spectrometry.Anal Chim Acta, 492: 171 - 186

Wang A, Sun J, Feng H et al. 2008. Simultaneous Determination of Paracetamol and Caffeine in Human Plasma by LC - ESI - MS. Chromatographia, 67: 281 - 285

第八章 毛发中苯丙胺类兴奋剂分析

第一节 概述

苯丙胺类兴奋剂(amphetamine-type stimulants,ATS)是苯丙胺及其衍生物的统称,具有药物依赖性(主要是精神依赖性)、中枢神经兴奋、致幻、食欲抑制和拟交感能效应等药理、毒理学特性,是联合国精神药品公约管制的精神活性物质。19世纪末20世纪初,日本科学家首先合成了苯丙胺和甲基苯丙胺,而后又合成了一系列苯丙胺类的支链取代和环取代衍生物。20世纪30年代至50年代间,苯丙胺类药物仅用于临床,治疗抑郁症、肥胖症和疲劳综合征。第二次世界大战后,日本经历了苯丙胺类兴奋剂在全国范围的流行性滥用。20世纪90年代以来,苯丙胺类兴奋剂已成为世界上流行最快、滥用最为广泛的滥用药物之一。

目前,苯丙胺类新精神活性物质(NPS)的合成和滥用在全球范围内日趋严重。苯丙胺类NPS种类繁多(Frison,2016),主要包括卡西酮类、哌嗪类、苯乙胺类、色胺类等,由苯丙胺结构直接衍生的主要有卡西酮类衍生物、4-取代苯丙胺类、2,5-二甲氧苯丙胺类等,哌嗪类虽然没有苯丙胺结构,但可使苯丙胺类免疫板呈阳性。这些NPS作为娱乐性药物在全球滥用,有替代传统毒品的趋势。

一、苯丙胺类分类

苯丙胺类兴奋剂均具有中枢神经系统兴奋作用,但不同类别的作用各有侧重,根据苯丙胺类兴奋剂的化学结构的不同和药理、毒理学特性,可分为以下六类。

1. 兴奋型苯丙胺类

这类化合物以中枢神经系统兴奋作用为主,其结构特征是苯丙胺母体化合物类,如苯丙胺、甲基苯丙胺、哌醋甲酯等。

甲基苯丙胺(Methamphetamine)又名去氧麻黄素(Methylamphetamine, Metamfetamine, MAMP),化学名:(+)-N,α-二甲基苯乙胺[(+)-N,α-Diethylphenethylamine]。

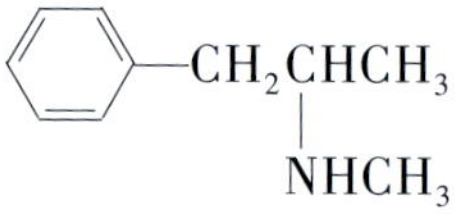

$$\text{C}_6\text{H}_5\text{-CH}_2\text{CHCH}_3\text{-NHCH}_3$$

$C_{10}H_{15}N = 149.23$

CAS：537－46－2

苯丙胺(Amphetamine)又名苯齐巨林,安非他明(Isomyn,Phenylisopropylamine,Racemic Desoxynorephedrine,Benzedrine,AMP),化学名：消旋-,α-甲基苯乙胺[(±)-,α-Diethylphenethylamine]。

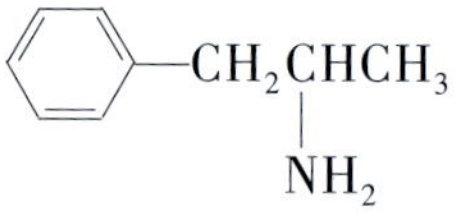

$$\text{C}_6\text{H}_5\text{-CH}_2\text{CHCH}_3\text{-NH}_2$$

$C_9H_{13}N = 135.21$

CAS：300－62－9

匹莫林(Pemoline)又名苯异妥英,倍脑灵(phenylisohydantoine,volital),化学名：消旋-2-亚胺基-4-氧代-5-苯基噁唑烷[(±)-2-Imino-4-oxo-5-phenyloxazolidine]。

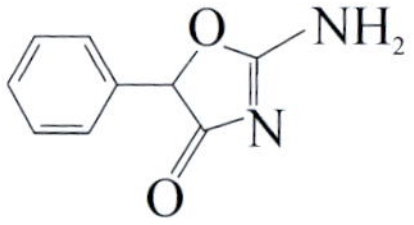

$C_9H_8N_2O_2 = 176.18$

CAS：2152－34－3

哌醋甲酯(Methylphenidate)又名利他林,哌甲酯(Methylphenidate,Ritalin),化学名：α-苯基-2-哌啶乙酸甲酯[Methyl-α-phenyl-2-piperidineacetate]。

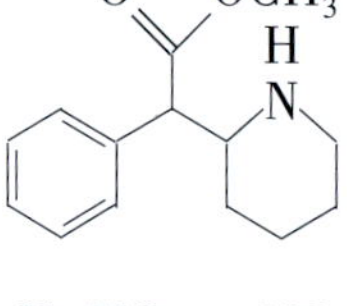

$C_{14}H_{19}NO_2 = 233.31$

CAS：113－45－1

2. 致幻型苯丙胺类

这类化合物具有导致用药者产生幻觉的作用,其结构特征为苯环甲氧基取代苯丙胺衍生物，如二甲氧基苯丙胺、溴基二甲氧苯丙胺和麦司卡林等。

麦司卡林(Mescaline)又名三甲氧苯乙胺，化学名：3,4,5-三甲氧基苯乙胺[3,4,5-trimethoxyphenethylamine]。

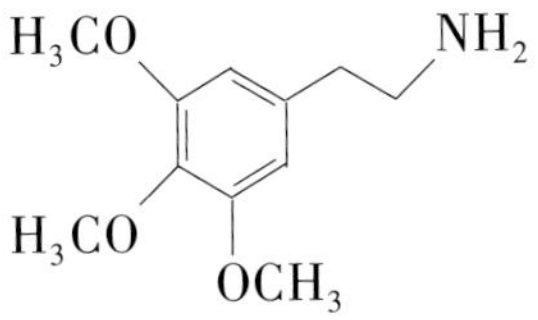

$C_{11}H_{17}NO_3 = 211.26$

CAS：54-04-6

二甲氧甲苯丙胺(Dimethoxymethylamphetamine)缩写为 DOM 或 STP，化学名：2,5-二甲氧基-4-甲基苯丙胺[2,5-dimethoxy-4-methamphetamine]。

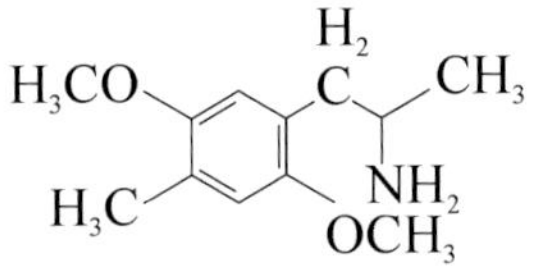

$C_{12}H_{19}NO_2 = 209.28$

CAS：26011-50-7

布苯丙胺(Brolamfetamine)又名溴基二甲氧苯丙胺(DOB)，化学名：2,5-二甲氧基-4-溴苯丙胺[2,5-dimethoxy-4-bromo-amphetamine]。

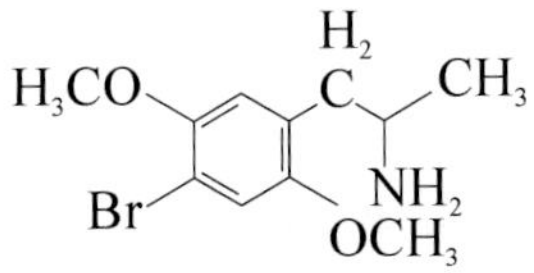

$C_{11}H_{16}BrNO_2 = 274.15$

CAS：64638-07-9

3. 抑制食欲型苯丙胺类

这类化合物具有抑制食欲作用，其结构特征为支链取代或苯环非甲氧基取代苯丙胺衍生物，如苯丁胺、二乙基苯丙酮、氟苯丙胺等。

苯丁胺(Phentermine)又名芬特明(Duromine)，化学名：α,α-二甲基-β-苯乙胺[α,α-Dimethyl-β-phenylethylamine]。

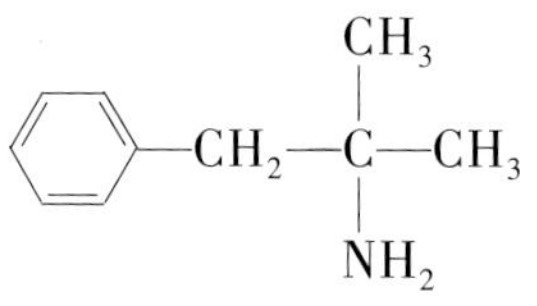

$$\text{C}_6\text{H}_5-\text{CH}_2-\underset{\underset{\text{NH}_2}{|}}{\overset{\overset{\text{CH}_3}{|}}{\text{C}}}-\text{CH}_3$$

$C_{10}H_{15}N = 149.24$

CAS：122 - 09 - 8

芬氟拉明(Fenfluramine)又名氟苯丙胺,化学名：N-乙基-α-甲基-3-三氟甲基苯乙胺[N - Ethyl - α - methyl - 3 - trifluoromethyl phenethyl-amine]。

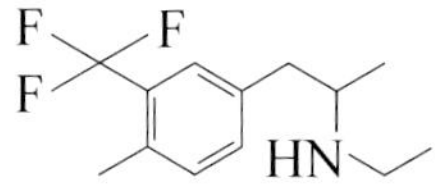

$C_{12}H_{16}F_3N = 231.26$

CAS：458 - 24 - 2

氨苯噁唑啉(Aminorex)又名阿米雷司,化学名：消旋-2-氨基-5 苯基 2-噁唑啉[2 - amino - 5 - phenyl - 2 - oxazolin]。

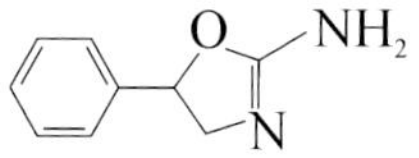

$C_9H_{10}N_2O = 162.19$

CAS：2207 - 50 - 3

4. 混合型苯丙胺类

这类化合物兼具兴奋和致幻作用,其结构特征为苯环亚甲二氧基取代苯丙胺衍生物,如 MDMA、MDA 等。

MDMA (3,4 - Methylenedioxymethamphetamine),3,4-亚甲双氧甲基苯丙胺,化学名：N,α-二甲基-1,3-苯并二氧杂环戊烯-5-乙胺(N - Methyl - 3, 4 - methylenedioxyphenyiso - propylamine)。

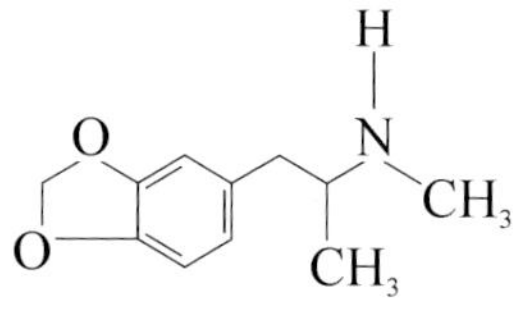

$C_{11}H_{15}NO_2 = 193.25$

CAS：42542 - 10 - 9

MDA(3,4-Methylenedioxyamphetamine),3,4-亚甲基双氧苯丙胺,化学名: α-甲基-1,3-苯并二氧杂环戊烯-5-乙胺(α-Methyl-1,3-Benzodioxole-5-ethanamine)。

$$C_{10}H_{13}NO_2 = 179.22$$

CAS:4764-17-4

5. 合成卡西酮类

新型精神活性物质,为苯丙胺类化合物的 β 酮(bK)衍生物,具有与传统苯丙胺类物质类似的兴奋作用。

6. 合成苯乙胺类

新型精神活性物质,为苯乙胺的衍生物,具有与传统苯丙胺类物质类似的兴奋作用。

表 8-1 列出了较为常见的苯丙胺类化合物。

表 8-1 常见苯丙胺类化合物

英 文 名	中 文 名	主要作用
Amphetamine(AMP)	苯丙胺	中枢兴奋
Methamphetamine(MAMP)	甲基苯丙胺	中枢兴奋
Fenfluramine	氟苯丙胺	食欲抑制
Diethylpropion	二乙基苯丙酮	食欲抑制
Phentermine	苯丁胺	食欲抑制
Methylphenidate	哌醋甲酯(利他林)	中枢兴奋
3,4-Methylenedioxyamphetamine(MDA)	3,4-亚甲基二氧基苯丙胺	致幻、兴奋
3,4-Methylenedioxymethamphetamine(MDMA)	3,4-亚甲基二氧基甲基苯丙胺	致幻、兴奋
3-Methoxy-4,5-methylenedioxy Amphetamine(MMDA)	3-甲氧基-4,5-亚甲二氧基苯丙胺	致幻
3,4-methylenedioxy-N-ethylamphetamine(MDEA)	3,4-亚甲二氧基-N-乙基-苯丙胺	兴奋、致幻
N-methyl-1-(3,4-methylenedioxyphenyl)-2-aminobutane(MBDB)	N-甲基-1-(3,4-亚甲基二氧苯)-2-丁胺	兴奋、致幻
3,4 Dimethoxyamphetamine(DMA)	二甲氧基苯丙胺	致幻
3,4,5-Trimethoxyamphetamine(TMA)	三甲氧基苯丙胺	兴奋、致幻
para-Methoxyamphetamine(PMA)	副甲氧基苯丙胺	兴奋、致幻
2,5-Dimethoxy-4-bromoamphetamine(DOB)	4-溴-2,5-二甲氧基苯丙胺	致幻

续 表

英 文 名	中 文 名	主要作用
2,5 - Dimethoxy-methamphetamine（DOMA）	2,5-二甲氧基甲苯丙胺	致幻
2,5 - Dimethoxy－4－ethylamphetamine（DOET）	2,5-二甲氧基-4-乙基苯丙胺	致幻
p - Methoxymethamphetamine（PMMA）	p-甲氧甲基苯丙胺	
2,5 - Dimethoxyamphetamine（2,5 - DMA）	2,5-二甲氧基苯丙胺	
2,5 - Dimethoxy－4－chloroamphetamine（DOC）	2,5-二甲氧-4-氯苯丙胺	
2,5 - Dimethoxy－4－iodoamphetamine（DOI）	2,5-二甲氧-4-碘苯丙胺	
2,5 - Dimethoxy－4－methylamphetamine（DOM）	2,5-二甲氧-4-甲基苯丙胺	
2,5 - Dimethoxy－4－nitroamphetamine（DON）	2,5-二甲氧-4-硝基苯丙胺	
2,5 - Dimethoxy－4－propylamphetamine（DOPR）	2,5-二甲氧-4-丙基苯丙胺	
2,5 - Dimethoxy－4－bromophenethylamine（2C - B）	2,5-二甲氧-4-溴苯乙胺	
2,5 - Dimethoxy－4－iodophenethylamine（2C - I）	2,5-二甲氧-4-碘苯乙胺	
2,5 - Dimethoxy－4－nitrophenethylamine（2C - N）	2,5-二甲氧-4-硝基苯乙胺	
2,5 - Dimethoxy－4－methylphenethylamine（2C - M）	2,5-二甲氧-4-甲基苯乙胺	
2,5 - Dimethoxy－4－methylthiophenethylamine（2C - T）	2,5-二甲氧-4-甲硫苯乙胺	
2,5 - Dimethoxy－4－ethylthiophenethylamine（2C - T - 2）	2,5-二甲氧-4-乙硫苯乙胺	
2,5 - Dimethoxy－4－isopropylthiophenethylamine（2C - T - 4）	2,5-二甲氧-4-异丙基硫代苯乙胺	
2,5 - Dimethoxy－4－cyclohexylthiophenethylamine（2C - T - 5）	2,5-二甲氧-4-环己基硫代苯乙胺	
2,5 - Dimethoxy－4－n-propylthiophenethylamine（2C - T - 7）	2,5-二甲氧-4-n-正丙基硫代苯乙胺	
2,5 - Dimethoxy－4－(2－methoxyethyl)thiophenethylamine（2C - T - 13）	2,5-二甲氧-4-(2-甲氧乙基)硫代苯乙胺	
2,5 - Dimethoxy－4－i-butylthiophenethylamine（2C - T - 17）	2,5-二甲氧-4-丁基硫代苯乙胺	
2,5 - Dimethoxy－4－methylthioamphetamine（ALEPH）	2,5-二甲氧-4-甲硫苯丙胺	
2,5 - Dimethoxy－4－ethylthioamphetamine（ALEPH - 2）	2,5-二甲氧-4-乙硫苯丙胺	
2,5 - Dimethoxy－4－cyclohexylthioamphetamine（ALEPH - 5）	2,5-二甲氧-4-环己基硫代苯丙胺	
2,5 - Dimethoxy－4－n-propylthioamphetamine（ALEPH - 7）	2,5-二甲氧-4-n-正丙基硫代苯丙胺	
2,5 - Dimethoxy－4－cyclopropylmethylthioamphetamine（ALEPH - 8）	2,5-二甲氧-4-环丙甲基硫代苯丙胺	
2,5 - Dimethoxy－4－(2－methoxyethyl)thioamphetamine（ALEPH - 13）	2,5-二甲氧-4(2-甲氧乙基)硫代苯丙胺	
2,5 - Dimethoxy－4－isobutylthioamphetamine（ALEPH - 17）	2,5-二甲氧-4-异丁基硫代苯丙胺	
3,4,5 - Trimethoxyamphetamine（TMA）	3,4,5-三甲氧苯丙胺	
2,4,5 - Trimethoxyamphetamine（TMA - 2）	2,4,5-三甲氧苯丙胺	
2,3,4 - Trimethoxyamphetamine（TMA - 3）	2,3,4-三甲氧苯丙胺	

续表

英 文 名	中 文 名	主要作用
2,4,6-Trimethoxyamphetamine（TMA-6）	2,4,6-三甲氧苯丙胺	
3,4-Methylenedioxy-N-isopropylamphetamine（MDIP）	3,4-亚甲基二氧基-N-异丙基苯丙胺	
3,4-Methylenedioxy-N-benzylamphetamine（MDBZ）	3,4-亚甲基二氧基-N-苯基苯丙胺	
3,4-Methylenedioxy-N-cyclopropylmethylamphetamine（MDCPM）	3,4-亚甲基二氧基-N-环丙甲基苯丙胺	
2-(3,4-Methylenedioxyphenyl)-2-methoxyethylamine（BOH）	2-(3,4-亚甲基二氧苯基)-2-甲氧乙胺	
2-(4-Bromo-2,5-dimethylenedioxyphenyl)-2-methoxyethylamine（BOB）	2-(4-溴-2,5-亚甲基二氧苯基)-2-甲氧乙胺	
2-(2,5-Dimethoxy-4-methylphenyl)-2-methoxyethylamine（BOD）	2-(2,5-甲氧基-4-甲苯基)-2-甲氧乙胺	

二、体内过程

甲基苯丙胺（MAMP）和苯丙胺（AMP）的给药途径有口服、吸入和静脉注射，口服后在胃肠道吸收良好，通过血液迅速在组织中蓄积。甲基苯丙胺在体内的代谢和排泄较快，生物半衰期约为 9 h。甲基苯丙胺主要代谢为 4-羟基甲基苯丙胺和苯丙胺，然后苯丙胺又代谢为 4-羟基苯丙胺、4-羟基去甲麻黄素和去甲麻黄素（图 8-1）。苯丙酮也是其代谢物，进一步氧化成苯甲酸，苯甲酸和羟基苯丙胺与甘氨酸和葡醛酸缀合，从尿中排泄。苯丙胺还可以通过芳环羟化形成 4-羟基甲基苯丙胺，β 羟化形成去甲麻黄素。其次还有少量的 N 氧化产物。

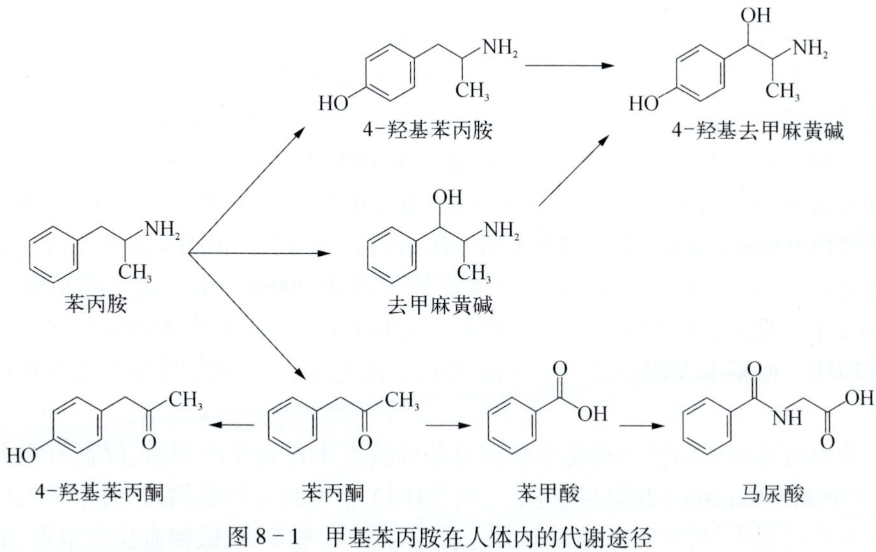

图 8-1 甲基苯丙胺在人体内的代谢途径

Wang(2006)研究了 MAMP 和 AMP 在八名甲基苯丙胺滥用者尿液和毛发中的分布特征。尿液中 MAMP 和 AMP 浓度差异较大,主要表现为两种模式:① MAMP 和 AMP 的浓度在被拘留后 0~120 h 持续下降;② MAMP 和 AMP 的浓度在 0~12 h 上升,然后是下降过程。目标物浓度变化趋势与尿样中 AMP 和 MAMP 浓度比例相结合,对其使用时间的判断很有帮助。不管哪种模式,单次摄入 MAMP 三天后,尿液中 MAMP 很可能呈阴性结果,但是如果 MAMP 和 AMP 不正常的上升,同时 AMP/MAMP 比例小于 1,则可能是拘留期间又新摄入 MAMP。

环取代苯丙胺 MDMA 在体内的主要代谢途径为支链的 N-去烷基、脱氨和氧化,以及亚甲二氧环破裂,O-去烷基形成一系列羟基化合物。羟基化合物主要以葡醛酸和硫酸共轭物的形式存在于尿中。单次口服 MDMA 24 h 后,大约 26% 的原药消除至尿液中,只有 1% 代谢为 MDA。沈敏(1998)在滥用者尿样中鉴定、确认了四种代谢产物 MDA、HMMA、HMA 和 6-OH-MA,其中主要代谢物 HMMA 浓度最大,检出时限可达 5 d。

芬氟拉明在体内的主要代谢途径为 N-去烷基形成去乙芬氟拉明,其次,C-N 键氧化分别形成相应的醇、酮和苯甲酸类物,苯甲酸类物与甘氨酸缀合形成马尿酸衍生物。芬氟拉明的消除速率受尿 pH 的影响,酸性尿 48 h 原体药物的排出量为剂量的 23%,代谢物排出量为剂量的 17%;而碱性尿仅排出剂量的 2% 左右。在正常条件下,芬氟拉明和去乙芬氟拉明的排出量分别为 3%~10% 和 3%~14%。

Bowyer(2003)给成年恒河猴肌肉注射 d-芬氟拉明(5 mg/kg)或 MDMA(10 mg/kg),一天两次,连续四天。血浆中芬氟拉明浓度在第一次给药后 40 min 内达到峰值 2.0±0.4 μmol/L,然后迅速下降,血浆中代谢物去乙芬氟拉明在给药后 6 h 才达到峰值 0.4±0.1 μmol/L。芬氟拉明第七次给药后,血浆中芬氟拉明浓度峰值比第一次给药峰值高出 35%,而去乙芬氟拉明血浆浓度峰值高出 500%。第一次给药后血浆中芬氟拉明半衰期 $t_{1/2}$ 为 2.6±0.3 h,第七次为 9.5±2.5 h。去乙芬氟拉明估计的半衰期大于 37.6±20.5 h。血浆中 MDMA 浓度在第一次给药后 20 min 内达到峰值 9.5±2.5 μmol/L,然后迅速下降,血浆中代谢物 MDA 在给药后 3~6 h 才达到峰值 0.9±0.2 μmol/L。MDMA 第七次给药后,血浆中 MDMA 浓度峰值比第一次给药峰值高出 30%,而 MDA 血浆浓度峰值高出 200%。第一次给药后血浆中 MDMA 半衰期 $t_{1/2}$ 为 2.8±0.4 h,第七次为 3.9±1.1 h。MDA 估计的半衰期大约是 8.3±1.0 h。血浆中 MDMA 和 MDA 浓度的个体差异比芬氟拉明和去乙芬氟拉明要大。

苯丙胺类物质的体内毒物学数据对苯丙胺类中毒致死的判断、解释有很大帮助。García-Repetto(2003)报道了三例 MDMA 中毒致死的案例,三名年轻人均在参加聚会后死亡,送至医院时表现出一系列的症状,如发热、低钠血症水中毒、脑水肿、高血压,这都是 MDMA 中毒致死的常见症状,具体毒物分析数据见表 8-2。一次摄取 50 mg MDMA 后,4 h 后血液中 MDA 浓度约为 MDMA 的 40%,但这三个案例中 MDA/MDMA 比值要低得多。案例 1 还收集到头发检材,其分析结果表明死者在死前 16 个月就开始长期滥用 MDMA。

表 8-2 三个案例检材中 MDMA 和 MDA 浓度

检 材	案例 1		案例 2		案例 3	
	MDMA	MDA	MDMA	MDA	MDMA	MDA
医院血液(mg/L)	0.17	0.03	1.09	0.08	0.04	ND
尿液(mg/L)	ND	ND	7.99	1.18	32.00	0.74
尿液 8 h(mg/L)	NA	NA	NA	NA	49.06	6.90
尸体血液(mg/L)	NA	NA	3.18	0.06	0.28	0.05
玻璃体液(mg/L)	NA	NA	0.89	ND	ND	ND
胃内容物(mg/L)	NA	NA	ND	ND	ND	痕量
胆汁(mg/L)	痕量	ND	1.41	1.96	1.23	27.49
肝(mg/kg)	0.18	0.05	4.86	0.24	5.13	0.26
脑(mg/kg)	0.14	ND			8.42	0.41
肾(mg/kg)	0.15	痕量				
肺(mg/kg)	1.46	0.44			2.64	0.03

ND:未检出;NA:未分析。

Inoue(2006)分析了 32 个案例,尸解后血液中都检出 MAMP。作者依据文献将血液中 MAMP 浓度为 0.2~5.0 μg/mL 以及大于 10 μg/mL 定义为中毒水平和致死水平。11 例血液浓度高于中毒水平,其中 10 例诊断为 MAMP 中毒。20 例(62.5%)血液中浓度为中毒水平,其中 10 例诊断为 MAMP 中毒,2 例诊断为心肌症,1 例诊断为脑内出血。因为 MAMP 导致个体死亡的机制尚不明了,当血液中 MAMP 浓度处在中毒水平时,死亡确切原因的判断通常较为困难。因此,结论给出必须综合考虑病理发现、MAMP 药理作用和死亡过程等。

尿样分析和血样分析应用于急性中毒案例具有优势,而在其他情况下,毛发分析可提供重要辅助信息,可监控过去的药物滥用史。相对于个人对药物滥用史的口述而言,毛发分析可以获得更为客观的报告。从理论上说,头发分段分析可以反映药物滥用模式的最终变化,由此关联到认知过程的最终变化以及精神疾病的发生。

新型苯丙胺类衍生物种类繁多且不断涌现,由于目前大多数 NPS 的药理学数据未知,尚缺乏体内代谢物的对照品;并且大多数案件进行体内 NPS 分析时,血、尿等生物检材中已经无法检出 NPS 原体。毛发中滥用物质多以原体形式存在,因此毛发检材更有利于在摄毒鉴定中监测 NPS。

第二节 毛发样品的处理

一、毛发采集

毛发样品采集过程尚未标准化,毛发分析协会(Society of Hair Testing)推荐从头顶后部贴头皮采集样品。因为这个区域毛发生长速率变异最小(约1.0 cm/月),处于生长期的毛发数量更为稳定,受到年龄和性别影响也比较小。通常头发是首选的检材,但是有时腋毛或阴毛等替代头发也被采用。样本量在实验室间差异较大,从一根头发到250 mg不等。比如Suzuki(1984)等利用质谱法检测一根毛发中甲基苯丙胺和苯丙胺,而Aoki(1983)等则采用相当大的样本量(250 mg),利用酶联免疫分析法检测兴奋剂滥用者毛发中的甲基苯丙胺。

二、去污处理

毛发脱污染的目的在于避免被动接触外源性物质而造成毛发分析假阳性结果。对毛发样品洗涤步骤的考察,主要针对可卡因等吸入性的物质,而甲基苯丙胺的洗涤步骤主要在于去除头发表面的污物和油脂。常用洗涤毛发的试剂有 0.01 mol/L HCl、二氯甲烷、50%甲醇水溶液、0.1%十二烷基硫酸钠水溶液(SDS)、乙醇(37℃)、甲醇/水、丙酮/水等等。一般从尸体上取得的毛发会较多被油污、碎屑污染,需要更多的溶剂清洗。洗涤方法:毛发用乙醇洗一次、二氯甲烷洗两次后(测定最后一次清洗液),晾干,剪成约1~2 mm长的小段,或球磨机粉碎。

三、提取方法

1. 碱消化法

准确称取毛发20 mg,加入内标、1 mol/L NaOH后80℃消化15 min,用3 mL正己烷-乙酸乙酯(2:1)液-液提取,离心后,有机层过0.2 μm聚四氟乙烯膜,室温挥干。残留物用100 μL甲醇-水(1:1)复溶,取10 μL进样(Chèze,2007)。

准确称取剪细的头发10~20 mg,加入1 mol/L NaOH 1 mL,于95℃消化10 min,冷却后加入内标,用5 mL乙酸乙酯提取。有机层加入50 μL含1%盐酸的甲醇液,45℃下氮气吹干。加入衍生化试剂:A.25 μL TFA,25 μL乙酸乙酯或B.25 μL PFPA,25 μL乙酸乙酯或C.30 μL HFBA,用封口膜密封,置微波炉(400 W)衍生化2 min,或于65℃保温30 min,45℃氮气吹干后加20 μL乙酸乙酯溶解,供分析。

2. 酸水解法

准确称取10~50 mg毛发,加入2 mL 0.1 mol/L HCl于50℃过夜(约16 h)。冷

却后,加入 2 mL 0.1 mol/L 磷酸缓冲液(pH 7.0)和 200 μL 1 mol/L KOH 调至 pH 7.0±0.4。用 2 mL 甲醇、2 mL 去离子水、2 mL 磷酸缓冲液(0.1 mol/L,pH 7.0)将固相萃取小柱活化后,样品上样。用 2 mL 去离子水、0.5 mL 0.1 mol/L HCl、0.5 mL 甲醇淋洗,干燥 20~30 min 后,依次用 2 mL 氯仿:异丙醇(80:20)、2 mL 氯仿:异丙醇:氢氧化铵(80:20:3)洗脱被分析物。合并提取液,氮气吹干后衍生化或直接用于 LC-MS 分析。

3. 直接提取法

准确称取剪碎的毛发 10~50 mg,加入 0.5 mL 乙腈-甲醇-20 mmol/L 甲酸缓冲液(10:10:80)和 25 μL 内标,37℃保温 18 h。150 μL 转移至自动进样小瓶,取 10 μL 进样(Kronstrand,2004)。

准确称取剪碎的毛发 50~200 mg,加入 4 mL 甲醇和 20 μL 内标,50℃超声 5 h 后,转移至硅烷化的小瓶,一滴醋酸酸化后挥干。加入 50 μL 三氟乙酸酐(TFA),40℃反应 0.5 h,剩余的三氟乙酸酐室温 N_2 流吹干,50 μL 无水乙酸乙酯(含 1% TFA)复溶。

准确称取剪碎的毛发,加入甲醇,室温超声 1 h,过滤,200 μL 的样品溶液转移至小瓶中,N_2 下挥干。残留物加入 25 μL 20 mmol/L 碳酸盐缓冲液(pH 9.0)和 75 μL 2.0 mmol/L 的 DIB-Cl 乙腈悬浮液,旋涡混合,室温反应 10 min 后,加入 5 μL 25%氨水终止反应,20 μL 注入 HPLC 系统。

4. 酶水解法

准确称取剪细的头发 10~20 mg,加入 Soerensen 缓冲液(pH 7.6) 2 mL,75 mL β-葡醛酸酶(12units/mL)/芳基硫酸酶(60units/mL)溶液,于40℃保温 2 h。以下操作同上。

5. 顶空固相微萃取(HS/SPME)

(1) 取剪碎的毛发 1 mg,置 12 mL 萃取瓶中,加入内标和 0.2 mL 5 mol/L 氢氧化钠,密封,于75℃加热 5 min(毛发完全溶解)。用 100 μm PDMS 纤维头 55℃顶空萃取 20 min,取出 SPME 针,于气相进样口 220℃解吸 30 秒,用 MS 检测。

(2) 准确称取头发 20 mg,置 20 mL 顶空瓶,加入内标和 200 μL 1 mol/L HCl,密封,于60℃加热 60 min。冷却至室温,提取物分离,转移至另一装有 80 mg K_2CO_3 的 1.5 mL 小瓶,迅速密封。用 100 μm PDMS 纤维头 90℃顶空萃取 5 min,取出 SPME 针,于气相进样口 250℃解吸 3 min,用 MS 检测。

方法讨论: Kintz(1997)比较了 16 个国际实验室的毛发分析结果,认为:碱消化阳性毛发药物浓度最高,酸水解其次,甲醇超声提取回收率较低,但后者适用范围广,可用于毛发筛选分析。作者实验室研究结果表明,碱消化产物含有大量杂质,需经固相提取净化;而酸水解既有较高的回收率,提出物又较洁净,不仅可用于 GC-MS 分析,还适用于 GC/NPD 检测。

采用 GC-MS 对苯丙胺类进行检测，可通过衍生化来获得更好的灵敏度和选择性。乙酸酐、TFA、PFPA、HFBA 为最常用的酰化衍生化试剂，也可用 MTBSTFA、BSTFA 等生成硅烷化衍生物。反应时间、pH、衍生化试剂用量、衍生物稳定性等都是衍生化反应所要考虑的因素。有文献用 BSTFA 与 HFBA 两种衍生化试剂对苯丙胺类进行衍生化，发现 BSTFA 衍生化后的灵敏度比 HFBA 衍生化低 10 倍 (Wu，2008)。采用(S,R)-HFBOPCl 衍生化时，发现反应超过 20 min 后，ATS 衍生物的分析信号开始轻微下降，可能是由于衍生物和(S,R)-HFBOPCl 在碱性条件的缓慢水解。为了得到尽可能大的信号，反应采用环己胺提取来中止。(S,R)-HFBOPCl 衍生物在环己胺中降解的评价表明衍生物保存在有机相内至少在 72 h 内保持稳定(20，4，-20℃)。72 h 后 GC-NCI/MS 检测到 ATS 衍生物平均的量范围在 40%~69%(20℃)，48%~70%(4℃)，54%~75%(-20℃)之间(Martins，2006)。

此外，甲基苯丙胺及其代谢物苯丙胺提取后或衍生化后吹干时容易挥发损失，一般通过加入盐酸成盐来阻止挥发。但要注意痕量酸易引起 GC 系统的损害，彻底除去酸需要更长的时间，使挥发损失加强。Dallakian(1996)报道苯丙胺类提取物于 48℃下用小气流缓缓吹干时并无损失，回收率高于 80%。

第三节　分 析 方 法

一、免疫法

有一些文献报道用免疫法检测苯丙胺类兴奋剂。Aoki(1983)建立了酶免疫测定法，利用碱性磷酸酶标记的 MAMP、琼脂糖抗体、对硝基苯磷酸盐作底物对 MAMP 进行测定。Sweeney(1998)建立了酶联免疫吸附测定法(ELISA)测定头发中苯丙胺类化合物。放射性免疫测定技术(RIA)被用于筛选严重精神疾病患者毛发中苯丙胺类、可卡因、大麻、阿片类、苯环利啶(PCP)(Swartz，2003)。203 名参与者中，只有 33 人(16.3%)自述使用过违法物质，25 人(12.4%)尿检呈阳性，但有 63 人(31.0%)毛发检验结果呈阳性。

Miki(2004)等建立了快速、简单、灵敏的用于唾液中药物测定的一步免疫法，对毛发中甲基苯丙胺、MDMA、MDEA 进行筛选。取 10 mg 毛发，用 5 mol/L HCl/甲醇 (1:20,v/v)提取药物，残留物用 100 μL 水复溶，用唾液中药物测定的 ORAL. screen^{TM} 法分析。头发中甲基苯丙胺最佳的 cut-off 浓度是 1.0 ng/mg，而 d-甲基苯丙胺、dl-MDMA、dl-MDEA 的最低检测限分别为 0.5 ng/mg，0.8 ng/mg 和 1.0 ng/mg。这个半定量筛选方法可以覆盖的浓度范围从 1.0~200.0 ng/mg，且结果与 GC-MS 检测结果一致。

由于抗体的相互干扰,大多数免疫法的特异性在于甲基苯丙胺衍生物的一个基团,而不是特定结构的物质,所以免疫法的定量是不准确的。此外,阳性毛发结果必须由更为专一、可靠的方法(例如 GC‐MS)确证,尤其是用于法庭证据。所以大部分实验室都采用色谱/质谱联用法对毛发中苯丙胺类进行测定。

二、GC‐MS 法

1. GC‐EI/MS

色谱条件: HP‐5 毛细管柱(30 m×0.25 mm I.D.,0.25 μm 膜厚),初温 150℃,保持 1 min,20℃/min 程序升温至 210℃,保持 0.1 min,然后以 20℃/min 升温至 240℃,保持 0.1 min,10℃/min 升温至 250℃,保持 1 min,最后以 20℃/min 升温至 280℃,保持 2 min。接口温度 280℃,进样口温度 230℃,不分流进样,载气 1 mL/min。

质谱条件: 电子轰击源(EI),电离电压 70 eV,四极杆温度 150℃,离子源温度为 230℃。定量分析在 SIM 模式下完成,每个化合物驻留时间 20 ms。

可采用单离子检测或多离子检测,选择分子离子、基峰离子和丰度较大的特征离子。苯丙胺类衍生化的质谱信息见表 8‐3。许多苯丙胺类衍生物虽均有 m/z 91,但因内源性化合物也可形成此碎片离子,故选取 m/z 91 离子进行检测时应谨慎。

表 8‐3 苯丙胺类物质的特征离子和保留时间

化合物	特征离子(m/z)	化合物	特征离子(m/z)
苯丙胺‐TFA	140,91,118	MDE‐PFP	162,190,218
甲基苯丙胺‐TFA	118,91,154	AMP‐HFB	91,118,240
MDA‐TFA	135,162,275	MAMP‐HFB	118,210,254
MDMA‐TFA	162,135,154,289	MDA‐HFB	162,240,375
MDEA‐TFA	168,140,162	MDMA‐HFB	162,210,254
MBDB‐TFA	110,135,168,176	MDEA‐HFB	162,240,268
BDB‐TFA	135,154,176	氟苯丙胺‐HFB	159,240,268
bk‐MBDB‐TFA	317,149,121,168	苯丙胺‐AC	86,118,177
bk‐MDEA‐TFA	317,149,121,168	甲基苯丙胺‐AC	58,100,191
bk‐BDB‐TFA	303,149,121	Dimethylamphetamine(DMA)‐ACm	72,115,148
bk‐MDA‐TFA	289,149,121		
苯丙胺‐TMS	192,116,73	甲基麻黄碱 Methylephedrine	72,77,105
甲基苯丙胺‐TMS	206,130,73	苯丙醇胺 henylpropanolamine(PPA)‐2AC	86,14,176
MDA‐TMS	236,116,73		
MDMA‐TMS	250,130,73	甲氧苯丙胺 p‐methoxyamphetamine(PMA)‐AC	148,121,86
苯丙胺‐PFP	118,91,190		
甲基苯丙胺‐PFP	118,160,204	甲氧甲基苯丙胺 p‐methoxy methamphetamine(PMMA)‐AC	58,100,148
MDA‐PFP	162,190,135		
MDMA‐PFP	135,162,204	MDA‐AC	162,135,221

续 表

化 合 物	选择离子(m/z)	化 合 物	选择离子(m/z)
MDMA-AC	58,100,162	苯丙胺-MTP	91,189,260
MBDB-AC	72,114,176	甲基苯丙胺-MTP	91,189,274
4-bromo-2,5-dimethoxy-3-phenetylamine(2C-B)-AC	148,229,242	MDA-MTP	135,162,189
2,5-Dimethoxy-4-iodo-phenethyl amine hydrochloride(2C-I)-AC	275,290,349	MDMA-MTP	135,189,274
		MDEA-MTP	135,189,288
		卡西酮-HFB	240,105,77
2,5-dimethoxy-4-ethylthio-3-phenethylamine(2C-T-2)-AC	211,224,283	甲卡西酮-HFB	254,210,105
		去甲伪麻黄碱-2HFB	330,303,240
2,5-dimethoxy-4-(n)-propylthio-phenethylamine(2C-T-7)-AC	225,238,297	去甲麻黄碱-2HFB	330,303,240
		苯丙胺-BDMS	192,158,73

TMS：trimethylsilyl. TFA：trifluoroacetyl；PFP, pentafluoropropionyl；HFB, heptafluorobutyryl；t-BDMS, t-butyldimethylsilyl. MTP：R-MTPCl, R-(-)-α-methoxy-α-trifluormethylphenylacetylchloride，手性衍生化试剂 R-(-)-；S-(-)-N-trifluoracetylprolylchloride（S-TPCl）；AC：Acetic anhydride。

2. GC-NCI/MS

色谱条件：HP-5 毛细管柱（30 m×0.25 mm I.D.，0.25 μm 膜厚），初温 150℃，保持 2 min，20℃/min 程序升温至 220℃，然后以 5℃/min 升温至 260℃，30℃/min 升温至 305℃。进样口温度 260℃。

质谱条件：负化学源（NCI）；反应气：甲烷；接口温度：280℃；扫描模式：SIM。苯乙胺（phenethylamine，PEA），AMP，MAMP，MDA，MDMA 和 MDEA 选择离子见表8-4。

表 8-4 PEA，AM，MA，MDA，MDMA 和 MDEA(S,R)-HFBOPCl 衍生物的 GC-MS-NCI 分析参数

化 合 物	特征离子(m/z)	时间窗(min)
PEA	606,626,586	6.5~7
AMP-d_5	625,645,456	7.5~8.1
AMP	620,640,451	
MAMP-d_5	639,659,619	8.1~8.8
MAMP	634,654,614	
MDA-d_5	669,649,689	10.5~11.1
MDA	664,644,684	
MDMA-d_5	683,703,663	11.1~12.2
MDMA	678,698,658	
MDEA-d_5	697,717,677	
MDEA	692,712,672	

方法评价：本方法中苯丙胺类对映异构体(S,R)-HFBOPCl衍生物在12 min内都实现了基线分离，色谱峰无重叠。与大多数的HPLC和EC法（电化学检测法）相比，仪器灵敏度提高，LOD和LOQ均下降。方法的评价数据见表8-5，提取回收率在90%~98.1%之间（Martins，2006）。

表8-5 毛发中苯丙胺类对映异构体的线性、LOD和LOQ

化合物	线性范围 (ng/mg)	线性回归 斜率	线性回归 截距	相关系数 (R^2)	LOD (pg/mg)	LOQ (pg/mg)
(R)-AM	0.003~60	0.985±0.012	3.498±2.235	0.998	0.8	2.7
(S)-AM	0.002~60	0.979±0.010	2.396±2.180	0.997	0.7	2.4
(R)-MA	0.007~60	0.967±0.013	3.955±2.644	0.996	2.1	6.9
(S)-MA	0.005~60	0.969±0.014	5.885±2.916	0.996	1.5	5.0
(R)-MDA	0.005~60	1.017±0.013	-1.408±2.789	0.998	1.6	5.3
(S)-MDA	0.004~60	1.011±0.010	-1.600±2.164	0.999	1.3	4.3
(R)-MDMA	0.006~60	1.001±0.015	1.899±1.249	0.998	1.7	5.6
(S)-MDMA	0.005~60	0.995±0.009	1.838±1.787	0.998	1.5	5.1
(R)-MDEA	0.009~60	0.984±0.012	3.203±2.497	0.997	2.7	8.9
(S)-MDEA	0.008~60	0.995±0.013	2.607±2.057	0.997	2.3	7.7

GC-EI/MS与GC-NCI/MS比较：EI和CI两种电离技术是互为补充的，EI可以得到更多的结构信息，而CI可以得到更多的分子信息。因苯丙胺类的HFBA衍生物含有卤素，所以既可以用GC-EI/MS测定，也可以用GC-NCI/MS。采用NCI电离方式，背景噪声降低，信噪比提高。苯丙胺类（AMP、MAMP、MDA、MDMA、MDEA）通过HFBA转化成了含卤素的衍生物，采用GC-NCI/MS检测，灵敏度提高了15至60倍。

三、LC-MS法

1. LC-ESI/MS/MS（Chèze，2007）

色谱条件：液相柱：Uptisphere ODB C_{18}柱150 mm×2.1 mm×5 μm，柱温30℃，流动相：0~8 min，2 mmol/L甲酸缓冲盐-乙腈（80：20）；8~13 min，2 mmol/L甲酸缓冲盐-乙腈（80：20）~2 mmol/L甲酸缓冲盐-乙腈（10：90），然后按初始条件重新平衡7 min；流速：250 μL/min。

质谱条件：三重四极串联质谱，采用电喷雾正电离（ESI+），SRM模式，操作参数分别为：离子喷雾电压（spray voltage），4 900 V；毛细管温度（capillary temperature），360℃套管镜头（tube lens）：约100 V；鞘气（sheath gas），20 units；辅助气（auxiliary gas），10 units；气帘气（Curtain Gas），5 units。碰撞池压力为1.5 mTorr，四极杆偏差设为-2.9。

2. LC-ESI/MS/MS(Imbert,2014)

色谱条件: Atlantis1 T₃液相柱(150×2.1 mm I.D.,3 μm)。流动相 A:2 mmol/L甲酸铵溶液,pH 3.0;流动相 B:乙腈/A(90:10,v/v)。梯度洗脱程序,0~3 min,5% B;3~4 min,20% B;4~14 min,40% B;14~16 min,90% B;16~20 min,90% B;20~21 min,5% B;21~24 min,5% B。

质谱条件: 三重四极串联质谱,采用电喷雾正电离(ESI+),MRM 模式,操作参数:离子喷雾电压,5 500 V;气帘气、GAS 1 和 GAS 2 分别为 50、50 和 60 units。苯丙胺类化合物的质谱参数见表8-6。

表8-6 苯丙胺类化合物的质谱离子和保留时间

化合物	英文名	离子对1(m/z)	离子对2(m/z)	保留时间(min)
去甲麻黄碱	Norephedrine	152.1>134.2	152.1>117.2	7.02
麻黄碱-D_3	Ephedrine-D_3	169.4>151.1	—	7.26
麻黄碱	Ephedrine	166.3>148.2	166.3>91.2	7.29
苯丙胺-D_5	Amphetamine-D_5	141.0>124.1	—	7.87
苯丙胺	Amphetamine	136.1>119.0	136.1>91.0	7.92
甲基苯丙胺-D_5	Methamphetamine-D_5	155.1>121.1	—	8.34
甲基苯丙胺	Methamphetamine	150.1>119.3	150.1>91.1	8.40
MDA-D_5	MDA-D_5	185.3>168.2	—	8.23
MDA	MDA	180.2>163.0	180.2>105.1	8.28
PMA	PMA	166.2>121.1	166.2>91.0	8.43
MDMA-D_5	MDMA-D_5	198.8>165.1	—	8.71
MDMA	MDMA	194.4>163.4	194.4>135.2	8.76
MDEA-D_5	MDEA-D_5	213.2>163.1	—	9.45
MDEA	MDEA	208.2>163.0	208.2>105.1	9.50
BDB	BDB	195.3>136.3	195.3>178.0	9.58
MBDB	MBDB	208.3>135.1	208.3>177.3	10.10
4-MTA	4-MTA	182.2>165.0	182.2>137.0	10.80
哌醋甲酯	Methylphenidate	234.2>84.1	234.2>115.0	10.80
m-CCP	m-CCP	197.1>154.0	197.1>118.2	11.20
DOM	DOM	210.1>193.2	210.1>178.3	11.60
去乙氟苯丙胺	Norfenfluramine	203.9>187.0	203.9>159.0	12.20
DOB	DOB	274.1>257.1	274.1>229.1	12.50
右氟苯丙胺	Dexfenfluramine	231.8>159.0	231.8>108.9	13.70

3. LC-APCI/MS(Stanaszek,2004)

色谱条件: 液相柱为 LiChro CART Purospher 60 RP-18e 柱(125 mm×4 mm×5 μm),前接 RP-18e 保护柱,柱温 35℃。流动相由乙腈(A)和蒸馏水(B)组成,均含 0.1%甲酸。0 min,100% A;15 min,60% A;15.2 min,100% A;20 min,100% A。恒流,流速 1 mL/min。

质谱条件：大气压化学电离源（APCI），正电离，选择离子监测（SIM）模式。N_2 作雾化气，操作参数分别为：碎裂电压（Fragmentor voltage）50 V；毛细管电压（Capillary voltage），3 300 V；电晕电流（Corona current），4 μA；干燥气温度（Drying gas temperature），280℃；干燥气流速（Drying gas flow rate），3 L/min；蒸发温度（Vaporizer temperature），320℃；喷雾电压（Nebulizer pressure），30 psi。每一个化合物都选择准分子离子峰进行监测，见表8-7。

表8-7 各化合物的监测离子、保留时间和相对保留时间

化合物	质荷比	Rt(min)	相对Rt	内 标	质荷比	Rt(min)
EP	166.2	5.79	1.003	EP-d3	169.2	5.77
MTC	164.2	7.1	1.23	EP-d3	169.2	5.77
PMA	166.2	7.35	1.134	AMP-d5	141.2	6.48
AMP	136.2	6.53	1.008	AMP-d5	141.2	6.48
MAMP	150.2	7.1	1.003	MAMP-d5	155.2	7.08
MDA	180.2	7.02	1.006	MDA-d5	185.2	6.98
MDMA	194.2	7.38	0.995	MDMA-d5	199.2	7.42
MDEA	208.3	8.18	1.002	MDEA-d5	213.3	8.16

方法评价：头发中EP、MTC、PMA、AMP、MAMP、MDA、MDMA、MDEA的最低检测限分别为0.10、0.20、0.20、0.10、0.05、0.05、0.05、0.05 ng/mg，最低定量限分别为0.15、0.30、0.30、0.15、0.10、0.10、0.10、0.10 ng/mg。

4. 新型苯丙胺类策划药（Strano-Rossi，2014）

色谱条件：色谱柱为Kinetex C_{18}柱（100×2.1 mm，2.6 μm），柱温40℃，进样体积10 μL。流动相A为5 mmol/L甲酸铵和0.1%甲酸水溶液，流动相B为含0.1%甲酸的甲醇：乙腈（1:1）。梯度程序为11 min从0% B至90% B，平衡3 min。

质谱条件：安捷伦6460三重四极质谱仪，质谱参数为：毛细管电压4 000 V，离子源温度350℃，裂解气和碰撞气均分别为12 L/min和40 psi，EM电压+1 000 V，喷嘴电压2 000 V。采用MRM检测，新型苯丙胺类策划药优化后的质谱参数见表8-8。

表8-8 新型苯丙胺类策划药的质谱信息

目标物	英文名	离子对	CE	碎裂电压（V）	Rt（min）
1-(3-氯苯基)哌嗪	mCPP	197→154,140,119	20	135	7.8
3,4-二甲基甲卡西酮	3,4 DMMC	192→174,159,115	10,50（115）	50	7.1
4-氟苯丙胺	4-FA	154→109,137,121	10,14（109）	40	5.6

续 表

目 标 物	英文名	离子对	CE	碎裂电压（V）	Rt（min）
1-(4-methylphenyl)propan-2-amine (4-methyl)amphetamine	1-(4-methylphenyl)propan-2-amine (4-methyl)amphetamine (4-MA)	150→105,133,120	20,10(133)	100,150(120)	7.2
4-甲基乙卡西酮	4-MEC	192→144,130,119	30	100	6.9
苄基哌嗪	Benzylpiperazine	177→91,85,65	20	80,120(91)	3.4
1-苯基-2-甲氨基-1-丁酮	Buphedrone	178→160,132,91	10	20	6.4
2-甲氨基-1-[3,4-(亚甲二氧基)苯基]-1-丁酮	Butylone	222→174,204,161	10	100	6.4
去甲伪麻黄碱	Cathine/norephedrine	152→134,117,115	5,17,25	66	3.9/3.6
卡西酮	Cathinone	150→105,117,90	30	100	4.5
麻黄碱	Ephedrine	166→148,117,115	9,17,25	81	4.5
乙卡西酮	Ethcathinone	178→160,133,105	10	50	5.7
3,4-亚甲二氧基乙卡西酮	Ethylone	222→174,204,72	10	100	5.7
4-氟甲卡西酮	Flephedrone	182→164,149,123	10	20	5.4
氯胺酮	Ketamine	238→220,179,124	10,14,26	45	7.5
N-甲基-1-(3,4-亚甲二氧基苯)-2-丁胺	MBDB	208→135,177,147	10,14(135)	45	7.4
5,6-亚甲二氧基-2-氨基茚满	MDAI	178→161,131,103	10,18,30	45	5.2
亚甲基二氧吡咯戊酮	MDPV	276→126,175,135	26,18(175)	45	7.8
(RS)-1-(4-methylphenyl)-2-methylaminopropan-1-one	Mephedrone	178→160,145,91	8,20,36	10	7.2
1-(4-methoxyphenyl)-2-(methylamino)propan-1-one	Methedrone	194→176,161,145	10	25	6.8
3,4-亚甲二氧基甲卡西酮	Methylone	208→160,190,132	10	135	6.1
1-[4-(methylthio)phenyl]propan-2-amine	4-methylthioamphetamine (MTA)	182→165,137,117	10,18,14	45	7.7

续　表

目　标　物	英文名	离子对	CE	碎裂电压 (V)	Rt (min)
1-naphthalen-2-yl-2-pyrrolidin-1-yl-pentan-1-one	Naphyrone	282→211,141,126	10	50	8.1
1-苯基-2-甲氨基-1-戊酮	Pentedrone	192→174,132,91	10	25	7.3
1-[3,4-(亚甲二氧基)苯基]-2-甲氨基-1-戊酮	Pentylone	236→188,218,175	10	100	7.6
伪麻黄碱	Pseudoephedrine	166→148,117,115	9,17,25	81	4.8

方法评价：采用 30 mg 毛发，新型苯丙胺类策划药的 LODs 在 2~20 pg/mg。

5. 甲基苯丙胺和苯丙胺手性分析（Wang，2018）

色谱条件：色谱柱为 Supelco Astec Chirobiotic™ V2 手性柱（2.1 mm×250 mm，5 μm）；流动相为甲醇/0.1%（v/v）冰醋酸/0.02%（v/v）氨水；流速：250 μL/min；柱温：室温；进样量：5 μL。

质谱条件：电喷雾电离-正离子模式（ESI+），操作参数：碰撞气（CAD）：7 psi；气帘气（CUR）：30 psi；离子喷射电压（IS）：5 500 V；离子源气 1（GS1）：35 psi；离子源气 2（GS2）：35 psi；离子源温度（TEM）：500℃；扫描方式：多反应监测（MRM）。检测离子及其他相关参数见表 8-9。

表 8-9　S(+)-甲基苯丙胺、R(-)-甲基苯丙胺、S(+)-苯丙胺和 R(-)-苯丙胺的 MS/MS 条件及保留时间

化合物	保留时间 (Rt)/min	前体离子 (m/z)	碎片离子 (m/z)	去簇电压 (V)	碰撞能量 (eV)
S(+)-苯丙胺	8.7	136.1	91.1*	50	15
			119.1	50	3
R(-)-苯丙胺	9.3	136.1	91.1	50	15
			119.1	50	3
S(+)-甲基苯丙胺	10.7	150.1	119.1	60	18
			91.1	60	5
R(-)-甲基苯丙胺	11.4	150.1	119.1	60	18
			91.1	60	5

* 第一对离子对用于定量。

方法评价：采用 10 mg 毛发，S(+)-甲基苯丙胺、R(-)-甲基苯丙胺、S(+)-苯丙胺和 R(-)-苯丙胺的 LOD 均为 0.02 ng/mg。

四、CE‑MS 法（Gottardo，2007）

色谱条件：毛细管电泳仪，电解液为 25 mmol/L 甲酸铵（用氨水将 pH 调至 9.5），分离电压 15 kV，室温。毛细管进样末端预先浸入双蒸水 1 s，水柱压力进样（1 s，0.5 psi），样品电动进样（30 s，7 kV）。500 μL 双蒸水用来重新溶解干燥的头发提取物。每次电泳后，毛细管用分离缓冲液冲洗 2 min（20 psi）。进样时，喷雾针电压设为 0 kV，干燥气流和喷雾气压力都为关闭状态。

质谱条件：离子阱质谱仪，ESI 源，N_2 作干燥气和雾化气，干燥气流量 8 L/min，温度 150℃，喷雾气压力 3 psi。异丙醇/水（50/50，含 0.5%甲酸）作鞘流（流速 4 μL/min）通过 HPLC 泵 1∶100 分流。喷雾电压 4 kV，锥孔电压 40 V。扫描模式：SIM。扫描准分子离子峰 $[M+H]^+$，AMP136.2；MAMP150.2；MDA180.2；MDMA194.1；麻黄碱 166.2。峰确认时，选择化合物的准分子离子峰做二级质谱，He 作碰撞气。

方法评价：AMP、MAMP、MDA、MDMA 和麻黄碱的最低检测限（S/N=5）分别为 0.040 ng/mg、0.025 ng/mg、0.030 ng/mg、0.020 ng/mg 和 0.005 ng/mg，最低定量限（S/N=10）分别为 0.080 ng/mg、0.050 ng/mg、0.060 ng/mg、0.040 ng/mg 和 0.010 ng/mg。

第四节　结　果　解　释

一、人体不同部位毛发中苯丙胺类浓度的关系

毛发分析可用于证明苯丙胺类的滥用史。毛发样品通常采自头顶后部的头发，但有时不能获得苯丙胺滥用者的头发（如头发太短或是秃头）的情况下，可采用人体其他部位的毛发（阴毛和腋毛）。头发和其他部位毛发中苯丙胺类分析结果的关系就成了毛发分析的一个重要问题。

Kintz（1995）研究表明各种毛发中 AMP、MDA 和 MDMA 浓度从高到低依次为腿毛、头发、阴毛、腋毛。Han（2005）对腋毛、阴毛和头发之间 MAMP 和 AMP 定性定量结果之间的关系进行了考察。采用 14 名 MAMP 滥用者三个部位的毛发进行分析后，发现头发中 MAMP 和 AMP 定性分析结果与腋毛和阴毛中定性分析结果完全一致。2006 年，Han 等对 2 444 例 MAMP 阳性毛发进行统计，发现阴毛、腋毛、头发中的 AMP 浓度有显著性差异（$P=0.045$），但阴毛、腋毛、头发中 MAMP 浓度和 AMP/MAMP 的比值没有显著性差异（$P=0.126$ 与 0.139），数据见表 8‑10。AMP 和 MAMP 的最高平均浓度出现在腋毛，其次是阴毛和头发。这与 Balabanova（1989）对美沙酮的研究结果一致，但与 Mangin（1993）对吗啡和可待因的研究结果

不符,头发中吗啡和可待因的浓度高于腋毛。滥用物质在腋毛和头发中浓度不同可能归因于腋窝汗液和皮脂分泌、腋毛囊顶浆腺、腋毛缓慢的生长速度等对其结合的影响(Harkey,1993)。而阴毛中较高的目标物浓度可能由于长期的尿液污染和不同的毛发生长速率(Offidani,1993)。阴毛生长速率较慢,有较长的休止期,约占到生命周期的一半(Wennig,2000)。研究结果表明需要对毛发中 MAMP 进行定性和定量时,可采用人体其他部位的毛发来替代,提供是否滥用的辅助信息。

表 8-10　阴毛、腋毛、头发中 AMP 浓度、MAMP 浓度和 AMP/MAMP 的比值

	阴毛($n=41$)	腋毛($n=14$)	头发($n=2389$)
AMP 浓度(ng/mg)	0.14~8.35 (1.02)	0.22~6.58 (1.57)	0.13~13.39 (0.87)
MAMP 浓度(ng/mg)	0.91~64.78 (15.54)	1.76~55.50 (17.82)	0.51~193.75 (11.80)
AMP/MAMP 比值	0.02~0.29 (0.08)	0.06~0.16 (0.11)	0.004~1.16 (0.09)
年龄(年)	29~51 (39)	29~49 (39)	17~69 (37)

二、毛发中苯丙胺类原体与代谢物浓度的关系

Han(2006)考察了 MAMP 阳性毛发和 MDMA 阳性毛发中代谢物与母体化合物的比例关系,期望据此来确定阳性结果判断标准。MAMP 滥用者依据毛发中浓度高低分为六组($n=2389$):0.5~5 ng/mg($n=950$);5~10 ng/mg($n=582$);10~20 ng/mg($n=503$);20~30 ng/mg($n=160$);30~40 ng/mg($n=80$);>40 ng/mg($n=114$)。结果表明 MAMP 浓度越高,AMP/MAMP 比值越低,六组的 AMP/MAMP 比值在统计学上有显著差异,见表 8-11。毛发中 AMP 浓度随着 MAMP 浓度的升高而升高,但 MAMP 比 AMP 浓度要高得多。该结果表明毛发阳性结果判断和解释或许可以给执法部门和法庭提供一些有价值的信息。嫌疑人一般会隐瞒、否认其滥用行为或滥用史以逃避处置。AMP/MAMP 的比值与 MAMP 浓度之间的关系对嫌疑人是否大量滥用药物或最近增大药物摄入量的调查有所帮助,因为二者的比值是由毛发中母体化合物 MAMP 浓度决定的。MAMP 依赖性和 AMP/MAMP 比值之间的关系也有报道,Nakahara(1995)发现 AMP/MAMP 比值随药物滥用时间增大,并根据依赖性低、中、高对应地划分为<8%,8%~12%,>12%。MAMP 滥用者头发中产生 0.4%~116%(平均 9%)的 AMP,Miki(2004)认为毛发中 AMP 与 MAMP 的合理比值(0.015~0.14)是区分 MAMP 内在摄入与外源污染的一个有用指标。根据年龄不同将 MAMP 滥用者分为十岁、二十岁、三十岁、四十岁、五十岁和六十岁年龄组,以及根据性别分组,各组的 AMP/MAMP 比值均有显著性差异。

表 8-11 六浓度范围组中 AMP 和 MAMP 浓度及 AMP/MAMP 的比值对比

MAMP 浓度范围（ng/mg）	AMP 浓度（ng/mg）	MAMP 浓度（ng/mg）	AMP/MAMP 比值	年龄（岁）
0.5~5	0.13~3.00（0.30）	0.51~4.99（2.81）	0.029~1.164（0.120）	17~69（36）
5~10	0.14~5.56（0.60）	5.01~10.00（7.20）	0.014~0.942（0.084）	18~61（38）
10~20	0.14~8.37（1.11）	10.01~20.00（14.24）	0.011~0.473（0.079）	17~65（38）
20~30	0.28~4.77（1.67）	20.01~29.93（24.43）	0.011~0.189（0.068）	23~59（39）
30~40	0.56~11.31（2.35）	30.23~40.00（34.75）	0.018~0.302（0.067）	18~54（38）
>40	0.17~13.39（3.82）	40.25~193.75（65.54）	0.004~0.159（0.061）	24~62（37）

括号内为均值。

研究表明各浓度组（0.5~5；5~10；10~20；>20 ng/mg），各年龄组（二十、三十、四十），各性别组 MDMA 滥用者毛发 MDA/MDMA 比值均无显著性差异，数据见表 8-12。仅一例头发中 MDA 比 MDMA 浓度高，也可能为 MDA 和 MDMA 同时使用所致。而 AMP/MAMP 和 MDA/MDMA 比值之间、滥用 MAMP 和 MDMA 的年龄之间也存在显著性差异。此外，五例 MDA 滥用者头发中 MDA 呈阳性，浓度为 1.63~10.93 ng/mg。

表 8-12 53 例 MDA 和 MDMA 浓度以及 MDA/MDMA 比值

	MDMA 阳性毛发浓度（均值）
MDA 浓度（ng/mg）	0.13~3.67（0.56）
MDMA 浓度（ng/mg）	0.56~105.10（10.40）
MDA/MDMA 比值	0.01~1.10（0.12）
年龄（岁）	21~43（28）

沈敏（2000）考察了豚鼠毛发中芬氟拉明及其代谢物的浓度变化，豚鼠经腹腔注射芬氟拉明（10 mg/kg）后，收集豚鼠毛发至药后 18 d，实验结果表明：① 连续 6 d 用药后，豚鼠毛发中的代谢物浓度高于药物原体浓度，原体与代谢物浓度之比小于 1；② 药后 10~12 d 生长的毛发中仍存在微量的芬氟拉明类药物。

三、光学活性对映体

苯丙胺兴奋剂如 MAMP 和 MDMA 都具有光学活性，其对映异构体表现出不同的药理性质。AMP、MAMP 和 MDMA 的（S）-对映异构体中枢兴奋作用都要强于（R）-对映异构体。MDA，MDMA 和 MDEA 经常作为外消旋混合物使用，并且没有相应的合法的前体药存在,但有一些治疗药物包括或可以代谢为 AMP、MAMP。例如用于治疗帕金森病的司来吉兰(selegiline)可以代谢成(R)- AMP,(R)- MAMP,减肥药苄非他明(benzphetamine)可以代谢成(S)- AMP,(S)- MAMP。此外,某些国家的鼻通药(Vicks Inhaler)也包含了(R)- MAMP。因此,苯丙胺兴奋剂的光学活性对映体分析可用于正确解释苯丙胺兴奋剂阳性结果。由于这些对映异构体的代谢有立体特异性,样品中苯丙胺类对映异构体的发现对药物摄入形式调查很有帮助。

本书作者采用 LC-MS/MS 建立了快速简便、特异性强、灵敏度高的方法同时分析毛发中 S(+)-甲基苯丙胺(S-MAMP)、R(-)-甲基苯丙胺(R-MAMP)、S(+)-苯丙胺(S-AMP)和 R(-)-苯丙胺(R-AMP),并将所建方法应用于 51 个甲基苯丙胺阳性的毛发样品,结果见表 8-13。这些样品中,S 型甲基苯丙胺与 S 型苯丙胺浓度具有高的相关性($R^2 = 0.7971$),见图 8-2。

表 8-13 甲基苯丙胺阳性的毛发样品手性分析结果

样品	S-MAMP (ng/mg)	S-AMP (ng/mg)	样品	S-MAMP (ng/mg)	S-AMP (ng/mg)	样品	S-MAMP (ng/mg)	S-AMP (ng/mg)
1	7.8	0.3	18	65.3	9.0	35	8.4	2.5
2	76.3	3.9	19	67.5	9.5	36	114.9	40.6
3	111.1	6.6	20	32.0	4.5	37	77.0	27.9
4	10.4	0.7	21	212.2	31.8	38	20.1	7.8
5	375.9	33.1	22	125.7	19.6	39	27.8	19.5
6	117.8	10.4	23	22.0	3.6	40	61.9	12.0
7	195.0	18.3	24	59.1	9.7	41	190.5	45.6
8	93.3	9.6	25	56.7	9.4	42	13.2	3.6
9	109.5	12.5	26	11.2	2.0	43	85.4	9.1
10	321.6	36.6	27	314.5	60.9	44	54.7	7.0
11	135.2	15.6	28	19.7	3.8	45	13.6	2.0
12	521.0	60.2	29	136.3	26.8	46	197.9	33.8
13	36.8	4.3	30	422.7	84.0	47	83.7	7.8
14	28.9	3.5	31	11.3	2.9	48	56.2	9.3
15	12.8	1.6	32	26.0	7.0	49	42.7	6.1
16	44.1	5.5	33	42.2	11.7	50	59.0	11.6
17	41.9	5.5	34	17.8	5.0	51	25.5	8.7

其中 7 个毛发样品中同时检出 S(+)-甲基苯丙胺(S-MAMP)、R(-)-甲基苯丙胺(R-MAMP)、S(+)-苯丙胺(S-AMP)和 R(-)-苯丙胺(R-AMP),样品中 R/S 型比率见表 8-14。

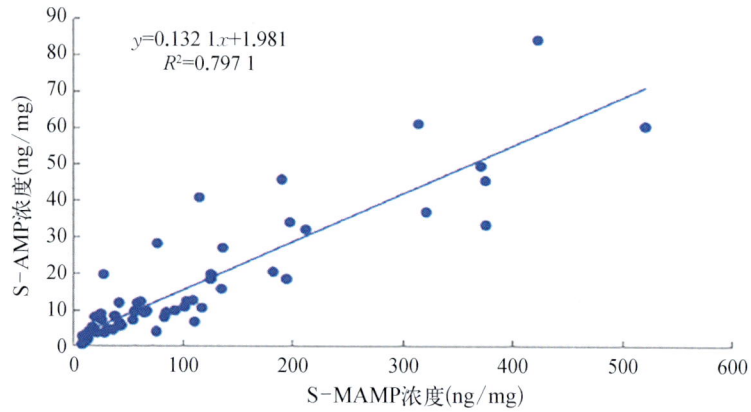

图8-2 阳性毛发样品中S型甲基苯丙胺与S型苯丙胺浓度相关性

表8-14 毛发样品中R/S型比率

样品	S-MAMP (ng/mg)	R-MAMP (ng/mg)	R/S	S-AMP (ng/mg)	R-AMP (ng/mg)	R/S
52	103.6	8.1	0.08	12.1	0.5	0.04
53	101.8	9.4	0.09	10.6	0.6	0.05
54	375.4	27.5	0.07	45.4	1.7	0.04
55	371.2	7.4	0.02	49.3	1.3	0.03
56	38.3	0.1	0.00	8.1	ND	
57	125.5	0.5	0.00	18.2	+	
58	182.7	0.2	0.00	20.2	+	

注:"+"表示检出,但低于 LOQ(0.05 ng/mg);ND:未检出。

毛发分析不仅可以反映摄毒史,而且还可反映毒品的流行性。本研究的毛发中S(+)-甲基苯丙胺浓度明显高于R(-)-甲基苯丙胺,说明黑市上毒品主要以S(+)-甲基苯丙胺为主,这一结果与本书作者前期研究一致。对2008年至2014年间在江浙沪地区缉获的冰毒和麻古片剂进行手性分析,结果表明,长三角地区所缉获的甲基苯丙胺以单一S构型甲基苯丙胺为主,自2010年开始出现含R-异构体的混合毒品,含R-异构体的毒品的数量以及R-异构体所占的比例逐年上升,但未见外消旋或单一R构型的甲基苯丙胺。

Martins(2006)完成了24例苯丙胺类滥用嫌疑者毛发样本分析,检出了AMP,MAMP、MDA、MDMA对映异构体,但是没有检出MDEA,结果见表8-15与表8-16。24例中,MAMP浓度都高于AMP,表明所有滥用者主要使用的是MAMP。19例检出了AMP和MAMP对映异构体,(S)-型占优势。4例仅检出(S)-MAMP和(S)-AMP,说明摄入的是光学纯的(S)-MAMP。1例同时检出AMP和MAMP对映异构体,(R)-MAMP浓度高于(S)-MAMP,几乎等于代谢物

R/S比值,这或许可以解释为外消旋 MAMP 和光学纯(R)-MAMP 的同时使用。还有 1 例检出 MAMP,MDA 和 MDMA 对映异构体,主要是(R)-MDMA。MDMA 的 R/S 比值大于 1,代谢物 MDA 的 R/S 比值小于 1,与血浆、唾液和尿液中结果一致。MDMA 经常作为外消旋混合物滥用,头发中 MDMA、MDA 的(R)-和(S)-对映异构体累积可能归因于立体选择性代谢。

表 8-15 滥用者毛发中 AMP 和 MAMP 浓度和异构体比值

样本	(R)-AMP (ng/mg)	(S)-AMP (ng/mg)	R/S	(R)-MAMP (ng/mg)	(S)-MAMP (ng/mg)	R/S
1	ND	0.2	—	ND	3.8	—
2	1.0	7.5	0.13	10.8	43.6	0.25
3	0.2	2.0	0.07	1.5	12.3	0.12
4	0.2	0.9	0.21	0.4	21.9	0.02
5	ND	0.1	—	ND	3.1	—
6	0.1	1.9	0.03	0.2	21.6	0.01
7	0.2	1.4	0.16	0.3	28.0	0.01
8	0.1	1.2	0.06	1.0	14.5	0.07
9	0.2	1.3	0.15	1.4	27.3	0.05
10	1.0	3.2	0.30	9.7	23.6	0.41
11	ND	1.5	—	0.6	20.4	0.03
12	ND	0.8	—	0.6	9.0	0.07
13	0.2	0.3	0.79	1.6	2.0	0.82
14	0.4	1.0	0.4	4.3	18.0	0.24
15	ND	1.4	—	ND	26.1	—
16	1.2	1.3	0.92	43.2	20.5	2.11
17	0.1	0.4	0.23	0.1	6.5	0.11
18	0.2	0.2	0.95	0.2	2.4	0.07
19	ND	2.8	—	1.7	44.5	0.04
20	0.1	0.7	0.14	0.8	13.9	0.05
21	ND	2.4	—	ND	31.8	—
22	0.2	1.3	0.17	0.2	40.1	0.01
23	0.4	1.8	0.20	0.3	39.5	0.01

ND:未检出。

表 8-16 第 24 例毛发样本中 AMP、MDA 和 MDMA 对映异构体

	浓度(ng/mg)	R/S
(R)-AMP	0.1	0.25
(S)-AMP	0.4	
(R)-MDA	0.1	0.50
(S)-MDA	0.2	
(R)-MDMA	5.2	2.00
(S)-MDMA	2.6	

四、毛发分段分析与用药史

头发分段分析可以反映药物使用历史,可以作为法医毒物学上区分药物最近使用或长期使用的一个重要手段。MAMP 的长期滥用与心血管疾病紧密联系(Islam,1995),静脉注射 MAMP 后血压的迅速上升对患有动脉硬化的成瘾者来说是很危险的。有时尸检会发现一些成瘾者的心脏已经发生了形态学上的变化,很难获得一些回顾性的数据来解释病理发现或分析死因,头发分段分析可以帮助解释一些涉及 MAMP 滥用的案例中尸检发现的心血管病变。一名男子在静脉注射药物后 1 h 内死亡,Beránková(2005)对其头发进行分段分析,贴头皮的前三个 2 cm 段头发中 MAMP 浓度几乎都是一样的($132±9$ ng/mg),第四个 2 cm 段头发中 MAMP 浓度约为前三段的一半,第五个 2 cm 段,MAMP 和代谢物的浓度与前三段浓度相近(MAMP123 ng/mg,AMP27 ng/mg,麻黄碱 3 ng/mg)。分段分析结果表明死者至少滥用 MAMP 8 个月,可以帮助解释其心肌和肺部发生的病变。

Pichini(2006)采集 13 名 MDMA 可疑滥用者的头发,以探寻头发分段分析与自述 MDMA 滥用史的关系。对研究对象进行选择,如头发为自然颜色,未染发,长度最少为 9 cm,药物滥用情况不同(低:滥用小于 2 片;中:滥用 2 至 5 片;高:滥用 5 片以上),也包含了声称至少最近 1 至 6 个月没有滥用的人。头发分为 3 段,第 1 段为根部 1 cm,反映了一个月的用药史,第 2、3 段分在 5 cm 和 9 cm 处,大概反映过去 6 个月和 12 个月的用药史。头发分析结果如表 8-17。Pichini 认为在一个月或者更长一段时间内,当摄入量比较低时,头发中 MDMA 浓度与滥用史还是有较好的一致性。

表 8-17 头发分段中 MDMA 浓度

对象	过去 1 个月摄取 MDMA 药片	头发 1 cm 段 MDMA 浓度(ng/mg)	过去 6 个月摄取 MDMA 药片	头发 5 cm 段 MDMA 浓度(ng/mg)	过去 12 个月摄取 MDMA 药片	头发 9 cm 段 MDMA 浓度(ng/mg)
1	2	3.08	12	1.67	20	0.86
2	2	3.14	12	3.46	16	4.41
3	2	2.35	6	1.03	10	0.63
4	12	4.34	36	3.4	72	2.06
5	1.5	1.7	7.5	0.96	15	0.83
6	0	0	0	0	0	0.23
7	5	6.98	15	4.37	25	3.5
8	3	2.98	72	2.71	150	1.51
9	4	4.15	24	2.26	96	1.2
10	0	0	0	0	1	0
11	4.5	4.53	27	6.9	54	6.42
12	0	0	0	0.48	10	0.26
13	12	4.68	72	2.62	150	2.46

头发分段分析不仅可以反映毒药物使用情况的变化,而且可以用来判断过量致死前是否存在一段毒药物停用阶段。苯丙胺类过量致死的发生常常被认为是戒断期后缺乏耐受导致的,这种理论依据不足。比较客观的方法就是通过头发分析来判断过去一段时间内毒药物的使用或者戒断状况。

五、新型苯丙胺类兴奋剂的研究

目前,"聪明药"滥用率急剧升高。所谓"聪明药"是指利他林(哌醋甲酯)等一些中枢神经兴奋药物,这类药物可以增加记忆或集中注意力,有"药物认知增强"(PCE)作用,故有"聪明药"之称。利他林为Ⅰ类管制的精神药品,临床上用于治疗注意力不集中、注意力缺陷多动障碍即多动症等。同时也有明显的副作用,出现厌食、失眠、狂躁、兴奋和焦虑,甚至行为异常等,长期使用产生依赖性。Sticht(2007)测定 17 例临床治疗儿童头发中利他林浓度,结果见表 8-18,发现头发中利他林浓度与服用剂量不具相关性。

表 8-18 17 例临床治疗儿童头发中利他林浓度与剂量关系

低剂量		中剂量		高剂量	
剂量(mg/d)	浓度(ng/mg)	剂量(mg/d)	浓度(ng/mg)	剂量(mg/d)	浓度(ng/mg)
10	0.108	20	0.073	40	0.610
12.5	0.216	20	0.110	40	0.963
15	0.106	20	0.130	50	0.627
15	0.229	20	0.256	54	0.950
		20	0.277		
		20	0.353		
		20	0.356		
		20	0.466		
		20	0.562		

近些年,4-甲基甲卡西酮(Mephedrone,4-MMC)(俗称"Meow Meow"和"M-Cat")的滥用增长迅速。Martin(2012)测定的 13 个 4-MMC 阳性毛发,浓度在 0.2~313.2 ng/mg 范围,均值 26.8 ng/mg。目前毛发中卡西酮类新型毒品的数据积累甚少,但其进入毛发的情况类似于苯丙胺类或可卡因。

六、毛发颜色的影响

毛发颜色对毛发中药物浓度的影响直接关系到毛发分析结果的评定。姜宴(2001)研究发现毛发颜色对甲基苯丙胺在毛发中的结合分布有影响,同体豚鼠黑色毛发中的 MAMP、AMP 浓度均明显高于棕色、白色毛发。

Kaddoumi(2004)给大鼠腹腔注射芬氟拉明(5 mg/kg),一天一次,连续四天,三天后收集黑色和白色毛发。黑色毛发中芬氟拉明和去乙芬氟拉明浓度分别为 840±311 和 1 777±952 pg/mg,白毛中芬氟拉明和去乙芬氟拉明浓度分别为 460±240 和 1 041±670 pg/mg。文献报道 AMP 和 MAMP 在白色毛发中浓度要大大低于黑色毛发中浓度。该研究结果显示芬氟拉明与去乙芬氟拉明在白色毛发中的浓度低于黑色毛发,但浓度差不如 AMP 的大。芬氟拉明与去乙芬氟拉明的结合率(白毛/黑毛)分别是 45%~62% 和 40%~70%。

七、美发处理的影响

Takayama(1999)收集了一名甲基苯丙胺成瘾者的黑色头发,进行卷、染、漂白处理。MAMP 和 AMP 用 HPLC-化学发光法定量结果表明,头发中 MAMP 和 AMP 在经过美发处理后下降迅速。作者认为卷发过程中对 MAMP 和 AMP 的洗涤以及染发和漂白处理过程中 MAMP 和 AMP 的降解是浓度下降的原因。结果表明,卷发、染发、漂白液体影响了头发中 MAMP 和 AMP 的测定。

14 名苯丙胺类滥用者的头发经过了 40 min 的漂白处理。将漂白的头发与未漂白的头发进行碱水解、固相萃取后,苯丙胺类对映异构体用合成的手性试剂衍生化成非对映异构体,用 GC-MS/NCI 测定。结果表明漂白过的头发中对映异构体浓度与未处理过的头发相比下降了(中位值 20%~39%)。漂白过的头发中苯丙胺类对映异构体的比例与未处理过的头发没有显著的差异。

清洗和染发均可使毛发中 MAMP 和 AMP 浓度下降近 10 倍。Baeck(2011)采用 31 个阳性毛发进行实验,阳性毛发中 MAMP 和 AMP 浓度分别为 10.41±8.9 ng/mg(范围 1.50~30.0 ng/mg)和 2.24±2.75 ng/mg(范围 0.41~12.90 ng/mg)。将该毛发用液体肥皂洗 10 次,然后同样分析,其中 MAMP 和 AMP 浓度分别为 7.56±6.53 ng/mg(范围 1.10~22.30 ng/mg)和 1.82±2.24 ng/mg(范围 0.30~10.70 ng/mg);将该毛发用黑色染发剂处理 1 次,然后同样分析,其中 MAMP 和 AMP 浓度分别为 6.75±5.78 ng/mg(范围 0.90~21.7 ng/mg)和 1.57±1.93 ng/mg(范围 0.30~9.0 ng/mg);用棕色染发剂处理,其中 MAMP 和 AMP 浓度分别为 6.62±5.71 ng/mg(范围 1.0~19.1 ng/mg)和 1.49±1.85 ng/mg(范围 0.30~8.70 ng/mg);用黄色染发剂处理,MAMP 和 AMP 浓度分别为 6.67±5.64 ng/mg(范围 1.0~19.2 ng/mg)和 1.65±2.07 ng/mg(范围 0.30~9.8 ng/mg)。因此,洗发、染发处理后阳性检出率明显下降。与原始样品相比,10 次洗发后,MAMP 和 AMP 的阳性检出率分别为 72.72±2.19%(范围 67.20%~76.20%)和 80.65±1.96%(范围 74.10%~83.30%);使用黑色染发剂,MAMP 和 AMP 的阳性检出率分别为 65.32±4.76%(范围 60.30%~76.40%)和 70.19±2.33%(范围 65.10%~73.40%);使用棕色染发剂,MAMP 和 AMP 的阳性检出率分别为 63.31±2.47%(范围 58.10%~67.30%)和

67.45±1.77%（范围62.30%~70.33%）；使用黄色染发剂，MAMP和AMP的阳性检出率分别为64.57±3.02%（范围60.20%~73.30%）和73.32±4.73%（范围61.10%~77.80%）。

八、不确定度

Lee（2009）按照EURACHEM/CITAC指南和不确定度的表达指南（GUM）对人头发中低浓度（cut-off值附近）的MAMP及其主要代谢物AMP测量不确定度进行了评估。MAMP和AMP用含1%HCl的甲醇提取，衍生化后用GC-MS定量。按照浓度计算方程，影响不确定度的主要因素是MAMP和AMP在测试样品中的浓度、测试样品的重量、方法精密度。因此，头发中MAMP和AMP的浓度（带扩展不确定度）分别为0.66±0.05 ng/mg和1.01±0.06 ng/mg，此扩展不确定度在可接受范围内，方法的精密度和头发样品的重量对MAMP和AMP的不确定度起着最重要的作用。

第五节 阳性数据及典型案例

一、单次摄药的头发分析

案例：某女，16岁，在聚会上喝了朋友递过的饮料后感觉异常，回家后感到非常兴奋，无法入眠，口渴。父母也察觉其心理和行为异常。后在临床实验室留取尿样1#，8 d后留取尿样2#和血样。两个月后留取头顶的头发。结果，从尿样1#中检出MDMA（37 μg/mL）和MDA（4 μg/mL），尿样2#中检出MDMA（0.42 ng/mL），血样中没有检出MDMA、MDA。对受害人两个月后留取的头发进行分段分析发现，贴根部1 cm段及末梢2 cm段为阴性，头发中间2 cm段呈现MDMA阳性（22 pg/mg），MDA阴性（Chèze，2007）。

二、多种滥用物质共存

案例一：某男，49岁，被发现死于家中。获知其存在酗酒且最近因胸痛至医院急救一次，对其头发进行分析。头发分析结果表明其曾用过MDMA、可卡因、乙醇、海洛因（Cordero，2007）。

案例二：6名可疑滥用者的头发分析结果见表8-19。4#头发中仅检出甲基苯丙胺，而其他5名对象则检出多种滥用物质。1#和3#苯丙胺类和氯胺酮呈阳性，5#阿片类和苯丙胺类阳性，2#和6#MDMA和氯胺酮呈阳性（Wu，2008）。

表 8-19　GC-EI/MS 和 GC-NCI/MS 检测头发中药物浓度(pg/mg)

案例		MAMP	AMP	MDMA	MDA	MDEA	K	NK	MOR	COD	6-AM
1#	EI	327.8	36.7	ND	ND	ND	2 366.2	243.7	ND	ND	ND
	NCI	368.5	45.4	4.1	3.8	ND	2 426.7	278.5	ND	ND	ND
2#	EI	ND	ND	324.6	ND	ND	684.91	104.5	ND	ND	ND
	NCI	52.6	7.3	349.7	15.8	ND	660.32	101.3	14	8.1	22
3#	EI	3 308.3	276.4	ND	ND	ND	206.5	ND	ND	ND	ND
	NCI	3 359.5	283	18.1	6.5	ND	216.6	15.8	ND	ND	ND
4#	EI	603.9	97.2	ND	ND	ND	ND	ND	ND	ND	ND
	NCI	604.5	109.8	5.27	2.2	ND	ND	ND	16.2	8.1	22.7
5#	EI	12 094.3	3 001.3	ND	ND	ND	ND	ND	609.7	310.4	761.3
	NCI	12 231.3	2 956.4	6.9	2.7	ND	ND	ND	638.5	322.9	745.8
6#	EI	ND	ND	5 068.6	284.8	ND	1 728.9	655.4	ND	ND	ND
	NCI	ND	ND	5 138.2	291.3	ND	1 802.5	671.8	ND	ND	ND

ND：未检出。

三、头发分段分析

案例一：某男,27 岁,意识模糊,送至医院急救。将其头发从根部起按 1 cm 分段分析。第 3、4、5 小段检出 MAMP,浓度为 1.0 ng/mg、0.7 ng/mg 和 0.5 ng/mg。第 3 小段检出 AMP,浓度为 0.27 ng/mg,第 4、5 小段的 AMP 浓度低于定量限(0.135 ng/mg)。分析结果表明,这名病人在留取头发样品 2 至 4 月前开始滥用 MAMP(Nakashima,2003)。

案例二：某涉嫌滥用苯丙胺类至少一年的嫌疑人的头发,从根部起按 1 cm 分段分析,共 14 段。结果未检出 AMP 和 MAMP,从 1 至 14 段中检出 MDMA,浓度从 0.2 至 42.2 ng/mg,3~14 段中检出 MDA,浓度从 0.06 至 1.67 ng/mg。4~8 段中 MDMA 和 MDA 浓度最高,说明该滥用者在一年周期内均滥用 MDMA,并且在采集头发 7 个月前滥用最为严重(Kaddoumi,2004)。

案例三：六名患者诊断为肝中毒(hepatotoxicity)并怀疑摄入了 N-亚硝基芬氟拉明(N-nitrosofenfluramine)。采集其头顶部头发,2 cm 为一段,分段分析。患者头发分析结果见表 8-20。患者 E 的第 18~20、20~22、22~24、24~26、26~28、28~30 段头发中芬氟拉明浓度为 134 pg/mg、201 pg/mg、255 pg/mg、165 pg/mg、346 pg/mg、298 pg/mg,除 24~26 小段检出去乙芬氟拉明 68 pg/mg,其余各段未检出去乙芬氟拉明。此外,还检测了患者 B 和 C 的白色头发。分析患者 B 的两束白色头发,一束芬氟拉明浓度低于定量限,另一束为 106 pg/mg。患者 C 的一束白头发芬氟拉明浓度为 110 pg/mg。有限的数据表明芬氟拉明可较多地结合于白色头发中(Kaddoumi,2004)。

表 8-20 患者头发中芬氟拉明和去乙芬氟拉明浓度

患者	颜色/长度(cm)	头发小段中芬氟拉明和去乙芬氟拉明浓度(pg/mg)								
		0~2	2~4	4~6	6~8	8~10	10~12	12~14	14~16	16~18
A	黑[a]/20	556/ND[b]	658/180	1 389/680	579/ND	650/72	624/ND	421/ND	421/ND	
B	黑[a]/12	50/T[b]	65/29	66/18	ND	ND	ND			
C	黑/10	457/63	123/110	80/93	106/83	115/30				
D	黑/17	136/55	208/ND	84/ND	84/ND	136/ND	198/ND	229/ND	312/ND	53/ND
E	黑/30	249/T	728/640	274/36	189/44	62/T	43/ND	43/ND	43/ND	49/ND
F	黑10	134/ND	165/ND	134/ND	146/ND	295/ND				

a 染为棕褐色;b ND:未检出;T:痕量。

案例四:某26岁的女性被指控在2008年11月下旬的一次聚会上殴打他人。该女性声称自己系喝醉后被要求离开会场而生气攻击他人,并辩称其饮料中掺有利他林,这是她表现失常、古怪行为的原因。因案发时未留取血液和尿液,故没有证据可证实其是否接触过滥用药物。因此,于2009年2月底采集该女性头发(棕色),长约20 cm。头发从根部起按照4 cm分段,经LC-MS/MS分析,距根部4 cm头发段中检出利他林成分,浓度为1.0 pg/mg,其余的头发段中未检出利他林。结果与其陈述一致,在最近4个月内,曾单次摄取过利他林(Kintz,2010)。

四、新型苯丙胺类滥用

案例一:某20岁男性,患有过敏性哮喘病,并有可卡因、摇头丸滥用史。某天其口服带有"微笑的太阳"标识的白色药片半粒后,出现严重的哮喘发作,病情迅速恶化,数小时后心脏骤停。2天后尸检,所采集的血液、尿液样品中除了检出沙丁胺醇、强的松等治疗哮喘药物,还检出1-(3-氯苯基)哌嗪(mCPP)。头发经分段分析,结果见表8-21。头发分段分析结果与滥用史调查信息一致,其长期滥用可卡因和MDMA,以MDMA为主。mCPP为第一次购买,首次服用半粒尝试效果(Gaillard,2013)。

表 8-21 头发中滥用药物浓度(ng/mg) mCPP数据不典型

滥用物质	头 发 段		
	第1段:0~3.5 cm	第2段:3.5~7 cm	第3段:7~10.5 cm
可卡因	4.0	10.0	10.6
古柯乙烯	<0.5	<0.5	<0.5
苯甲酰爱康宁	1.0	2.1	2.4
爱康宁甲酯	1.3	1.4	1.2
MDA	0.2	0.3	0.3
MDMA	21.6	21.2	21.6
mCPP	<0.02	<0.02	<0.02

案例二：某新生儿出现明显的紧张、易怒、不停哭叫、四肢强直等症状。经询问，新生儿母亲在怀孕期间一直从"smart shops"购买兴奋剂，为查明是否滥用药物，取产妇头发进行分析，结果从产妇距根部起连续的4个3 cm头发段中均检出4-甲基乙卡西酮（4-Methylethcathinone，4-MEC），浓度分别为4.3 ng/mg、4.0 ng/mg、4.0 ng/mg和3.9 ng/mg，说明孕妇在整个怀孕期间一直滥用4-MEC。新生儿胎粪中亦检出4-MEC，浓度为0.7 ng/g，进一步证实胎儿在子宫内接触到了4-MEC（Pichini，2014）。

案例三：某男性被指控贩卖新型毒品，在其住处查获含有4-MEC、3-MMC、6-APB、5-MAPB的粉末和药片。该男性声称这些毒品物质不是贩卖，而是自己使用。除了临床评定外，需要采集毛发进行鉴定。由于该男性没有头发，因此采集阴毛。所采集样品经LC-HRMS分析，其中未检出4-MEC、6-APB和5-MAPB成分，但检出3-MMC成分，浓度为25.8 ng/mg。为排除外污染因素，进一步分析3-MMC代谢物，结果检出3-甲基麻黄碱和3-甲基去甲麻黄碱。阴毛中同时检出3-MMC及其代谢物，证实了该男性关于自用的陈述（Frison，2016）。

五、手性分析区分甲基苯丙胺吸毒与司来吉兰药用

案例：2019年9月，姚某经尿检甲基苯丙胺呈阳性，其辩称其服用了盐酸司来吉兰片用于治疗帕金森病。为进一步查明事实，贴头皮采集姚某头发长约3 cm，黑色。经分析，头发中检出S(+)-甲基苯丙胺和S(+)-苯丙胺成分，未检出司来吉兰、R(-)-甲基苯丙胺和R(-)-苯丙胺成分。用于帕金森病治疗的处方药司来吉兰（selegiline）口服后吸收迅速，体内主要代谢物包括R(-)-甲基苯丙胺、R(-)-苯丙胺和去甲司来吉兰。该头发中所检出的S(+)-甲基苯丙胺和S(+)-苯丙胺成分并非来源于司来吉兰在体内的代谢。头发分析结果表明姚某在头发采集前6个月内曾多次摄入甲基苯丙胺毒品。

六、案例分析统计

案例一：303例头发样品中（11例来自尸体）有28例（9.2%）检出苯丙胺类化合物。滥用者头发样品中苯丙胺类检出情况见表8-22。头发中MDA浓度比MDMA和MDE低得多，可能是因为MDA也是MDMA和MDE代谢物的原因。MDA作为MDMA或MDE的代谢物，其血液中浓度较低，故头发中MDA浓度也处于低浓度水平（Rohrich，1997）。

案例二：Stanaszek（2004）从79名苯丙胺类成瘾病人收取了93例头发样品，分为279段，一些病人的头发采集了两次。毛发分析结果见表8-23。

表 8-22 滥用者头发样品中苯丙胺类检出情况

	MAMP	MDMA	MDA	MDE
阳性例数	23	9	6	5
最低浓度（ng/mg）	0.02	0.05	0.04	0.8
最高浓度（ng/mg）	6.52	2.91	1.23	3.07
平均浓度（ng/mg）	0.84	1.41	0.4	1.47
中位值（ng/mg）	0.31	1.27	0.16	1.2

表 8-23 苯丙胺类滥用者头发中的苯丙胺类分析结果

	EP	MTC	PMA	AMP	MAMP	MDA	MDMA	MDEA
阳性头发病人数	33	3	0	45	13	0	4	1
头发段数	101	3	0	132	23	0	12	2
最低浓度（ng/mg）	0.17	0.52	ND	0.15	0.1	ND	0.1	0.1
最高浓度（ng/mg）	17.28	2.08	ND	62.52	16.52	ND	0.88	0.16
平均浓度（ng/mg）	2.66	1.26	—	4.7	2.14	—	0.28	0.13
中位值（ng/mg）	1.15	1.17	—	1.21	0.73	—	0.14	—

ND：未检出。

参 考 文 献

姜宴,沈敏,赵子琴等.2000.毛发中甲基苯丙胺及代谢产物苯丙胺的分析研究.法医学杂志,16：222-224

姜宴,沈敏,赵子琴等.2001.甲基苯丙胺在豚鼠毛发中分布及转化的初步研究等.法医学杂志,17：214-217

沈敏.2005.体内滥用药物分析.北京：法律出版社,197-247

沈敏,姜宴,向平等.2000.毛发中违禁苯丙胺类的代谢研究.质谱学报,21：7-13

沈敏,沈保华,黄仲杰等.1998.运用 GC/MS(EI,PCI)技术鉴定尿中 MDMA 及其代谢物.质谱学报,19：65-69

Allen DL, Oliver JS. 2000. The use of supercritical fluid extraction for the determination of amphetamines in hair. Forensic Sci Int, 107：191-199

Aoki K, Kuroiwa Y. 1983. Enzyme immunoassay for methamphetamine. J Pharm Dyn, 6：33-38

Baeck SK, Han EY, Chung HS et al. 2011. Effects of repeated hair washing and a single hair dyeing on concentrations of methamphetamine and amphetamine in human hairs. Forensic Sci Int, 206(1)：77-80

Balabanova S, Wolf HU. 1989. Methadone concentrations in human hair of the head, axillary and pubic hair. Int J Legal Med, 102：293-296

Beránková K, Habrdova V, Balikova M et al. 2005. Methamphetamine in hair and interpretation of forensic findings in a fatal case. Forensic Sci Int, 153：93-97

Bowyer JF, Young JF, Slikker W et al. 2003. Plasma Levels of Parent Compound and Metabolites after Doses of Either d-Fenfluramine or d-3,4-Methylenedioxymethamphetamine (MDMA) that Produce Long-Term Serotonergic Alterations. NeuroToxicology, 24：379-390

Chèze M, Deveaux M, Martin C et al. 2007. Simultaneous analysis of six amphetamines and analogues in hair, blood and urine by LC-ESI-MS/MS：application to the determination of MDMA after low Ecstasy intake. Forensic

Sci Int, 170: 100-104

Cordero R, Paterson S. 2007. Simultaneous quantification of opiates, amphetamines, cocaine and metabolites and diazepam and metabolite in a single hair sample using GC-MS. J Chromatogr B, 850: 423-431

Dallakian P, Budzikiewicz H, Brzezinka H. 1996. Detection and quantitation of amphetamine and methamphetamine: electron impact and chemical ionization and ammonia-Comparative investigation on Shimadzu QP 5000 GC-MS system. J Anal Toxicol, 20: 255-261

EURACHEM/CITAC Guide: Quantifying uncertainty in analytical measurement, second ed, 2000

Frison G, Luca Z, Chiara B et al. 2016. Understanding the risks associated with the use of new psychoactive substances (NPS): High variability of active ingredients concentration, mislabelled preparations, multiple psychoactive substances in single products. Toxicology Letters, 229(1): 220-228

Gaillard YP, Cuquel AC, Bevalot F et al. A Fatality Following Ingestion of the Designer Drug Meta-Chlorophenylpiperazine (mCPP) in an Asthmatic— HPLC-MS/MS Detection in Biofluids and HairJournal of Forensic Sciences, 2013, 58(1): 263-269

García-Repetto R, Moreno E, Soriano T et al. 2003. Tissue concentrations of MDMA and its metabolite MDA in three fatal cases of overdose. Forensic Sci Int, 135: 110-114

Gentili S, Cornetta M, Macchia T. 2004. Rapid screening procedure based on headspace solid-phase microextraction and gas chromatography-mass spectrometry for the detection of many recreational drugs in hair. J Chromatogr B, 801: 289-296

Gottardo R, Bortolotti F, De Paoil G et al. 2007. Hair analysis for illicit drugs by using capillary zone electrophoresis-electrospray ionization-ion trap mass spectrometry. J Chromatogr A, 1159: 185-189

Han E, Park Y, Yang W et al. 2006. The study of metabolite-to- parent drug ratios of methamphetamine and methylene- dioxymethamphetamine in hair. Forensic Sci Int, 161: 124-129

Han E, Yang W, Lee J, et al. 2005. Correlation of methamphetamine results and concentrations between head, axillary, and pubic hair. Forensic Sci Int, 147: 21-24

Harkey MR. 1993. Anatomy and Physiology of Hair. Forensic Sci Int, 63: 9-18

Inoue H, Ikeda N, Kudo K et al. 2006. Methamphetamine-related sudden death with a concentration which was of a 'toxic level'. Legal Med, 8: 150-155

Islam MN, Kuroki H, Hongcheng B et al. 1995. Cardiac lesions and their reversibility after long term administration of methamphetamine. Forensic Sci Int, 75: 29-43

Kaddoumi A, Kikura-Hanajiri R, Nakashima K. 2004. High-performance liquid chromatography with fluorescence detection for the simultaneous determination of 3,4-methylenedioxymethamphetamine, methamphetamine and their metabolites in human hair using DIB-Cl as a label. Biomed Chromatogr, 18: 202-204

Kaddoumi A, Wada M, Nakashima NM et al. 2004. Hair analysis for fenfluramine and norfenfluramine as biomarkers for N-nitrosofenfluramine ingestion. Forensic Sci Int, 146: 39-46

Kimura H, Mukaida M, Mori A. 1999, Detection of stimulants in hair by lazer microscopy. J Anal Toxicol, 23: 577-580

Kintz P, Cirimele V, Tracqui A et al. 1995. Simultaneous determination of amphetamine, methamphetamine, 3,4-methylenedioxyamphetamine and 3,4-methylenedioxymethamphetamine in human hair by gas chromatography-mass spectrometry. J Chromatogr B, 670: 162-166

Kintz P, Cirimele V, Tracqui A et al. 1997. Interlaboratory comparison of quantitative determination of amphetamine and related compounds in hair samples. Forensic Sci Int, 84: 151-156

Koide I, Noguchi O, Okada K et al. 1998. Determination of amphetamine and methamphetamine in human hair by headspace solid-phase microextraction and gas chromatography with nitrogen-phosphorus detection. J Chromatogr B, 707: 99-104

Kronstrand R, Nyström I, Strandberg J et al. 2004. Screening for drugs of abuse in hair with ion spray LC-MS-MS. Forensic Sci Int, 145: 183-190

Kunsman GW, Levine B, Kuhlman JJ et al. 1996. MDA-MDMA concentrations in urine specimens. J Anal Toxicol, 20: 517-521

Lee S, Park Y, Yang W et al. 2009. Estimation of the measurement uncertainty of methamphetamine and amphetamine in hair analysis. Forensic Sci Int, 185: 59-66

Mangin P, Kintz P. 1993. Variability of opiates concentrations in human hair according to their anatomical origin: head, axillary and pubic regions. Forensic Sci Int, 63: 77-83

Martin M, Muller JF, Turner K et al.2012. Evidence of mephedrone chronic abuse through hair analysis using GC/MS [J]. Forensic Sci Int, 218(1-3): 44-48

Martins L, Yegles M, Chung H et al. 2005. Simultaneous enantioselective determination of amphetamine and congeners in hair specimens by negative chemical ionization gas chromatography-mass spectrometry. J Chromatogr B, 825: 57-62

Martins L, Yegles M, Chung H et al. 2006. Sensitive, rapid and validated gas chromatography/negative ion chemical ionization-mass spectrometry assay including derivatisation with a novel chiral agent for the enantioselective quantification of amphetamine-type stimulants in hair. J Chromatogr B, 842: 98-105

Martins L, Yegles M, Thieme D et al. 2008. Influence of bleaching on the enantiomeric disposition of amphetamine-type stimulants in hair Forensic Sci Int, 176: 38-41

Miki A, Katagi M, Shima N et al. 2004. Application of ORAL. screen saliva drug test for the screening of methamphetamine, MDMA, and MDEA incorporated in hair. J Anal Toxicol, 28: 132-134

Miki A, Katagi M, Tsuchihashi H. 2003. Determination of methamphetamine and its metabolites incorporated in hair by column-switching liquid chromatography-mass spectrometry, J Anal Toxicol, 27: 95-102

Miki A, Keller T, Regenscheit P et al. 1997. Application of ion mobility spectrometry to the rapid screening of metharnphetamine incorporated in hair. J Chromatogr B, 692, 319-328

Nakahara Y. 1995. Detection and diagnostic interpretation of amphetamines in hair. Forensic Sci Int, 70: 135-153

Nakashima K, Kaddoumi A, Ishida Y et al. 2003. Determination of methamphetamine and amphetamine in abusers' plasma and hair samples with HPLC-FL. Biomed Chromatogr, 17: 471-476

Offidani C, Strano-Rossi S, Chiarotti M. Drug distribution in the head, axillary and pubic hair of chronic addicts. Forensic Sci Int, 1993, 63: 105-108

Pichini S, Poudevida S, Pujadas M et al. 2006. Assessment of chronic exposure to MDMA in a group of consumers by segmental hair analysis. Ther Drug Monit, 28: 106-109

Pichini S, Rotolo MC, García J et al. 2014. Neonatal withdrawal syndrome after chronic maternal consumption of 4-methylethcathinone. Forensic Sci Int, 245C: e33-e35

Pujadas M, Pichini S, Poudevida S et al. 2003. Development and validation of a gas chromatography-mass spectrometry assay for hair analysis of amphetamine, methamphetamine adn methylenedioxy derivatives. J Chromatogr B, 798, 249-255

Quintela O, Bermejo AM, Tabernero MJ et al. 2000. Evaluation of cocaine, amphetamines and cannabis use in university students through hair analysis: preliminary results. Forensic Sci Int, 107: 273-279

Röhrich J, Kauert G. 1997. Determination of amphetamine and methylenedioxy-amphetamine-derivatives in hair. Forensic Sci Int, 84: 179-188

Stanaszek R, Pietroszewski W. 2004. Simultaneous determination of eight underivatized amphetamines in hair by high-performance liquid chromatography-atmospheric pressure chemical ionization mass spectrometry (HPLC-APCI-MS). J Anal Toxicol, 28: 77-85

Suzuki O, Hattori MD, Asano M. 1984. Detection of methamphetamine and amphetamine in a single human hair by gas chromatography/chemical ionization mass spectrometry. J Forensic Sci, 29: 611-617

Swartz MS, Swanson JW, Hannon MJ. 2003. Detection of illicit substance use among persons With Schizophrenia by Radioimmunoassay of Hair. Psychiatr Serv, 54: 891-895

Sweeney SA, Kelly RC, JA Bourland et al. 1998. Amphetamines in hair by enzyme linked immunosorbent assay. J Anal Toxicol, 22: 418-424

Takayama N, Tanaka S, Kizu R et al. 1999. High-performance liquid chromatography study on effects of permanent wave, dye and decolorant treatments on methamphetamine and amphetamine in hair. Biomed Chromatogr, 13: 257-261

Wang S, Lin C, Li T, et al. 2006. Distribution characteristics of methamphetamine and amphetamine in urine and hair specimens collected from alleged methamphetamine users in northern Taiwan. Anal Chim Acta, 576: 140-146

Wang T, Shen BH, Wu HJ et al. 2018. Disappearance of R/S-methamphetamine and R/S-amphetamine from human scalp hair after discontinuation of methamphetamine abuse. Forensic Sci Int, 284: 153-160

Wennig R. 2000. Potential problems with the interpretation of hair analysis results. Forensic Sci Int, 107: 5-12

Wu YH, Lin KL, Chen SC et al. 2008. Integration of GC/EI-MS and GC/NCI-MS for simultaneous quantitative determination of opiates, amphetamines, MDMA, ketamine, and metabolites in human hair. J Chromatogr B, 870: 192-202

第九章 毛发中大麻类物质分析

第一节 概 述

大麻(Marijuana, cannabis)原产于印度,后引种至各国,是地球上大部分温带和热带地区都能生长的一种强韧、耐寒的一年生草本植物。大多数大麻都没有毒性成分,通常所说的可制造毒品的大麻,是指印度大麻中一种较矮小、多分枝的变种。大麻叶加工可制成大麻膏(hashish),再进一步提炼成大麻油(hash oil)。

大麻中成分多且复杂,总共达400多种,已确认为大麻酚类的至少有60种,其中最主要的精神活性成分为 Δ^9-四氢大麻酚(Δ^9- tetrahydrocannabinol,简称THC)。四氢大麻酚有多种同分异构体, Δ^1-3,4- trans 异构体即 Δ^9-四氢大麻酚是大麻中主要的生理活性部分,而另一 Δ^6-3,4- trans 异构体虽也有生理活性,但不足1%。其他主要成分还包括大麻二酚(cannabidol,简称CBD)和大麻酚(cannabinol,简称CBN),结构及化学性质如下。

Δ^9-四氢大麻酚(Tetrahydrocannabinol, Δ^9- THC, dronabinol, Marinol),化学名为四氢-6,6,9-三甲基-3-戊基-6H-二苯并[b,d]吡喃-1-醇(Tetrahydro-6,6,9- trimethyl -3- pentyl -6H- dibenzo[b,d]pyran -1- ol)。

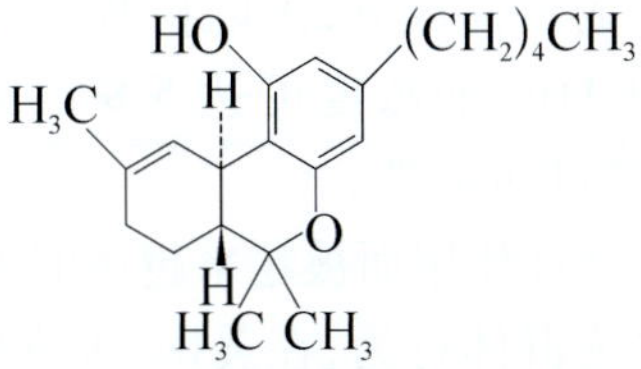

$C_{21}H_{30}O_2 = 314.45$

CAS:1972-08-3

大麻二酚[Cannabidiol,简称 CBD,(3R,4R)-2-pmentha-1,8-dien-3-yl-5-pentylresorcinol],化学名为 2-[3-甲基-6-(1-甲基乙烯基)-2-环己-1-烯基]-5-戊基-1,3-苯二酚(2-[3-Methyl-6-(1-methylethenyl)-2-cyclohexen-1-yl]-5-pentyl-1,3-benzenediol)。

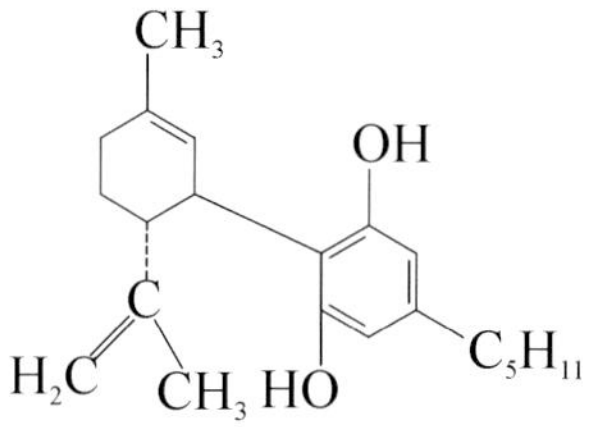

$$C_{21}H_{30}O_2 = 314.47$$

CAS：13956-29-1

大麻酚(Cannabinol,简称 CBN,3-amyl-1-hydroxy-6,6,9-trimethyl-6H-dibenzo[b,d]pyran),化学名为 6,6,9-三甲基-3-戊基-6H-二苯酚(6,6,9-trimethyl-3-pentyl-6H-dibenzo[b,d]pyran-1-ol)。

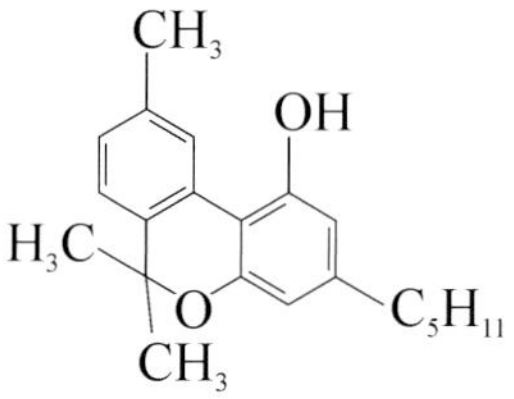

$$C_{21}H_{26}O_2 = 310.42$$

CAS：521-35-7

由于产地的气候、土壤、品种、种植方法和生态环境的不同,大麻的有效成分的浓度相差很大,大麻植物不同部位的提取物或制成品中有效成分的浓度也相差较大。国内外文献报道大麻中的活性成分,多以检测其 Δ^9-四氢大麻酚的存在和浓度为依据。例如,大麻叶中 THC 的浓度可达 5.8%;大麻膏中 THC 的浓度可达 11.2%;大麻油中 THC 的浓度可达 42%。

大麻由于其独特的精神活性作用而被越来越多的人滥用,曾是世界上最廉价、最普及的毒品。吸食大麻多为群体行为,在美国,大麻吸毒者涉及社会各阶层,受害最深的是青少年。在 18~25 岁年龄组中有 68% 的人至少使用过一次大麻。美国药物滥用研究所(the National Institute on Drug Abuse)统计约 6 740 万人在一生中使用过大麻,美国纽约医学会的研究表明"9.11"事件后曼哈顿地区的居民大麻摄入增加3.2%。近年来,我国的娱乐场所内也出现滥用大麻的人群。

大麻吸食后可产生不同的药理作用,包括镇静、欣快、幻觉、感觉增强或扭曲,可引起一系列的心理变化,包括感知、思维、情绪、记忆及精神等。大麻尤其可引起运动机能受损,尤其是精细的运动技能,如驾车、操作仪器等,并且影响持续时间很长,通常为数小时,长者甚至可达数天。目前尚未找到因吸食大麻或大剂量使用造成死亡的有力证据,但是大麻是导致交通事故的最常见因素之一。

大麻的主要成分THC进入体内后在肝脏和其他组织中很快被细胞色素P450酶代谢成11-OH-THC和8-OH-THC,这两个单羟基化合物虽有生理活性但很难达到能明显起作用的血浓度。另两个代谢产物8-α-OH-THC和8,11-二羟基-THC则没有生理活性。11-OH-THC进一步代谢氧化成Δ^9-四氢大麻酸(简称THC-COOH),见图9-1。

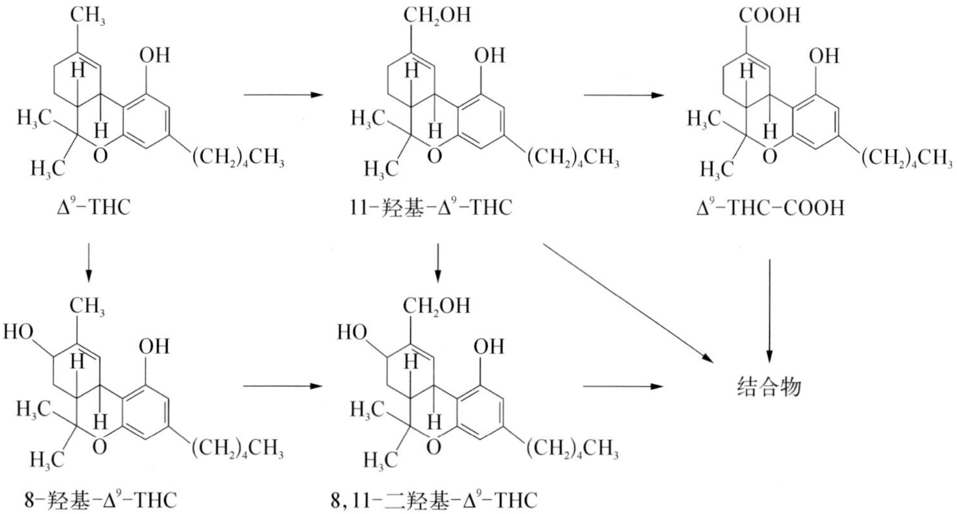

图9-1 THC的主要代谢途径

大麻的主要精神活性成分THC的pKa为10.6,脂溶性较强,易与血浆蛋白结合。血液中的大麻酚类经过毛囊时随生长而沉积在毛囊中,也可由毛囊周围组织中的油脂腺、汗腺的分泌进入毛发,另一方面,发根处的汗腺所排泄出的汗液中大麻酚类可被动渗透入毛发。毛发中的大麻分析比较困难,这是因为大麻及其代谢物很难结合于毛发中,大麻酸尤其如此。药物进入毛发的程度与药物和黑色素亲和力以及药物的亲脂性密切相关。大麻酚类和THC-COOH与黑色素无亲和力,而且THC-COOH为负离子化合物,与毛发基质相排斥。Nakahara(1995)研究药物的物理化学性质与药物进入毛发速率的相关性,发现与可卡因、苯丙胺类等药物相比,THC-COOH进入毛发的速率最低。

近些年新精神活性物质在全球泛滥,其中新型合成大麻素尤为突出,是新精神活性物质中最大的家族,它们具有与 THC 类似的结构和激动大麻素受体的能力,被广泛作为天然大麻替代品滥用。目前,合成大麻素已由第一代萘甲酰吲哚类发展至第八代吲唑酰胺类,有报道的物质已达 200 余种(张婷婷,2017)。根据化学结构,合成大麻素可分为苯甲酰基吲哚类、苯乙酰基吲哚类、萘甲酰基吲哚类、环己烷基苯酚类、萘甲酰吡咯类、金刚烷甲酰吲哚类及其他非经典结构大麻类。

合成大麻素通常与不同香料和药草混合,制成不同口味品种,逃避滥用药物管控,描述为"legal highs""herbal highs",以 K2、Spice、Spice gold、Dream、Spice Diamond 等商品名通过互联网等渠道销售。合成大麻素吸食后产生与天然毒品植物大麻相似的成瘾性和戒断症状,效果是天然大麻的 4~5 倍,甚至更高(如 HU-210 的效力可达 THC 的 100 倍)。合成大麻素与人体健康相关的数据还很缺乏,其药理学和毒理学作用并不清楚,因此不能把使用合成大麻可能产生的风险简单地等同于 THC。

目前,合成大麻素类分析是目前毒物鉴定、临床检验、工作场所滥用物质分析等领域的重点和难点,有关毛发中合成大麻素类物质研究甚少。

第二节 毛发样品的处理

毛发中大麻各成分浓度非常低,现有的报道有的仅检测大麻酚类,有的则检测 Δ^9-四氢大麻酸,也有同时分析 Δ^9-四氢大麻酚和 Δ^9-四氢大麻酸。

大麻的滥用多采用吸烟的方式,容易引起头发的外部污染,所以在检测时头发的去污处理显得尤为重要。去污处理通常用二氯甲烷、氯仿、丙酮等有机溶剂和水相洗涤剂单独清洗,或者两者结合的方式进行。

一、去污处理

二氯甲烷清洗法 取毛发样品约 100 mg,用 3 mL 二氯甲烷清洗两次,晾干后剪成约 1 mm 长,备用。

水相—有机相清洗法 ① 取毛发样品约 100 mg,依次用十二烷基磺酸钠 3 mL、洗洁净 3 mL、蒸馏水 3 mL 两次、丙酮 3 mL 洗涤,晾干后剪成约 1 mm 长,备用。② 毛发剪成 2~5 mm 段,混合均匀后称取 20 mg,加入 2.0 mL 1 mol/L 的 KH_2PO_4 缓冲液在 75℃水浴中孵化 30 min,弃去缓冲液,然后依次用 1 mL 蒸馏水、1 mL 甲醇和 1 mL 蒸馏水各清洗 1 次(Huestis,2007)。

二、提取方法

1. 浸提法(酶免疫方法)

毛发剪成 2~5 mm 段，混合均匀后称取 20 mg，加入 2 mL 甲醇，室温下振荡 5 min，弃去甲醇溶液。加入 3 mL 甲醇，70~75℃ 水浴中孵化 2 h，冷却至室温后转移甲醇液，37℃ 氮气流下挥干。残余物中加入 600 μL pH 7.0 的磷酸缓冲液，用酶免疫法分析(Huestis,2007)。

2. 碱消化-液-液提取法(同时分析大麻酚类和 THC-COOH)

50 mg 毛发中加入 1 mL 1 mol/L 氢氧化钠溶液，80℃ 水浴中消化 20 min。冷却至室温后加入 0.5 mL 冰醋酸，用 2 mL 正己烷∶乙酸乙酯(9∶1)提取两次，合并有机层，60℃ 氮气流下吹干。残余物中加入 50 μL PFPA 和 25 μL PFPOH，70℃ 烘箱中放置 20 min，吹干后加 20 μL 乙酸乙酯定容，供分析(向平,2002)。

3. 碱消化-固相提取法一(同时分析大麻酚类和 THC-COOH)

20 mg 去污后的头发中加入内标 20 pg/mg 的 THC-d_3 和 2.0 pg/mg 的 THC-COOH-d_3，加入 1 mL 1 mol/L NaOH，75℃ 水浴中消化 30 min。采用 Cerex1-Polychrom THC 固相萃取柱提取，THC 采用正己烷∶乙酸乙酯(1∶1)洗脱，THC-COOH 采用含 1% 冰醋酸的正己烷∶乙酸乙酯(9∶1)洗脱。洗脱液挥干后，THC 采用 TMSI 衍生化，THC-COOH 采用 HFIP 结合 PFPA 的五氟衍生化。衍生化后冷却至室温，取 3 μL 进 GC-MS/MS。(Huestis,2007)

4. 碱消化-固相提取法二(同时分析大麻酚类和 THC-COOH)

15 mg 头发，加入 20 pg 内标 THC-COOH-d_3、0.5 mL 甲醇和 0.5 mL 10 mol/L NaOH，70℃ 水浴中超声 30 min，取出冷却后加入醋酸调节 pH 至 4~5。Bakerbond SPE 柱依次用甲醇和 0.05 mol/L 磷酸溶液活化，然后将消化后的头发样品上样，再加入 1 mL 0.05 mol/L 磷酸。用 2 mL 乙腈/0.1 mol/L 盐酸(2∶3,v/v)清洗，干燥，加入 1.5 mL 乙酸乙酯/正己烷(1∶1,v/v)洗脱。洗脱液吹干后加入 50 μL 五氟丙酸酐(PFPA)和 25 μL 六氟丙醇(HFIP)在 70℃ 衍生化 30 min，25℃ 氮气流下吹干，残余物中加入 100 μL 乙酸乙酯溶解，取 2 μL 进 GC-MS/MS(Uhl,2004)。

5. 碱消化-SPME 法(同时分析大麻酚类)

50 mg 毛发中加入 200 μL 11 mol/L NaOH，90℃ 水浴中消化 10 min。消化液冷却后加入 6 mol/L HCl 中和，再加入 200 μL 磷酸缓冲液(pH7.5)，取 200 μL 至萃取小瓶中，密封。SPME 法是将 30-mm polydimethylsiloxane 纤维直接浸入毛发处理液中 15 min，然后移至 GC 进样口 260℃ 解吸 2 min (Rossi,1999)。

6. 碱消化-HS-SPME 法(同时分析大麻酚类)

毛发依次用 10 mL 蒸馏水和 10 mL 丙酮超声清洗 5 min，干燥，剪成 1~2 mm 段。然后如图 9-2 所示步骤操作。称取 20~50 mg 头发置于样品瓶中，加入 10 ng

内标 THC-d3 和 0.5 mL 1 mol/L NaOH,80℃水浴中消化 20 min。冷却至室温后,采用 2 mL 异辛烷提取 2 次,合并有机层至顶空瓶中,40℃氮气流下吹干。加入 10 μL 含有 1% TMCS 的 BSTFA 衍生化,顶空瓶加盖,置于样品架上。HS-SPME 自动操作,125℃孵化 5 min 后插入 100 μm PDMS 微萃取纤维,125℃下振动微萃取 20 min。将 SPME 转移至气相进样口,270℃解吸(Nadulski,2007)。

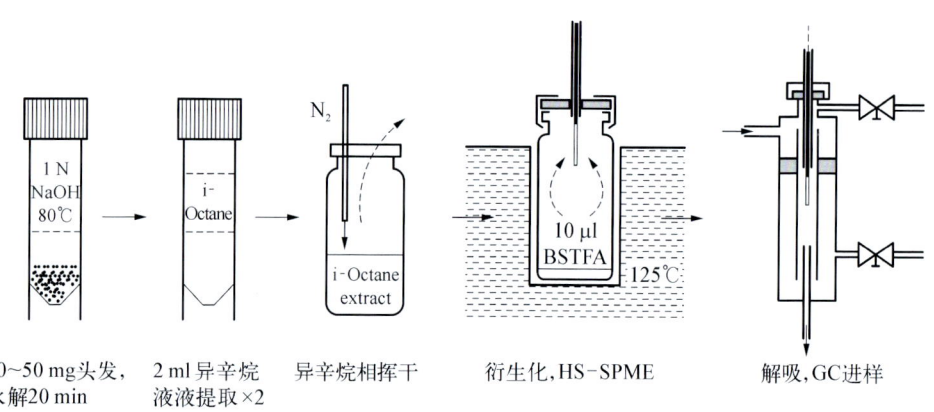

图 9-2　HS-SPME 法测定头发中 THC、CBD 和 CBN(Nadulski,2007)

7. 甲醇浸提法(合成大麻素)

将毛发依次用 2 mL 甲醇、2 mL 蒸馏水、2 mL 甲醇清洗 2 次,室温下晾干后用剪刀剪成 1~2 mm 毛发段,称取 10 mg,加入甲醇,38℃孵化 18 h,然后离心,甲醇提取液 45℃氮气流下吹干,加入 100 μL 流动相,供分析(Kim,2013)。

三、讨论

生物检材中大麻及其代谢物的提取处理是毛发大麻分析的关键。

1. 玻璃器皿的要求

大麻及其代谢物都是类脂溶性化合物,在水溶液中很快吸附在玻璃表面,因而样品处理所用的玻璃器皿需要硅烷化以减少吸附。比对实验结果表明不硅烷化比硅烷化平均损失 17.1%。

2. 毛发的去污处理

毛发去污处理的目的是去除外部污染,THC、CBN、CBD 是大麻中的主要成分,可以因环境、被动接触等因素附着于头发表面,THC-COOH 是大麻的体内主要代谢物,随着头发的生长存在于毛干中。大麻滥用者毛发去污处理通常用二氯甲烷、氯仿、丙酮等有机溶剂、水相洗涤剂单独清洗,或者以两者结合的方式进行。Sabina(1999)用外污染严重的头发比较了三种去污处理方法,见表 9-1。

表 9-1 三种毛发去污处理方法的比较

	方　　法	结　　果
1	土温 80 水溶液超声 10 min,2 次,丙酮 1 次	土温水溶液很少洗去大麻酚类,丙酮则易洗去大麻酚类,一般需要 4 次才能完全去污染
2	氯仿 2 mL 超声 10 min,5 次	第 5 次氯仿洗液已完全无污染
3	石油醚 2 mL 超声 10 min,3 次	第 3 次石油醚洗液已完全无污染 用阳性头发实验时,第一次石油醚洗液中检出少量的大麻酚类,第二和三次洗液中均未检出

将大麻阳性头发分为三组,一组用二氯甲烷 3 mL 洗涤 2 次,另一组依次用十二烷基磺酸钠 3 mL、洗洁净 3 mL、蒸馏水 3 mL、丙酮 3 mL 洗涤,与未经清洗的头发相比,两种方法清洗后头发中 THC-COOH 浓度明显下降。相比较而言,经二氯甲烷洗涤处理后的头发中大麻各成分浓度远低于水相结合有机相的方法。去污处理过程使用的洗涤溶剂特别是二氯甲烷均可检出 THC-COOH,其原因可能是 THC-COOH 脂溶性很强,易进入有机溶剂。因此对于大麻阳性头发,不宜采用二氯甲烷洗涤处理。为了减少去污处理的损失,采用水相和有机相结合的方法比较好(向平,2002)。

THC、CBD 和 CBN 同时存在于大麻烟中,借助衍生化和 GC-MS,同时分析头发中的大麻酚类和代谢物 THC-COOH 是可行的,但较为烦琐,且衍生化试剂均需进口。故在鉴定实践中可以首先采用酶免疫法或 GC-MS 直接分析 THC、CBD 和 CBN,结果阳性者再进一步衍生化后采用 GC-MS/MS 检测代谢物 THC-COOH。

3. 水解

头发检材采用甲醇超声法、酸水解或酶水解方法都不足以提取目标物,只有经碱消化后才可释放大麻酚类及代谢物 THC-COOH(Cirimele,1995)。近些年开发了很多滥用物质的系统分析方法,一般先行弱酸水解,碱性下提取阿片类、可卡因等碱性成分,然后强碱消化,于酸性条件下提取大麻酚类和大麻酸。

4. 提取

头发中大麻酚类及其代谢物 THC-COOH 可采用液-液提取和固相萃取方法。液-液提取溶剂通常采用正己烷:乙酸乙酯(9:1),提取效率高,杂质干扰少。Musshoff(2002)和 Nadulski(2007)首先将碱消化后的头发样品液-液提取、衍生化,然后进行 HS-SPME 萃取,GC-MS 检测,大麻酚类的 LOD 低于 20 pg/mg。

5. 衍生化

THC-COOH 含一个游离的羧基和一个酚羟基,色谱行为很差。经衍生化后极性降低,检测灵敏度大大提高。已报道的主要衍生化方法见表 9-2。

表 9-2 大麻酚类及其代谢物的衍生化

衍生化方法	GC-MS/EI				参考文献
	THC	CBD	CBN	THC-COOH	
BSTFA 衍生化(BSTFA20 μL 和乙腈 20 μL,70℃放置 20 min)	386,371,343	458,390,337	382,367,281	488,473,371	向平,2002
五氟丙酸酐衍生化(PFPA50 μL 和 PFPOH 25 μL,70℃放置 20 min)	460,417,377	460,445,389 606,538,487	456,441,238	622,607,459	向平,2002
MTBSTFA 衍生化(75 μL MTBSTFA,90℃ 1 h)	428,413,345,357		424,409,367,410		Uhl,2004
PFPA 和 HFIP 衍生化(50 μLPFPA 和 25 μL HFIP,70℃放置 30 min)	620(母离子) 383,492(子离子)				Uhl,2004
	GC-MS-NCI				
HFB 衍生化(20 μL HFBOH 和 30 μL HFBA,70℃静置 30 min)	439,495,510	427,467,510	434,491,506	539,707,722	徐建中,2001

BSTFA 衍生化方法简便,不需吹干即可进样,还可避免五氟丙酸酐试剂的酸性对毛细管柱的损害。CBD 经 BSTFA 衍生化反应完全,而五氟丙酸酐衍生化则不完全,CBD 上的两个酚羟基分别存在单一衍生化和双衍生化现象。但是,在毛发分析时,BSTFA 衍生化在 THC 和 THC-COOH 处有明显的杂质干扰,利用反提处理也无法消除,而五氟丙酸酐衍生化则不存在杂质干扰问题(向平,2002)。Cirimele(1995)也报道 BSTFA/TMCS 衍生化回收率较高,但在 THC 处有杂质峰干扰。

徐建中(2001)比较了几种硅烷化试剂和乙酸化试剂的衍生化:① 毛发样品提取的残渣中加入 MSTFA 50 μL 后稍微振荡,于90℃条件静置 20 min。② 毛发样品提取的残渣中加入 20 μL HFBOH 和 30 μL HFBA 稍微振荡后,于70℃条件静置 30 min。实验结果表明,用 EI 源检测 MSTFA 衍生化物的灵敏度比较高,采用 NCI 源则 HFBA 衍生化物的灵敏度较高。

第三节 分析方法

大麻酚类和代谢物 THC-COOH 在大麻滥用者头发中浓度极低,一般 THC 在 ng/mg 或更低的浓度水平,THC-COOH 在 pg/mg 水平,因此对分析方法的灵敏度要求高。已有的文献报道包括酶免疫方法、GC－MS、GC－MS/MS 等方法。酶免疫方法灵敏度高，但是因为同时对 THC 反应而特异性差，仅能用于初步筛选。如何提高分析方法的特异性、灵敏度和有效性是头发中大麻分析的研究重点。

一、免疫法

国际诊断系统公司的 ELISA THC Kit™ 试剂盒。头发提取液吹干后加入 100 μL 试剂盒溶液，混匀后取其中的 20 μL 滴入微孔，再加入 100 μL 结合酶溶液，这时，结合酶与样品中的分析物竞争结合位点，室温下孵化 30 min 后，清洗未结合部分。然后在 450 nm 下测定颜色强度，进行半定量分析。本方法 THC 的 cut-off 值为 0.1 ng/mg。

二、GC－MS 法

大麻酚类提取后可直接分析，代谢物 THC－COOH 因极性强，必须经衍生化才能进行 GC－MS 分析。大麻酸衍生化后用 GC－MS 的 NCI 模式较 EI 灵敏度高。

色谱条件：

（1）HP－1 MS 柱(30 m×0.25 mm×0.33 μm)；载气为氦气，流速 0.9 mL/min；初温 100℃，25℃/min 程序升温至 270℃，保持 10 min(向平，2002)。

（2）HP－1 毛细管柱(12 m×0.2 mm)，初温 60℃(1 min)，程序升温 30℃/min，终温 290℃(10 min)；进样口温度 260℃；流速 1.0 mL/min(Kintz，1995)。

质谱条件： EI 源，源温 230℃；接口温度 280℃。THC 的特征碎片离子 m/z 为 314，299，231；CBD m/z 为 314，231，174；CBN m/z 为 310，295，238。EI 质谱图如下。

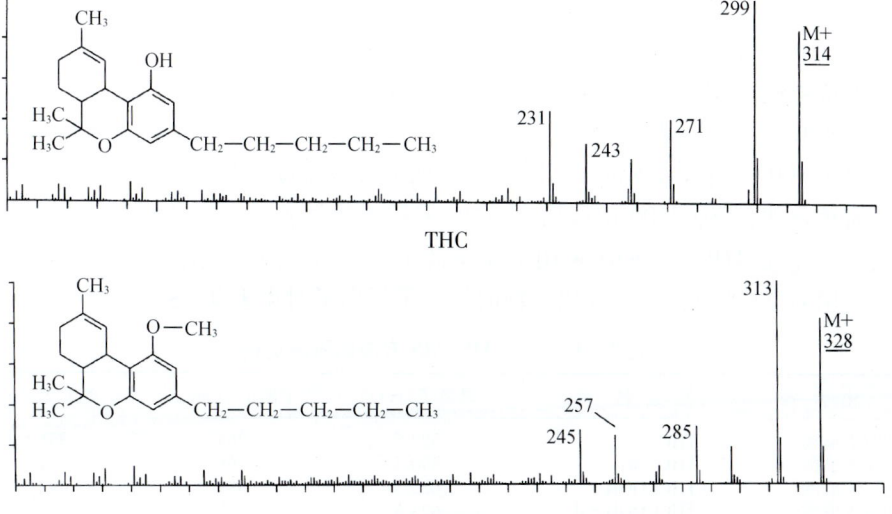

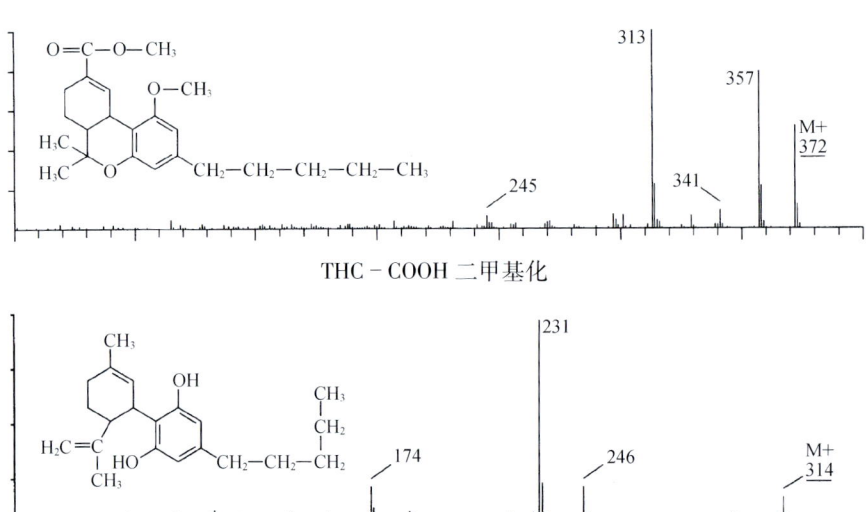

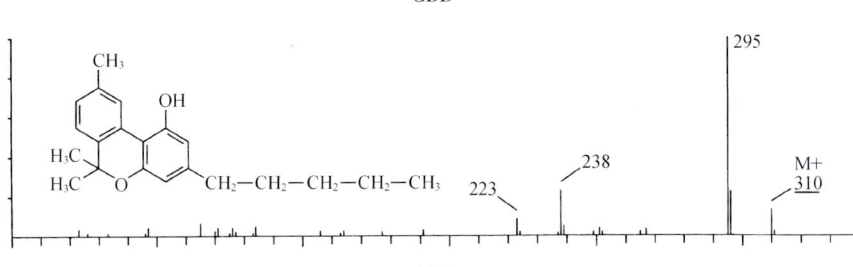

三、GC‑MS/MS 法

1. 分析参考条件一（Huestis, 2007）

色谱条件： DB‑5 MS 柱（15 m×0.25 mm×1.0 μm），程序升温：初始温度 180℃，30℃/min 程序升温至 278℃，再 5℃/min 程序升温至 282℃，再 35℃/min 程序升温至 300℃，保持 2.5 min。不分流进样，连接线温度 300℃。

质谱条件： TSQ 7000 串联质谱，THC 采用正化学源电离方式，氨气为试剂气，氩气为碰撞气；THC‑COOH 采用负化学源电离方式，甲烷为试剂气，氩气为碰撞气。采用多反应监测模式，各化合物的母离子子离子对见表 9‑3。

表 9‑3 GC‑MS/MS 方法的质谱资料

化合物	英文名	母离子(m/z)	子离子1(m/z)	子离子2(m/z)
四氢大麻酚	THC	387.5	265	331
四氢大麻酚‑d_3	THC‑d_3	390.5	268	334
四氢大麻酸	THCCOOH	620.5	383	492
四氢大麻酸‑d_3	THCCOOH‑d_3	623.5	386	495

2. 分析参考条件二（Marsili R，2005）

色谱条件：Equity 1（Supelco）毛细管柱（30 m×0.25 mm×2.5 μm），程序升温：初始温度70℃（1 min），40℃/min 程序升温至240℃（1 min），再20℃/min 程序升温至280℃，保持 5 min。不分流进样，进样口温度250℃。

质谱条件：Trace GC-PolarisQion trap 串联质谱，采用负化学源电离方式，甲烷为试剂气，流速 2.2 mL/min。碰撞气为氦气，流速 0.3 mL/min，碰撞能量 2.00 eV。THC-COOH 的五氟衍生物 NCI 全扫描质谱图见图9-3。THC-COOH 和 THC-COOH-d_3 的五氟衍生物母离子分别为 m/z 513 和 m/z 516，子离子分别为 m/z 470，363，293 和 m/z 473，366，296。THC-COOH 的五氟衍生物质谱解析过程见图9-4。

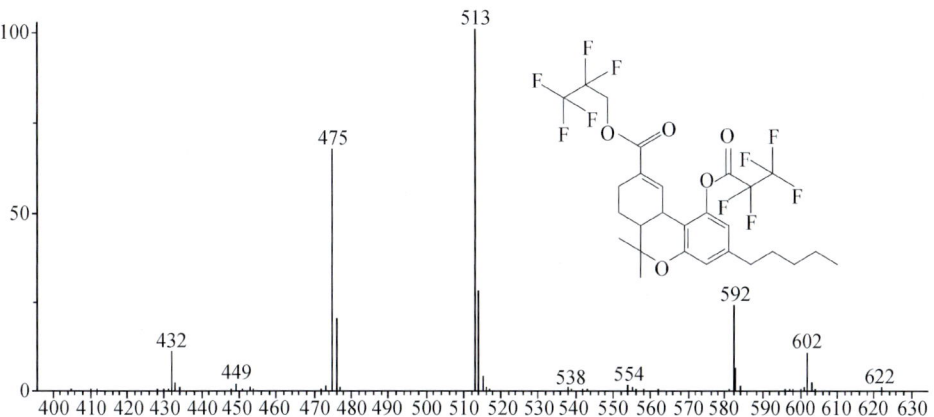

图9-3 THC-COOH 五氟衍生物的 NCI 全扫描质谱图

四、LC-MS/MS 法

1. 分析参考条件一

色谱条件：Restek Allure ®PFP Propyl 五氟苯基柱（100×2.1 mm，5 μm）。流动相 A 为 20 mmol/L 乙酸铵和 0.1%甲酸缓冲液，流动相 B 为乙腈。梯度洗脱程序：初始 50% B；2 min，95% B；5 min，95% B；5.1 min，50% B；10 min，50% B。流速 0.5 mL/min。

质谱条件：MS/MS，ESI+模式，质谱参数：源电压，5 500 V；MRM。大麻类的质谱参数见表9-4。

方法评价：采用 20 mg 毛发，大麻酚类物质的 LODs 为 50 pg/mg。

2. 分析参考条件二（分析合成大麻素类物质，Strano-Rossi，2014）

色谱条件：色谱柱为 Kinetex C_{18}（100×2.1 mm，2.6 μm），柱温40℃，进样体积 10 μL。流动相 A 为 5 mmol/L 甲酸铵和 0.1%甲酸水溶液，流动相 B 为含 0.1%甲酸的甲醇：乙腈（1∶1）。梯度程序为 12 min 从 45% B 至 100% B，平衡 3 min。

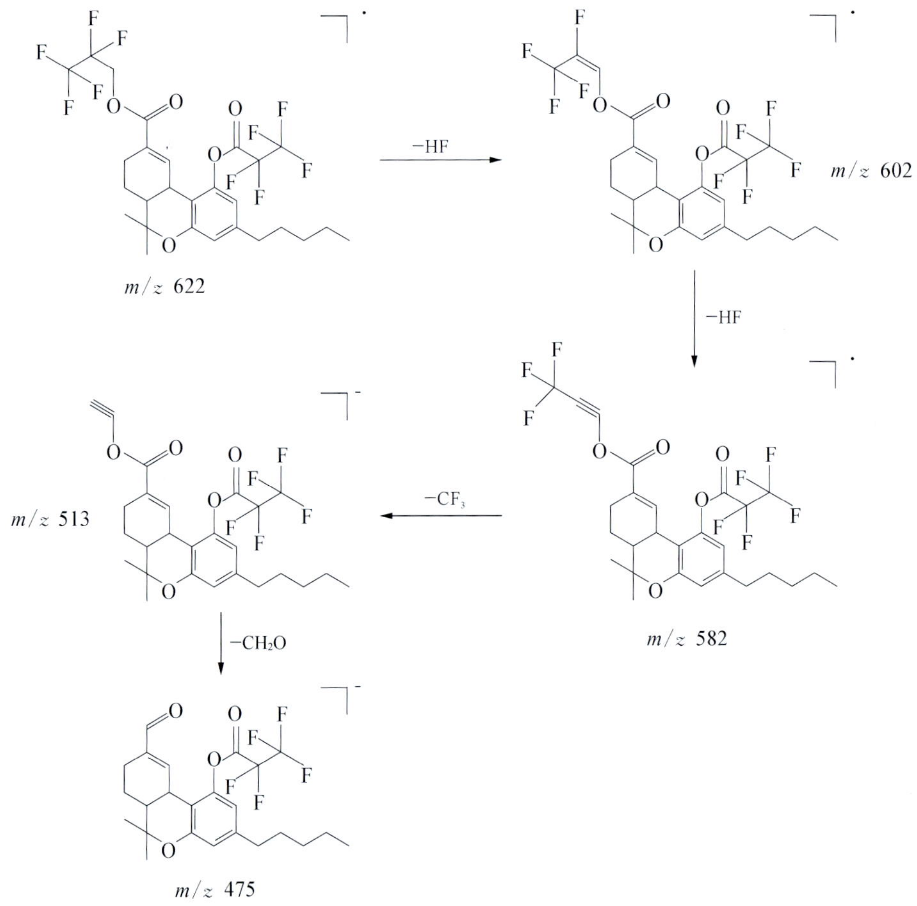

图 9-4 THC-COOH 的五氟衍生物质谱解析过程

表 9-4 大麻酚类的 LC-MS/MS 质谱特征离子

化合物	离子化模式	特征离子对(m/z)
THC	ESI(+)	315.2→193.2
		315.2→259.1
CBD	ESI(+)	315.2→193.2
		315.2→259.1
CBN	ESI(+)	311.1→223.2
		311.1→293.3

质谱条件：安捷伦 6460 三重四极质谱仪，质谱参数为：毛细管电压 4 000 V，离子源温度 350℃，裂解气和碰撞气均分别为 12 L/min 和 40 psi，EM 电压 +1 000 V，喷嘴电压 2 000 V。采用 MRM 检测，合成大麻素类物质优化后的质谱参数见表 9-5。

表 9-5　合成大麻素类物质 LC-MS/MS 分析的质谱参数

目 标 物	MRM 离子对	碰撞能量	碎裂电压（V）	R_t (min)
AM2201	360→155,144,232	10	135	4.0
AM2233	459→112,362,98	10	150	1.1
AM694	436→231,292,203	30,40 (203)	135	3.6
CB13	369→155,241,299	10	100	7.1
JWH-007	356→155,127,228	20,50 (127)	100	5.1
JWH-015	328→200,155,127	30	100	4.3
JWH-016	342→155,127,214	10	135	4.7
JWH-018	342→155,127,214	10	135	4.9
JWH-019	356→155,127,228	20,50 (127)	100	5.4
JWH-030	292→127,155,94	30	150	4.1
JWH-073	328→200,155,127	50	45	4.6
JWH-081	372→185,268,214	20	100	5.2
JWH-098	386→228,185,157	20,50 (157)	100	5.3
JWH-122	35 677.0→169,214,141	18	20	5.4
JWH-147	382→127,155	50	100	6.2
JWH-200	385→155,127,114	20	40	1.6
JWH-201	336→121,149,135	20	100	4.3
JWH-250/JWH-302	336→144,130,200	30	45	4.4
JWH-251	320→214,143,105	20	100	4.9
JWH-307	386→258,155,127	10,50 (127)	135,100 (127)	5.9
JWH-398	376→189,214,161	20	100	5.8
RCS4	322→135,107,92	50	100	4.4
RCS8	376→91,144,121	50	100	5.5
WIN48098	379→77,107,114	50	80	1.2

方法评价：采用 30 mg 毛发，合成大麻素类物质的 LODs 为 2~20 pg/mg。

3. 分析参考条件三（分析 JWH-018，JWH-073 及其代谢物，Kim，2013）

色谱条件：色谱柱为 Zorbax Eclipseplus C_{18}（RRHD 2.1×100 mm，1.8 μm），柱温 40℃。流动相 A 为 0.2%甲酸的 2 mmol/L 甲酸铵溶液，流动相 B 为 0.2%甲酸的 2 mmol/L 甲酸铵乙腈，梯度程序：初始 20%B；1 min，50%B；4 min，50%B；5 min，90%B；6.5 min，90%B；6.6 min，20%B；11 min，20%B。流速 0.5 mL/min。

质谱条件：AB SCIEX QTRAP ®5500 MS/MS，ESI+ 模式，优化后的质谱参数：源电压，5 500 V；涡轮气温度，600℃；气帘气，30 psi；碰撞气，medium；gas 1（雾化气），50 psi；gas2（加热气），55 psi。采用 MRM，分析目标物的质谱参数见表 9-6。

表9-6　JWH-018,JWH-073及其代谢物的质谱参数

化合物	前体离子 (m/z)	碎片离子 (m/z)	RT(min)	DP(V)	EP(V)	CE(V)
JWH-018	342	155	6.2	140	10	31
		127		140	10	59
JWH-018N-4-OH M	358	155	4.3	140	10	31
		127		100	10	65
JWH-018N-5-OH M	358	155	4.2	190	10	27
		127		140	10	63
JWH-018N-COOH M	372	155	3.9	140	10	29
		127		100	10	65
JWH-073	328	155	5.9	145	10	31
		127		120	10	53
JWH-073N-3-OH M	344	155	4.1	140	10	31
		127		90	10	67
JWH-073N-4-OH M	344	127	3.6	90	10	59
		101		86	10	99
JWH-073N-COOH M	358	155	3.5	140	10	31
		127		55	10	63
JWH-018-d_9	351	155	6.2	140	10	33
		127		105	10	65
JWH-018N-5-OH M-d_5	363	155	4.2	190	10	30
		127		140	10	65

方法评价：毛发中JWH-018,JWH-073及其代谢物的LOD均为0.5 pg/10 mg。

4. 分析参考条件四(分析XLR-11及其代谢物,Park,2015)

色谱条件和质谱条件参见JWH-018,JWH-073及其代谢物分析,分析目标物的质谱参数见表9-7。

表9-7　XLR-11及其代谢物的质谱参数

目标物	前体离子 (m/z)	碎片离子 (m/z)	保留时间 (min)	DP (V)	CE (V)
XLR-11	328	125	6.6	111	25
		55		161	65
UR-144	363	155	5.5	140	30
		127		140	65
UR-144 N-4-OH M	351	155	9.7	75	33
		127		75	65
UR-144 N-5-OH M	312	125	10.1	120	28
		144		120	43

续 表

目 标 物	前体离子 （m/z）	碎片离子 （m/z）	保留时间 （min）	DP（V）	CE（V）
UR－144 N－COOH M	328	125	6.7	116	25
		55		116	57
XLR－11 N－4－OH M	342	125	6.2	121	27
		55		161	65
JWH－018－d3	351	155	6.0	75	33
		127		140	65
JWH－018 N－5－OH M－d5	363	155	4.2	140	33
		127		105	65

方法评价： 毛发中 XLR－11 及其代谢物的 LOD 均为 0.1 pg/10 mg。

5. 分析参考条件五（分析萘甲酰基吲哚类合成大麻素及其代谢物，Kim，2015）

色谱条件： 色谱柱为 Zorbax Eclipseplus C_{18}（RRHD 2.1×100 mm，1.8 μm），柱温 40℃。流动相 A 为 0.2% 甲酸的 2 mmol/L 甲酸铵溶液，流动相 B 为 0.2% 甲酸的 2 mmol/L 甲酸铵乙腈，梯度程序：初始 20% B；1 min，50% B；2 min，55% B；7 min，65% B；；8 min，95% B；11 min，95% B；11.5 min，20% B；14 min，20% B。流速 0.5 mL/min。

质谱条件： AB SCIEX QTRAP ®5500 MS/MS，ESI+ 模式，优化后的质谱参数：源电压，5 500 V；涡轮气温度，600℃；气帘气，30 psi；碰撞气，medium；gas 1（雾化气），50 psi；gas2（加热气），55 psi。采用 MRM，分析目标物的质参数见表 9－8。

表 9－8 萘甲酰基吲哚类合成大麻素及其代谢物的质谱参数

化 合 物	前体离子 （m/z）	碎片离子 （m/z）	保留时间 Rt （min）	DP （volts）	CE （volts）
JWH－018 N－COOH M	372	155	3.9	140	29
		127		100	65
JWH－018 N－5－OH M	358	155	4.2	190	27
		127		140	63
JWH－018 N－4－OH M	358	155	4.3	140	31
		127		100	65
JWH－018	342	155	6.2	140	31
		127		105	59
JWH－073 N－COOH M	358	155	3.5	140	31
		127		55	63
JWH－073 N－4－OH M	344	127	3.6	90	59
		101		86	99

续 表

化 合 物	前体离子 (m/z)	碎片离子 (m/z)	保留时间 Rt (min)	DP (volts)	CE (volts)
JWH – 073 N – 3 – OH M	344	155	4.1	140	31
		127		90	67
JWH – 073	328	155	5.9	145	31
		127		120	53
AM – 2201 N – 4 – OH M	376	155	4.2	135	31
		127		135	71
AM – 2201 N – 6 – OHindole M	376	155	4.6	135	33
		127		135	65
AM – 2201	360	155	5.8	130	33
		127		130	61
JWH – 122 N – 5 – OH	372	169	5.0	125	29
		141		125	55
JWH – 122	356	169	6.3	130	33
		141		130	49
MAM – 2201 N – COOH M	386	169	4.7	135	33
		115		135	91
MAM – 2201 N – 4 – OH M	390	169	5.0	130	33
		141		130	57
MAM – 2201	374	169	5.9	145	35
		115		145	93
JWH – 018 N – 5 – OH M – d_5	363	155	4.2	140	33
		127		105	65
JWH – 018 – d_9	351	155	6.1	75	33
		127		140	65

方法评价：萘甲酰基吲哚类合成大麻素及其代谢物的毛发分析 LOD 均为 0.5 pg/10 mg(Kim, 2015)。

6. 分析参考条件六(合成大麻素及其他 NPS)

色谱条件：液相柱为 BetaBasic C_{18}(150×2.1 mm)，柱温 40℃，流速 0.6 mL/min。流动相 A 为 0.1%甲酸水溶液，流动相 B 为 0.1%甲酸乙腈。梯度程序：初始5% B；4.5 min, 50% B；5 min, 100% B；7 min, 100% B；8 min, 5% B；10 min, 5% B。

质谱条件：Thermo Scientific Q – Exactive 质谱，HESI – II+模式。优化后的源参数：喷雾电压 4 kV；毛细管温度，400℃加热温度，425℃，S – lens RF level 60；鞘气

流速 30；辅助气流速 15。全扫描分辨率 35 000（FWHMat m/z 450），自动增益控制 $2×10^5$，最大进样时间 100 ms。质谱数据获取模式：Full.scan ddMS^2（TopN）扫描模式。合成大麻素及其他 NPS 的质谱信息见表 9-9。

表 9-9　合成大麻素及其他 NPS 的色谱和质谱信息

目标物	分子式	保留时间 Rt(min)	前体离子	监测离子
2-FMC	$C_{10}H_{12}FNO$	2.10	182.1	164.086 56 149.063 13
2-Methoxymethcathinone	$C_{11}H_{15}NO_2$	2.56	194.1	176.106 67 163.083 19
4-FPP	$C_{10}H_{13}FN_2$	2.61	181.1	167.305 55 138.071 32
Mephedrone	$C_{11}H_{15}NO$	2.81	178.1	160.111 66 145.088 17
Methoxetamine	$C_{15}H_{21}NO_2$	3.18	248.1	203.106 69 175.111 82
α-PVP	$C_{15}H_{21}NO$	3.40	232.1	161.096 18 126.127 92
MDPV	$C_{16}H_{21}NO_3$	3.48	276.1	175.074 86 149.022 59
2C-T-4	$C_{13}H_{21}NO_2S$	4.10	256.1	239.109 30 197.062 62
JWH-200	$C_{25}H_{24}N_2O_2$	4.76	385.1	155.048 77 114.091 35
WIN 55,212-2	$C_{28}H_{25}N_2O_3$	5.91	427.2	203.127 32 155.048 87
JWH-018 N-(5-hydroxypentyl)	$C_{24}H_{23}NO_2$	5.95	358.1	155.048 72 91.057 61
MAM-2201 N-(5 pentanoic acid)	$C_{25}H_{23}NO_3$	5.98	386.1	169.064 48 155.085 02
JWH-250	$C_{22}H_{25}NO_2$	6.28	336.2	121.064 79 188.143 23
JWH-081	$C_{25}H_{25}NO_2$	6.43	372.2	214.122 18 185.059 39
UR-144	$C_{21}H_{29}NO$	6.55	312.2	214.122 09 125.095 92

方法评价：本法采用 20 mg 毛发，合成大麻素物质的 LOQ 在 9~40 pg/mg，卡西酮类物质的 LOQ 在 8~50 pg/mg。

方法讨论：头发中大麻酚类的分析是毒物分析领域的一个难点。大麻酚类及其体内代谢物四氢大麻酸很难进入头发，与易于进入头发的可卡因相比，四氢大麻酸进入头发的速率仅为其三千六百分之一（Nakahara, 1995）。头发中大麻酚类及其体内代谢物四氢大麻酸的浓度极低,仅在 pg/mg 水平。各国的毒物分析工作者一直致力于寻找灵敏度高、特异性强的头发中大麻分析方法,已有的文献报道见表 9-10。

头发中大麻酚类的分析包括筛选和确认两个步骤。筛选分析可采用免疫筛选、GC-MS 或 GC-MS/MS 方法。免疫方法如 Cannabinoid Microplate EIA(酶联免疫)(Orasure Technologies Inc.),Immunalysis cannabinoids RIA(放射免疫)和 Cozart cannabinoids microplate EIA 等可用于头发中大麻酚类的筛选分析(Kintz P,2007)。

检测头发中大麻酚类及其体内代谢物四氢大麻酸通常采用衍生化后 GC-MS 检测,在分析方法方面,提高灵敏度可采用改善色谱行为、使用 NCI 源和串联质谱等方法(表 9-10)。Moore(2006)采用二维气相色谱,改善了衍生化后 THC-COOH 的色谱行为。采用 HPLC 分离、大体积进样等方法也可提高灵敏度。徐建中(2001)实验表明,负化学源的灵敏度高于电子轰击源两倍左右。Baptista(2002)比较 EI 和 NCI 方法,NCI 灵敏度高,定量方便,可避免假阴性结果。Huestis(2007)采用串联质谱方法,THC 和 THC-COOH 的 LOQ 可至 1 pg/mg 和 0.1 pg/mg。

表 9-10 头发中大麻分析的文献报道资料

方　法	头发量	样品前处理方法	LOD(pg/mg)	文　献
GC-MS	50 mg	球磨粉碎,液-液提取,BSTFA 衍生化	THC,CBD 25 pg/mg	Morgan,2008
GC-MS-EI	50 mg	甲醇浸提,液-液提取,进样	THC 100 pg/mg	Pujol,2007
ELISA	20 mg	浸提法	THC 2 pg/mg	Huestis,2007
GC-MS/MS	20 mg	Cerex1-Polychrom THC SPE 柱,PFPA 和 HFIP 衍生化	THC 1 pg/mg THC-COOH 0.1 pg/mg(LOQ)	Huestis,2007
GC-MS	50 mg	球磨粉碎,液-液提取,BSTFA 衍生化	THC,CBN,CBD 100 pg/mg	Skopp,2007
GC-MS	15~30 mg	碱消化,HS-SPME,BSTFA 衍生化	THC 12 pg/mg CBN 16 pg/mg CBD 13 pg/mg	Nadulski,2007
GC-GC-MS/NCI(-)	20 mg	碱消化,SPE 提取,TFAA 和 HFPOH 衍生化	THC-COOH 0.05 pg/mg	Moore,2006
GC-MS/MS/NCI(-)	50 mg	碱消化,液-液提取,PFPA 和 PFPOH 衍生化	THC-COOH 50 pg/mg	Marsili,2005
GC-MS/SIM	50 mg	碱消化,液-液提取,衍生化	THC 6 pg/mg CBN 2 pg/mg CBD 5 pg/mg	Kim,2005
Cannabinoids Micro-Plate EIA	50 mg	超声浸提法	大麻酚类 60 pg/mg	Uhl,2004

续表

方法	头发量	样品前处理方法	LOD(pg/mg)	文献
GC-MS/MS	15 mg	narc-1 Bakerbond SPE 柱，PFPA 和 HFIP 衍生化	THC-COOH 0.03 pg/mg	Uhl,2004
GC-MS	50 mg	超声浸提，MTBSTFA 衍生化	THC,CBN 40 pg/mg	Uhl,2004
GC-MS	50 mg	液-液提取，BSTFA 衍生化	THC 10 pg/mg CBN 50 pg/mg THC-COOH 10 pg/mg	向平,2002
GC-MS/SIM	10 mg	碱消化，HS-SPME，MSTFA 衍生化	THC 50 pg/mg CBN 140 pg/mg CBD 80 pg/mg	Musshoff,2002
GC-MS/SIM	50 mg	葡萄糖醛酸酶水解，液-液提取，PFPA 和 PFPOH 衍生化	THC 50 pg/mg THC-COOH 5 pg/mg	Baptista,2002
GC-MS/NCI		碱消化，SPE 提取，PFPA 和 PFPOH 衍生化，大体积进样	THC-COOH 0.4 pg/mg (LOQ)	Moore,2001
GC-MS/MS		碱消化，液-液提取，衍生化	THC-COOH 10 pg/mg	Chiarotti,2000
GC-MS/NCI	50 mg	碱消化，液-液提取，HPLC 分离，衍生化	THC-COOH 0.3 pg/mg	Sachs,2000
GC-MS/SIM	50 mg	碱消化，SPME 提取	THC 100 pg/mg CBN 100 pg/mg CBD 200 pg/mg	Strano-Rossi,1999
GC-MS/SIM	50 mg	碱消化，液-液提取，PFPA 和 PFPOH 衍生化	THC 10 pg/mg THC-COOH 5 pg/mg	Jurado,1996
GC-MS/SIM	50 mg	碱消化，液-液提取，HFBA 和 HFPOH 衍生化	THC 14 pg/mg THC-COOH 10 pg/mg	Jurado,1996
GC-MS/NCI	100 mg	碱消化，液-液提取，PFPA 和 PFPOH 衍生化	THC 5 pg/mg	Kintz,1995
GC-MS/SIM	100 mg	碱消化，液-液提取，PFPA 和 PFPOH 衍生化	THC 10 pg/mg THC-COOH 10 pg/mg	Cirimele,1995
GC-MS/SIM	100 mg	碱消化，液-液提取，HFBA 和 HFPOH 衍生化	THC 10 pg/mg THC-COOH 10 pg/mg	Jurado,1995
GC-MS/NCI	100 mg	碱消化，液-液提取，TFAA 和甲醇-BF3 衍生化	THC 25 pg/mg THC-COOH 25 pg/mg	Wilkins,1995

  LC-MS/MS 可同时分析大麻酚类、合成大麻素类及其代谢物，适用范围广是其特征优势。相对于 GC-MS/MS，样品处理简单，无须衍生化，但在灵敏度方面，与衍生化后的 GC-MS/MS 检测仍有不足，难以完全满足头发中痕量大麻类物质检测的需要。

  美国滥用物质和精神健康服务管理局(Substance Abuse and Mental Health Services Administration,SAMHSA)公布的初步筛选和确证 cut-off 值，头发中 THC-

COOH 浓度分别为 1 pg/mg 和 0.5 pg/mg。但是，目前的文献报道中很少有方法的灵敏度可达到此要求。

第四节 结果解释

大麻中主要起精神活性作用的成分为四氢大麻酚，故常规的滥用物质分析聚焦于检测头发中的四氢大麻酚。为防止外污染干扰，在进行结果确认时，应进一步检测其代谢物 THC‑COOH。新型合成大麻素类物质种类繁多，需要建立筛选范围广、灵敏度高的毛发分析方法。此外，仍需要研究确定合成大麻素的毛发分析 cut‑off 值。由于滥用物质进入毛发主要以原型物质为主，因此毛发可作为大麻类新精神活性物质流行性分析的监测工具。

一、cut-off 值

Cut-off 值是实验室区分阳性与阴性结果的界定值。THC 及其代谢物 THC‑COOH 与阿片类、可卡因等滥用物质相比，头发中浓度很低，尤其是 THC‑COOH 更处于 pg/mg 水平。与国际上专业组织公布的头发中大麻阳性的 cut-off 值有所不同，SAMHSA（Substance Abuse and Mental Health Services Administration）建议头发中 THC‑COOH 初步筛选的 cut-off 值为 1 pg/mg，确认为 0.5 pg/mg。SoHT 公布的酶免疫法 THC 初筛的 cut-off 值为 0.05 ng/mg，确认时 THC 的 cut-off 值为 0.05 ng/mg。建议同时分析 THC‑COOH 的 cut-off 值为 0.2 pg/mg。

采用不同的 cut-off 值标准，相同头发样本的阳性确认率可能不同。Huestis（2007）检测 39 个头发样品，若头发中 THC‑COOH 的 cut-off 值为 0.1 pg/mg，那么阳性头发中可同时检出 THC 和 THC‑COOH；若按照酶免疫 THC cut-off 值 50 pg/mg 方法，初筛阳性的样品经 GC‑MS/MS 确认阳性的可占 83%。

二、外污染

头发的被动污染与药物滥用的方式密切相关。吸大麻容易使周围的人被动吸食，含有 THC、CBN 和 CBD 的大麻烟雾也可附着于头发表面进入头发，导致被动污染。Thorspecken（2004）研究大麻烟造成的外污染，考察外污染的影响因素和去污染过程的效率。将头发分别用水打湿、浸油脂、漂白或电烫等法处理，然后将处理后和未处理的头发同时暴露于大麻烟雾中 60 min。上述头发分别用甲醇、二氯甲烷、5 g/L 十二烷基磺酸钠清洗或不清洗，然后进行 GC‑MS 分析，发现大麻酚类可以附着于头发，其浓度取决于空气中大麻酚浓度和头发的状况，处理后头发中浓度明显升高；大麻酚类在湿的头发上浓度增加，浸油脂后的头发上浓度更高；漂白和电烫处理后的头发大麻酚类浓度没有明显差别。甲醇和二氯甲烷可将未处理的头发上大麻酚类清除彻底，但十二烷基磺酸钠对于无论何种头发都无法彻底去污。

  大麻在国外可用于制造洗发液和食品，这些产品中有的 THC 的浓度<1%，有的甚至含有 1%~3%。Cirimele(1999)考察含有大麻的洗发液是否可造成头发的被动污染。洗发液中含 412 ng/mL THC、4 079 ng/mL CBD 和 380 ng/mL CBN。3 个志愿者每天用洗发液洗发，连续两周，然后采集头发。头发中未检出 THC、CBD 和 CBN(LOD 分别为 0.05、0.02 和 0.01 ng/mg)。改变条件，将空白头发浸入 10 mL 水/洗发露(20∶1)中 30 min、2 h、5 h，取出后用水清洗，一份直接提取，另一份用氯仿去污处理。结果 30 min 组：两份均未检出大麻酚类；2 h 组：两份均检出 CBD 和 CBN；5 h 组：两份亦均检出 CBD 和 CBN，各组均未检出 THC。说明含有大麻的洗发液不会造成头发的被动污染。

  如何区分主动吸食与被动污染也是大麻头发分析的一个难题。通常有三个步骤可最大限度减小外污染造成的错误结论。第一步，分析前清洗头发以去除污染；第二步，同时检测头发中原体物质的相应代谢物；第三步，使用 cut-off 值。但是在某些情况下，某些滥用药物如大麻，头发中浓度非常低，或者滥用药物使用量非常低或者是由于外污染而无法检测出代谢物成分，此时一个实用、有效的头发去污染过程就非常重要。Tsanaclis(2008)建议增加一个步骤以保证分析结果解释的确凿：分析清洗的残留液(W)并与头发中浓度(H)相比较。如果 W/H 比率小于 0.1 或为 0，则排除外污染；如果 W/H 比率大于 0.1 但小于 0.5，则可能滥用并伴有被动污染；如果 W/H 比率大于 0.5，则显示清洗液中的大部分药物是由于被动污染所致，但无法确定是否滥用。

  THC-COOH 是区分主动吸食与被动污染的主要标志物。但是 THC 的体内代谢物 THC-COOH 难以进入头发，头发中仅处于痕量水平，对仪器设备、分析方法的灵敏度要求极高，通常的实验室可能无法满足要求。故大麻的头发分析结果解释应非常慎重。THC-COOH 的另一个应用价值可以帮助排除外污染。若在头发中检出较高浓度的 THC，那么很大可能是由外污染造成，其处于大麻烟雾的环境中或者曾处理过大麻制品。

  Uhl(2004)建议首先采用 ELISA 初步筛选和 GC-MS 分析大麻酚类，结果阳性者进一步采用 GC-MS/MS 分析 THC-COOH。例如一对夫妇被怀疑吸毒遭起诉，采集两人的头发样品，用酶免疫和 GC-MS 法分析滥用药物，结果 ELISA 反应阳性，经确认 THC/CBN 阳性。该男性承认每天吸大麻多次，但该女性否认吸毒，该陈述得到了独立证人的证实。进一步确认该男性头发中检出 THC-COOH 成分，浓度高于 6.6 pg/mg，该女性头发中 THC-COOH 阴性(LOQ：0.1 pg/mg)。结果表明，该女性头发的初始阳性结果是由于大麻烟雾的被动污染所致，而非主动吸食。

三、毛发中大麻类的稳定性

1. 美发护理

美发护理如洗发、护发、染发、烫发等都可影响头发中滥用物质的浓度,特别是使用染发、烫发等碱性非常强的美发用品,可造成头发中目标物的损失,另一方面,使头发更容易受被动污染影响。Jurado(1997)比较美发前后头发中滥用物质的浓度,染色后的头发中滥用物质浓度明显降低,THC 大约降低 30%。

2. 光照

日光照射也可影响头发中的大麻浓度。吸大麻者的阳性头发和经添加处理的 THC、CBN 和 CBD 阳性头发放入玻璃试管中,暴露于太阳光下,同时增加试管内湿度,8 周后测定头发中大麻浓度。其中的大麻酚类浓度均降低,THC 最不稳定。湿度越高,浓度下降越快。该发现表明最好采集表层下的头发(Kury,2003)。

四、头发中大麻类物质浓度与吸食量、头发颜色的关系

向平(2002)分析了 10 个取自 20~70 岁成年大麻滥用者的阳性头发样品,结果均检出 THC 成分,THC 浓度范围为 0.11~8.84 ng/mg;7 例检出 THC-COOH,但因量低而无法定量,见表 9-11。其中 5#、6# 白发中 THC 浓度大于黑发,而黑发的二氯甲烷洗涤液中各大麻成分的浓度大于白发,此现象究竟是黑白头发本身浓度的差异引起的还是被动污染产生?尚无法推断,需要进一步的研究。

表 9-11 阳性头发中 THC、CBN 和 THC-COOH 的浓度

案例	头发长度(cm)	THC(ng/mg)	CBN(ng/mg)	THC-COOH(ng/mg)
1	0.5	检出*	检出	检出
2	0.5	0.19	检出	—**
3	0.5	0.29	0.82	检出
4	5	0.35	检出	检出
5白	0.5	8.84	4.49	检出
5黑		4.45	4.60	检出
6白	2	0.22	—	—
6黑		0.16	—	检出
6混		0.30	—	—
7	0.5	0.23	0.40	检出
8	0.5	0.11	0.34	—
9	10	1.25	6.5	检出
10	2	3.48	2.03	检出

* 检出但未达定量限,** 未检出。

更多的研究认为头发中 THC 及其代谢物浓度与头发中黑色素浓度没有相关性。Huestis(2007)收集包括 15 名每天吸大麻的黑人、3 名每天吸大麻的白人、15 名每周吸 1~5 次大麻的黑人(非每天吸大麻者)、3 名每周吸 1~5 次大麻的白人(非每天吸大麻者)的头发样品,测定其中 THC 和 THC - COOH 的浓度,研究头发中大麻浓度与吸食量的关系。每天吸大麻者(85%)与非每天吸大麻者(52%)的检出率明显不同,但黑人与白种人在检出率上没有明显差异。检出大麻的头发样品中,THC 浓度在 3.4~100 pg/mg 范围,THC - COOH 浓度在 0.10~7.3 pg/mg 范围,同一个体的头发中 THC 和 THC - COOH 浓度有明显相关性;头发样品中 THC 和 THC - COOH 的浓度与头发颜色无相关性。Mieczkowski(2003)通过 3 886 个 THC - COOH 阳性头发样品,统计分析头发颜色与 THC - COOH 浓度的相关性,结果也表明 THC - COOH 浓度与头发颜色无明显相关性。

新型合成大麻素类物质进入毛发与黑色素浓度没有明显关系,与 THC 研究结果一致。Kim(2013)采用 $Zucker$ 大鼠,剃去其背部采集区域毛发后 3 d,以 10 mg/kg 剂量腹腔注射 JWH - 073 的 2%吐温乳液,每天 1 次,连续四周。五周后分别采集新长出的黑色和白色毛发。经定量分析,黑色和白色毛发中 JWH - 073 浓度分别为 84±22 pg/mg 和 75±13 pg/mg,两者无显著性差异($p > 0.05$);黑色和白色毛发中 JWH - 073 N - 3 - OH M 浓度分别为 1±0.5 pg/mg 和 1±0.9 pg/mg;黑色和白色毛发中 JWH - 073 N - COOH M 浓度分别为 3±1 pg/mg 和 4±3 pg/mg。合成大麻素进入毛发主要以原型物质为主。

头发中大麻酚类浓度与吸食量有相关性。Skopp(2007)考察大麻滥用量与头发中大麻酚类浓度的相关性(表 9 - 12),发现头发中 THC 浓度随大麻滥用量的增大明显升高。由于大麻在燃烧过程中,会有少量的 THC 脱氢转变为 CBN,CBD 环化成 THC。进一步统计分析发现同时测定 THC,CBD 和 CBN,其浓度和比单独的 THC 浓度,与其滥用史有更好的相关性。另一方面,头发中大麻的浓度并不是滥用量的简单累积,存在容量限制的现象。例如,滥用两次后头发中大麻酚的浓度小于相同剂量单次滥用后头发中浓度的两倍。

表 9 - 12 大麻滥用量、头发颜色与头发中大麻酚类浓度的相关性

滥用者	大麻滥用量(g/d)	头发颜色	头发中 THC,CBN 和 CBD 的浓度(ng/mg)
1	0.5	金黄色	0.71,0.34,0.08
2	0.25	褐色	0.12,+,-
3	0.5	浅棕色	0.19,0.08,0.09
4	0.5	棕色	0.20,+,+
5	0.5	金黄色	0.09,0.05,-
6	1.0	浅棕色	0.41,0.11,0.31

续 表

滥用者	大麻滥用量(g/d)	头发颜色	头发中 THC,CBN 和 CBD 的浓度(ng/mg)
7	2.5	浅棕色	0.72,0.26,0.57
8	1.0	棕色	0.55,0.18,0.29
9	0.5	金黄色	0.23,0.08,0.07
10	0.75	褐色	0.41,0.13,0.38
11	0.4	褐色	0.38,0.11,-
12	0.5	褐色	0.10,0.06,0.06

与其他滥用物质相比,大麻滥用者头发中 THC 和 THC‑COOH 浓度非常低,已有的文献报道结果见表 9‑13。一般而言,头发中检出 CBD 和 CBN,而未检出 THC 的状况不存在;CBD/THC 或 CBN/THC 的比率变化很大;THC 浓度高于其代谢物 THC‑COOH 的浓度,由图 9‑5(Uhl,2004)可见其检出规律。

表 9‑13 阳性头发中 THC 和 THC‑COOH 的浓度

	大麻分类	阳性结果(ng/mg)	阳性样本数	参 考 文 献
头发	THC	0.06~7.63	298	Jurado,1995
	THC‑COOH	0.06~3.87	298	
头发	THC	0.10~3.39	89	Kintz,1995
	CBD	0.03~3.00	306	
	CBN	0.01~1.07	268	
	THC‑COOH	0.05~0.39	267	
阴毛	THC	0.26~2.17		Cirimele,1995
	THC	0.34~3.91	7	
	THC‑COOH	0.07~0.83	7	
头发	THC	0.03~1.1	8	Wilkins,1995
头发	THC	0.03~4.38		Mieczkowski,1995
头发	THC	0.10~3.39	89	Cirimele,1996
	CBD	0.03~3.00	306	
	CBN	0.01~1.07	268	
头发	THC	0.1~0.7		Sabina,1999
	CBD	0.7~14.1		
	CBN	0.4~0.7		
头发	THC	0.003~66.649	6 194	Tsanaclis,2007
	CBD	0.002~64.611	5 213	
	CBN	0.001~54.270	6 060	
	THC‑COOH	0.001~0.589	2 303	

续表

	大麻分类	阳性结果(ng/mg)	阳性样本数	参考文献
头发	THC	0.1~2.3	20	Musshoff,2006
	CBD	0.1~0.9	9	
	CBN	0.3~9.7	10	
阴毛	THC	0.1~4	9	
	CBD	0.1~0.4	5	
	CBN	0.6~19	5	

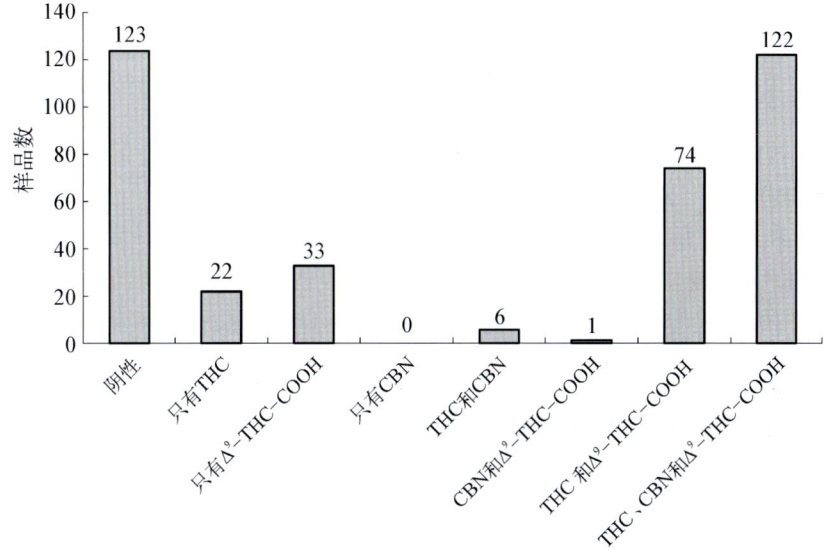

图9-5　381个头发样品的检测结果分布规律(Uhl,2006)

五、人体不同部位的毛发大麻类浓度

大麻滥用者阴毛中可检出大麻酚类和THC-COOH,见表9-13和图9-6(Han,2011)。与头发相比,阴毛中THC-COOH浓度明显高于头发,可以作为头发替代品用于毛发分析,但由于大部分阴毛处于退化期和静止期,时间窗不如头发宽,因此,阴毛不能应用于驾车能力影响等判断。

六、头发的分段分析

大麻的头发分段分析存在特殊现象,即使保持吸食频率,THC和CBD浓度在末梢处有所升高(图9-7)(Nadulski,2007),而THC-COOH则有所下降,从图

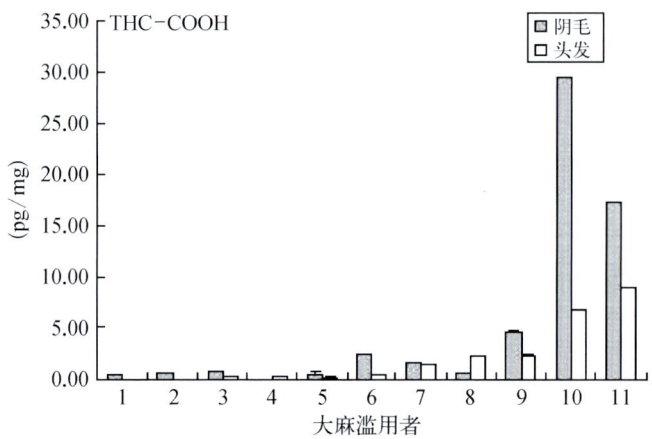

图 9-6　吸大麻者头发和阴毛中 THC-COOH 浓度比较

9-8 可以更清楚地观察到此现象(Uhl,2006)。THC 和 CBD 浓度的升高可能是由于皮脂、烟雾等外污染所致。

综上所述,大麻头发分析时应注意:头发中检出一个或几个大麻酚类并非吸食大麻的绝对指标,不能据此判定阳性,只能认为曾接触大麻;适当的去污染过程非常重要;检测代谢物 THC-COOH 或 11-OH-THC 可防止由被动接触而造成的假阳性结果,可作为吸食大麻的判定依据。

七、毛发中合成大麻素类的研究

JWH-018 为最早被鉴定、滥用最为广泛的合成大麻素,查获的 JWH-018 毒品中常含有少量的 JWH-073。韩国发现的 18 名可疑合成大麻素滥用者的头发分析结果见表 9-14(Kim,2013)。由表可见,JWH-018 与代谢物 JWH-018 N-5-OHM 以及 JWH-073 的浓度相差较大,合成大麻素进入毛发以原型物质为主。

滥用者经常混合使用合成大麻素和植物大麻,故建立大范围的筛选分析非常重要。Salomone(2013)采用 LC-MS/MS-MRM 方法同时分析毛发 23 种合成大麻素,将方法应用于 344 个传统毒品阳性的毛发样品,15 个毛发中至少 1 个呈合成大麻素阳性。检出率最高的是 JWH-073(11 个样品),均值浓度为 7.69±14.4 pg/mg (range 1.6~50.5 pg/mg);其次为 JWH-122(8 个样品),均值浓度为 544±968 pg/mg (range 7.4~2 800 pg/mg);其他检出的包括 JWH-250、JWH-081、JWH-018、JWH-210、JWH-019 和 AM-1220 等合成大麻素,浓度均低于 50 pg/mg。目前毛发中 THC 的 cut-off 为 50 pg/mg,但此数值并不适用于合成大麻素。针对 NPS 制定 cut-off 亟待研究。

第九章 毛发中大麻类物质分析 | 353

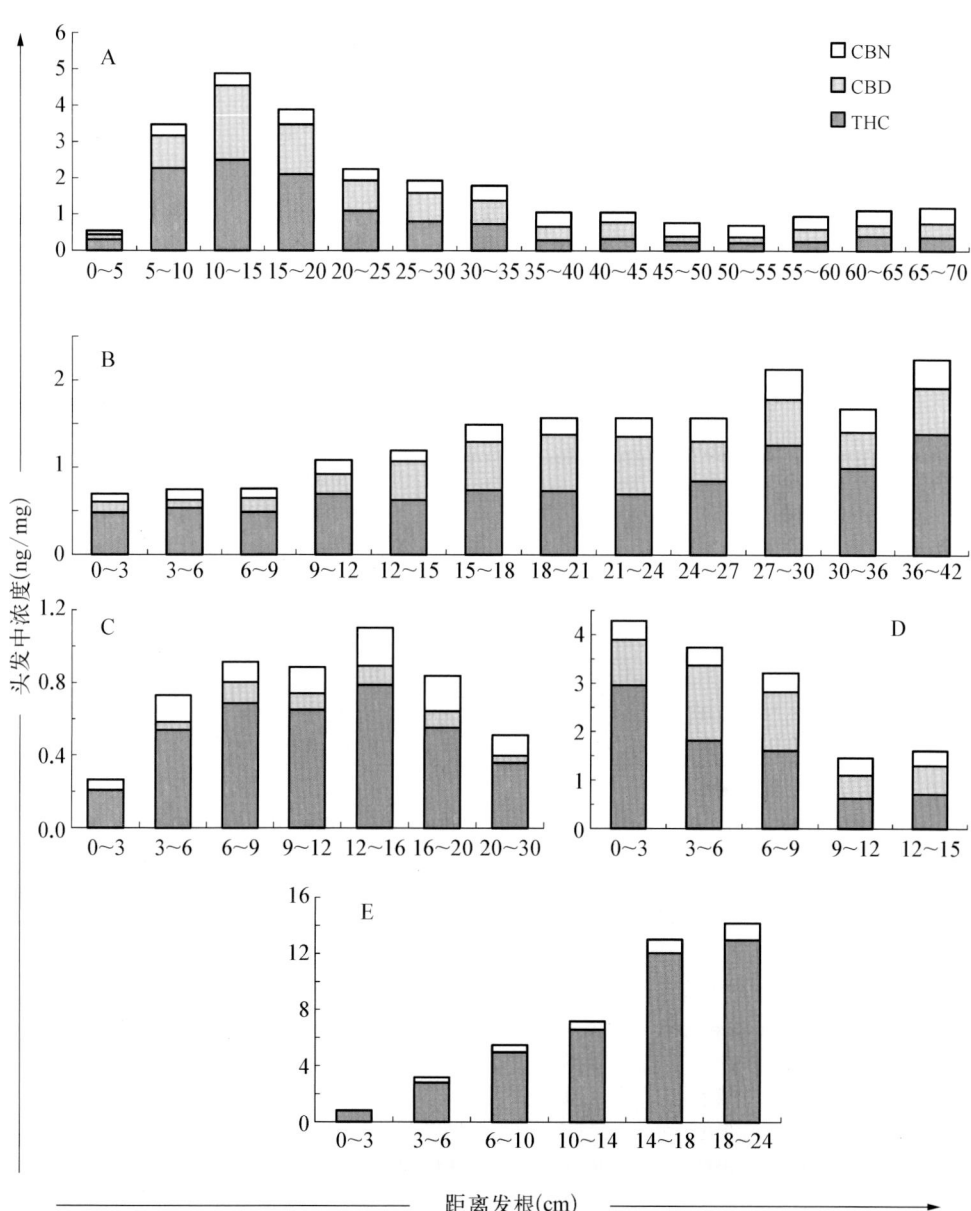

图 9-7 大麻滥用者头发的分段分析

A：男性，23岁，自述每天吸食；B：男性，32岁，每天吸1~2次；C：男性，26岁，滥用史不详；D：女性，28岁，红发，每周吸4次；E：男性，19岁，发生驾车能力影响事故，6周后取样，承认经常吸。

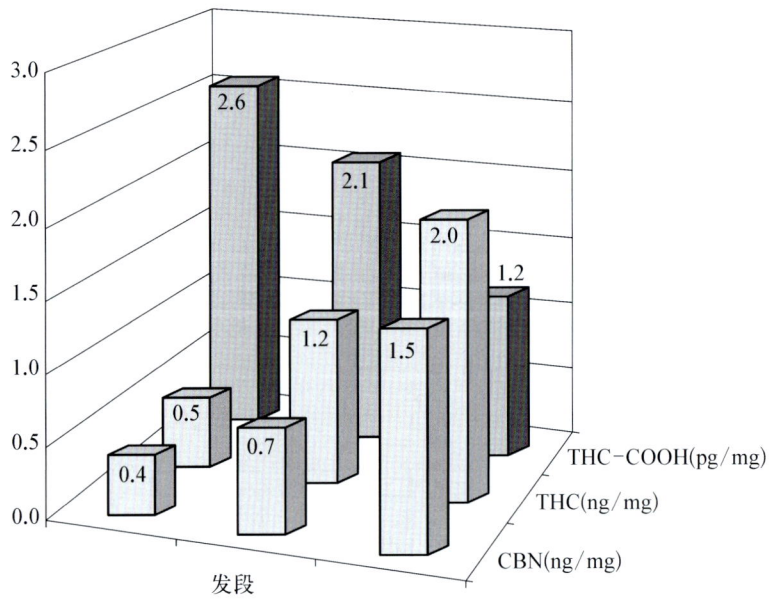

图 9-8 THC, CBN 和 THC-COOH 的分段分析结果

表 9-14 18 名可疑合成大麻素滥用者的头发分析结果

案例	性别	年龄	头发颜色	头发长度（cm）	JWH-018（pg/mg）	JWH-018 N-5-OH M（pg/mg）	JWH-073（pg/mg）	THCCOOH（pg/mg）
1	男	24	黑色	0~3	88	ND	3	NA
				3~6	117	ND	ND	NA
				6~9	56	ND	ND	NA
2	女	26	黑色	0~3	237	8	11	0.06
				3~6	524	11	20	
				6~9	688	12	20	
				9~12	753	12	22	
3	男	27	亚麻色	0~3	<LOQ	11	9	0.22
				3~6	<LOQ	14	5	
4	女	28	黑色	12	1 700	<LOQ	ND	ND
5	男	30	黑色	11	390	ND	ND	ND
6	男	28	黑色	0~3	<LOQ	3	3	ND
				3~6	<LOQ	5	7	ND
				6~9	<LOQ	3	3	ND
7	女	27	黑色	0~3	<LOQ	5	5	0.07
				6~9	10	7	6	
				9~11	<LOQ	6	4	
8	男	27	黑色	6	16	4	11	1.04

续 表

案例	性别	年龄	头发颜色	头发长度(cm)	JWH-018(pg/mg)	JWH-018 N-5-OH M(pg/mg)	JWH-073(pg/mg)	THCCOOH(pg/mg)
9	女	28	黑色	12	<LOQ	<LOQ	<LOQ	ND
10	女	30	黑色	12	26	23	3	ND
11	女	28	黑色	12	<LOQ	6	ND	ND
12	女	23	黑色	12	ND	5	ND	ND
13	女	23	黑色	12	<LOQ	7	2	ND
14	女	24	黑色	12	<LOQ	<LOQ	ND	ND
15	男	24	黑色	12	<LOQ	<LOQ	ND	ND
16	女	26	黑色	12	254	ND	ND	ND
17	女	22	黑色	12	138	ND	ND	ND
18	男	34	亚麻色	12	151	85	55	ND

ND：未检出；NA：未分析；LOQ：0.1 pg/mg。

XLR-11是当前在欧美出现、有取代JWH-018、AM-2201等趋势的合成大麻素，2014年在美国华盛顿州毒驾案件中查获18例（Louis，2014）。XLR-11的体内代谢物包括UR-144、UR-144 N-4-羟基戊基代谢物（UR-144 N-4-OH M）、UR-144 N-5-羟基戊基代谢物（UR-144N-5-OH M）、UR-144 N-戊酸代谢物（UR-144 N-COOHM）和XLR-11 N-4-羟基戊基代谢物（XLR-11 N-4-OH M）。代谢物UR-144亦为合成大麻素，列于非药用类麻醉药品和精神药品管制品种增补目录中。14例滥用XLR-11者毛发中XLR-11及其代谢物浓度见表9-15（Park，2015）。

表9-15 14例滥用XLR-11者毛发中XLR-11及其代谢物浓度（pg/mg）

案例	毛发颜色	XLR-11	UR-144	UR-144 N-4-OH M	UR-144 N-5-OH M	UR-144 N-COOH M	XLR-11 N-4-OH M
1	Black	1 105.0	0.6	ND	0.4	1.1	ND
2	Black	4 250.0	0.4	ND	0.3	1.3	<LOQ
3	Black	1 200.0	0.8	ND	0.6	1.2	ND
4	Black	5 350.0	0.6	ND	0.2	0.4	ND
5	Black	335.3	1.5	ND	18.8	3.5	15.1
6	Black	1 046.7	0.5	ND	39.7	2.6	25.3
7	Black	142.7	ND	ND	6.7	7.9	7.5
8	Black	813.3	1.6	ND	0.2	0.2	ND
9	Black	17.8	ND	ND	<0.02	<0.02	ND
10	Black	176.0	ND	ND	3.4	0.2	ND
11	Blonde	12.6	ND	ND	1.2	0.3	1.0

续表

案例	毛发颜色	XLR-11	UR-144	UR-144 N-4-OH M	UR-144 N-5-OH M	UR-144 N-COOH M	XLR-11 N-4-OH M
12	Black	37.9	0.4	ND	3.2	1.2	<0.2
13	Black	0.8	ND	ND	ND	ND	ND
14	Black	4.4	ND	ND	0.5	0.6	ND

ND：未检出。

八、典型案例

案例一： 某自述吸大麻者,其头发经酶免疫和 GC-MS 分析呈阴性结果。但进一步分析,THC-COOH 浓度为 2.7 pg/mg,此浓度属于经常滥用者的浓度范围。本结果表明,THC 和 CBN 并不是不存在,而是浓度低于最低检测限(Uhl,2004)。

案例二： 某 3 岁女孩与父亲同住。其头发的酶免疫反应呈大麻阳性,GC-MS 未检测出 THC 和 CBN。其父亲被控监护不力和藏毒。将该女孩头发分成 3 段分析,结果 THC-COOH 浓度很低,分别为 0.03、0.07 和 0.03 pg/mg。综合该案证据表明,该女孩不可能多次、主动吸食大麻,应为长期和经常吸大麻的父亲在一起而导致被动接触(Uhl,2004)。

参 考 文 献

向平,沈敏,沈保华等.2002.GC/MS 同时分析头发中大麻酚类和 $\Delta 9$-四氢大麻酸.法医学杂志,18(4)：216-219

徐建中,冯育,何毅.2001.毛发中 9-羧基-四氢大麻酚(THC-COOH)的 GC-MS 检测方法的研究.分析测试学报,20(增)：284-285

张婷婷,刘翠梅,钱振华等.2017.新型合成大麻素类物质鉴定分析.警察技术,6：87-90

Baptista MJ, Monsanto PV, Pinho Marques EG et al. 2002. Hair analysis for $\Delta 9$-THC-COOH, CBN and CBD, by GC/MS-EI. Comparison with GC/MS-NCI for $\Delta 9$-THC-COOH. Forensic Sci Int. 128(1-2)：66-78

Chiarotti M, Costamagna L. 2000. Analysis of 11-nor-9-carboxy-$\Delta 9$-tetrahydrocannabinol in biological samples by gas chromatography tandem mass spectrometry (GC/MS-MS). Forensic Sci Int. 114(1)：1-6

Cirimele V, Kintz P and Mangin P. 1995. Testing human hair for cannabis. Forensic Sci Int. 70(1-3)：175-182

Cirimele V, Kintz P, Jamey C et al. 1999. Are cannabinoids detected in hair after washing with cannabio shampoo? J Anal Toxicol. 23(5)：349-351

Huestis MA, Gustafson RA, Moolchan ET et al. 2007. Cannabinoid concentrations in hair from documented cannabis users. Forensic Sci Int, 169(2-3)：129-136

Johansson E, Halldin MM. 1989. Urinary excretion half-life of delta1-tetrahydrocannabinol-7-oic acid in heavy marijuana users after smoking. J Anal Toxicol, 13(4)：218-223

Jurado C, Gimenez MP, Mendenez M et al. 1995. Simultaneous quantification of opiates, cocaine and cannabinoids in hair. Forensic Sci Int, 70(1-3)：165-174

Jurado C, Kintz P, Menendez M et al. 1997. Influence of the cosmetic treatment of hair on drug testing. Int J Legal

Med. 110(3): 159-163.

Jurado C, Menendez M, Repetto M et al. 1996. Hair testing for cannabis in Spain and France: Is there a difference in consumption?. J Anal Toxicol, 20(2): 111-115

Kelly P, Jones RT. 1992. Metabolism of tetrahydrocannabinol in frequent and infrequent marijuana users. J Anal Toxicol, 16: 228-235

Kim J, In S, Park Y et al. 2013. Deposition of JWH-018, JWH-073 and their metabolites in hair and effect of hair pigmentation. Analytical & Bioanalytical Chemistry, 405(30): 9769-9778

Kim JY, Suh S, In MK et al. 2005. Simultaneous determination of cannabidiol, cannabinol, and D9-tetrahydrocannabinol in human hair by gas chromatography-mass spectrometryin human hair by gas chromatography-mass. Arch Pharm Res. 28(9): 1086-1091

Kintz P, Cirimele V, and Mangin P. 1995. Testing human hair for cannabis. II. Identification of THC-COOH by GC-MS-NCI as a unique proof. J Forensic Sci, 40(4): 619-622

Kintz P. In analytical and practical aspects of drug testing in hair. Editor, CRC Press Taylor & Francis Group. 127-141

Kury M, Skopp G, Mattern R. 2003. Weather-induced changes in cannabinoid content of hair. Arch Kriminol, 211(1-2): 9-18

Louis A, Peterson BL, Couper FJ. 2014. XLR-11 and UR-144 in Washington State and State of Alaska Driving Cases. J Anal Toxicol, 38(8): 563-568

Marsili R. 2005. Hair testing for $\Delta 9$-THC-COOH by gas chromatography/tandem mass spectrometry in negative chemical ionization mode. Rapid Commun. Mass Spectrom, 19(11): 1566-1568

Moore C, Guzaldo F, Donahue T et al. 2001. The determination of 11-nor-$\Delta 9$-tetrahydrocannabinol-9-carboxylic acid (THC-COOH) in hair using negative ion gas chromatography-mass spectrometry and high-volume injection. J Anal Toxicol. 25(7): 555-558

Moore C, S Rana, C Coulter et al. 2006. Application of two-dimensional gas chromatography with electron capture chemical ionization mass spectrometry to the detection of 11-nor-delta9-tetrahydrocannabinol-9-carboxylic acid (THC-COOH) in hair, J Anal Toxicol. 30(3): 171-177

Morgan CJ, HV Curran. 2008. Effects of cannabidiol on schizophrenia-like symptoms in cannabis users. Br J Psychiatry. 192(4): 306-307

Musshoff F, Driever F, Lachenmeier K et al. 2006. Results of hair analyses for drugs of abuse and comparison with self-reports and urine tests. Forensic Sci Int, 156: 118-123

Musshoff F, Lachenmeier DW, Kroener L et al. 2002. Automated headspace solid-phase dynamic extraction for the determination of cannabinoids in hair samples. J Anal Toxicol, 26(8): 554-560.

Nadulski T, Pragst F. 2007. Simple and sensitive determination of $\Delta 9$-tetrahydrocannabinol, cannabidiol and cannabinol in hair by combined silylation, headspace solid phase microextraction and gas chromatography-mass spectrometry. J Chromatogr B, 846(1-2): 78-85

Nakahara Y, Takahashi K, Kikura R. 1995. Hair analysis for drugs of abuse. X. Effect of physicochemical properties of drugs on the incorporation rats into hair. Biol Pharm Bull, 18(9): 1223-1227

Park S, Yeon S, Lee J et al.2015. Determination of XLR-11 and its metabolites in hair by liquid chromatography-tandem mass spectrometry. Journal of Pharmaceutical and Biomedical Analysis, 114: 184-189

Pujol ML, V Cirimele, PJ Tritsch et al. 2007. Evaluation of the IDS One-Step™ ELISA kits for the detection of illicit drugs in hair. Forensic Sci Int, 170(2-3): 189-192

Sachs H, Dressler U. 2000. Detection of THCCOOH in hair by MSD-NCI after HPLC clean-up. Forensic Sci Int, 107(1-3): 239-247

Skopp G, Pötsch L, Mauden M. 2000. Stability of cannabinoids in hair samples exposed to sunlight. Clin Chem, 46: 1846-1848

Skopp G, Strohbeck-Kuehner P, Mann K et al. 2007. Deposition of cannabinoids in hair after long-term use of cannabis. Forensic Sci Int. 170(1): 46-50.

Strano-Rossi S, Chiarotti M. 1999. Solid-phase microextraction for cannabinoids analysis in hair. J Anal Toxicol, 23(1): 7-10

Strano-Rossi S, Odoardi S, Fisichella M et al. 2014. Screening for new psychoactive substances in hair by ultrahigh performance liquid chromatography-electrospray ionization tandem mass spectrometry. Journal of Chromatography A, 1372: 145-156

Thorspecken J, Skopp G, Potsch L. 2004. In vitro contamination of hair by marijuana smoke. Clin Chem, 50(3): 596-602

Tsanaclis L, Wicks JFC. 2008. Differentiation between drug use and environmental contamination when testing for drugs in hair. Forensic Sci Int, 176(1): 19-22

Uhl M, Sachs H. 2004. Cannabinoids in hair: strategy to prove marijuana/hashish consumption. Forensic Sci Int, 145(2-3): 143-147

Wilkins D, Haughey H, Cone E et al. 1995. Quantitative analysis of THC, 11-OH-THC and THCCOOH in human hair by negative ion chemical ionisation mass spectrometry. J Anal Toxicol, 19(6): 483-491

第十章　毛发中常见临床药物分析

本章主要介绍临床上常用的精神活性药物,包括苯二氮䓬类、巴比妥类、抗精神失常药以及与社会安全密切相关的氯胺酮和 γ-羟基丁酸(GHB)。这些精神活性药物容易产生依赖,过量使用可引起中毒反应,影响人的行为能力和功能损害,甚至死亡。无论在法庭毒物分析还是临床毒物分析领域,都将这些精神活性药物纳入主要的分析范围,而毛发分析以其独特的优势而发挥重要证据作用。

第一节　苯二氮䓬类药物

1957 年 5 月,Sternbach 首先合成了苯二氮䓬类药物(benzodiazepines)中第一个化合物氯氮䓬(chlordiazepoxide),并在动物实验中证明了其相应的药理作用。1959 年,该化合物被注册为药物,并以 Librium(利眠宁)的商品名面市。随后地西泮(diazepam,1963)及奥沙西泮(oxazepam,1965)等相继被合成并应用于临床。几十年来,共合成有 3 000 多种苯二氮䓬类化合物及其衍生物,并对其进行了药理作用的研究。研究发现,1,4-(5-苯基)-苯并二氮杂䓬环上不同的取代基对该类化合物的安眠镇静药理作用有明显的影响,其中以 R1、R2、R7 及 R2′位基团对药效的影响最大,化合物结构与药效之间的这种相关性,为药物研制起到了很好的指导作用,并据此发现了阿普唑仑、三唑仑及咪达唑仑等一系列苯二氮䓬类药物。图 10-1 列出了四种基本的苯二氮䓬类药物分子结构类型。

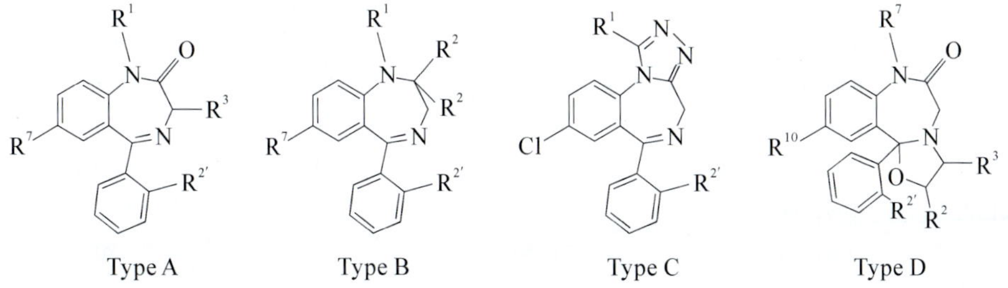

图 10-1　苯二氮䓬类药物的四种主要结构类型(A~D 型)

迄今,已有40多种苯二氮䓬类药物广泛应用于临床,值得注意的是,在众多的此类药物中,有一些是苯二氮䓬类药物的活性代谢产物,如去甲西泮、奥沙西泮、替马西泮均是地西泮的代谢物。

苯二氮䓬类药物具有镇静、催眠、抗焦虑、抗惊厥和中枢性肌松等药理作用。长期使用苯二氮䓬类药物会产生耐药性和依赖现象。即使在治疗剂量,用药超过4周,患者也会产生依赖,出现焦虑及撤药困难的现象。而大剂量口服或注射此类药物能产生兴奋剂滥用者所追求的"Kick"作用。有报道称,1 mg 阿普唑仑与10 mg 苯丙胺能产生相似的兴奋作用。除了单独使用外,滥用者也常将苯二氮䓬类药物与其他药物联用,这种方式能加强并延长兴奋剂类药物的快感及快感的持续时间,同时能减轻兴奋剂药效过后的副作用。对于苯二氮䓬类药物滥用者,通过头发分析,能获知其用药史;而对于正常使用该类药物来治疗失眠、焦虑、癫痫等症状的患者,头发也能"忠实"地记录他们的用药情况,为医护人员提供患者的依从性信息。

此外,苯二氮䓬类药物可能产生短时失忆、判断力丧失、认知力下降等副作用;若与酒精联用,则起效时间更快,因而这类药物极易成为犯罪的诱因。近年来,利用苯二氮䓬类药物实施迷奸、麻醉抢劫的案件频频发生。被害人醒来后很难回忆起案发当时的具体情景,待警方介入往往已是十几个小时甚至几天以后,这类案件的延迟效应导致采集的血液、尿液样品很难提供有效的摄药证据。而对于该类单次用药的迷奸、麻醉抢劫案件(Drug facilitated crimes,DFC),头发分析恰好弥补了血样、尿样的不足:按照头发0.7~1.4 cm/月的生长速度,在案发后一个月左右贴发根采集的头发样品能够覆盖对应摄药的时间。目前已有许多DFC案件头发分析的报道。

一、体内过程

苯二氮䓬类药物口服吸收良好,口服后2~4 h血中药物原体浓度可达峰值。由于此类药物有很强的亲脂性,可分布到体内大部分组织中。表10-1列出了一些苯二氮䓬类药物的体内半衰期、IC_{50}及血浆蛋白结合率。

表10-1 苯二氮䓬类药物的血浆清除半衰期、IC_{50}及血浆蛋白结合率

药 物	英 文 名	血浆清除半衰期(h)	IC_{50}*(nmol/L)	血浆蛋白结合率(%)
阿普唑仑	alprazolam	10~18	20	70~80
溴西泮	broazepam	10~24	18	45
溴替唑仑	brotizolam	4~8	1	90
氯氮䓬	chloridiazepoxide	10~18	350	89~94
氯巴占	clobazam	10~30	130	87~90
氯硝西泮	clonazepam	24~56	2	80
氯卓酸盐	clorazepate	2~3	59	95~98

续　表

药　物	英 文 名	血浆清除半衰期(h)	$IC_{50}{}^{*}$(nmol/L)	血浆蛋白结合率(%)
噻卓酮	clotiazepam	3~15	2	99~100
地西泮	diazepam	30~45	8	96~98
氟硝西泮	flunitrazepam	10~25	4	80
氟西泮	flurazepam	2	15	15
凯他唑仑	ketazolam	1~2	1 300	80~93
氯普唑仑	loprazolam	7~10	5	
劳拉西泮	lorazepam	10~18	4	85~94
氯甲西泮	lormetazepam	9~15	4	>85
美达西泮	medazepam	2	870	99
咪达唑仑	midazolam	1~3	5	95
硝西泮	nitrazepam	20~50	10	85~88
去甲西泮	nordazepam	50~80	9	96~98
普拉西泮	prazepam	1~3	110	97
替马西泮	temazepam	6~16	16	76
四氢西泮	tetrazepam	12	34	
三唑仑	triazolam	2~4	4	89

* 半抑制率：药物-配体反应被抑制一半时抑制剂的浓度，该值越小反映药物与配体的亲和力越高。

大多数苯二氮卓类药物进入体内后首先进行Ⅰ相代谢反应，主要为去烃基化、脂肪族及芳香族羟基化、降解及乙酰化等，随后进入Ⅱ相代谢反应形成结合物。通常，其Ⅰ相代谢产物具与原药相同的生物活性，Ⅱ相结合物则失活。

苯二氮卓类药物的体内代谢、吸收和分布的研究报道较多，以最常用的地西泮为例：地西泮口服后吸收完全、迅速，口服后1.5~2 h可达血浆浓度峰值，生物利用度75%。地西泮灌肠后吸收较快且完全，10~60 min内可达峰值0.6~1.4 mg/L，儿童和婴儿灌肠后2~6 min内达治疗浓度(0.5 mg/L)，适于急救。直肠给药后吸收较慢且不完全，血浆浓度仅为口服同等剂量的50%。肌肉注射后吸收缓慢且不规则，血浆浓度为口服同等剂量的60%。静脉注射后血药浓度超过0.5 mg/L，1~5 min即分布于各组织，脑中浓度很快超过血浓度的数倍，注射后1~3 min即有抗惊厥作用，但因半衰期短，效果只持续15~30 min。静脉注射后数分钟即可能出现困倦及发音不清，如不缓慢给药很容易过量。同时口服浓度为10%的酒类可降低地西泮的吸收率，但吸收总量不变；口服高浓度的酒类，如50%酒精，可增加其吸收率。地西泮与血浆蛋白结合紧密。成年人血浆蛋白结合率为97%~99%。表观分布体积1~2 L/kg。地西泮主要经肝脏代谢，去甲基化成为N-去甲西泮，后者进一步羟化成为奥沙西泮(oxazepam)，最后与葡萄糖醛酸结合，由肾脏排除。清除速率0.013~0.046 L/(kg·h)，清除半衰期32~36 h。62%~73%从尿中排除。尿中主要代谢物有 N-去甲西泮和奥沙西泮。N-去甲西泮和奥沙西泮也具生物活性,但其结合物无生物活性。

苯二氮䓬类药物在体内可代谢成多种代谢物,其大部分具有共同的代谢途径(图 10-2)。该代谢过程包括了羟基化、去甲基化和葡萄糖醛酸结合反应。由于苯二氮䓬类药物的半衰期均较短,故对其代谢方式及代谢物的鉴别、确认在鉴定实践中尤为重要。表 10-2 显示了苯二氮䓬类药物的主要代谢产物。

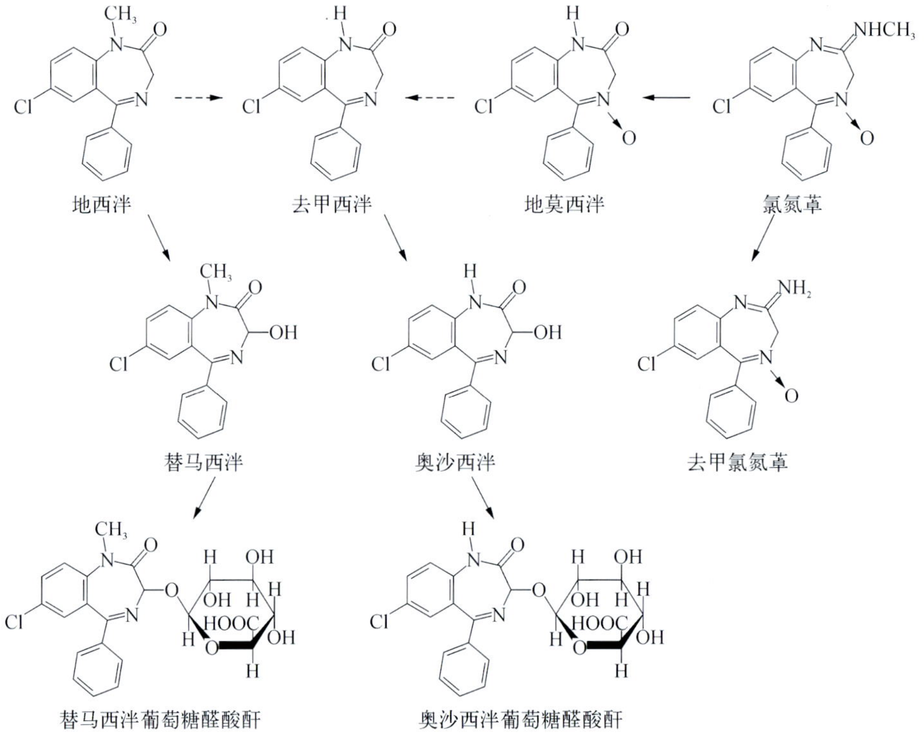

图 10-2 苯二氮䓬类药物代谢途径

表 10-2 苯二氮䓬类药物的主要代谢物

药 物 名 称		主 要 代 谢 物
Adinazolam	阿地唑仑	去甲阿地唑仑
Alprazolam	阿普唑仑	1-羟甲基阿普唑仑,4-羟基阿普唑仑,1,4-双羟基-阿普唑仑
Bromazepam	溴西泮	3-羟基溴西泮,3-羟基苯酰吡啶衍生物
Camazepam	卡马西泮	甲羟西泮
Chlordiazepoxide	氯氮䓬	去甲氯氮䓬,氧西泮,去甲西泮
Clobazam	氯巴扎姆	N-去甲代谢物,4'-羟基代谢物,4'-羟基-N-去甲代谢物
Clonazepam	氯硝西泮	3-羟基氯硝西泮,7-氨基氯硝西泮,7-乙酰氨基氯硝西泮

续　表

药物名称		主要代谢物
Clotiazepam	噻卓酮	N-去甲代谢物,羟基代谢物
Demoxepam	地英西泮	N-脱氧代谢物,羟基西泮
Diazepam	地西泮	去甲西泮,羟基西泮,甲羟西泮
Dipotassium chlorazepate	氯卓酸盐	去甲西泮
Estazolam	艾司唑仑	4-羟基艾司唑仑
Fludiazepam	氟地西泮	去甲氟地西泮
Flunitrazepam	氟硝西泮	N-去甲氟硝西泮,7-氨基氟硝西泮,3-羟基氟硝西泮
Flurazepam	氟西泮	N-去二乙基氟西泮,N-羟基乙基氟西泮,3-羟基-N-去二乙基氟西泮,去乙基氟西泮
Halazepam	哈拉西泮	去甲西泮
Lorazepam	劳拉西泮	羟基劳拉西泮
Medazepam	美达西泮	地西泮,N-去甲代谢物,羟基西泮
Midazolam	咪达唑仑	1-羟甲基代谢物,4-羟基代谢物,1-羟甲基-4-羟基代谢物
Nitrazepam	硝西泮	7-氨基代谢物,7-乙酰氨基代谢物
Oxazolam	奥沙唑仑	N-去甲西泮
Oxazepam	奥沙西泮	去甲羟基西泮葡萄糖醛醛酸酯
Prazepam	普拉西泮	N-去甲西泮,3-羟基代谢物,羟基西泮
Quazepam	氟硫西泮	2-氧代氟硫安定,N-去三氟乙基代谢物
Temazepam	替马西泮	奥沙西泮
Triazolam	三唑仑	1-羟甲基代谢物,4-羟基代谢物
Zopiclone	佐匹克隆	N-氧化代谢物,N-脱甲基代谢物

二、样品处理

1. 毛发采集

自头顶后部采集头发。紧贴头皮将头发剪下,标明发根和发梢,用干净的纸包裹或装入信封,室温下存放。

2. 去污处理

毛发样品用 2 mL 二氯甲烷洗涤两次,晾干。收集最后一次的二氯甲烷洗液,空气流下吹干后,用 100 μL 流动相复溶后进 LC-MS/MS 分析,以考察去污效果。洗净的毛发剪成约 1~2 mm 段或用研磨机粉碎,备用。

3. 水解方法

（1）取约 20 mg 毛发加入试管中,加 1 mL 0.1 mol/L 磷酸缓冲液(pH 7.6 或 pH 8.4),同时添加 1 ng d_5-地西泮作为内标;在室温 45℃ 条件下浸泡过夜(Chèze,

2004)。7-氨基类的苯二氮卓类代谢物耐碱,可用 1 mL 0.1 mol/L NaOH 在 95℃条件下消化头发 15 min,有利于提高回收率和检测灵敏度。

（2）取 10 mg 毛发放入 Eppendorf 管。加入 1.5 mL 甲醇-三氟乙酸(50∶1)超声 1 h,并在室温下放置过夜(Scott,2003)。

（3）取 30~50 mg 的毛发,加氘代内标,再加入 2 mL 乙酸盐缓冲液（pH=4）和 70 μL β-葡糖苷酸酶/芳基硫酸酯酶,在 40℃条件下酶解 2 h(Yegles,1997)。

4. 提取方法

（1）液-液提取：称取 20 mg 毛发粉末,置于 10 mL 玻璃试管中,加入 2 mL pH9.2 硼砂缓冲液,超声 1 h。取出后加入 20 μL 20 ng/mL 的 d_5-地西泮溶液,混匀。然后在上述溶液中加入 3 mL 二氯甲烷,涡旋混合 1 min,以 2 500 rpm 的速度离心 3 min,移取有机层于 60℃ 水浴下挥干。

（2）固相萃取(SPE)：① Chromabond C_{18} 固相小柱,预先用 6 mL 甲醇和 3 mL 蒸馏水活化,上样后,依次用 3 mL 水、3 mL 0.6 mol/LNaHCO$_3$ 和 3 mL 水清洗小柱,待柱子略干后用 2 mL 丙酮/二氯甲烷(3∶1)洗脱(Yegles,1997)。② ZSDAU 020 固相柱,用 3 mL 甲醇、3 mL 蒸馏水和 1 mL 磷酸缓冲液(0.1 mol/L,pH6.0)活化,上样。接着用 2 mL 蒸馏水、2 mL 20%乙腈-磷酸缓冲液、2 mL 环己烷和 2 mL 蒸馏水清洗小柱；最后用 1.5 mL 2% 氨化乙酸乙酯和 1.5 mL 二氯甲烷/异丙醇/氨水 (78∶20∶2)洗脱(Miller,2006)。

（3）分子印迹固相萃取(MISPE)：地西泮分子印迹聚合物小柱(MIP)用 0.5 mL 甲苯活化,样品溶于甲苯后上柱,接着用 0.3 mL 甲苯洗柱,最后以 0.5 mL 15%乙酸的乙腈溶液洗脱(Anderson,2008)。

样品处理方法讨论：

由于药物结合于头发的角蛋白中,因此提取前需对头发进行水解,使固化在角蛋白中的药物游离出来。常用的头发水解方式有酸水解、碱消化、酶解和有机溶剂浸泡（超声）等方法,但是对苯二氮卓类药物而言,无论酸性还是碱性条件都会破坏这类药物的结构,生成副产物。所以在检测头发中的苯二氮卓类药物时,常用更为温和的磷酸缓冲液、有机溶剂浸泡或者酶解的方式使药物游离出来（Bogdanov, 2006）。除此之外,沈保华(2002)用强酸(8 mol/L HCl)水解尿样,通过检测苯二氮卓类药物的酸水解产物苯甲酮同系物来确认其原体的存在,但目前尚未见采用此方法来检测头发中的苯二氮卓类药物的研究报道。

Scott(2003)以地西泮、氟西泮和美达西泮为代表,考察了蛋白酶 K 酶解、碱性甲醇提取、酸性甲醇提取、pH 7.6 磷酸缓冲液浸泡、碱消化、β-葡糖苷酸酶酶解方法对头发中结合的药物的提取回收率,认为加入酸性甲醇(甲醇/TFA = 50/1)超声 1 h、室温放置过夜是提取的最优条件。此外,对提取用的有机溶剂也进行了考察,比较了氯仿、二氯甲烷、乙醚和乙酸乙酯后发现,虽然氯仿的提取回收率较高,但是用回收率略低于氯仿的二氯甲烷可以获得更干净的色谱图。

毛发的酸水解应用范围广,提取效率高。本书作者多选用 1 mL 0.1 mol/L HCl 对毛发进行酸水解,考虑到苯二氮卓类结构在酸性条件下不稳定,作者考察了高、中、低三个浓度下酸水解的稳定性。方法如下:在 1 mL 0.1 mol/L HCl 中添加标准品($n=6$),在 45℃水浴中放置 15 h,取出后加一滴 10% NaOH,并加入 2 mL pH 9.2 硼砂缓冲液,使体系 pH 为 9.2。然后加 3 mL 乙醚进行液-液提取,挥干,加 100 μL 流动相进样;另制备同浓度标准品($n=6$),不放置过夜,直接调 pH 为 9.2 后用乙醚提取,其余步骤同上。比较两批样品中目标物的峰面积发现:三唑仑在酸性条件下放置过夜后,高、中、低三个浓度的原形比例分别降至 21.0%、27.6% 和 28.6%;α-羟基三唑仑的原形比例分别降至 22.3%、23.6% 和 21.2%。因此作者放弃了酸水解的方法,而采用 pH8.4 缓冲液浸泡过夜来提取目标物。该方法较为温和,45℃下浸泡过夜后,90%以上的目标物能稳定存在。

MISPE 中用到的分子印迹聚合物小柱是一种高度交联的多孔网状聚合物。在 MIP 聚合成型时,目标化合物分子(比如地西泮)作为模板参与整个聚合反应。等反应结束后,移去模板,而网状聚合物结构上就留下了与模板分子特异性互补的官能团位点。因此这些结合位点能以高度的选择性,牢牢地"截住"模板分子或与其结构类似的化合物分子。Anderson(2008)对 10 份苯二氮卓类阳性头发分别用 SPE 和 MISPE 进行预处理,然后用同样的 LC-MS/MS 方法分析,考察结果如表 10-3 所示。

表 10-3　MISPE 和 SPE 处理的头发分析结果比较

编号	地西泮(ng/mg)		去甲西泮(ng/mg)		奥沙西泮(ng/mg)		替马西泮(ng/mg)		硝西泮(ng/mg)	
	MISPE	SPE	MISPE	SPE	MISPE	SPE	MISPE	SPE	MISPE	SPE
1	0.06	—	0.09	0.28	—	—	—	0.22	—	—
2	0.68	0.65	0.97	1.2	0.06	—	0.17	0.24	0.23	0.24
3	—	—	—	—	—	—	—	—	—	—
4	—	—	—	0.08	—	—	—	—	—	—
5	0.03	—	0.08	0.27	—	—	—	—	—	—
6	0.46	0.46	—	—	—	—	—	—	—	—
7	0.06	—	0.19	0.31	—	—	0.16	0.22	—	—
8	0.08	0.03	0.12	0.43	—	—	—	—	—	—
9	0.02	—	—	—	—	—	—	—	—	—
10	0.5	0.06	0.12	0.28	0.09	0.59	—	0.23	—	—

从表中可见 MISPE 对头发中地西泮的绝对回收率较 SPE 高,由于所用的 MIP 是针对地西泮的,因而对其他苯二氮卓类药物的保留不如 SPE。

三、分析方法

1. ELISA 法

苯二氮卓类试剂盒(Pomona, CA)包括：预加抗体的 96 孔板；苯二氮卓类结合物用辣根过氧化物酶标记；底物溶液里含 3,3′,5,5′-四甲基联苯胺(TMB)，被辣根过氧化酶催化显白色。终止反应试剂为 1 mol/L 盐酸。

检测方法：向样品中加 0.5 mL 一取代磷酸缓冲液(0.025 mol/L, pH 2.7, 含 0.1%牛血清白蛋白)，于 60℃孵育 1 h。冷却后，加 50 μL 二取代磷酸缓冲液(0.5 mol/L, pH 9.0, 含 0.1%牛血清白蛋白)以中和酸性。用 0.1 mol/L 磷酸盐缓冲液(pH 7.0, 含 0.1%牛血清白蛋白)以 1∶5 的比例稀释，混匀。在 ELISA 微孔板上第一个孔和最后一个空内添加的分别是阳性质控样(0.3 ng/mg 奥沙西泮)和阴性质控样。每个样品平行测试 2 份：取 50 μL 样品提取液，加入小孔中，待其和抗体反应 1 h 后，向每个孔中加 100 μL 苯二氮卓类结合物底物，在暗室中放置 30 min。加入终止反应试剂，反应物变成黄色，在 450 nm 波长进行检测，参考波长 620 nm 用于校正本底。

方法评价：用奥沙西泮添加样品考察，剂量-反应曲线范围：50~5 000 pg/mg，LOD 为 0.1 ng/mg，日内精密度为 3.1%，日间精密度 5.9%(Miller, 2006)。

2. GC-MS 法

(1) 分析参考条件一

色谱条件：HP 5890 气相色谱，HP-5MS 毛细管柱(5%苯基-95%甲基硅烷，30 m×0.25 mm i.d.，膜厚 0.25 μm)。载气为氦气，气流速度 1.0 mL/min。进样口温度为 250℃，不分流进样。柱温以 60℃起始，保持 1 min 后以 30℃/min 的升温速度攀升至 295℃，保持 6 min。

质谱条件：HP 5989B，NCI 模式(化学电离源负离子模式)。离子源温度和四级杆的温度分别为 200℃和 100℃。电子倍增电压设置为+400 V。反应气为甲烷气体，压力 1.3 Torr。选择离子监测模式(SIM)。

方法评价：该法的 LOD 在 1~20 pg/mg(Cirimele, 1997)。

(2) 分析参考条件二

色谱条件：HP 5890 气相色谱，HP-Ultra2 毛细管柱(12 m×0.2 mm×0.33 μm)。升温程序如下：70℃，保持 2 min，以 25℃/min 升至 220℃，接着以 5℃/min 升至 300℃后保持 7 min。进样口温度 260℃，接口温度 280℃；氦气为载气，流速 2 mL/min。

质谱条件：HP 5971 质谱检测器。EI 源，选择离子监测模式(SIM)。其质谱参数见表 10-4(Yegles, 1997)。

表 10-4　苯二氮卓类药物质谱特征碎片离子

	化 合 物	英 文 名	特征离子 m/z		
1	阿的纳唑仑	adinazolam	308	310	58
2	阿普唑仑	alprazolam	308	279	204
3	溴西泮	bromazepam	236	315	317
4	溴替唑仑	brotizolam	394	392	245
5	卡马西泮	camazepam	78	72	58
6	氯氮卓	chlordiazepoxide	282	283	284
7	氯巴占	clobazam	300	77	51
8	氯硝西泮	clonazepam	280	314	315
9	氯卓酸盐	clorazepate	242	270	269
10	噻卓酮	clotiazepam	289	318	291
11	氯赛唑仑	cloxazolam	237	239	56
12	地洛西泮	delorazepam	304	269	280
13	地英西泮	demoxepam	285	286	296
14	地西泮	diazepam	256	283	284
15	艾司唑仑	estazolam	259	205	77
16	韦克伦	ethyl-loflazepate	259	287	261
17	乙替唑仑	etizolam	342	266	344
18	氟地西泮	fludiazepam	274	302	301
19	氟马泽尼	flumazenil	229	257	302
20	氟硝西泮	flunitrazepam	285	312	286
21	7-氨基氟硝西泮	7-aminoflunitrazepam	283	255	
22	氟西泮	flurazepam	86	58	99
23	氟恶唑仑	flutazolam	281	56	283
24	哈拉西泮	halazepam	324	352	351
25	哈洒唑仑	haloxazolam	335	333	210
26	凯他唑仑	ketazolam	256	283	84
27	劳哌唑仑	loprazolam	282	279	465
28	劳拉西泮	lorazepam	291	239	75
29	氯甲西泮	lormetazepam	304	75	306
30	美达西泮	medazepam	207	242	244
31	麦达那西	metaclazepam	349	347	351
32	美沙唑仑	mexzzolam	251	70	253
33	咪达唑仑	midazolam	310	58	312
34	硝甲西泮	nimetazepam	267	294	295
35	硝西泮	nitrazepam	280	253	281
36	去甲西泮	nordazepam	242	270	269
37	奥沙西泮	oxazepam	257	77	205
38	恶唑仑	oxazolam	253	251	70

续 表

化合物		英文名	特征离子 m/z		
39	匹那西泮	pinazepam	308	280	307
40	普拉西泮	prazepam	269	91	55
41	氟硫西泮	quazepam	58	75	109
42	替马西泮	temazepam	271	57	56
43	四氢西泮	tetrazepam	253	288	287
44	托非索泮	tofisopam	326	382	341
45	三唑仑	triazolam	342	313	238
	地西泮-d_5	diazepam-d_5	261	289	
	劳拉西泮-d_4	lorazepam-d_4	243	279	
	去甲西泮-d_5	nordazepam-d_5	247	275	
	奥沙西泮-d_5	oxazepam-d_5	235	236	
	普拉西泮-d_5	prazepam-d_5	329		

方法评价：6个苯二氮卓类药物的保留时间及最低检测限如表10-5。

表10-5 苯二氮卓类药物的保留时间及LOD

化合物	Rt(min)	LOD(ng/mg)
奥沙西泮羟基代谢物	9.6	0.20
地西泮	13.1	0.01
去甲西泮	14.2	0.10
7-氨基氟硝西泮	15.6	0.02
劳拉西泮羟基代谢物	10.4	1.00
氯甲西泮	16.7	2.00

3. LC-MS法

色谱条件：HP 1100 高效液相，Mightysil 反向 C_{18} 柱（100×2.0 mm i.d.，3 μm）。恒流 0.15 mL/min。梯度洗脱程序如表10-6。

表10-6 LC梯度洗脱程序

时间(min)	水：乙腈：乙酸
0	75：25：1
7	74：26：1
17	74：26：1
25	60：40：1
35	10：90：1
45	10：90：1

质谱条件：Finnigan MAT LCQ 离子阱质谱，ESI+模式。毛细管温度 275℃，毛细管电压 3.0 V，透镜补偿电压(tube lens offset) 20.0 V，碰撞气为氦气，相对碰撞能量 1.5 eV。选择离子监测(SIM)模式。三唑仑、阿普唑仑、咪达唑仑、艾司唑仑及其代谢物的特征离子及保留时间见表 10-7。

表 10-7 三唑仑、阿普唑仑、咪达唑仑、艾司唑仑及其代谢物的特征离子及保留时间

化 合 物	特征离子(m/z)	保留时间(min)
三唑仑	343,308,315,279	30.13
1-羟基三唑仑	359,341,331,176	20.70
4-羟基三唑仑	359,341,314,250	21.81
阿普唑仑	309,311,281,274	27.44
1-羟基阿普唑仑	325,330,256,280	19.43
4-羟基阿普唑仑	325,307,260,327	17.78
咪达唑仑	326,328,291,285	18.15
1-羟基咪达唑仑	342,324,344,297	20.43
4-羟基咪达唑仑	342,344,297,325	11.49
艾司唑仑	295,297,267,269	22.75
4-羟基艾司唑仑	293,295,266,311	13.32
艾司唑仑代谢物：4-(8-氯-4H-[1,2,4]三氮唑[4,3-a][1,4]苯并二氮杂唑-6-)苯酚	311,313,257,283	5.84
艾司唑仑代谢物：8-氯-6-苯基-4H-[1,2,4]三氮唑[4,3-a][1,4]苯并二氮杂唑-4-酮	311,313,255,297	28.55

方法评价：毛发用量为 10 mg，最低定量限在 0.08~100 pg/mg（Toyo'oka, 2003）。

4. LC-MS/MS 法

(1) 分析参考条件一

色谱条件：液相柱为 Allure Resteck PFP Propyl 100 mm×2.1 mm×5 μm，前接 phenomenex 保护柱。流动相 A 为乙腈，流动相 B 为缓冲液为 20 mmol/L 乙酸胺和 0.1%甲酸，流速 200 μL/min。分析血液时采用恒流洗脱，流动相比例为 A:B=70:30,v/v；头发分析采用梯度洗脱，程序见表 10-8。

表 10-8 梯度洗脱程序

时 间(min)	流动相 A(%)	流动相 B(%)
0	5	95
3	60	40
7	80	20
20	80	20
20.5	5	95
30	5	95

质谱条件：电喷雾电离-正离子模式(ESI+)；多反应监测模式(MRM)；离子喷雾电压(IS)：5 500 V；碰撞气氮气(CAD)：7 psi；气帘气(CUR)：25 psi；离子源气1(GS1)：35 psi；离子源气2(GS2)：35 psi；离子源温度：450℃。苯二氮卓类药物的质谱信息见表10-9。

表 10-9　苯二氮卓类药物和内标的定性离子对、定量离子对、去簇电压、碰撞能量和保留时间

药　　物	母离子 m/z	子离子 m/z	DP V	CE eV	t_R min
地西泮	285.1	193.3	60	45	9.91
	285.1	154.1	60	36	
奥沙西泮	287.2	241.2	50	31	8.55
	287.2	269.3	50	36	
去甲西泮	271.2	140.2	60	36	9.14
	271.2	208.1	60	36	
替马西泮	301.2	255.2	70	36	9.25
	301.2	283.1	70	19	
氯硝西泮	316.2	270.1	65	36	9.11
	316.2	214.1	65	49	
7-氨基氯硝西泮	286.1	222.2	60	34	7.73
	286.1	250.1	60	42	
硝西泮	282.2	236.2	60	32	8.95
	282.2	180.2	60	52	
7-氨基硝西泮	252.2	121.1	80	37	7.69
	252.2	146.2	80	38	
氟硝西泮	314.2	268.3	65	35	9.62
	314.2	239.3	65	45	
7-氨基氟硝西泮	284.2	135.2	80	39	8.08
	284.2	226.2	80	41	
三唑仑	343.2	308.2	70	36	8.93
	343.2	315.2	70	35	
α-羟基三唑仑	359.2	331.2	80	38	8.23
	359.2	176.1	80	37	
阿普唑仑	309.2	281.1	70	32	8.94
	309.2	274.2	70	33	
α-羟基阿普唑仑	325.2	297.2	70	35	8.23
	325.2	279.2	70	33	
咪达唑仑	326.2	291.4	70	37	11.65
	326.2	244.2	70	35	
α-羟基咪达唑仑	342.0	324.2	60	29	9.26
	342.0	203	60	38	
艾司唑仑	295.2	267.3	70	34	8.67
	295.2	205.2	70	53	

续 表

药　物	母离子 m/z	子离子 m/z	DP V	CE eV	t_R min
氟西泮	388.2	315.2	55	32	19.66
	388.2	288.1	55	33	
地西泮-d_5(IS)	290.2	198.2	60	45	9.91
	290.2	159.2	60	36	

方法评价：该方法灵敏度高，LOQ 在 0.2~5 pg/mg 范围内，适用于单次用药头发分析（Xiang，2011）。

（2）分析参考条件二

色谱条件：ThermoElectron Surveyor HPLC，Gemini C_{18} 柱（150 mm×2.0 mm i.d.，5 μm），前接 Phenomenex 保护柱（4 mm×2.0 mm）。柱温25℃，梯度洗脱程序如表10-10。

表10-10　LC-MS/MS 梯度洗脱程序

时间(min)	3 mmol/L 甲酸铵-0.001%甲酸-水%	乙腈%
0	65	35
13	20	80
13.5	10	90
16.5	10	90
20	65	35

质谱条件：LCQ Deca XP Plus 离子阱质谱。

方法评价：见表10-11（Miller，2006）。

表10-11　9种苯二氮卓类药物的方法验证结果

化合物	LOD (ng/30 mg)	添加浓度 (ng/30 mg)	回收率(%) ($n=5$)	碱水解稳定性 (%)	挥发稳定性 (%)
7-氨基氟硝西泮	0.14	10	53	97	72
		50	55		
氯氮卓	0.07	10	59	95	89
		50	63		
地西泮	0.13	10	77	92	101
		50	69		
氟硝西泮	0.30	10	90	102	110
		50	89		
劳拉西泮	0.62	10	76	87	103
		50	94		
硝西泮	0.03	10	98	100	104
		50	91		

续 表

化 合 物	LOD (ng/30 mg)	添加浓度 (ng/30 mg)	回收率(%) ($n=5$)	碱水解稳定性 (%)	挥发稳定性 (%)
去甲西泮	0.24	10 50	88 82	93	100
奥沙西泮	0.11	10 50	71 83	99	98
替马西泮	0.09	10 50	73 88	93	100

分析方法讨论：

（1）ELISA方法样品前处理简便，但特异性是方法的关键。Miller(2006)对16份头发样品同时用ELISA和LC-MS/MS方法进行分析，结果如下：有3份样品两种方法的检测结果都为阴性；采用0.1 ng/mg奥沙西泮的cut-off值，13份样品为阳性，检出的药物分别是地西泮（$n=10, 0.01\sim2.86$ ng/mg）、去甲西泮（$n=10, 0.27\sim1.79$ ng/mg）、替马西泮（$n=10, 0.22\sim0.73$ ng/mg）、奥沙西泮（$n=3, 0.35\sim0.89$ ng/mg）、硝西泮（$n=1, 0.24$ ng/mg）和劳拉西泮（$n=1, 0.38$ ng/mg），假阴性例数为0；而采用0.2和0.5 ng/mg的cut-off值，假阴性例数分别为1和2，因此cut-off值定为0.1 ng/mg。与LC-MS/MS相比，ELISA的灵敏度为100%，特异性为81%。

（2）头发中未知药物用LC-MS/MS方法进行筛选时，每个药物的确认需要两个母离子/子离子对，但是随着MRM监测离子对数量的增加，仪器对每一对离子反应的扫描时间就会减少，进而降低方法的灵敏度。在实际应用中，可以先用一对离子进行筛选，确定方向后再用两对离子进行确认。另外，这些镇静催眠类药物大都含有Cl元素，因此也可以通过检测同位素的离子对来确认目标物。

四、结果解释

1. 头发中药物原体与代谢物的比率

根据Nakahara(1992)、Jurado(1997)、Hubbard(2000)等的研究结果，影响药物进入毛发的因素有：药物的脂溶性、酸碱性，以及毛发颜色（黑色素浓度）等。一般而言，脂溶性大、碱性强的药物较多地结合在毛发中，因为前者可以穿过细胞膜进入毛囊；后者易于从弱碱性的血液进入到酸性的毛发基质中去。从这个角度分析，头发中结合的原药一般会比代谢物多，因为代谢物的极性更强，如头发中地西泮的浓度大于去甲西泮的浓度（Laloup, 2007）。但是也有例外，例如7-氨基类的代谢物因为碱性比原药强，因而在头发中的浓度较药物原体高（Cirimele, 1997；Negrusz, 2001；Chèze, 2004）。

本书作者所建三唑仑豚鼠模型中，在500 μg/kg剂量组可以对α-羟基三唑仑进行定量的样品中，α-羟基三唑仑的浓度要比三唑仑大；倘若考虑到α-羟基三唑仑的LOD为5 pg/mg，三唑仑的LOD为1 pg/mg，那么该剂量组可以确定的代谢物浓度大于原药浓度的样品比例达到78%；在 100 μg/kg 剂量组，唯一可以检出 α-羟基三唑仑的 M1 黑色毛发中，三唑仑的浓度为 2.77 pg/mg，低于 α-羟基三唑仑的 LOD 5 pg/mg。因此，本实验的研究结果表明豚鼠毛发中 α-羟基三唑仑的浓度大于原药三唑仑的浓度。虽然 α-羟基三唑仑的脂溶性比三唑仑小（容量因子 log k'w 分别为 2.38 和 2.73），较难通过生物膜，但因为 α 位上有羟基，增强了碱性，使其与黑色素的结合能力略高于三唑仑，这可能是其在毛发中的浓度高于三唑仑的原因。Toyo'oka(2001) 在多次给药的 DA 大鼠毛发中，检测到三唑仑的浓度高于 α-羟基三唑仑；但是在三唑仑滥用者的头发中，α-羟基三唑仑的浓度高于三唑仑的浓度，与本实验的结果一致。值得注意的是，本实验中为了模拟人的服药方式，而采用了经口灌胃的给药方式；而 Toyo'oka 在进行动物实验时，采用了腹腔注射的方式给药；消化道的首过效应也可能是代谢物的浓度高于原药的原因之一。

2. 药物进入毛发的程度

药物进入毛发的难易程度可用药物进入速率(incorporation rate, ICR)来评价。Scott(2003) 以 DA 大鼠为研究对象，通过比较血浆中药物浓度与毛发中的药物浓度，来计算苯二氮卓类药物进入毛发的速率，实验结果如表 10-12。由表可见，毛发中各药物的浓度顺序依次是：氟西泮>奥沙西泮>艾司唑仑>地西泮>三唑仑>美达西泮>氯氮卓>氟硝西泮。各化合物的 ICR 顺序依次是：氟西泮>美达西泮、地西泮>三唑仑≈艾司唑仑>氟硝西泮≈氯氮卓≥奥沙西泮。

表 10-12　8 个苯二氮卓类药物在血浆与毛发中的浓度及进入速率

化　合　物	毛发浓度(ng/mg) 平均数±标准差	AUC(μg min/mL) 平均数±标准差	ICR(100x) 平均数±标准差
氯氮卓	1.15±0.21	518.18±40.73	0.22±0.05
地西泮	1.47±0.30	66.29±3.72	2.22±0.4
艾司唑仑	1.48±0.26	127.65±17.83	1.16±0.3
氟硝西泮	0.39±0.11	193.54±56.43	0.20±0.1
氟西泮	13.92±5.42	276.58±42.54	5.03±1.2
美达西泮	1.31±0.15	47.14±3.32	2.78±0.2
奥沙西泮	1.67±0.38	738.35±11.58	0.23±0.04
三唑仑	1.38±0.43	131.84±90.19	1.05±1.0

注：AUC——血浆药时曲线下面积；ICR——药物进入毛发的速率，等于毛发浓度/AUC。

ICR 的顺序验证了一些已知的现象：比如碱性药物易于进入毛发，故碱性较强氟西泮和美达西泮与毛发的结合率高；又如极性大的药物较难进入毛发，故极性大的氯氮卓和奥沙西泮与毛发的结合率低。美中不足的是这项研究的实验设计还存在一些问题：如样本量较小($n=3$)，个体差异对结果影响较大；AUC 数据来自给药第 6 天所采集的血样（连续给药 10 d），动物体内很可能有药物蓄积，使得各药物不同的代谢速率也成为结果的影响因素之一；第 6 天的血浆中的药物量能否代表药物从血液进入毛发时血液环境中的药物量等。因此,这些研究结果仅供参考。

3. 药物毛发中的时间过程

在实践中,为了确认被害人是否单次摄药,需要对被害人的头发进行分段分析,只有在对应案发时间生长出的头发段中检测到阳性结果,而其他时间里生长的头发段为阴性结果时,才能证明被害人属单次摄药。研究苯二氮䓬类药物在毛发中的时间过程有助于确定合适的样品采集时间和进行结果解释。本书作者用豚鼠建立动物模型,分别以 10 μg/kg、100 μg/kg 和 500 μg/kg 的剂量($n=6$)给予三唑仑灌胃一次。给药后每隔 7 天分别剃取不同颜色的新生毛发(白色、棕色或黑色),连续取样 5 周。将采集的毛发用已建的 LC-MS/MS 方法进行测定,结果仅在给药后第一周收集的毛发中检测到目标物,之后收集的毛发分析结果均为阴性。给药剂量为 10 μg/kg 的 6 只豚鼠的毛发中未检测到目标物,100 μg/kg 和 500 μg/kg 剂量组的定量结果见表 10-13。

表 10-13 单次给药后第一周豚鼠毛发中三唑仑及 α-羟基三唑仑的浓度

样品名		三唑仑 (pg/mg)	α-羟基三唑仑 (pg/mg)	样品名		三唑仑 (pg/mg)	α-羟基三唑仑 (pg/mg)
M1	白	+	−	H1	白	+	+
	黑	2.77	+		棕	+	+
M2	白	+	−		黑	2.62	+
	棕	+	−	H2	白	+	+
M3	白	−	−		棕	2.19	+
	黑	+	−		黑	3.59	13.1
M4	棕	+	−	H3	白	−	−
	黑	+	−		棕	+	+
M5	白	−	−		黑	6.06	+
	棕	+	−	H4	白	4.93	+
M6	白	+	−		棕	5.54	12.22
	黑	+	−		黑	10.65	21.09
L1	−	−		H5	白	+	+
L2	−	−			棕	+	+
L3	−	−			黑	5.86	+
L4	−	−		H6	白	+	−
L5	−	−			棕	2	+
L6	−	−			黑	3.18	11.2

注:"+"表示检出,但未达定量限,"−"表示未检出。L 为低剂量组(10 μg/kg),M 为中剂量组(100 μg/kg),H 为高剂量组(500 μg/kg)。

虽然收集样品的时间长达五周,但实际上只有在第一周收集的豚鼠毛发中才能检测到目标物。表明豚鼠单次摄入三唑仑后,三唑仑及 α-羟基三唑仑会在一周内结合到正在生长的毛发中。

4. 药物剂量阈值

当头发分析结果为阴性时,可能未曾摄入目标药物,也可能是因检测方法的灵敏度问题而无法检测出头发中低浓度的目标药物。除方法的灵敏度(LOD)外,头发中能检出目标药物的剂量阈值也是一个重要的参考值,有助于对阴性的头发分析结果做出科学合理的评估和解释。

为考察三唑仑的最小检出剂量,作者设置了三个剂量组,检测结果如下:10 μg/kg 剂量组 6 只豚鼠的毛发中三唑仑的检测结果都为阴性,检出率为 0;100 μg/kg 剂量组有 1 只豚鼠的毛发中检测不到三唑仑,检出率为 83%;500 μg/kg 剂量组 6 只豚鼠的毛发中全部检测到三唑仑,检出率为 100%,而且其中 56% 的毛发样品可以定量。根据上述实验结果,把 100 μg/kg 作为用 LC - MS/MS 法可以在豚鼠毛发中检出三唑仑的最小摄入剂量,依二项分布计算,总体检出率的 95% 置信区间为(35.9%,99.6%)。

药物剂量阈值与所采用方法的灵敏度密切相关,本书作者所采用方法,头发中艾司唑仑的 LOD 为 0.2 pg/mg。口服 1 mg 艾司唑仑药片,在 0~2 cm 头发段中即可检出,即艾司唑仑的剂量阈值约为 1 mg。

5. 摄入剂量与头发药物浓度的关系

作者曾通过志愿者实验考察药物剂量与毛发浓度的关系,志愿者服用不同剂量的艾司唑仑,药后 1 个月采集头发样品,从发根起按 0~2 cm、2~4 cm 和 4~6 cm 分段,头发较长的同时取发梢 2 cm 段。按照已建方法进行分析,结果见表 10 - 14。由表可见,头发中艾司唑仑的浓度与用药剂量存在明显的相关性。

表 10 - 14 单次给药 1 个月后志愿者头发中的艾司唑仑

编号	年龄	性别	体重(kg)	服药剂量	浓度(pg/mg)			
					0~2 cm	2~4 cm	4~6 cm	发梢 2 cm
1	26	女	50	1 mg	0.56	+	-	-
2	26	女	44	1 mg	0.61	-	-	-
3	24	男	58	1 mg	+	-	-	/
4	27	男	58	2 mg	0.67	/	-	-
5	24	男	80	2 mg	1.45	-	-	-
6	27	男	60	2 mg	1.11	-	-	/
7	27	男	58	4 mg	1.52	0.77	-	-
8	26	女	44	4 mg	1.36	0.50	-	-
9	24	男	58	4 mg	2.45	0.71	-	-
10	26	女	47	4 mg	0.94	+	-	-
11	23	女	42	4 mg	1.49	+	-	-
12	25	男	59	5 mg	2.60	+	/	/
13	26	男	60	5 mg	2.28	+	-	/
14	27	男	59	6 mg	1.94	+	/	/

注:"+"表示检出,但未达定量限,"-"表示未检出,"/"表示该样品空缺。

豚鼠毛发实验同样显示毛发中药物浓度随剂量增加而升高的现象。随着给药剂量的增加,豚鼠毛发中三唑仑的浓度从阴性、检出,再到可定量,呈现出随给药剂量增加而升高的趋势。对各剂量组的豚鼠毛发中三唑仑的平均浓度("-"的算 0.9 pg/mg,"+"算 1 pg/mg)用 Kruskal Wallis 秩和检验进行两两比较,发现不同给药剂量的豚鼠的毛发中三唑仑的平均浓度有显著性差异($p<0.02$),高剂量组>中剂量组>低剂量组。这一现象与已知的其他实验结果一致(Toyo'oka,2001):给药剂量为 6 mg/kg 和 3 mg/kg($n=3$)的大鼠毛发三唑仑的浓度分别为 72 pg/mg 和 60 pg/mg;摄取三唑仑 0.175~0.5 mg/天的对象头发中三唑仑的浓度约为 5 pg/mg,0.125~0.25 mg/天的头发中的浓度约为 2 pg/mg。

6. 毛发药物浓度与毛发颜色的关系

药物进入毛发的程度与药物和黑色素亲和力密切相关,与其他头发颜色相比,药物更易进入黑色头发,这已成为专业共识。本书作者进行的三唑仑豚鼠实验中 500 μg/kg 剂量组的结果如图 10-3 所示,其中同一个体黑色毛发中的目标物浓度高于白色和棕色毛发,棕色毛发中的目标物浓度接近或略高于白色毛发,提示在对三唑仑的毛发分析中需要考虑毛发颜色对目标物浓度的影响。

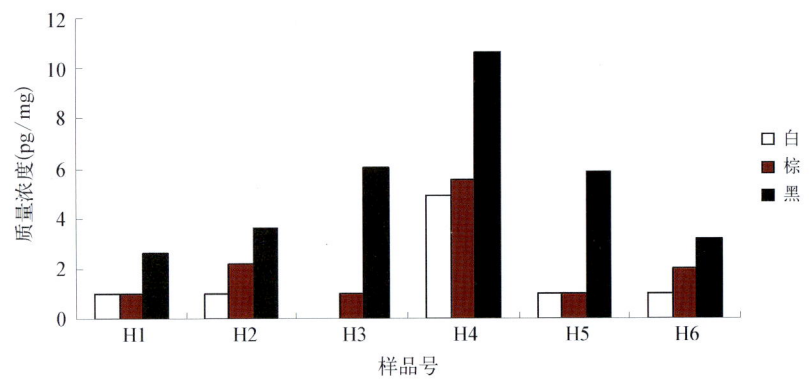

图 10-3　500 μg/kg 剂量组毛发中三唑仑的浓度

7. 单次摄药后药物在毛干中的分布和判定

苯二氮卓类药物的安眠镇定作用较强,临床用药基本在 0.25 mg 至数毫克剂量。麻醉抢劫和迷奸案件所涉该类药物一般具有范围广、单次用药、剂量小、作用强、体内浓度低、代谢速度快等特征,传统的方法模式往往无法检测出血液和尿液中痕量的苯二氮卓类药物,无法提供有效的摄药证据,而头发分析则具有独特的证据价值。

随着灵敏度高的液相色谱-串联质谱(LC-MS/MS)技术的迅猛发展,Kintz(2007)所在实验室开始进行单次摄药后头发中苯二氮卓类药物的分析,并且应用于麻醉抢劫、迷奸等犯罪案件中,在受害人头发中检出了阿普唑仑、7-氨基氯硝西泮和溴西泮等。Kintz 实验室认为头发分析可以应用于单次用药的犯罪案件,也提出了相关的解决方案。根据头发的生长速度大约为 0.7~1.4 cm/月,建议在案发后第 4~5

周贴头皮采集头发样本,然后从根部起按 2 cm 分段分析。如果在贴根的 2 cm 段头发中检出药物,而随后的两个 2 cm 段头发中未检出药物,则可判定为单次摄药。

作者实验室的研究结果显示,志愿者单次摄取艾司唑仑 1 mg、2 mg 和 4 mg 后,其距根部 0~2 cm 头发段中均可检出艾司唑仑(表 10 - 14)。随着摄药剂量的增加,0~2 cm 头发段中艾司唑仑浓度也有所增大。当用药剂量增大至 4 mg 后,除 0~2 cm 头发段外,在 2~4 cm 段头发中亦可检出艾司唑仑,有的甚至在 4~6 cm 段头发中亦呈阳性。Villain(2004)也曾报道 4 例涉及溴西泮的迷奸案件,其中 3 例符合其实验室对单次用药头发分析的预期:仅在根部~2 cm 段检出溴西泮。但在另一例案件中,除根部段检出外,在随后的 4 个分段中均检出 2~7 pg/mg 的溴西泮,对此结果其很感困惑。

此扩散现象的原因及其影响因素,有待进一步研究。本书作者分析相关头发分段分析的研究报道,认为可能存有以下因素:① 研究药物在毛发中出现的时间主要以胡子或动物为主,定期剃取,此方式排除了扩散因素;② 欧美国家开展头发分段分析研究较多,与黑色头发相比,药物较难进入高加索人的棕色/金色头发,故药物在 2~4 cm 段头发中峰值浓度比较低;③ 分析方法灵敏度问题,当分析方法不够灵敏时可能 2~4 cm 段头发会呈阴性结果;④ 较多研究对象存在多次摄药,期间有摄药量、摄药种类的变化,导致在头发分段分析中呈现药物浓度出现波动变化。

近年来随着 DFSA 案件的增多,人们对此类案件的头发分段分析的应用价值有了更深刻认识。作者实验室(陈航,2017)曾受理 6 例涉氯硝西泮的 DFSA 案件,6 名受害人均为女性,在不同时间遭受性侵害,案发时均出现不同程度的意识模糊、四肢无力、无法反抗等症状,个别受害人案发后对部分过程不能回忆。采集 6 名受害人头发,以 2 cm 为段进行分段,对各段头发中的氯硝西泮及其代谢物进行定量分析(表 10 - 15)。结果显示,氯硝西泮及其主要代谢物 7 -氨基氯硝西泮在受害人头发中均存在峰值;氯硝西泮在 6 名受害人阳性头发段中的浓度范围为 4.1~34.2 pg/mg;除 2 号受害人外,7 -氨基氯硝西泮在其余 5 名受害人阳性头发段中的浓度范围为 6.3~192.1 pg/mg。另取 1#和 4#受害人头发,自发根起以 0.5 cm 为一段进行分段,重点分析近发根部 0~5 cm 段。分析结果显示(图 10 - 4),1#、4# 受害人头发中氯硝西泮及 7 -氨基氯硝西泮的峰值均出现在 1.5~2.0 cm 段。

表 10 - 15 6 名受害人头发中氯硝西泮及其代谢物的分布情况(pg/mg)

受害人	目 标 物	头 发 段						
		0~2 cm	2~4 cm	4~6 cm	6~8 cm	8~10 cm	10~12 cm	12 cm 至发梢
1	氯硝西泮	20.7	17.9	-	-	-	-	-
	7 -氨基氯硝西泮	51.6	47.2	-	-	-	-	-
2	氯硝西泮	-	-	4.1	20.2	8.1	-	-
	7 -氨基氯硝西泮				+			

续表

受害人	目标物	0~2 cm	2~4 cm	4~6 cm	6~8 cm	8~10 cm	10~12 cm	12 cm至发梢
3	氯硝西泮	−	5.3	7.7	34.2	16.6	−	−
	7−氨基氯硝西泮	−	13.2	29.6	192.1	11.7	−	−
4	氯硝西泮	18.7	5.1	−	−	−	−	−
	7−氨基氯硝西泮	83.3	7.5	−	−	−	−	−
5	氯硝西泮	4.2	−	−	−	−	−	−
	7−氨基氯硝西泮	11.2	−	−	−	−	−	−
6	氯硝西泮	−	−	4.5	32.1	+	−	−
	7−氨基氯硝西泮	−	−	47.1	176.5	6.3	−	−

注:"−"表示未检出,"+"表示检出但低于定量限。

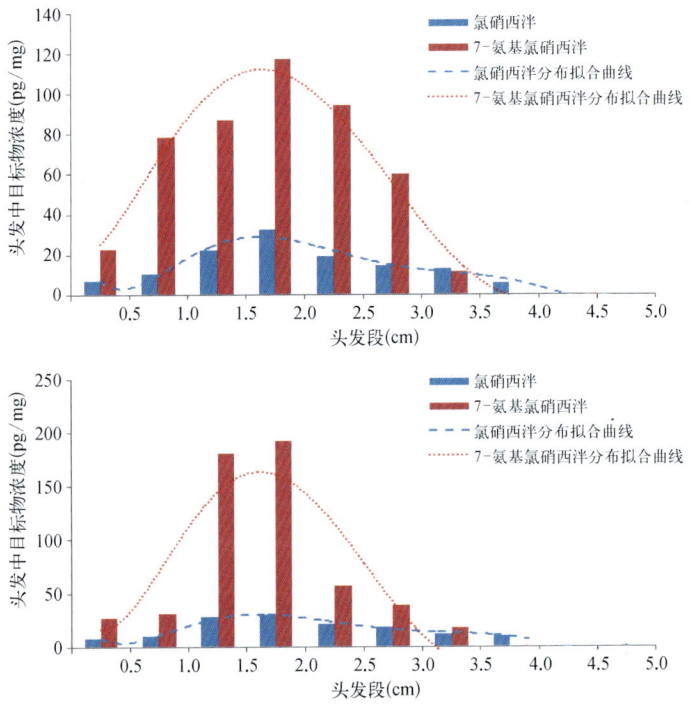

图 10−4 3#(A)、4#(B)近发根部头发中氯硝西泮及其代谢物的分布情况

通过分段分析,理论上可以相对准确地反映个体的摄药史和摄药情况。但通过对涉艾司唑仑、氯硝西泮和氯胺酮等目标物的头发进行分段分析,发现由于头发存在生长速度和周期差异、汗液污染、主动扩散、头发采样及分段误差等影响因素,可出现阳性点分散、多段头发段呈阳性结果的现象。基于这些因素,国际毛发分析协会前主席 Kintz(2015)近期提出建议,若属单次摄药的药物辅助犯罪案件,其对应案发时间的头发段中药物浓度应最高,且与之前、之后的相邻头发段中浓度相比,至少高 3 倍以上。作者实验室的研究结果符合单次摄药判断规则。

运用头发分段分析推断摄药时间可能存在一定的误差。对摄药时间推断的主要影响因素包括以下几个方面：① 头发生长速度存在个体差异，在 0.7~1.4 cm/月范围。② 药物随血液循环进入毛囊，随毛囊的生长露于皮肤表面成为毛干，再生长可采集的长度，至少需要两周的时间。③ 停药后毛发周围的皮脂腺等周围附属组织中存在的药物仍在逐渐释放。④ 个体的每根头发处于不同的生长周期。在生长期的头发中药物随毛干生长而向发梢方向移动，而在休止期的头发中药物随头发仍停留在原位。⑤ 对头发进行采样、分段分析时均采用手工、剪刀进行，亦存在差异。大部分药物辅助犯罪案件并不能完全按照"案发后一个月采集头发"的规则采样，随着采样间隔时间的延长，上述影响因素更为突出，头发中药物浓度高峰与摄药时间的对应上可能更为模糊。

另一方面，在 DFC 案件中，应特别注意排除假阳性结果，同时用发梢作为自身阴性对照，而在进行结果解释时也应当格外慎重。例如，Villain（2004）曾报道过一起案例：一名 37 岁的妇女在遭受了性侵犯后 9 小时向警察报案，据她供称曾喝过朋友给的饮料。当时采集的血液中检测到高于治疗量（50~200 ng/mL）的唑吡坦，浓度为 390 ng/mL。4 周后采集了她的头发样品，长度为 8 cm。鉴定人员按每 2 cm 一段对她的头发进行分段分析，结果从发根到发梢每段中唑吡坦的浓度分别为：22 pg/mg、47 pg/mg、67 pg/mg 和 9 pg/mg，表明该名妇女曾多次服用过唑吡坦，对此该妇女没有表示异议。

8. 尸体组织中含硝基的苯二氮䓬类药物的降解现象

Cirimele（1997）在 26 名因滥用药物致死的死者头发中检出氟硝西泮及代谢物 7-氨基氟硝西泮，其中 54.8% 的头发样品中，7-氨基氟硝西泮的浓度高于氟硝西泮。作者认为其原因是 7-氨基氟硝西泮的碱性比氟硝西泮大，因而易于从血液（pH 7.4）进入到头发（pH 5.5）；另一假设是人死后，血液中的氟硝西泮会发生降解或代谢。据 Drummer（1993）研究报道，氟硝西泮中毒死亡的人的血液中原药的浓度大多低于代谢物的浓度。Iten（1992）向死后取得的血液样品中添加氟硝西泮，证实了在微生物的作用下，氟硝西泮的降解现象确实存在。这或许可以解释为什么在 26 例头发样品中有些原药/代谢物比例大于 1，可能为法医及时实施尸体解剖或者尸体经过了紫外照射等因素，因此氟硝西泮的降解程度有限。

五、阳性数据

苯二氮䓬类药物为临床常用药物，易于滥用，又被应用于麻抢、迷奸等案件，故对其研究、应用文献较多。

1. 单次摄药的头发分析

药物辅助犯罪案件中所涉药物包括中枢神经抑制剂、兴奋剂、致幻剂等精神活性物质。该类案件具有单次摄药的特征，且因延迟效应而致常规的血液、尿液往往无法提供有效的摄药证据。头发分析在单次摄药的鉴定方面具有很大的应用价值和证据意义，已有的报道见表 10-16。

表 10-16 单次摄药的头发分段分析文献资料（xiang, 2015）

药物	英文名	剂量（样品量）	采样、分段	分析方法、LOD	头发段中浓度
醋异丙嗪	Aceprometazine	10 mg, 口服 ($n=1$)	对应 2 cm 段	LC-MS/MS	8 pg/mg
阿利马嗪	Alimemazine	5 mg, 口服 ($n=1$)	对应 2 cm 段	LC-MS/MS	7 pg/mg
阿普唑仑	Alprazolam	0.25 mg, 口服 ($n=3$)	对应 2 cm 段	LC-MS/MS, 0.5 pg/mg	<1 pg/mg
阿米替林	Amitriptyline	25 mg, 口服 ($n=1$)	对应 2 cm 段	LC-MS/MS	37 pg/mg
溴西泮	Bromazepam	6 mg, 口服 ($n=1$)	1 cm, 1 月	LC-MS/MS, 1 pg/mg	28 pg/mg（粉碎）；3.5 pg/mg（剪碎）
		6 mg, 口服 ($n=1$)	1 cm, 1 月	LC-MS/MS, 1 pg/mg	4.7 pg/mg（剪碎）
		剂量未知 ($n=8$)	对应 2 cm 段	LC-MS/MS	2.0~19 pg/mg
西替利嗪	Cetirizine	5 mg 西替利嗪口服 ($n=1$)	对应 2 cm 段	LC-MS/MS	23 pg/mg
		25 mg 羟嗪, 口服 ($n=2$)	对应 2 cm 段	LC-MS/MS	<5 pg/mg
氯苯那敏	Chlorphenamine	4 mg, 口服 ($n=1$)	对应 2 cm 段	LC-MS/MS	9 pg/mg
氯巴占	Clobazam	5 mg, 口服 ($n=1$)	对应 2 cm 段	LC-MS/MS	<1 pg/mg
氯硝西泮	Clonazepam	3 mg, 口服 ($n=10$)	1, 3, 5, 14, 21, 和 28 d	NCI-GC-MS, 0.4 pg/mg（7-氨基氯硝西泮）	代谢物 7-氨基氯硝西泮：检出 ($n=6$); 3 天时出现，均检出 28 d (3.6~8.4 pg/mg; 2.7~3.0 pg/mg) ($n=2$); 21 d 检出 (4.9~2.7 pg/mg; 1.2~23 pg/mg) ($n=2$); 28 d 检出 (1.8; 3.3 pg/mg) ($n=2$). 氯硝西泮：未检出 ($n=10$).
		2 mg, 口服 ($n=1$)	1 cm, 1 月	LC-MS/MS, 0.5 pg/mg（氯硝西泮), 2 pg/mg（7-氨基氯硝西泮）	7-氨基氯硝西泮：根部 1 cm, 22 pg/mg
		2 mg, 口服 ($n=9$)	对应 2 cm 段	LC-MS/MS	7-氨基氯硝西泮：1.3~15 pg/mg
可卡因	Cocaine	25~35 mg, IV	1 cm, 1 月	GC-MS	100~5 100 pg/样品
可待因	Codeine	60 mg, 口服 ($n=7$)	12, 24, 48 h, 2 周	GC-MS	根部 1 cm: <250 pg/mg
		120 mg, 口服 ($n=12$)			
		100 mg, 口服 ($n=9$)	2~4 周	GC-MS	20~570 pg/mg

续表

药物	英文名	剂量(样品量)	采样、分段	分析方法、LOD	头发段中浓度
氰美马嗪	Cyamemazine	25 mg,口服($n=1$)	对应2 cm段	LC-MS/MS	55 pg/mg
地西泮	Diazepam	2 mg,口服($n=1$)	对应2 cm段	LC-MS/MS	<2 pg/mg
		10 mg,口服($n=3$)	3周	LC-MS/MS	0~3 cm,3~6 cm:地西泮,2.3~6.0 pg/mg;去甲地西泮,痕量~5.4 pg/mg;6-末梢:未检出
苯海拉明	Diphenhydramine	90 mg,口服($n=1$)	对应2 cm段	LC-MS/MS	34 pg/mg
		180 mg,口服($n=1$)	对应2 cm段	LC-MS/MS	396 pg/mg
多西拉敏	Doxylamine	30 mg,口服($n=1$)	对应2 cm段	LC-MS/MS	17 pg/mg
艾司唑仑	Estazolam	2 mg,口服($n=1$)	对应2 cm段	LC-MS/MS	3 pg/mg
		1 to 6 mg,口服($n=14$)	1 cm,1月	LC-MS/MS,0.2 pg/mg	0~2 cm段:检出-2.6 pg/mg($n=14$);2~4 cm段:检出-0.8 pg/mg($n=9$);4~6 cm段:检出($n=2$)
氟硝西泮	Flunitrazepam	2 mg,口服($n=10$)	1,3,5,14,21,28 d.	NCI-GC-MS,0.5 pg/mg(氟硝西泮),0.2 pg/mg(7-氨基氟硝西泮)	根部1.5 cm 7-氨基氟硝西泮:24 h后检出,28天(0.6~8.0 pg/mg)($n=5$);21天后出现(0.5~2.7 pg/mg)($n=2$);14天后出现(0.5~5.4 pg/mg)($n=2$);氟硝西泮:0.5~2.3 pg/mg($n=5$)
GHB	GHB	剂量未知($n=5$)	对应2 cm段	LC-MS/MS	-;7-氨基氟硝西泮:0.5~5 pg/mg
		25 mg/kg,口服($n=1$)	0.3 cm	GC-MS/MS,0.2 ng/mg	较基础值上升30%
		25 mg/kg,口服($n=12$)	5 mm	LC-MS/MS,0.3 ng/mg	比率:4.45:1(95% C.I. 3.52~5.63);3.35:1(95% C.I. 2.14~5.18)
格列本脲	Glibenclamide	5 mg,口服($n=1$)	1 cm,1月	LC-MS/MS,2 pg/mg	0~2 cm:5 pg/mg;2~6 cm:-
羟嗪	Hydroxyzine	25 mg,口服($n=1$)	对应2 cm段	LC-MS/MS	16 pg/mg
氯胺酮	Ketamine	10 mg,口服($n=4$)	1,2,3,4,8,12 and 16周	LC-MS/MS,氯胺酮,0.5 pg/mg;去甲氯胺酮1 pg/mg	氯胺酮和去甲氯胺酮:1周后0~0.5 cm段检出;Cmax:19.0±6.5和18.7±13.3 pg/mg
氯普唑仑	Loprazolam	1 mg,口服($n=1$)	对应2 cm段	LC-MS/MS	3 pg/mg

续 表

药物	英文名	剂量(样品量)	采样,分段	分析方法,LOD	头发段中浓度
劳拉西泮	Lorazepam	2.5 mg,口服($n=1$)	对应 2 cm 段	LC–MS/MS	<2 pg/mg
		2.5 mg,口服($n=3$)	1 cm,1 月	LC–MS/MS,0.5 pg/mg	未检出
氯甲西泮	Lormetazepam	1 mg,口服($n=1$)	对应 2 cm 段	LC–MS/MS	<1 pg/mg
洛沙平	Loxapine	25 mg,口服($n=1$)	对应 2 cm 段	LC–MS/MS	6 pg/mg
4-甲基乙卡西酮	4-Methylethyl-cathinone	剂量未知($n=1$)	对应 2 cm 段	LC–MS/MS	741 pg/mg
尼普拉嗪	Niaprazine	30 mg,口服($n=1$)	对应 2 cm 段	LC–MS/MS	542 pg/mg
硝西泮	Nitrazepam	5 mg,口服($n=1$)	对应 2 cm 段	LC–MS/MS	硝西泮:2 pg/mg; 7-氨基硝西泮:17 pg/mg
去甲地西泮	Nordiazepam	7.5 mg 氯氮卓($n=1$)	对应 2 cm 段	LC–MS/MS	4.5 pg/mg
		5 mg 普拉西泮($n=1$)	对应 2 cm 段	LC–MS/MS	7 pg/mg
		10 mg 普拉西泮($n=1$)	对应 2 cm 段	LC–MS/MS	1.5 pg/mg
		10 mg 地西泮($n=3$)	3 周	LC–MS/MS	0~3 cm,3~6 cm:痕量~5.4 pg; 6-发梢:未检出
奥沙西泮	Oxazepam	10 mg,口服($n=1$)	对应 2 cm 段	LC–MS/MS	1 pg/mg
奥索马嗪	Oxomemazine	3.3 mg,口服($n=1$)	对应 2 cm 段	LC–MS/MS	51 pg/mg
		剂量未知($n=1$)	对应 2 cm 段	LC–MS/MS	14 pg/mg
司来吉兰	Seligiline	15 mg,口服($n=10$)	7,14,21 和 28 d	GC–MS	甲基苯丙胺 118 pg/mg; 苯丙胺 22 pg/mg
替马西泮	Temazepam	10 mg,口服($n=1$)	对应 2 cm 段	LC–MS/MS	0.5 pg/mg
		20 mg,口服($n=1$)	对应 2 cm 段	LC–MS/MS	2.5 pg/mg

续 表

药 物	英文名	剂量(样品量)	采样,分段	分析方法,LOD	头发段中浓度
四氢西泮	Tetrazepam	50 mg, 口服 (n=3)	对应 2 cm 段	LC-MS/MS	60~129 pg/mg
		50 mg, 口服 (n=2)	4 周	LC-MS/MS, 6 pg/mg	123~175 pg/mg
		50 mg, 口服 (n=3)	3 周	LC-MS/MS	0~3 cm: 17.3~59.7 pg/mg; 3~6 cm: 未检出; 6 cm~发梢 1: 未检出
三唑仑	Triazolam	剂量未知 (n=1)	对应 2 cm 段	LC-MS/MS	1.3 pg/mg
唑吡坦	Zolpidem	10 mg, 口服 (n=17)	对应 2 cm 段	LC-MS/MS	1.2~19 pg/mg
		10 mg, 口服 (n=5)	1 cm, 1 月	LC-MS/MS, 0.2 pg/mg	0~2 cm: 1.8~9.8 pg/mg; 2~4 cm: 未检出, 4~6 cm: 未检出
		10 mg, 口服 (n=20)	4 周	LC-MS/MS, 2 pg/mg	0~2 cm: 135.0~554.6 pg/mg; 2~4 cm: d 检出~13.6 pg/mg (n=7)
佐匹克隆	Zopiclone	7.5 mg, 口服 (n=2)	1 cm, 1 月	LC-MS/MS, 0.3 pg/mg	0~2 cm: 5.4 和 9.0 pg/mg, 未检出, 4~6 cm: 未检出

2. 多次摄药的头发分析

头发中苯二氮卓类药物浓度资料的积累有助于毒物分析结果的解释和临床用药的监控。26 例氟硝西泮滥用者头发中氟硝西泮和 7-氨基氟硝西泮的浓度见表 10-17(Cirimele,1997)、21 例滥用者 0~3 cm 头发段中的苯二氮卓类药物见表 10-18(Yegles,1997) 和 93 例滥用者头发中的苯二氮卓类药物见表 10-19(Cirimele,1997)。

表 10-17 滥用者头发中氟硝西泮和 7-氨基氟硝西泮的浓度

案例号	氟硝西泮(pg/mg)	7-氨基氟硝西泮(pg/mg)
1	33	27
2	ND	6
3	ND	5
4	36	35
5	ND	18
6	ND	26
7	33	94
8	59	107
9	80	136
10	42	66
11	67	19
12	116	8
13	48	28
14	ND	7
15	ND	21
16	31	110
17	ND	97
18	45	30
19	90	24
20	129	161
21	ND	5
22	ND	7
23	ND	114
24	36	28
25	ND	3
26	ND	5

ND：未检出。

表 10-18 21 例药物滥用者 0~3 cm 头发段中苯二氮卓类药物(浓度 ng/mg)

案例号	地西泮	去甲西泮	奥沙西泮	氟硝西泮	氯甲西泮	劳拉西泮
1	0.10	0.13	0.20			
2	0.63	0.25	1.45			

续 表

案例号	地西泮	去甲西泮	奥沙西泮	氟硝西泮	氯甲西泮	劳拉西泮
3	0.09	0.70				
4	0.70	0.15	0.80	0.03		
5	0.02	0.83		0.02		
6		0.35	1.76			
7	0.23	0.44	0.30			
8		0.19				
9		0.67	1.49			
10		0.48			29.05	
11	0.18	0.36				
12	0.15	0.20	1.15		18.14	4.91
13	2.21	1.83	3.10	9.50		
14	0.01	0.35	2.44	0.81		
15	0.19	0.54	2.07	4.51		
16	0.06				4.07	
17		0.20		3.07		
18	0.04	0.14	3.03	0.36		
19	0.01	0.35	3.44	0.81		
20	0.02	1.45	1.16			
21		0.16	0.67			

表 10-19 93 例药物滥用者头发中的苯二氮卓类药物分布

化 合 物	阳性案例数	浓度范围
去甲西泮	42	0.20~18.87 ng/mg
奥沙西泮	14	0.10~0.50 ng/mg
氟硝西泮	31	19~148 pg/mg
劳拉西泮	4	31~49 pg/mg
阿普唑仑	2	0.30~1.24 ng/mg
总 计	93	

3. 头发分段分析

头发分段分析可较可靠地反映长程摄药信息,Irving(2007)对 18 名长期服用苯二氮卓类药物患者的头发进行分段分析,并结合摄药史进行讨论(表 10-20)。

表 10-20 服用苯二氮卓类药物患者的头发分段分析结果

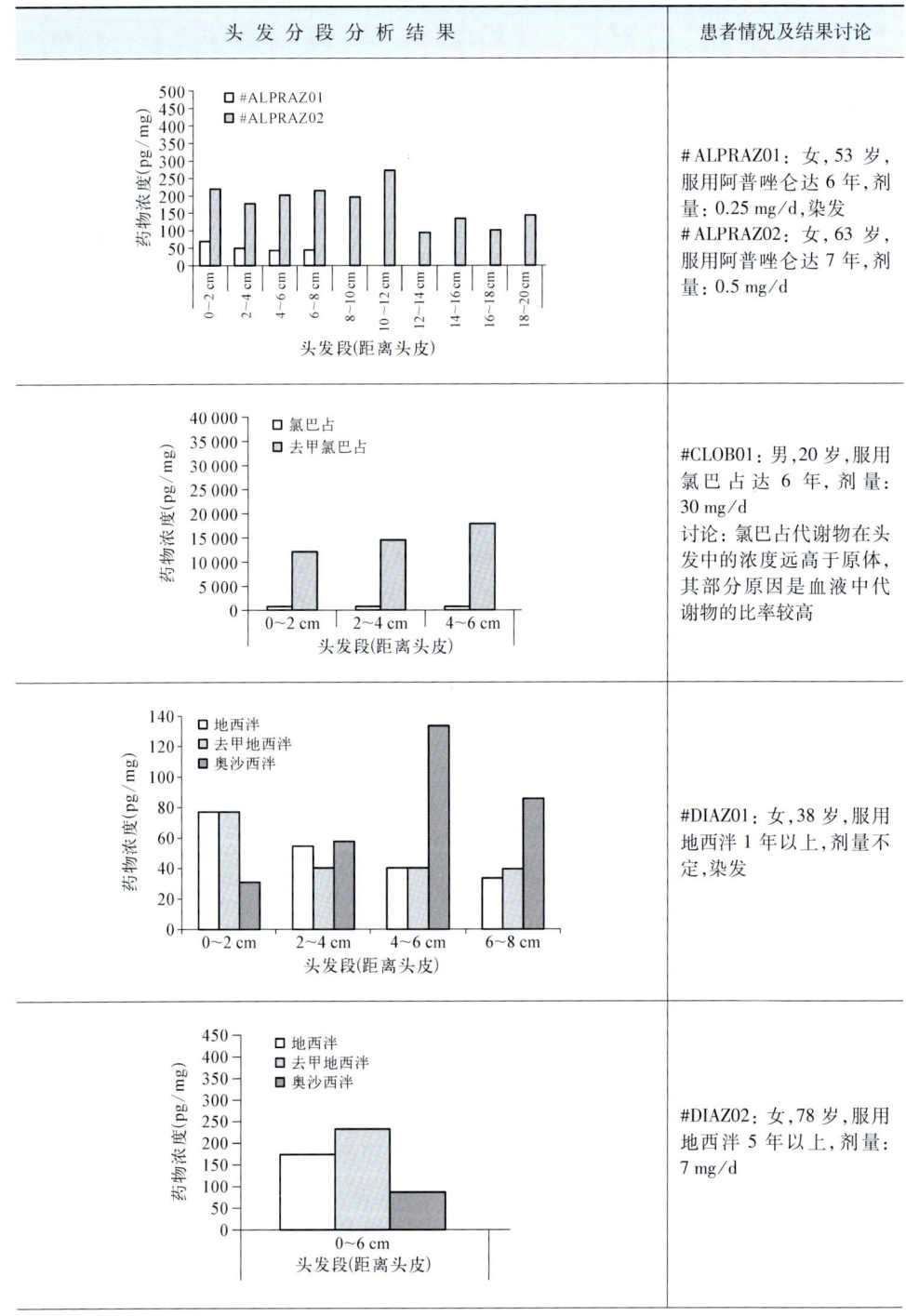

续 表

头发分段分析结果	患者情况及结果讨论
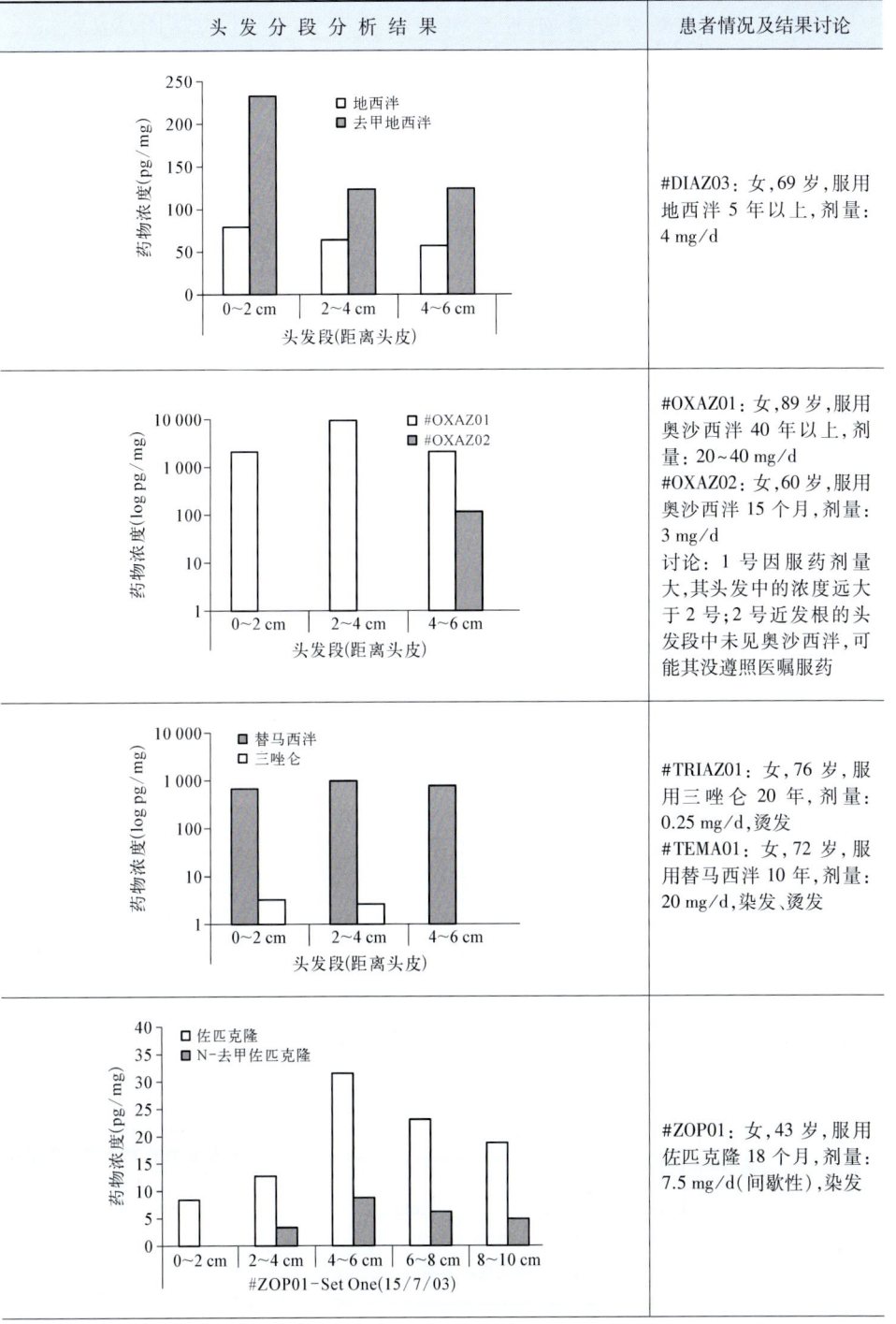	#DIAZ03：女，69岁，服用地西泮5年以上，剂量：4 mg/d
	#OXAZ01：女，89岁，服用奥沙西泮40年以上，剂量：20~40 mg/d #OXAZ02：女，60岁，服用奥沙西泮15个月，剂量：3 mg/d 讨论：1号因服药剂量大，其头发中的浓度远大于2号；2号近发根的头发段中未见奥沙西泮，可能其没遵照医嘱服药
	#TRIAZ01：女，76岁，服用三唑仑20年，剂量：0.25 mg/d，烫发 #TEMA01：女，72岁，服用替马西泮10年，剂量：20 mg/d，染发、烫发
	#ZOP01：女，43岁，服用佐匹克隆18个月，剂量：7.5 mg/d(间歇性)，染发

续 表

头发分段分析结果	患者情况及结果讨论
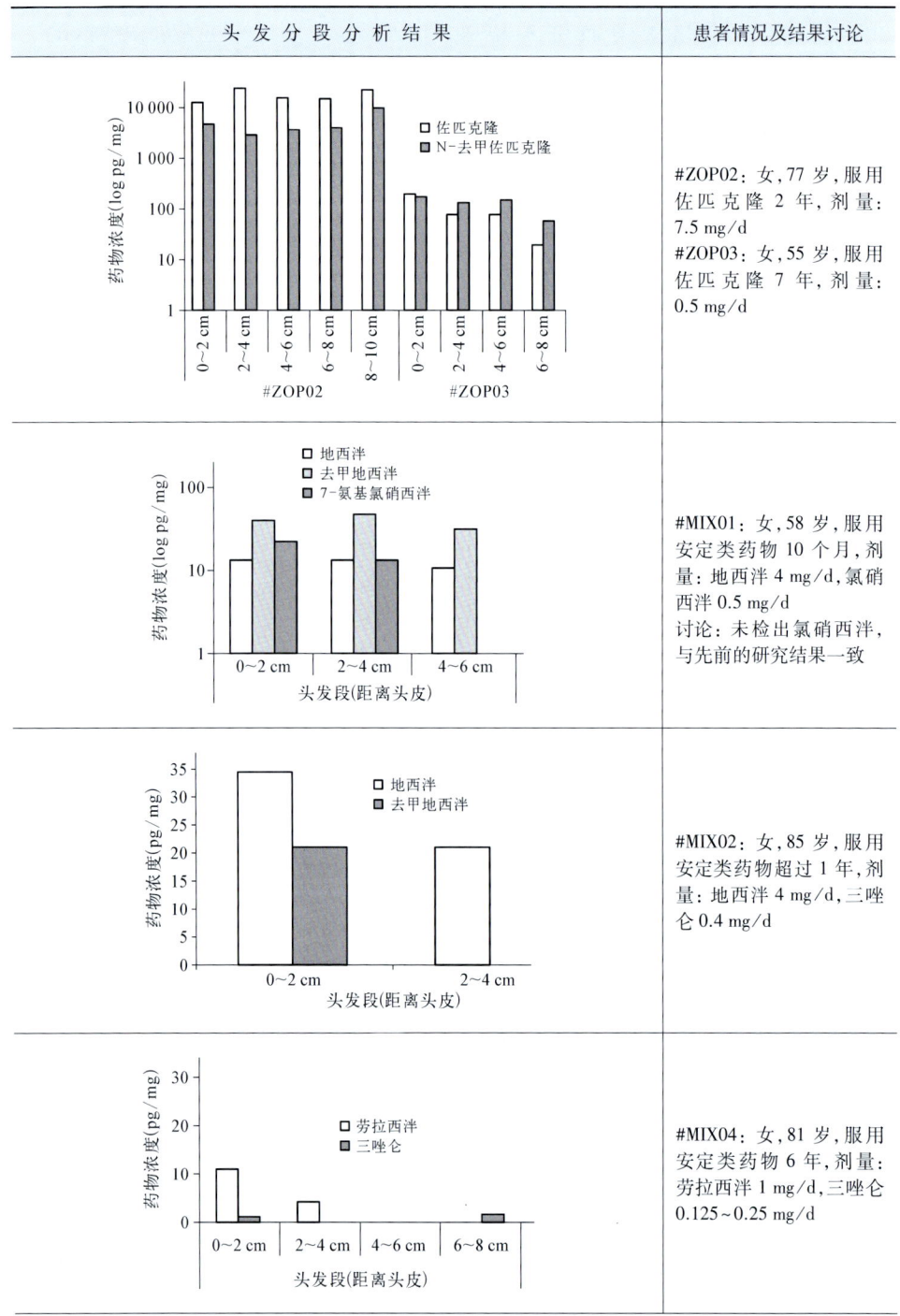	#ZOP02：女，77 岁，服用佐匹克隆 2 年，剂量：7.5 mg/d #ZOP03：女，55 岁，服用佐匹克隆 7 年，剂量：0.5 mg/d
	#MIX01：女，58 岁，服用安定类药物 10 个月，剂量：地西泮 4 mg/d，氯硝西泮 0.5 mg/d 讨论：未检出氯硝西泮，与先前的研究结果一致
	#MIX02：女，85 岁，服用安定类药物超过 1 年，剂量：地西泮 4 mg/d，三唑仑 0.4 mg/d
	#MIX04：女，81 岁，服用安定类药物 6 年，剂量：劳拉西泮 1 mg/d，三唑仑 0.125～0.25 mg/d

头发分段分析结果	患者情况及结果讨论
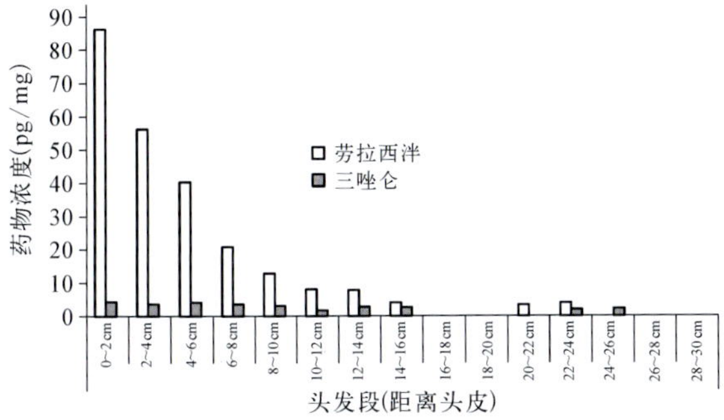	#MIX05：女，40岁，服用安定类药物5年以上，剂量：劳拉西泮3 mg/天，三唑仑0.175~0.5 mg/d 讨论：随着离发根的距离增加，头发中的劳拉西泮浓度逐渐下降，表明结合在头发中的药物可能因化学物质、光照等因素而损失
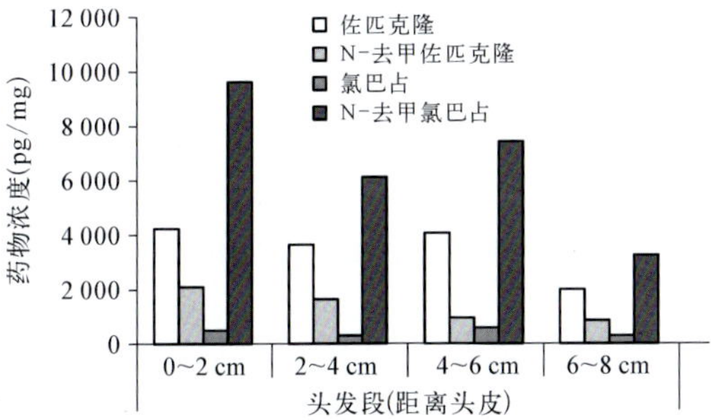	#MIX06：女，67岁，用药史：服用佐匹克隆5年，剂量14 mg/d；服用氯巴占7年，剂量4 mg/d，染发

六、典型案例

案例1（Kintz，2004）

某23岁的女性称其前天晚上被人迷昏，约3个小时后醒来。鉴定人员在其血液中检测到浓度为32 ng/mL的劳拉西泮。一个月后鉴定人员又采集其头发样本，结果在0~2 cm（从发根算起）的头发段中检出8 pg/mg的劳拉西泮，而2~4 cm和4~6 cm的头发段中未检出该药物，从而可以认定这是一起涉及劳拉西泮的迷奸案。

案例2（Kintz，2004）

某41岁的男性在开车上班时因车祸死亡。毒物鉴定发现，其血液中有氟硝西泮的代谢物7-氨基氟硝西泮，浓度为59 ng/mL。根据医疗记录，死者生前未使用过这类药物，也没有药物滥用史。为了解该男性的用药历史，该案件审理法官要求对死者的头发样本进行检测。结果头发中未检测到氟硝西泮及其代谢物，证实该男性之前并没有摄取过氟硝西泮。最终，证实系死者的同事利用氟硝西泮药物的镇静催眠作用制造车祸。

案例 3（Chèze,2004）

某 40 岁男性带着在俱乐部认识的同伴回公寓喝酒,后失去意识,待醒来后发现现金、电脑、手表、手机等财物不翼而飞,即去警察局报案。当即留取尿样,4 周后采集毛发样本(腋毛)。结果显示尿液中氯硝西泮的浓度为 17.8 ng/mL,7-氨基氯硝西泮的浓度为 561.7 ng/mL;毛发中仅有 7-氨基氯硝西泮,浓度大约为 3.2 pg/mg。根据被害人提供的线索,嫌疑人被抓捕归案,其携带有浓度为 2.1 mg 的氯硝西泮药片。

案例 4（Xiang,2011）

2008 年某日凌晨,受害人王某和谈某受邀吃夜宵,喝了饮料后神志不清,遭受强奸。次日下午报案,于当晚 9 时许留取血样,鉴定结果所送血液中均检出氯硝西泮和 7-氨基氯硝西泮成分。王某血液中氯硝西泮和 7-氨基氯硝西泮的浓度分别为 1.05 ng/mL 和 20.60 ng/mL;谈某血液中氯硝西泮和 7-氨基氯硝西泮的浓度分别为 0.22 ng/mL 和 15.34 ng/mL。案发 5 周后采集的受害人王某和谈某的头发,从发根起按 2 cm 分段分析,结果见表 10-21。两束头发在贴根的 0~2 cm 段头发中可同时检出氯硝西泮和其代谢物 7-氨基氯硝西泮,且代谢物浓度高于原药浓度。其可能原因为 7-氨基氯硝西泮碱性较氯硝西泮强,更容易进入酸性的头发基质中。

两者在 2~4 cm 段头发中均可检出氯硝西泮,王某甚至在 4~6 cm 段、6~8 cm 段头发中亦呈阳性。为进一步研究氯硝西泮和其代谢物 7-氨基氯硝西泮在头发中的分布状况,取王某的另一束头发,从发根起以 0.5 cm 为长度单位分段分析,结果见图 10-5。可见尽管在 2~4 cm 段和 4~6 cm 段中仍能检测到目标物,但是氯硝西泮和 7-氨基氯硝西泮的浓度峰值还是出现在 0.5~1 cm 段中,与 0.7~1.4 cm/月的头发生长速度大致吻合。

表 10-21　药物辅助犯罪案件的头发分段分析

头发段（从发根起）	王　某		谈　某	
	氯硝西泮（pg/mg）	7-氨基氯硝西泮（pg/mg）	氯硝西泮（pg/mg）	7-氨基氯硝西泮（pg/mg）
0~2 cm	15.47	45.30	11.93	33.47
2~4 cm	5.31	-	1.31	-
4~6 cm	1.63	-	-	-
6~8 cm	+*	-	-	-
8~10 cm	-**	-	-	-
10~12 cm	-	-	-	-
12~14 cm	-	-	-	-
14~16 cm	-	-	-	-

*：+检出,但未达定量限,＊＊：-,未检出。

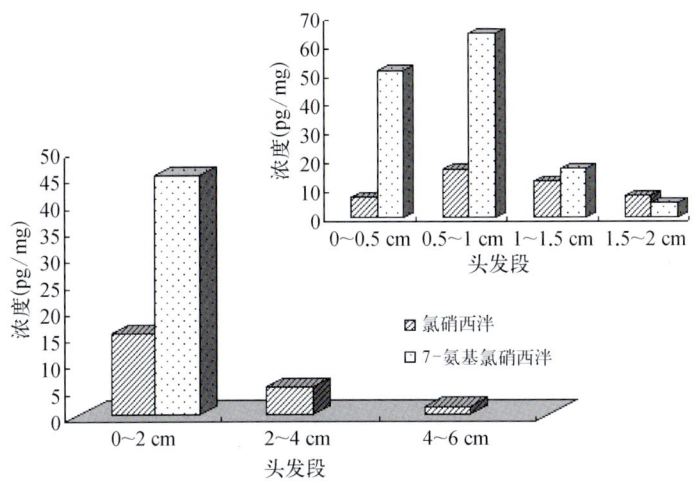

图 10-5 王某头发按照 2 cm/段和 0.5 cm/段分段分析的比较

在除 0~2 cm 头发段中也检出目标物,说明目标物可能在毛干上存在扩散,涉及因素可能包括头发颜色差异、头发生长速度和生长周期的差异、汗腺、皮脂腺等分泌的扩散、采样误差等。除血液循环外,药物可经汗腺、皮脂腺等分泌扩散进入毛干,或者经血液循环进入毛发后,在毛干上存在扩散现象。

第二节 巴比妥类药物

巴比妥类(barbiturates)为巴比妥酸在 C_5 位上的氢被取代而得到的一类中枢抑制药。随剂量由小到大,中枢抑制作用相继表现镇静、催眠、抗惊厥和麻醉作用。由于巴比妥类药物的安全性远不及苯二氮䓬类药物,且较易发生依赖性,因此目前已很少用于镇静和催眠。其中仅有苯巴比妥和戊巴比妥仍用于控制癫痫持续状态,硫喷妥偶用于小手术或内镜检查时作静脉麻醉。巴比妥类药物使用不当极可能产生滥用乃至形成药物依赖性。也有将巴比妥类药物常掺在阿片类、"摇头丸"等违禁品中滥用。巴比妥类按作用维持时间长短分为长效、中效、短效和超短效。

一、体内过程

1. 长效

巴比妥(Barbital)又名巴比特鲁、佛罗拿(Barbitone, Diemalum, Malonal, Medinal),化学名为 5,5-二乙基巴比妥酸(5,5-Diethyl-barbitaric-acid)。

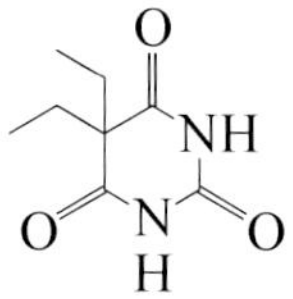

$C_8H_{12}O_3N_2 = 184.20$

CAS：57-44-3

苯巴比妥(Phenobarbital)又名鲁米那(Phenobarbitone, Luminal, Gardenal)，化学名为5-乙基-5-苯基巴比妥酸(5-Ethyl-5-phenylbarbituric acid)。

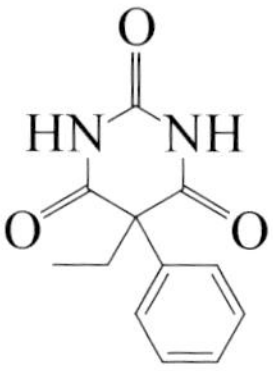

$C_{12}H_{12}N_2O_3 = 232.24$

CAS：50-06-6

戊巴比妥(Pentobarbital, Barpental, Sotyl, Neodorm)，化学名为5-乙基-5-(1-甲基丁基)巴比妥酸[5-Ethyl-5(1-methylbutyl)barbituric acid]。

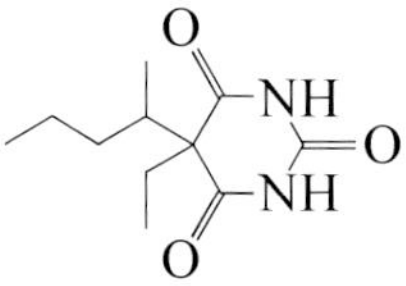

$C_{11}H_{18}N_2O_3 = 226.28$

CAS：76-74-4

2. 中效

异戊巴比妥(Amobarbital)又名阿米妥(Barbamil, Pentymal, Somnal, Dormytal)，化学名为5-乙基-5-(1-甲基丁基)-2,4,6(1H,3H,5H)吡啶三酮[5-Ethyl-5-(3-methyl-butyl)-2,4,6-(1H,3H,5H)-pyrimidinetrione]。

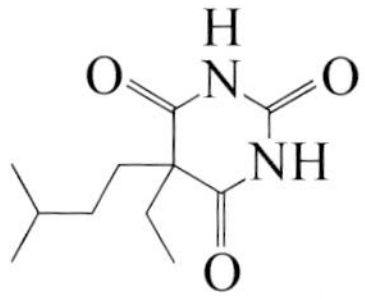

$C_{11}H_{18}N_2O_3 = 226.28$

CAS：57-43-2

3. 短效

司可巴比妥(Secobarbital)又名速可眠(Eotal,Barbosec,Immenoctal,Imesonal),化学名为5-(1-甲基丁基)-5-(2-丙烯基)-2,4,6(1H,3H,5H)吡啶三酮[5-(1-Methyl-butyl)-5-(2-propenyl)2,4,6(1H,3H,5H)pyridinetrione]。

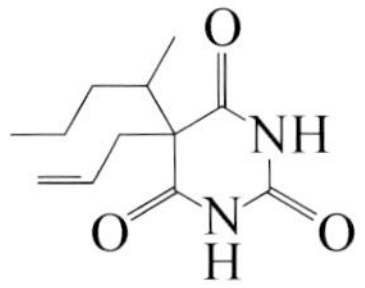

$C_{12}H_{18}N_2O_3 = 238.29$

CAS:76-73-3

4. 超短效

硫喷妥钠(Thiopental)又名硫代戊巴比妥(Thiomebumal, Penthiobarbital, Thiopentone, Pentotha),化学名为5-乙基-5-(1-甲基丁基)-2-硫代巴比妥酸[5-Ethyl-5-(1-methylbutyl)-2-thiobarbi-turic acid]。

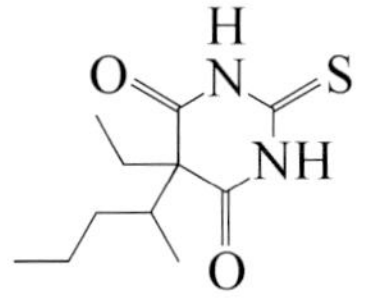

$C_{11}H_{18}N_2O_2S = 242.34$

CAS:76-75-5

通常巴比妥类药物用于镇静、催眠时为口服使用,进入体内后迅速、完全地吸收,生物利用度几乎为100%,作用时间从10~60 min不等。钠盐比游离酸吸收更快,钠盐肌肉注射要比一般药物注射深,以避免疼痛和组织损伤。

巴比妥类药物通过氧化和结合在肝脏代谢。C_5位上取代物的氧化是药理活性终止的最主要原因。巴比妥类药物氧化后可产生醇类、酚类、酮类或羧酸类与葡萄糖酸的结合物。其代谢途径包括N-羟化、硫代巴比妥脱硫、巴比妥酸环状结构的打开,以及N-去烷基化等。某些巴比妥类药物也可由其他药物代谢转化生成,如甲基巴比妥代谢可生成巴比妥,苯甲巴比妥可代谢成苯巴比妥,扑痫酮可代谢成苯巴比妥等。巴比妥类药物在体内代谢和排泄缓慢,单次使用巴比妥后2 d内排泄入尿的原药为剂量的33%,13天后为95%以上。单次口服300 mg巴比妥,13 d后尿中仍可检出痕量的巴比妥(Lous,1954)。

硫喷妥钠为超速效的巴比妥类药物,具有较高的脂溶性,进入体内后很快再分布到其他组织中,也极易透过血脑屏障进入脑组织,因此血浓度下降很快,与此相比,代谢较慢。给药 2~4 g 以后 48 h 内在尿中以原形排泄仅占约 0.3%,10%~25% 以羧酸形式排泄。

苯巴比妥由于脂水分配系数较小,口服后在消化道吸收完全但较缓慢,0.5~1 h 起效,约 2 h 血药浓度达到峰值。单次服药 30 mg 后,血浆中药物浓度峰值约为 0.7 μg/mL。7 天内重复服药时,血浆中的药物浓度基本稳定在 8.1 μg/mL(Baselt,2011)。连续使用苯巴比妥血液消除率趋于延长。苯巴比妥的主要代谢方式包括 N-糖基化和氧化,形成羟基苯巴比妥,并进一步与葡萄糖醛酸结合。在经常使用苯巴比妥的治疗病人中,平均剂量的 25% 在 24 h 内以原体代谢入尿,8% 以羟基苯巴比妥形式排泄,9% 以 N-葡萄糖醛酸结合物形式。

戊巴比妥脂溶性强于苯巴比妥,口服易吸收,并迅速分布全身各组织与体液中,易通过胎盘屏障和血脑屏障。主要在肝脏代谢,形成无活性的 3′-羟基戊巴比妥和戊巴比妥酸。口服戊巴比妥的生物利用度为 100%,半衰期为 21~42 h。单次口服 100 mg 戊巴比妥后 0.5 至 2 h 内血浆中药物浓度达峰,峰值浓度在 1.2~3.1 μg/mL,之后的 48 h 内血浆中药物浓度缓慢降低至约 0.3 μg/mL。长期按治疗剂量服用戊巴比妥后,血浆中的浓度为 25~40 μg/mL(Baselt,2011)。服药后总剂量的 86% 在 6 天内排泄入尿,其中原药占 1%,73% 以上为 3′-羟基戊巴比妥,15% 以上为 N-羟基戊巴比妥。戊巴比妥代谢物以非结合型的形式存在。

在监测患者药物摄入剂量信息时,有必要对血液中药物浓度进行检测。但是血液中药物浓度只能反映几个小时(半衰期短)或几天内(半衰期长)药物摄入剂量信息,更长时间(几星期至几年)治疗信息的监控可以提供更多有用信息。头发分析可以监测患者几个月来药物摄入剂量信息,或证明一名对象有没有服用药物。早在 1954 年,就有学者在给药一个月后的豚鼠毛发中检出苯巴比妥(Goldblum,1954)。20 例涉巴比妥类药物死亡案例的检验结果见表 10-22(沈敏,2011)。

表 10-22 涉巴比妥类药物死亡案例检验结果(mg/100 mL 或 mg/100 g)

序号	案例	检出物	肝	脑	肾	胃	血	胃内容	尿
1	女,46岁	司可巴妥	2.2	1.1		1.1			
2	女,27岁	巴比妥	3.12			1.82			
3	男,38岁	苯巴比妥	1.73					28.1	2.7
4	男,35岁	司可巴妥	17.8	5.4		71.3	2.6	825.0	1.9
5	男,15岁	苯巴比妥	24.0		18.0	342.9		657.1	4.1
6	女,66岁	司可巴妥	18.0	7.67	373.3	4.6		2.67	
7	男,25岁	司可巴妥	15.0		11.6				
8	男,30岁	苯巴比妥				6.3	2.2		0.7
9	男,35岁	司可巴妥	22.7			209.0	2.6		3.4
10	女,24岁	苯巴比妥	4.9						

续 表

序号	案例	检出物	肝	脑	肾	胃	血	胃内容	尿
11	男,24岁	苯巴比妥				3.88	3.16		
12	女,15岁	苯巴比妥			2.48	5.85			
13	女,24岁	司可巴比妥					2.1		
14	女,33岁	苯巴比妥	45.9			50.5			
15	女,24岁	速可眠					3.1		
16	男,成年	苯巴比妥	2.04						
17		巴比妥	10.8	6.3	14.2		9.0		
18		巴比妥	32.0	38.0			22.5		
19		异戊巴比妥	41.4	17.2	21.0		8.1		9.8
20		异戊巴比妥	36.2	11.9			16.3		0.7

二、样品处理

1. 水解提取法

(1) 头发依次用热水和二氯甲烷各洗涤 3 min。准确称取头发 75 mg,加入 30 μL 内标和 1 mL 水,56℃水解 12 h,1 500 g 离心 5 min。上清液转移,残留物加入 1 mL 水,摇匀,离心,上清液转移,合并上清液,用 2 mL 0.02 mol/L HCl 酸化。SPEC$_{18}$柱用 4 mL 甲醇、2 mL HCl 活化,上样,真空下抽干。柱子用 1 mL 水、1 mL 己烷洗涤后,通空气干燥 10 min。用 3 倍 500 μL 1%氨化甲醇(每日配制)洗脱,洗脱液在 40℃氮气下蒸干。残留物用 20 μL 甲醇溶解,2 μL 注入 GC。表 10 - 23 为添加 10 ng/mg 巴比妥类药物头发样品的提取回收率,以及连续 10 天测定的日间精密度(Galliard,1997)。

表 10 - 23 巴比妥类药物的提取回收率和日间精密度

化 合 物	提取回收率(%)	日间精密度($n=10$, RSD%)
巴比妥	80.6	5
异戊巴比妥	75.7	5
戊巴比妥	89.2	4
硫代戊巴比妥	68.5	10

(2) 头发用二氯甲烷清洗 10 min,干燥后用球磨粉碎机粉碎。准确称取 50 mg 头发粉末加入 3 mL 酸缓冲液(pH2.0),振荡 10 min,直接上 extrelut3 柱,浸泡 10 min,加入 15 mL 氯仿/异丙醇/正庚烷(50∶17∶33,v/v)作洗脱剂,收集洗脱液,氮气流下挥干,残余物中加入甲醇供分析(Goullé,1995)。

(3) 头发用 30 mL 0.3%吐温 20 水溶液洗涤后,蒸馏水冲洗。加入 0.25 mol/L

HCl 45℃水解过夜，用 NaOH 中和后，加入含 Toxi-Tubes A 有机溶剂提取两次。有机溶剂蒸干后，残留物用水复溶(Tagliaro,1995)。

2. 顶空固相微萃取(HS/SPME)

毛发用乙醚洗涤两次，然后用球磨机磨碎。准确称取 50 mg，加入 2 mL 0.1 mol/L 碳酸氢钠溶液和 50 μL 2 μg/mL 5-乙基-5-(对甲苯基)巴比妥酸(内标)，30℃搅拌过夜。离心后，上清液转移至 2 mL 小瓶中，其中包含 300 mg 固态磷酸盐缓冲剂(磷酸二氢钾：二水合磷酸氢二钠,8∶2)将 pH 调至 5.5。小瓶密封后置于一个加热/搅拌装置中，用 50-μm Carbowax/Templated resin (CW/TPR)纤维头 30℃顶空萃取 20 min，取出 SPME 针，于气相不分流进样口 250℃解吸 16 min，用 MS 检测(Frison,2003)。

方法讨论： 样品处理中根据基质的复杂程度，可以单独或连续使用不同前处理方法。液-液提取是一种较为普遍采用的前处理方法，但过程比较复杂且耗费大量时间。20 世纪 70 年代初开始采用固相萃取技术，可以获得相当纯度的化合物，避免或改进了液-液提取的缺点。而相较于液-液提取和固相萃取为基础的处理方法，SPME 简化样品处理过程，减少了有机溶剂的使用，减少了干扰物质的进样，有助于提高色谱和质谱行为。此外，低温条件下，用 SPME 法将添加硫喷妥的头发样品进行提取，没有观察到代谢物戊巴比妥的形成(Frison,2003)。

选择头发水解条件时，要同时兼顾药物的稳定性和释放效率。苯巴比妥在 pH3.5~9.5 的水中可缓慢分解，当 pH 值更高时分解更快，2-苯基酪酸是主要的分解产物。5%~20% 的福尔马林液可使苯巴比妥分解速度增加 3/10,30 d 后可完全分解。但戊巴比妥分解速度相对苯巴比妥慢 10 倍，司可巴比妥在任何条件下都未见分解。大多数文献采用的都是酸水解法，而 Gaillard(1997)研究认为巴比妥类在水和酸性介质中水解效果相近。

三、分析方法

1. GC-MS

（1）分析参考条件一(Goullé,1995)

色谱条件： DB-5MS 毛细管柱，初温 40℃，保持 1 min 后，以 32℃/min 程序升温至 115℃，保持 2 min，以 5℃/min 升温至 260℃，然后以 10℃/min 升温至 300℃，保持 5 min。进样口温度为 260℃，不分流进样，进样后分流阀关闭 0.5 min。

质谱条件： 电子轰击源(EI)，离子源温度为 229~232℃。电子倍增电压为 1 200 V。传输线温度 250℃。全扫描模式，扫描范围为 40~240amu,25 min。通过计算特征碎片离子 m/z 204(苯巴比妥)和 m/z 209(苯巴比妥-d_5)的峰面积比值对苯巴比妥进行定量。

方法评价： 头发中苯巴比妥在 4 ng/mg 至 400 ng/mg 浓度范围内线性良好，方

程为 $y=0.98x-0.07(r=1.000)$。头发中苯巴比妥的最低检测限为 0.2 ng/mg,回收率在 97.3%~100.5% 之间,同一个头发样品重复测定 10 次,变异系数为 2.9%。

(2) 分析参考条件二(Gaillard,1997)

色谱条件: Chrompack CP-Sil 8 CB 毛细管柱(25 m×0.25 mmI.D.,0.25 μm 膜厚),初温 50℃,保持 2 min 后,以 15℃/min 程序升温至 310℃,保持 4.67 min,色谱方法总运行 24 min。载气:氦气,恒流模式:1.3 mL/min。不分流进样(1~2 μL),进样口温度 280℃。

质谱条件: 检测器温度 300℃,质谱扫描范围 40~440 amu。

2. GC-MS/MS

色谱条件: Chrompack CP-Sil 8 CB 毛细管柱(30 m×0.25 mmI.D.,0.25 μm 膜厚),初温 50℃,保持 2 min 后,以 15℃/min 程序升温至 220℃,然后以 40℃/min 升温至 300℃,保持 5 min。

质谱条件: 正化学电离源(PICI),丙酮作反应气,压力:$1×10^{-5}$ Torr。利用非共振碰撞诱导解离(CID)条件进行 MS/MS 检测。将戊巴比妥、硫喷妥和内标的准分子离子峰(MH^+) m/z 227、243 和 247 选择性地贮藏在离子阱内,氩气作碰撞气,得到戊巴比妥(m/z 156、157 和 197)、硫喷妥(m/z 157、172 和 173)和内标(m/z 218)的特征子离子。监测戊巴比妥、硫喷妥和内标的 MH^+ 离子与子离子 m/z 157、173 和 218 构成的离子对,对相应的化合物进行定性和定量分析。电子倍增电压为 1 600 V。

方法评价: 头发中戊巴比妥和硫喷妥线性范围均为 0.1~10 ng/mg($n=3$,戊巴比妥和硫喷妥 r 为 0.96 和 0.97),检测限分别为 0.07 和 0.05 ng/mg,定量限均为 0.1 ng/mg。添加头发样品(0.5 ng/mg)中戊巴比妥和硫喷妥的回收率为 83 和 92%(Frison,2003)。

3. LC-HRMS

色谱条件 1: 用于巴比妥类药物筛选,液相柱为 Hypersil GOLD™ C18 柱(100 mm×2.1 mm,1.9 μm),前接 Security Guard C18 预柱。流动相 A 为 10 mmol/L 乙酸铵,流动相 B 为乙腈,流速 300 μL/min。梯度洗脱程序:0.0 min:流动相 A 95%;0.0~8.0 min:流动相 A 95% 至 5%;8.1~10.0 min:流动相 A 5%;10.1~12.0 min:流动相 A5% 至 95%。

色谱条件 2: 用于同分异构体异戊巴比妥和戊巴比妥的分离分析。液相柱为 Phenomenex Kinetex EVO C18 柱(100 mm×2.1 mm,2.6 μm),前接 Security Guard C18 预柱。流动相 A 为 80% 水,流动相 B 为 20% 乙腈,流速 200 μL/min。

质谱条件: Q Exactive™ Focus 高分辨质谱仪,优化后的质谱参数:喷雾电压,3 200 V;毛细管温度,320℃;辅助气温度,300℃;鞘气流速,30 L/min;辅助气流速,15 L/min。优化后的质谱特征离子见表 10-24(Wen,2019)。

表 10-24　巴比妥类药物的 LC-HRMS 质谱特征离子

	化合物	Compound	化学结构式	Rt(min)	离子1 (m/z)	离子22 (m/z)
色谱条件1	巴比妥	Barbital	$C_{18}H_{12}N_2O_3$	4.50	183.077 52	140.072 07
						85.004 52
	苯巴比妥	Phenobarbital	$C_{12}H_{12}N_2O_3$	5.65	231.077 97	188.072 14
						85.004 38
	异戊巴比妥/戊巴比妥	Amobarbital/Pentobabital	$C_{11}H_{18}N_2O_3$	6.37	225.125 11	182.119 23
						85.004 34
	司可巴比妥	Secobarbital	$C_{12}H_{18}N_2O_3$	6.63	237.125 15	194.119 17
						85.004 47
	布巴比妥	Butalbital	$C_{11}H_{16}N_2O_3$	5.98	223.108 82	180.102 94
						85.004 20
	硫喷妥	Thiopental	$C_{11}H_{18}N_2O_2S$	7.12	241.101 62	57.975 57
						100.981 12
	苯巴比妥-d5	Phenobarbita-d5	$C_{12}H_{17}N_2O_3$	5.65	236.077 28	193.102 57
						85.004 12
色谱条件1	戊巴比妥	Pentobabital	$C_{11}H_{18}N_2O_3$	11.28	225.125 11	182.119 23
						85.004 34
	异戊巴比妥	Amobarbital	$C_{11}H_{18}N_2O_3$	12.05	225.125 11	182.119 23
						85.004 34
	苯巴比妥-d5	Phenobarbita-d5	$C_{12}H_{17}N_2O_3$	4.60	236.077 28	193.102 57
						85.004 12

四、结果解释

1. 药物剂量与头发浓度的关系

Fujii(1996)对10名患者头发和血清中苯巴比妥进行测定,结果见表10-25。Goullé(1995)考察了苯巴比妥在头发、血清中的浓度与剂量的关系,统计结果见表10-26。在抗癫痫治疗中,头顶部头发中苯巴比妥浓度约为血清中浓度的两倍。与头发中苯巴比妥浓度与剂量相关性($r=0.692, P<0.001$)相比,头发中苯巴比妥与血清中苯巴比妥有更好的相关性($r=0.779, P<0.001$)。此外,相对血清中苯巴比妥而言,头发中苯巴比妥浓度表现出更大的变异。

表 10-25　头发和血清中苯巴比妥浓度

患者 No.	血清(μg/mL)	头发(ng/mg)
1	7.6	19.4
2	23.1	87.2

续 表

患者 No.	血清（μg/mL）	头发（ng/mg）
3	8.3	82.3
4	16.8	109.7
5	17.4	41.1
6	22.5	65.3
7	18.1	65.2
8	23.5	78
9	36.2	502
10	10.3	29.3

表 10-26　苯巴比妥在头发、血液中的统计资料

	头发（ng/mg）	血清（mg/L）	剂量（mg/天）
样本数	40	23	31
平均值	36.4	18.7	101.9
中位值	24.5	20.2	100.0
最大值	194.0	40	225.0
最小值	1.5	3.6	10.0
变异系数	104.1	53.8	66.9

2. 巴比妥类药物与头发的结合

药物与头发的结合与黑色素亲和性、亲脂性和膜通透性都有关系。Nakahara（1997）认为像大麻这样亲脂性强的药物与毛发结合率低，是由于其物理化学性质的关系，只有很少量的药物能透过生物膜。因此药物的跨膜转运决定于他们的亲脂性、浓度梯度和膜两侧 pH 梯度。由于头发是酸性介质，血液（pH 7.40）和头发（pH3.67）之间的 pH 梯度对于酸性或碱性药物的转运非常重要，研究发现酸性药物与头发的结合率比碱性药物更低，然而血液中酸性药物浓度则较高，有时能比碱性药物高一千倍（Galliard，1997）。

Gygi（1999）比较了弱酸性药物苯巴比妥和弱碱性药物可待因与 SD 大鼠毛发结合规律。雄性 SD 大鼠（$n=10$）每日腹腔注射（ip）40 mg/kg 的可待因或苯巴比妥，连续五日，第一次给药 14 d 和 28 d 后采集毛发进行分析。14 d 后采集的 SD 大鼠毛发中可待因和苯巴比妥浓度分别为 0.98±0.10 和 17.01±1.40 ng/mg，而 28 d 后采集的毛发中未检出可待因和苯巴比妥成分。同时考察 SD 大鼠单次给药（40 mg/kg）后苯巴比妥和可待因在血浆中的时间过程，可待因和苯巴比妥血浆浓度-时间曲线下面积（AUC）分别为 1.58 和 414.50 μg·h/μL。虽然毛发中苯巴比妥浓度较高，但血浆中可待因浓度比苯巴比妥要高 15 倍，这与 Galliard（1997）的研究结果有所不同。此外，通过给 Long-Evans 大鼠每日腹腔注射苯巴比妥 40 mg/kg，

连续 5 d，考察毛发颜色对药物结合的影响。给药 14 d 后采集的有颜色和无颜色的毛发中苯巴比妥浓度基本相同，可能毛发颜色对弱酸性药物的结合影响不大。

五、阳性数据及典型案例

案例一（Frison，2003）

某 61 岁妇女右前臂进行外科手术，采用马比佛卡因和罗哌卡因混合物对前臂进行局部麻醉，注射异丙酚进行全麻。手术前几个月，其未服用包括巴比妥类在内的任何精神药物。手术结束患者完全清醒后，从手术室转移至病房。在转移的电梯内，一种药物通过留在患者左前臂的注射器注入体内导致其意识丧失，并遭到性侵犯，患者到达病房时毫无知觉且时间上有明显的耽搁。她在第二次清醒后短时间内就进行了妇科学和心理上检查，生物样本的细胞学和遗传学测定都证实她遭到性侵犯，但当时没有收集血液和尿液样本以作毒物分析。一个月后，受害人要求对其毛发进行分析，试图确定性侵犯可能用到的镇静剂。三个头发样本（1A、1B、3）和一个阴毛样本分别采自头顶后部和阴部，头发为棕色，全长约 44 cm。取样本 1A、1B 根部和末梢 1.5 cm 段，样本 3 根部 1.5 cm 段以及阴毛进行分析，毛发中戊巴比妥和硫喷妥测定结果见表 10 - 27。头发根部 1.5 cm 段戊巴比妥和硫喷妥的阳性结果，末梢 1.5 cm 段阴性结果以及阴毛的阳性结果都表明受害者在采样前 1~2 月内注射过硫喷妥。毛发分析结果与从医院注射器查出痕量硫喷妥的结果相符。因为意大利没有含戊巴比妥成分的药物，毛发中代谢物戊巴比妥的检出意味着母体药物硫喷妥的使用，而含硫喷妥的药物仅允许在医院使用。毒物分析结果表明受害者因被注射硫喷妥而致其失去能力，并遭受性侵犯。头发根部戊巴比妥和硫喷妥浓度的不同可以部分归因于头发在不同时间和不同部位采集所导致。

表 10 - 27　受害者头发根部、末梢以及阴毛中的戊巴比妥、硫喷妥浓度

样　本	戊巴比妥（ng/mg）	硫喷妥（ng/mg）
1A 根部	0.40	0.30
1A 末梢	ND	ND
1B 根部	0.20	0.20
1B 末梢	ND	ND
阴毛	0.40	0.25
3 根部	0.20	0.15

案例二（Gaillard，1998）

对某死亡案例中死者的 10.5 cm 头发进行分析，检出吗啡、可卡因、地西泮、硫喷妥和氯胺酮等多种药物。头发中氯胺酮（11.3 ng/mg）与去甲氯胺酮（1.0 ng/mg）比例与报道过的头发中药物检测结果一致，而硫喷妥（5.3 ng/mg）与

戊巴比妥(10.0 ng/mg)比例则相反。

案例三(Goullé,1995)

某 39 岁男性每月癫痫发作 3~5 次,监测其血液和头发中苯巴比妥浓度,测定结果分别为 21.4 mg/L 和 51.1 ng/mg,与剂量(每日 150 mg)相符。其内科医师决定将剂量加大至每日 200 mg,15 天后进行血液检测,与之前测定结果没有显著差异(21.8 mg/L),但头发中苯巴比妥浓度明显增高(92.7 ng/mg)。该时间段内患者没有癫痫发作。

案例四(Goullé,1995)

某 30 岁妇女 15 年来每日服用 200 mg 的苯巴比妥,血液中浓度约为 30 mg/L。后因癫痫发作多次接受住院治疗(10 周),然后每日白天住院以保证医疗监测和苯巴比妥的摄入。该段时间内患者无癫痫发作,监测结果显示其头发中苯巴比妥浓度较癫痫时期(7.6 ng/mg)有明显上升(37.4 ng/mg)。由此可知,该妇女在癫痫时期并未按医嘱要求服药治疗。

案例五(Gaillard,1997)

两男孩(兄弟)于某日早上被发现死亡,原因系吸入夜晚燃烧的软玩具烟气而窒息。尸体解剖时取血液、尿液和头发作毒物分析。虽然检测出的氰化物和一氧化碳可用于解释死因,但在血液和尿液中检出少量苯巴比妥成分(尿液 5.4 和 3.9 μg/mL,血液 2.0 和 1.2 μg/mL)。此外警察调查表明卧室的门被父母从外面反锁,为调查是否存在父母故意且长期给兄弟 2 人服用巴比妥类药物情况,采集头发进行分析。结果从两名男孩的头发中检出苯巴比妥浓度分别为 1.2 ng/mg 和 1.5 ng/mg。接下来的调查显示,因男孩们比较喧闹,父母经常给其服用此药物。

案例六(Wen,2019)

某 23 岁女性与男性朋友共进晚餐。她喝了果汁后感到昏昏欲睡,头晕目眩。后发现遭受强奸。数天后采集的血液中未检出常见毒药物成分。3 个月后贴发根采集她的头发,本人自述近期未服用任何药物或违禁药物。头发长约 25 cm,黑色,距根部起按照 1 cm 分段分析。结果在距根部起第 2 段、第 3 段中检出异戊巴比妥成分,浓度分别为<0.02 ng/mg 和 0.09 ng/mg。

第三节 抗精神失常药

精神失常是由多种原因引起的精神活动障碍为特征的一类疾病,表现为知觉、思维、智能、情感、意志和行为等方面的障碍,主要分为抑郁症、自杀、精神分裂症、癫痫、精神发育迟滞和老年痴呆等。治疗这些精神失常疾病的药物统称为抗精神失常药,主要包括抗精神病药(antipsychotic drugs)和抗抑郁药(antidepressive drugs)。抗精神病药主要用于精神分裂症及其他精神失常的躁狂症状,该类药物种类繁多,传统的主要有吩噻嗪类(氯丙嗪等)、硫杂蒽类(氯普噻吨等)、丁酰苯类(氟哌啶醇等)、二苯氧氮平类(氯氮平等)和苯酰胺类(舒必利等)等。后利培酮、奥氮平和喹硫平等新一代抗精神病药在临床上获得广泛应用,有较高的市场占有率(吴润伟,2009),见表10-28。常规的抗抑郁症药主要包括三环类(丙米嗪、阿米替林、多塞平等)、四环类(马普替林等)、单胺氧化酶抑制剂(苯乙肼等)和选择性血清素再摄取抑制剂(舍曲林、西酞普兰、氟西汀、帕罗西汀等)。

表10-28 常见抗精神失常药

类别	英文名	中文名	分子式	分子量
吩噻嗪类	Chlorpromazine	氯丙嗪	$C_{17}H_{19}ClN_2S$	318.86
	Promethazine	异丙嗪	$C_{17}H_{20}N_2S$	284.42
	Thioridazine	硫利达嗪	$C_{21}H_{26}N_2S_2$	370.58
	Perphenazine	奋乃静	$C_{21}H_{26}ClN_3OS$	403.97
	Fluphenazine	氟奋乃静	$C_{22}H_{26}F_3N_3OS$	437.52
	Trifluoperazine	三氟拉嗪	$C_{21}H_{22}F_3N_3S$	407.50
硫杂蒽类	Chlorprothixene	氯普噻吨	$C_{18}H_{18}ClN$	315.86
	Flupentixol	氟哌噻吨	$C_{23}H_{25}F_3N_2OS$	434.52
	Zuclopenthixol	珠氯噻醇	$C_{22}H_{25}ClN_2OS$	400.97
丁酰苯类	Haloperidol	氟哌啶醇	$C_{21}H_{23}ClFNO_2$	375.91
	Droperidol	氟哌利多	$C_{22}H_{22}FN_3O_2$	379.43
	Penfluridol	五氟利多	$C_{28}H_{27}ClF_5NO$	523.97
	Pimozide	匹莫齐特	$C_{28}H_{29}F_2N_3O$	461.56
苯二氮杂卓类	Clozapine	氯氮平	$C_{18}H_{19}ClN_4$	326.823
	Olanzapine	奥氮平	$C_{17}H_{20}N_4S$	312.439
	Mirtazapine	米氮平	$C_{17}H_{19}N_3$	265.36
苯酰胺类	Sulpiride	舒必利	$C_{15}H_{23}N_3O_4S$	341.43
	Ethenzamide	乙水杨胺	$C_9H_{11}NO_2$	165.19
	Salicylamide	水杨酰胺	$C_7H_7NO_2$	137.14
	Amisulpride	氨磺必利	$C_{17}H_{27}N_3O_4S$	369.48
	Nemonapride	奈莫必利	$C_{21}H_{26}ClN_3O_2$	387.90
	Remoxipride	瑞莫必利	$C_{16}H_{23}BrN_2O_3$	371.27
	Sultopride	舒托必利	$C_{17}H_{26}N_2O_4S$	354.46
	Tiapride	泰必利	$C_{15}H_{24}N_2O_4S$	328.43
三环类	Imipramine	丙米嗪	$C_{19}H_{24}N_2$	280.41
	Clomipramine	氯丙米嗪	$C_{19}H_{23}ClN$	314.90
	Amitriptyline	阿米替林	$C_{20}H_{23}N$	277.41
	Nortriptyline	去甲替林	$C_{19}H_{21}N$	263.38
	Maprotiline	马普替林	$C_{20}H_{23}N$	277.40
	Doxepin	多塞平	$C_{19}H_{21}NO$	279.38
	Trimipramine	三甲丙咪嗪	$C_{20}H_{26}N_2$	294.43

续　表

类　别	英文名	中文名	分子式	分子量
其他	Risperidone	利培酮	$C_{23}H_{27}FN_4O_2$	410.49
	Aripiprazole	阿立哌唑	$C_{23}H_{27}Cl_2N_3O_2$	448.39
	Quetiapine	喹硫平	$C_{21}H_{25}N_3O_2S$	383.51
	Sertraline	舍曲林	$C_{17}H_{17}Cl_2N$	306.23
	Fluoxetine	氟西汀	$C_{17}H_{18}F_3NO$	309.33
	Paroxetine	帕罗西汀	$C_{19}H_{20}FNO_3$	329.33
	Trazodone	曲唑酮	$C_{19}H_{22}ClN_5O$	371.86
	Propofol	丙泊酚	$C_{12}H_{18}O$	178.27
	Chloral Hydrate	水合氯醛	$CCl_3CHO_2H_2$	165.40
	Glutethimide	格鲁米特	$C_{13}H_{15}NO_2$	217.26
	Clopimozide	氯哌唑酮	$C_{28}H_{28}ClF_2N_3O$	495.99
	Fluspirilene	氟司必林	$C_{29}H_{31}F_2N_3O$	475.57
	Ethinamate	炔已蚁胺	$C_9H_{13}NO_2$	167.21

　　毛发分析在本节所涉药物的鉴定中具有独特的地位。不同于其他医用药物，抗精神失常药具有长期用药、安全窗窄、易被滥用的特点。毛发检材独特的长检测时窗，能有效地反映个体在一段时间内是否摄药、摄药剂量是否有较大变化等关键信息的特点，在临床上可用于长程的药物监测，在中毒、死亡、药驾、药物辅助犯罪等法科学领域中，联合血液分析结果，可有效区分单次摄药、长期摄药和大剂量中毒，头发分段分析可帮助确证其滥用史。

一、体内过程

　　氯丙嗪（Chlorpromazine），又名冬眠灵，化学名为 2-氯-N,N-二甲基-10H-吩噻嗪-10-丙胺（2-chloro-10-[3-dimethylaminopropyl]-phenothiazine）。

$$C_{17}H_{19}ClN_2S = 318.86$$

CAS：50-53-3

　　氯丙嗪口服或注射易吸收，胃内有食物或与抗胆碱药（如苯海索）同服时，将延缓其吸收。口服有首过效应，可使血药浓度降低。口服氯丙嗪，T_{max} 为 2~4 h，持续 6 h 左右。肌注后吸收迅速，90%与血浆蛋白结合。氯丙嗪脂溶性高，可分布于全身各组织，以肝、脑等组织浓度较高，脑中浓度比血浓度高 10 倍。可通过胎盘屏障，进入胎儿体内。代谢产物有7-羟基氯丙嗪、去甲基氯丙嗪、双去甲基氯丙嗪、氯丙嗪亚砜、氧化氯丙嗪等(图10-6),其中7-羟基氯丙嗪仍有药理活性。半衰期为6~9 h,血浆水平稳定值常可保持36 h,停药6个月后,仍可从尿中检出氯丙嗪代谢物。

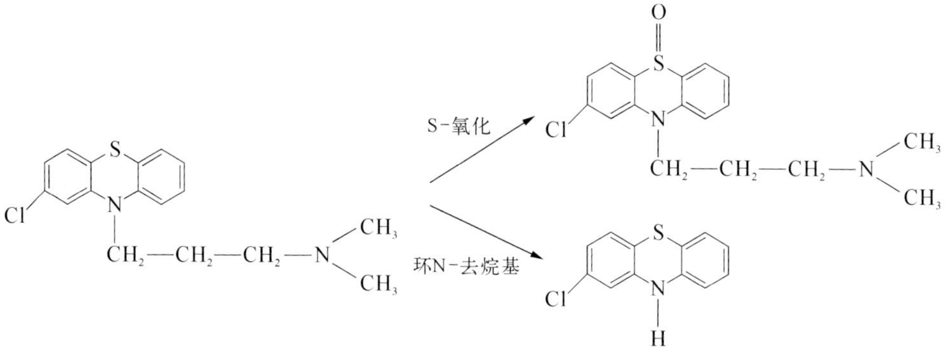

图10-6 氯丙嗪的主要代谢途径

氯普噻吨(Chlorprothixene),又名泰尔登,化学名为反式-2-氯-9-(3-二甲胺基亚丙基)硫杂蒽(3-[2-Chlorothioxanthen-9-ylidene]-N,N-dimethyl-propan-1-amine)。

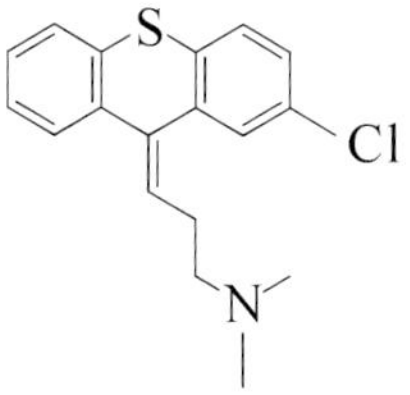

$C_{18}H_{18}ClNS = 315.86$

CAS:113-59-7

口服吸收快,血药浓度1~3 h可达峰值,半衰期($t_{1/2}$)约为30 h,主要在肝内代谢(图10-7),大部分经肾脏排泄。

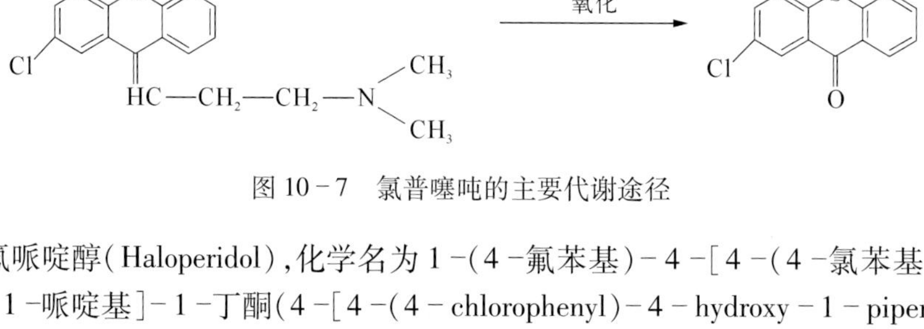

图10-7 氯普噻吨的主要代谢途径

氟哌啶醇(Haloperidol),化学名为1-(4-氟苯基)-4-[4-(4-氯苯基)-4-羟基-1-哌啶基]-1-丁酮(4-[4-(4-chlorophenyl)-4-hydroxy-1-piperidyl]-1-(4-fluorophenyl)-butan-1-one)。

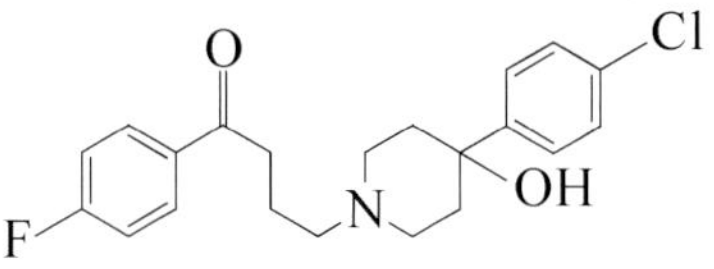

$C_{21}H_{23}ClFNO_2 = 375.91$

CAS：52-86-8

氟哌啶醇口服吸收快，血浆蛋白结合率约92%，生物利用度为40%~70%，口服3~6 h血药浓度达峰值，半衰期($t_{1/2}$)为21 h。经肝脏代谢，单剂口服约40%在5日内随尿排出，其中1%为药物原体，活性代谢物为还原氟哌啶醇。大约15%由胆汁排出，其余由肾排出。

氯氮平(clozapine)，化学名为8-氯-11-(4-甲基-1-哌嗪基)-5H-二苯并[b,e][1,4]二氮杂䓬(8-chloro-11-(4-methyl-1-piperazinyl)-5H-dibenzo(b,e)(1,4)diazepine)。

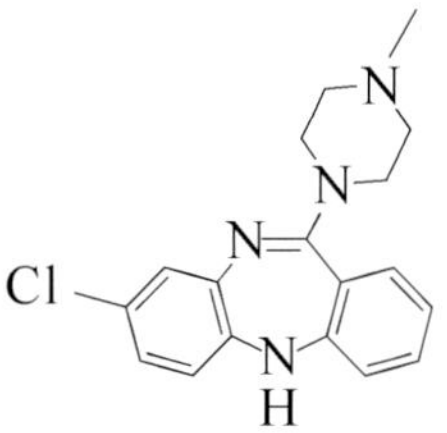

$C_{18}H_{19}ClN_4 = 326.83$

CAS：5786-21-0

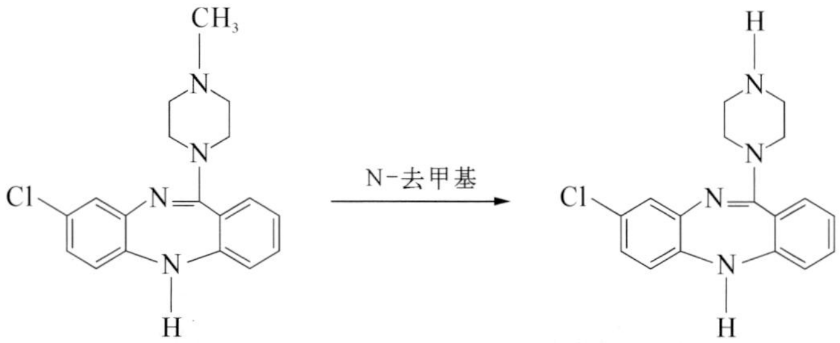

图10-8 氯氮平的主要代谢途径

氯氮平口服吸收快而完全，食物对其吸收速率和程度无影响，吸收后迅速广泛分布到各组织，生物利用度个体差异较大，平均约50%~60%，有肝脏首过效应。服药后3.2 h(1~4 h)达血浆峰浓度，消除半衰期($t_{1/2}$)平均9 h(3.6~14.3 h)，组织结合率高。经肝脏代谢，80%以代谢物形式出现在尿和粪中，主要代谢产物有N-去甲基氯氮平、氯氮平的N-氧化物等(图10-8)。

舒必利(Sulpiride),又名止呕灵,化学名为 N -[甲基-(1 -乙基-2 -吡咯烷基)]-2 -甲氧基-5 -氨基磺酰基-苯甲酰胺((RS)- 5 -(aminosulfonyl)- N -[(1 - ethylpyrrolidin - 2 - yl)methyl]- 2 - methoxybenzamide)。

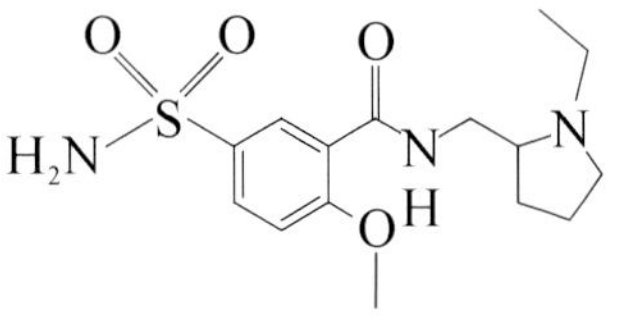

$C_{15}H_{23}N_3O_4S = 341.43$

CAS:15676 - 16 - 1

舒必利自胃肠道吸收,2 h 可达血药浓度峰值,口服舒必利 48 h,口服量的 30% 从尿中排出,一部分从粪便中排出。血浆半衰期($t_{1/2}$)为 8~9 h。舒必利在人体内 95%以上由原体排出体外。

利培酮(risperidone),又名维思通,化学名为 3 -[2 -[4 -(6 -氟-1,2)-苯并异恶唑-3 -基-1 -哌啶]乙基]- 6,7,8,9 -四氢-己-甲基-4H -吡啶并[1,2 -α]嘧啶-4 -酮(4 -[2 -[4 -(6 - fluorobenzo[d]isoxazol - 3 - yl)- 1 - piperidyl]ethyl]- 3 - methyl- 2,6 - diazabicyclo[4.4.0]deca - 1,3 - dien - 5 - one)。

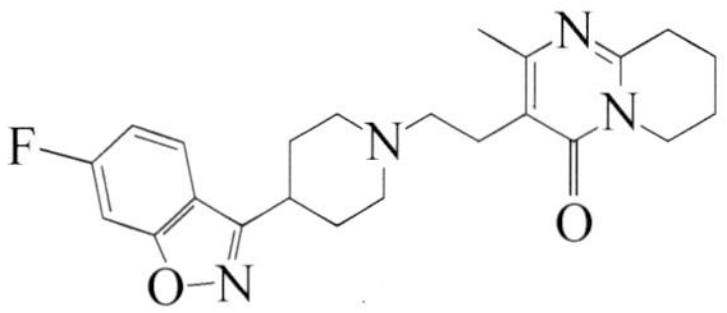

$C_{23}H_{27}FN_4O_2 = 410.49$

CAS:106266 - 06 - 2

利培酮经口服后吸收完全,并在 1~2 h 内达到血药浓度峰值,其吸收不受食物影响。利培酮在体内部分代谢成 9 -羟基-利培酮,后者与利培酮有相似的药理作用。利培酮在体内可迅速分布,血浆蛋白结合率为 88%,9 -羟基-利培酮的血浆蛋白结合率为 77%。该药的消除半衰期为 3 h 左右,抗精神病有效成分的消除半衰期为 24 h。大多数病人在 1 d 内达到利培酮的稳态,经过 4~5 d 达到 9 -羟基-利培酮的稳态。用药一周后,70%的药物经尿液排泄,14%的药物经粪便排泄,经尿排泄的部分中,35%~45%为利培酮和 9 -羟基-利培酮,其余为非活性代谢物。

奥氮平(Olanzapine),化学名为 2 -甲基-4 -(4 -甲基-1 -哌嗪基)- 10H -噻吩并[2,3 -b][1,5]苯并二氮杂䓬(2 - methyl - 4 -(4 - methyl - 1 - piperazinyl)- 10H - thieno[2,3 - b][1,5]benzodiazepine)。

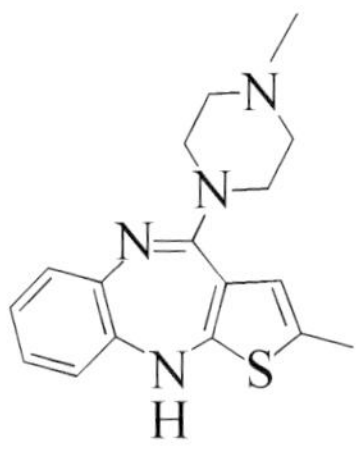

$C_{17}H_{20}N_4S = 312.44$

CAS：132539-06-1

奥氮平口服吸收较缓慢,口服后 5~8 h 血药浓度达峰。药物在体内主要经肝脏代谢,其代谢产物无法透过血脑屏障,去甲奥氮平为其主要代谢物。催化奥氮平代谢的是细胞色素酶 P450-CYP1A2 以及 P450-CYP2D6,某些抑制这些酶活性的药物如氟伏沙明会减缓奥氮平的代谢,而诱导体内这些酶表达的药物如卡马西平等则会加速奥氮平的代谢。

喹硫平(Quetiapine),化学名为 11-[4-[2-(2-羟基乙氧基)乙基]-1-哌嗪基]二苯并[b,f][1,4]硫氮杂䓬(2-(2-(4-dibenzo[b,f][1,4]thiazepine-11-yl—piperazinyl)ethoxy)ethanol)。

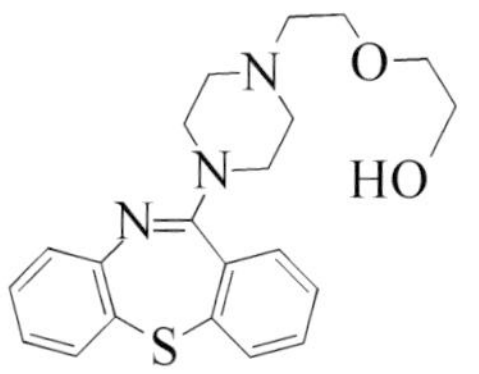

$C_{21}H_{25}N_3O_2S = 383.51$

CAS：111974-69-7

喹硫平口服吸收迅速,不受胃中食物影响,1~1.5 h 后血药浓度达峰值,治疗剂量范围血浆半衰期为 6~8 h,血浆蛋白结合率为 80%~83%,主要由肝细胞色素 P450 代谢,其主要代谢途径是 CYP3A4 同工酶,影响 CYP3A4 同工酶的药物可能干扰本品。主要代谢产物为 7-羟基喹硫平和 7-羟基去烷基喹硫平,无药理活性。基本通过肾脏排泄,约占给药剂量的 73%,经粪便排泄占给药剂量的 20%。单次服药后,低于给药剂量 1% 的药物以原形排泄。

丙米嗪(Imipramine),化学名为 5-[3-(二甲氨基)丙基]-10,11-二氢-5H-二苯(二,六)氮杂 3-(10,11-dihydro-5H-dibenzo[b,f]azepin-5-yl)-N,N-dimethylpropan-1-amine。

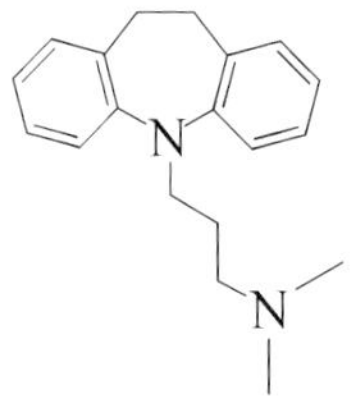

$C_{19}H_{24}N_2 = 280.41$

CAS：50-49-7

丙米嗪等三环类抗抑郁药口服吸收快,血药浓度 2~8 h 达峰,约 90%与血浆蛋白结合,主要分布于脑、心、肝等组织。该类药物在肝脏代谢,叔胺类在体内代谢成相应的仲胺类,去甲基代谢物和羟基代谢物都有药理活性。如丙米嗪在肝脏中生成有药理活性的去甲丙米嗪,二者通过血脑屏障,代谢成 2-羟丙米嗪或 2-羟去甲丙米嗪,最后由尿排出体外。

马普替林(Maprotiline),化学名为 N-甲基-9,10-桥亚乙基蒽-9(10H)-丙胺(N-Methyl-9,10-ethanoanthracene-9(10H)-propanamine)。

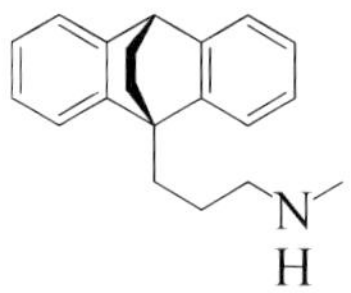

$C_{20}H_{23}N = 277.40$

CAS：10262-69-8

马普替林吸收缓慢而完全,作用迅速。口服后 8 h 之内达峰,去甲基马普替林为其主要代谢物。脑脊液中马普替林浓度约为血清中的 2%~13%,在治疗浓度或更高的血浆浓度下,其蛋白结合率为 88%~89%,血中清除的半衰期平均为 43 h。一次用药后,在 21 d 之内其总量的 57%经尿、30%从粪便以原型(主要是葡萄糖醛酸化物)排泄,有 2%~4%以原型从尿排出。

苯乙肼(Phenelzine),化学名为 2-苯乙肼(2-phenylethylhydrazine)。

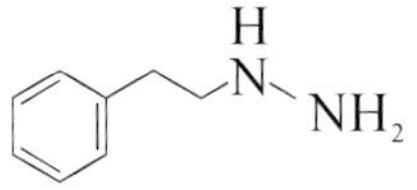

$C_8H_{12}N_2 = 136.19$

CAS：51-71-8

苯乙肼口服极易吸收,体内分布广泛,乙酰化是主要的代谢途径。

舍曲林(Sertraline),化学名为(1S,4S)-4-(3,4-二氯苯)-1,2,3,4-四氢-N-甲基-1-萘胺[(1S,4S)-4-(3,4-dichlorophenyl)-N-methyl-1,2,3,4-tetrahydronaphthalen-1-amine]。

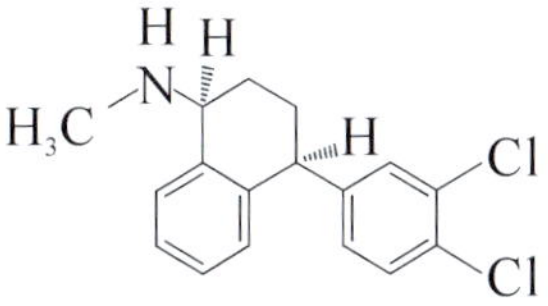

$C_{17}H_{17}Cl_2N = 306.23$

CAS:79617-96-2

舍曲林口服易吸收,但吸收慢,4~6 h 后达血峰浓度。其蛋白结合率为 98.5%,血中清除的半衰期为 13~45 h。去甲舍曲林为其主要代谢物,但药理活性很低。

氟西汀(fluoxetine)又名百忧解,(±)-N-甲基-γ-[4-(三氟甲基)-苯氧基]-苯丙胺(RS)-N-methyl-3-phenyl-3-[4-(trifluoromethyl)phenoxy]propan-1-amine。

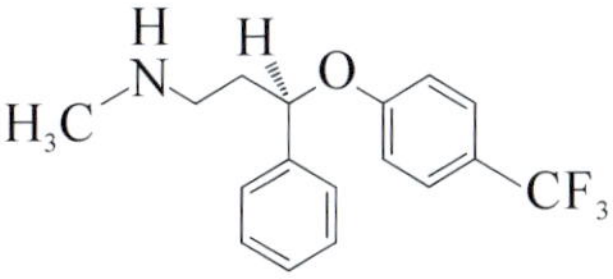

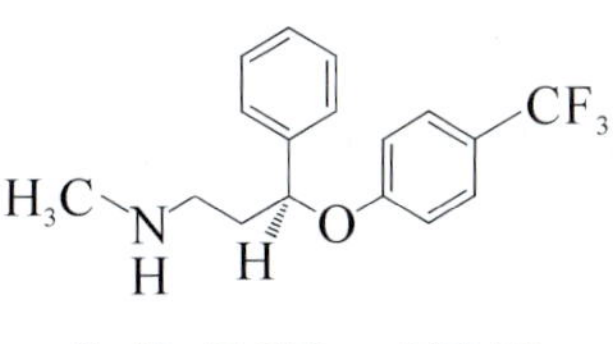

$C_{17}H_{18}F_3NO = 309.33$

CAS:54910-89-3

口服吸收迅速,生物利用度接近 100%。血浆蛋白结合率为 94%,达峰时间为 6~8 h。氟西汀经肝脏代谢,通过去甲基化作用生成活性代谢产物去甲氟西汀。氟西汀的消除半衰期为 4~6 d,去甲氟西汀则为 4~16 d。80% 由尿排泄,15% 由粪便排泄。

二、样品处理

大部分药物的头发样品处理较为类似,收集的头发样品首先分别用水相和有机相(常用丙酮、二氯甲烷、正己烷)进行去污处理,自然晾干后剪碎或磨碎。典型的提取操作有碱消化法、酸水解法、醇浸提法微波辅助消解(提取)法等。

1. 碱消化法(Shen,2002)

取 10~20 mg 头发加入 1 mL 0.1 mol/L NaOH,混匀后 80℃保温 30 min。取已消化好的头发加入 HCl 调节 pH 至 9.5~10 后,加入 1 mL 乙醚混匀,离心取上清液于 40℃水浴挥干,25 μL 甲醇复溶供分析。

2. 酸水解法(Shen,2002)

取 10~20 mg 头发加入 1 mL 0.1 mol/L HCl,混匀后 45℃保温 18 h。取已消化好的头发加入 NaOH 调节 pH 至 9.5~10 后,加入 1 mL 乙醚混匀,离心取上清液于 40℃水浴挥干,25 μL 甲醇复溶供分析。

3. 醇浸提法(Shen,2002)

取 10~20 mg 头发加入 2 mL 甲醇,混合超声处理后置于室温下过夜,离心后直接取上清液分析。

4. 醇浸提法(Brown,2009)

取约 10 mg 头发,加入甲醇︰乙腈︰2 mmol/L 乙酸铵水溶液混合溶剂(v︰v︰v=25︰25︰50)组成的提取溶剂,在 37℃中恒温 18 h,离心后上清液直接进样分析。

5. 微波辅助消解法(Wietecha-Posłuszny,2011)

取约 45 mg 剪碎的头发,加入 4 mL 1.0 mol/L 的 NaOH 和 5 mL 正己烷/异戊醇混合溶剂(v︰v=99︰1),混匀后在微波条件下提取 40 min,将微波处理后的样品提取体系冷却至室温,4 500 r/min 离心 10 min,取有机层转移至另一干净试管,40℃氮气吹干后使用 250 μL 正己烷/异戊醇混合溶剂(v︰v=99︰1)复溶,再加入 50 μL 0.05% H_3PO_4 进行后提取(back-extracted),离心后分离得到水相以供进样分析。

方法讨论:

作者实验室曾通过氯氮平、氯丙嗪和利培酮阳性头发样品,比较了碱消化、酸水解和甲醇浸泡 3 种水解方式的方法效率。由图 10-9 可见,氯氮平和氯丙嗪的碱消化明显优于其他两种方法,方法效率高且背景干扰少,这是由于碱消化可使头发中药物完全释放,而且此类药物在碱性环境中稳定不分解所致(Shen,2002)。但是,并非所有该类药物在碱消化条件下均稳定,如采用 80℃水浴中碱消化 30 min,氯丙嗪的回收率良好(86%),但利培酮的回收率仅有 15%(McClean,2000)。所以在实际应用时还应注意待分析物的酸碱环境适应性和热稳定性,并针对各目标物进行方法有效性验证,选择较为合理的样品处理方法。

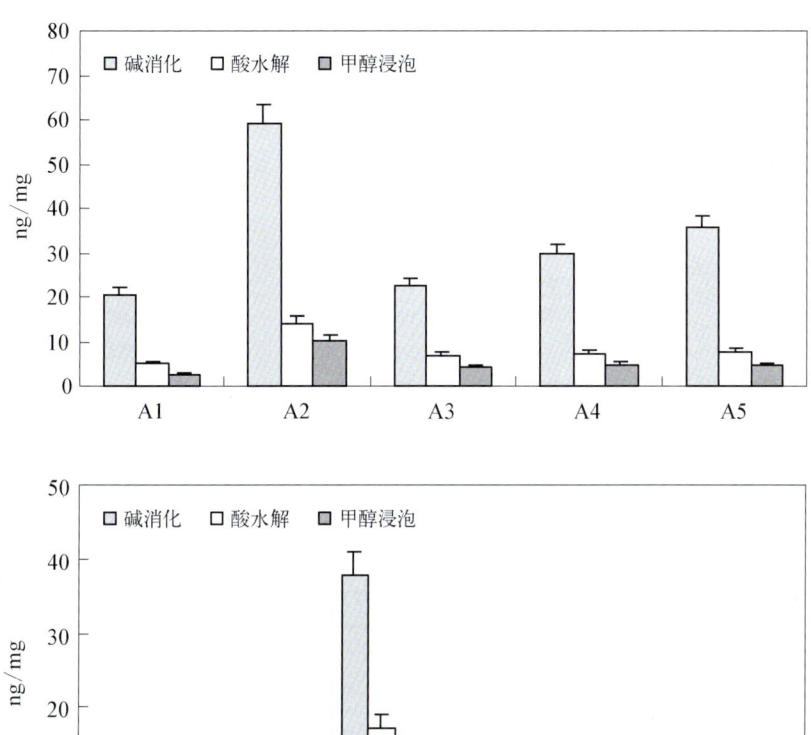

图 10-9　碱消化、酸水解和甲醇浸泡法的比较（A：氯氮平；B：氯丙嗪）

三、分析方法

头发分析在临床毒物分析领域的应用始于20世纪80年代，GC-MS是主要的分析工具。随着液相色谱-串联质谱的发展，有关的应用报道也逐渐增多。

1. GC-MS 法

分析参考条件（沈敏，2001）

色谱条件：DB-5毛细管柱（30 m×0.25 mmI.D.，0.33 μm 膜厚），初温100℃，10℃/min 程序升温至150℃，然后以25℃/min 升温至280℃，保持10 min。

质谱条件：离子阱温度150℃，接口温度250℃；EI；m/z 50-500 全扫描方式；CI：CH_4 反应气。常见的抗精神失常药及其代谢物的质谱特征碎片离子见表10-29。

表 10－29　精神药物及其代谢物的 EI、CI 特征离子

药　物	分子量	EI 特征离子 m/z(丰度)	CI 特征离子 m/z(丰度)
阿米替林	277	58(100),203(5),278(5)	58(100),278(40)
阿米替林-M1	263	202(100),220(60),263(35)	264(100),55(80)
阿米替林-M2	293	58(100),215(5),293(3)	58(100),294(50)
多塞平	279	58(100),280(20),195(5)	58(100),280(100)
多塞平-M1	265	204(100),266(100),222(45)	266(100)
多塞平-M2	295	58(100),296(3)	58(100),296(35)
氯丙嗪	318	58(100),318(70),86(30)	58(100),86(80),319(60)
氯丙嗪-M1	334	58(100),246(55),334(30)	84(100),58(90),335(70)
氯丙嗪-M2	233	233(100),198(70)	234(100),199(25)
泰尔登	315	58(100),221(8),315(3)	58(100),316(20)
泰尔登-M	246	246(100),218(40),139(35)	247(100),55(30)
三氟拉嗪	407	407(100),70(65),113(25)	113(100),408(85),141(50)
氯氮平	326	256(100),326(45),243(50)	327(100),99(55)
氯氮平-M	312	312(100),243(80),192(60)	313(100)
氟哌啶醇	375	237(100),224(60),123(40)	376(100),165(85)

2. LC－MS/MS 法

(1) 分析参考条件一(Müller,2000)

色谱条件: 液相柱为 RP－C_8－select B(125 mm×2 mm×5 μm)。流动相 A 为 5 mmol/L 甲酸铵/0.1%甲酸溶液(pH 3),流动相 B 为 0.1%甲酸的乙腈溶液,梯度洗脱程序为:0 min:B10%;0~6.6 min:B 从 10%至 30%;6.6~26.6 min:B 从 30%至 70%;26.6~33.3 min:B 从 70%至 90%。

质谱条件: PE/SCIEX API 365 LC－MS/MS,采用电喷雾电离-正离子模式(ESI+)。

(2) 分析参考条件二(Doherty,2007)

色谱条件: 液相柱为 Phenomenex Luna C_{18}柱(150 mm×4.6 mm×5 μm)。流动相 A 为 0.1%甲酸的甲醇:水(20:80 v/v),流动相 B 为 0.1%甲酸的甲醇:水(90:10 v/v)。梯度洗脱程序为 25 min 内从 100% A 到 100% B,流速 0.5 mL/min,进样体积 20 μL。

质谱条件: 四级杆离子阱质谱(LCQ™),ESI 模式。鞘气流速 50,辅助气 5,毛细管温度 250℃,喷雾电压 4.5 kV。5 个抗精神失常药的质谱特征离子见表 10－30。

表 10－30　5 个抗精神失常药的 LCQ 离子阱质谱特征离子

药　物	分子量	母离子(m/z)	子离子(m/z)	碰撞能量(%)
利培酮	410	411	191	30
9-羟基利培酮	426	427	207	25

续 表

药 物	分子量	母离子(m/z)	子离子(m/z)	碰撞能量(%)
舍曲林	305	306	275	35
去甲基舍曲林	291	292	159	30
帕罗西汀	329	330	192	37
帕罗西汀-M1	331	332	192	36
三甲丙米嗪	294	295	100	35
去甲三甲丙米嗪	280	281	86	37
2-羟基三甲丙米嗪	310	311	100	37
2-羟去甲三甲丙米嗪	296	297	86	37
米氮平	265	266	195	37
8-羟基去甲米氮平	267	268	211	25
去甲米氮平	251	252	195	37

(3) 分析参考条件三(Sim,2017)

色谱条件：液相柱为 Kinetex C$_{18}$ 100 Å(3.0×50 mm,2.6 mm),柱温40℃。自动进样室温度10℃。流动相 A 为 2 mmol/L 甲酸铵的0.2%甲酸溶液,流动相 B 为 2 mmol/L 甲酸铵的0.2%甲酸乙腈。梯度程序：初始为98% A;8 min,35% A;8.5 min,10% A;10 min,10% A;14 min,98% A。

质谱条件：AB Sciex Qtrap 5500 MS/MS 质谱系统,ESI+模式,优化后的质谱参数：气帘气,207 psi；CAD,medium；离子喷雾电压,5 500 V；加压喷雾温度(TEM),600℃；喷雾气(GS1),50 psi；加热气(GS2),55 psi。采用 MRM 模式,抗精神病药物的质谱信息和保留时间见表 10-31。

表 10-31 抗精神病药物的质谱参数

化合物	英文名	前体离子(m/z)	碎片离子(m/z)	RT(min)	DP	CE	CXP
莫达非尼	Modafinil	274.2	167.0	5.7	116	21	16
			152.2	5.7	116	55	14
阿托西汀	Atomoxetine	256.3	44.1	6.2	101	65	8
			148.1	6.2	101	11	14
阿立哌唑	Aripiprazole	448.1	285.2	6.4	111	41	18
			176.2	6.4	111	41	24
苯甲托品	Benztropine	308.2	167.2	6.6	146	41	16
			152.1	6.6	146	59	8
丁螺环酮	Buspirone	386.3	122.1	5.3	131	47	10
			222.0	5.3	131	37	14
度洛西汀	Duloxetine	298.4	44.0	6.4	111	59	6
			154.0	6.4	111	7	12

续 表

化合物	英文名	前体离子 (m/z)	碎片离子 (m/z)	RT (min)	DP	CE	CXP
加巴喷丁	Gabapentin	172.1	154.2	3.4	86	23	20
			137.0	3.4	86	21	16
奥卡西平	Oxcarbazepine	253.2	180.0	5.6	101	47	20
			208.2	5.6	101	27	26
羟基卡马西平	Dihydro-hydroxycarbamazepine	255.1	194.2	5.0	116	27	20
			167.1	5.0	116	49	18
托吡酯	Topiramate – NH4	357.3	264.2	5.8	106	19	22
			184.2	5.8	106	25	14
艾司西酞普兰	Escitalopram	325.2	109.1	5.9	146	67	8
			262.2	5.9	146	25	24
帕利哌酮	Paliperidone	427.2	207.2	5.0	156	41	20
			110.0	5.0	156	63	10
齐哌西酮	Ziprasidone	413.1	194.0	5.7	161	47	24
			159.1	5.7	161	55	12
拉莫三嗪	Lamotrigine	256.0	211.1	4.4	86	43	16
			108.9	4.4	86	67	8
氯硝西泮	Clonazepam	316.2	270.2	6.7	91	37	20
			241.1	6.7	91	43	22
7-氨基氯硝西泮	7 – Aminoclonazepam	286.1	121.0	4.2	171	41	20
			222.0	4.2	171	33	12
左乙拉西坦	Levetiracetam	171.1	126.1	3.2	86	29	14
			154.0	3.2	86	11	20
地昔帕明-d$_3$	Desipramine-d3	270.2	75.0	6.3	81	49	12

方法评价：采用 15 mg 毛发，抗精神病药物的 LOD 在 0.2~10 pg/mg（Sim，2017）。

方法讨论：

抗精神失常药通常用药量较大且持续用药，故头发中药物浓度较高，可同时检测原药及其代谢物，沈敏（2001）和 Doherty（2007）分别采用 GC‑MS 和 LC‑MS/MS 方法同时检测抗精神失常药及其代谢物的鉴定方法。

沈敏（2001）取 35 名精神病患者头发 20 mg，经提取处理后，分别用电子电离质谱（EI）和正离子化学电离质谱（CI）分析，经质谱图结构解析，在精神病患者头发中鉴定、确认了二十余种精神药物及其代谢物。它们为：卡马西平及其 N‑去酰胺基代谢物；阿米替林及其 N‑去甲基代谢物（M1）和苯环羟化代谢物（M2）；多塞平及其代谢物去甲多塞平（M1）和苯环羟化代谢物（M2）；苯海索及其环羟化代谢物；氯丙嗪及其 N‑去烷基代谢物（M1）和 S 氧化物亚砜（M2）；泰尔登及其氧化代谢物；三氟拉嗪；氯氮平及其 N‑去甲氯氮平；氟哌啶醇。上述精神药物及其代谢物的

EI、CI 特征离子见表 10-29。

LC-MS/MS 可进行头发中抗精神失常药的筛选分析,采用 MRM 模式,有效地减少头发基质的影响,灵敏度大大提高,可检测头发中 pg/mg 级痕量目标物,特别是可同时检测极性强、热不稳定的抗精神失常药及其代谢物。McClean(2000)对部分抗精神失常药的 MS^n 裂解途径进行解析,见图 10-10、图 10-11 和图 10-12。

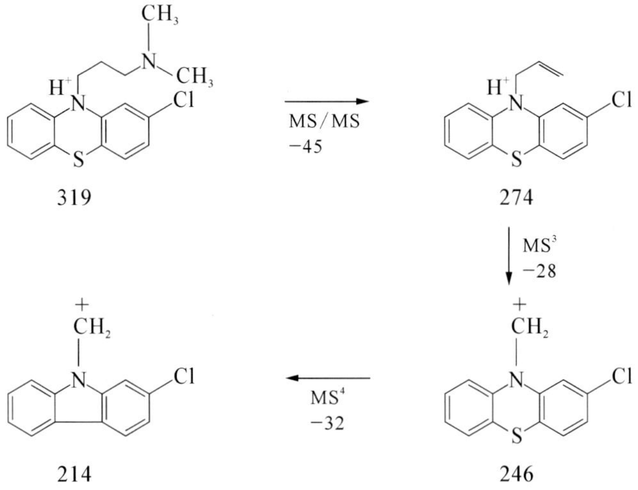

图 10-10 氯丙嗪的 MS^n 裂解途径

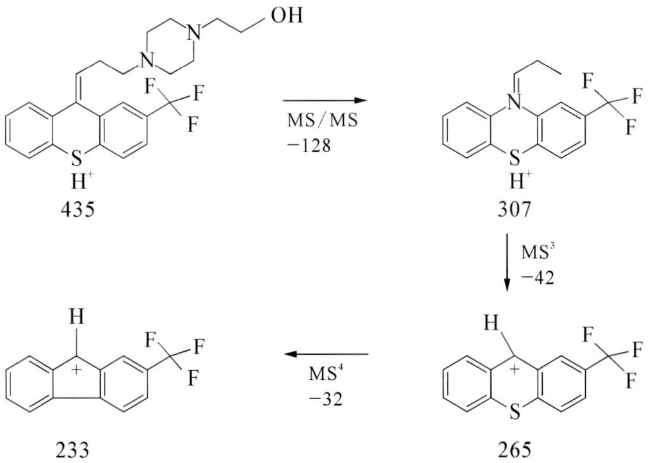

图 10-11 氟哌噻吨的 MS^n 裂解途径

Doherty B(2007)采用 LCQ 离子阱质谱仪,质谱解析和确认英国常见的 5 个抗精神失常药,质谱数据见表 10-30,图 10-13 至图 10-15 分别为 5 个药物及其代谢物的 $ESI-MS^2$ 裂解途径。

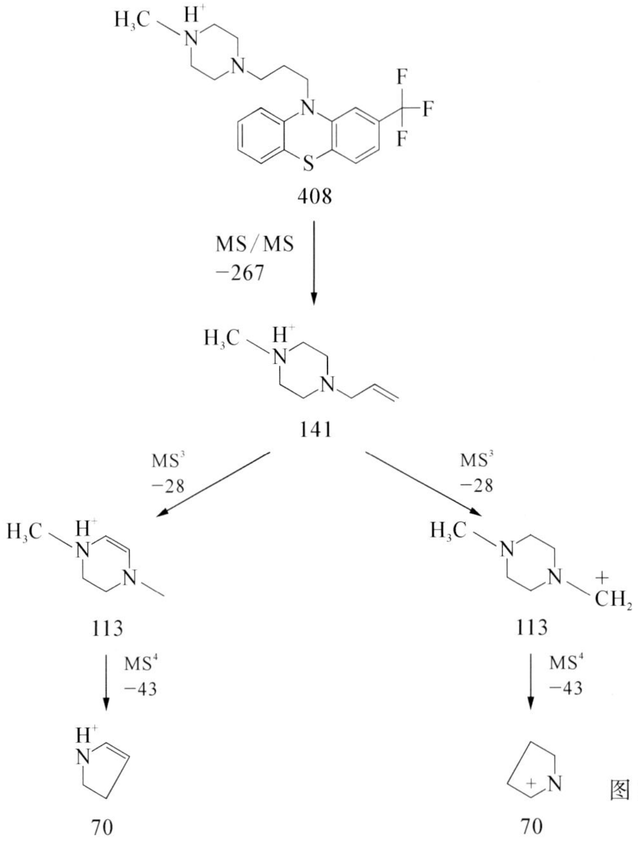

图 10-12 三氟拉嗪的 MS^n 裂解途径

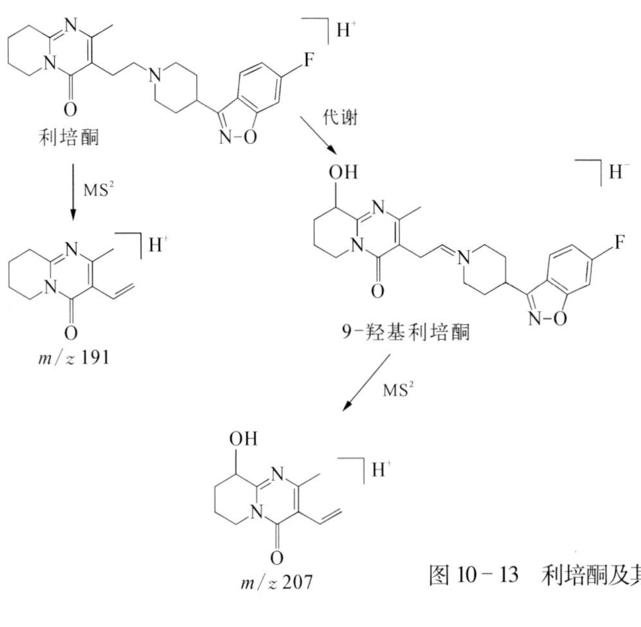

图 10-13 利培酮及其代谢物的 ESI-MS^2 裂解途径

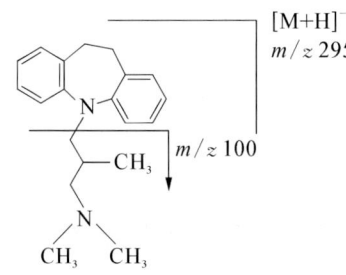

图 10-14 帕罗西汀及其代谢物的 ESI-MS² 裂解途径

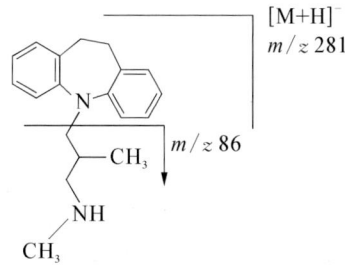

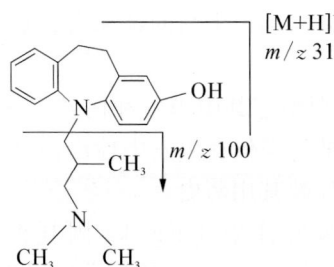

图 10-15 三甲丙米嗪及其代谢物的 ESI-MS² 裂解途径

四、结果解释

药物进入毛发与药物的物化性质、亲脂性和毛发中黑色素浓度密切相关。众多研究报道表明,抗精神失常药多为碱性药物,亲脂性强,较易进入毛发,黑色素是影响其进入毛发的主要因素,毛发中抗精神失常药浓度与剂量有正相关性。

1. 药物进入头发的程度

沈敏(2001)发现,卡马西平、阿米替林、多塞平、苯海索、氯丙嗪、泰尔登、三氟拉嗪、氯氮平和氟哌啶醇等精神药物均能进入头发,但进入头发的难易程度是不一致的。经对药物使用量和头发检出量作比较分析,药物进入头发的容易程度大致有如下次序:卡马西平>苯海索>阿米替林>多塞平>氟哌啶醇>三氟拉嗪>泰尔登>氯丙嗪>氯氮平。药物进入头发的难易程度可能与药物的分子量、极性和脂溶性有关。

所有精神药物原体在头发中的浓度大大高于其代谢物,但各代谢物存在的比例不同。去甲多塞平和苯海索的环羟化代谢物所占比例最高,约大于20%;氯丙嗪、泰尔登、卡马西平、阿米替林的代谢物约为原体的10%;而去甲氯氮平仅在高原体浓度的头发中存在。

2. 头发中的药物代谢物

头发中存在的代谢物一般认为在体内形成,随血液循环进入毛干。代谢物的检出可排除检材的外部污染问题,对于头发检材药物阳性的确认,具有非常重要的意义。

沈敏(2001)认为头发中出现的代谢物应为体内最易形成的、相对量较高的代谢物。其曾同时检测氯丙嗪使用者的尿液和头发,在尿中发现有氯丙嗪的五种代谢物存在:S氧化代谢物亚砜、环N去烷基代谢物、去甲氯丙嗪、去甲氯丙嗪的乙酰化物、去双甲氯丙嗪的乙酰化物,其中浓度最大的为S氧化代谢物亚砜和N去烷基代谢物。而在头发中仅检出S氧化代谢物亚砜和N去烷基代谢物。

3. 药物浓度与头发颜色关系

黑色素亲和力是影响药物进入毛发的主要因素。Sato(1993)通过体外实验考察氯丙嗪和氟哌啶醇与黑素蛋白的亲和力,发现其与黑素蛋白的亲和力非常强,特别是氯丙嗪的亲和力更高于氟哌啶醇。

Sato(1993)取5个用药患者的花白头发,分别测定其中黑发和白发中氯丙嗪浓度,发现白发中氯丙嗪浓度明显低于黑发。有的甚至仅在黑发中检出,而白发中无法检出。另外,因白发中药物浓度很低故无法反映其用药史。

Sim(2017)采用 Long - Evans 大鼠,分布腹腔注射 1 mg/kg 阿托西汀或 1 mg/kg 阿立哌唑或 10 mg/kg 托吡酯,每周1次,连续两周。五周后分别采集新长出的黑灰色、白色毛发。经 LC - MS/MS 分析,阿立哌唑在黑灰色、白色毛发中浓度分别在 44.7~81.9 pg/mg 和 3.2~7.2 pg/mg 范围,黑灰色毛发中浓度明显高于白色毛发;与阿立哌唑分布相似,阿托西汀在黑灰色、白色毛发中浓度分别在 89.1~162.3 pg/mg 和 3.7~6.2 pg/mg,黑灰色毛发中浓度明显高于白色毛发;但托吡酯不同,在黑灰色、白色毛发中浓度分别在 252.9~510.8 pg/mg 和 181.2~368.0 pg/mg 范围,在黑灰色、白色毛发中浓度没有显著性差异。

4. 紫外线对药物浓度的影响

紫外线照射可能影响毛发中药物的稳定性,特别是氯丙嗪遇光易分解。但 Sato(1993)研究发现,将氯丙嗪阳性毛发在紫外灯下照射 3 h,与未经紫外照射的毛发相比,氯丙嗪浓度未见有明显变化,说明毛发中氯丙嗪不受紫外线照射影响。进一步研究其原因,将氯丙嗪水溶液在紫外灯下照射,1 h 内氯丙嗪已完全分解,无法检出。说明氯丙嗪在水相中不稳定,但在毛发基质中还是相当稳定。

5. 头发药物浓度与用药剂量关系

沈敏(2001)测定 35 名精神病患者的头顶部贴根 3 cm 毛发段,所得各药物浓度见表 10-32。将样本数较大的氯丙嗪和氯氮平使用者头发药物浓度对用药剂量作相关性分析,得 $r = 0.8047 (P < 0.001, n = 16)$ 和 $r = 0.7097 (P < 0.001, n = 16)$(图 10-16),表明头发中氯丙嗪与氯氮平浓度与使用剂量存在相关性。

表 10-32 精神病患者头发中精神药物的浓度

药　物	例　数	检出量(ng/mg)	用药剂量
卡马西平	6	2.8~22.5	0.2~0.4 mg/d
阿米替林	3	2.5~57.7	5~25 mg/d
多塞平	5	55.6~183.3	100~250 mg/d
苯海索	7	3.0~15.6	2 mg/d
氯丙嗪	16	2.9~68.2	100~500 mg/d
泰尔登	1	30	50 mg/d
三氟拉嗪	1	36.8	50 mg/d
氯氮平	16	16.7~59.2	150~425 mg/d
氟哌啶醇	1	20.1	28 mg/d

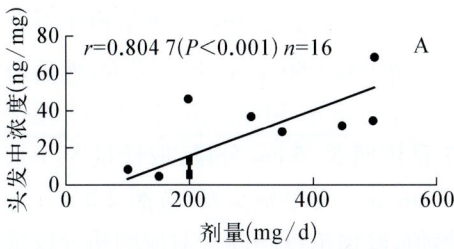
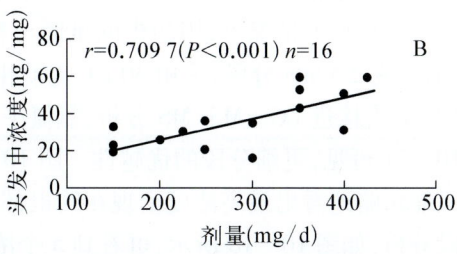

图 10-16 氯丙嗪和氯氮平的剂量与头发中浓度的相关性(A:氯丙嗪;B:氯氮平)

Sato(1993)连续3周给有色大鼠每天注射氯丙嗪,然后采集毛发测定其中浓度,发现用药剂量与毛发中氯丙嗪浓度有明显的正相关性。通过检测临床病人的头发样品,发现头发中氯丙嗪和氟哌啶醇的浓度同样与剂量有正相关性。

Uematsu(1990)连续3周给DA大鼠注射氟哌啶醇,剂量分别为1 mg/kg、3 mg/kg和10 mg/kg,结果发现,无论是白色毛发,还是黑色毛发,其中氟哌啶醇浓度与剂量具有明显正相关性,另一方面,同一个体上黑色毛发中浓度明显高于白色毛发。

Schneider(2009)对3个精神疾病患者的头发和利培酮用药情况进行监测,见表10-33,发现头发中利培酮浓度与用药剂量无相关性,而代谢物9-羟基利培酮与用药剂量有明显的相关性。各患者头发中利培酮与9-羟基利培酮的浓度比率相差很大,这可能是由于CYP 2D6基因多态性导致体内代谢差异。

表10-33 3个精神疾病患者的头发中利培酮及其代谢物浓度

患　者	用药剂量(mg/d)	头发分段(cm)	利培酮(pg/mg)	9-羟基利培酮(pg/mg)
患者1	6	0~2	3 403	46
	6	2~5	3 663	57
	6	5~8	4 765	57
	6	8~18	3 716	51
患者2	4	0~2	72	39
	4	2~4	36	36
	4	4~7	39	34
患者3	2	4	459	14

6. 头发分段分析

头发分段分析可较准确地反映其用药史,由于抗精神失常药具有长期用药、头发中原药及其代谢物浓度高等特点,故头发分段分析的优势特别明显。

Thieme(2007)对一使用过氯氮平的亚洲女性黑色头发监测,通过不同时间取样,多根、单根、1 mm~2.5 mm~3 cm分段分析,认为在头发中药物浓度和分析方法灵敏度允许的情况下,用药史的推断可精确至几天。Thieme(2007)将单根头发按1 mm或2.5 mm分段,采用30 μL流动相甲醇:水(50:50,v/v)超声提取,然后取10 μL直接进LC-MS/MS分析,氯氮平的检出量可低至30 fg。由图10-17至图10-21可见,更细分段的优越性。图10-17是按照3~5 cm分段,取样量50 mg,只能粗略地看出最高浓度出现在约根部6~9 cm处。对单根头发,按照2.5 mm分段分析,如图10-18所示,可看到5个浓度峰值,峰值浓度均高于对应的粗分段浓度的均值。靠近根部的最高浓度峰还有明显的强、后肩峰。从两根头发的趋势图还可看出,在峰值出现的发段上有很好的重复性,但是两根头发的浓度差异很大。由图 10-19 也可看出,4 根头发由于受随机取样、分段头发的取样量的不确定度以及头发特性差异等因素影响而使其中氯氮平浓度存在明显差异。更进一步按照 1 mm 细分段,如图 10-20 所示,其趋势与 2.5 mm 分段非常相似。间隔 165 d 两次取样,最高峰值点向发梢处移动约 9.1 cm,据此推算该女头发的生长速度约为 0.55 mm/d(1.65 cm/月)。另一方面,从细分段可见(图 10-21),氯氮平和其代谢物去甲氯氮平的头发浓度趋势图非常接近。

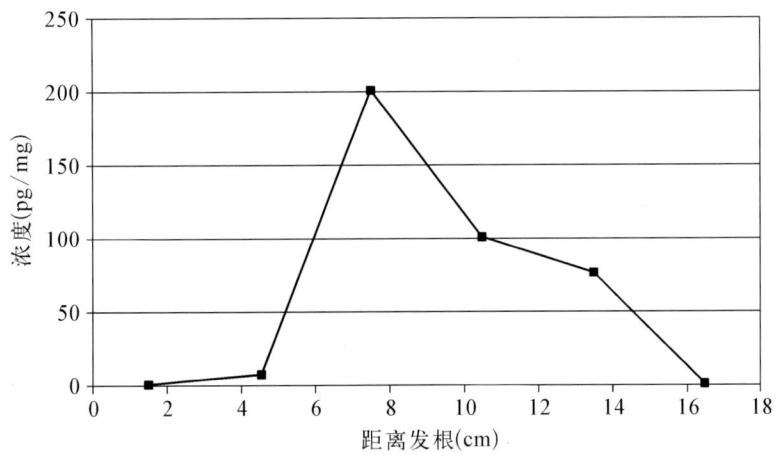

图 10-17 165 d 后采集的头发中氯氮平浓度(按照传统的 3~5 cm 分段分析)

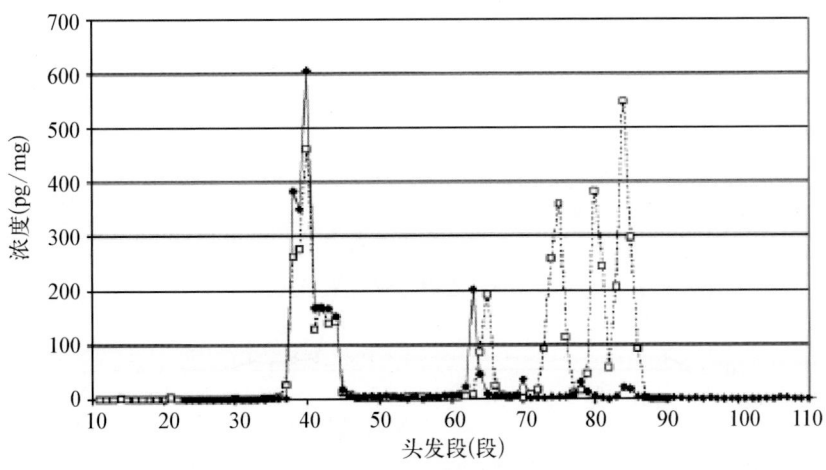

图 10-18 165 d 后采集的 2 根单根头发中氯氮平浓度(按照 2.5 mm 分段分析)

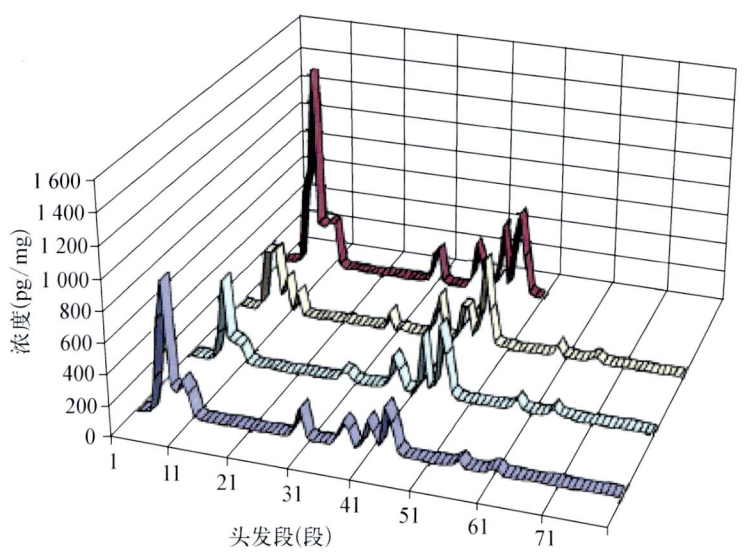

图 10-19　毛干中氯氮平浓度比较（4 根头发按照 2.5 mm 分段）

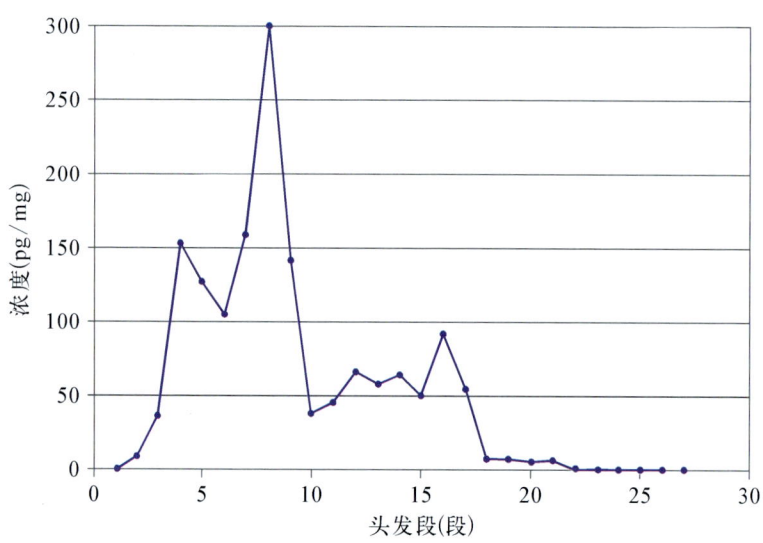

图 10-20　毛干中氯氮平浓度（按照 1 mm 分段）

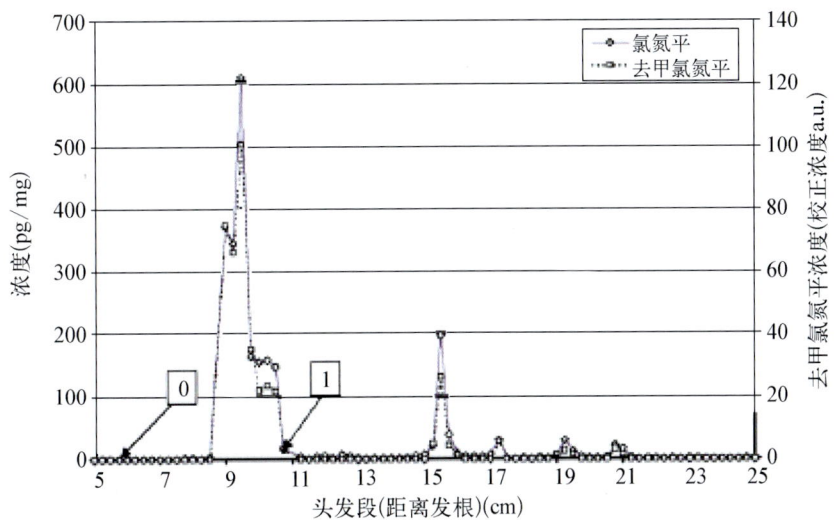

图 10-21　165 d 后再次采集的头发中氯氮平及其代谢物去甲氯氮平浓度（单根头发按照 2.5 mm 分段）

7. 头发中原体及其代谢物比率与 CYP2C19 和 CYP2D6 多态性的关系

个体差异在药物代谢中起着非常重要的作用，药物代谢的个体差异主要由 CYP 基因的多态性所致，若 CYP 基因出现碱基缺失、插入、替换、颠换等类型的突变，就会引起氨基酸序列改变，导致所表达的 CYP 酶降低活性或者丧失活性。由于三环类抗抑郁药在临床上使用较多，剂量较大，而且体内代谢较为复杂，所以目前对此类药物的药物基因组学研究较多。阿米替林（AT）在体内有两条主要代谢途径，去甲基化成去甲基阿米替林（NT）和羟基化成 10-羟基去甲阿米替林，10-羟基去甲阿米替林还存在构型异构体 E 型（E10-OHNT）和 Z 型（Z10-OHNT）。Thieme（2008）对 23 名长期服用阿米替林的婴儿头发进行测定，发现个体间在头发中药物原体及其代谢物比率上存在很大差异，如 NT/AT=0.8~8.1，E10-OHNT/Z10-OHNT=1.6~10.3 等。进一步研究 CYP2C19（*2，*3 和 *4）和 CYP2D6（*3，*4，和 *6）的基因型，并进行关联分析，发现去甲基化的相对量即 NT/AT 明显受 CYP2C19 的功能基因数量影响，另外，羟基化的选择性即 E10-OHNT/Z10-OHNT 明显与 CYP2C19 有关。

五、阳性数据

临床用药的患者头发中抗精神失常药浓度通常很高，在数 ng/mg 至上百 ng/mg，但在一些麻抢、迷奸等单次用药案件中，头发中药物浓度可能仅为数 pg/mg。有关的调查和实际案件资料见表 10-34。

表 10-34 头发中抗精神失常药研究资料

药物	前处理	提取	分析	药物浓度	详情	文献
卡马西平	0.1 mol/L NaOH, 80℃, 30 min	LLE, 乙醚	GC-MS	2.8~22.5 ng/mg	6 个精神病人	沈敏, 2002
奥卡西平	0.1 mol/L NaOH, 40℃, 过夜	LLE, 甲基叔丁基醚	LC-UV	20.4~200.1 ng/mg	23 个癫痫病人	Williams, 1997
氯丙嗪	0.1 mol/L HCl, 57℃, 24 h	SPE	LC-APCI/MS	3 段分别为 case: 3.9, 10.4, 和 13.0 ng/mg	自杀案件	Klys, 2005
氯丙嗪	0.1 mol/L NaOH, 80℃, 30 min	LLE, 乙醚	GC-MS	2.9~68.2 ng/mg	16 个精神病人	沈敏, 2002
氯美马嗪	2 mol/L NaOH, 80℃, 30 min	LLE, 己烷:异戊醇	LC-UV	1.6~27.5 ng/mg	23 个精神病人	Sato, 1993
氟哌噻吨	0.1 mol/L HCl, 56℃, 过夜	SPE	GC-MS	112 ng/mg	一妇女,发现死在浴室	Gaillard, 1997
氟哌啶醇	NaOH, 80℃, 30 min	LLE, 正己烷	LC-MS/MS	0.22 ng/mg	1 个精神病人	McClean, 2000
五氟利多	NaOH, 70℃, 30 min	LLE, 氯代正丁烷	GC-MS	17.0 和 242.0 ng/mg	死亡案件	Couper, 1995
匹泮哌隆	甲醇超声 2 h	SPE	LC-MS/MS	ND 和 0.08 ng/mg	2 个精神病人	Weinmann, 2002
硫利达嗪	甲醇超声 2 h	SPE	LC-MS/MS	2 段: 0.9 和 1.0 ng/mg	自杀案件	Müller, 2000
硫利达嗪	甲醇超声 2 h	SPE	LC-MS/MS	ND, 5.6, 0.3, 和 9.9 ng/mg	4 个精神病人	Weinmann, 2002
氯氮平	甲醇 45℃ 过夜	吹干	GC-MS	0.2~34.2 ng/mg	23 个精神病人	Cirimele, 2000
泰必利	0.1 mol/L HCl, 56℃, 过夜	SPE	GC-MS	8.9 ng/mg	1 女性滥用者	Gaillard, 1997

续表

药 物	前 处 理	提 取	分 析	药物浓度	详 情	文 献
阿米替林	NaOH,100℃,30 min	LLE,庚烷异戊醇	GC-MS	ND-17.2 ng/mg	30个精神病人	Tracqui,1992
阿米替林	1 mol/L NaOH,80℃,30 min	SPE	GC-MS	阿米替林:0.6~11.0 ng/mg;去甲替林:0.5~7.9 ng/mg	25个精神病人	Pragst,1997
西酞普兰	甲醇超声 2 h	SPE	LC-MS/MS	2段:1107 和 557 ng/mg	1病人	Müller,2000
氯米帕明	1 mol/L NaOH,80℃,30 min	SPE	GC-MS	氯米帕明:0.4~3.9 ng/mg;去甲氯米帕明:D-1.5 ng/mg	7个精神病人	Pragst,1997
多塞平	NaOH,70℃,30 min	LLE,氯代正丁烷	GC-MS	7.7~87.0 ng/mg	2个死亡案件	Couper,1995
多塞平	0.1 mol/L HCl,50℃,过夜	SPE	GC-MS	多塞平:0.09~0.59 ng/mg;去甲多塞平:0.04~0.4 ng/mg	1个精神病人,治疗4个月,每个月采集头发	Negrusz,1998
度硫平	NaOH,70℃,30 min	LLE,氯代正丁烷	GC-MS	度硫平:6.7~137.0 ng/mg;去甲度硫平:检出	6个死亡案件	Couper,1995
丙咪嗪	1 mol/L NaOH,80℃,30 min	SPE	GC-MS	丙咪嗪:0.9~9.5 ng/mg;去甲丙咪嗪:0.6~5.3 ng/mg	5个精神病人	Couper,1995
马普替林	1 mol/L NaOH,80℃,30 min	SPE	GC-MS	1.4~40.0 ng/mg	13个精神病人	Couper,1995
米安色林	NaOH,70℃,30 min	LLE,氯代正丁烷	GC-MS	9.2 ng/mg	1个死亡案件	Couper,1995
卡立普多	0.1 mol/L HCl,50℃,过夜	LLE	GC-MS	卡立普多:4.5 ng/mg;甲丙氨酯:6.2 ng/mg	怀疑滥用案件	Kim,2005

六、典型案例

案例一(沈敏,2002)

某35岁女性,头发长20 cm。其有二年的氯氮平用药史,日剂量固定为250 mg,且在一年前使用过多虑平。将其头发贴根剪取后从根部起按5 cm分段分析。由图10-22可见,1~4段头发中均检出氯氮平,仅在第3~4段(11~20 cm)中检出多塞平。分段分析结果与其用药史相一致。

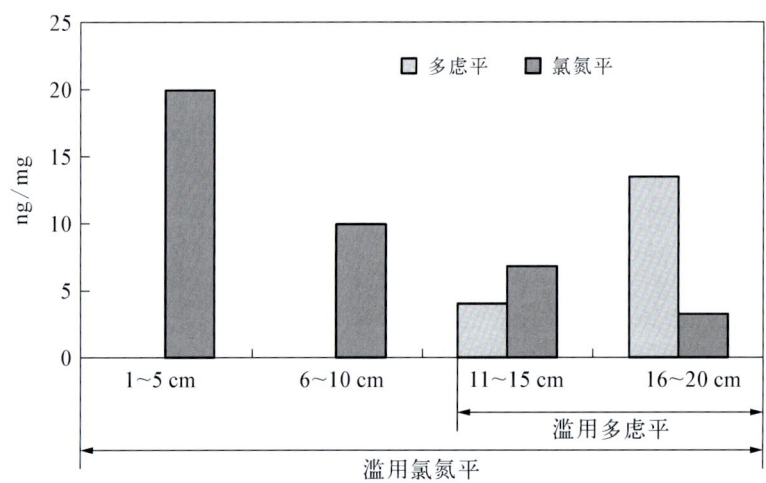

图10-22 案例一的头发分段分析结果

案件二(沈敏,2002)

某女性患者有二年多的固定剂量的氯氮平、三氟拉嗪用药史,且在半年前使用过苯海索。将其头发贴根剪取后从根部起按5 cm分段分析。由图10-23可见,4段头发中均可检出氯氮平和三氟拉嗪,而苯海索仅在第2~4段(6~20 cm)中检出。分段分析结果与其用药史相一致。

案例三(Gaulier,2008)

某29岁女性,居住法国某郊区。某天上午11点,邻居发现其被绑于自家餐桌上,并昏迷不醒。事后其仅记得那天凌晨有一男性闯入她家,逼其喝下饮料,之后所发生的事情无法回忆。当天下午留取血液,毒药物筛选分析结果阴性,但从现场提取的一玻璃杯中检出乙酰丙嗪。为进一步确认案件真相,1个半月后采集该受害者头发。结果在0.5~2.5 cm头发段中检出乙酰丙嗪,其浓度为31 pg/mg。

案例四(Bartsch,2003)

某德国家庭有5个孩子。其小女儿18个月大,突然生病,无法站立,呼吸困难,意识模糊,送医院救治。小女儿在医院恢复很快,2 d后正常出院。3周后又复

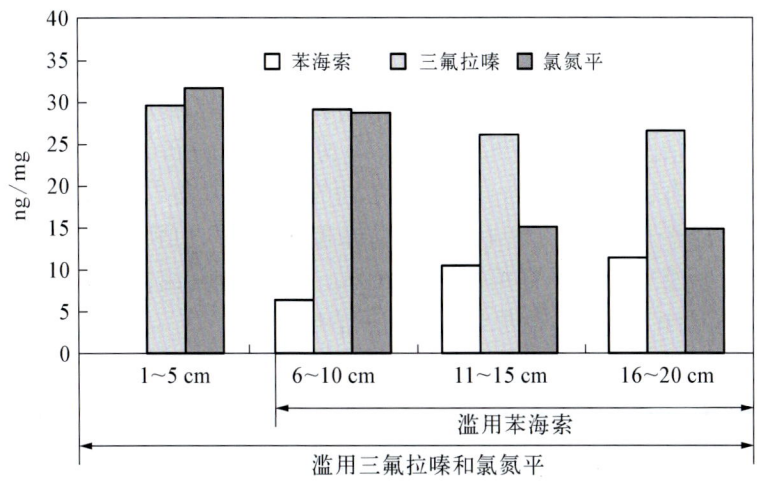

图 10-23 案例二的头发分段分析结果

生病,住院治疗,住院期间未出现明显的症状。10 d 后出院,但当晚又病发住进医院,主要症状为瘫痪、呼吸困难,入院后症状逐渐减轻,3 周后出院。然而,出院后当天晚上再次发病,虽经抢救仍于当晚死亡。2 d 后临床解剖确认为心肺功能衰竭,未作毒物分析。小女儿死后 6 周,其姐姐又因同样病状送进医院,经多方检查仍无法确诊。该小孩在 10 个月内先后 10 次进出医院,发病症状不明显,主要为体温升高、嗜睡,每次大约 72 h 后恢复健康。至第 10 次住院时,其尿样中检出氯氮平。由此怀疑之前死去的小女儿可能死于中毒。于埋葬 10 个月后开棺,但仅可采集头发样品,头发样品经 GC-MS 分析,检出氯氮平成分。在事实面前,孩子母亲承认了给女儿服药的犯罪事实,被刑事起诉。该母亲患有孟乔森综合征,孟乔森综合征(Munchausen syndrome)又叫虚夸综合征,是一种罕见的精神疾病。

案例五(Wille,2008)

某男性滥用多种药物,死于中枢神经系统抑制。取血液、脑和头发进行毒物分析。其头发总长 5.5 cm,从发根处按照 2 cm,2 cm 和 1.5 cm 分段,每段反映其大约 2 个月的用药情况。测定结果见表 10-35。

表 10-35 案例五的毒物分析结果

检材	药物				
	吗啡	舍曲林	代谢物 去甲舍曲林	曲唑酮	代谢物 m-氯苯哌嗪
血液(ng/mL)	76.4	93	185	ND	
脑(ng/g)		1 635	3 717	93	31
头发(ng/mg)	1	0.6	0.5	ND	ND
	2	0.8	1.4	ND	0.4
	3	1.6	2.6	ND	0.8

案例六(Kłys,2005)

某58岁男性被发现死于家中,据调查其患有癫痫,已试图自杀多次,并有酗酒史。死前曾服用过左美丙嗪。法医解剖未发现明确死因,提取血液和头发进行毒物分析。头发总长6 cm,从根部起按照2 cm分成3段,分析结果见表10-36。奥卡西平进入体内后首先代谢为具有药理活性的10-羟基奥卡西平,进一步氧化成无活性的双羟奥卡西平。死者血液中酒精浓度为1.9‰,由表可知,左美丙嗪过量是主要死亡原因,可能还有酒精的协同作用。从头发分析结果可证实死者确是癫痫患者,而且近6个月内一直服用奥卡西平治疗。

表10-36 死者的血液和头发中奥卡西平及其代谢物浓度

药 物	头发(ng/mg)			血液(μg/mL)
	第1段	第2段	第3段	
奥卡西平	3.9	10.4	13.0	0.79
10-羟基奥卡西平	18.4	53.9	105.9	13.96
双羟奥卡西平	0.5	1.2	3.0	0.23
左美丙嗪	ND	ND	ND	1.96

第四节 氯 胺 酮

氯胺酮是临床应用的镇静性静脉全麻药,既可用于麻醉诱导,又可进行麻醉维持。氯胺酮与苯环利啶有相似的化学结构,1958年开始应用于临床,但因其精神方面的不良反应及其他替代诱导药物的出现,氯胺酮的应用逐渐减少。但是,近些年由于其临床良好的效能又重新受到关注。

氯胺酮又称"K"粉,其滥用已有30多年的历史,2000年后在我国也出现了氯胺酮的滥用现象,并迅速在娱乐场所流行。2003年,公安部将其列入毒品范畴,国家食品药品监督管理局于2004年7月将氯胺酮及其盐或制剂列入第一类精神药品进行管理。氯胺酮常涉及死亡、迷奸、药物驾车能力影响等案件,是常规滥用药物筛查的对象。

一、体内过程

氯胺酮(ketamine)又名凯他敏,化学名为消旋-2-邻-氯苯基-2-甲氨基环己酮[(±)-2-o-chlorophenyl-2-methylamino cyclohexanone]。

$C_{13}H_{16}ClNO = 237.73$

CAS：6740-88-1

氯胺酮可经静脉、肌肉、鼻腔、直肠及硬膜外给药,作用于中枢神经系统并有局麻作用,它对丘脑-新皮质系统有抑制作用,而对丘脑和边缘系统有兴奋作用。氯胺酮产生麻醉作用主要是抑制兴奋性神经递质以及与天门冬氨酸受体相互作用的结果。

滥用时氯胺酮一般为粉末状,也有水剂和片剂,吸食方式为鼻吸或溶于饮料后饮用。吸食者吸食氯胺酮后会疯狂摇头,有的会出现麻痹或语言障碍。大剂量使用后可出现所谓的"K-hole"现象,这是一种思维与外部世界分离的状态。有报道氯胺酮对中枢神经的损害较冰毒更厉害。

氯胺酮为消旋体,含有两个对映体,即S(+)-氯胺酮和R(-)-氯胺酮。近年研究表明,S(+)-氯胺酮对天门冬氨酸、阿片受体、M胆碱受体的亲和力比R(-)高2~4倍,而对5-HT的抑制作用仅为R(-)的50%。所以S(+)-氯胺酮的催眠和镇痛作用均强于R(-)构型。而氯胺酮在应用中出现幻觉、梦境等副作用主要由R型异构体产生(扈金萍,2009)。

氯胺酮进入血循环后大部分进入脑组织,然后再分布于全身组织中,主要在肝内生物转化成去甲氯胺酮(norketamine,NK),再经脱氢代谢为脱氢去甲氯胺酮(dehydronorketamine,DHNK)(图10-24)(Baselt,2011)。去甲氯胺酮和脱氢去甲氯胺酮均有药理作用,去甲氯胺酮与氯胺酮有相似的镇痛作用,脱氢去甲氯胺酮也有相似的镇痛作用,但作用大小需进一步阐明。单剂量给药氯胺酮后,72 h内从尿样中排出的药物中,约有2.3%的原体药物、1.6%的去甲氯胺酮、16.2%脱氢去甲氯胺酮、80%为羟化代谢物的葡萄糖醛酸甙结合物。

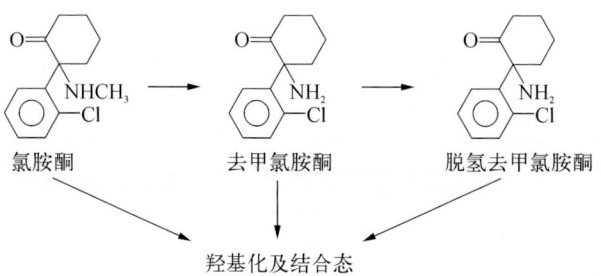

图10-24 氯胺酮在体内的主要代谢途径

静脉注射氯胺酮 2.5 mg/kg(175 mg/70 kg),12 min 后血浓度为 1.0 mg/L,30 min 后下降为 0.5 mg/L,原体药物的血半衰期约为 3.4 h(Wieber,1975)。3 位病人静脉注射氯胺酮 4 mg/kg(280 mg/70 kg),注射后 5 min 血浆浓度高达 5.8~6.3 mg/L(Hodshon,1972)。31 位病人静脉点滴 0.041 mg/(kg·min)(共 2 mg/kg),氯胺酮的稳态平均血浆浓度为 2.2 mg/L;氯胺酮的代谢物去甲氯胺酮和去氢去甲氯胺酮的峰浓度出现在静脉点滴后 3 h,浓度分别为 1.05 mg/L 和 0.71 mg/L。静脉点滴完病人清醒时的氯胺酮平均血浆浓度为 0.64 mg/L(Idvall,1979)。

二、样品处理

1. 水解提取法

将毛发依次用 0.1% 十二烷基磺酸钠、0.1% 洗洁净、蒸馏水、丙酮洗涤,晾干后剪成约 1 mm 长,备用。

称取剪碎的毛发 50 mg,加入 0.1 mol/L 的 HCl 溶液 1 mL,45℃ 水浴中水解过夜。取出,冷却至室温后加入 60 ng 内标氯胺酮-d_4。加入 2 滴 4%NaOH 溶液调至 pH>10,再加入 3.5 mL 乙醚,混旋,离心,取有机层,60℃ 氮气流下吹干。用 50 μL 甲醇溶解残留物,供检(向平,2005)。

2. 超声提取法

头发依次用 10 mL 水、10 mL 丙酮清洗 2 次,干燥后剪成约 2 mm 段。取 10 mg 头发段,装入聚丙烯管中,加入铁珠后进行球磨粉碎。取出头发粉末,加入内标和 1 mL 甲醇,50℃ 超声 1 h。然后离心,取上清液,用注射针过 0.2 mmPTFE 膜,40℃ 氮气流下吹干(Kim,2010)。

三、分析方法

1. GC-MS 法

分析参考条件(向平,2005)

色谱条件:HP-5 MS 柱(30 m×0.25 mm×0.25 μm);载气为氦气,流速 0.9 mL/min;初温 100℃,25℃/min 程序升温至 270℃,保持 10 min。

质谱条件:进样口温度 230℃,离子源温度 230℃。分析所用的碎片离子见表 10-37。最低检出限:氯胺酮和去甲氯胺酮均为 0.02 ng/mg(取样量 50 mg)。

表 10-37　GC-MS 分析的保留时间和碎片离子

化合物	保留时间 Rt(min)	主要碎片离子(m/z)
氯胺酮	8.009	180,209,152
氯胺酮-d_4	7.998	184,213
去甲氯胺酮	7.866	166,195,131
脱氢去甲氯胺酮	7.976	153,221,138

2. LC‑MS/MS 法

分析参考条件(Tabernero,2009)

色谱条件：Synergi Polar HPLC column(Phenomenex;150 mm×2 mm,4 μm)色谱柱,流动相为0.1%甲酸水溶液∶甲醇(50∶50),流速0.2 mL/min,进样体积25 μL。

质谱条件：鞘气(氮气)流速30,辅助气(氮气)流速40。毛细管电压6 000 V。质谱离子见表10‑38。

方法最低检出限：氯胺酮和去甲氯胺酮均为0.1 ng/mg(取样量20 mg)。

表10‑38　LC‑MS/MS分析的质谱参数

化 合 物	MS/MS 离子(m/z)	CE(%)	保留时间 Rt(min)
氯胺酮	238.0→207.0,220.0	18	3.09
氯胺酮-d_4	242.0→211.0,224.0	18	3.05
去甲氯胺酮	224.0→179.0,207.0	17	2.89
去甲氯胺酮-d_4	228.0→183.0,211.0	17	2.89

分析方法讨论：氯胺酮及其代谢物应用通用性强的HP‑5、DB‑5毛细管色谱柱可以达到分离效果,但是衍生化可以改善其色谱行为,提高灵敏度。Kim(2006)和Wu(2008)分别比较了不同的衍生化试剂,以分析头发中的氯胺酮及其代谢物,见表10‑39。Kim(2006)还发现,采用TFAA和MBTFA两步衍生化明显优于单步衍生化,见图10‑25。

图10‑39　氯胺酮及其代谢物的衍生化

药 物	前 处 理 方 法	衍生化方法	质谱碎片离子(m/z)	文 献
氯胺酮 去甲氯胺酮	30 mg 头发依次用 10 mL 水、10 mL 丙酮清洗,干燥后剪成<1 mm 段。转移至试管中,加入内标,加入 2 mL 0.25 mol/L 盐酸甲醇,在 50℃超声 1 h,过滤,吹干。	残余物中加 50 μL TFAA 和 50 μL 乙酸乙酯,40℃衍生化 60 min,吹干。再加 40 μL MBTFA,120℃衍生化 30 min。冷却后取 1 μL 进 GC‑MS。	270,236 284,256	Kim,2006
氯胺酮 去甲氯胺酮	头发用 2 mL 二氯甲烷清洗 5 min,40℃干燥,然后剪碎(<1 mm)。25 mg 头发中加甲醇/TFA(9∶1),40℃过夜。收集提取溶剂,55℃氮气流下吹干。残余物中加 2 mL 0.1 mol/L 磷酸缓冲液(pH 6.0),上已活化的 BondElutTM Certify 柱,后用 1 mL 二氯甲烷/异丙醇/氨水(80∶20∶2,v/v/v)洗脱。洗脱液于氮气流下吹干。	加入 100 μL 乙酸乙酯和 100 μL HFBA 在 70℃衍生化 30 min	236,362,370 340,356,384	Wu,2008

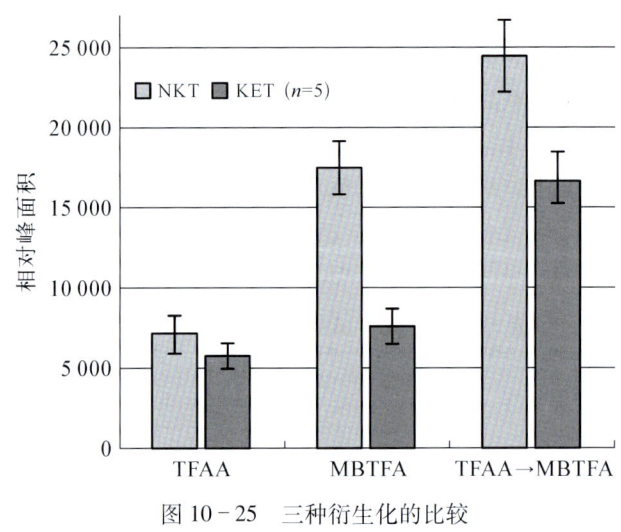

图 10-25　三种衍生化的比较

四、结果解释

1. 毛发中药物浓度与摄药剂量和毛发颜色的关系

药物进入毛发的程度和药物与黑色素的亲和力以及药物的亲脂性密切相关。向平(2005)选取黑、白、棕三色毛发豚鼠 15 只,重 300~500 g,分笼饲养。给药前剃去豚鼠背部中央的毛发(8 cm×4 cm)作为取样区。15 只豚鼠随机分成三组,分别以 1 mg/kg、5 mg/kg 和 20 mg/kg 剂量(低、中、高)腹腔注射氯胺酮,连续给药7 d,期间每天吸取尿液,停药两天后分色剃取毛发。豚鼠毛发结果见表 10-40。

表 10-40　实验豚鼠毛发中氯胺酮及其代谢物的浓度

样品号	K(ng/mg)	NK(ng/mg)	DHNK(ng/mg)	K/NK	K/DHNK	NK/DHNK
L1 白	—	—	—			
L1 棕	0.60	—	—			
L1 黑	1.30	0.14	—	9.29		
L2 棕	—	—	—			
L2 黑	0.37	0.35	—	1.06		
L3 白	—	—	—			
L3 黑	0.12	—	—			
L4 白	0.05	—	—			
L4 棕	0.09	—	—			
L4 黑	0.15	—	—			
L5 白	0.26	—	—			
L5 棕	0.42	—	—			

续 表

样品号	K(ng/mg)	NK(ng/mg)	DHNK(ng/mg)	K/NK	K/DHNK	NK/DHNK
L5 黑	0.98	0.25	-	3.92		
M1 白	0.74	0.06	-	12.33		
M1 棕	1.61	0.33	-	4.88		
M1 黑	3.63	0.45	-	8.07		
M2 棕	0.58	0.18	-	3.22		
M2 黑	2.70	0.74	-	3.65		
M3 白	0.52	0.11	-	4.73		
M3 棕	0.42	0.27	-	1.56		
M3 黑	1.55	0.55	-	2.82		
M4 棕	0.77	0.13	-	5.92		
M4 黑	1.48	0.66	-	2.24		
M5 棕	0.31	0.22	-	1.41		
M5 黑	1.62	0.81	+	2.00		
H1 白	6.64	1.14	-	5.82		
H1 棕	9.11	1.73	-	5.27		
H1 黑	9.92	2.38	2.13	4.17	4.66	1.12
H2 白	5.61	0.67	-	8.37		
H2 棕	6.59	1.71	0.90	3.85	7.32	1.90
H2 黑	13.81	3.52	2.75	3.92	5.02	1.28
H3 白	10.97	1.46	-	7.51		
H3 棕	15.64	1.74	1.70	8.99	9.20	1.02
H3 黑	18.11	2.00	2.59	9.06	6.99	0.77
H4 棕	5.00	1.15	1.02	4.35	4.90	1.13
H4 黑	15.92	6.82	2.96	2.33	5.38	2.30
H5 白	6.08	0.47	-	12.94		
H5 棕	11.17	1.03	1.40	10.84	7.98	0.74
H5 黑	20.44	1.69	3.80	12.09	5.38	0.44

注:"-"表示未检出,"+"表示检出但未达定量限。

氯胺酮 pKa 为 7.5,部分溶于水,脂溶性强,其体内代谢物 NK 上增加了 N-H 键使极性增强,进一步的代谢物 DHNK 中由于增加的双键与羰基产生共额效应,导致其极性更强。用药后氯胺酮和两个主要代谢物在血浆中的浓度情况相似,但进入毛发则依据其亲脂性,氯胺酮较容易,DHNK 较难,本实验仅在高剂量组的豚鼠毛发中才检测到。

黑色素决定头发的颜色,黑色素在毛球中的黑素细胞中合成,然后随毛干成长沉积于角质细胞中。黑色素有真黑素和褐色素组成,真黑素决定毛发的黑色和棕色,褐色素决定毛发的红色。真黑素主要是由 5,6-双羟吲哚和 5,6-双羟吲哚-2-羧酸亚单位组成的聚合物,褐色素则由苯噻嗪亚单位组成。黑色素属多阴离子聚合物,而氯胺酮显弱碱性,在生理状态下呈阳离子,这样,黑色素和氯胺酮形成强离子键,牢固地结合于毛发。因而毛发中氯胺酮浓度依白色、棕色、黑色毛发顺序随毛发中黑色素浓度的增加而增加,如图 10-26。

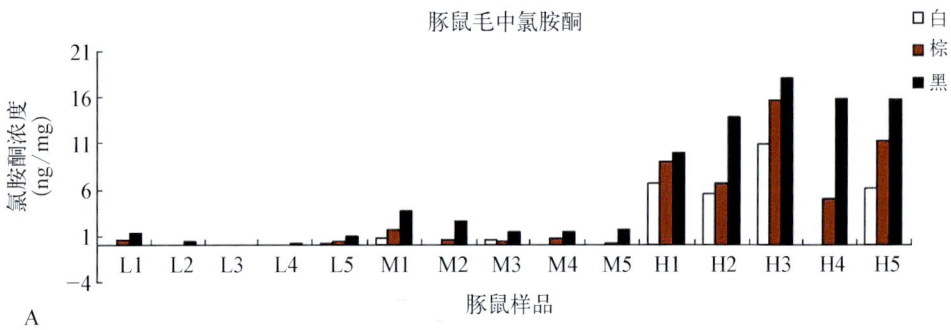

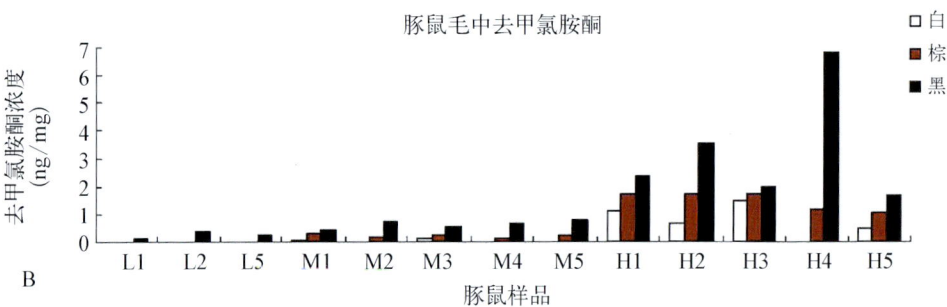

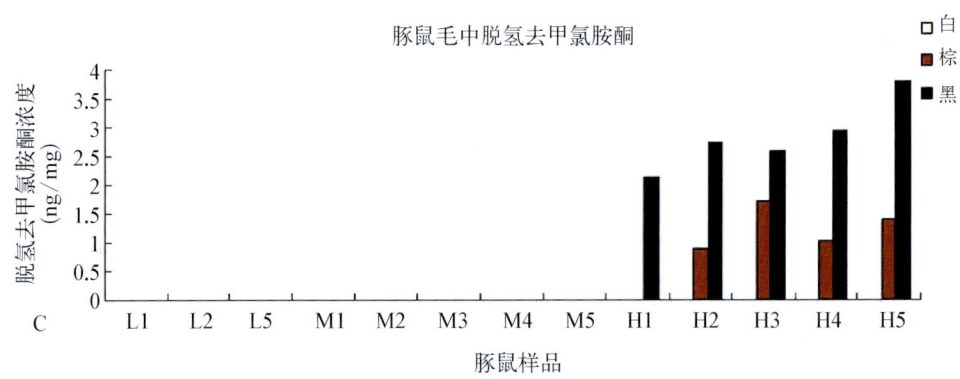

图 10-26 豚鼠毛发中氯胺酮的分色比较

无论是低剂量组还是高剂量组,黑色毛发中氯胺酮的浓度始终最高,白色毛发中最低。以高剂量组为例,黑色与棕色毛发中氯胺酮的浓度之比均值为 1.87,黑色与白色毛发中氯胺酮的浓度之比均值为 2.24。由于头发颜色的不同可以引起头发分析结果的偏差,Rollins(2003)建议用头发中黑色素的浓度来修正不同颜色头发的分析结果,白人黑发、白人棕色头发中黑色素总量均值分别为 7.11 和 3.57 μg/mg。若按此值修正,实验豚鼠的黑色、棕色毛发中氯胺酮的浓度将趋于一致,该结果也进一步证实了药物主要与毛发中黑色素结合的假设理论的合理性。目前国际上在头发颜色对分析结果的解释上还存在争议,但在我国鉴定实践中,这种情况可能很少出现,因为嫌疑人基本上属青壮年,头发均为黑色,有的只是其中会掺杂少量白色头发。

高剂量时白色毛发中也检出药物,说明毛发中黑色素的浓度虽然对药物进入毛发起主要作用,但不是唯一的因素。由图 10-26 可见,实验豚鼠毛发中氯胺酮的浓度与剂量有明显的相关性,随注射剂量增加浓度明显增大。

高剂量组豚鼠毛发中氯胺酮与 NK 浓度之比在 2.33~12.94 范围,均值为 7.37,氯胺酮与 DHNK 浓度之比在 4.66~9.20 范围,均值为 6.31,NK 与 DHNK 浓度之比在 0.44~2.30 范围,均值为 1.19。可见 NK 和 DHNK 浓度接近,说明 DHNK 在低剂量时较难进入毛发,高剂量时可进入而且与黑色素的结合能力约同 NK。按毛色分析,白色毛发中氯胺酮与 NK 浓度之比在 5.82~12.94 范围,均值为 8.66;棕色两者之比在 3.85~10.84 范围,均值为 6.66;黑色两者之比在 2.33~12.09 范围,均值为 6.32。这些数据表明脂溶性较强的氯胺酮比 NK 更易进入白色毛发中,其可能原因是在不受黑色素亲和力影响时,药物与毛发中的巯基氨基酸结合力强弱起了决定性作用。

2. 头发中药物浓度与滥用频率

Leong(2005)调查氯胺酮滥用者的滥用频率与头发中氯胺酮浓度的关系,将滥用频率按低、中、高 3 个等级进行划分,见表 10-41。

表 10-41　头发中氯胺酮浓度与滥用频率的关系

滥用频率(次/周)	氯胺酮(ng/mg)	滥用频率
1($n=9$)	1.1~42.7(mean=9.9)	低
2/3($n=19$)	13.5~111.1(mean=37.4)	中
每天($n=6$)	>45.1(mean=121.3)	高

Leung(2016)对香港地区 2013 年至 2014 年的氯胺酮阳性毛发结果进行统计分析,结果见表 10-42。按照氯胺酮浓度,可将结果分成较为明显的 4 组,浓度在 0.02~1 ng/mg 的样品占 32.8%,浓度在 10~100 ng/mg 的样品占 35.3%,浓度在 1~10 ng/mg 的样品占 18.7%,约 3.2% 的样品浓度超过 100 ng/mg。根据当氯胺酮浓度大于等于 0.4 ng/mg,约 90.5% 样品中可检出代谢物去甲氯胺酮,作者建议将毛发中氯胺酮阈值设定为 0.4 ng/mg。

表 10-42　氯胺酮阳性毛发分析结果（Leung，2016）

统　　计	氯胺酮	去甲氯胺酮	NK/K 比率
≥LOD(20 pg/mg)	977 个样品	713 个样品	
≥LOQ(100 pg/mg)	887 个样品	652 个样品	
Minimum	100.1 pg/mg	104.0 pg/mg	0.01
最大浓度	99.3 ng/mg	91.8 ng/mg	1.34
均值浓度	19.4 ng/mg	10.5 ng/mg	0.30
中值浓度	8.4 ng/mg	4.7 ng/mg	

3. 氯胺酮原体与代谢物

向平（2005）研究了娱乐场所内查获的氯胺酮滥用者头发中原体及代谢物的存在状况。15 个氯胺酮滥用者头发样本除 4# 呈黄褐色外均为黑色，在黑色头发中均检出原体和代谢物 NK，但 DHNK 罕见，提示人和动物在药物代谢及药物进入毛发的难易程度存在差异。比较动物实验（表 10-40）和滥用者毛发分析（表 10-43）结果。豚鼠毛发中代谢物的相对浓度明显高于人。另外，黑色头发中氯胺酮与 NK 浓度之比在 1.14~38.89 范围，均值为 9.28，该范围明显大于豚鼠毛发的结果。

Leong（2005）同样发现新加坡滥用者头发中以氯胺酮为主，NK 与氯胺酮浓度之比在 0.05~0.84（平均值 0.33），DHNK 浓度更低，仅在很少样品中发现。

表 10-43　阳性头发中氯胺酮及其代谢物的浓度

阳性头发	K(ng/mg)	NK(ng/mg)	DHNK(ng/mg)	K/NK	K/DHNK	NK/DHNK
1#	92.29	4.61	-	20.02		
2#	16.39	1.55	-	10.59		
3#	3.54	0.99	+	3.56		
4#	0.84	-	-			
5#	10.33	3.19	-	3.24		
6#	5.69	1.75	-	3.26		
7#	26.44	1.08	-	24.46		
8#	5.93	5.21	-	1.14		
9#	5.24	4.35	-	1.21		
10#	5.21	0.75	-	6.90		
11#	2.28	1.38	-	1.65		
12#	2.85	1.33	0.54	2.14	5.26	2.46
13#	10.32	6.45	-	1.60		
14#	33.79	0.87	-	38.89		
15#	86.23	7.68	+	11.22		

注："-"表示未检出，"+"表示检出但未达定量限。

在质量保证的前提下，如果头发中同时检出氯胺酮及其代谢物，由于代谢物不可能由环境接触或样品处理过程中产生,故可以确定被检者曾经使用过氯胺酮。但在头发中仅能检测出低浓度氯胺酮原体的情况下,如何判别则仍是问题,需要更多的资料确定 cut-off 值。

第五节　GHB

GHB 为 γ-羟丁酸(gamma-hydroxybutyrate)的缩写,又称 γ-羟基丁酸,4-羟基丁酸,结构上与酮体 β-羟基丁酸酯相似,是生物体内自身合成过程中产生的内源性物质,是中枢神经系统内的主要抑制性递质 γ-氨基丁酸(GABA)的分解产物。GHB 作为一种神经递质,在自我平衡调整和产生有规律的睡眠等方面起着重要的作用。历史上 GHB 曾被用作麻醉剂和催眠剂,但因其毒副作用以及长期服用会产生依赖综合征,而限制了临床应用。

由于 GHB 能刺激体内荷尔蒙素的分泌,增加欣快感,20 世纪 90 年代起在娱乐场所滥用并迅速流行。GHB 及相关物质 γ-丁内酯和 1,4-丁二醇常被用作迷奸药(drug-facilitated sexual assault,DFSA),与 MDMA、氯胺酮一起并称为三大"约会强暴药",与此有关的性犯罪时有发生。欧美很多国家已将 GHB 列为一类药品管制,我国于 2000 年将 GHB 列为一类精神药物进行管制。GBL 和 1,4-BD 是 GHB 的前体,它们在体内可转化成 GHB。

一、体内过程

γ-羟基丁酸内酯(gamma-butyrolactone,GBL)和 1,4-丁二醇(1,4-butanediol,1,4-BD)(其结构式见表 10-44)是 GHB 的前体,它们在体内迅速地转化成 GHB。

表 10-44　GHB,GBL 和 1,4-BD 的基本资料

名称	结构式	分子式	分子量	CAS
GHB		$C_4H_8O_3$	104.10	591-81-1
GBL		$C_4H_6O_2$	86.089	96-48-0
1,4-BD		$C_4H_{10}O_2$	90.121	110-63-4

GHB 在体内经氧化酶快速转化成琥珀酸,然后通过琥珀酸半醛氢酶的作用进入三羧酸循环代谢。服用大量的 GHB 可引起恶心、呕吐、健忘、心搏徐缓、呼吸窘迫等,甚至死亡。

6 名健康受试者(3 名男性,3 名女性,年龄 25~49 岁)单剂量口服 1.5 g GHB 纯品,其血药时间曲线见图 10 - 27。服药后均出现头痛、头晕、眼花、嗜睡等症状。空腹者服药后症状的出现和消失都较饱腹者快,于 10~15 min 起效,而饱腹者一般在 30 min 起效,所有的受试者在 2 h 后症状完全消失,8 h 后尿液 GHB 浓度降至服用前的水平。刘晓茜(2005)还观察了健康受试者同时服用 GHB 和酒后的症状及代谢情况,发现头晕程度和持续时间明显加强,而体内消除情况无明显的差别,表明乙醇等与 GHB 同时服用有协同作用。

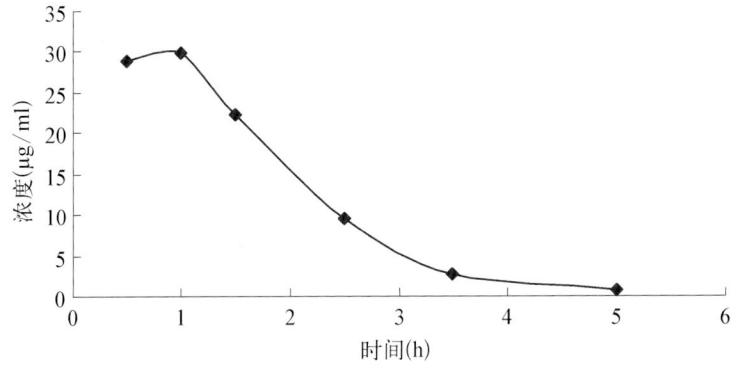

图 10 - 27　口服 GHB 血液的药时曲线图($n=6$)

GHB 体内代谢和消除迅速,尿液中 GHB 的检测时限约 8 h,血液中检测时限更短。因此摄 GHB 案件中,必须尽快收集尿液。刘伟(2006)研究 GHB 急性中毒大鼠体内 GHB 的分布,尿液中 GHB 浓度为最高,其他依次为:胃、血液、肠、肾、肺、脾、心、肝和脑。故在迷奸案件中,尿液是非常有价值的生物检材。对于已知的 GHB 服用者,尿液中的浓度可能超过 1 000 μg/mL,对应血浆中的浓度大于 100 μg/mL。但是由于其代谢极快,因此服用几小时后就有可能检测不出(孟品佳,2008)。目前公认的尿液中内源性 GHB 浓度为 10 μg/mL,低于此数值,无法确定是内源性的还是由于服用后快速代谢的结果;而高于此值,可判定其服用过 GHB 或相关物质。

由于内源性 GHB 的存在,给阳性结果的判定带来困难,所以首先必须掌握基础数据。刘晓茜(2005)考察了 121 名中国正常人尿液中内源性 GHB 浓度,结果见表 10 - 45,认为应将尿液中 GHB 测定的 cut-off 设定为 10 μg/mL。国外的研究也表明正常人尿液中 GHB 浓度应低于 10 μg/mL。但是,GHB 浓度在男女性别上存在差异。

表 10-45 健康志愿者尿液中内源性 GHB 的浓度

性别	n	平均值(ng/mL)	中位数(ng/mL)	标准差	浓度范围(ng/mL)
男	52	126	84	124	ND - 505
女	69	275	146	374	ND - 1931
	121	211	103	302	ND - 1931

二、样品处理

方法一(沈敏,2006)

毛发样品用蒸馏水振荡洗涤三次,再用丙酮振荡洗涤三次,晾干后剪成 1~2 mm 长度,保存供检。

准确称取 10 mg 毛发,加入内标 GHB - d_6,0.1 mol/L 的 NaOH 0.5 mL,于 90℃水浴中消化 45 min,冷却后用 2 mol/L 的 HCl 调 pH 小于 4,然后用 3 mL 乙酸乙酯混合、离心、提取。上清液吹干后加入 20 μL 乙腈和 20 μLMTBSTFA 微波衍生化,取 1 μL 进样。

方法二(Goullé,2003)

头发依次用甲醇、热水和二氯甲烷清洗 2~3 min。剪碎。取 5 mg 头发,加入氘代内标和 0.5 mL 0.01 mol/L NaOH,56℃ 消化 16 h。冷却后加入 0.5 mL 0.01 mol/L HCl 调至中性,用 3 mL 乙酸乙酯提取,氮气流下吹干。残余物加入 20 μL BSTFA (+1% TMCS)和 20 μL 乙酸乙酯,60℃ 孵化 20 min。TBDMS 衍生化时,加入 20 μL MTBSTFA/TBDMCS/NH4I/乙腈/吡啶(891∶9∶5∶70∶30,v/v/m/v/v),75℃ 孵化 75 min。取 1 μL 进 GC - MS/MS。

方法三(Shi,2016)

头发依次用蒸馏水、丙酮各清洗两次,晾干后用剪刀剪碎成约 1 mm 头发段。称取 20 mg 头发段于 10 mL 试管中,加入 10 μLGHB - d_6(2 μg/mL)和 0.3 mL NaOH (1 mol/L),置于 90℃ 加热板上 10 min。取出冷却后加入 0.3 mL of HCl (1 mol/L),再加入 50 μL 醋酸和 3 mL 乙酸乙酯,混旋,离心后转移上层溶液,60℃ 氮气流下吹干,残余物中加入 20 μL 乙酸乙酯和 30 μLBSTFA,80℃ 衍生化 20 min。取 1 μL 进 GC - MS/MS。

方法讨论:

(1) 毛发的去污处理。毛发的清洗与否差别很大。毛发污染是假阳性结果的主要来源,其可能污染来源为部分 GHB 通过汗液排出体外时附着在毛发的表面。这一点得到实验数据的证实,同样的阳性毛发,清洗和未清洗的 GHB 浓度分别为 5.07 ng/mg 和 253 ng/mg(沈敏,2006)。Kalasinsky(2001)的实验也得到同样的结果,未经清洗的 GHB 浓度为 2 221 ng/mg 的阳性毛发经清洗后,其 GHB 浓度下降至 47.4 ng/mg。因此,毛发清洗溶剂中目标物浓度的阴性结果是评价毛发清洗效果的一个重要指标。

(2) 毛发的水解方法。毛发水解方法包括酸水解、碱消化、酶水解和甲醇超声法等。对于结构稳定的 GHB 而言,碱消化可使固化在毛发中的目标物完全释放而成为首选方法。实验结果表明:0.1 mol/L 的 HCl 45℃ 水解过夜条件温和,但耗时较长且回收率较低;1 mol/L 的 NaOH 消化,杂质干扰极多,需增加净化步骤;而 0.1 mol/L 的 NaOH 90℃ 消化 45 min,可得到较高的提取效率及较少的杂质干扰,且方便迅速。沈敏(2006)考察了毛发中 GHB 在上述所选水解条件下的稳定性,用空白毛发添加不同量 GHB,水解后提取测定,并与相同量 GHB 直接提取吹干衍生化后测定结果相比较,结果表明:在上述条件下水解 GHB 不发生分解,回收率稳定。

但若需要检测 GHB 葡醛酸物或相关物,则需选择条件温和的浸提法或超声法。

(3) 衍生化。极性化合物 GHB 的衍生化是 GC-MS 分析的必经步骤。研究发现,GHB 用 BSTFA 衍生化后因毛发基质中杂质的干扰而影响分析,而改用分子量更大的 MTBSTFA 衍生化试剂,则可消除干扰获得较理想的结果(沈敏,2006)。根据 Goullé(2003)的经验,TMS 衍生化可作为常规方法,而 TBDMS 衍生化法可用于阳性确认或者在基质干扰特别严重时采用。

三、分析方法

1. GC-MS^n 法

(1) 分析参考条件一(沈敏,2006)

色谱条件:HP-5 毛细管柱(30 m×0.25 mm×0.25 μm);柱温:初始温度 100℃,保持 2 min,20℃/min 升温至 280℃,保持 10 min。

质谱条件:进样口温度:250℃;接口温度:280℃;EI 源;离子源温度:230℃;采用 SIM 法。GHB 衍生化物的特征离子(m/z)为 275,276,277;内标 GHB-d_6 衍生化物的特征离子为 281,282,283。

方法评价:最低检测限为 0.5 ng/mg。

(2) 分析参考条件二(Goullé,2003)

色谱条件:CP SIL 8 CB 毛细管柱(30 m×0.25 mm×0.25 μm);氦气流速 1.0 mL/min;柱温:初始温度 100℃,保持 1 min,30℃/min 升温至 295℃,保持 5 min。

质谱条件:进样口温度,280℃;接口温度:300℃;离子源温度,160℃,氩气为碰撞气,1.6 mTorr,碰撞能量 6 eV,离子驻留时间 200 ms。GHB 和内标衍生物的质谱特征离子见表 10-46。

方法评价:TMS 和 TBDMS 衍生化方法的最低检测限分别为 0.54 ng/mg 和 0.57 ng/mg。

表 10-46　GHB 和内标衍生物的串联质谱特征离子

	母离子(m/z)	子离子(m/z)
GHB diTMS	233	147*,149
GHB-d_6 diTMS	239	147*,149
GHB diTBDMS	275	143,147*,149
GHB-d_6 diTBDMS	281	147*,148,149

* 定量离子。

（3）分析参考条件三(Shi,2016)

色谱条件：Agilent HP1 毛细管柱(30 m×0.25 mm×0.1 μm)；氦气流速 1.0 mL/min；柱温：初始温度 60℃，保持 2 min，；5℃/min 升温至 100℃；30℃/min 升温至 28℃，保持 1 min。

质谱条件：EI 源,70e V；进样口温度，250℃；离子源温度，220℃，传输线温度 260℃，氩气为碰撞气，多反应监测（MRM）模式。GHB-TMS 的离子对为 m/z 233>147 和 233>149；内标 GHB-d_6-TMS 的离子对为 239>147 和 239>149，GHB-TMS 和内标 GHB-d6-TMS 的保留时间分别为 11.30 min 和 11.19 min。

方法评价：本法采用 20 mg 毛发，最低检测限为 0.02 ng/mg。

2. LC-MS^n 法

分析参考条件(Wang,2015)

色谱条件：ACQUITY UPLC 柱(100 mm×2.1 mm,1.8 μm)。流动相 A 为 0.1% 甲酸水溶液；流动相 B 为甲醇，95%A 和 5%B 等度洗脱，流速 0.5 mL/min。

质谱条件：电喷雾电离-负离子模式（ESI-），MRM 检测；离子源温度 150℃。GHB 和 GHB 葡醛酸苷的特征母离子/子离子对及质谱参数见表 10-47。

表 10-47　GHB 和 GHB 葡醛酸苷的 MS/MS 参数

化合物	离子对(m/z)	Cone(V)	Collision(eV)	Ion ratio
GHB	103/85	40	9	0.74
	103/57	40	12	
GHB 葡醛酸苷	279/193	46	16	1.86
	279/85	46	24	
GHB-d_6	109/61	40	15	
GHB-d_6 葡醛酸苷	283/73	52	20	

方法评价：本法采用 10 mg 毛发，GHB 和 GHB 葡醛酸苷的最低检测限分别为 0.32 ng/mg 和 0.48 ng/mg。

四、结果解释

1. 毛发中内源性 GHB 浓度

作者实验室测定了黑色毛发豚鼠毛发中内源性 GHB 的浓度,其 GHB 浓度平均值、中位数、标准差、浓度范围为 3.01 ng/mg、3.05 ng/mg、1.41 ng/mg 和 1.04~5.66 ng/mg。

同时,本书作者也测定中国人群头发中内源性 GHB 的浓度,数据见表 10-48。

表 10-48 中国人群头发中内源性 GHB 的浓度

样品(男性)	长度(cm)	年龄(Y)	浓度(ng/mg)	样品(女性)	长度(cm)	年龄(Y)	浓度(ng/mg)
M-1	4	4	1.11	F-1	18	22	1.00
M-2	3	10	1.07	F-2	25	22	1.23
M-3	5	13	2.02	F-3	6	23	0.37
M-4	4	17	1.75	F-4	12	23	0.64
M-5	6	17	1.45	F-5	33	23	0.74
M-6	8	17	2.56	F-6	17	23	1.95
M-7	5	20	4.34	F-7	10	23	0.68
M-8	6	21	3.22	F-8	38	23	1.50
M-9	5	23	2.33	F-9	45	24	0.73
M-10	4	23	1.43	F-10	6	25	0.55
M-11	3	24	4.49	F-11	11	25	0.83
M-12	3	24	3.38	F-12	18	25	1.23
M-13	7	25	2.86	F-13	15	26	0.57
M-14	6	25	0.92	F-14	22	26	1.45
M-15	7	26	1.65	F-15	17	27	0.53
M-16	5	31	3.00	F-16	25	28	1.13
M-17	11	35	3.31	F-17	34	30	0.28
M-18	7	36	2.67	F-18	12	34	1.28
M-19	3	36	4.74	F-19	8	41	0.99
M-20	5	37	4.07	F-20	13	41	0.45
M-21	6	40	4.91	F-21	15	41	0.76
M-22	6	46	2.77	F-22	28	43	0.50
M-23	7	50	2.68	F-23	8	43	0.51
M-24	4	54	2.97	F-24	10	44	0.29
M-25	3	56	3.83	F-25	15	44	0.30
M-26	4	58	3.33	F-26	18	45	0.95
M-27	5	61	2.75	F-27	22	46	0.30
M-28	5	61	2.64	F-28	23	46	0.55
M-29	6	61	4.49	F-29	16	47	0.49
M-30*	5	65	2.24	F-30	15	48	0.66
M-31*	3	75	4.83	F-31	15	54	0.59
M-32	4	79	4.55				
M-33*	3	79	3.42				
M-34*	4	80	2.52				
M-35*	4	86	3.04				
Mean			2.95				0.77
SD			1.13				0.41
N			35				31
Total		Mean	1.93	N=66		SD	1.40

不同种属毛发中内源性 GHB 的浓度是不同的。豚鼠毛发中 GHB 的浓度明显高于人头发中 GHB 浓度，这与我们前期考察不同种属体液、组织中内源性 GHB 浓度的结果相同。

Goullé(2003)测定了不同颜色毛发中内源性 GHB 的浓度，结果为浅色头发 GHB 浓度平均值 0.60 ng/mg($n=12$)，范围 0.35~0.95 ng/mg；棕色头发 GHB 浓度平均值 0.90 ng/mg($n=30$)，范围 0.41~1.86 ng/mg；黑色头发 GHB 浓度平均值 0.90 ng/mg，范围 0.32~1.54 ng/mg($n=19$)，与本书作者研究结果一致。对头发进行分段分析，其相对标准偏差在 6.75% 至 37.98% 范围，说明头发在生长过程中，其中的 GHB 浓度基本保持稳定。

内源性 GHB 的存在，给阳性结果判断带来了困难。较好的方法是测定大量内源性 GHB 浓度数据，建立相关人群的 cut-off 值。已有关于内源性 GHB 的研究见表 10-49。

表 10-49　内源性 GHB 浓度数据文献

	特　征	年龄(Y)	样本量	均值(ng/mg)	浓度(ng/mg)
本研究	男性(黑色)	20~86	29	3.22	0.92~4.91
	女性(黑色)	22~54	31	0.77	0.28~1.95
	儿童(黑色)	4~17	6	1.66	1.07~2.56
Kintz(2003)	男性		8	2.21	0.50~12.0
	女性		16	2.47	
Goulle(2003)	金色		12	0.60	0.35~0.95
	棕色		30	0.90	0.41~1.86
	深棕色		19	0.90	0.32~1.54
Ferrara(1995)	高加索人		30	0.53	
Bertol(2012)	黑色	24~50	10	2.11	0~4.49
	亚麻色	21~41	10	2.25	0.58~5.09
	染发		10	2.39	0.61~4.02

由上表可见，内源性 GHB 浓度很宽，从 0 至 12.0 ng/mg，因此确定 cut-off 值要非常慎重。对于同一个体而言，内源性 GHB 在不同时间生长的毛发中浓度应是比较恒定的，因此根据毛发分段分析，比较其自身 GHB 的浓度差异，可判断被检者是否摄入外源性 GHB 以及摄药史。建立在同一个体基础上的阳性确认较建立在群体 cut-off 值基础上的阳性确认更为合理和更具可操作性。

2. 外源性 GHB 在毛发中的时间过程

沈敏(2006)研究了外源性 GHB 在毛发中的时间过程。豚鼠单次(1 000 mg/kg)和多次(800 mg/kg)腹腔注射 GHB 后，分别测定所剃毛发中 GHB 的浓度，结果如图 10-28 所示。

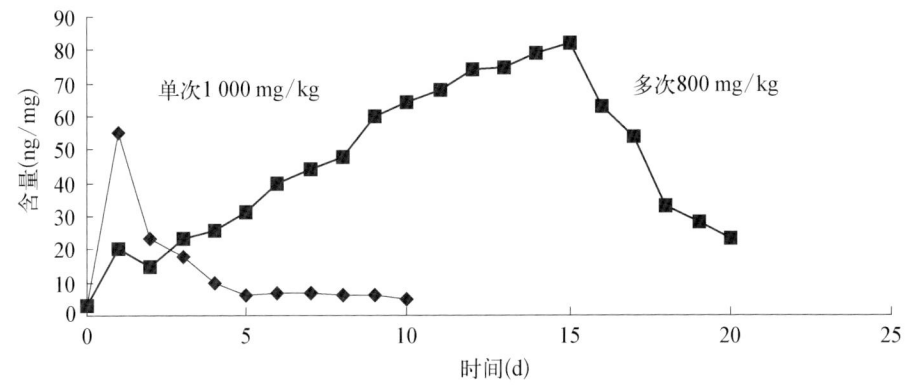

图10-28 外源性GHB在毛发中的时间过程($n=6$)

从图10-28可见,单次给药(1 000 mg/kg)后第1天毛发中GHB的浓度即达到峰值,以后的4天内GHB的浓度迅速下降,给药第五天后毛发中GHB的浓度下降的速度缓慢,至接近内源性值。多次(800 mg/kg)给药组总体GHB时间过程同单次给药组,末次给药的第2天GHB的浓度达到峰值,停药后GHB的浓度迅速下降,但末次给药后第6天仍能从毛发中测得较高的GHB浓度。

药物摄入后到达毛发的时间以及在毛干中的分布因药物性质而异。上述结果表明:① 外源性GHB进入体内后很快到达毛发,Goulle(2003)考察了健康志愿者单剂量服用GHB后,胡须中浓度的最高值也是药后24 h,二者结果一致。② 多次给药组体内GHB有蓄积现象,毛发中的峰值高且下降至正常值的时间长于单次给药组。③ GHB在毛干中呈窄带分布,一次用药后仅在4~5 d生长的毛发中表现为GHB浓度明显增加。

测定染GHB后1 h采取的豚鼠背部毛囊($n=6$),浓度分别为115 ng/mg、79 ng/mg、155 ng/mg、135 ng/mg、159 ng/mg和230 ng/mg,远高于毛干GHB浓度。

3. 头发分段分析在药物辅助案件鉴定中的价值

建立在GHB在毛干中的时间过程基础上的头发分段分析在药物辅助案件鉴定中具有重要的证据价值。作者实验室通过考察DFSA案件中受害人GHB在头发中的分布,提供有价值的信息。某案件案发后1个月采集受害人头发,首次分析取0~3 cm头发段,则其中GHB浓度为2.61 ng/mg,无法区分内源性和外源性GHB,后采用1 cm分段,可见在1~2 cm头发段中GHB明显升高(图10-29)。

由于存在内源性GHB,根部头发易受汗液污染而呈现GHB浓度会略高于其他头发段中浓度的现象。Kintz(2016)比较普通未摄药者头发、口服25 mg/kg剂量GHB者头发(口服后12 h采集)和DFSA案件受害人头发(事发后14 h采集),将头发去污处理后,距根部起按照1 cm×6分段,结果见表10-50。可见距根部0~1 cm头发段中GHB浓度往往高于其他头发段。

第十章 毛发中常见临床药物分析

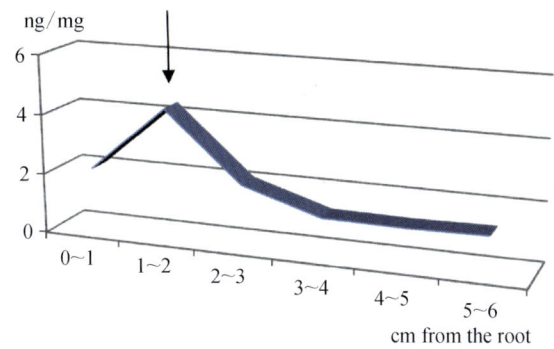

图 10-29　DFSA 案件中 GHB 在头发毛干上的分布

表 10-50　距根部头发段和其他头发段中 GHB 浓度比较

人　群	0~1 cm 头发段（ng/mg）	其他头发段（ng/mg）
正常人（$n=12$）	0.2~20	<4
服药 25 mg/kgGHB 志愿者	1 040	<20
DFSA 案件受害人	850	<20

　　由于存在内源性 GHB 且受个体等因素影响，头发中内源性 GHB 浓度范围较宽，在 0~12 ng/mg 范围，外源性 GHB 有可能相对内源性 GHB 不会导致头发中 GHB 有明显升高，无法采用一个阈值以区分内源性与外源性 GHB。因此国际毛发分析协会（SoHT）强调，单独以一个头发段中 GHB 的测定不能认定其外源性的摄入。GHB-葡萄糖醛酸苷的分析目前还无法应用于区分外源性 GHB。以现有技术手段和未发现有价值的生物标记物前，头发中 GHB 分析在摄毒鉴定、多次滥用的司法鉴定中没有很大的证据价值。

　　但是，在单次摄药的药物辅助案件中，由于该化合物的特殊性，血液、尿液等检材的时限性，相关研究、数据积累还在不断进行。Bertol（2015）通过志愿者服用前头发、服用 GHB（25 mg/kg 剂量）1 月后头发、服用 GHB 2 月后头发，将头发按照距根部起 0.5 cm 分段，系统研究服药前后 GHB 在头发毛干上的变化过程，见图 10-30。可见内源性 GHB 在黑色、亚麻色和染发的头发中浓度无显著性差异。距根部第 1 个头发段中 GHB 浓度明显高于其他头发段，存在显著性差异。服用 GHB 1 月后头发中，GHB 在距根部第 2 个头发段中浓度最高，与其他头发段有显著性差异。服用 GHB 2 月后头发中，GHB 在距根部第 4 个头发段中浓度最高，与其他头发段（除了距根部第 1 个头发段）有显著性差异。在进行头发分段分析时，要排除距根部 0.5 cm 头发段结果，否则可能引起很大误差（Busardo，2018）。

　　Bertol（2015）同时将分段分析方法应用于 3 个 DFSA 案件。头发分段分析结果见表 10-51。

表 10-51　3 个 DFSA 案件中头发分段分析结果 (Bertol, 2015)

案例	案　情	头发分段分析	讨　论
1	某 29 岁男性,因尝试喝混有 GHB 的酒而急性中毒,送医院抢救。饮后约 4 h 抽取的血液中乙醇和 GHB 浓度分别为 1.77 mg/mL 和 39 μg/mL。分别在事发时、1 个月后和 3 个月后采集头发	Case 1 图	1 个月:头发中距根部第 2 个头发段中浓度最高,与相邻头发段中浓度比率为 3.7(第 1 个头发段除外)。3 个月:距根部第 6 个头发段中浓度最高,与相邻头发段中浓度比率为 2.5(第 1 个头发段除外)。由 1 个月采集头发的分段分析可判定其曾在约 1 个月前使用过 GHB。由 3 个月采集头发的分段分析可见,GHB 在毛干上会随着头发生长逐渐减少
2	某 26 岁女性在聚会上喝了前男友的饮料后即感觉困倦瞌睡,前男友试图性侵。第二天早上醒后因怀疑被下药而去医院。其声称从未服用过 GHB 和其他毒品。其怀疑在两个半月前在前男友公寓发生过类似场景。医院采集的血液和尿液中 GHB 浓度分别为 3.32 μg/mL 和 4.21 μg/mL,均呈 GHB 阴性。其提供了头发样品,一个月后又采集一次	Case 2 图	第 1 次采集的头发中距根部第 6 个头发段中浓度最高,与相邻头发段中浓度比率为 2.2(第 1 个头发段除外)。1 个月后所采头发中距根部第 2 个头发段中浓度最高,与相邻头发段中浓度比率为 3.5(第 1 个、第 8 个头发段除外)。由第 1 次采集的头发可证实其在 2.5 个月前被下药的怀疑成立。由 1 个月后采集头发的分段分析可证实其在约 1 个月前摄入过 GHB
3	某 20 岁男性,有可卡因吸毒史,在审核其驾照时,发现其在 3 个月前曾喝过混有 GHB 的酒,但他坚称之后的 2 个月未滥用药物,并提供头发样品	Case 3 图	距根部第 5 个头发段中浓度最高,与相邻头发段中浓度比率为 1.25(第 1 个头发段除外)。该头发分段分析结果,由于最高的一个头发段与相邻头发段中浓度值太接近,故无法进行推断

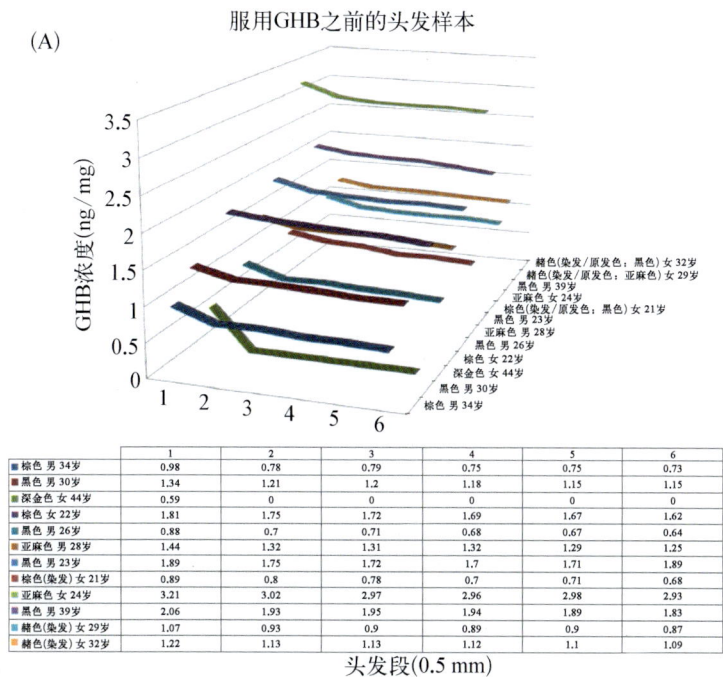

(A) 服用GHB之前的头发样本

	1	2	3	4	5	6
棕色 男 34岁	0.98	0.78	0.79	0.75	0.75	0.73
黑色 男 30岁	1.34	1.21	1.2	1.18	1.15	1.15
深金色 女 44岁	0.59	0	0	0	0	0
棕色 女 22岁	1.81	1.75	1.72	1.69	1.67	1.62
黑色 男 26岁	0.88	0.7	0.71	0.68	0.67	0.64
亚麻色 男 28岁	1.44	1.32	1.31	1.32	1.29	1.25
黑色 男 23岁	1.89	1.75	1.72	1.7	1.71	1.89
棕色(染发) 女 21岁	0.89	0.8	0.78	0.7	0.71	0.68
亚麻色 女 24岁	3.21	3.02	2.97	2.96	2.98	2.93
黑色 男 39岁	2.06	1.93	1.95	1.94	1.89	1.83
赭色(染发) 女 29岁	1.07	0.93	0.9	0.89	0.9	0.87
赭色(染发) 女 32岁	1.22	1.13	1.13	1.12	1.1	1.09

头发段(0.5 mm)

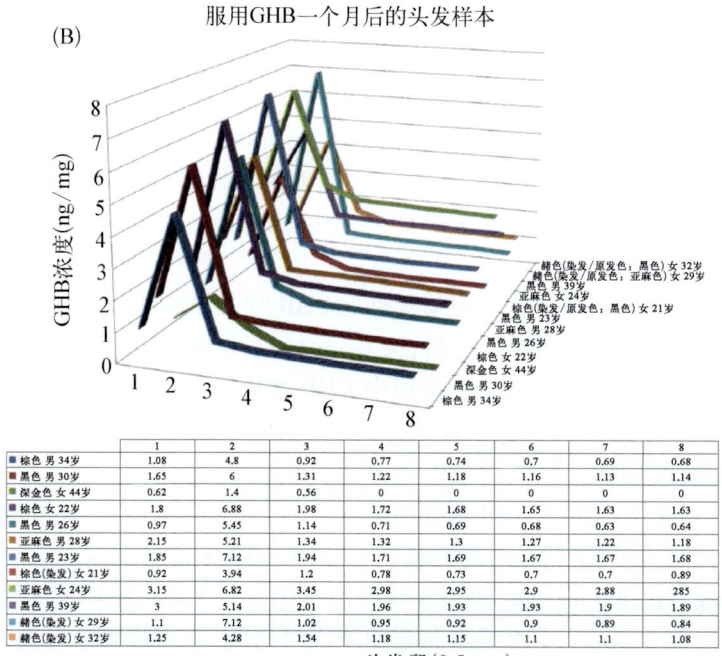

(B) 服用GHB一个月后的头发样本

	1	2	3	4	5	6	7	8
棕色 男 34岁	1.08	4.8	0.92	0.77	0.74	0.7	0.69	0.68
黑色 男 30岁	1.65	6	1.31	1.22	1.18	1.16	1.13	1.14
深金色 女 44岁	0.62	1.4	0.56	0	0	0	0	0
棕色 女 22岁	1.8	6.88	1.98	1.72	1.68	1.65	1.63	1.63
黑色 男 26岁	0.97	5.45	1.14	0.71	0.69	0.68	0.63	0.64
亚麻色 男 28岁	2.15	5.21	1.34	1.32	1.3	1.27	1.22	1.18
黑色 男 23岁	1.85	7.12	1.94	1.71	1.69	1.67	1.67	1.65
棕色(染发) 女 21岁	0.92	3.94	1.2	0.78	0.73	0.7	0.7	0.89
亚麻色 女 24岁	3.15	6.82	3.45	2.98	2.95	2.9	2.88	285
黑色 男 39岁	3	5.14	2.01	1.96	1.93	1.93	1.9	1.89
赭色(染发) 女 29岁	1.1	7.12	1.02	0.95	0.92	0.9	0.89	0.84
赭色(染发) 女 32岁	1.25	4.28	1.54	1.18	1.15	1.1	1.1	1.08

头发段(0.5 mm)

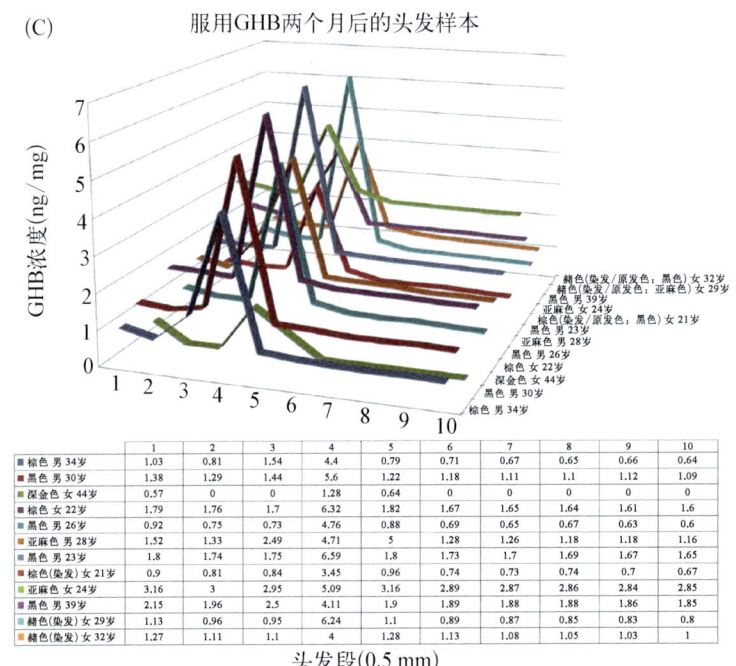

图 10-30　毛干中 GHB 分段分析

A. 12 名志愿者在服药前采集的头发分段分析结果；B. 12 名志愿者在服药后 1 个月采集的头发分段分析结果；C. 12 名志愿者在服药后 2 个月采集的头发分段分析结果

在用头发分段分析数据进行结果推断时，法国的 Kintz(2016)建议，案发时间对应头发段中 GHB 浓度与相邻头发段中浓度比率高于 3 时判断为阳性；意大利的 Bertol(2015)建议，如果案发以后 1 个月采样，则两者比率要大于 4.45，如果案发以后 2 个月采样，则两者比率要大于 3.35；联合国禁毒署 UNODC 建议两者比率要大于 10，才能推断摄入 GHB。

总之，应用头发分段分析证明单次摄入 GHB 时，不能依据人群阈值进行判定，必须使用自身、同一头发的分段分析；头发分段要尽量密集，按照 0.5 cm 或以下进行分段；同时比较案发时间对应头发段中 GHB 浓度与相邻头发段中浓度；且仅能在事发三个月内的案件中使用。反之，若分段分析中未见头发段中 GHB 明显升高并不表明未摄入 GHB。

4. 摄药剂量与毛发中 GHB 浓度的关系

沈敏(2006)研究了豚鼠给药剂量与毛发中 GHB 浓度的关系。三组不同给药剂量(200 mg/kg，400 mg/kg，800 mg/kg)豚鼠毛发中 GHB 的浓度测定结果如图 10-31 所示，图中各点分别代表各剂量组不同时间段(每点代表前后两天)内毛发中 GHB 的平均浓度。

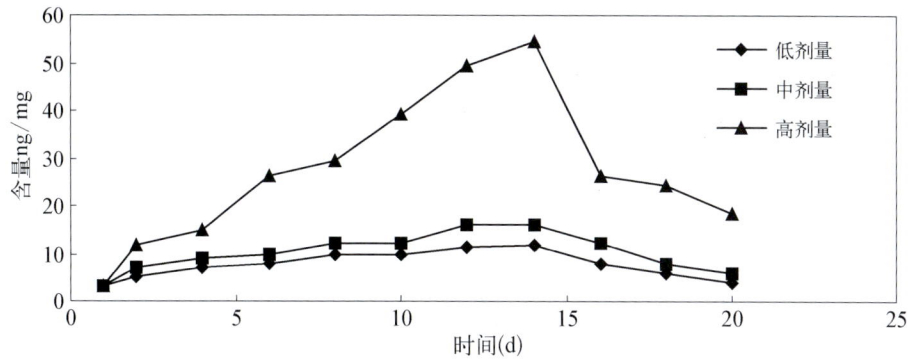

图 10-31　豚鼠毛发中 GHB 的浓度与给药剂量的关系

结果显示,毛发中 GHB 的浓度与给药剂量相关。尽管低剂量组和中剂量组豚鼠毛发中 GHB 的浓度相差不多,但高剂量组豚鼠毛发中 GHB 的浓度明显高于其他两组。各剂量组豚鼠毛发中药物浓度-时间过程基本一致。本书作者考察了毛发中哌替啶、甲基苯丙胺、氯丙嗪、氯氮平的浓度与剂量的关系,发现两者均存在正相关性。毛发中药物浓度与给药剂量相关的特性是根据毛发生长速度(0.7~1.4 cm/月)分段分析,对药物滥用方式(偶尔或反复用药)及滥用剂量进行推测的基础。

5. 毛发颜色与毛发中 GHB 浓度的关系

沈敏等(2006)研究了豚鼠毛发颜色与毛发中 GHB 浓度的关系。选择 GHB 浓度较高的 6 个染毒豚鼠的同体黑、棕、白色毛发进行检测,各色毛发中 GHB 的浓度如图 10-32 所示:同体豚鼠毛发中 GHB 的浓度与颜色有关,浓度从大到小依次为黑色、棕色、白色。毛发颜色对毛发中药物浓度的影响直接关系到毛发分析结果的评定。很多学者通过多种方法研究了毛发颜色对毛发中药物浓度的影响,结论分歧很大。

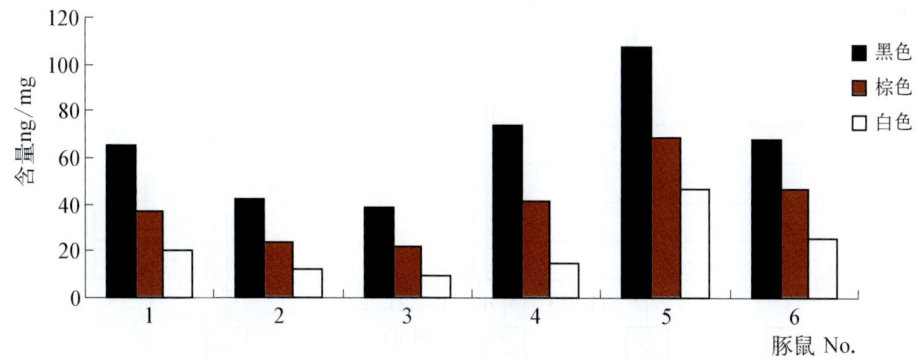

图 10-32　同体豚鼠不同颜色毛发中 GHB 的浓度

Kelly(2000)和 Mieczkowski(2000)用大量的毛发样品的检测数据对毛发中可卡因、苯丙胺类、大麻类等滥用药物的浓度和毛发颜色进行统计学分析,结果显示这些滥用药物的浓度与毛发的颜色没有关系,而且这些药物也不会选择性地结合某一种颜色的毛发。Kronstrand(2003)通过研究帕金森病人毛发中苯丙胺类药物浓度与毛发颜色的关系,得出苯丙胺类药物易于进入有色毛发的结论,也就是说在有色毛发中的浓度高于白色毛发。本书作者通过动物实验考察了毛发颜色与毛发中芬氟拉明、甲基苯丙胺、MDMA 浓度的关系,同样得到深色毛发药物浓度远高于浅色毛发的结论。

分析上述研究结果的差异,其可能原因为:一是研究方法不同。有的从统计学的角度出发,分析了大量的数据,但是忽略了不同个体之间的差异,没有在同等的给药条件下进行比较。而有的在同等的给药条件下进行动物或者人体实验,结论比较客观,但是样本量比较小,且不能排除个体以及种属的差异。而采用同体豚鼠不同颜色阳性毛发中药物浓度的比较,避免了动物的种属和个体的差异对结果的影响。二是药物因性质不同而在毛发中有不同的表现。药物与毛发的结合机制目前存在多种解释模型,而药物与黑色素结合仅为其中的一种解释。因此,出现药物与毛发颜色关系的不同实验结果和结论是可能并且合理的。

根据本实验结果,笔者认为 GHB 阳性毛发检测结果的判定必须考虑毛发颜色这个重要因素。

6. 胡子中的 GHB 浓度

胡子中内源性 GHB 浓度明显高于头发。服用 GHB 后胡子中 GHB 浓度升高明显,比头发中高 10~60 倍,这可能是由汗液的外污染所致(Goullé,2003)。服药后 GHB 在胡子中的时间过程见图 10-33,服药后 GHB 浓度与剂量有相关性,但不

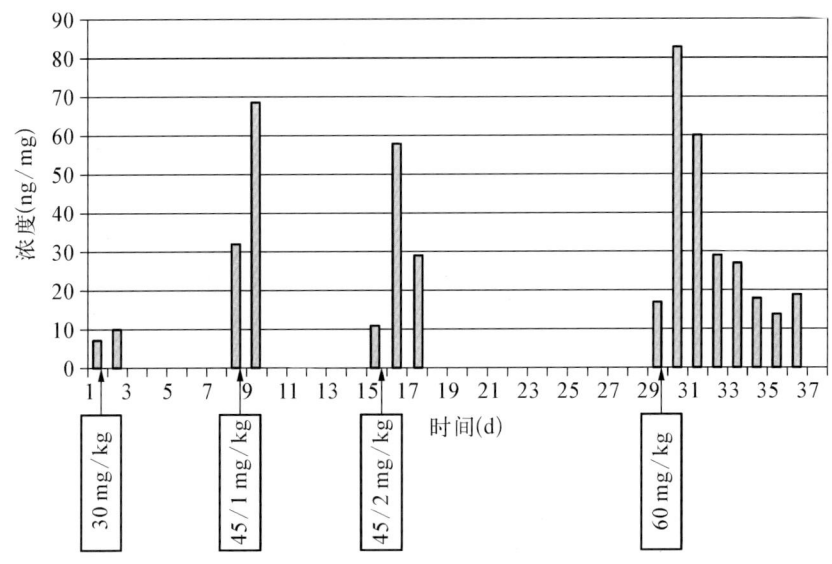

图 10-33 服药后 GHB 在胡子中的时间过程

是很明显。另外,服用 30 mg/kg 的剂量时,无论是胡子还是头发都没有明显的浓度变化,高于此的剂量才可能相对内源性浓度有明显变化。

7. 食物中的 GHB 前体

GHB 前体 4-羟基丁酸酮或 γ-丁内酯(GBL)是调料生产协会目录中的一种物质,具有淡淡的、甜甜的芳香气味,因此常作为一种调味品配方使用。许多天然物质和食品中含有 GBL 成分,如大豆中为 1 730 mg/kg,绿豆中为 1 857 mg/kg,烘烤的咖啡中为 4.7 mg/kg。在茶叶、可可豆和一些热带水果中也检测出了 GBL。最近 GBL 的使用受到了美国食品与药物管理局的限制,与 GHB 相同作为精神药物管理。但是在一些天然的产品中依然可以检测出 GBL(孟品佳,2008)。因此,应用毛发分析结果判断滥用源时,需考虑食物因素。

五、阳性数据

案例一(Kintz,2003)

某 19 岁女孩报案称 5 天前被强奸,但已无法回忆起当时的情景。1 个月后贴头皮剪取头发,全长 8 cm,将贴根的 3 cm 分段分析,结果见表 10-52。根据头发的生长速度,可见对应案发时的头发段中 GHB 浓度明显升高,可确认该女孩摄取了 GHB。后该案强奸犯承认了这一犯罪事实。

表 10-52 案例一的头发分段分析结果

头 发 段	GHB 浓度(ng/mg)
0(root)~0.3 cm	1.3
0.3~0.6 cm	0.6
0.6~0.9 cm	0.8
0.9~1.2 cm	2.4
1.2~1.5 cm	2.7
1.5~1.8 cm	0.7
1.8~2.1 cm	0.8
2.1~2.4 cm	0.7
2.4~2.7 cm	0.8
2.7~3.0 cm	0.7

案例二(Kintz,2005)

某 43 岁男性死于家中,其有俱乐部药物滥用史。病理解剖仅发现肺部淤血,未发现暴力损伤或注射痕迹。经毒物分析检测(结果见表 10-53),发现其股动脉血中 GHB 浓度远超过已有的文献报道,其死亡原因为急性 GHB 过量致死。由于死者秃顶,所以采集阴毛,分成 3 段,每段约 8 mm,其中 GHB 浓度在 19.4~25.0 ng/mg,大于内源性基础值,说明死者确实长期滥用 GHB。

表 10-53 案例二的毒物分析结果

检 材		GHB 浓度
	股动脉血	2 937 mg/L
	心脏血	3 385 mg/L
	尿液	33 727 mg/L
	胆汁	1 800 mg/L
	玻璃体液	2 856 mg/L
	胃内容物	7.08 g/100 mL
阴毛	第 1 段	25.0 ng/mg
	第 2 段	22.6 ng/mg
	第 3 段	19.4 ng/mg

案例三(Rossi,2009)

某 24 岁女孩在国外学习大约 1 年,在此期间结识一男友。在这一年间,女孩醒来时经常感到头疼、恶心,有时还发现胳膊上有损伤,类似于针眼。其以为这是由于自己远离家乡、压力大造成的。回意大利 1 个月后,女孩收到关于自己的性爱录像带。虽然无法回忆当时的情景,但已意识到也许被男友下药,即报案以证实这一情况。贴根剪取头发,总长 20 cm,从根部按 3 cm 分 4 段,发梢按照 2 cm 分 2 段,结果见图 10-34。头发分段分析结果与受害人的陈述相符。靠近根部的头发段中 GHB 浓度明显高于发梢,同时,根部的头发段中检出吗啡成分,而发梢为阴性。

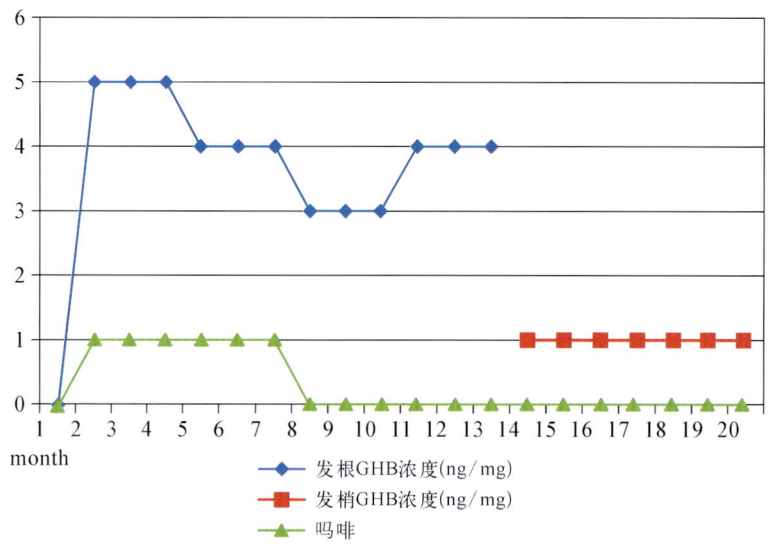

图 10-34 案例三的头发分段分析结果

参 考 文 献

陈航,向平,沈敏.2017.头发中氯硝西泮的分段分析在药物辅助犯罪案件中的作用.法医学杂志,33(3):252-257

扈金萍,张金兰,盛欣等.2009.S(+)-盐酸氯胺酮在大鼠体内药动学研究.中国药学杂志,44:532-537

李端.2003.药理学.第5版.北京:人民卫生出版社,122-130

刘伟,沈敏,刘晓茜等.2006.γ-羟基丁酸在急性中毒大鼠体液和组织中的检测及分布.法医学杂志,22(1):55-57

刘晓茜,沈敏,刘伟等.2005.尿液、血液中γ-羟基丁酸的气质联用法分析.中国法医学杂志,20(1):17-21

孟品佳.2008.γ-羟基丁酸分析研究综述.中国人民公安大学学报,56(2):11-17

沈敏.2005.体内滥用药物分析.第1版.北京:法律出版社,276-296

沈敏,刘晓茜,向平等.2006.毛发中GHB的检测及评价.法医学杂志,22(1):48-51

沈敏,吴何坚,向平等.2000.头发中精神药物及其代谢物的GC/MS检测.质谱学报,22(1):32-39

吴润伟,郭海飞,盛利霞等.2009.北京地区36家医院2005~2007年抗精神病药应用分析.精神医学杂志,22:129-131

向平,沈敏,沈保华等.2005.氯胺酮滥用的毛发分析研究.法医学杂志,21:290-293

尤启冬.2004.药物化学.北京:化学工业出版社,110-112

Anderson R, Ariffin M, Cormack P et al. 2008. Comparison of molecularly imprinted solid-phase extraction(MISPE) with classical solid-phase extraction (SPE) for the detection of benzodiazepines in post-mortem hair samples. Forensic Sci Int. 174:40-46

Bartsch C, Risse M, Schutz H et al. 2003. Munchausen syndrome by proxy (MSBP):an extreme form of child abuse with a special forensic challenge. Forensic Sci Int. 137:147-151

Baselt RC, Cravey RH. 1995. Disposition of toxic drugs and chemicals in man, 4th ed. Foser City,CA

Baselt RC. 2011. Disposition of toxic drugs and chemicals in man, Biomedical publications

Bertol E, Argo A, Procaccianti P et al. 2012. Detection of gamma-hydroxybutyrate in hair:Validation of GC-MS and LC-MS/MS methods and application to a real case. J Pharm Biomed Anal, 70:518-522

Bertol E, Francesco M, Fabio V et al. 2015. Determination of GHB in human hair by HPLC-MS/MS:Development and validation of a method and application to a study group and three possible single exposure cases. Drug Testing & Analysis, 7(5):376-384

Bogdanov AV, Glazkov IN, Polenova TV et al. 2006. Determination of organic compounds in human hair. J Anal Chem, 61:936-951

Busardò FP, Pichini S, Zaami S et al. 2017. Hair testing of GHB:an everlasting issue in forensic toxicology. Clinical Chemistry & Laboratory Medicine, 56(2):198-208

Chèze M, Villain M, Pépin G. 2004. Determination of bromazepam, clonazepam and metabolites after a single intake in urine and hair by LC-MS/MS:application to forensic cases of drug facilitated crimes. Forensic Sci Int, 145:123-130

Cirimele V, Kintz P, Gosselin O et al. 2000. Clozapine dose-concentration relationships in plasma, hair and sweat specimens of schizophrenic patients. Forensic Sci Int, 107:289-300

Cirimele V, Kintz P, Ludes B. 1997. Screening for forensically relevant benzodiazepines in human hair by gas chromatography-negative ion chemical ionization-mass spectrometry. J Chromatogr B, 700:119-129

Cirimele V, Kintz P, Staub C et al.1997. Testing human hair for flunitrazepam and 7-amino-flunitrazepam by GC/

MS - NCI. Forensic Sci Int, 84: 189 - 200

Concheiro M, Villain M, Bouchet S et al.2005. Windows of detection of tetrazepam in urine, oral fluid, beard, and hair, with a special focus on drug-facilitated crimes. Ther Drug Monit, 27: 565 - 570

Couper FJ, M clntyre IM, Drummer OH. 1995. Detection of antidepressant and antipsychotic drugs in postmortem human scalp hair. J Forensic Sci, 40: 87 - 90

Dalpe-Scott M, Degouffe M, Garbutt D et al. 1995. A comparison of drug concentrations in post-mortem cardiac and peripheral blood in 320 cases. Can Soc For Sci J, 28: 113 - 121

Doherty B, Rodriguez V, Leslie JC et al. 2007. An electrospray ionisation tandem mass spectrometric investigation of selected psychoactive pharmaceuticals and its application in drug and metabolite profiling by liquid chromatography/electrospray ionisation tandem masss spectrometry. Rapid Commun Mass Spectrom, 21: 2031 - 2038

Drouet-coassolo C. Coassolo A, Cano J.1989.Capillary GC/MS method for the identification and quantification of some benzodizepines and their un-conjugated metabolites in plasma. J Chromatogr, 487: 295 - 311

Drummer OH, Syrjanen ML, Cordner SM. 1993. Deaths involving the benzodiazepine flunitrazepam. Am J Forensic Med Pathol, 14: 238 - 243

Duhem C, Villain M, Pellissier A et al. 2004. Détermination du GHB dans les poils pubiens par chromatographie gazeuse couplée à la spectrométrie de masse en tandem.Ann Toxicol Anal, 16: 253 - 256

Ehrnebo M. 1974. Pharmacokinetics and distribution properties of pentobarbital in humans following oral and intravenous administraion. J Pharm Sci, 63: 1114 - 1118

Frison G, Favretto D, Tedeschi L et al.2003.Detection of thiopental and pentobarbital in head and pubic hair in a case of drug-facilitated sexual assault. Forensic Sci Int, 133: 171 - 174

Fujii J, Higashi A, Nakano M.1996. Examination of stability of anticonvulsants in a protease solution and assay of anticnvulsants in hairs. Biol Pharm Bull, 19: 1614 - 1617

Gaillard Y, Pepin G. 1997. Screening and identification of drugs in human hair by high-performance liquid chromatography-photodiode-array UV detection and gas chromatography-mass spectrometry after solid-phase extraction. A powerful tool in forensic medicine. J Chromatogr A, 762: 251 - 267

Gaillard Y, Pepin G. 1998.Case report of an unusual use of lidocaine during episodes of self mutilation J Forensic Sci, 43(2): 435 - 438

Gaillard Y, Pepin G. 1999.Testing hair for pharmacetuticals. J Chromatogr B, 733: 231 - 246

Gaulier JM, Sauvage FL, Pauthier H et al. 2008. Identification of acepromazine in hair: an illustration of the difficulties encountered in investigating drug-faiclitated crimes. J Forensic Sci, 53: 755 - 759

Goldblum RW, Goldbaum LR, Piper WN. 1954. Barbiturate concentrations in the skin and hair of guinea pig.J Invest Dermatol, 22: 121 - 128

Goulle J.P, Cheze M, Pepin G. 2003. Determination of endogenous levels of GHB in human hair. Are there possibilities for the identification of GHB administration through hair analysis in cases of drug-facilitated sexual assault? J Anal Toxicol, 27(8): 574 - 580

Goulle JP, Noyon J, Layet A et al.1995. Phenobarbital in hair and drug monitoring. Forensic Sci Int, 70: 191 - 202

GyGi SP, Wilkins DG, Rollins DE.1997. A Comparison of Phenobarbital and Codeine Incorporation into Pigmented and Nonpigmented Rat Hair J Pharm Sci, 86(2): 209 - 214

Hubbard D, Wilkins. D, Rollins D. 2000.The incorporation of cocaine and metabolites into hair: effects of dose and hair pigmentation Drug Metab Dispos. 28: 1464 - 1469

Iain M, Stanley M.1994. Postmortem and regional changes in serotonin, 5-hydroxyindoleacetic acid and tryptophan in brain. J Forensic Sci, 39: 1571-1574

Inagaki S, Makino H, Fukushima T et al. 2009. Rapid detection of ketamine and norketamine in rat hair using micropulverized extraction and ultra-performance liquid chromatography electrospray ionization mass spectrometry. Biomed Chromatogr, 23(12): 1245-1250

Irving RC, Dickson SJ. 2007. The detection of sedatives in hair and nail samples using tandem LC-MS-MS. Forensic Sci Int, 166: 58-67

Iten PK. 1992. Proceeding of the 30th International Meeting of the International Association of Forensic Toxicologists, Fukuoka, Japan, 343-346

Joynt BP.1993. Triazolam blood concentrations in forensic cases in Canada. J Anal Toxicol, 17: 171-177

Jurado C, Rodriguez-Vicente C, Menéndez M et al.1997. Time course of cocaine in rabbit hair. Forensic Sci Int, 84(1-3): 61-66

Kalasinsky KS, Dixon MM, Schmunk GA et al.2000. Blood, brain, and hair GHB concentrations following fatal ingestion. J Forensic Sci, 46(3): 728-730

Kelly RC, Mieczkowski T, Sweeney SA et al. 2000. Hair analysis for drugs of abuse. Hair color and race differentials or systematic differences in drug preferences? Forensic Sci Int, 107(1-3): 63-86

Kim JY, In MK, Kim JH. 2006. Determination of ketamine and norketamine in hair by gas chromatography/mass spectrometry usiing two step derivatization. Rapid Commun Mass Spectrom, 20: 3159-3162

Kim JY, In MK, Paeng KJ et al. 2005. Simultaneous determination of carisoprodol and meprobamate in human hair using solid-phase extraction and gas chromatography/mass spectrometry of the trimethylsilyl derivatives. Rapid Commun Mass Spectrom, 19: 3056-3062

Kintz P, Cirimele V, Jamey C et al.2003.Testing for GHB in hair by GC/MS/MS after a single exposure: application to document sexual assault. J Forensic Sci, 48(1): 195-200

Kintz P, Salomone A, Vincenti M. 2015. Hair analysis in clinical and forensic toxicology. London: Academic Press

Kintz P, Villain M, Cheze M et al.2005. Identification of alprazolam in hair in two cases of drug-facilitated incidents. Forensic Sci.Int, 153: 222-226

Kintz P, Villain M, Ludes B. 2004.Testing for the undetectable in drug-facilitated sexual assault using hair analyzed by tandem mass spectrometry as evidence. Ther Drug Monit, 26 (2): 211-214

Kintz P, Villain M, Pelissier AL et al. 2005.Unusually high concentrations in a fatal GHB cases.J Anal Toxicol, 29: 582-585

Kintz P. 2004.Value of hair analysis in postmortem toxicology.Forensic Sci Int, 142: 127-134

Kintz P. 2007.Bioanalytical procedures for detection of chemical agents in hair in the case of drug-facilitated crimes. Anal Bioanal Chem, 388(7): 1467-1474

Kintz P. 2007. Analytical and Practical Aspects of Drug Testing in Hair. Taylor & Francis Group. CRC Press, 163-185

Kronstrand R, Ahlner J, Dizdar N et al. 2003. Quantitative analysis of desmethylselegiline, methamphetamine, and amphetamine in hair and plasma from Parkinson patients on long-term selegiline medication. J Anal Toxicol, 27(3): 135-141

Kutt H, Penry JK.1974. Usefulness of blood levels of antiepileptic drugs.Arch Neurol, 1974,31: 282-288

Kłys M, Rojek S, Bolechala F. 2005. Determination of oxcarbazepine and its metabolites in postmortem blood and hair by means of liquid chromatography with mass detection (HPLC/APCI/MS). J Chromatogr B, 825: 38-46

Laloup M, Fernanadez M, Wood M et al. 2007. Detection of diazepam in urine, hair and preserved oral fluid samples with LC-MS/MS after single and repeated administration of Myolastan® and Valium®. Anal Bionanl Chem, 388: 1545-1556

Leong HS, Tan NL, Lui CP et al. 2005. Evaluation of ketamine abuse using hair analysis: concentration trends in a singapore population. J Anal Toxicol, 29: 314-318

Leung KW, Wong ZC, Janet YM et al. 2016. Determination of hair ketamine cut-off value from Hong Kong ketamine users by LC-MS/MS analysis. Forensic Sci Int, 259: 53-58

Lloyd JBF, Parry DA. 1989. Forensic applications of the determination of benzodiazepines in blood samples by microcolumn cleanup and high-performance liquid chromatography with reductive mode eletrochemical detection. J Anal Toxicol, 13: 163-168

Lous P. 1954. Plasma levels and urinary excretion of three barbituric acids after oral administraion to man. Acta Pharm, 10: 147-165

McClean S, O'kane EJ, Smyth WF. 2000. Electrospray ionisation-mass spectrometric characterisssation of selected anti-psychotic drugs and their detection and determination in human hair samples by liquid chromatography-tandem mass spectrometry. J Chromatogr B, 740: 141-157

Mieczkowski T, Newel R. 2000. Statistical examination of hair color as a potential biasing factor in hair analysis. Forensic Sci Int, 107(1-3): 13-38

Miller EI, Wylie FM, Oliver JS. 2006. Detection of benzodiazepines in hair using ELISA and LC-ESI-MS/MS. J Anal Toxicol, 30: 441-448

Muller C, Vogt S, Goerke R et al. 2000. Identification of selected psychopharmaceuticals and their metabolites in hair by LC/ESI-CID/MS and LC/MS/MS. Forensic Sci Int, 113: 415-421

Nakahara Y, Ochiai T, Kikura R. 1992. Hair analysis for drugs of abuse V: The facility in incorporation of cocaine into hair over its major metabolites, benzoylecgonine and ecgoning methyl ester. Arch Toxicol, 66: 446-449

Nakahara Y, Takahashi K, Kikura R. 1995. Hair analysis for drugs of abuse. X. Effect of physicochemical properties of drugs on the incorporation rates into hair. Biol Pharm Bull, 18(9): 1223-1227

Nakahara Y. 1999. Hair analysis for abused and therapeutic drugs. J Chromatogr B Biomed Sci Appl, 733: 161-180

Negrusz A, Moore CM, Hinkel KB et al. 2001. Deposition of 7-aminoflunitrazepam and flunitrazepam in hair after a single dose of Rohypnol. J Forensic Sci, 46(5): 1143-1151

Negrusz A, Moore CM, Perry JL. 1998. Detection of doxepin and its major metabolite desmethyldoxepin in hair following drug therapy. J Anal Toxicol, 22: 531-536

Parker KD, Eluott HW, Wright JA et al. 1970. Blood and unrine concentrations of subject receiving barbiturates, meprobamate, glutethimide and phenylhydantoin. Clin Tox, 3: 131-145

Plaa GL, Hine CH. 1960. Hydantoin and barbiturate blood levels observed in epileptics. Arch Int Pharm Ther, 128: 375-383

Pragst F, Rothe M, Hunger J et al. 1997. Structural and concentration effects on the deposition of tricyclic antidepressants in human hair. Forensic Sci Int, 84: 225-236

Riccardo R, Massimo L, Cristiana G et al. 2009. Identification of GHB and morphine in hair in a case of drug facilitated sexual assault. Forensic Sci Int, 186: 9-11

Robertson MD, Drummer OH. 1998. Stability of nitrobenzodiazepines in postmortem blood. J Forensic Sci, 43: 5-8

Rollins DE, Wilkins DG, Krueger GG et al. 2003. The Effect of Hair Color on the Incorporation of codeine into Human Hair. J Anal Toxicol, 27(8): 545-551

Saisho K, Tanaka E, Nakahara Y. 2001. Hair analysis for pharmaceutical drugs. II. Effective extraction and determination of Sildenafil (Viagra®) and its N-desmethyl metabolite in rat and human hair by GC-MS. Biol Pharm Bull, 24: 59-64

Sato H, Uematsu T, Yamada K et al.1993. chlorpromazine in human scalp hair as an index of dosage history: comparison with simultaneously measured haloperidol. Eur J Clin Pharmacol, 44: 439-444

Scott KS, Nakahara Y.2003. A study into the rate of incorporation of eight benzodiazepines into rat hair. Forensic Sci Int, 133: 47-56

Shen M, Xiang P, Wu H et al.2002. Detection of antidepressant and antipsychotic drugs in human hair. Forensic Sci Int, 126: 153-161

Shi Y, Cui XP, Shen M et al.2016. Quantitative analysis of the endogenous GHB level in the hair of the Chinese population using GC/MS/MS. Journal of Forensic and Legal Medicine, 39: 10-15

Sim J, Kim E, Yang W et al. 2017. An LC-MS/MS method for the simultaneous determination of 15 antipsychotics and two metabolites in hair and its application to rat hair. Forensic Sci Int, 274: 91-98

Smith RB, Dittert LW, Griffen WO et al. 1973. Pharmacokinetics of pentobarbital after intravenous and oral administration. J Pharm Biopharm, 1: 5-16

Sun S, Chum AHC. 1977. Determination of pentobarbital in serum by electron-capture GLC. J Pharm Sci, 66: 477-480

Tagliaro F Smyth WF, Turrina S et al. 1995.Capillary electrophoresis-a new tool in forensic toxicology-applications and prospects in hair analysis for illicit drugs. Forensic Sci Int, 70: 93-104

Thieme D, Rolf B, Sachs H et al. 2008. Correlation of inter-individual variations of amitriptyline metabolism examined in hairs with CYP2C19 and CYP2D6 polymorphisms. Int J Legal Med, 122: 149-155

Thieme D, Sachs H. 2007. Examination of a long-term clozapine administration by high resolution segmental hair analysis. Forensic Sci Int, 166: 110-114

Toyo'oka T, Kanbori M, Kumaki Y et al. 2001. Determination of triazolam involving its hydroxy metabolits in hair shaft and hair root by reversed-phase liquid chromatography with electrospray ionization mass spectrometry and application to human hair analysis. Anal Biochem, 295: 172-179

Toyo'oka T, Kumaki Y, Kanbori M et al. 2003. Determination of hypnotic benzodiazepines (alprazolam, estazolam, and midazolam) and their metabolites in rat hair and plasma by reversed-phase liquid-chromatography with electrospray ionization mass spectrometry. J Pharm Biomed Anal, 30(6): 1773-1787

Tracqui A, Kressig P, Kintz P et al.1992. Determination of amitriptyline in the hair of psychiatric patients. Hum Exp Toxicol, 11: 363-367

Uematsu T. Sato R, Fujimori O et al.1990. Human scalp hair as evidence of individual dosage history of haloperidol: a possible linkage of haloperidol excretion into hair with hair pigment. Arch Dermatol Res, 282: 120-125

UNODC Guidelines for the Forensic analysis of drugs facilitating sexual assault and other criminal acts. 2011. https://www.unodc.org/documents/scientific/forensic_analys_of_drugs_facilitating_sexual_assault_and_other_criminal_acts.pdf.

Villain M, Cheze M., Tracqui A et al. 2004.Windows of detection of zolpidem in urine and hair: application to two drug facilitated sexual assaults. Forensic Sci.Int, 143: 157-161

Villain M, Concheiro M, Cirimele V et al. 2005.Screening method for benzodiazepines and hypnotics in hair at pg/mg level by liquid chromatography-massspectrometry/mass spectrometry. J. Chromatogr. B, 825: 72-78

Weinmann W, Muller C, Vogt S et al. 2002. LC-MS-MS analysis of the neuroleptics clozapine, flupentixol, haloperidol, penfluridol, thioridazine, and zuclopenthixol in hair obtained from psychiatric patients. J Anal Toxicol, 26: 303 – 307

Wen Di, Shi Yan, Zhang Xiaoguang et al. 2019. Determination of barbiturates in hair samples by using a validated UHPLC – HRMS method: application in investigation of drug-facilitated sexual assault, Forensic Sciences Research, DOI: 10.1080/20961790.2019.1659474

Wietecha-Posłuszny R, Garbacik A, Woźniakiewicz M, et al. 2011. Microwave-assisted hydrolysis and extraction of tricyclic antidepressants from human hair. Analytical & Bioanalytical Chemistry, 399: 3233 – 3240

Wilkerson VA. 1935.The chemistry of the human epidermis: II. Iso-electric points of the stratum corneum, hair and nails as determined by electrophoresis. J Biol Chem, 112: 329 – 335

Williams J, Patsalos PN, Wilson JF. 1997. Hair analysis as a potential index of therapeutic compliance in the treatment of epilepsy. Forensic Sci Int, 84: 113 – 121

Wu YH, Lin KL, Chen SC et al. 2008. Simultaneous quantitative determination of amphetamines, ketamine, opiates and metabolites in human hair by gas chromatography/mass spectrometry. Rapid Commun Mass Spectrom, 22: 887 – 897

Xiang P, Shen M, Drummer OH. 2015. Review: Drug concentrations in hair and their relevance in drug facilitated crimes. Journal of Forensic and Legal Medicine, 36: 126 – 135

Xiang P, Sun QR, Shen BH et al. 2011. Segmental hair analysis using liquid chromatography-tandem mass spectrometry after a single dose of benzodiazepines.Forensic Sci Int, 204: 19 – 26

Yegles M, Mersch F, Wennig R.1997. Detection of benzodiazepines and other psychotropic drugs in human hair by GC/MS. Forensic Sci Int, 84: 211 – 218

第十一章 毛发中蛋白同化雄性类固醇兴奋剂的分析

第一节 概 述

一、蛋白同化雄性类固醇简介

兴奋剂是指国际体育组织规定的禁用物质和禁用方法的统称。蛋白同化雄性类固醇（Anabolic and androgenic steroids，AASs）是一类能够促进细胞生长分化、肌肉增长的甾体类激素。AASs对于运动成绩的提高具有明确的作用，是兴奋剂检测重点控制的药物品种。早在1954年苏联就有运动员使用AASs的报道。由于受当时的技术限制，国际奥委会迟至1974年才将蛋白同化雄性类固醇作为兴奋剂列入禁用物质清单，并规定蛋白同化雄性类固醇类药物是所有场合都禁用的物质。2020年反兴奋剂禁用清单中明确规定的品种为62种，其他具有相似化学结构或相似生物作用的物质也被禁用。根据能否由人体自然生成，又分为内源性AASs和外源性AASs。对于外源性物质检测，只要确证其药物原形和（或）其代谢物的存在就可以判定为阳性；而内源性物质（体内本来就有的）的检测和评判较为复杂。

AASs基本结构是一个环戊烷多氢菲核。睾酮是从睾丸组织中直接分泌的，是这类物质的典型代表。AASs可用于治疗许多疾病，如HIV相关的肌肉病症、慢性阻塞性肺部疾病、严重烧伤、酒精性肝炎等分解代谢疾病以及儿童骨髓衰竭综合征、体质性生长延迟和遗传性血管性水肿等疾病，同时AASs治疗也伴有各种副作用（与剂量相关）。最常见的副作用有女性和儿童雄性化、行为变化（比如好斗）、肝中毒、血脂和凝血因子变化等。

尽管反兴奋剂斗争取得了显著成效，全球的重视程度不断加深，检测水平也在不断提高，对兴奋剂滥用者产生了巨大的威慑作用。但需要注意的是，面对巨大利益的诱惑，铤而走险的人也在不断提高反检测的水平，并开发更加隐蔽的药物。反兴奋剂工作仍面临着严峻的挑战。

以下为国际奥委会禁用的主要蛋白同化雄性类固醇。

睾酮(Testosterone),化学名为17β-羟雄甾-4-烯-3-酮(17β-Hydroxyandrost-4-en-3-one)。

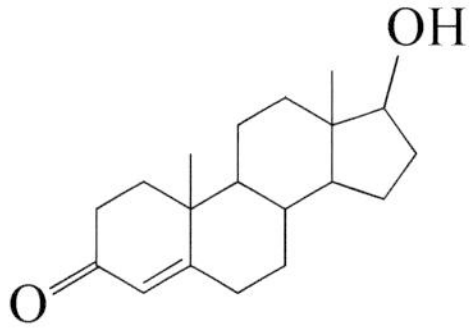

$C_{19}H_{28}O_2 = 288.43$

CAS：58-22-0

双氢睾酮(Dihydrotestosterone),化学名为17β-羟基-5α-雄甾-3-酮(17β-Hydroxy-5α-androstan-3-one)。

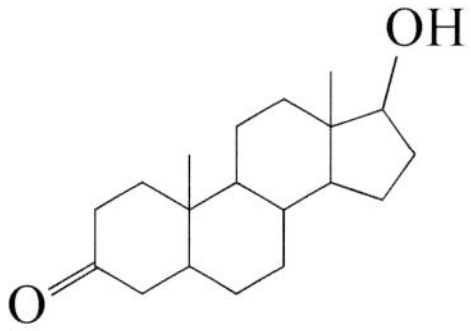

$C_{19}H_{30}O_2 = 290.44$

CAS：521-18-6

普拉雄酮(Prasterone),又名脱氢表雄酮(dehydroepiandrosterone,DHEA),化学名为3β-羟基-5-雄烯-17-酮(3β-Hydroxy-5-androsten-17-one)。

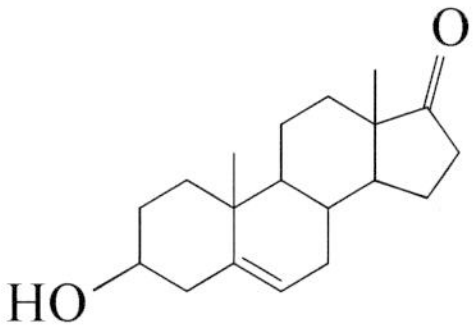

$C_{19}H_{28}O_2 = 288.44$

CAS：53-43-0

雄烯二醇(Androstenediol),化学名为雄-5-烯-3β,17β-二醇(androst-5-ene-3β,17β-diol)。

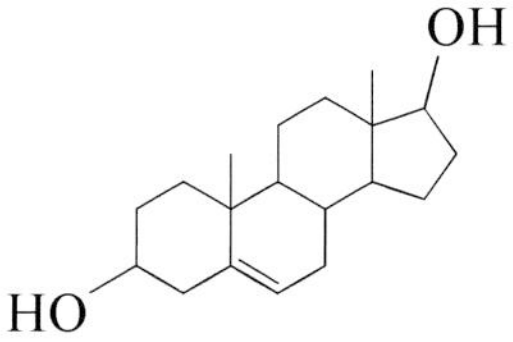

$C_{19}H_{30}O_2 = 290.45$

CAS：521-17-5

雄烯二酮(Androstenedione)，化学名为雄-4-烯-3,17-二酮(androst-4-ene-3,17-dione)。

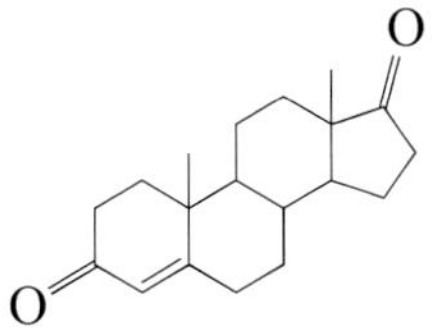

$C_{19}H_{26}O_2 = 286.41$

CAS：63-05-8

去氢睾酮(Boldenone)，化学名为17β-羟基-1,4-雄甾二烯-3-酮(17β-Hydroxy-1,4-androstadien-3-one)。

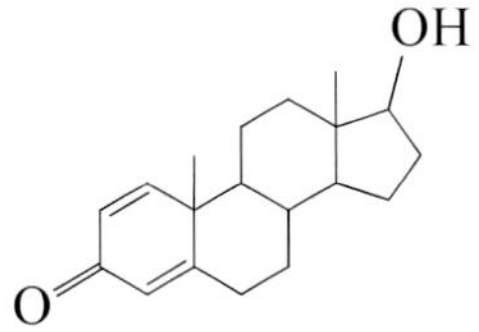

$C_{19}H_{26}O_2 = 286.41$

CAS：846-48-0

去氢甲睾酮(Methandienone)，又名大力补，化学名为17β-羟基-17α-甲基-1,4-雄甾二烯-3-酮(17β-Hydroxy-17α-methyl-1,4-androstadien-3-one)。

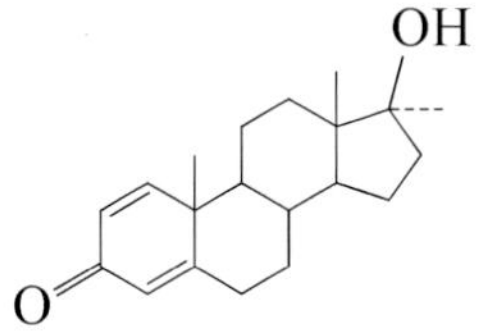

$C_{20}H_{28}O_2 = 300.44$

CAS：72-63-9

甲睾酮(Methyltestosterone)，化学名为17β-羟基-17α,甲基-4-雄烯-3-酮(17β-Hydroxy-17α,methyl-4-androsten-3-one)。

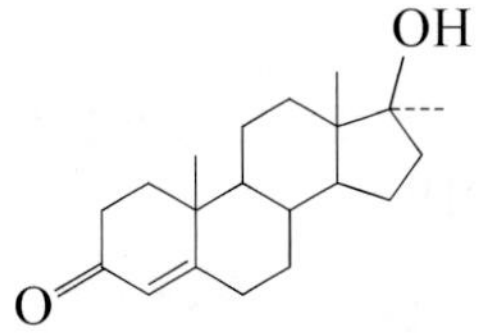

$C_{20}H_{30}O_2 = 302.46$

CAS：58-18-4

甲基异睾酮(Methenolone)，化学名为17β-羟基-1-甲基5α-雄-1-烯-3-酮(17β-Hydroxy-1-methyl-5α-androst-1-en-3-one)。

$$C_{20}H_{30}O_2 = 302.46$$
CAS：153-00-4

诺龙(Nandrolone)，化学名为17β-羟基-雌甾烯酮[4,3](17β-Hydroxyoestr-4-en-3-one)。

$$C_{18}H_{26}O_2 = 274.40$$
CAS：434-22-0

康力龙(Winstrol)，又名司坦唑醇(Stanozolol)，化学名为17β-羟基-17α-甲基-5α-雄甾烷[3,2-c]并吡唑(17β-Hydroxy-17α-methyl-5α-androstano-[3,2-c]-pyrazole)。

$$C_{21}H_{32}N_2O = 328.50$$
CAS：10418-03-8

康复龙(Oxymetholone)，化学名为17β-羟基-α-羟亚甲17α-甲基-5α-雄甾烯-3-酮(17β-Hydroxy-α-hydroxymethylene-17α-methyl-5α-androstan-3-one)。

$$C_{21}H_{32}O_3 = 332.48$$
CAS：434-07-1

羟甲睾酮(Oxymesterone)，化学名为 4,17β-二羟基-17α-甲基雄甾-4-烯-3-酮(4,17β-Dihydroxy-17α-methyl-4-androsten-3-one)。

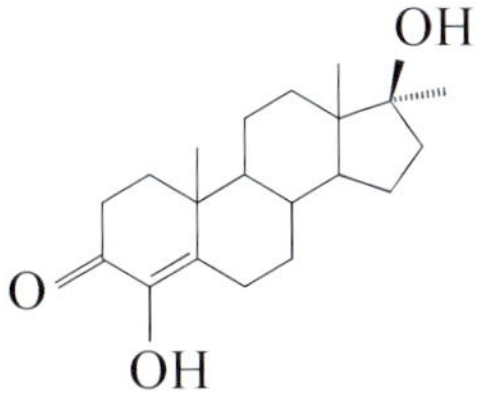

$C_{20}H_{30}O_3 = 318.46$

CAS：145-12-0

二、体内过程

口服睾酮虽吸收很快，但大部分因肝脏首过效应被迅速破坏，因此，睾酮制剂口服效果很差，一般用其油溶液作肌肉注射。甲睾酮等在肝脏内不易被破坏，故口服与舌下给药都有效，可增加生物利用度，且半衰期较长。然而为达到短期效应，一般以注射给药形式为多，常见的滥用方式见表 11-1。

表 11-1 蛋白同化雄性类固醇的常见滥用方式

口服用药	注射用药
大力补(Methandrostenolone)	睾酮酯(Testosterone esters)：环戊丙酸、庚酸、丙酸等
甲睾(Methyltestosterone)	诺龙酯(Nandrolone esters)：庚酸、苯丙酸等
氧雄龙(Oxandrolone)	宝丹酮(Boldenone)
康复龙(Oxymetholone)	甲基异睾酮(Methenolone)
司坦唑醇(Stanozolol)	群勃龙(Trenbolone)
乙烯雌醇(Ethylestrenol)	司坦唑醇(Stanozolol)
氟甲睾酮(Fluoxymesterone)	屈他雄酮(Dromostanolone)
达那唑(Danazol)	

蛋白同化雄性类固醇的 I 相代谢通常是通过酶催化反应，母体转化为极性更强但活性较低的代谢产物，并被排出体外。它们的代谢特点为：① 烯双键或羰基的加氢还原；② 单羟基化或多羟基化，羟化主要位点在 C6，C16 和 C12；③ 3 位羰基变构到 17 位；④ 差向异构，主要发生在 C17，C16 和 C5 上氢的 α、β 构型。II 相代谢通常是大多数的蛋白同化雄性类固醇的母体或其代谢产物的羟基和体内的葡萄糖醛酸或硫酸结合生成葡萄糖醛酸苷或硫酸酯化合物，从尿液排出体外。因此，在检测这些 II 相代谢产物时，首先要通过适当的水解方式（通常是酶解或酸水解）使葡萄糖醛酸苷或硫酸酯化合物中的类固醇代谢产物呈现游离状态，然后再经提取等步骤后进行检测。

睾酮(T)是人体分泌的主要雄激素,其在男性性征的发生、生育和生殖以及男性附属性腺功能的维持等多方面都发挥重要的作用。在血清中睾酮以游离状态和与性激素结合球蛋白相结合两种形式存在,其中以游离状态存在的睾酮称为游离睾酮(FT)。只有 FT 才具有生物学活性并在体内起作用。冯耀(2009)采用 ELISA 法对血清游离睾酮水平进行检测,不同年龄组的血清 FT 水平如表 11-2 所示。统计学分析结果表明,<30 岁、30~40 岁及 40~50 岁组血清 FT 浓度较之>60 岁和 50~60 岁组有显著差异($P<0.05$),而这 3 组之间相互比较无显著性差异($P>0.05$)。50~60 岁组较之>60 岁组血清 FT 水平也有显著差异($P>0.05$)。

表 11-2　不同年龄组血清中游离睾酮浓度测定结果

组　别	例　数	血清 FT 浓度(ng/L)
>60 岁	19	16.23+10.45
50~60 岁	21	18.82+10.54
40~50 岁	22	23.55+13.25
30~40 岁	25	22.27+11.07
<30 岁	23	24.39+13.43

由于合成类外源性蛋白同化雄性类固醇易于检测和判断,因此,某些运动员为了逃避兴奋剂检查而越来越多地选择使用合成的内源性蛋白同化雄性类固醇制剂。内源性蛋白同化雄性类固醇可由人体自身分泌产生,不同人群和个体存在较大的差异。运动员服用合成的内源性蛋白同化雄性类固醇增加了兴奋剂检测结果评判的难度,各国兴奋剂检测研究人员通过多种途径研究寻找判定依据。尿液是兴奋剂检测领域的主要生物检材,世界反兴奋剂机构(WADA)根据多年的统计结果,规定当尿样中睾酮/表睾酮(T/E)比值>4、睾酮或表睾酮的浓度>200 ng/mL、雄酮或苯胆烷醇酮的浓度>10 000 ng/mL、DHEA 的浓度>100 ng/mL 时,该尿样应进一步追踪检查。

本书作者依据已建立的尿液中 DHEA、睾酮、表睾酮、雄酮和苯胆烷醇酮的 LC-MS/MS 分析方法,测定了健康志愿者尿液中内源性蛋白同化雄性类固醇浓度,尿液中的睾酮浓度(男,1.85 ng/mL;女,0.09 ng/mL)明显低于我国和国外运动员,而表睾酮、雄酮和苯胆烷醇酮的浓度则位于我国与国外运动员之间;尿液中的 T/E 比值明显低于高加索人(沈敏,2007)。

6 名健康志愿者单剂量服用 120 mg DHEA 后尿液的平均药时曲线见图 11-1,尿液中 DHEA、雄酮和苯胆烷醇酮的浓度有明显的升高,而睾酮和表睾酮的变化与之相比则非常小。其中雄酮和苯胆烷醇酮与 DHEA 的药时曲线有相似的变化趋势,因而可以证明或认为雄酮和苯胆烷醇酮是 DHEA 的主要代谢物,而服用 DHEA 后对睾酮和表睾酮的浓度影响很小,表明这两种物质并不是 DHEA 的主要或最终

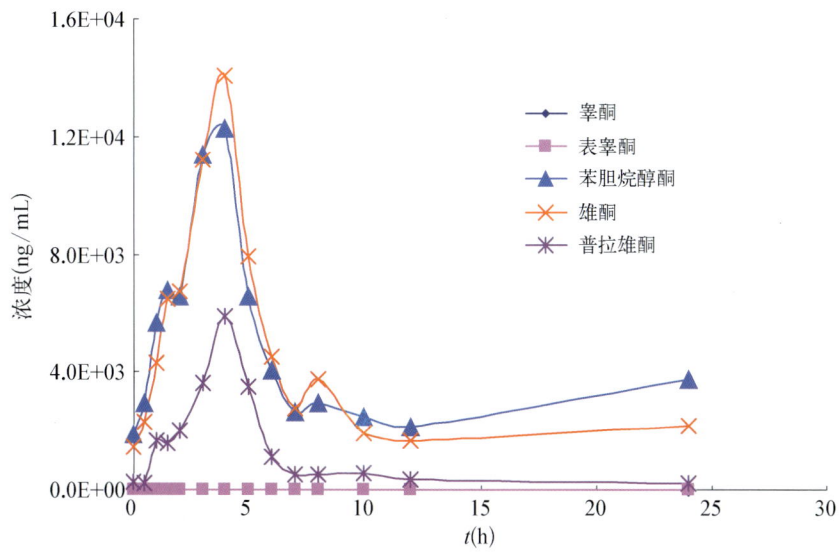

图 11-1　服用 120 mg DHEA 后代谢物的时间-浓度曲线

代谢物。雄酮、苯胆烷醇酮和 DHEA 的尿液浓度达峰时间分别为：3.43±0.90 h、3.57±0.90 h 和 3.86±0.64 h。单剂量服用 DHEA 片剂后，尿液中 DHEA、雄酮以及苯胆烷醇酮的浓度均在 12 h 后恢复至原有正常浓度范围。

三、分析现状与进展

毛发分析在兴奋剂检测领域的独特应用价值受到广泛关注，国际奥委会最近建议加强头发检测在兴奋剂控制中的应用。毛发分析可区分单次摄取违禁药物还是长期滥用、可用于赛外抽检，替代"飞行药检"、可区分内源性和外源性目标物、可作为尿样分析结果的辅助证据的优势使其在兴奋剂检测领域有着良好的应用前景。然而，毛发兴奋剂检测存在一些难点问题：毛发中 AASs 浓度仅为 pg/mg 水平，远低于毛发中阿片类、苯丙胺类滥用药物浓度（ng/mg），要求分析方法具有高度的灵敏性；联合使用不同种类的 AASs 采用"堆积"法达到功效的滥用特点，要求方法具有筛选功能，能同时检出不同种类的 AASs；毛发中 AASs 阳性结果的判定有赖于 cut-off 值的确定和阳性数据的积累。近些年来，围绕毛发中 AASs 的分析研究逐渐展开。

国际奥委会规定的 AASs 检测标准是采用 GC‑MS 来分析尿样，由于尿样中 AASs 主要以代谢物形式存在，因而检测的目标物除了原型外，主要是其代谢物。其他生物检材如血液、汗液、唾液、毛发、指甲、胎尿中 AASs 的分析也见研究报道。到目前为止，头发检材尚未被国际奥委会所接受，但是法国在 2001 年通过了一项法规,允许使用毛发检材提供违禁药物滥用的证明(décret n° 2001-35,自 2001 年 1 月 11 日起)。相对于尿液和血液分析,头发分析最大的优势在于有更宽的监测窗(从几个星期至几个月,取决于头发发干的长度)。实际应用时,两种检测手段相互补充。尿液和血液分析提供短期的药物使用信息,而头发分析可以提供长期的摄药信息;尿液和血液分析不能区分长期使用或者单次摄入,而头发分析则可提供区别信息。此外,毛发中原体大于代谢物的规律有助于鉴别进入体内药物分子的形式(酯类或衍生物),有望区分所检类固醇的外源性和内源性。表 11-3 总结了兴奋剂检测中两种生物检材的主要应用价值。

表 11-3 尿液和毛发检材在兴奋剂检测方面应用的比较

参　数	尿　液	毛　发
主要化合物	代谢物	母体药物
检测时限	数天至数周	数周至数月或年
筛选	是	否
侵害性	高	低
保存	−20℃	室温
假阴性风险	高	低
假阳性风险	低	未确定
掺假风险	高	低
受控材料	是	需要

赛马是一项竞争激烈且设有高奖金的运动,人们投注马匹以谋取收益的现象越来越多。对赛马滥用药物的问题也逐渐加剧,其中除合法的治疗性药物外,还包括违禁药物的滥用。毛发分析同样可在赛马兴奋剂检测中发挥其独特优势,目前已在该领域展开相关研究。通常选择马的鬃毛和尾巴毛作为毛发样品,因为这两部位毛发不随季节脱落,为永久性毛发。鬃毛为首选,更易采集,毛发纹理更细,不容易受到尿液、粪便等外部污染。根据鬃毛的生长速度约为每月 2~2.5 cm,15 cm 的鬃毛样品可以反映该匹马在过去六个月的用药史。

第二节　毛发样品的处理

一、头发采集

头发样品的采集部位和采集方式遵循一般规则,即贴头皮采集头顶后部区域的头发,以减少头发生长速率变异的影响。头发样本量主要取决于头发中目标物的浓度以及分析方法,如可卡因和苯丙胺类分析头发取样量为 10 mg,而类固醇类在头发中的浓度较前者低约二个数量级,故推荐样本量为 100 mg。分段分析时按照分析目的可将头发分为约 1 cm、2 cm、3 cm 小段,对应相应的生长周期。

二、脱污染

当毛发污染物为滥用物质、代谢物、干扰检测过程或影响分析结果解释的物质时,会对结果解释产生严重影响。如何避免技术上或证据上的假阳性结果是头发分析的关键问题。技术上的假阳性结果可能由头发样品的采集、处理、分析误差所引起,证据上的假阳性结果可能由于被动暴露于药物所致。大部分实验室采用脱污染步骤去除头发外污染,避免证据上的假阳性结果。常用的洗涤试剂有丙酮、乙醚、甲醇、乙醇、二氯甲烷、戊烷、己烷、乙酸乙酯、洗发水、热水、pH 7.4 磷酸缓冲液、0.1%SDS,一般都需几种溶剂反复洗涤。Gambelunghe(2005)通过对洗涤液的分析来确保外源性污染的除尽。Aqai(2009)比较了非有机溶剂如热水和 0.1%十二烷基磷酸钠溶液,以及有机溶剂(包含不同比例的甲醇)的洗涤效果。使用非有机溶剂和甲醇比例小于 20%的有机溶剂洗涤毛发时,蛋白同化雄性类固醇酯类的回收率和不洗涤的结果是一致的。Rambaud(2005)考察了二氯甲烷洗涤对毛发分析结果的影响,发现在给药后十天内头发的洗涤带走了甲睾酮总量的 50%~70%,说明洗涤步骤不仅除去外源性物质污染,同时也会把结合在毛发样品浅表层的目标物洗掉。如何使毛发洗涤完全除去外部污染,而又不溶出毛发中摄取的药物仍是需要研究、解决的一个问题。

当然,与可卡因、大麻类、海洛因等易受环境污染的化合物的头发分析不同,类固醇兴奋剂头发分析的脱污染步骤并非至关重要。

三、样品处理

毛发中蛋白同化雄性类固醇兴奋剂浓度为 pg/mg 水平,远低于血尿中蛋白同化雄性类固醇浓度,也远低于毛发中阿片类、可卡因、安非他明等滥用药物(ng/mg)浓度,预处理方法的选择就极为重要。毛发预处理的方法主要有酸水解法、碱水解法和甲醇提取法。

1. 酸水解法

准确称取剪细的毛发 10~50 mg,加入 2 mL 甲醇-三氟乙酸(9∶1,v/v)37℃水解过夜,然后将甲醇混合物蒸干,用 50 μL 甲醇复溶,涡旋混合,加入 1 mL 0.2 mol/L 磷酸缓冲液(pH 7.2),用 5 mL 己烷提取。有机相挥干后,加入 50 μL MSTFA - NH_4I - 2 -巯基乙醇(1 000∶2∶6)60℃反应 30 min,1 μL 注入 GC - MS 系统(Segura,2000)。

2. 碱消化法

(1) 准确称取剪细的毛发 10 mg,加入 1 ng 表睾酮- d_3,加入 1 mL 1 mol/L

NaOH 溶液,于 80℃ 水浴中消化 30 min,然后用 1 mol/L HCl 溶液调 pH 至中性。再加入 2 mL pH 6.8 的磷酸缓冲液和 3.5 mL 戊烷,混旋,离心。转移上层溶液至 5 mL 试管中,于 60℃ 水浴中挥发至干。加入 100 μL 甲醇-20 mmol/L 乙酸铵缓冲液复溶,5 μL 注入 LC-MS/MS 系统(向平,2008)。

(2)准确称取磨碎的毛发 100 mg,加入 1 ng 内标睾酮-d_3 和 1 mL 1 mol/L NaOH 95℃ 消化 15 min 后,用 1 mL 1 mol/L HCl 和 2 mL 磷酸缓冲液将溶液调至 pH 7.6,用 4 mL 乙醚提取三次。残留物用 5 mL 磷酸缓冲液(pH 7)稀释,上 3 mL C18(EC)柱,用甲醇洗脱睾酮。加入 100 μL 乙腈和 30 μL PFPA 60℃ 加热 15 min,蒸干后加入 30 μL 已烷,2.5 μL 注入 GC-MS 系统(Boyer,2007)。

3. 甲醇提取法

准确称取磨碎的毛发 100 mg,加入 1 ng 内标勃地酮-d_3 和 3 mL 甲醇 50℃ 水解过夜,用 50 μL 3 mol/L KOH 和 0.5 mL 磷酸缓冲液将头发溶液调至 pH 7.6,用 4 mL 己烷/乙酸乙酯(70∶30)提取三次。残留物用 5 mL 磷酸缓冲液(pH 7)稀释,上 3 mL C_{18}(EC)柱,用甲醇洗脱丙酸睾酮。PFP 衍生化后加入 30 μL 已烷,2.5 μL 注入 GC-MS 系统(Boyer,2007)。

4. 其他方法

(1)准确称取磨碎的毛发 200 mg,加入 20 μL 100 ng/mL 氘代内标甲醇溶液使其在毛发中浓度为 10 ng/g,加入 2 mL 25 mmol/L TCEP[tris(2-carboxyethyl) phosphine hydrochloride] 水解 1 h。然后加入 4 mL 甲醇,离心 5 min,加入 4 mL 水,混合物上样。C_{18} SPE 柱预先用乙腈、甲醇和水活化后,用 2 mL 水洗涤,2 mL 乙腈和 2 mL 乙酸乙酯洗脱。合并洗脱液,40℃ 氮气流下蒸干,200 μL 乙腈/水/甲酸(80∶20∶2)超声复溶,40 μL 进样 LC-MS/MS 系统(Nielen,2006)。

(2)马的鬃毛经去污处理后,称取 50 mg 于加有铁珠的研磨管中加入 2.5 ng 睾酮-d_3、2.5 ng 苯丙酸睾酮-d_3 和 2.5 ng 司坦唑醇-d_3 的内标溶液,再加入 0.5 mL 磷酸缓冲液(0.1 mol/L;pH 9.5)和 1 mL 正己烷∶乙酸乙酯(7∶3,v/v)提取液,冷冻研磨,离心,转移有机溶剂,于 40℃ 氮气流下挥干。残余物中加入 3 mL 磷酸缓冲液(0.1 mol/L;pH 6)/甲醇(9∶1,v/v),混匀后上 Bond Elut Certify 萃取柱,上柱前依次用 2 mL 甲醇、2 mL 蒸馏水和 2 mL 磷酸缓冲液(0.1 mol/L;pH 6)活化萃取柱。上样后,萃取柱依次用 2 mL 磷酸缓冲液(0.1 mol/L;pH 6)、2 mL 乙酸(1 mol/L)清洗,然后依次用 3 mL 二氯甲烷/乙酸乙酯(4∶1,v/v)(洗脱中性和酸性目标物)、3 mL 2% 氨水的乙酸乙酯/二氯甲烷/异丙醇(5∶4∶1,v/v/v)(洗脱碱性目标物)洗脱。合并洗脱液,于 40℃ 氮气流下吹干,加入 50 μL 甲醇溶解残余物,进样(Kwok,2017)。

(3)马的鬃毛经确认取样量可满足要求后分成 7.5 cm 的两段,若是尾巴上的毛则分成 15 cm 的两段。毛发段置于 20 mL 玻璃瓶中,加入 10 mL 的 0.1% 十二烷基磺酸钠溶液,振摇30′,弃去清洗液,再加入 10 mL 蒸馏水振摇清洗两次,清洗后的毛发在40℃晾干。干燥后的毛发经冷冻研磨,称取100 mg 粉末于8 mL 试管中,加入 50 μL 的 10 ng/mL 内标混合溶液,包含睾酮-d_3、睾酮丙酸酯-d_3、睾酮苯丙酸酯-d_3、睾酮癸酸酯-d_3 和克伦特罗-d_9。加入 1 mL 0.1M 的磷酸缓冲液(pH 9.5),混匀,37℃孵化过夜。取出后加入 3 mL 叔丁基甲醚:乙酸乙酯(1:1)液-液提取,转移有机层至另一试管保存。毛发样品中加入 25 μL 的 2 M HCl 调至酸性,再加入提取溶剂提取,合并有机层,挥干。残余物中加入 100 μL 的 100 mmol/L 甲氧胺(含80%甲醇),80℃衍生化 60 min。取 10 μL 进 LC-MS/MS(Gray,2018)。

方法讨论：

(1) 粉碎程度　Aqai(2009)通过给牛灌注含类固醇酯类的鸡尾酒获得阳性毛发,考察了三个前处理步骤(洗涤、剪碎、磨碎)对头发中类固醇酯类检测的影响。剪碎毛发与不剪碎相比,类固醇酯类回收率提高20%,剪成 2 mm 段的毛发样品中分析物回收率大约为磨碎毛发样品的60%~80%。因此,为达到尽可能高的分析物回收率,应将毛发样品磨碎导致其表面膨胀。

(2) 水解　为取得较高的回收率,大部分研究者摒弃传统的酸水解法,而选择了释放药物更为完全的碱消化法。Hernández-Carrasquilla(2001)在比较了不同的前处理方法后,认为强碱提取能获得较高的回收率,而对定性而言弱碱提取能得到较好的结果。Thieme(2000)比较了毛发中司坦唑醇的甲醇提取法、先甲醇提取再NaOH 消化与直接 NaOH 消化的回收率,先提取再消化的目标物回收率及色谱表现都是最好的。绝大多数研究者采用的碱为 0.5~1 mol/L NaOH,消化温度为 60~95℃。也有人认为碱消化易引起质谱离子源的过早污染和一些化合物的低回收率。Rambaud(2007)认为毛发甲醇提取后酸水解法为最优的提取方法,所得信号强度高,重现性好。此外,连续进样100 针,仪器状态没有下降,离子源没有污染。

蛋白同化雄性类固醇酯类的不稳定性是一大技术限制,在样品制备过程必须考虑目标化合物的稳定性。Thieme(2000)比较了不同的水解试剂对样品制备过程中目标物稳定性的影响,甲醇、低浓度 NaOH、牛肝中 β-葡(萄)糖苷酸酶都不影响内源性激素总体特征。笔者认为采用先甲醇超声提取再用 1 mol/L NaOH 消化是一个比较好的选择,既能解决蛋白同化雄性类固醇酯类不稳定的问题,又能获得较高的回收率。

(3) 提取纯化　毛发中蛋白同化类固醇提取纯化方法有液-液提取、固相萃取和高效液相提取等。液-液提取法具有操作简单,不需要特殊的或昂贵的仪器设备,适应范围广等优点;而固相萃取法具有选择性强、分离时间短、使用有机溶剂少等优点,且人工操作步骤较少,有利于实验室的质量控制和标准化,两种提取方法在蛋白同化雄性类固醇毛发分析中应用都较广泛。考虑到蛋白同化雄性类固醇酯类的高脂溶性,也可采用色谱技术与脂性检材分离。

严慧(2007)试用4种不同溶剂(乙醚、戊烷、己烷、乙酸乙酯)对头发中10种蛋白同化雄性类固醇进行提取,结果见图11-2。乙醚、己烷比戊烷提取回收率略高,乙酸乙酯回收率最低,但戊烷提取后基线低,色谱峰杂质干扰最小,能最大限度地去除毛发基质组分,故认为戊烷为最优提取溶剂。Aqai(2009)使用加压溶剂萃取(PLE)提取毛发(未洗涤、剪碎和磨碎)中类固醇酯类,相比经典的溶剂萃取过程而言,PLE提取回收率更低。因为PLE前处理过程短,在最低检测限能达到要求的情况下,可用来提取大量毛发样本。

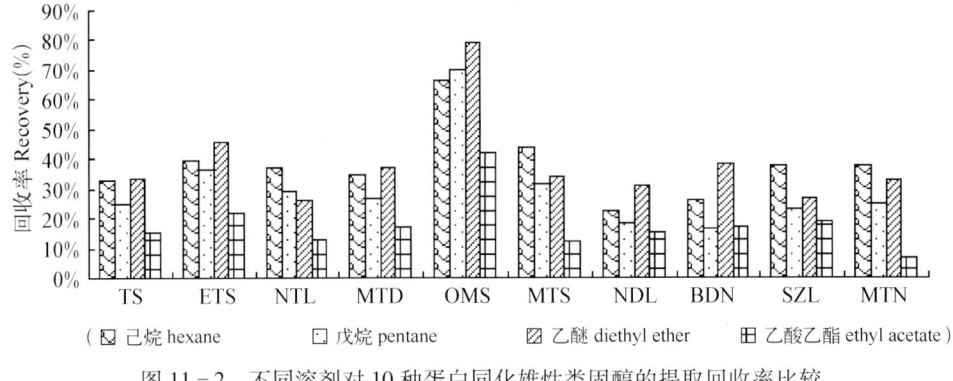

图11-2 不同溶剂对10种蛋白同化雄性类固醇的提取回收率比较

(4) 衍生化 蛋白同化雄性类固醇及其代谢物因结构中具有多个羟基和羰基而有不良色谱行为,需进行衍生化提高检测灵敏度。在众多的衍生化试剂中,MSTFA具有强硅烷化能力、高度挥发性、副反应少的优点,与羟基基团能定量反应生成稳定的三甲基硅(TMS)醚。许多蛋白同化雄性类固醇有一个17β-叔羟基,单独使用MSTFA不易完全衍生化,可用TSIM(Trimethylsilylimidazole)作为催化剂。羰基官能团也可用MSTFA衍生化,通过烯醇形式形成三甲基硅烷化衍生物提高分子的质量,避免背景干扰,采用醋酸钾或TMSI(Trimethylsilyl iodide)作催化剂都可达到这一目的。添加还原剂(二硫赤藓基醇、乙硫醇、2-巯基乙醇)可以减少碘化物的形成。许多作者都采用了MSTFA+催化剂+还原剂的衍生化方法,如MSTFA/2-巯基乙醇/NH_4I(Kintz,2001)、MSTFA+TMIS(Trimethyliodosilane)+二硫赤藓基醇(Rambaud,2005)。羟基和羰基同时衍生化后,则选择离子丰度大大增强,这样就提高了检测的灵敏度。用GC-MS作检测器时,选择衍生化方法还要充分考虑质谱方面的因素,如使用何种离子源[通常是化学离子源(CI)或者电子轰击离子源(EI)];质谱的分辨率;质谱的灵敏度(使用两级质谱来提高质谱灵敏度)等。GC-MS用EI源检测司坦唑醇的灵敏度很低,必须采用负离子模式。全氟酰化如TFA(trifluoroacetyl)、PFP(pentafluoropropionyl)、HFB(heptafluorobutyryl)能提高化合物的亲电性,尽可能达到NCI/MS的高灵敏度,是最经常使用的酰化方法。

Cirimele(2000)用 MSHFBA(N-Methyl-N-trimethylsil-heptafluorobutyramide)/TSIM+MBHFBA (N-Methyl-bis-heptafluorobutyramide)两步衍生化司坦唑醇,检测限2 pg/mg,定量限 5 pg/mg。衍生化常在加热条件下(60~100℃)反应一定的时间(15~40 min)完成。

第三节 分析方法

毛发中 AASs 处于痕量水平,建立灵敏度高、特异性强的仪器分析方法非常重要。衍生化后 GC-EI/MS/MS 分析是最常用的分析方法。同时气相色谱串联大气压电离源的质谱开始应用。LC-ESI/MS/MS 是 GC-MS/MS 分析的重要补充。Cha(2015)通过 76 个 AASs 及其代谢物分析,比较这些仪器分析的灵敏度。与其他分析方法相比,GC-EI/MS/MS 和 LC-Ag+CIS/MS/MS 对于大多数 AASs 的灵敏度更高。

一、GC-MS

1. GC-EI/MS 参考条件

色谱条件:5% phenyl-95% methylsiloxane HP5-MS 毛细管柱(30 m×0.25 mm i.d.,0.25 μm 膜厚),柱温:初温 100℃,保持 1 min,以 30℃/min 升温至 295℃,保持 6 min。载气:氦气 1 mL/min,进样口 270℃,不分流进样,分流阀关闭 1.0 min,进样量 4 μL。

质谱条件:EI 模式,电子倍增电压为 EI 调谐电压+600 V,化合物通过保留时间和三个离子与氘代内标的相对丰度定性和定量。保留时间和监测离子如下:诺龙(7.43 min,m/z 418,403 和 421)、睾酮(7.66 min,m/z 432,417 和 301)和司坦唑醇(11.71 min,m/z 472,457 和 381)。

方法评价:头发中雄性类固醇线性范围为 20~400 pg/mg,回收率为 67%~82%。诺龙和睾酮检测限为 3 pg/mg,司坦唑醇检测限为 10 pg/mg(Kintz,1999)。

2. GC-NCI/MS 参考条件

色谱条件:5% phenyl-95% methylsiloxane HP5-MS 毛细管柱(30 m×0.25 mm i.d.,0.25 μm 膜厚),柱温:初温 60℃,保持 1 min,30℃/min 升温至 295℃,保持 7 min。载气:氦气 1 mL/min,进样口 240℃,不分流进样,分流阀关闭 1.0 min。

质谱条件:NCI 模式,甲烷作反应气,压力 187 Pa,离子源温度 200℃,四极杆温度 100℃,电子倍增电压为 NCI 调谐电压+600 V,SIM 采集模式。

方法评价：头发中司坦唑醇的最低检测限为 2 pg/mg，定量限为 5 pg/mg，在 5~200 pg/mg 浓度范围呈线性（相关系数 0.998），提取回收率为 79.8%~75.1%（Cirimele，2000）。

3. GC‐MS/MS 参考条件

（1）分析参考条件一（沈敏，2008）

色谱条件：Agilent HP1 毛细管柱（30 m×0.25 mm i.d.，0.1 μm 膜厚）；载气为氦气，流速 1 mL/min；进样口温度 250℃；吹扫时间 1 min，吹扫速率 60 mL/min；进样体积 2 μL。柱温升温程序：初始温度 180℃，保持 2 min 后以 3℃/min 的速率升至 224℃，再以 15℃/min 的速率升至 300℃，保持 2 min。

质谱条件：电子轰击离子源（EI），轰击能量 70 eV，正离子模式；离子源温度 220℃，GC 接口温度 300℃；碰撞气为氩气，压力为 47.58 Pa（3 mTorr）。采用多反应监测方式（MRM），每种目标物选择 1 个母离子和 2 个子离子进行监测。5 个内源性类固醇衍生物的母离子、子离子、碰撞能量和保留时间见表 11‐4。

表 11‐4　内源性类固醇衍生物的 MS/MS 参数

化合物	母离子(m/z)	子离子(m/z)	轰击能量(eV)	Rt(min)
睾酮	432	417	10	17.12
		209	15	
表睾酮	432	417	15	16.29
		209	15	
雄酮	434	419	10	14.41
		329	15	
苯胆烷醇酮	434	419	10	14.21
		329	15	
DHEA	432	417	10	15.73
		327	10	
睾酮-d3	435	209	15	17.11
		420	15	

方法评价：头发中睾酮、表睾酮、雄酮、苯胆烷醇酮、DHEA 的最低检测限分别为 0.1 pg/mg、0.1 pg/mg、0.1 pg/mg、0.1 pg/mg、0.2 pg/mg，最低定量限分别为 0.2 pg/mg、0.2 pg/mg、0.2 pg/mg、0.1 pg/mg、0.5 pg/mg。

（2）分析参考条件二（Gaillard，1999）

色谱条件：Chrompack CP SIL 8 CB 柱（30 m×0.25 mm i.d.，0.25 μm 膜厚），柱温：初温 80℃，保持 2 min，15℃/min 升温至 310℃，保持 14 min。色谱运行时间 31 min。载气：氦气，恒流 1.1 mL/min（80℃时压力为 56 kPa），0.75 min 内，290℃和 180 kPa 下脉冲不分流进样，进样量 2 μL。

质谱条件：EI 源，接口温度 300℃，离子源温度 160℃，四极杆温度 70℃，碰撞气：氩气，0.23 Pa。每一个母离子驻留时间为 200 ms，三段监测窗口（Rt<17.8 min，Rt<21 min 和 Rt<30 min）分别选择了 4、5、5 个母离子，对应扫描时间为 0.8、1 和 1 s。母离子对应 14 个化合物的分子离子（除炔雌醇和美雄酮），质量分辨率为 1.2 u。化合物的保留时间（Rt）、相对保留时间（RRT）、母离子、子离子和碰撞能量见表 11-5。

表 11-5　14 种蛋白同化雄性类固醇主要色谱和质谱参数

化合物	Rt(min)	RRT	母离子（m/z）	碰撞能量（eV）	子离子1（m/z）	子离子2（m/z）
诺龙-d_3(IS_1)	17.3	—	421.2	−21	133	287
诺龙	17.3	1.002[a]	418.2	−21	182	194
雌二醇	17.5	1.012[a]	416.2	−21	129	285
睾酮	17.6	1.013[a]	432.2	−21	209	301
勃地酮	18.0	1.038[a]	358.2	−16	122	147
甲睾酮	18.1	1.043[a]	446.2	−18	301	356
炔雌醇	18.2	1.047[a]	425.2	−18	193	231
美雄酮	18.6	1.072[a]	282.1	−16	122	161
丙酸睾酮	18.7	0.659[b]	416.3	−18	209	401
环戊丙酸睾酮	25.5	0.900[b]	484.3	−21	209	469
癸酸诺龙	26.4	0.931[b]	500.3	−21	182	194
癸酸睾酮	27.1	0.956[b]	514.3	−21	209	499
苯丙酸睾酮(IS_2)	28.3	—	492.3	−21	209	477
十一酸睾酮	29.4	1.038[b]	528.4	−21	209	513

a 相对诺龙-d_3；b 相对苯丙酸睾酮。

方法评价：本方法测定毛发中 12 个蛋白同化雄性类固醇的日内精密度（RSD，n=8）小于 15.2%，日间精密度（RSD，n=10）、药物回收率和检测限数据，见表 11-6。

表 11-6　日间精密度(%)、提取回收率(%)以及检测限

化合物	RSD(10 pg/mg)	RSD(1 000 pg/mg)	回收率(20 pg/mg)	LOD(pg/mg)
诺龙	13.0	8.7	94	0.08
雌二醇	21.2	9.8	93	NR[b]
睾酮	16.2	8.4	91	NR
勃地酮	17.8	13.7	76	6.20
甲睾酮	16.9	10.4	93	0.07
炔雌醇	18.3	9.2	92	0.15

续 表

化合物	RSD(10 pg/mg)	RSD(1 000 pg/mg)	回收率(20 pg/mg)	LOD(pg/mg)
美雄酮	18.7	14.0	61	2.10
丙酸睾酮	12.3	9.2	81	0.86
环戊丙酸睾酮	25.4	11.5	80	0.95
癸酸诺龙	22.3	13.6	80[a]	1.90
癸酸睾酮	20.5	8.9	79[a]	3.10
十一酸睾酮	26.3	8.8	77[a]	4.80

a 回收率在浓度为 50 pg/mg 时测定;b 未测定,无法得到不含雌二醇和睾酮的空白毛发。

二、LC‑MS

(1) 分析参考条件(van der Heeft,2009)

色谱条件：UPLC 系统,Waters Acquity BEH C18 UPLC 柱(100×2.1 mm i.d., 1.7 μm),柱温40℃。进样体积20 μL。流动相 A 为水/甲醇/乙腈(30∶35∶35 v/v/v,含2%甲酸),流动相 B 为甲醇/乙腈(50∶50 v/v,含2%甲酸)。梯度洗脱: 0 min 0% B,0.34 min 0% B,4 min 100% B,5 min 100% B,5.06 min 0% B,6.66 min 0% B,流速 0.6 mL/min。

质谱条件：① TOF‑MS,ESI 源,正离子模式,喷雾电压 2.5 kV,离子源温度 120℃,脱溶剂气温度 375℃,脱溶剂气流量 500 L/h,锥孔气流速 50 L/h。全扫描范围 m/z 100~600,采集速率 4 张谱图/s,内扫描时间 0.01 s,TOF 质量校正使用亮氨酸脑啡肽的[M+H]$^+$离子和^{13}C 同位素[M+H]$^+$离子做锁定质量。TOF‑MS 质量分辨能力约为 10 000(FWHM,亮氨酸脑啡肽的[M+H]$^+$离子 m/z 556.277 1),动态范围增强。② LTQ Orbitrap MS,ESI 源,正离子模式,喷雾电压 3.5 kV,毛细管温度 320℃,鞘气 1.8 L/min,辅助气 5.0 L/min,Orbitrap 质量分析器质量分辨能力 7 500(FWHM,m/z 400;扫描循环时间~0.2 s)和 60 000(扫描循环时间~1 s)。自动增益控制(AGC)开启,AGC 目标值为 30 000 累积离子。扫描范围 m/z 100~500,数据在外标模式下采集,质量分析器每日使用前作外标校准。

方法评价：毛发中丙酸睾酮、十一酸勃地酮、癸酸睾酮、癸酸诺龙的检出限(CCα)分别为 1.3 pg/mg、2.9 pg/mg、2.5 pg/mg、3.1 pg/mg,定量限(CCβ)分别为 2.0 pg/mg、4.9 pg/mg、4.3 pg/mg、5.3 pg/mg。

(2) 分析参考条件(Shen,2009)

色谱条件：Agilent ZORBAX SB‑C18 色谱柱(150 mm×2.1 mm i.d.,5 μm),前接 C18 保护柱(12.5 mm×2.1 mm i.d.,5 μm),柱温:室温。流动相 A 为甲醇,流动相 B 为乙腈,流动相 C 为 20 mmol/L 乙酸胺和甲酸缓冲液。采用梯度洗脱程序,见表 11‑7,流速为 200 μL/min,进样体积 5 μL。

表 11-7　LC-MS/MS 梯度洗脱程序

LC 时间(min)	甲醇(%)	乙腈(%)	乙酸铵缓冲液(%)
0	73	0	27
7	75	10	15
8	50	45	5
29	50	45	5
30	73	0	27
36	73	0	27

质谱条件：电喷雾(ESI)离子源，正离子检测，MRM 扫描；碰撞活化参数(CAD)：7；气帘气(CUR)：25 psi；雾化气(GS1)：35 psi；辅助气(GS2)：40 psi；喷雾电压(IS)：5 000 V；离子源温度(TEM)：500℃。表 11-8 为蛋白同化雄性类固醇的 LC-MS/MS 参数，选用两对母离子 Q1/子离子 Q3 进行定性，第一对 Q1/Q3 为定量离子对，各离子对的驻留时间均为 50 ms。

表 11-8　蛋白同化雄性类固醇的 MRM 条件和保留时间

类固醇	目标物	离子对(m/z)	DP(v)	CE(ev)	Rt(min)
宝丹酮	Boldenone	287.1>121.1	60	33	5.47
		287.1>135.3		21	
诺龙	Nandrolone	275.2>109.2	80	35	5.71
		275.2>257.1		21	
美雄酮	Methandienone	301.3>121.1	60	36	6.91
		301.3>283.2		16	
群勃龙	Trenbolone	271.2>199.1	60	27	4.98
		271.2>253.1		30	
表睾酮-d3	Epitestosterone-d3, IS	292.3>97.0	60	37	7.52
		292.3>109.1		37	
甲基睾酮	Methyltestosterone	303.2>97.0	75	39	8.42
		303.2>109.2		38	
美替诺龙	Methenolone	303.2>83.2	80	38	8.6
		303.2>187.4		29	
司坦唑醇	Stanozolol	329.2>81.2	80	60	11.68
		329.2>121.2		50	
6β-羟基美雄酮	6β-Hydroxymetandienone	317.4>281.2	45	16	2.92
		317.4>299.3		14	
3′-羟基司坦唑醇	3′-hydroxystanozolol	345.3>97.1	80	65	5.12
		345.3>121.2		54	

(3) 分析参考条件(Nielen, 2006)

色谱条件：C8 Waters Symmetry 柱(150 mm×2.1 mm i.d., 5 μm)，柱温40℃。流动相 A 为乙腈/水/甲酸(80∶20∶5 v/v/v)，流动相 B 为乙腈/甲酸(100∶2 v/

v),流速 0.3 mL/min。梯度洗脱:0 min 0% B,1 min 0% B,15 min 80% B,16 min 100% B,25 min 100% B。

质谱条件: ESI 源,正离子模式,毛细管电压 2.7 kV,脱溶剂气温度 500℃,离子源温度 100℃,锥孔电压 30 V,脱溶剂气为氮气,CID 气为氩气,筛选实验选用每个化合物丰度最大的 MRM 离子对,确证实验加上一个离子对,见表 11-9。

表 11-9 蛋白同化雄性类固醇酯类的 MRM 参数和方法评价数据

化合物	筛选离子对	确证离子对	碰撞能量(eV)	LOD(pg/mg)	回收率(%,5 pg/mg)	准确度(%,5 pg/mg)	RSD(%,5 pg/mg,n=5)
醋酸睾酮	331>109	331>97	20	2~5	20	99	16
丙酸睾酮	345>109	345>97	20	2~5	36	103	13
丙酸睾酮-d3	348>109	—	20				
苯甲酸睾酮	393>97	393>109	20	2~5	34	97	13
苯丙酸睾酮	421>97	421>109	20	2~5	47	87	12
苯丙酸睾酮-d3	424>97	—	20				
异己酸睾酮	387>97	387>109	20	2~5	21	82	11
庚酸睾酮	401>97	401>109	20	5~50	ND*	ND	ND
环戊丙酸睾酮	413>97	413>109	20	2~5	46	110	35
环戊丙酸睾酮-d3	416>97	—	20				
十一碳烯酸勃地酮	453>135	453>121	20	2~5	64	102	10
葵酸睾酮	443>97	443>109	20	2~5	34	99	10
葵酸睾酮-d3	446>97	—	20				
十一烷酸睾酮	457>97	457>109	20	2~5	23	102	14

*未检出。

方法评价: 本方法可以同时分析多种类固醇酯类,毛发中类固醇酯类最低检出限、回收率、准确度、重现性数据见表 11-9。

(4) 分析参考条件(Choi,2018)

色谱条件: Acquity UPLC BEH C18 色谱柱(100 mm×2.1 mm i.d,1.7 μm),样品盘温度 10℃。流动相 A 为 5 mM 甲酸铵(pH 3.0),流动相 B 为甲醇,流速 0.3 mL/min。梯度洗脱程序:0 min,40% B;0.5~14 min,98% B;14~17 min,98% B;17~18 min,40% B;18~20 min,40% B。进样体积 10 μL。

质谱条件: TMQ ExactiveTM 质谱仪,热电离源,源温度 300℃。鞘气和辅助气分别设置为 50 和 10,吹扫气设为 2。离子喷雾电压+4.0 kV,毛细管温度 320℃。氮气为碰撞气。0.1 ng/μL 的二甲基苄基苯基氯化铵(m/z 212.143 38,阳离子模式)水溶液通过一个三通接口由柱后注入系统。前体离子以 2 m/z 分离,碎片离子采集的质谱分辨率 17 500。优化后的 65 个 AASs 和 3 个内标的前体离子、碎片离子、保留时间和归一化碰撞能量见表 11-10。

第十一章 毛发中蛋白同化雄性类固醇兴奋剂的分析

表 11-10 AASs 和内标的前体离子、碎片离子、保留时间和归一化碰撞能量

化合物	英文名	分子式	前体离子 (m/z)	碎片离子 (m/z)	保留时间 (min)	归一化碰撞能量 (%)
雄甾-1,4,6-三烯-3,17-二酮	1,4,6-Androstatrien-3,17-dione	$C_{19}H_{22}O_2$	283.17	147.080 44	5.34	35
17Alpha-羟基黄体酮	17α-Hydroxyprogesterone	$C_{21}H_{30}O_3$	331.23	109.064 79	7.57	45
羟孕酮己酸酯	17α-Hydroxyprogesterone caproate	$C_{27}H_{40}O_4$	429.30	313.216 21	11.20	25
1-雄烯二酮	1-Androstenedione	$C_{19}H_{26}O_2$	287.20	269.189 90	7.25	40
1-睾酮	1-Testosterone	$C_{19}H_{28}O_2$	289.22	253.195 08	8.01	40
7-酮基氢表雄酮	7-Ketodehydroepiandrosterone	$C_{19}H_{26}O_3$	303.20	285.184 91	4.25	35
四烯雌酮	Altrenogest	$C_{21}H_{26}O_2$	311.20	227.143 04	8.38	45
勃拉睾酮	Bolasterone	$C_{21}H_{32}O_2$	317.25	97.064 79	8.32	45
勃地酮	Boldenone	$C_{19}H_{26}O_2$	287.20	121.064 79	6.35	40
勃地酮乙酸酯	Boldenone acetate	$C_{21}H_{28}O_3$	329.21	135.116 83	9.07	30
勃地酮苯甲酸酯	Boldenone benzoate	$C_{26}H_{30}O_3$	391.23	105.033 49	11.62	30
勃地酮丙酸酯	Boldenone propionate	$C_{22}H_{30}O_3$	343.23	121.064 79	10.13	25
勃地酮十一酸酯	Boldenone undecanoate	$C_{30}H_{46}O_3$	455.35	121.064 79	14.71	25
勃地酮十一碳烯酯	Boldenone undecylenate	$C_{30}H_{44}O_3$	453.34	135.116 83	14.36	15
1,4-雄烯二酮	Boldione	$C_{19}H_{24}O_2$	285.18	151.111 74	5.55	35
卡芦睾酮	Calusterone	$C_{21}H_{32}O_2$	317.25	97.064 79	8.83	45
氯司替勃	Clostebol	$C_{19}H_{27}ClO_2$	323.18	143.025 82	8.33	35

续 表

化合物	英文名	分子式	前体离子 (m/z)	碎片离子 (m/z)	保留时间 (min)	归一化碰撞能量 (%)
氯司替勃乙酸酯	Clostebol acetate	$C_{21}H_{29}ClO_3$	365.19	143.025 82	10.59	35
屈他雄酮	Drostanolone	$C_{20}H_{32}O_2$	305.25	269.226 38	9.64	25
雌二醇苯甲酸酯	Estradiol benzoate	$C_{25}H_{28}O_3$	377.21	105.033 49	12.27	40
雌二醇环戊丙酸酯	Estradiol cypionate	$C_{26}H_{36}O_3$	255.17	159.080 44	13.58	35
雌二醇二庚酸酯	Estradiol dienanthate	$C_{32}H_{48}O_4$	514.39	255.174 34	15.76	25
雌二醇棕榈酸酯	Estradiol palmitate	$C_{34}H_{54}O_3$	255.17	159.080 44	16.81	35
雌二醇戊酸酯	Estradiol valerate	$C_{23}H_{32}O_3$	255.17	159.080 44	12.30	35
炔孕酮	Ethisterone	$C_{21}H_{28}O_2$	313.22	245.190 07	7.36	40
氟甲睾酮	Fluoxymesterone	$C_{20}H_{29}FO_3$	337.22	241.158 69	6.45	50
孕三烯酮	Gestrinone	$C_{21}H_{24}O_2$	309.18	291.174 34	7.11	45
甲羟孕酮	Medroxyprogesterone	$C_{22}H_{32}O_3$	345.24	123.080 44	8.56	35
甲羟孕酮乙酸酯	Medroxyprogesterone acetate	$C_{24}H_{34}O_4$	387.25	327.231 86	8.87	25
羟甲雄二烯酮	Methandrostenolone	$C_{20}H_{28}O_2$	301.22	121.064 79	6.89	30
美替诺龙	Methenolone	$C_{20}H_{30}O_2$	303.23	83.049 14	8.04	40
甲基司腾勃龙	Methylstenbolone	$C_{21}H_{32}O_2$	317.25	299.236 94	9.87	15
甲睾酮	Methyltestosterone	$C_{20}H_{30}O_2$	303.23	97.064 79	7.91	45
诺龙	Nandrolone	$C_{18}H_{26}O_2$	275.20	109.064 79	6.61	40

续表

化 合 物	英 文 名	分子式	前体离子 (m/z)	碎片离子 (m/z)	保留时间 (min)	归一化碰撞能量(%)
诺龙苯甲酸酯	Nandrolone benzoate	$C_{25}H_{30}O_3$	379.23	105.033 49	12.02	25
诺龙辛酸酯	Nandrolone caprylate	$C_{26}H_{40}O_3$	401.31	127.111 74	13.74	35
诺龙环戊丙酸酯	Nandrolone cypionate	$C_{26}H_{38}O_3$	399.29	107.085 53	13.41	35
诺龙癸酸酯	Nandrolone decanoate	$C_{28}H_{44}O_3$	429.34	257.189 99	14.59	33
诺龙月桂酸酯	Nandrolone laurate	$C_{30}H_{48}O_3$	457.37	257.189 99	15.29	25
诺龙苯丙酸酯	Nandrolone phenylpropionate	$C_{27}H_{34}O_3$	407.26	105.069 88	12.18	35
诺龙十一酸酯	Nandrolone undecanoate	$C_{29}H_{46}O_3$	443.35	257.189 99	14.94	30
诺乙雄龙	Norethandrolone	$C_{20}H_{30}O_2$	303.23	285.221 29	8.77	40
炔诺酮乙酸酯	Norethisterone acetate	$C_{22}H_{28}O_3$	341.21	281.189 99	8.70	35
氧雄龙	Oxandrolone	$C_{19}H_{30}O_3$	307.23	289.216 21	6.51	30
Oxyguno	Oxyguno	$C_{20}H_{27}ClO_3$	351.17	197.072 77	6.58	45
羟甲烯龙	Oxymetholone	$C_{21}H_{32}O_3$	333.24	333.242 42	10.47	40
司坦唑醇	Stanozolol	$C_{21}H_{32}N_2O$	329.26	81.044 72	9.06	80
司腾勃龙	Stenbolone	$C_{20}H_{30}O_2$	303.23	303.231 86	9.22	45
睾酮	Testosterone	$C_{19}H_{28}O_2$	289.22	109.064 79	7.30	40
睾酮乙酸酯	Testosterone acetate	$C_{21}H_{30}O_3$	331.23	97.064 79	10.07	35
睾酮苯甲酸酯	Testosterone benzoate	$C_{26}H_{32}O_3$	393.24	253.195 08	12.42	30

续 表

化 合 物	英 文 名	分子式	前体离子 (m/z)	碎片离子 (m/z)	保留时间 (min)	归一化碰撞能量 (%)
睾酮己酸酯	Testosterone caproate	$C_{25}H_{38}O_3$	387.29	97.064 79	13.05	35
睾酮环戊丙酸脂	Testosterone cypionate	$C_{27}H_{40}O_3$	413.31	413.305 02	13.73	25
睾酮癸酸酯	Testosterone decanoate	$C_{29}H_{46}O_3$	443.35	97.064 79	14.82	30
睾酮十二酸酯	Testosterone dodecanoate	$C_{31}H_{50}O_3$	471.38	97.064 79	15.49	35
睾酮庚酸酯	Testosterone enanthate	$C_{26}H_{40}O_3$	401.31	97.064 79	13.56	35
睾酮苯甲酸苄酯	Testosterone hexahydrobenzoate	$C_{26}H_{38}O_3$	399.29	83.085 53	13.33	35
睾酮己酸异戊酯	Testosterone isocaproate	$C_{25}H_{38}O_3$	387.29	97.064 79	12.93	35
睾酮苯丙酸酯	Testosterone phenylpropionate	$C_{28}H_{36}O_3$	421.27	105.069 88	12.56	40
睾酮丙酸酯	Testosterone propionate	$C_{22}H_{32}O_3$	345.24	253.195 08	11.04	35
睾酮十一酸酯	Testosterone undecanoate	$C_{30}H_{48}O_3$	457.37	169.158 69	15.17	25
睾酮戊酸酯	Testosterone valerate	$C_{24}H_{36}O_3$	373.27	97.064 79	12.46	35
群勃龙	Trenbolone	$C_{18}H_{22}O_2$	271.17	253.158 69	6.06	50
群勃龙乙酸酯	Trenbolone acetate	$C_{20}H_{24}O_3$	313.18	253.158 69	8.81	40
特力补	Turinabol	$C_{20}H_{27}ClO_2$	335.18	317.166 67	8.20	30
司坦唑醇-d3	d3-Stanozolol	$C_{21}D_3H_{29}N_2O$	332.28	81.044 72	9.12	80
睾酮-d3	d3-Testosterone	$C_{19}D_3H_{25}O_2$	292.24	274.224 34	7.27	40
睾酮苯丙酸酯-d3	d3-Testosterone phenylpropionate	$C_{28}D_3H_{33}O_3$	424.29	105.069 88	12.56	40

方法评价：取样量 50 mg，方法最低检出限在 0.25~10 pg/mg。

(5) 分析参考条件(Gray,2018)

色谱条件：Acquity BEH C18 液相色谱柱(100×2.1 mm, 1.7 μm)，流动相 A 为 0.1% 甲酸水溶液，流动相 B 为 0.1% 甲酸甲醇液。梯度洗脱程序：0~0.5 min，20% B；0.5~1.5 min，60% B；1.5~14 min，99% B；14~15 min，99% B；15~16 min，20% B。流速 0.4 mL/min，柱温 60℃，进样体积 10 μL。

质谱条件：ESI+模式，喷雾电压 3 200 V，汽化温度 450℃。采用 MRM 模式，优化后的目标物离子对、碰撞能量等参数见表 11-11。

表 11-11　AASs 的离子对、碰撞能量、射频透镜等质谱参数和方法 LOD

目 标 物	英 文 名	离子对	碰撞能量 (V)	射频透镜 (V)	LOD (pg/mg)
Andarine	Andarine	441.9→400.1	17	69	0.2
		441.9→108.1	39		
雄-4-烯-3,6,17-三酮(6-氧代) tris-MO*	Androstene-3,6,17-trione (6-OXO) tris-MO	388.3→326.2	28	80	2.0
		388.3→303.2	31		
四烯雌酮 MO	Altrenogest MO	340.2→225.1	27	67	0.1
		340.2→212.2	29		
班布特罗	Bambuterol	368.0→72.1	31	57	0.1
		368.0→294.2	19		
勃地酮 MO	Boldenone MO	316.1→120.1	29	59	0.2
		316.1→106.2	44		
勃地酮十一酸酯 MO	Boldenone undecylenate MO	482.3→120.1	32	96	0.1
		482.3→150.1	31		
1,4-雄烯二酮 bis-MO	Boldione bis-MO	343.1→120.2	33	62	0.5
		343.1→281.2	32		
		343.1→146.1	23		
克仑特罗	Clenbuterol	277.1→140.0	50	62	0.2
		277.1→132.1	32		
		277.1→167.0	31		
氯米芬	Clomifene	406.0→253.1	47	85	0.5
		406.0→241.0	40		
氯司替勃 MO	Clostebol MO	352.2→172.1	33	74	0.2
		352.2→141.1	44		
二甲氟甲睾酮 MO	Dimethylfluoxymesterone MO	348.2→264.2	37	74	0.2
		348.2→207.1	32		

续　表

目　标　物	英　文　名	离子对	碰撞能量（V）	射频透镜（V）	LOD（pg/mg）
屈他雄酮 MO	Drostanolone MO	334.3→288.2	32	71	0.5
		334.3→93.1	37		
炔孕酮 MO	Ethisterone MO	342.2→138.2	34	73	0.2
		342.2→126.0	32		
罗沙司他	FG-4592	353.1→278.0	19	74	0.1
		353.1→222.1	34		
氟甲睾酮 MO	Fluoxymesterone MO	366.2→210.1	41	76	1.0
		366.2→91.1	59		
氟替卡松丙酸酯 MO	Fluticasone propionate MO	530.2→290.2	27	102	0.5
		530.2→120.0	41		
福美坦 MO	Formestane bis-MO	361.1→108.1	40	79	n/v*
		361.1→230.2	28		
		361.1→265.2	22		
2-[2-甲基-4-[[4-甲基-2-[4-(三氟甲基)苯基]-5-噻唑基]甲硫基]苯氧基]乙酸	GW-501516	454.1→257.0	32	91	0.1
		454.1→188.0	48		
羟孕酮乙酸酯 MO	Hydroxyprogesterone acetate MO	402.3→126.2	37	82	0.2
		402.3→138.2	40		
羟孕酮己酸酯 MO	Hydroxyprogesterone caproate MO	458.3→342.2	30	92	0.1
		458.3→138.1	42		
美雄诺龙 MO	Mestanolone MO	334.3→96.3	43	71	2.0
		334.3→105.2	46		
美睾酮	Mesterolone MO	334.3→105.1	48	71	2.0
		334.3→109.9	39		
		334.3→93.2	47		
美雄酮 MO	Methandienone MO	330.2→120.1	31	7	0.2
		330.2→106.3	44		
美替诺龙 MO	Methenolone MO	332.3→187.1	31	71	1.0
		332.3→107.5	35		

续 表

目 标 物	英 文 名	离子对	碰撞能量 (V)	射频透镜 (V)	LOD (pg/mg)
甲睾酮 MO	Methyltestosterone MO	332.3→81.4 332.3→138.2 332.3→126.3	44 34 33	71	0.5
诺龙	Nandrolone MO	304.1→138.1 304.1→106.2	33 49	81	0.2
诺龙	Nandrolone decanoate MO	458.4→138.1 458.4→112.2	39 40	92	1.0
诺龙癸酸酯 MO	Nandrolone laurate MO	486.4→138.1 486.4→126.2	39 37	96	0.5

* MO 为甲氧胺肟化衍生化物。

方法评价：取样量 100 mg，对于大多数目标物，方法最低检出限见表 11 - 11。

方法讨论：目前毛发中蛋白同化雄性类固醇常用的检测方法有气相色谱-质谱联用法、液相色谱-质谱联用法等。运动员经常联合使用不同种类的蛋白同化雄性类固醇，采用"堆积"法达到功效、逃避尿检，这不仅要求分析方法有高灵敏度，并且要求分析方法具有筛选功能，能同时检出不同种类的蛋白同化雄性类固醇。色谱质谱联用技术结合了色谱的高分离效能和质谱的结构确证功能，可用于多组分的定性和定量，具有很高灵敏度和选择性，是检测毛发中蛋白同化雄性类固醇的重要方法。

对低目标物浓度的毛发样本而言，GC－MS 的灵敏度与分辨率都有所欠缺。GC/HRMS 是选择离子的精确质量进行测定，其质量可精确到小数点后四位，大大地降低了背景干扰，提高了测量的信噪比。GC－MS/MS 两个分析器提高了信噪比，较 GC－MS 有更高的检出能力和确证能力。Thieme(2000) 等发现低分辨率质谱检测可能会在美替诺龙保留时间出现干扰峰，经 HRMS 和串联质谱确认为假阳性。GC/HRMS 和 GC－MS/MS 检测蛋白同化雄性类固醇其灵敏度没有明显区别，但 GC－MS/MS 测定睾酮酯类的灵敏度稍低于高分辨率质谱。

与 GC－MS 相比较，LC－MS/MS 可以适用不同极性的目标物，具有前处理简单、无须衍生化，分析时间短等优点。蛋白同化雄性类固醇长短链酯类的不同极性造成回收率低，采用 LC－MS/MS 可以解决这个问题(Nielen,2006)。LC－MS/MS 分析时，AASs 采用反相色谱分离分析更为有效，一般常用十八烷基键和硅胶做固定相。试用① RESTEK Allure PFP Propyl 柱、② Cosmosil Waters 5C18－MS Ⅱ 柱、③ RESTEK Allure aqueous C18 柱、④ Agilent ZORBAX RX－C8 柱、⑤ SHISEIDO CAPCELL PAK C18 柱、⑥ Agilent ZORBAX SB－C18、⑦ RESTEK Allure Biphenyl 柱。①、②、③和④柱对 AAS 分离不理想；⑦柱峰形较差；⑤柱分离良好，但峰有拖尾,柱压过高;⑥柱 AAS 检测灵敏度高,峰形对称,不拖尾,分离良好。各种 AAS 的同分异构体(如睾酮/表睾酮和雄酮/本胆烷醇酮)具有相同的质荷比和特征子离子碎片,要结合保留时间进行定性,两者必须通过色谱柱进行分离。图 11-3 是使用⑥柱分析包括内标在内的 22 种 AAS 及酯类混合物的总离子流色谱图,22 种 AAS 及酯类在 35 min 内得到了很好的分离(尤其是睾酮与表睾酮),保留时间重现性好,峰形尖锐并且对称(Shen,2009)。

　　本书作者采用反相色谱法,极性强或亲水的样品分子和反相柱中的载体间相互作用较弱,在柱内保留时间相对较短。如羟甲睾酮比甲睾酮多含一个羟基,极性明显增大所以保留时间较短;甲睾酮则因为比睾酮多一个甲基,极性减弱,保留时间较长。两物质互为差向异构体时,β 位异构体保留时间较短,如睾酮的保留时间比表睾酮短,本胆烷醇酮的保留时间比雄酮短。十一酸睾酮这样的长链烷基酯类很难从反相 C_{18} 液相色谱柱上洗脱下来,基本都保留在保护柱上。该研究试验了三种保护柱(包括一根 C_8 保护柱),① Agilent ZORBAX Extend-C18(12.5 mm×2.1 mm,5 μm);② Agilent ZORBAX SB-C8(12.5 mm×2.1 mm,5 μm);③ Phenomenex C18(4 mm×2 mm),十一酸睾酮均未出峰。

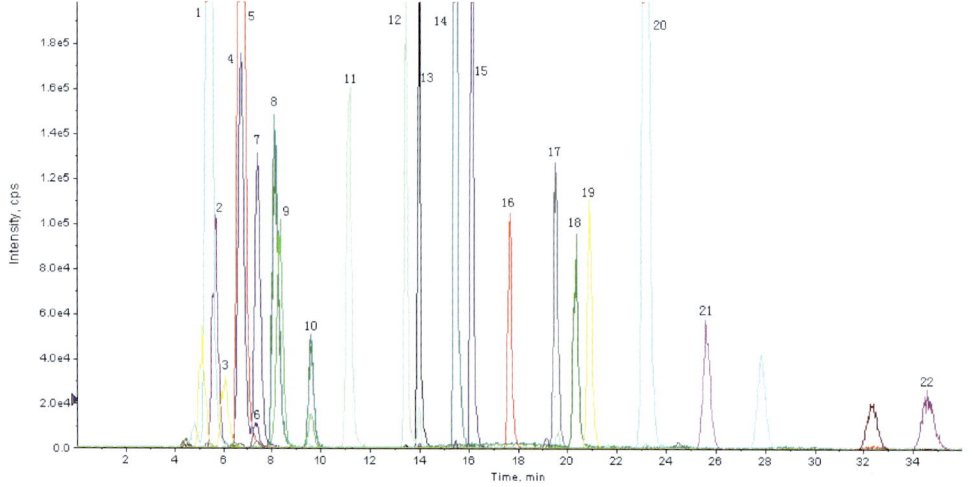

图 11-3　空白毛发样品加入二十二种 AAS 及酯类混合物的 LC-MS/MS 总离子流色谱图

1-勃地酮　2-诺龙　3-羟甲睾酮　4-睾酮　5-美雄酮　6-氘代表睾酮　7-表睾酮　8-甲睾酮　9-美替诺龙　10-乙诺酮　11-司坦唑醇　12-美替诺龙醋酸酯　13-丙酸睾酮　14-苯丙酸诺龙　15-苯丙酸睾酮　16-异己酸睾酮　17-庚酸睾酮　18-环戊丙酸睾酮　19-美替诺龙庚酸酯　20-宝丹酮十一烯酸酯　21-癸酸诺龙　22-月桂酸诺龙

　　LC-MS/MS 和 GC-MS/MS 法相结合、补充,可扩大检测范围。Choi(2018)采用 UHPLC-HRMS 可同时测定 65 个 AAS 及其酯,但仍有某些目标物采用此法灵敏度不能满足需要。而采用 GC-MS/MS 的 SRM 模式,剩余的 7 个 AAS 及其酯测定灵敏度明显增高。UHPLC-HRMS 和 GC-MS/MS 法相结合,不仅可测定 72 个 AAS 及其酯,而且检测限可低至 ppb 水平。

Duffy(2009)采用 LC-MS/MS 和 GC-MS/MS 两种方法测定毛发中的类固醇酯类。13 份毛发样品(EB1-EB13)来自摄入 3-苯甲酸雌二醇的牛,3 份毛发样品(ND14-ND16)来自摄入癸酸诺龙的牛,还有 1 份样品(C17)来自未作处理的动物,测定结果见表 11-12。测定摄入 3-苯甲酸雌二醇动物毛发样品时,LC-MS/MS 测定结果要比 GC-MS/MS 低,但不同样品间的药物水平高低规律相似。测定摄入癸酸诺龙动物毛发样品时,LC-MS/MS 测定得的癸酸诺龙水平要比 GC-MS/MS 高,但不同样品的药物水平高低规律相似。两种检测方法在判断样品为阴性还是阳性时结果基本一致,仅有两个样品用 GC-MS/MS 检测出含有低水平的 3-苯甲酸雌二醇,而没有被 LC-MS/MS 确证。两种方法定量的差异可能是由于两种方法对类固醇酯类提取的差别和校准的差异,但是方法间比较结果证明 LC-MS/MS 和 GC-MS/MS 都适用于给药后毛发样品中类固醇酯类的检测。本书作者在这方面的研究也表明 GC-MS/MS 和 LC-MS/MS 均适用于毛发中多种蛋白同化雄性类固醇的检测(Shen,2009)。

表 11-12 LC-MS/MS 和 GC-MS/MS 检测毛发样品中类固醇酯类结果比较

样品编号	3-苯甲酸雌二醇(pg/mg)		癸酸诺龙(pg/mg)	
	LC-MS/MS	GC-MS/MS	LC-MS/MS	GC-MS/MS
EB1	69.2	113.2	ND	ND
EB2	94.4	104.7	ND	ND
EB3	36.2	47.6	ND	ND
EB4	25.3	42.4	ND	ND
EB5	24.8	39.3	ND	ND
EB6	25.1	34.9	ND	ND
EB7	16.3	31.9	ND	ND
EB8	14.2	22.9	ND	ND
EB9	7.1	17.9	ND	ND
EB10	5.7	17.6	ND	ND
EB11	7.6	14.8	ND	ND
EB12	ND	11.2	ND	ND
EB13	ND	10.8	ND	ND
NTD14	ND	ND	202.1	152
NTD15	ND	ND	36.5	32.5
NTD16	ND	ND	28.7	21.1
C17	ND	ND	ND	ND

第四节 结 果 解 释

一、内源性蛋白同化雄性类固醇水平

毛发中内源性蛋白同化雄性类固醇的定量检测对于区分类固醇由人体自然生成和外来引入十分重要。毛发中内源性蛋白同化雄性类固醇检测方法的建立、人体毛发中内源性蛋白同化雄性类固醇生理浓度数据的累积以及存在规律的探索对于药物滥用的判断有重要价值。Scherer(1995)用 GC-MS 测定了人体毛发中内源性的雄烯二醇(9~19 pg/mg)、睾酮(3~24 pg/mg)、雄烯二酮(5~15 pg/mg)、普拉雄酮(21~56 pg/mg)、双氢睾酮(2~8 pg/mg)、17α-氢化孕酮(1~7 pg/mg)。Kintz(1999)用 GC-MS 测定了人体毛发中睾酮(0.5~9.8 pg/mg)和普拉雄酮(男 1.2~6.7 pg/mg,女 0.5~10.6 pg/mg)生理浓度。Gleixner(1998)测定男性毛发睾酮浓度为 3.8±0.5 pg/mg。Gaillard(1999)测定了 10 名男性志愿者(白种人,22~31 岁)头发中的睾酮浓度,范围为 1.7~9.2 pg/mg(平均 5.0 pg/mg)。Kintz(2007)测定了 100 例毛发中睾酮(1.5~64.2 pg/mg)、表睾酮(0.5~17.6)、DHEA(0.8~94.2)、双氢睾酮(0.5~4.2 pg/mg)。

Shen(2009)研究了 80 名中国人头发中的五种蛋白同化雄性类固醇的生理浓度,见表 11-13。其中有 39 名男性,30 名女性和 11 名儿童,不包括专业运动员。头发中 DHEA 的平均浓度比睾酮要高得多,与血液中情况相似。由图 11-4 至图 11-7 可见,男性头发中睾酮和 DHEA 浓度比女性要高,儿童睾酮和 DHEA 浓度相对较低。

表 11-13 中国人头发中内源性蛋白同化雄性类固醇浓度

化合物	男性(pg/mg)			女性(pg/mg)			儿童(pg/mg)		
	中值	均值	标准误差	中值	均值	标准误差	中值	均值	标准误差
睾酮	6.0	7.4	0.9	3.1	5.3	0.9	1.4	2.6	1.0
DHEA	40.2	80.7	16.0	31.7	36.6	3.7	9.5	24.0	9.5
雄酮	1.3	2.4	0.6	0.7	1.1	0.2	0.3	0.9	0.4
本胆烷醇酮	0.6	1.4	0.7	0.4	0.5	0.1	0.3	0.4	0.1
表睾酮	1.0	1.2	0.2	1.0	3.4	2.1	0.3	0.3	0.3

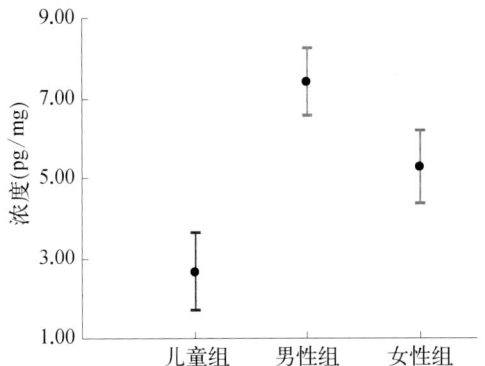

图 11-4 3 个人群的头发中睾酮浓度均值和标准偏差

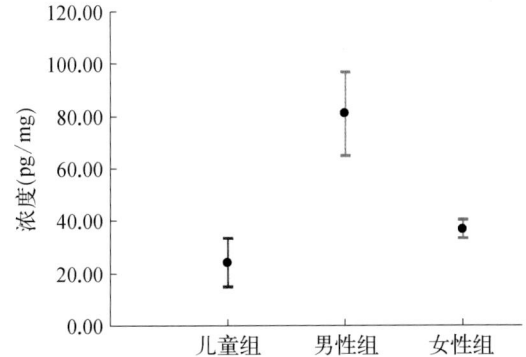

图 11-5 3 个人群的头发中 DHEA 浓度均值和标准偏差

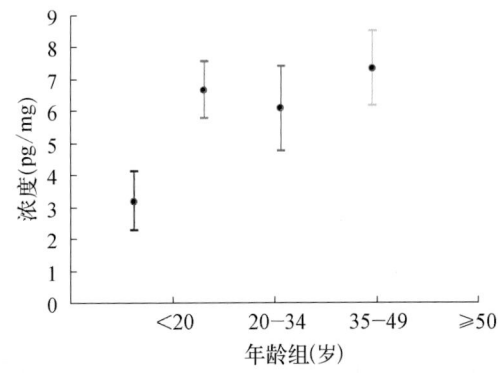

图 11-6 不同年龄组的头发中睾酮浓度均值和标准偏差

一些文献报道头发中睾酮测定结果与比较见表 11-14。Deveaux(2001)将头发样品 100 mg 碱水解后乙酸乙酯提取,然后用放射免疫方法分析,Scherer(1998)采用七氟丁酸酐衍生化,而 Kintz(1999)、Wheeler(1998)和沈敏(2008)采用衍生化后 GC-MS 方法分析等。无论采用何种方法分析,由表 11-14 中结果可见,头发

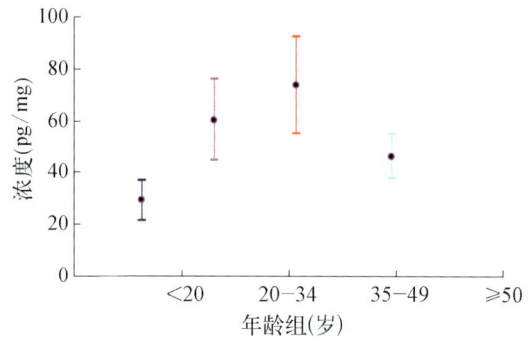

图 11-7 不同年龄组的头发中 DHEA 浓度均值和标准偏差

中睾酮浓度基本上一致,均在 pg/mg 水平。成年男性头发中睾酮浓度高于成年女性,而儿童头发中睾酮浓度相对成年人则较低。表 11-14 所列数据均为非运动员的健康人群数据,由于内源性蛋白同化激素可由人体自身分泌产生,不同人群和个体存在一定的差异,因此运动员群体的睾酮水平是否在此范围内尚不清楚。根据 Kintz(1999) 的阳性案例报道,滥用者头发睾酮浓度分别达 46 pg/mg,71 pg/mg,54 pg/mg 和 81 pg/mg,表明两者还是存在显著差异的。

表 11-14 头发中的睾酮浓度

对　象	年龄(岁)	n	均值(pg/mg)	范围(pg/mg)	文　献
成年男性	18~61	39	7.5	0.8~24.2	
成年女性	19~80	30	5.3	0.1~16.8	沈敏(2008)
儿童	2~17	11	2.6	0.2~11.5	
—*	—	100	8.4	1.5~64.2	Kintz(2007)
成年男性	18~50	12	10.7	3.6~23.3	
成年女性	23~54	9	3.6	1.7~6.4	Deveaux(2001)
儿童	5~14	4	1.7	0.6~2.7	
成年男性	—	6	2.7	2.5~4.2	Scherer(1998)
成年女性	—	6	1.7	1.0~3.4	
成年男性	16~63	26	3.8	1.2~11.8	Kintz(1999)
成年男性	17~42	15	2.7	0.5~9.8	Kintz(1999)
成年女性	17~42	12	—	ND-2.4	
成年男性	21~65	22	14.8	5.6~33.6	Wheeler(1998)
成年女性	17~55	19	1.8	0.4~4.7	
儿童	5~10	6	2.1	—	

* 无资料。

DHEA 是另一个主要的内源性类固醇,关于健康人头发中 DHEA 生理水平仅见德国(Scherer,1995)、法国(Kintz,1999)和中国(沈敏,2009)的研究报道,结果比较见表 11-15。Kintz(1999)曾对"本国健康人群头发中 DHEA 与睾酮处于同一水平"的研究结果表示吃惊和无法解释,因血液中 DHEA 浓度较睾酮高 100~500 倍,而头发中则完全不能反映这种差异。沈敏(2009)研究所获结果显著高于 Kintz 的数据,与血液中 DHEA 和睾酮的浓度比相一致。由于国际上对头发中 DHEA 生理水平的研究、报道甚少,尚不能对其合理性做出评价。关于头发中 DHEA 的生理水平与睾酮有相同的性别、年龄顺序。

表 11-15 头发中的 DHEA 浓度

对象	年龄(岁)	n	均值(pg/mg)	范围(pg/mg)	文献
成年男性	18~61	39.0	80.7	13.5~428.3	
成年女性	19~80	30.0	53.8	8.7~571.8	沈敏(2008)
儿童	2~17	11.0	24.0	5.3~106.1	
—*	—	100	16.9	0.8~94.2	Kintz(2007)
—	—	—	—	21~56	Scherer(1995)
成年男性	17~42	15.0	4.3	1.2~6.7	Kintz(1999)
成年女性	17~42	12.0	5.3	0.5~10.6	

* 无资料。

也有学者对毛发中内源性类固醇与血清中类固醇的相关性进行类研究。Yang(1998)采用放射性免疫测定对人头发中类固醇进行测定,25 名健康成年男性头发中睾酮浓度为 5.88 pg/mg,血清睾酮浓度为 5.08 ng/mL,二者之比为 116%,两者存在显著相关性,相关系数 γ 为 0.395,相关性 $0.05 > p > 0.025$。即使都未摄入过蛋白同化雄性类固醇,不同人群例如男性型秃发者与非秃发者,毛发中的内源性蛋白同化雄性类固醇浓度也有所不同。男性型秃发总是从头顶部开始,而不是枕部,内源性蛋白同化雄性类固醇在头部不同区域分布可能也会有所区别。Bang(2004)比较了 18 名男性型秃发者(26 至 43 岁,平均 27.64 岁)和 13 名健康男性(对照组,25~27 岁,平均 26.07 岁)头顶和枕部头发中雄性类固醇水平的差异,见表 11-16。秃发者头顶头发 DHT 水平和睾酮与表睾酮比值(T/E 比值)比非秃发者要高,而枕部头发的雄性激素水平相同,这说明同一个体的不同区域的雄性类固醇的分布不同。

表 11-16　秃发者和对照组头发中类固醇浓度(pg/mg)、T/E 比值和 DHT/T 比值

		秃发组($n=18$)			对照组($n=13$)			t 检验 (P 值)
		中值	范围	均值±SD[a]	中值	范围	均值±SD	
头顶部头发	DHT	2.80	1.99~4.88	2.94±0.88	1.20	ND-2.74	1.25±0.89	<0.001
	表睾酮	0.71	0.19~0.97	0.71±0.66	0.85	ND-1.60	0.82±0.46	NS[b]
	睾酮	8.33	8.11~18.8	8.59±3.07	8.35	0.39~18.6	9.12±5.71	NS
	T/E 比值	18.60	7.25~25.5	18.2±15.6	6.50	ND-13.1	6.70±4.41	<0.001
	DHT/T 比值	0.26	0.17~0.59	0.26±0.16	0.16	ND-0.50	0.16±0.15	NS
枕部头发	DHT	2.98	0.39~7.30	2.94±1.32	1.85	1.12~2.81	1.88±0.56	NS
	表睾酮	0.77	0.13~2.52	0.71±0.66	0.74	0.48~1.28	0.73±0.29	NS
	睾酮	8.56	4.91~15.74	8.59±3.07	12.31	7.97~17.56	12.23±3.13	NS
	T/E 比值	13.42	1.00~35.21	14.44±7.80	14.85	8.45~21.70	14.40±4.11	NS
	DHT/T 比值	0.38	0.11~0.68	0.37±0.16	0.15	0.07~0.24	0.16±0.05	NS

a 标准差($n=3$);b 无显著性差异。

二、毛发中母体化合物测定

当需要确定母体化合物结构时,毛发分析是很好的选择。诺龙与其他的 19-去甲类固醇如去甲-4-雄烯二酮(norandrostenedione),去甲基-4-雄烯二醇(norandrostenediol)在尿中有同样的代谢物去甲雄酮(norandrosterone),去甲本胆烷醇酮(noretiocholanolone),尿样分析不能区分它们,但是毛发分析可以区分母体化合物的结构。去甲类固醇虽然也被国际奥委会禁用,但其也是一些非处方药的成分,用毛发分析区分诺龙滥用或非处方药的使用,这在法医学和对运动员监察中具有应用价值。一名 30 岁运动员尿液中检出去甲雄酮 230 ng/mL,虽然分析在已获认可的实验室进行,但是本人坚持否认。经对其头发进行分析后,检出 19-去甲-4-雄烯二酮 7 pg/mg,证实非诺龙滥用(Kintz,2000)。

头发中母体化合物浓度通常高于代谢物,例如从运动员头发中检出司坦唑醇与其代谢物 3′-羟基司坦唑醇比值约为 30,美雄酮与 epi-羟基美雄酮、6β-羟基美雄酮比值约为 10(Thieme,2000)。Thieme(2003)给一男性经皮给药 75 mg 4-estrenediol 后,从胡须中检出 4-estrenediol 及邻近的代谢物诺龙和 4-estrenedione,母体化合物浓度较高,未检出尿中主要代谢物。研究表明通过检出毛发中母体化合物来判断类固醇滥用是可行的。

此外,与尿液中睾酮不同,头发中睾酮浓度解释相当困难。滥用者毛发中睾酮浓度与睾酮正常生理浓度区分不明显,而毛发中外源性的酯类的发现是药物滥用的确凿证据,采用毛发检材检测蛋白同化雄性类固醇酯类来区分内源性蛋白同化雄性类固醇的来源或许是判定这类药物滥用的明智选择。

三、毛发颜色影响

毛发颜色取决于黑色素,即真黑素(eumelanin)和褐黑素(pheomelanin)的数量。黑色和褐色头发比红色和金色头发包含了更多的真黑素。现有研究表明黑色素是头发中与药物结合的主要成分。许多文献报道蛋白同化雄性类固醇类更易结合在深色毛发中,表明药物的分泌与黑色素有很大的关系(Rambaud,2005;Kintz,2000)。大鼠腹腔注射司坦唑醇 20 mg/kg,每天一次,连续三天,两周后收集豚鼠毛。大鼠黑毛中司坦唑醇浓度为 362±332 pg/mg,白毛中浓度为 90±47 pg/mg(Höld,1996)。Kintz(2000)连续三十天给三名男性口服睾酮前体 DHEA,每天 30 mg,GC-MS/MS 检测,给药前后头发中 DHEA 和睾酮浓度,见表 11-17。结果表明,毛发中 DHEA 浓度升高,但个体差异很大,可归因于头发颜色不同,而头发中睾酮的浓度没有升高。头发颜色或黑色素成分可能是 DHEA 结合的决定性因素。

表 11-17 DHEA 给药前后头发中 DHEA 和睾酮浓度

对象	DHEA(pg/mg)		睾酮(pg/mg)	
	前	后	前	后
1(黑发)	4.9	34.8	2.2	1.7
2(金发)	4.0	8.6	1.0	1.0
3(深褐发)	6.7	35.4	3.3	3.6

蛋白同化雄性类固醇在不同颜色毛发中浓度的差别,也许会导致种族差别。与白种人相比,也许会检出更多非洲的兴奋剂滥用者,即使引入单一阳性阈值也解决不了此问题(Kintz,2000)。而 Gaillard(1999)则认为发色对激素类药物浓度影响比其他物质要低,他认为碱性药物更易与黑色素亲和,而中性和酸性药物稍易与白色毛发结合。

四、美发处理影响

毛发分析结果的解释比较困难,因为毛发分析相对较新,还有许多问题有待解决,比如药物在毛发中的稳定性就是一个重要的问题。许多因素都有可能影响毛发中药物浓度,使分析结果的解释变得复杂,其中就包括美发处理。研究发现毛发经过美发处理(如漂白、持久烫发)或暴露在紫外线下之后,其中的药物浓度明显下降。美发试剂的化学成分和美发处理方法都可能影响药物浓度。许多运动员都将头发进行染色,这被看成一种审美需求,而不是一种逃避过程,但是这种处理会影响头发分析结果。Gaillard(2000)只从两例未漂白过的头发样本中检出了类固醇(诺龙、十一酸睾酮),Kintz(2000)也未能从一些用过氧化氢漂白的头发中检出睾酮(最低检测限 0.5 pg/mg)。当头发漂白或染色,采取其他部位的毛发替代头发可能是个较好选择。

大多数文献认为毛发分析易受外源物质(如治疗秃头的 5α 还原酶阻断剂)、美发处理(洗涤、脱色、染色、漂白等)影响,不规则的头发生长、不同的洗法、剪发频率等都可能会导致药物浓缩或稀释。也有文献(Yang,1998)表明头发中类固醇不受洗发影响,并且不同分段头发中类固醇浓度无显著性差异(顶部、中部、根部)。

五、不同部位毛发中蛋白同化雄性类固醇浓度

当运动员头发很短或秃顶时,检材的采集会比较困难,这时可以考虑收集其他部位的毛发代替。Kintz(2000)对头发、阴毛、腋毛中 DHEA 和睾酮的生理浓度进行了比较,其中腋毛中 DHEA 的浓度特别高,见表 11-18。Thieme(2003)也对不同身体部位毛发浓度进行了考察,发现阴毛、手臂、腿毛药物浓度明显高于头发,具体数据见表 11-19。不同部位毛发药物浓度的差异与毛发生长动力学、药物结合率以及生物转化等多个因素有关。如果药物是通过血液循环进入毛发,就很难解释这种差异,很可能药物是通过汗液分泌进入毛发。

表 11-18 头发、腋毛和阴毛中的睾酮和 DHEA 浓度(pg/mg)

对象	睾酮			DHEA		
	头发	腋毛	阴毛	头发	腋毛	阴毛
1	4.1	182	3.9	3.2	1 984	1 363
2	3.3	39	3.5	6.7	719	90
3	2.2	17	4.7	4.9	2 735	60

表 11-19 4-estrenediol 经皮给药后不同身体部位毛发中药物浓度(pg/mg)

毛发类型	4-estrenediol	诺龙	4-estrenedione
头发	640	46	110
腋毛	123	37	54
阴毛	1 277	186	931
手毛	2 381	443	322
腿毛	3 422	364	282
眉毛	453	92	245

六、单次摄药与多次摄药

毛发中蛋白同化雄性类固醇分析通常是适用于药物长期滥用的情况,单次摄入药物时毛发中类固醇结合规律也有报道。一名 37 岁男性肌肉注射 50 mg 十一酸诺龙,给药后 2 和 6 个月对其头发进行检测。尽管其 8 个月内的尿样中去甲雄

酮和去甲本胆烷醇酮呈现阳性,并未从其头发中检出诺龙(Kintz,2001)。豚鼠单次肌肉注射 10 mg/kg 癸酸诺龙后,13 d 后采集的毛发呈癸酸诺龙和诺龙阴性,但是癸酸诺龙重复给药(20 mg/kg,每天一次,连续 3~4 d)后,毛发中两种化合物都呈阳性。一名男性健康志愿者单次摄入 50 mg 癸酸诺龙,并未从其头发中检出癸酸诺龙和诺龙,但是其尿样中诺龙主要代谢物呈阳性(>100 ng/mL)。五名志愿者单次肌肉注射 250 mg 庚酸睾酮,一名志愿者肌肉单次注射 25 mg 丙酸睾酮加 110 mg 庚酸睾酮,三名志愿者单次口服 120 mg 十一酸睾酮,1、2、3 月后采集头发,均未检出睾酮酯类,但是头发分析结果显示给药时期睾酮浓度上升,对血液和尿液样本的分析也证明了这些药物的吸收(Segura,2000)。

Rambaud(2005)给牛一次肌注 400 mg 甲睾酮,0 至 84 天从头部、颈部、腹部、臀部、尾部五个部位收集毛发,分别检测洗涤液、甲醇提取液、NaOH 消化液。比较各部位毛发的检测时限发现,颈部和腹部最长。其中腹部毛发中甲睾酮的动力学曲线见图 11-8。消化液检测显示黑色毛发中甲睾酮的浓度是白毛中的十倍,且白毛中两星期后就检测不出甲睾酮,而黑毛中从三星期到三个月都维持在 1 pg/mg 水平,甲醇提取液中也有类似的结论。在给药后十天内头发的洗涤带走了甲睾酮总量的 50%~70%,之后从洗涤液中检出的甲睾酮越来越少。甲醇提取液中甲睾酮浓度在给药后第 7 天达到峰值后迅速下降至约 0.7 pg/mg,从第 11 至 25 天甲睾酮浓度保持稳定,然后下降至 3~5 pg/mg(第 84 天)。NaOH 消化液中甲睾酮浓度在 21 天前相当低且稳定的水平,然后从 21 天至 84 天保持增长。三部分样品分别检测的结果可以推测甲睾酮在 0 至 10 天通过皮脂分泌(内源性和外源性途径)进入毛发,从 25 天起就完全通过内源性途径进入毛发。

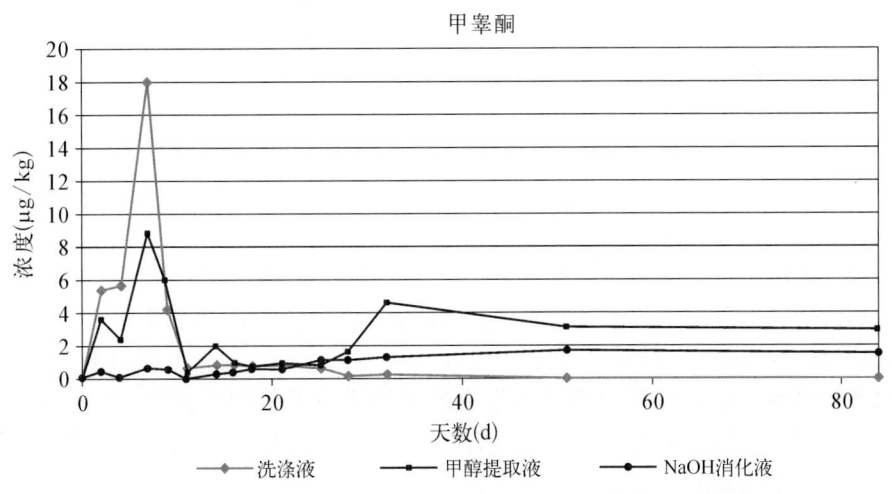

图 11-8 甲睾酮单次给药后腹部毛发中甲睾酮的动力学曲线

本书作者考察了群勃龙、勃地酮、甲睾酮、美雄酮、诺龙、司坦唑醇、DHEA和美替诺龙等多种药物进入毛发的时间过程,研究了单次、多次给药豚鼠毛发中美雄酮及其代谢物6β-羟基美雄酮的浓度变化过程,对蛋白同化雄性类固醇与毛发的结合规律进行初步探索。

(1) 单次勃地酮给药　豚鼠单次腹腔注射勃地酮后,采用LC-MS/MS法测定隔天所剃毛发中勃地酮的浓度。毛发中药物浓度-时间曲线见图11-9,可见腹腔给药后第四天豚鼠毛发中勃地酮浓度达到峰值,接下来的一周内毛发中勃地酮浓度迅速下降,给药后第十二天以后毛发中勃地酮浓度仍然呈下降趋势,但下降速度缓慢。有文献报道牛体内存在内源性来源的勃地酮。本研究对给药前豚鼠毛发进行检测,均未检出勃地酮。

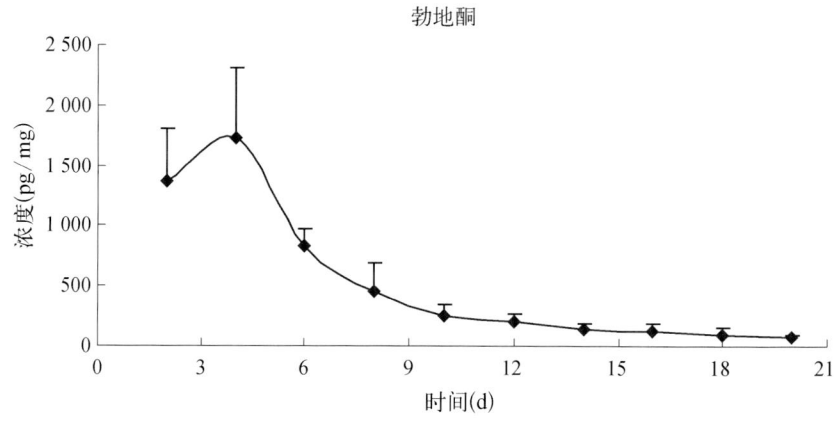

图11-9　腹腔注射给药后豚鼠毛发中勃地酮的浓度-时间曲线($n=6$)

(2) 单次诺龙给药　豚鼠单次腹腔注射诺龙后,采用LC-MS/MS法测定隔天所剃毛发中诺龙的浓度。毛发中药物浓度-时间曲线见图11-10,可见腹腔给药后第一天豚鼠毛发中诺龙浓度即达到峰值,接下来的十天内毛发中诺龙浓度迅速下降,给药后第十二天以后大部分豚鼠毛发中都不能检出诺龙。该研究得到的阳性毛发中药物浓度范围与文献报道的阳性毛发中诺龙浓度范围为1~260 pg/mg一致。

(3) 单次美替诺龙给药　豚鼠单次腹腔注射美替诺龙后,采用LC-MS/MS法测定隔天所剃毛发中美替诺龙的浓度。该研究所建LC-MS/MS法中美替诺龙的最低检测限为2 pg/mg,但是单次给药后第二天至第十四天收集的豚鼠毛发中均未检出美替诺龙。目前仅有两篇文献报道过美替诺龙毛发阳性案例,浓度都很低。可能美替诺龙不易和毛发结合,而目前检测方法的灵敏度还不能达到单次注射美替诺龙毛发中药物的检测要求。

(4) 单次司坦唑醇给药　豚鼠单次腹腔注射司坦唑醇后,采用LC-MS/MS法

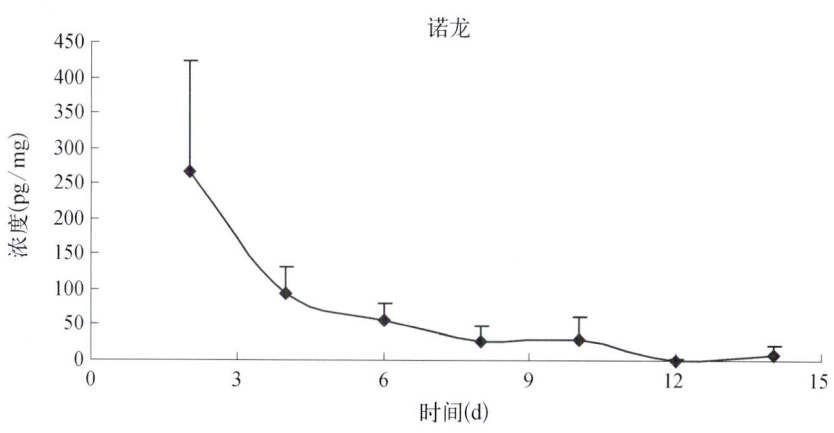

图 11-10 腹腔注射给药后豚鼠毛发中诺龙的浓度-时间曲线($n=6$)

检测隔天所剃毛发中司坦唑醇及其代谢物 3′-羟基司坦唑醇。结果单次腹腔注射司坦唑醇后两周内收集的毛发中均检出司坦唑醇,而未检出代谢物 3′-羟基司坦唑醇。该研究采用单次给药、隔天分段采集毛发,考察了司坦唑醇进入毛发的时间过程,见图 11-11。豚鼠毛发中司坦唑醇浓度在第一周内保持稳定,在第 10 天达到峰值,平均 270.8 pg/mg,表明司坦唑醇经血液循环输送到毛囊,在形成毛髓质、毛皮质的过程中进入毛发,有大约 10 天到达毛干的时间过程。此现象与苯丙胺类、可待因等药物摄入后一天即可到达头发不同,与吗啡摄入后 7~8 天在毛发中出现较为相似,说明药物到达毛发的时间随其物理化学性质的不同各异。

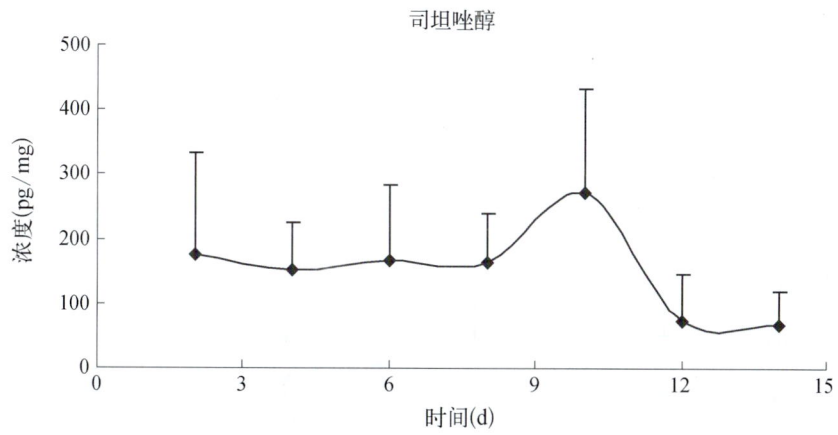

图 11-11 腹腔注射给药后豚鼠毛发中司坦唑醇的浓度-时间曲线($n=6$)

(5) DHEA 剂量与浓度关系 通过豚鼠给药实验,研究毛发中 DHEA 浓度与给药剂量的关系。分别以 0.8 mg/kg、4 mg/kg 和 20 mg/kg 剂量 DHEA 腹腔给药黑色毛发的豚鼠,每天 1 次,连续 3 天。然后连续两周、隔天采集毛发,经 GC-MS/

MS 分析,可见毛发中 DHEA 随着剂量增大浓度明显升高(图 11-12),毛发中浓度与剂量有着明显正相关性。

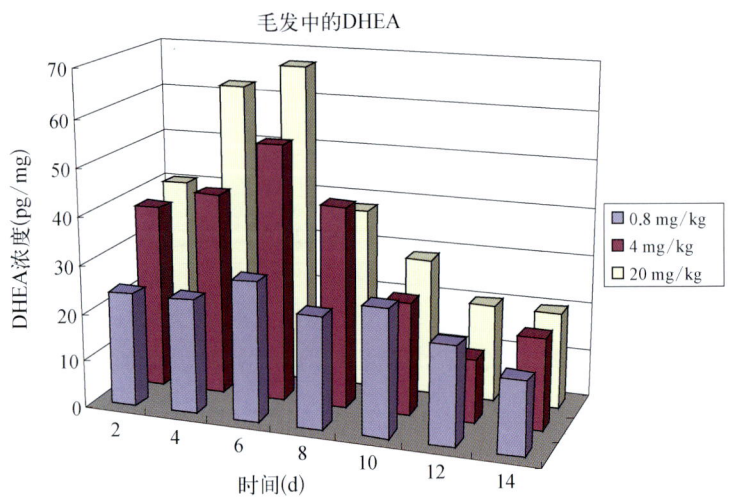

图 11-12　豚鼠毛发中 DHEA 浓度与给药剂量关系

(6) 美雄酮单次、多次给药　豚鼠单次或三次腹腔注射美雄酮后,豚鼠毛发中美雄酮和羟基美雄酮的浓度-时间曲线($n=6$)见图 11-13。单次给药后毛发中美雄酮和羟基美雄酮的浓度比值约为 13,多次给药后毛发中美雄酮和羟基美雄酮的浓度比值约为 10,总体来说美雄酮药物原体更易与毛发结合,毛发中原体浓度比代谢物要高。

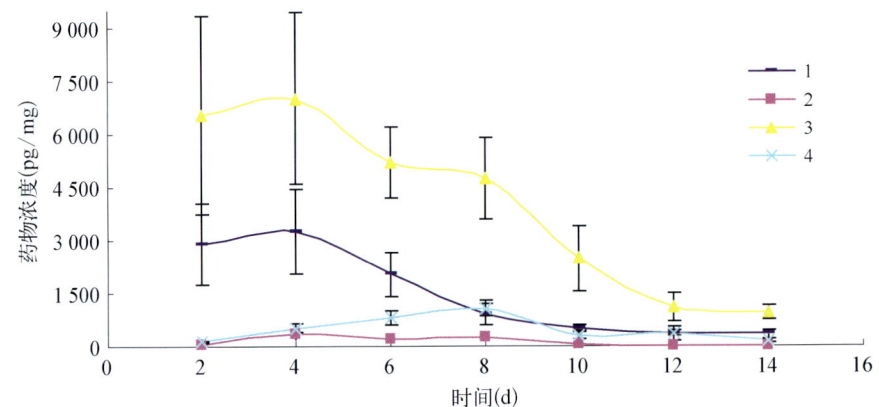

图 11-13　单次或多次腹腔注射给药后豚鼠毛发中
美雄酮和羟基美雄酮的浓度-时间曲线($n=6$)

1-单次给药毛发中美雄酮浓度　2-单次给药毛发中羟基美雄酮浓度
3-多次给药毛发中美雄酮浓度　4-多次给药毛发中羟基美雄酮浓度

通过以上豚鼠给药实验研究,发现 AASs 进入豚鼠毛发的规律:① 除司坦唑醇外,大部分目标物在给药 2~4 天后,毛发中 AASs 达峰值浓度。司坦唑醇大约在给药 10 天后毛发达峰值浓度。② 多次给药,AASs 可在毛发中蓄积。多次给药后毛发中浓度明显高于单次给药,也需要更长的时间才能从毛发中消除。毛发中 AASs 浓度与剂量存在明显的正相关性。③ 单次给药后 14 天,毛发中仍可检出 AASs,提示其在毛干上呈宽带分布。这些研究规律可指导毛发采样规则,为毛发分析的结果解释提供基础积累和依据。

尽管毛发检测结果为阳性时,还存在结果解释的问题,且毛发对于国际奥委会还是无效的样品,但它在兴奋剂检测领域作为尿样的补充,有着很好的应用前景:① 毛发分析的长检测时限和反映用药史的特点使其可用于赛外抽检,替代"飞行药检";② 毛发中原体大于代谢物的规律有助于鉴别进入体内药物分子的形式(酯类或衍生物),有望区分外源性和内源性物质;③ 毛发易收集、易保存,可进行二次采样(同质样品);④ 运动员申述尿样混淆或证据安全链问题,毛发分析可提供辅助依据。

第五节　阳性数据及典型案例

毛发中蛋白同化雄性类固醇阳性结果的判断有赖于各种族 cut-off 值的积累和阳性数据的积累。表 11-20 为文献报道的阳性案例统计。另有 12 例筛选阳性的运动员头发,经采用 LC-MS/MS 测定,其中司坦唑醇浓度为 5.0~86.3 pg/mg (Deshmukh,2010)。

典型案例:

案例一:两名运动员持有 2 050 片和 251 安瓿各种蛋白同化雄性类固醇,在斯特拉斯堡被法国海关逮捕。他们自称这些类固醇用于个人使用,而不是警察所怀疑的用于买卖。检测两人的尿液和头发来澄清事实,两人的尿液中都检出诺龙、司坦唑醇、睾酮和相关的代谢物。头发去污染后,加入氘代内标用 NaOH 水解,乙酸乙酯提取并硅烷化,药物用 GC-MS 的 EI 模式检测。最后两名男性的头发均检出诺龙(196 pg/mg 和 260 pg/mg)、睾酮(46 pg/mg 和 71 pg/mg)和司坦唑醇(135 pg/mg 和 156 pg/mg),明确指向类固醇滥用(Kintz,1999)。

案例二:采集十八名运动员头顶部头发进行检测,取样量至少为 200~250 mg,如果不能获得头发或者头发太短,采集阴毛或腋毛代替。结果其中两人头发呈现蛋白同化雄性类固醇阳性,一例为诺龙阳性(5.1 pg/mg),而对采集毛发时收集的尿液进行分析,甲雄酮和去甲本胆烷醇酮均为阴性(小于 0.05 ng/mL)。另一例为十一酸睾酮阳性(15.2 pg/mg),其尿液中睾酮/表睾酮比值为 1.07,远小于 6(Gaillard,1999)。

表11-20 毛发中合成类固醇检出品种、浓度及检测方法

化合物	检测方法	浓度(pg/mg)	参考文献
十一酸睾酮	GC-MS/MS	15.2	Gaillard(2000)
司坦唑醇	GC-MS-NCI,GC-MS,GC-HRMS	40.2~751.4(鼠),15,2000~84 000,135,136,180,270.8(max)(鼠)	Höld(1996),Crimele(2000),Dumestre-Toulet(1999),Kintz(1999),Thieme(2000),Shen(2009)
3'-羟基司坦唑醇	GC-HRMS	6	Thieme(2000)
甲睾酮	GC-MS,GC-MS/MS	170,4,4 000,1.0~10.4(马),8.7(牛),2.8	Deng(1999),Marcos(2004),Gambelunghe(2005),Gaillard(1998),Rambaud(2005),Rambaud(2007)
去氢甲睾	GC-MS	20	Marcos(2004)
诺龙	GC-MS,GC-MS/MS	20,5.1,1.0,3.5,7.5,196,260,63,76(鼠),18(马),1~7.5,15.2~45.2(马)	Deng(1999),Gaillard(2000),Kintz(2001),Kinz(1999),Höld(1999),Anielski(2005),Dumestre-Toulet(2002),Gaillard(1998)
奎酸诺龙	GC-MS,GC-MS/MS,LC-HRMS	900,1 200,21.1~202.1	Höld(1999),Duffy(2009)
雄酮	GC-MS/MS	0~20.2	Shen(2009)
本胆烷醇酮	GC-MS/MS	0~23.5	Shen(2009)
睾酮	GC-MS,GC-MS/MS	20,60,150,70,46,71,1.7,1.0,3.6,54,81,0.1~24.2,1~6(马),5.88	Deng(1999),Kinz(1999),Kintz(2000),Höld(1999),Shen(2009),Boyer(2007),Yang(1998)
雌二醇	GC-MS	110	Deng(1999)
表睾酮	GC-MS,GC-MS/MS	50,0~8.7	Deng(1999),Shen(2009)
美替诺龙	GC-MS,GC-MS/MS	17,34,7.3,8.3	Dumestre-Toulet(2002),Kintz(2002)
庚酸美替诺龙	GC-MS/MS	确认	Thieme(2000)

续表

化合物	检测方法	浓度（pg/mg）	参考文献
丙酸睾酮	GC－MS,GC－HRMS,GC－MS/MS	确认,10,2.9~6.1（马）	Kintz(1999),Thieme(2000),Gaillard(1998)
环戊丙酸睾酮	GC－MS	3.3,4.8	Dumestre-Toulet(2002)
庚酸睾酮	GC－MS	确认,0.6~18.8 ng/mg	Kintz(1999),Dumestre-Toulet(2002)
苯丙酸睾酮	GC－HRMS,LC－MS/MS	28,确认（牛）	Thieme(2000),Nielen(2006)
异己酸睾酮	LC－MS/MS,GC－HRMS	确认（牛）,14	Nielen(2006),Thieme(2000)
癸酸睾酮	GC－MS,GC－HRMS,LC－MS/MS,GC－MS/MS	确认,150,确认（牛）,4.9~51.3（马）	Kintz(1999),Thieme(2000),Nielen(2006),Gaillard(1998)
美雄酮	GC－MS/MS,GC－HRMS	7~108,15.2（马）,确认	Bresson(2006),Gaillard(1998),Thieme(2000)
6β－羟基美雄酮	GC－HRMS	确认	Thieme(2000)
勃地酮	GC－MS/MS	48.6（马）,48.2	Gaillard(1998),Rambaud(2007)
17β 雌二醇－3－苯甲酸盐	GC－MS/MS,LC－MS/MS	约155(max)（牛）,5.7~113.2（马）	Thieme(2000),Duffy(2009)
4－estrenediol,4－estrenedione	GC－MS/MS	确认（马）	Anielski(2005)
美睾酮	GC－HRMS	确认	Thieme(2000)
普拉雄酮	GC－MS/MS	34.8,8.6,35.4,5.3~428.3	Kintz(2001),Shen(2009)
十一碳烯酸宝丹酮	LC－MS/MS	确认（牛）	Nielen(2006)

案例三：一名 27 岁运动员，自述有司坦唑醇（2 mg）日常使用历史。贴头皮采集头顶头发，全长约 3 cm，从中检出司坦唑醇 15 pg/mg，未检出尿液中的主要代谢物 3′-羟基司坦唑醇（Cirimele，2000）。

案例四：一名运动员尿检呈阳性后，贴头皮采集头顶头发，全长 5 cm，室温保存在信封中。采集时间的十五天之前，该运动员将头发进行了漂白。将头发分为四段，分别在 0~1 cm 段、1~2 cm 段、2~3 cm 段、3 cm 至末梢段检出美雄酮 78 pg/mg、7 pg/mg、10 pg/mg、108 pg/mg（Bresson，2006）。

案例五：七名运动员涉嫌兴奋剂非法交易，使用 GC-MS 从运动员头发中检出了诺龙（1~7.5 pg/mg，$n=3$）、司坦唑醇（2~84 ng/mg，$n=4$）、美替诺龙（17 pg/mg 和 34 pg/mg）、庚酸睾酮（0.6~18.8 ng/mg，$n=5$）、环戊丙酸睾酮（3.3 pg/mg 和 4.8 ng/mg）（Dumestre-Toulet，2002）。

案例六：一名 22 岁男性昏迷，经抢救无效死亡。经调查发现现场有戊巴比妥注射液、群勃龙安瓿、美睾酮安瓿和许多针筒。尸检发现内脏淤血、肺水肿、左心室肥大、心肌纤维化和窒息症状等。提取血液、尿液和头发进行毒物分析。死者致死原因为戊巴比妥过量，血液中戊巴比妥浓度为 36.6 μg/mL。同时，血液、尿液中均检出他莫昔芬成分，未检出雄烯二酮、睾酮、表睾酮、勃地酮、司坦唑醇、诺龙和群勃龙成分。头发中检出睾酮、诺龙、群勃龙和他莫昔芬成分，浓度分别为 18 pg/mg、10 pg/mg、23 pg/mg 和 174 pg/mg。头发分析结果证实死者生前曾滥用 AASs（Salomone，2019）。

案例七：一名 33 岁职业拳击手在赛后留取的尿液中检出氯司替勃阳性（氯司替勃代谢物：1 ng/mL）。其声称连续数天给妻子涂的药膏中含有氯司替勃乙酸酯（Trofodermin®，500 mg/100 gr）。3 个月后，采集该运动员的臂毛和腿毛（其头发和胸毛因太短不能覆盖事发时间段而未采集），以及其妻子的头发。所有样品均为黑色。臂毛和腿毛按照总长度进行分析，头发则进行分段分析。检测结果为：臂毛和腿毛中均检出氯司替勃乙酸酯（分别为 3 pg/mg 和 5 pg/mg），其中一个头发段呈氯司替勃乙酸酯阳性（13 pg/mg）。所有样品中均未检出氯司替勃。由毛发分析结果说明两人均接触过氯司替勃乙酸酯，妻子头发中浓度高于该运动员的臂毛和腿毛。通常臂毛和腿毛可反映较长的用药史，且浓度会高于头发中浓度。鉴于该案氯司替勃乙酸酯在不同毛发中的浓度、不同部位的毛发以及毛发颜色等因素，最终认定该运动员的申诉合理（Salomone，2019）。

参 考 文 献

冯耀,刘居理,罗明等.2009.血清游离睾酮浓度与男性年龄的相关性研究.中国性科学,18(7)：16-17

沈敏,向平,沈保华等.2007.外源性 DHEA 的体内代谢研究.中国司法鉴定,3：19-22

沈敏,向平,沈保华等.2008.头发中内源性类固醇激素的气相色谱串联质谱分析.色谱,26：454-459

沈敏.2005.体内滥用药物分析.第1版.北京:法律出版社,372-398

向平,沈敏,沈保华等.2008.液相色谱-串联质谱法测定毛发中的司坦唑醇.色谱,26:469-472

严慧,沈敏,向平等.2006.毛发中合成类固醇兴奋剂分析的进展.中国司法鉴定,6:21-25

严慧,向平,沈敏等.2008.液相色谱-串联质谱法测定毛发中的甲睾酮浓度.药物分析杂志,28:1789-1792

严慧,向平,王萌烨等.2007.液相色谱-串联质谱法测定头发中10种蛋白同化激素.分析化学,35:949-953

Anielski P, Thieme D, Schlupp A et al. 2005. Detection of testosterone, nandrolone and precursors in horse hair. Anal Bioanal Chem, 383: 903-908

Aqai P, Stolker AAM, Lasaroms JJP. 2009. Effect of sample pre-treatment on the determination of steroid esters in hair of bovine calves. J Chromatogr A, 1216: 8233-8239

Bang HJ, Yang YJ, Lho DS et al. 2004. Comparative studies on level of androgens in hair and plasma with premature male-pattern baldness. J Dermatol Sci, 34: 11-16

Boyer S, Garcia P, Popot MA et al. 2007. Detection of testosterone propionate administration in horse hair samples. J Chromatogr B, 852: 684-688

Bresson M, Cirimele V, Villain M et al. 2006. Doping control for metandienone using hair analyzed by gas chromatography-tandem mass spectrometry. J Chromatogr B, 836: 124-128

Cha Eunju, Kim Sohee, Kim Ho Jun, Lee Kang Mi, Kim Ki Hun, Kwona Oh-Seung and Lee Jaeick. Sensitivity of GC-EI/MS, GC-EI/MS/MS, LC-ESI/MS/MS, LC-Ag+CIS/MS/MS, and GC-ESI/MS/MS for analysis of anabolic steroids in doping control. Drug Test Analysis, 2015, 7: 1040-1049

Choi MH, YS Yoo, BC Chung. 2001. Biochemical roles of testosterone and epitestosterone to 5α-reductase as indicators of male-pattern baldness. J invest dermatol, 116: 57-61

Choi TLS, Kwok KY, Him KW et al. 2018. Detection of seventy-two anabolic and androgenic steroids and/or their esters in horse hair using ultra-high performance liquid chromatography-high resolution mass spectrometry in multiplexed targeted MS 2, mode and gas chromatography-tandem mass spectrometry. J Chromatogr A, 1566: 51-63

Cirimele V, Kintz P, Ludes B. 2000. Testing of anabolic stanozolol in human hair by GC/NCI/MS. J Chromatogr B, 740: 265-271

Deng XS, Kurosu A, Pounder DJ. 1999. Detection of anabolic steroids in head hair. J Forensic Sci, 44: 343-346

Deshmukh N, Hussain I, Barker J et al. 2010. Analysis of anabolic steroids in human hair using LC-MS/MS. Steroids, 75(10): 710-714

Deveaux M, Mornay E, Gosset D. 2001. Physiological values of testosterone in hair: determination by radioimmunoassay. Usefulness in doping control, in: TIAFT Conference

Duffy E, Rambaud L, Bizec B et al. 2009. Determination of hormonal growth promoters in bovine hair: Comparison of liquid chromatography-mass spectrometry and gas chromatography-mass spectrometry methods for estradiol benzoate and nortestosterone decanoate. Anal Chim Acta, 637: 165-172

Dumestre-Toulet V, Cirimele V, Ludes B et al. 2002. Hair analysis of seven bodybuilders for anabolic steroids, ephedrine, and clenbuterol. J Forensic Sci, 47: 211-214

Evans NA. 2004. Current concepts in anabolic-an-drogenic steroids. Anabolic-Androgenic Steroids, 32(2): 534-542

Gaillard Y, Vayssette F, Balland A et al. 1999. Gas chromatographic-tandem mass spectrometric determination of anabolic steroids and their esters in hair: Application in doping control and meat quality control. J Chromatogr B, 735: 189-205

Gaillard Y, Vayssette F, Pepin G. 2000. Compared interest between hair analysis and urinalysis in doping controls. Results for amphetamines, corticosteroids and anabolic steroids in racing cyclists. Forensic Sci Int, 2000, 107: 361-379

Gambelunghe C, Rossi R, Ferranti C et al. 2005. Hair analysis by GC/MS/MS to verify abuse of drugsJ Appl Toxicol, 25: 205-211

Gleixner A, Meyer HH. 1998. Methods to dectect anabolics in hair: use for food hygiene and doping control. Int Lab, 7: 20-23

Hernández-Carrasquilla M. 2001. Gas chromatography-mass spectrometry analysis of anabolic compounds in bovine hair: evaluation of hair extraction procedures Analytica Chimica Acta, 434: 59-66

Höld KM, Borges CR, Wilkins DG et al. 1999. Detection of nandrolone, testosterone, and their esters in rat and human hair samples.J Anal Toxicol, 23: 416-423

Höld KM, Wilkins DE, Crouch DJ, et al. 1996. Detection of stanozolol in hair by negative, chemical ionization mass spectrometry. J Anal Toxicol, 20: 345-349

Kintz P, Cirimele V, and Ludes B. 1999. Physiological concentrations of DHEA in human hair. J Anal Toxicol, 23: 424-428

Kintz P, Cirimele V, Devaux M et al. 2000. Dehydroepiandrosterone (DHEA) and testosterone concentrations in human hair after chronic DHEA supplementation. Clin Chem, 46: 414-415

Kintz P, Cirimele V, Dumestre-Toulet V et al. 2001. Doping control for nandrolone using hair analysis.J Pharm Biomed Anal, 24: 1125-1130

Kintz P, Cirimele V, Dumestre-Toulet V et al. 2002. Doping control for methenolone using hair analysis by gas chromatography-tandem mass spectrometry. J Chromatogr B, 766: 161-167

Kintz P, Cirimele V, Jeanneau T et al. 1999. Identification of testosterone and testosterone esters in human hair.J Anal Toxicol, 23: 352-356

Kintz P, Cirimele V, Ludes B. 2000. Discrimination of the nature of doping with 19-norsteroids through hair analysis. Clin Chem, 46: 2020-2022

Kintz P, Cirimele V, Lues B. 2000. Pharmacological criteria that can affect the detection of doping agents in hair. Forensic Sci Int, 107: 325-334

Kintz P, Cirimele V, Sachs H et al. 1999. Testing for anabolic steroids in hair from two bodybuilders.Forensic Sci Int, 101: 209-216

Kintz P. 2007. Analytical and Practical Aspects of Drug Testing in Hair. Taylor & Francis Group. CRC Press, 241-254

Kwok KY, Choi TLS, Kwok WH et al. 2017. Detection of anabolic and androgenic steroids and/or their esters in horse hair using ultra-high performance liquid chromatography-high resolution mass spectrometry. J Chromatogr A, 1493: 76-86

Marcos V, Perogordo E, Espinosa P et al. 2004. Multiresidue analysis of anabolic compounds in bovine hair by gas chromatography tandem mass spectrometry. Anal Chim Acta, 507: 219-227

Monsalve A, Blaquier JA. 1977. Partial characterization of epididymal 5a-reductase in the rat. Steroids, 30: 41-51

Nicolas F, Stanislas GD, Isabelle E et al. 2017. Detection and quantification of 12 anabolic steroids and analogs in human whole blood and 20 in hair using LC-HRMS/MS: application to real cases. Int J Legal Med, 131(4): 989-999

Nielen MWF, Lasaroms JJP, Mulder PPJ et al. 2006. Multi residue screening of intact testosterone esters and boldenone undecylenate in bovine hair using liquid chromatography electrospray tandem mass spectrometry. J Chromatogr B, 830: 126-134

Nuck BA, Lucky AW. 1987. Epitestosterone: a potential new antiandrogen. J Invest Dermatol, 89: 209-211

Rambaud L, Bichon E, Cesbron N, et al. 2005. Study of 17b-estradiol-3-benzoate, 17a-methyltestosterone, and medroxyprogesterone acetate fixation in bovine hair. Anal Chim Acta, 532: 165-176

Rambaud L, Monteau F, Deceuninck Y et al. 2007. Development and validation of a multi-residue method for the detection of a wide range of hormonal anabolic compounds in hair using gas chromatography-tandem mass spectrometry. Anal Chim Acta, 586: 93-104

Salomone A, Gerace E, Di CD et al. 2019. Hair analysis can provide additional information in doping and forensic cases involving clostebol. Drug Testing & Analysis.Drug Test Anal.;11: 95-101

Scherer C, Wachter U, Wudy SA. 1998. Determination of testosterone in human hair by gas chromatography-selected ion monitoring mass spectrometry. Analyst, 123: 2661-2663

Scherer CR, Reinhardt G. 1995. Nachweis sechs endogener Steroide in menschilichen Haaren mit GC/MS und Isotopenverdün-nun sanalyse. In: Althoff H, editor. 74. Jahrestagung der Deutschen Gesellschaft für Recntsmendizin, Aachen, 55

Segura J, Pichini S, Peng SH et al. 2000. Hair analysis and detectability of single dose administration of androgenic steroid esters. Forensic Sci Int, 107: 347-359

Segura J, Ventura R, Jurado C. 1998. Derivatization procedures for gas chromatography mass spectrometric determination of xenobiotics in biological samples, with special attention to drugs of abuse and doping agents. J Chromatogr B, 713: 61-90

Shahidi NT. 2001. A review of the chemistry, biological action, and clinical applications of anabolic-androgenic steroids. Clin Ther, 23: 1355-1390

Shen M, Xiang P, Shen BH et al. 2009.Physiological concentrations of anabolic steroids in human hair. Forensic Sci Int, 184: 32-36

Shen M, Xiang P, Yan H et al. 2009. Analysis of anabolic steroids in hair: Time courses in guinea pigs. Steroids, 74: 773-778

Shen M, Yan H, Xiang P et al. 2009. Simultaneous Determination of Anabolic Androgenic Steroids and Their Esters in Hair by LC-MS/MS. Chromatographia, 70(9): 1381-1386

Thieme D, Anielski P, Grosse J et al. 2003. Identification of anabolic steroids in serum, urine, sweat and hair: Comparison of metabolic patterns. Anal Chim Acta, 483: 299-306

Thieme D, Grosse J, Sachs H et al. 2000. Analytical strategy for detecting doping agents in hair. Forensic Sci Int, 107: 335-345

Van Der Heeft E, Bolck YJ, Beumer B et al. 2009. Full-scan accurate mass selectivity of ultra-performance liquid chromatography combined with time-of-flight and orbitrap mass spectrometry in hormone and veterinary drug residue analysis. J Am Soc Mass Spectrom, 20: 451-463

Wheeler MJ, Zhong YB, Kicman AT et al. 1998. The measurement of testosterone in hair. J Endocrinol, 159: R5-R8

Yang HZ, Lan J, Meng YJ et al. 1998. A preliminary study of steroid reproductive hormones in human hair. J Steroid Biochem Molec Biol, 67: 447-450

第十二章 毛发中乙醇标志物的分析

第一节 概 述

酒精（乙醇）饮料的滥用是全世界广泛关注的公共卫生问题，过量饮酒不仅会造成个体生理机能损害，还会影响正常的行为判断能力从而带来社会、经济、法律等一系列相关问题。中国人口基数大、酒文化源远流长，现代化的生活方式促进了酒精的需求和消耗。《柳叶刀》公布了中国人均饮酒量自1987年以来翻升三倍以上；2013年全球疾病负担报告显示，中国15岁至49岁人群中因饮酒导致的伤残调整寿命年损失数最大，造成年均12万人死亡。

常规的酒精检测限于乙醇清除速率快[0.1 mg/(mL·h)]，一次过量饮酒24 h后便难以检出。因而单凭血液乙醇浓度在某些情况下无法认定个体摄酒与否。与此同时，利用受试者的生物样本对乙醇生物标志物进行检测，可区分日常饮酒、酗酒、慢性酒精依赖以及外源性乙醇污染等情况。在死后毒物学领域，则可为揭示血液乙醇来源，判断生前饮酒和死后生成等提供辅助证据。

乙醇生物标志物可分为两类：间接生物标志物和直接生物标志物（冯雪伊，2017）。间接生物标志物是指一类能指示因酗酒引起的正常生理过程或病理过程的改变，抑或是影响药物反应的物质，常见的有丙氨酸转氨酶（Alanine aminotransferase, ALT）、天门冬氨酸转氨酶（Aspanate aminotransferase, AST）、平均红细胞体积（Mean Corpuscular Volume, MCV）、γ-谷氨酰转移酶（γ-glutamyl transferase, γ-GT）、糖缺乏性转铁蛋白（Carbohydrate-deficient transferring, CDT）、总血清唾液酸（Total serum sialicacid, TSA）等。由于此类标志物不是由乙醇代谢形成，而是由酒精性器官损伤而间接产生，仅能标志长期酗酒行为。在诊断酒精相关障碍方面的敏感性及特异性有限，还受性别、年龄以及非饮酒导致的共病障碍（酶水平升高）等影响，在实际使用中往往出现假阴性或假阳性等问题。

直接生物标志物为酒精的代谢产物，仅在有乙醇摄入的情况下存在，在体内停留时间长于乙醇，主要包括乙基葡萄糖醛酸苷（ethyl glucuronide, EtG）、脂肪酸乙酯

(fatty acid ethylesters, FAEEs) 和磷脂酰基乙醇 (Phosphatidylethanol, PEth)、唾液酸 (sialic acid) 等。直接标志物不受疾病、生理因素影响，敏感性和特异性较间接标志物大大提高，能区分各类饮酒情况，包括少量饮酒行为，在戒瘾监测、法医学鉴定、驾驶能力评估、复职检测、子女监护权判定、肝脏移植评估、胎儿酒精综合征研究等领域均有所涉及，为预防、诊断、治疗相关酒精问题提供了全新的思路和方法。

在法科学领域以及临床医学领域，寻找可靠的生物学标志物来区分社会性饮酒和酗酒具有很大的应用价值（表 12-1）(Conigrave, 2003; Wurst, 2005)。但由于其他因素的影响（年龄、疾病、吸烟、劳累等），间接指标往往缺乏特异性，不能正确反映酒精滥用情况。而血液和尿液中的直接指标由于检测时限短，易受污染，用其作为酒精滥用的生物学标志物也不能令人十分满意。毛发分析因其独特的优势——检测时限长且可以进行分段研究，成为酒精滥用分析中的研究热点之一。根据人体毛发的生长速度，能提供酒精摄入史、区分日常饮酒与酗酒等重要信息，弥补了血液、尿液分析的不足。Pragst (2000) 总结了头发中的几种可能应用于实际的酒精标志物，包括 EtG、FAEE、PEth、苯甲酰爱康宁乙酯（Benzoylecgonine ethyl ester, BE-Et）等，以下各节将分别介绍。

表 12-1　区分饮酒类别的生物学标志物

	饮酒类别	生物学标志物	生物检材
直接指标	急性饮酒	EtOH、EtG、FAEE、PEth、EtS、EtP	血液、尿液
	长期滥用	EtG、FAEE、PEth、BE-Et	头发、胎粪
间接指标	急性饮酒	5-HTOL/5-HIAA	尿液
	长期滥用	GGT、ALT、AST、唾液酸	血清

注：EtOH = 乙醇；EtG = 乙基葡萄糖醛酸苷；FAEE = 脂肪酸乙酯；PEth = 磷脂酰基乙醇；EtS = 乙基硫酸酯；EtP = 乙基磷酸酯；BE-Et = 苯甲酰爱康宁乙酯；5-HTOL/5-HIAA = 5-羟基-吲哚-3-乙醇/5-羟基-吲哚乙酸；GGT = γ-谷氨酰转移酶；ALT = 丙氨酸转氨酶；AST = 天冬氨酸转氨酶。

第二节　毛发中 EtG 的分析

多年来，国内外学者们都在致力寻找并研究合适的生物学标志物，用以评估酒精滥用情况，其中乙基葡萄糖醛酸苷 (EtG) 就是近年来被广泛关注的一种重要的酒精滥用判断指标 (Musshoff, 1998)。

EtG 是乙醇的体内代谢物之一，和其他滥用药物相似，该乙醇代谢物也可以进入毛发，并在毛发中累积。由于头发样品易采集、易保存，根据头发长度还可以检测数月乃至数年内的酒精滥用情况,提供长程信息,因此头发中 EtG 的分析弥补了血液和尿液分析的不足。检测头发中的 EtG 可以反映被测者的酒精滥用史状况,区分日常饮酒与酗酒,因而成为近年来法科学和临床医学领域的研究热点,其研究成果不仅适用于法医学领域,还可用于临床医学、职业卫生学等方面(Alt,2000)。

但是,毛发中 EtG 的浓度极低,要求分析方法有极高的灵敏度和可靠性。近年来的研究,从头发采样、去污、水解、提取到串联质谱分析,各环节条件不断优化,方法灵敏度逐渐提高,最低检测限(LOD)从最初的 2 ng/mg(Skopp,2000)已达 0.7 pg/mg(Kerekes,2009),大大拓展了方法的应用范围。

一、EtG 的生物学特性及体内代谢

EtG 是不挥发的、水溶性的、非氧化性的乙醇代谢物,分子量为 222,分子式为 $C_8H_{14}O_7$,结构式如图 12-1,其沸点约为 150℃。

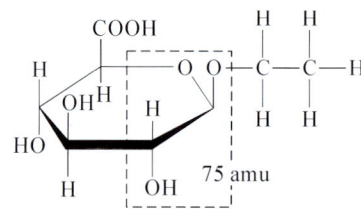

图 12-1 乙基葡萄糖醛酸苷的结构式

乙醇进入体内后 90%~95% 在肝脏中被氧化成乙醛,而仅有 0.02%~0.06% 以 EtG 的形式消除(Dahl,2002)。EtG 是乙醇的第二相代谢物,其在肝脏中发生生物转化,在尿苷-5′-二磷酸葡萄糖醛酸转移酶的作用下,由葡萄糖醛酸活化而来(Foti,2005)。

饮酒后,EtG 存在于血液、尿液、头发及其他组织和体液中,其半衰期长于原体乙醇。由于摄入乙醇量的不同,机体代谢的差异,乙醇在体内消除后,6~18 h 内仍可在血液中检测到 EtG,80 h 内可在尿液中检测到 EtG(Wojcik,2007)。然而,对于区分长期饮酒和偶尔饮酒而言,血液和尿液中 EtG 分析的检测时限还是很短的,不能反映长程的酒精滥用情况。此外,血液腐败能导致 EtG 的降解,出现假阴性结果(Kamil,1952),尿路感染者因细菌(大肠埃希菌、肠球菌、B 群溶血性链球菌等)的作用可出现假阳性结果,而尿液分析的另一问题是过量饮水使尿液稀释,检测浓度偏低,甚至出现假阴性(Wurst,1999;Droenner,2002)。因此,头发 EtG 分析具有独特的应用价值而成为研究热点。

二、样品处理

1. 脱污染

EtG 头发样品在分析前必须进行清洗,以去除外源性污染(环境污染、粉尘吸

附等)和内源性污染(汗液、皮脂腺分泌等)。清洗溶剂有甲醇/丙酮、乙醚/丙酮、正己烷、水/丙酮、水/丙酮/甲醇、二氯甲烷/甲醇、甲醇/水、Tween80/水等。参考洗涤方法如下：

(1) 取头发样品，用甲醇/丙酮 10 mL 洗 5 min。

(2) 取头发样品，用 5 mL 乙醚、5 mL 丙酮洗 10 min，清洗两次。

(3) 尸体头发先用去离子水洗，然后再用 n-庚烷清洗两遍；活体头发用 n-庚烷直接清洗。

(4) 取头发样品，依次用水、丙酮清洗 15 min。

(5) 取头发样品，用 1 mL 二氯甲烷，超声洗涤 10 min；再用 1 mL 甲醇涡旋 30 s。

要注意的是由于 EtG 具有亲水性，其与头发结合的主要途径很可能是通过汗液，因而不稳定，再加上 EtG 的强极性，与头发的角化基质结合不牢固，常规的洗涤和头发处理可能会损失 EtG 的浓度，清洗不当甚至会导致 EtG 完全被洗掉(Yegles, 2004)。Morini(2006)对毛发清洗进行深入研究后发现，用甲醇和二氯甲烷清洗，EtG 的损失率分别为 2.332%($\pm$0.224)和 0.219%($\pm$0.001)，损失几乎可以忽略不计。脱污染过程既要有效地清除外部污染，又要减少溶剂膨胀导致的毛发中目标物损失。目前，实验室普遍采用的是丙酮、二氯甲烷等清洗溶剂。

2. 提取

为了最大限度地提取目标物，通常需将头发剪成约 1 mm 长的小段或用球磨机粉碎，以使结合在头发中的 EtG 尽量地释放出来。头发用量依据方法有所不同，一般为 10~100 mg。

常用的水解方法有酸水解、甲醇超声、溶剂浸提法。

(1) 酸水解法　取洗净、粉状头发 50 mg，添加 2 μg/g 的 EtG-d_5 作内标。加入 1.5 mL 去离子水, 3.5 mL 乙腈，于 45℃ 水浴中孵育 12 h，然后超声 1 h。再加入 100 μL 0.1 mol/L 的 HCl，离心 15 min。上清液经固相萃取后，用 LC-APCI-MS 法分析(Klys, 2005)。

(2) 超声提取法　取洗净剪细的头发 100 mg，添加 100 ng EtG-d_5 作内标。加入 2 mL 去离子水，30℃ 超声水浴 2 h。离心后取上清液，于 30℃ 下氮气吹干。再加入 50 μL 吡啶和 100 μL BSTFA，混匀后在 90℃ 孵箱中孵育 30 min，吹干后用 50 μL 乙酸乙酯溶解，用于 GC-MS 法分析。

(3) 溶剂浸提法　取洗净、粉状头发 50 mg，添加 50 ng 甲基葡萄糖醛酸苷作内标，加入 0.25 mL 去离子水，1 mL 甲醇，于室温下孵育 5 h，30℃ 超声提取 3 h。氮气吹干。残留物中加入 30 μL MSTFA，于 70℃ 下衍生化 60 min。氮气吹干，溶解于 70 μL 正己烷中，用于 GC-MS 法分析。

研磨方法有利于结合在头发中的 EtG 近乎完全地释放出来。研磨后加入水后超声 2 h,已经接近完全提取。Albermann(2012)试验发现,研磨处理方法相比孵化过夜后提取方法,提取效率高约 0.95~1.8 倍。Monch(2014)采用 50 mg 毛发,加入 0.5 mL 水和研磨珠,将研磨和提取同时进行,在 30 min 内完成。采用该研磨仪可同时处理 20 个样品,简便快速又高通量,是毛发样品前处理的首选。

3. 富集与纯化

(1) 固相萃取(SPE)　固相萃取法与液-液提取相比,大大地缩短了样本制备时间,所需样品量少,避免了乳化现象,而且便于自动化操作,是生物样品中 EtG 处理中具有优势的技术之一。

参考方法一:氨丙基柱固相萃取水相中 EtG。分别用 3 mL 甲醇,3 mL 水,3 mL 乙腈活化 SPE 柱,确保活化过程中柱子不干。然后将经提取处理后的含有目标物的上清液上样,再用 3 mL 正己烷淋洗小柱。为了去除残余液体,需在强真空下吹 15 min。最后用 1.8 mL 氨水溶液(98∶2,$V_{水}$∶$V_{25\%氨水}$)洗脱目标物,整个固相萃取过程液体的流速均为 0.5 mL/min。洗脱液在 30℃ 水浴下用氮气吹干,溶于 100 μL 0.1%的甲酸(Janda,2002)。

参考方法二:Oasis MAX 阴离子交换柱(Waters,德国)固相萃取 EtG。先用 1 mL 甲醇,1 mL 去离子水活化固相柱。将 500 μL 样品上样,分别用 1 mL 5%的氨水,1 mL 去离子水,1 mL 甲醇淋洗小柱,真空干燥 5 min。然后用 1 mL 甲酸甲醇溶液(98∶2,$V_{甲醇}$∶$V_{甲酸}$)洗脱,洗脱液干燥(Paul,2008)。

(2) 微波辅助提取(MAE)　MAE 方法稳定,溶剂耗量少,省时,省力(Alvarez,2009)。微波提取系统为 ETHOS PLUS MPR300/12S(Milestone,意大利)配有溶剂感应器,可以在同一条件下(温度、压力)同时提取 12 组样品,内置控制系统用来控制提取 EtG 的条件,烘箱最大功率 1 000 W,可以调节和维持所选定的温度。将处理好的头发样品加入 8 mL $V_{正己烷}$∶$V_{水}$ = 1∶1 的混合物,混匀后即可进行微波辅助提取。设定 110℃,10 min,完成后离心取上清液即可。

4. 讨论

(1) 水解方法　Jurado(2004)曾对提取 EtG 的四种萃取液进行了比较:(a)甲醇;(b)甲醇:水(1∶1);(c)水;(d)甲醇:三氟醋酸(TFA)(9∶1),结果显示用(b)和(c)溶液提取可得到较高的回收率和较低的变异系数(图 12-2)。但用(c)提取时,基质效应更小,信噪比更高,因而可以达到较低的 LOD 和 LOQ。综合考虑,液-液法提取 EtG 时用水作萃取液较好。

(2) 衍生化　由于 EtG 的分子量比较小、极性强,为了改善色谱行为,提高分析灵敏度,采用 GC-MS 分析必须进行衍生化。文献报道的衍生化试剂有 N-O-双三甲基甲硅烷基(BSTFA)/吡啶、N-甲基-N(三甲基硅烷基)三氟醚乙酰胺(MSTFA)、五氟代丙酸酐(PFPA)/五氟丙醇 PFPOH、PFPA、BSTFA/三甲基氯硅烷(TMCS)、七氟代丁酸酐(HFBA)、乙酸乙酯/BSTFA。

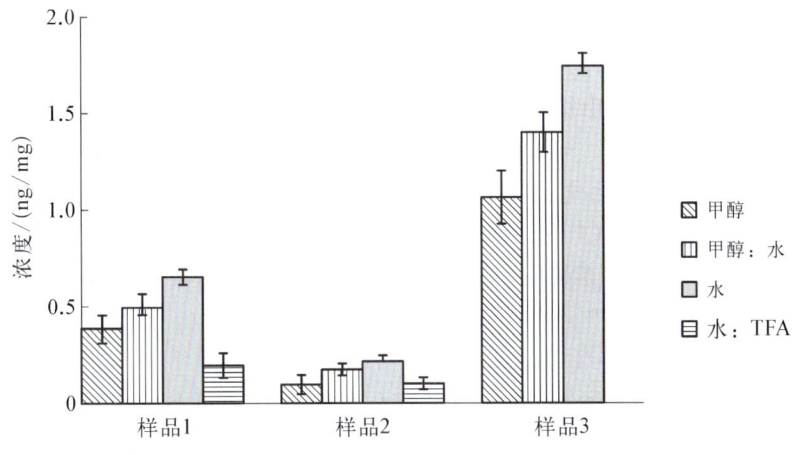

图 12-2　从头发中提取 EtG 的四种萃取液的比较
（由于样品量少，样品 3 仅比较了 3 种萃取液）

Jurado(2004)比较了三种衍生化试剂：BSTFA：TMCS(99∶1)、PFPA、HFBA 的衍生化效果，发现用 HFBA 衍生化后色谱图基质峰较大，而用 BSTFA 衍生化后的产物稳定性较差，综合评价认为用 PFPA 衍生化较佳，其最佳反应时间和温度为室温下衍生化 30 min。

三、分析方法

头发中乙醇代谢物 EtG 的分析可采用 GC-MS(EI)法，GC-MS(NCI)法，也可用 GC-MS/MS 及 LC-MS/MS 法。

1. GC-MS 法

(1) GC-MS(EI)的分析参考条件(Jurado,2004)

色谱条件：HP-5MS 毛细管柱(30 m×0.25 mmI.D.,0.25 μm 膜厚)，初温 100℃ 2 min,15℃/min 程序升温至 250℃，然后以 20℃/min 升温至 280℃，保持 3 min(Alt,2000)。或者 CP-Sil5 毛细管柱(12 m×0.25 mmI.D.,0.4 μm 膜厚)，初温 60℃ 保持 1 min,20℃/min 程序升温至 320℃，保持 1 min，进样口和检测器温度分别为 250℃ 和 280℃(Skopp,2000)。或者 DB-1 毛细管柱(25 m×0.2 mmI.D.,0.33 μm 膜厚)，初温 70℃ 保持 2 min,20℃/min 程序升温至 280℃，进样口温度和检测器温度分别为 220℃ 和 280℃。

质谱条件：EI 源，离子源温度 230℃，选择离子检测(SIM)。

(2) GC-MS(NCI)的分析参考条件(Kerekes,2009)

色谱条件：HP-Ultra2 毛细管柱(12 m×0.2 mmI.D.,0.33 μm 膜厚)。初温 70℃ 保持 2 min,20℃/min 程序升温至 280℃(Yegles,2004)。或者 HP-5MS (30 m×0.25 mmI.D.,0.25 μm 膜厚)，进样口和检测器温度分别为 250℃ 和 280℃，

初温 100℃ 保持 2 min,10℃/min 程序升温至 170℃,然后以 40℃/min 程序升温至 300℃。

质谱条件：NCI 源,甲烷为载气(流量的 40%)。在 SIM 模式下采集数据。

方法评价：对于 GC-MS 的分析而言,用苯丙基柱或 Oasis MAX 小柱进行 SPE,并选用合适的衍生化试剂可以将灵敏度提高约一个数量级。如 Kerekes(2009)用 GC-MS-NCI 法,PFPA 作为衍生化试剂,灵敏度高至 0.7 pg/mg。Kharbouche(2008)也认为 NCI 比 EI 模式更有利于提高灵敏度和特异性。

2. GC-MS/MS 法

(1)分析参考条件一(Paul,2008)

色谱条件：Variant Factor IV 毛细管柱(15 m×0.25 mmI.D.,0.25 μm 膜厚),初温 50℃,保持 1 min,20℃/min 程序升温至 120℃,然后以 75℃/min 升温至 300℃,最后以 50℃/min 程序升温至 320℃。总的运行时间为 7.30 min。

质谱条件：EI 源正离子模式,质谱图见图 12-3。

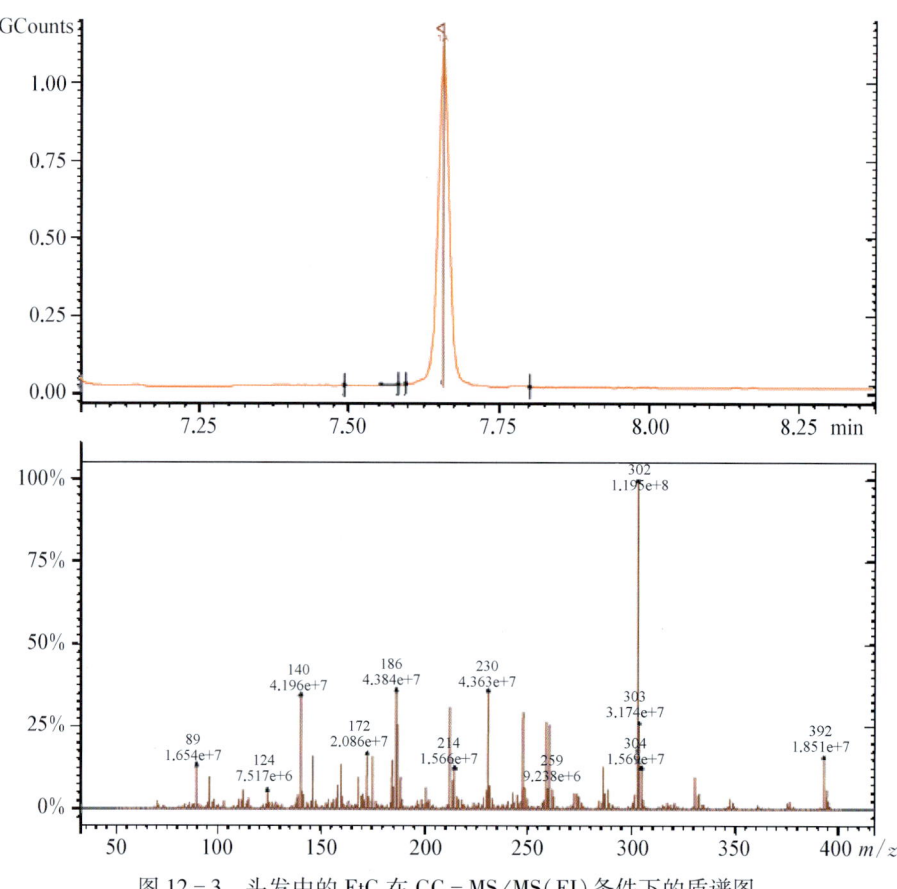

图 12-3　头发中的 EtG 在 GC-MS/MS(EI)条件下的质谱图

(2) 分析参考条件二(Kharbouche,2008)

色谱条件：DB-5MS 毛细管柱(15 m×0.25 mmI.D.,0.25 μm 膜厚)，初温70℃，保持 1 min,35℃/min 程序升温至120℃，然后以 5℃/min 升温至150℃，最后以70℃/min 程序升温至300℃。载气为氦气，流速 1 mL/min。

质谱条件：NCI 源，甲烷为载气，离子源温度：150℃，传输线温度：275℃。

方法评价：头发中 EtG 的最低检出限(LOD)为 3 pg/mg。线性范围为：7~333 pg/mg。在 4 个浓度水平 8.4 pg/mg、40.8 pg/mg、130.4 pg/mg、和 259.4 pg/mg 下考察，准确度为 80%~120%，日内精密度为 1.6%~13.2%。

(3) 分析参考条件三(Shi,2010)

OPTIC 3 进样器设置：以大体积进样方式运行。20 μL 进样方法：初始温度70℃；终末温度270℃，升温速率16℃/s,样品吹扫柱流速为 1.0 mL/min,样品转移时间 100 s,样品转移柱流速 2.0 mL/min。

色谱条件：Agilent HP1 毛细管柱(30 m×250 μm×0.1 μm)；载气为氦气，流速 1 mL/min。柱温升温程序：初始温度100℃，保持 1 min 后以 8℃/min 的速率升至205℃，保持 1 min；再以 30℃/min 的速率升至280℃，保持 3 min。总的运行时间为 20.63 min。

质谱条件：电子轰击离子源(EI)，轰击能量 70 eV,正离子化模式；离子源温度 200℃,GC 接口温度300℃；碰撞气为氩气。采用多反应监测方式(MRM),EtG 和 EtG-D_5 均选择 1 个母离子和 2 个子离子进行检测。EtG 的特征性离子对(m/z)为 261/73, 261/143,保留时间 14.01 min;EtG-D5 的特征性离子对(m/z)为 266/73,266/143,保留时间 13.97 min。EtG 和 EtG-D5 用来定量的离子对分别为 261/143,266/143。

3. LC-MS/MS 法

(1) 分析参考条件一(Morini,2006)

色谱条件：液相柱为 Chrompack Inertsil ODS-3(100 mm×3 mm×3 μm),前接 Chrompack(10 mm×3 mm)RP 的保护柱。流动相为 0.1%甲酸和乙腈，先用99%甲酸、1%乙腈以 200 μL/min 的流速恒流 8 min。再用10%甲酸、90%乙腈恒流 2 min,最后用99%甲酸、1%乙腈重新平衡，共 21 min。

质谱条件：Applied Biosystems 公司的离子肼串联质谱(Q-TRAP 4000)，采用电喷雾电离-正离子模式(ESI+)，操作参数分别为：离子喷雾电压,4 200；温度 400℃；氮气为碰撞气，保留时间 75 ms。

(2) 分析参考条件二(Kintz,2008)

色谱条件：液相柱为 Acquity BEH HILIC 柱(100 mm×2.1 mm×1.7 μm)。流动相为95%乙腈和5%甲酸缓冲液(pH 3.0),平衡 3 min。

质谱条件：采用电喷雾电离-负离子模式(ESI-)，操作参数为：离子喷雾电压,3.0 kV；毛细管温度,270℃。

方法评价：线性范围为 $0.02\sim2.0$ ng/mg，相关系数为 0.999 1。50 pg/mg 头发（$n=8$）的精密度为 23.3%，提取回收率约为 80%。LC-MS/MS 法无须固相萃取和衍生化，Morini（2006）对检测条件进行优化后，用 LC/ESI/MS/MS 法检测，LOD 仅为 2 pg/mg，信噪比为 3，LOQ 为 10 pg/mg。

4. UPLC-ESI/MS/MS 法（Bendroth，2008）

UPLC-ESI/MS/MS 系统包括 Waters 公司的超高性能液相色谱连接 Quattro Premier XE 串联质谱检测器，ESI 源。

色谱条件：液相柱为 Waters HSS C_{18} 柱（100 mm×2.1 mm×1.8 μm），前接 0.2 μm 的过滤柱。流动相为（A）0.1% 甲酸水溶液，pH 2.85 和（B）100% 乙腈，流速 400 μL/min。流动相梯度如下：0 min，99% A+1% B；2.0 min，88% A+12% B；2.2 min，0% A+100% B；2.21 min，98% A+2% B，总运行时间为 2.60 min。

质谱条件：电喷雾电离-负离子模式（ESI-），操作参数为：氮气为喷雾气，温度 400℃；毛细管压，3.5 kV；倍增电压，650 V；返回电压，-3 V；离子能Ⅰ，0.5 V；离子能Ⅱ，2.0 V；碰撞气（氩气）流速 0.35 mL/min。

方法评价：UPLC-ESI/MS/MS 是在 LC-MS/MS 法基础上的改进，LOD 可达 0.9 pg/mg，日间和日内分析结果的 CV 值均<8%。

各种分析方法及特征离子归纳见表 12-2。

表 12-2 头发中 EtG 的分析方法及特征离子

检测方法	衍生化	EtG 特征离子 (m/z)	内标特征离子* (m/z)	EtG 保留时间
GC-MS(EI)	BSTFA	160,261,405	165,266,410	—
GC-MS(EI)	MSTFA	261,292,375,405	391(甲基葡酸酐)	9.33
GC-MS(EI)	PFPA	333,234,495	338,239,500	7.62
GC-MS(NCI)	PFPA/PFPOH	496,347	501,352	
GC-MS/MS(EI)	乙酸乙酯/BSTFA	221→143	226→143	
GC-MS/MS(NCI)	PFPA	347→119,347→163	352→163	
LC-MS/MS(ESI)	—	221→75	226→75	3.9
UPLC-MS/MS(ESI)	—	221→84.9	226→85	

* 若无特殊说明，内标均为 d_5-EtG。

5. 讨论

饮酒后头发中 EtG 的浓度常在 pg/mg 级，Sachs（1993）最早分析头发中的 EtG 时仅能检测到 ng/mg 级的目标物，灵敏度比较低。1993 年以来，清洗、提取、衍生化及仪器检测各环节均得到不断改进，方法灵敏度逐渐提高，随着高灵敏度的液相或气相色谱串联质谱（LC-MS/MS、GC-MS/MS）的应用，最低检测限已降至 0.7 pg/mg，各种分析方法的比较见表 12-3。目前，毛发中 EtG 测定方法的灵敏度基本可达到检出限在 1 pg/mg 水平，最低定量限在 3 pg/mg 水平。

表 12-3 头发中 EtG 的分析方法及灵敏度比较

清洗	头发处理/提取	衍生化	样品量(mg)	检测方法	LOD(pg/mg)	LOQ(pg/mg)	参考文献
甲醇/丙酮	剪成约 1 mm 片段,2 mL 水,30℃超声粉碎 2 h,离心,上清液 30℃氮气吹干	BSTFA/吡啶	100	GC-MS(EI)	100	300	Alt,2000
Tween80/水	剪成 1 mm 片段,8 mL 水,$V_{正己烷}$:$V_{水}$=1:1,MAE 110℃ 11 min,离心,50℃恒温氮气浴烘干	BSTFA/吡啶	100	GC-MS(EI)	100	300	Alvarez,2009
水/丙酮	剪成约 1 mm 片段,2 mL 水超声粉碎 2 h,室温过夜,离心,上清干燥	PFPA	100	GC-MS(EI)	25	50	Jurado,2004
水/丙酮	粉碎,2 mL,$V_{甲醇}$:$V_{水}$=1:1,孵育过夜,SPE(氨丙基柱)提取	PFPA/PFPOH	100	GC-MS(NCI)	31	—	Yegles,2001
正己烷	球磨粉碎,2 mL 水超声粉碎 2 h,离心,SPE(氨丙基柱)提取	PFPA/PFPOH	30	GC-MS(NCI)	2	4	Appenzeller,2007
甲醇/水	1 mL 水,超声过夜,阴离子交换 SPE(Oasis MAX)提取	乙酸乙酯/BSTFA	10	GC-MS/MS	10 pg/mL	20 pg/mL	Paul,2008
水/丙酮	球磨粉碎 2 min,1 mL 水,超声浴 2 h,阴离子交换 SPE(Oasis MAX)提取	PFPA	30	GC-NCI/MS/MS	3	8.4	Kharbouche,2008
甲醇/丙酮	球磨粉碎,2 mL 水超声粉碎 2 h,阴离子交换 SPE(Oasis MAX)提取	PFPA	20~30	GC-MS(NCI)	0.7	2.3	Kerekes,2009
水/丙酮/甲醇	球磨粉碎,1.5 mL 水/3.5 mL 乙腈 45℃ 12 h,超声 1 h,100 μL HCl(0.1 mol/L)离心,SPE(氨丙基柱)提取	—	50	LC-APCI-MS	40	50	Klys,2005
甲醇/丙酮	剪成小片段,1.5 mL 水,50℃超声粉碎 3 h 3.5 mL 乙腈,0.1 mL HCl(3 mol/L),SPE(氨丙基柱)提取	—	100	LC-MS/MS	51	102	Janda,2002

续 表

清洗	头发处理/提取	衍生化	样品量(mg)	检测方法	LOD(pg/mg)	LOQ(pg/mg)	参考文献
二氯甲烷/甲醇	剪成 1 mm 片段,700 μL 水,20 μL 甲醇孵育过夜,超声粉碎 2 h	—	50	LC-ESI/MS/MS 负离子模式	2	—	Morini,2005
二氯甲烷/甲醇	剪成 1~2 mm 片段,700 μL 水,20 μL 甲醇 25℃过夜,超声粉碎 2 h,离心	—	100	LC-ESI/MS/MS	2	3	Politi,2007
二氯甲烷	剪成 1 mm 片段,2 mL 水超声粉碎 2 h,离心,阴离子交换 SPE(Oasis MAX)提取	—	50	LC-MS/MS	2	10	Kintz,2008
二氯甲烷/甲醇	剪成 1~2 mm 片段,700 μL 水,20 μL 甲醇 25℃过夜,超声粉碎 2 h,离心	—	100	UPLC-ESI/MS/MS	0.9	2.5	Bendroth,2008
水/丙酮	研磨,2 mL 水,超声,过 SPE 柱。	HFBA	50	GC-NCI/MS/MS	0.6	2.8	Agius,2010
二氯甲烷/甲醇	0.5 mL 水/甲醇(35:1,v/v)孵化 15 h,超声 90 min	—	50	LC-MS/MS	0.5	1.0	Pirro,2013
水/二氯甲烷	2 mL 水,0℃超声 2 h	—	30	LC-MS/MS	1.0	3.0	Imbert,2014
二氯甲烷/甲醇	研磨,0.5 mL 水孵化过夜	—	75	LC-MS/MS	1.7	2.3	Albermann,2012

本书作者研发的 LVI-GC-MS/MS 法测定头发中的 EtG,提高了检测灵敏度,其准确度、精密度、回收率均满足头发中 EtG 测定的需要,也是国内首次将大体积进样方法用于头发样品的测定。大体积进样(Large Volume Injection,LVI)通过程序升温蒸发(Programmable temperature vaporizing,PTV)进行溶剂排空,优化分流排空量、吹扫时间、PTV 温度及其进样体积等参数,与传统进样 1 μL 相比,可将灵敏度至少提高 1~2 个数量级。气相色谱-串联质谱联用法(GC-MS/MS)在低目标物浓度,高基质背景的情况下,具有特殊的消除背景干扰、进行离子选择的能力。将 20 mg 头发样品超声 1 h 后浸泡过夜,采用蛋白沉淀法去除杂质,经衍生化后采用 LVI-GC-MS/MS 分析,检出限为 5 pg/mg。

LC-MS/MS 因样品前处理简便、无须衍生化而在实验室广泛使用,由于 EtG 为阴离子,需要采用 ESI 负离子模式。采用反相色谱柱时由于出峰早,基质效应影响大。增大流动相中水相比例有利于 EtG 在色谱柱上保留,柱后加乙腈可增强离子化强度。也可采用亲水性的 HILIC 或 silica 色谱柱,在流动相中增大乙腈比例解决。

四、结果解释

随着分析方法的发展,已可检测到 pg/mg 级的头发中 EtG 浓度。按照头发一般 1 cm/月的生长速度,从发根起采集一定长度的头发样品,可获得被检者某一特定时间的酒精滥用信息,区分酗酒者、日常饮酒者和不饮酒者,解决法科学和临床医学领域面临的诸多问题。

1. EtG 进入毛发途径

EtG 为强极性、高亲水性的化合物,在生理状态 pH 下呈阴离子型,难以与黑色素结合,难以进入毛发。最初认为进入毛发的主要途径可能为汗液等,然后沉积在毛发。EtG 在汗液中的排泄效率本身非常低,其浓度与血中浓度相差约两个数量级。这种进入毛发途径在很大程度上取决于周围温度、体育锻炼和个人出汗倾向,因而可能导致毛发中 EtG 浓度个人差异较大。

但是,更多研究表明,毛发中 EtG 浓度与血浆药时曲线下面积(AUC)具有正相关性(Kharbouche,2010)。同时,Kharbouche 利用大鼠给药实验证实,EtG 可由血液进入毛发。灌胃乙醇后大鼠毛发中检出 EtG,因大鼠无汗腺,故血液可能是 EtG 进入毛发的另一途径。Schrader(2012)通过志愿者实验也证实,EtG 进入毛发的主要途径为血液。志愿者每天剃胡须,摄入 153~200 g 乙醇后 9 h,胡须中即可检出少量 EtG。第 2~4 天的胡须中 EtG 升至最高浓度 182 pg/mg,242 pg/mg 和 74 pg/mg,然后再逐渐下降,至第 8 天,胡须中浓度低于定量限。这些进入毛发机制研究对于结果解释非常重要。

2. 头发中 EtG 浓度研究

作者实验室按照采用 LVI-GC-MS/MS 法对不同人群头发样品进行 EtG 检

测,结果见表 12-4。从表可见,6 例从未饮酒者的头发样品中均未测得 EtG,有明确饮酒史的 15 例头发样品中,有 1 例未测得 EtG,可能与其饮酒量少有关,其余 14 例均检出 EtG,头发中 EtG 浓度范围为 5~66 pg/mg。随着日均饮酒量的增加,头发中 EtG 浓度也相应增加,但这种增加趋势与饮酒量之间不存在相应的线性关联。样品 D03,饮酒量为 25 g/d,头发中 EtG 浓度却达 31 pg/mg,与相似饮酒量的头发样品中 EtG 浓度不一致,推测可能与个人的酒精代谢有关,慢代谢者体内蓄积的酒精多,相应的蓄积在头发中的 EtG 可能增多。

表 12-4 不同人群头发样品中 EtG 的检测结果(按饮酒量从低到高排列)

样品号	性别	年龄	头发颜色	饮酒史(平均每日饮酒量折算成酒精)	EtG 浓度 (pg/mg)
N01[a]	女	13	黑色	从未饮酒	ND[c]
N02	女	7	黑色	从未饮酒	ND
N03	女	7	黑色	从未饮酒	ND
N04	男	9	黑色	从未饮酒	ND
N05	女	8	黑色	从未饮酒	ND
N06	女	12	黑色	从未饮酒	ND
D01[b]	男	28	黑色	每周饮酒 1 次,饮酒量约为 10 g/d	ND
D02	男	43	黑色	经常饮白酒,饮酒量约为 20 g/d	5
D03	男	24	黑色	经常饮白酒,饮酒量约为 25 g/d	31
D04	男	52	灰白	每周饮酒 2~3 次,饮酒量约为 30 g/d	5
D05	男	45	灰白	1 日 2 两白酒,饮酒量约为 50 g/d	5
D06	男	50	黑色	每天半斤黄酒,饮酒量约为 63 g/d	8
D07	女	51	灰白	每天饮酒,饮酒量约为 100 g/d	10
D08	男	40	黑色	一日两顿白酒,饮酒量约为 100 g/d	20
D09	男	46	灰白	每天 1 斤黄酒,饮酒量约为 125 g/d	11
D10	男	52	灰白	每天半斤白酒,饮酒量约为 125 g/d	5
D11	男	38	黑色	常饮酒,饮酒量约为 150 g/d	48
D12	男	46	黑色	常饮酒,饮酒量约为 150 g/d	40
D13	男	56	灰白	一日两顿白酒,饮酒量约为 150 g/d	29
D14	男	56	黑色	每日 7 两白酒,饮酒量约为 175 g/d	55
D15	男	53	黑色	每日 8 两白酒,饮酒量约为 200 g/d	66

a: N 表示从未饮酒者;b: D 表示有饮酒行为者;c: ND 表示未测到。

考察头发的颜色与头发中 EtG 浓度的关系后发现,同样饮酒量的头发样品,黑色头发中 EtG 浓度要高于灰白色头发中 EtG 浓度(如 D07-08;D11-13),这可能与 EtG 与头发结合的机制有关,含黑色素多的头发可能结合更多的 EtG。虽然目前外源性物质与头发结合的机制尚未完全清楚,但通常认为外源性物质主要是通过与黑色素结合而进入头发,故黑色头发结合的外源性物质往往要比非黑色头发结合的多。

Alt(2000)对31例头发样品(分别来自16例有酒精滥用史的尸体;4例已明确诊断酗酒的病人;6例每天饮酒20 g的日常饮酒者;5例儿童)进行分析,其中18例检测到EtG,但2例有酒精滥用史的尸体头发却未能发现EtG,推测可能是受染发的影响。日常饮酒者和儿童的头发中未检测到EtG。Skopp(2000)在此基础上,分析了11例无烫染等处理的头发样品,其中6例EtG阳性,均为有酒精滥用史者。Yegles(2004)还进行了头发分段分析,发现不同段头发中EtG的分布不同,从近头皮端到发梢逐渐降低。

一次饮酒可使头发中EtG呈阳性。3名志愿者饮酒(153~200 g乙醇)后2~4 d,胡须中EtG浓度在74~242 pg/mg,此时主要为汗液污染,后随着不断洗发等逐渐减小(Schrader,2012)。清洗过程不当或漂白、烫染等头发处理过程会使头发中EtG的浓度减少,出现假阴性结果。进行结果解释时应当结合多种因素,综合考虑。

3. 判断阈值

头发中的EtG是一个具有应用价值的判断酒精滥用的生物学标志,但至今仍无明确的界定值。对于设定区分酗酒者与日常饮酒者的判断阈值(cut-off),目前不同的实验室有不同的指标。在以前的研究中发现:日常饮酒者(>0~60 g乙醇/d),头发中EtG浓度均值为7.5 pg/mg(95% CI:4.7~10.5 pg/mg);酗酒者(>60 g乙醇/d)头发中EtG浓度均值为142 pg/mg(95% CI:99.9~185.5 pg/mg);长期、严重酗酒者头发中EtG浓度均值为586.1 pg/mg(95% CI:177.2~995.0 pg/mg)。不同饮酒人群之间受多种因素影响,头发中EtG浓度有重叠、交叉。由于许多食物、饮料中可能还有少量乙醇,目前,一般认为头发中EtG浓度<1 pg/mg为阴性结果,大于30 pg/mg被认为是酗酒的强有力证据。因此,Yegles(2004)强烈建议将30 pg/mg作为区分酗酒与日常饮酒的判断阈值。Bendroth(2008)用100 mg头发测定EtG时,也设定阈值是30 pg/mg,检测了65例头发样本,其中49例浓度为7.5~10 400 pg/mg,其中39例在临界值之上。Kintz(2008)所在实验室根据文献报道的数据(表12-5),则设定50 pg/mg为区分日常饮酒和酗酒的阈值。Kerekes(2009)在比较了头发和其他毛发结果之后,认为7 pg/mg可作为区别饮酒(包括日常饮酒和酗酒)与非饮酒的阈值,25 pg/mg作为日常饮酒与酗酒者的阈值,Pragst(2008)也认同此结果。

2019年底,国际毛发分析协会就毛发中乙醇标志物的应用达成协议,见附件2。

表12-5 文献报道的EtG浓度范围(pg/mg)

文献	日常饮酒者	酗酒者
Janda(2002)	未测到	50~13 200
Morini(2006)	2~35	2~4 180
Yegles(2004)	未测到	72~3 380
Jurado(2004)	未测到	70~750

4. 不同部位毛发 EtG 浓度比较

当不能采集到头顶部的头发时,其他部位的毛发是否可以替代头发是很多学者关注的。Kerekes(2009)比较了 32 例头发、胡须、胸毛、腋毛、阴毛、腿毛等的 EtG 浓度。32 例中包括从不饮酒者、日常饮酒者(10~40 g/d)和酗酒者(>60 g/d),且 25 例的饮酒情况是已知的。以 7 pg/mg 为区分饮酒与非饮酒者的阈值,12 例头发检测结果阴性,但其中 5 例阴毛 EtG 浓度大于 7 pg/mg;20 例头发检测结果阳性,阴毛 EtG 浓度大于头发中的 EtG 浓度。Kintz(2008)的研究也证实了这一结果。可能原因是头发的生长速度快(平均 1 cm/月),而阴毛几个月甚至几年才长 1 cm。同时阴毛还可能受到尿液和汗液的污染。研究显示腋毛的 EtG 浓度小于头发,其他部位(除阴毛、腋毛外)的毛发中 EtG 的浓度与头发相似(表 12-6,表 12-7)。

表 12-6　头发 EtG 结果阴性时其他部位毛发中 EtG 的浓度(pg/mg)

编号	头发	胡须	腋毛	腹毛	阴毛	腿毛	日饮酒量(g)
S01	3				17		20
S02	3				5		20
S09	3	<3					<10
S15	未测到		<3		5	<3	<1
S18	未测到					5	10~20
S21	<3		6		20		<10
S25	4				6		<10
S27	3				9		<10
S28	7	7	未测到	7	10	5	<10
S30	未测到				未测到		0
S31	6				160		未知
S32	未测到				<3		0

注:空白栏为没有得到样本。

表 12-7　头发 EtG 结果阳性时其他部位毛发中 EtG 的浓度(pg/mg)

编号	头发	胡须	腋毛	胸毛	腹毛	阴毛	腿毛	日饮酒量(g)
S03	112			46				未知
S04	1 446		47	778				未知
S05	15		38					未知
S06	180					3 366		80~100
S07	12				9		8	20
S08	12					90		10~20
S10	8			8		32	33	10~30
S11	10	16		12	16		20	10~20
S12	35	132	14	53	54	222	172	50~60
S13	17						10	20~25
S14	41					76		40

续 表

编号	头发	胡须	腋毛	胸毛	腹毛	阴毛	腿毛	日饮酒量(g)
S16	8					154		10~20
S17	38			64			46	60~80
S19	29		9	30		68	29	40~50
S20	408		54			19 647		未知
S22	399					15 765		未知
S23	17		13	12	38	1 174		20~30
S24	15		26	26		151	61	20~30
S26	176			322		4 312	596	>60
S29	44		14			429		未知

注：空白栏为没有得到样本。

5. EtG 与药物的关系

Paul(2008)比较了滥用药物组(57 例)与非用药组(42 例)的 EtG 浓度，发现有滥用药物行为者头发中的 EtG 浓度明显比不用药者要低(图 12-4)。Klys(2005)还研究了一例氯丙咪嗪对长期饮酒者的毒性，一方面长期饮酒会加快药物代谢，因而酗酒者的药物剂量应有别于非饮酒者，另一方面，急性饮酒最基本的影响是阻断药物代谢，因此需要综合药物与酒精的相互作用。

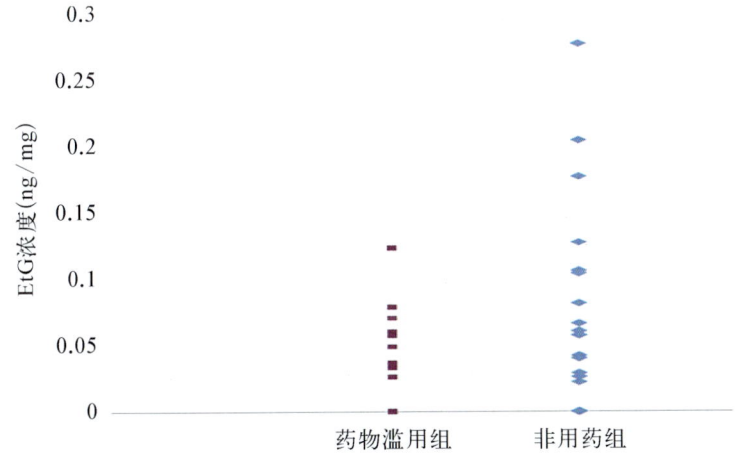

图 12-4　滥用药物组与非用药组头发中 EtG 浓度的比较

6. 稳定性

Kharbouche(2008)对两例尸体头发样品进行分析，在黑暗室温下放置几个月后，头发中 EtG 的浓度仅下降 15%，说明 EtG 在头发基质中稳定性较好。

7. 漂白及色素的影响

漂白会导致头发中 EtG 浓度的降低。Yegles(2004)用商品化的美发产品对头发进行漂白,发现 EtG 的浓度下降了 78%。Appenzeller(2007)检测了 21 个样本,EtG 浓度范围为 6~1 239 pg/mg,发现色素对头发中 EtG 的浓度没有影响。无色素头发与有色素头发中 EtG 的浓度无明显差异。

毛发护理用品也可能导致另一问题,假阳性结果。Sporkert(2012)报道,一些植物护发品中含有 EtG 成分,浓度在 0.07~2.7 mg/L,EtG 的生成可能是在乙醇提取植物、花草等过程中产生。使用该产品后可导致头发中 EtG 浓度至 910 pg/mg。这种头发假阳性结果可通过检测护发用品、其他部位毛发等加以排除。

五、阳性数据

Appenzeller(2007)分析了 15 例有明确酗酒行为者的头发,头发用正己烷去污染,经球磨粉碎后,加入 2 mL 去离子水超声 2 h,固相萃取后用 GC-MS(NCI)法进行分析,阳性结果如表 12-8 所示。

表 12-8 头发中 EtG 浓度的阳性数据

样品号	γ-GT	AST	ALT	戒酒天数	EtG(pg/mg)
1	54	26	36	11	116
2	945	34	35	1	71
3	104	57	60	1	233
4	75	59	70	1	137
5	57	26	18	0	40
6	81	—	—	60	36
7	291	52	51	0	24
8	35	26	35	0	65
9	—	—	—	—	261
10	193	48	36	3	140
11	27	17	7	0	26
12	180	78	39	9	78
13	60	—	—	23	126
14	67	43	36	0	259
15	770	150	82	5	88

注:γ-GT=γ-谷氨酰转移酶;ALT=丙氨酸转氨酶;AST=天冬氨酸转氨酶。

Bendroth(2008)比较了 70 例法医尸体解剖案件中确证有酒精滥用史的头发中 EtG 和血液中的 PEth(磷脂酰基乙醇)浓度。头发用二氯甲烷和甲醇清洗,剪成 1 mm 片段,用 700 μL 水、20 μL 甲醇 25℃浸泡过夜,提取后离心取上清液,用 UPLC/ESI-MS/MS 法分析。阳性结果见表 12-9。

表 12-9　酒精滥用者头发中的 EtG 和血液中 PEth 浓度的比较

案例号	性别	年龄	血 PEth(μmol/L)	头发 EtG(pg/mg)
P02	男	61	—	450
P03	女	65	<0.7	32
P04	女	52	—	1 240
P05	男	51	<0.7	110
P07	男	20	1.9	180
P08	女	68	3.4	170
P12	男	56	6.9	380
P13	男	52	<0.7	360
P14	女	41	7.8	130
P15	男	59	—	190
P16	男	54	6.6	990
P17	男	45	<0.7	47
P20	男	49	7.6	83
P21	男	36	2.9	52
P22	男	67	3.0	350
P23	男	52	<0.7	110
P25	男	40	3.8	260
P27	女	59	1.8	200
P28	男	48	2.8	—
P30	男	50	12	1 110
P32	男	53	5.5	410
P34	男	41	1.5	<30
P36	女	23	<0.7	140
P37	男	67	7.3	600
P38	男	68	8.6	160
P40	男	39	3.3	230
P41	男	28	—	300
P45	女	63	9.4	10 400
P46	女	64	<0.7	78
P47	男	62	16	2 700
P48	男	34	<0.7	130
P49	男	53	4.0	—
P50	女	41	<0.7	37
P51	男	54	—	170
P53	女	20	3.4	49
P54	男	35	12	76
P57	男	31	—	130
P60	女	57	19	650
P62	男	64	—	300
P65	男	50	4.4	190
P66	男	53	4.4	—

续 表

案例号	性别	年龄	血 PEth(μmol/L)	头发 EtG(pg/mg)
P67	男	57	4.4	170
P68	男	50	4.4	<30
P69	男	24	0.71	58
P70	男	59	6.9	—

注：头发中 EtG 的 cut-off 值为 ≥30 pg/mg，血液中 PEth 的 cut-off 值为 ≥0.7 μmol/L。

六、典型案例

检测头发中的 EtG 可以作为血、尿检查的辅助手段，判断醉酒驾驶，或在交通肇事逃逸案件中提供酒后驾车的证据(Yegles,2004)。此外，很多滥用药物者都有酗酒的习惯，酒精和药物协同作用有时会加快代谢，导致死亡，分析死者头发中 EtG 可以协助判断死因。

目前检测头发中的 EtG 已经被一些实验室作为常规项目应用于法科学领域，表 12-10 显示了 7 个离婚案例中头发分析结果。7 例样品中检测到的 EtG 都在定量限之上，其中两例头发分析结果显示除饮酒外未摄取其他违禁药物，而其他五例头发中还检测到了其他滥用药物。这些检测结果都在法庭上被用作证据，引导离婚案的宣判(Jurado,2004)。

表 12-10　7 个离婚案件中 EtG 的头发分析结果

样品	性别	长度(cm)	分段	EtG 浓度(pg/mg)	其他滥用药物
1	女	36	3	50~70	—
2	女	20	3	70~90	—
3	女	12	3	60~320	可卡因,阿片制剂,美沙酮,大麻
4	男	4	1	460	可卡因,大麻
5	男	4	1	750	可卡因,大麻,MDMA,MDA
6	男	5	1	70	可卡因
7	男	10	2	70~90	可卡因,美沙酮,大麻

第三节　毛发中 FAEE 的分析

除 EtG 外，头发中的 FAEE 也被证明是一种检测酒精滥用的可行的生物学标志物，测定头发中 FAEE 的水平可以帮助区分酗酒者，日常饮酒者和从不饮酒者(Yegles,2004)。

一、FAEE 的生物学特性及体内代谢

脂肪酸乙酯(FAEEs)是一组乙醇的非氧化型代谢产物,是乙醇通过酯化作用,与内源性脂肪酸或脂酰辅酶 A 结合形成的物质,目前已知有 20 多种成分,多数情况下,仅检测其中的含 12~20 个碳原子的脂肪酸,如月桂乙酯(ethyl laurate,E12)、肉豆蔻酸乙酯(ethyl myristate,E14)、棕榈酸乙酰(ethyl palmitoleiate,E16∶1)、棕榈酸乙酯(ethyl palmitate,E16,EtPa)、油酸乙酯(ethyl oleate,E18∶1)、硬脂酸乙酯(ethyl stearate,E18)、亚油酸乙酯(ethyl linoleate,E18∶2)、花生四烯酸乙酯(ethyl arachidonic acid,E20)等。最常检测的四种 FAEE 的结构式如图 12-5 所示。

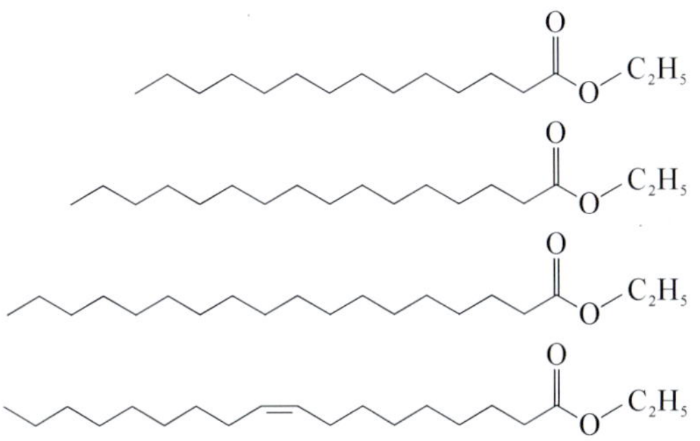

图 12-5 肉豆蔻酸乙酯(ethyl myristate,E14)、棕榈酸乙酯(ethyl palmitate,E16)、油酸乙酯(ethyl oleate,E18∶1)、硬脂酸乙酯(ethyl stearate,E18)的结构式

Lange(1981)首次对摄入乙醇后,在酶作用下形成 FAEE 的过程做了描述,之后 Laposata(1986)进一步对 FAEE 的体内代谢进行了研究。FAEE 是乙醇与内源性脂肪酸、甘油三酯、脂蛋白、磷脂等,在特殊的细胞质和微粒体 FAEE 聚合酶以及通用酶羧酸酯酶、脂蛋白酶、胆固醇酯酶作用下形成(图 12-6)。FAEE 聚合酶主要存在于肝脏、胰腺、心肌、脂肪组织、脑组织和白细胞中(Doyle,1994)。血液中 FAEE 最初和最终的半衰期分别为 3 h 和 10 h,血清中 FAEE 与血液中乙醇浓度平行相关,若乙醇浓度>1.5 g/L,则 FAEE 的总浓度为 1~3 μmol/L,且血液中的 FAEE 在摄入乙醇后 24 h 内仍可测得(Dan,1997)。摄入乙醇后,除了可在血液中检出 FAEE,其他组织中也可测得,有很多学者一直致力于研究肝脏和脂肪组织中的 FAEE 作为检测酒精滥用的指标,还有学者认为胎粪中的 FAEE 分析有助于诊断新生儿是否在宫内接触酒精(Refaai,2002;Moore,2003)。

和其他药物类似,FAEE 也能在头发中沉积,但其机制目前尚未完全清楚。人体几乎所有组织都有合成 FAEE 的活性。Auwarter(2001)认为 FAEE 有可能通过以下途径结合并渗入至发质中:酯类通过全身血液循环或周围组织进入发根细胞,乙醇渗入发根细胞与脂肪酸在胞内结合成酯,或由皮脂腺合成 FAEE 分泌进入

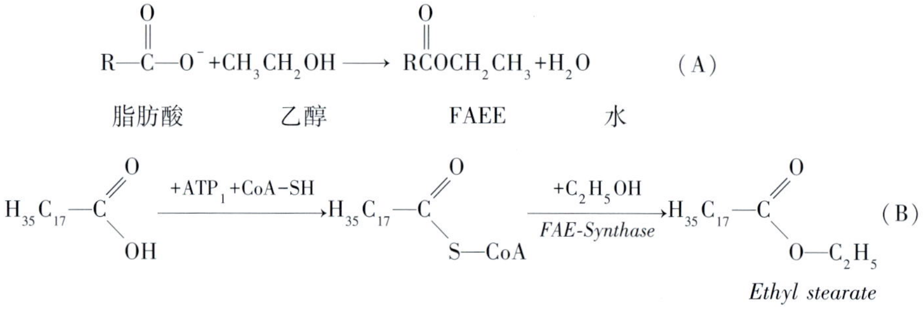

$$R-\overset{O}{\underset{\|}{C}}-O^- + CH_3CH_2OH \longrightarrow RCOCH_2CH_3 + H_2O \quad (A)$$

脂肪酸　　　　乙醇　　　　　FAEE　　　水

$$H_{35}C_{17}-\overset{O}{\underset{\|}{C}}-OH \xrightarrow{+ATP_1+CoA-SH} H_{35}C_{17}-\overset{O}{\underset{\|}{C}}-S-CoA \xrightarrow[FAE-Synthase]{+C_2H_5OH} H_{35}C_{17}-\overset{O}{\underset{\|}{C}}-O-C_2H_5 \quad (B)$$

Ethyl stearate

图12-6　(A) FAEE的合成,(B) 以硬脂酸乙酯(Ethyl stearate)为例的FAEE形成途径

发根上部,分布在头发表面并渗入发质。随着皮脂细胞的溶解,胞内成分释放进入皮脂管,皮脂腺排入每个毛发滤泡的毛发管内,头发到达皮肤表面时,便浸入皮脂中,FAEE随即结合至发质中。也有人认为FAEE主要是通过血液循环扩散到头皮,再经毛发滤泡结合入发干(Balikova,2005)。

Kintz(2015)采用GC-MS方法对头发中15种不饱和、支链和饱和FAEEs测定,其中的肉豆蔻酸乙酯(E14:0)、棕榈酸乙酯(E16:0)、油酸乙酯(E18:1)和硬脂酸乙酯(E18:0)已被应用常规分析。从头发高浓度的外脂层和沿毛干的分段分析发现,头发中的FAEEs主要由皮脂腺合成,并通过不断更新、生长的皮脂层进入头发。该进入毛发的机制促使FAEEs在整个头发长度上积累,浓度从发根至发梢逐渐增加。因此,头发中FAEEs不能用于推断饮酒史,但可用于判断戒酒。

二、样品处理

1. 脱污染

为了去除污染和头发上的油脂,必须对所采集的头发样本进行去污处理。一般直接用去离子水清洗数遍,空气中自然干燥即可,也有文献报道用n-庚烷、0.1%十二烷基硫酸酯等清洗。参考清洗方法如下:

(1) 尸检头发样品,先用去离子水洗2遍,再用n-庚烷清洗;活体头发样品直接用n-庚烷洗2遍即可。

(2) 取头发样品,分别用1%十二烷基硫酸酯和去离子水清洗。

头发自然晾干后,用剪刀剪成1~2 mm的小段,或者用球磨粉碎机磨成粉。

2. 提取

FAEE是非极性物质,很容易在碱性介质中水解,因此,必须选用亲脂性的溶液在温和的条件下提取,而不能采用碱消化、酶解等剧烈的方法。

常用的水解方法为溶剂浸提法:取洗净、剪细头发30 mg,添加四种内标肉豆蔻酸乙酯(E14)-d_5,棕榈酸乙酯(E16)-d_5,硬脂酸乙酯(E18)-d_5,油酸乙酯(E18:1)-d_5各20 ng,加入0.5 mL二甲基亚砜,2 mL n-庚烷,于室温下孵育20 h。

收集 n-庚烷层，挥干后采用 HS‑SPME 和 GC‑MS 联用法，用选择离子模式（SIM）分析（Yegles,2004）。

3. 富集与纯化

为提高目标物的回收率，并简化操作，增强自动化水平，近几年出现了新的改良抽提法——顶空固相微萃取（HS‑SPME）。顶空固相微萃取是固相萃取法的改良，HS‑SPME 一般与 GC‑MS 联用，是全自动化的分析方法，待测样品可以进行多目的分析，所需样品量少，常用于检测头发中的挥发性、半挥发性的亲脂性药物（Sporkert,2000）。

HS‑SPME 提取头发中 FAEE：在液-液法提取的残留物中加入 1 mL 磷酸缓冲液（0.1 mol/L,pH=7.6）和 0.5 g NaCl，充分混匀后，置于多用进样器上，待 HS‑SPME 及质谱分析。优化后的 HS‑SPME 的仪器条件如下：90℃下预热 5 min，并伴以 250 r/min 的搅动；90℃下采用 65 μm 的聚二甲基硅氧烷/二乙烯基苯（PDMS/DVB）纤维顶空吸附 30 min，并伴以 150 r/min 的搅动；最后在 260℃下解吸 15 min。搅动模式为右转 60 s，间歇 30 s，再左转 60 s，间歇 30 s，如此循环（Pragst,2001）。

4. 讨论

由于 FAEE 具有亲脂性，采用正庚烷清洗两次，可除去最近皮脂分泌或护发用品中产生的外部脂质，但不能过度清洗，否则造成头发中目标物的损失。应避免使用塑料材料，所有前处理步骤应在玻璃瓶或铝制器皿中进行（kintz,2015）。

早期提取头发中的 FAEE 都是用液-液法，提取溶液必须要对头发基质有足够的膨胀作用，并且能够有效溶解酯类。以前的研究显示，非极性溶液如己烷、丙酮不适合做提取液，因为他们不能使发质膨胀（Rothe,1995）。最初的实验是用甲醇提取，但进一步的研究表明，用甲醇提取会使部分乙酯转变为甲酯，故甲醇和其他酒精类提取液都被排除。后又采用二甲基亚砜（DMSO）/正己烷混合溶液提取，但由于正己烷具有毒性危害，逐渐被 n-庚烷替代。目前最常用的并被证明最合适的提取液是二甲基亚砜（DMSO）/n-庚烷混合溶液。

Pragst（2001）还对提取时间进行了优化，50 mg 酒精滥用者的头发用二甲基亚砜（DMSO）/n-庚烷混合溶液提取，分别提取 3~24 h，结果表明 14 h 是最合适的提取时间，并且 14 h 后对已经提取过的同一头发进行再提，只能回收少于 4% 的目标物，进一步证明了 14 h 的最优性（图 12‑7）。

研究表明，用 HS‑SPME 的提取效率随样本量的增加而降低（Sporket,2000），对于提取 FAEE 来说，Pragst（2001）的研究也证实了这一结果（图 12‑8）。HS‑SPME 最高的提取效率（32%~39%）出现在头发样本量为 5 mg 时，之后随着样本量的增加，提取效率逐渐降低，100 mg 头发时，HS‑SPME 提取效率仅为 10%。因此，在实际应用中，头发样本量取 5~10 mg 比较合适。

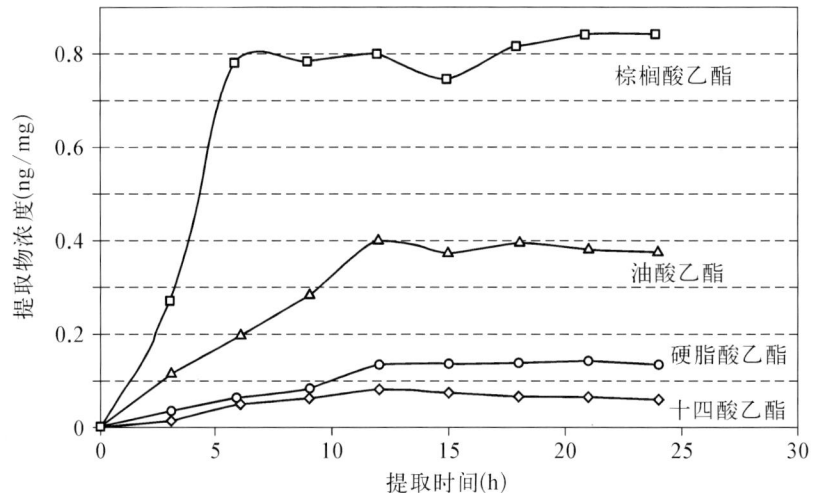

图 12-7 液-液法提取时间对提取头发中 FAEE 浓度的影响

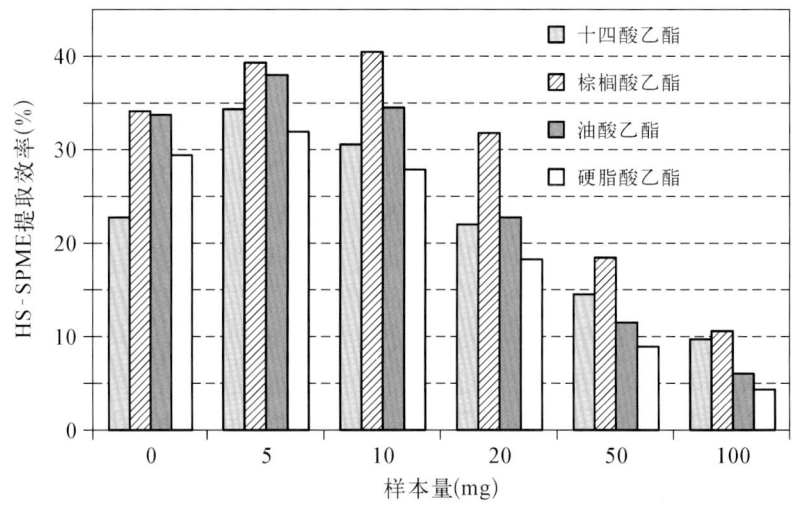

图 12-8 样本量对 HS-SPME 法抽提头发中 FAEE 效率的影响

(1 mL pH 7.6 的磷酸缓冲液,0.5 g NaCl 和 40 ng 以上四种 FAEE 分别添加于 0,10,20,50,100 mg 空白头发)

十七烷酸乙酯(ethyl heptadecanoate,E17)曾被作为内标使用,但后来发现它是样品成分中的一种,现在多采用 FAEE - d_5 作为内标。Pragst(2001)详述了四种 FAEE 内标[肉豆蔻酸乙酯(E14) - d_5,棕榈酸乙酯(E16) - d_5,硬脂酸乙酯(E18) - d_5,油酸乙酯(E18:1) - d_5]的准备过程:5 mL 试管中,将 50 μL 乙醇 - d_6 加入 10 mg 游离酸中,用干冰将此混合物降温至 -78℃,再加入 10 μL 亚硫酰二氯,40℃孵育 2 h,之后在室温下用氮气吹走多余的 $SOCl_2$ 和乙醇 - d_6。油状残留物(11~12 mg)溶解于氯仿中,浓度为 2 mg/mL,0~4℃储存待用(表 12-11)。

表 12-11 FAEE 的分析方法以及灵敏度比较

样 品 处 理	内 标	检测方法	检测物质	LOD (pg/mg)	LOQ(pg/mg)	参 考 文 献
20 mg 头发剪成 1~3 mm 片段,5 min 振荡混匀, 4 mL 正己烷,0.5 mL 二甲基亚砜 25℃振荡 16 h, 离心取上清液,SPE(氨丙基柱) 提取	50 ng 十七烷酸乙酯	GC-MS(CI)	E12	0.022[a]	0.055~0.219[a]	(Caprara, 2005; Kulaga, 2006)
			E14	<0.010[a]	0.010~0.049[a]	
			E16:1	0.018[a]	0.044~0.177[a]	
			E16	<0.009[a]	0.009~0.044[a]	
			E18	<0.008[a]	0.008~0.040[a]	
			E18:1	<0.008[a]	0.008~0.040[a]	
30 mg 头发剪成 1 mm 片段,0.5 mL 二甲基亚砜, 2 mL n-庚烷 25℃振荡 20 h,HS-SPME	20 ng FAEE-d_5	GC-MS(SIM)	E14;E16; E18:1;E18	10~40	—	(Yegles, 2004)
50 mg 头发剪成 1~3 mm 片段 0.5 mL 二甲基亚砜,2 mL 正己烷,振荡 14 h,离心,HS-SPME	50 ng FAEE-d_5	GC-MS(SIM)	E14	15	50	(Pragst, 2001)
			E16	20	70	
			E18:1	40	120	
			E18	10	40	
100 mg 头发,2 mL V$_{氯仿}$: V$_{甲醇}$ = 1:4 超声水浴 12 h,HS-SPME	—	GC-MS(SIM)	E14;E16; E18:1;E18	—	—	(Pragst, 2000)
n-庚烷清洗,0.5 mL 二甲基亚砜,2 mL n-庚烷 25℃振荡 20 h,HS-SPME	FAEE-d_5	GC-MS(SIM)	E14;E16; E18:1;E18	10~40	40~120	(Wurst, 2004)
30 mg 头发 n-庚烷清洗,剪成 1~2 mm 片段, 0.5 mL 二甲基亚砜,2 mLn-庚烷 25℃振荡 15 h, HS-SPME	20 ng FAEE-d_5	GC-MS(SIM)	E14;E16; E18:1;E18	3~10	—	(Pragst, 2008)
20~50 mg 头发剪成 1 mm 片段,n-庚烷清洗, 0.5 mL 二甲基亚砜,2 mL n-庚烷 25℃振荡 15 h, HS-SPME	40 ng FAEE-d_5	GC-MS(SIM)	E14;E16; E18:1;E18	10~40	40~120	(Hartwig, 2003)

注:a;单位为 pmol/mg;E12=ethyl laurate,月桂乙酯;E14=ethyl myristate,肉豆蔻酸乙酯;E16:1=ethyl palmitoleate,棕榈酸乙酯;E16=ethyl palmitate,棕榈酸乙酯;E18:1=ethyl oleate,油酸乙酯;E18=ethyl stearate,硬脂酸乙酯。

三、分析方法

FAEE 为低极性化合物,适合于气相色谱法分离分析,文献报道的分析方法见表 12-11。比较常用的是以二甲基亚砜/n-庚烷混合溶液提取,再经 HS-SPME 和 GC-MS 联用仪自动检测样品中的 FAEE,内标为 FAEE-d_5。

(1) 分析参考条件一(Pragst,2001)

色谱条件:HP-5MS 毛细管柱(28 m×0.25 mmI.D.,0.25 μm 膜厚,Hewlett-Packard),氦气 5.0 作为载气,以 1.0 mL/min 的流速参与气相色谱分离,真空阀关闭不分流模式下 3.0 min。温控程序:初温 100℃,2 min;20℃/min 程序升温至 300℃,然后在 300℃保持 5 min。

质谱条件:EI 源,进样口温度、界面温度、离子源温度和四级杆温度分别为 260℃、280℃、230℃和 106℃,工作前自动调谐仪器。

此条件下选择离子监测模式(SIM)检测的保留时间和 m/z 值见表 12-12。

表 12-12 GC-MS(SIM)分析头发中的四种 FAEE 及其内标的保留时间和碎片离子

目 标 物	保留时间 Rt(min)	碎片离子(m/z)
肉豆蔻酸乙酯-d_5	9.71	93,106,162,218,261
肉豆蔻酸乙酯	9.92	88,101,157,213,256
棕榈酸乙酯-d_5	10.73	93,106,162,246,289
棕榈酸乙酯	10.75	88,101,157,241,284
油酸乙酯-d_5	11.57	93,106,315
油酸乙酯	11.58	88,101,310
硬脂酸乙酯-d_5	11.67	93,106,162,274,317
硬脂酸乙酯	11.68	88,101,157,269,312

(2) 分析参考条件二(Kulaga,2009)

色谱条件:Kulaga 等(2009)优化了色谱条件,运用 GC-MS-QP2010 进行分析。VF-Xms 毛细管柱(30 m×0.25 mmI.D.,0.25 μm 膜厚),温控程序如下:初温 70℃保持 2 min,然后以 20℃/min 程序升温至 300℃,在 300℃保持 0.5 min。

质谱条件:EI 源,进样口温度、界面温度、离子源温度和四级杆温度分别为 260℃、310℃、230℃和 70℃。

方法评价:FAEE 的 LOD 值为 0.01~0.04 ng/mg,方法的可重复性在 3.5%~16%之间。日间和日内 CV 值均低于 3~5%。

四、结果解释

Fragst(2001)分析了21例酗酒者、10例从不饮酒者和10例社交性饮酒者(饮酒30~60 g/d)的头发。结果显示,21例酗酒者中有15例未在血尿中检测出FAEE,但头发中FAEE的检测结果均为阳性;与此相对照的是10例从不饮酒者的头发,FAEE的检测结果均为阴性;而社交性饮酒者仅有棕榈酸乙酯能在所有样本中被检出,浓度范围为LOD到0.40 ng/mg(平均为0.12 ng/mg),该值明显低于酗酒者头发中棕榈酸乙酯的平均浓度(1.69 ng/mg),8例样品检出油酸乙酯,1例检出肉豆蔻酸乙酯和硬脂酸乙酯,浓度均略高于LOD。此次研究结果说明FAEE的头发分析对诊断酗酒来说,是一种有效的辅助手段。

Musshoff(2002)用二甲基亚砜/n-庚烷混合物抽提,HS-SPME联合GC-MS法分析了头发中四种FAEE(E14:0;E16:0;E18:1;E18:0),同样也发现酗酒者头发中的这四种物质总的浓度(1~29 ng/mg)明显高于社交性饮酒者(<0.8 ng/mg)其中E18:1是所有样品中的主要成分。Chan(2004)也得到了相似的研究结果(图12-9),酗酒者头发中的FAEE浓度明显大于非饮酒者头发中的浓度。

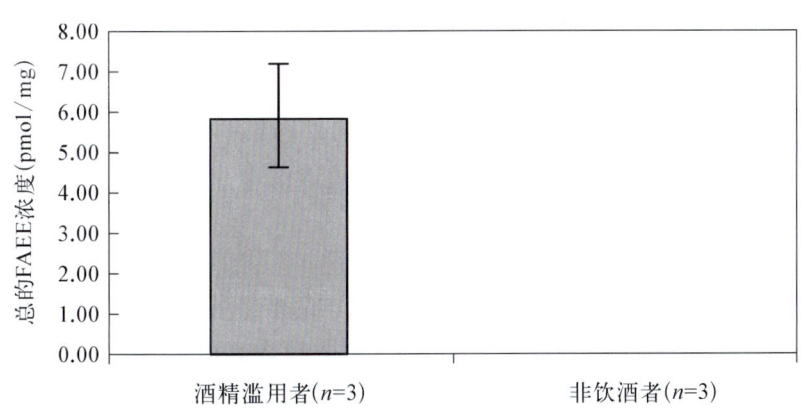

图12-9 成人酗酒者和非饮酒者头发中FAEE浓度的比较

德国Humboldt大学法医研究所的Auwarte(2001)应用一种非常敏感且特异性较强的方法定量分析头发中的四种FAEE(肉豆蔻酸乙酯、软脂酸乙酯、油酸乙酯和硬脂酸乙酯)浓度。他们将研究对象分为A组19例嗜酒者,B组10例饮酒过度的死亡者,C组13例社交性饮酒者和D组5例戒酒者。取这些受试者的头发,根据头发长度分为1~12段。以n-庚烷清洗去除外部脂肪,测定洗液中头发表面的FAEE(e-FAEE)。然后用二甲亚砜/n-庚烷提取并测定沉积于头发内的FAEE(i-FAEE)。研究结果显示,死亡者头发中4种FAEE的总量是2.5~13.5 ng/mg

(平均 6.8 ng/mg);嗜酒者为 0.92~11.6 ng/mg(平均 4.0 ng/mg);社交性饮酒者 0.25~0.85 ng/mg(平均 0.41 ng/mg);戒酒者 0.06~0.37 ng/mg(平均 0.16 ng/mg),嗜酒组 A、B 和非嗜酒组 C、D 间有很明显的差异。个别戒酒者头发内含有低浓度的 FAEE,有可能是自述严格戒酒不属实,或是使用含乙醇的护发用品所致。

Auwarte 还分析了受试者头发距发根 6 cm 以外处的头发段和近发根 6 cm 以内的头发段中的 4 种酯类浓度以及浓度比。其中,A 组 1 例 48 岁的男性嗜酒者头发长 31 cm,研究人员通过对近发根 12 cm 头发和远端头发进行测定发现,从发根至发梢酯类浓度逐渐增加,以油酸乙酯为主,其次为软脂酸乙酯、肉豆蔻酸乙酯和硬脂酸乙酯。e-FAEE 也有相似的分布,但最大浓度在头发远端 21~24 cm 处,且油酸乙酯的比例更高。其他具有相同长期饮酒习惯的受试者也都有类似的分布。而一些自诉已经长期戒酒但又重新饮酒 2~5 周者头发段中的酯类浓度也有相似的分布。B 组受试者头发中的 e-FAEE 和 i-FAEE 与 A 组相似,但浓度比 A 组高。C 组受试者的 i-FAEE 浓度也是从近发根到远发根逐渐增加,但通常 e-FAEE 浓度由近到远而递减。这些受试者皮脂中的 FAEE 浓度比头发中的高得多,由此推测一次性饮酒只会引起 e-FAEE 的增加,不会影响发质中的 i-FAEE 浓度。FAEE 浓度从近到远的不断增加是皮脂沉积的结果,头发不停地受皮脂浸润,FAEE 随着发龄的增加而聚集。长发近头皮端常常被仔细清洗,因而近发根处脂肪沉积减少;而远发根处 FAEE 浓度较高可能是发梢易使外部脂肪渗入发质所致。

FAEE 具有亲脂特性,能从皮脂腺分泌并分布到头发,其产生受激素控制,此外还与年龄、性别、季节相关,头发护理品对其也有影响,个体差异较大,进行结果解释时应当结合多种因素,综合考虑。

1. 美发处理

一些研究人员发现,经过美发处理后,头发中的某些滥用药物的浓度会有所下降(Cirimele,1995;Skopp,1997)。头发中的 FAEE 作为酒精滥用的生物学标志,是否也会受到美容美发产品的影响,成为大家关注的热点。Hartwig(2003)研究了美发处理对头发中 FAEE 的影响,包括洗发香波、烫发、染发、漂白等的作用。研究对象是 75 名志愿者(包括酗酒者、社交性饮酒者、从不饮酒者),他们的头发经过以上美发处理,结果显示烫发、染发、漂白等美发处理不会引起假阴性结果,而头发定型剂会产生假阳性结果。

(1) 洗发香波 由于 FAEE 主要是通过皮脂沉积于头发中,每种洗发香波均能洗去脂肪层,因此推测频繁地使用洗发香波会对 FAEE 与头发的结合有影响。但根据 75 名志愿者头发分析的结果,并没有发现洗发香波使用频率与 FAEE 浓度有相关性。

(2) 烫发、染发和漂白 1 例头发样本已经烫发处理,分析了烫发前和烫发后头发中 FAEE 的浓度,发现 FAEE 的浓度下降了 12%。另 1 例头发样本经过染发处理后头发中 FAEE 的浓度下降了 64%,其中肉豆蔻酸乙酯的浓度下降得最多。12 例尸体头发标本经过染发处理后,并没有发现染发对头发中 FAEE 有影响。研究漂白对 FAEE 的影响时也得到了与染发相似的结论。

(3) 发蜡、除臭剂、定型剂　由于发蜡中本身含有 FAEE 的成分,因此可能会导致假阳性结果。某酗酒者的头发样本(头发中 FAEE 浓度为 3.6 ng/mg,n-庚烷洗液中 FAEE 的浓度为 4.4 ng/mg)经过发蜡处理后,室温下放置 4 天再测,结果显示头发中 FAEE 的浓度下降到 1.6 ng/mg,而 n-庚烷洗液中 FAEE 的浓度上升到 6.3 ng/mg,说明发蜡中的脂质成分难以进入头发基质中,而仅结合于头发表面的脂质层上。除臭剂和头发定型剂中也含有 FAEE 的成分,对 2 名志愿者的研究发现,日常使用除臭剂和定型剂会使头发中 FAEE 的浓度升高,造成酒精滥用的假阳性结果(图 12-10)。(A)中男性 23 岁,平均每天饮酒 4 g,每天早晨均用除臭剂打理胸毛。在他 1.5 cm 长的头发中检出 FAEE 0.14 ng/mg,而 2 cm 长的胸毛中检出 FAEE3.5 ng/mg,其中油酸乙酯的比例下降而硬脂酸乙酯的比例上升。说明胸毛中的 FAEE 主要不是从本身饮酒而来,而是来自每天使用的除臭剂。(B)中男性 22 岁,从不饮酒,但他每天使用头发定型剂,在他 6.5 cm 长的头发中检出 FAEE 浓度为 2.1 ng/mg,n-庚烷洗液中检出 FAEE2.2 ng/mg。并且在该案例中,四种 FAEE 的组成比例与酗酒者头发中 FAEE 的组成相似,可见使用定型剂会造成明显的假阳性结果。

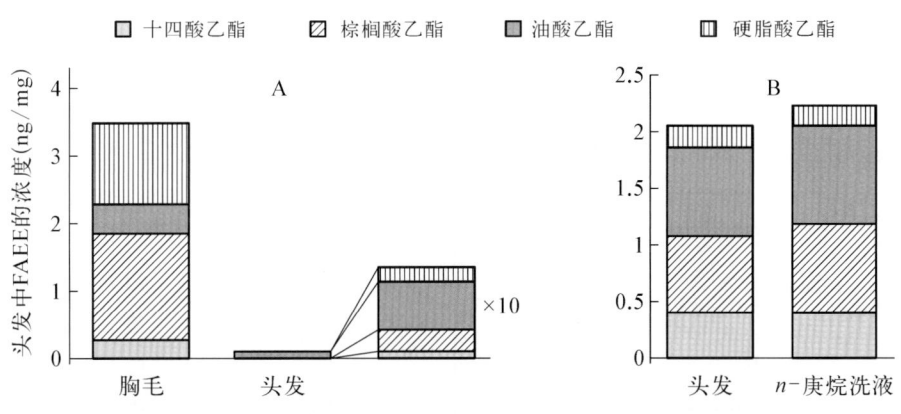

图 12-10　除臭剂(A)和头发定型剂(B)对毛发中 FAEE 的影响

2. 毛发色素

FAEE 是中性、亲脂性物质,而头发中的黑色素比较易于结合阳离子物质,因此推断毛发与 FAEE 的结合不易受黑色素的影响(Nakahara,1999;Borges,2003)。Kulaga 等(2009)为了求证毛发中的色素是否会影响 FAEE 与毛发的结合,首次以 LE 大鼠为模型(该大鼠身上同时长有黑色和白色毛发),分析了经腹腔注射酒精后大鼠毛发中 FAEE 的浓度,通过对比分析发现,毛发中的黑色素对 FAEE 与毛发的结合无影响(图 12-11)。

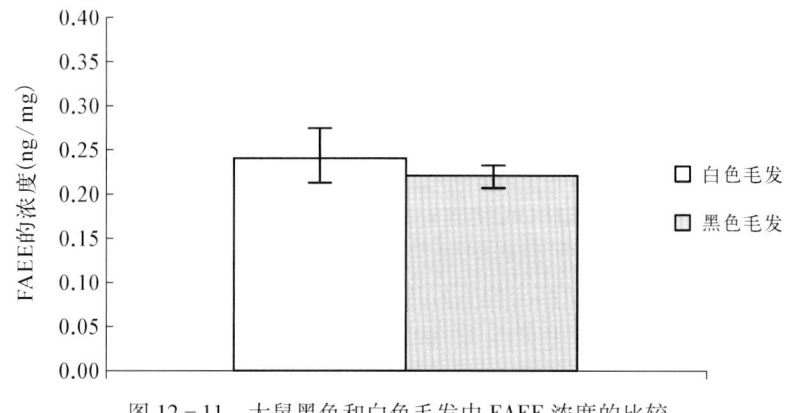

图 12-11　大鼠黑色和白色毛发中 FAEE 浓度的比较

3. 不同部位毛发中 FAEE 浓度的比较

除了头顶部的头发外,其他部位的毛发如阴毛、腋毛、胸毛等是否可以替代头发也是很多学者所关注的。Pragst(2001)对比分析了头发、胸毛、阴毛中 FAEE 的浓度,其中阴毛 FAEE 的浓度最高,但三个部位的浓度差别不大,并且肉豆蔻酸乙酯的浓度几乎相同(图 12-12)。

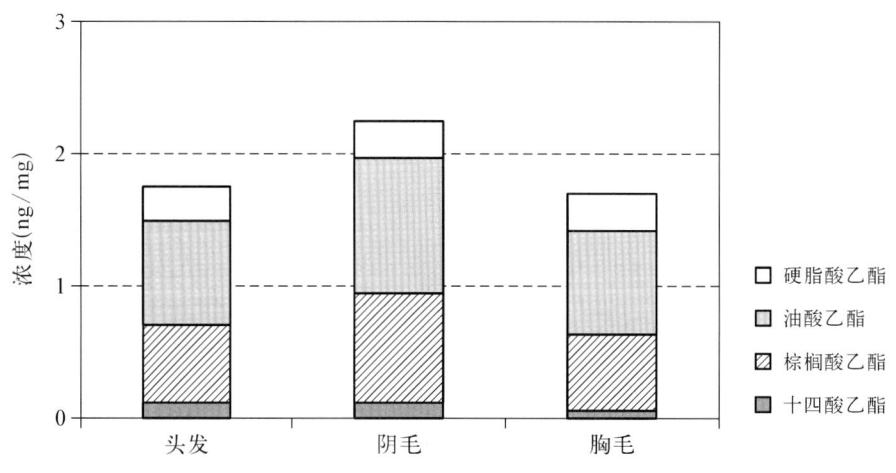

图 12-12　头发、阴毛、胸毛中 FAEE 的浓度比较

Hartwig(2003)研究了三类人群中不同部位毛发的 FAEE 浓度,其中 1 例从不饮酒者,5 例社交性饮酒者,22 例酗酒者,采集他们的头发和阴毛,如果条件允许的话还采集了胸毛、胡须和其他体毛,分析这些毛发中 FAEE 的浓度。结果显示,同

一个体的头发和阴毛、胸毛、腋毛等体毛的检测结果有明显差异(图12-13)。且所有酗酒者的不同部位毛发总的FAEE浓度均>1.0 ng/mg。因此,在采集不到头发样本时,阴毛、腋毛、胸毛等体毛可以替代头发进行检测,或可确证头发分析的结果,或可避免出现由于使用美发处理而使头发分析结果有误的情况。

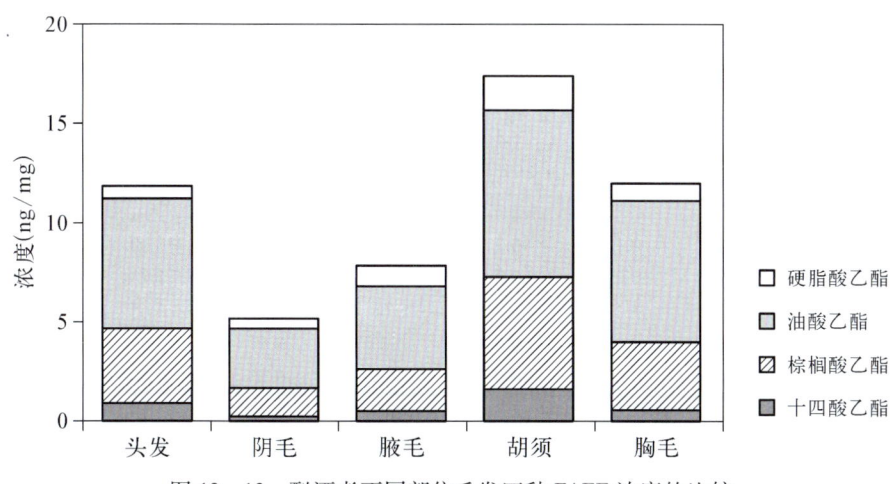

图12-13 酗酒者不同部位毛发四种FAEE浓度的比较

4. 判断阈值

根据现有的研究,社交性饮酒者和从不饮酒者难以用头发中FAEE的浓度来区分,但是对于酗酒者和社交性饮酒者来说,FAEE是一个很好的区分指标。至今所有研究中,已知有酗酒行为者头发中FAEE的浓度范围为0.4~42 ng/mg($n=171$,平均5.0 ng/mg),根据统计学方法评估,可以得到最佳的cut-off值为0.80 ng/mg,该值同时具有95%的灵敏度和95%的特异性,头发中的FAEE高于0.80 ng/mg则高度怀疑受检者有酗酒行为(Greiner,2000;Pragst,2006)。而之前以1.0 ng/mg作为cut-off值,虽然没有出现假阳性,但可能会出现10%的假阴性结果(Auwarter,2001)。该阈值只能作为辅助判断指标,若要应用到实际,则需扩大标本量进行进一步的研究。

总之,毛发中FAEE可以作为判断酒精滥用的一个合适的生物学标志物,对于酗酒者,即使戒酒一段时间,头发中FAEE的检测结果仍为阳性,社交性饮酒和酗酒者头发中FAEE的浓度有着明显的差异,对于不饮酒者头发中FAEE的检测结果为阴性。现有的研究显示,头发中FAEE的浓度与血液中乙醇的浓度没有相关性,其主要是通过脂质沉积于头发中(Kulaga,2006)。

五、阳性数据

Pragst(2001)将头发中FAEE的分析方法应用于21例头发样品的检测,这21

例样品均来自确诊的酗酒者,所有案例中的头发样品均为全长检测。所检头发中四种 FAEE 的浓度以及血、尿中的酒精浓度见表 12-13。所有案例的检测结果均为阳性,不同案例中 FAEE 的浓度均有差异,其中肉豆蔻酸乙酯、棕榈酸乙酯、油酸乙酯、硬脂酸乙酯的浓度范围分别为 0.045~2.4 ng/mg,0.35~13.5 ng/mg,0.25~7.1 ng/mg,0.05~3.85 ng/mg。在所有的案例中,棕榈酸乙酯和油酸乙酯的浓度最高,此结果与血液中的检测结果相符(Dan,1997)。

表 12-13 酗酒者血、尿中酒精浓度及头发中的 FAEE 浓度

案 例	年龄(性别)	血酒精浓度(mg/g)	尿酒精浓度(mg/g)	E14(ng/mg)	E16(ng/mg)	E18:1(ng/mg)	E18(ng/mg)
169/98	45(M)	0.1	0.2	0.47	1.73	1.09	0.22
252/98	57(M)	0.0	0.0	0.22	1.37	1.23	0.35
325/98	35(F)	1.4	—	0.08	0.39	0.65	0.10
4/99	40(M)	0.0	0.0	0.03	0.57	0.68	0.25
88/99	59(M)	0.0	0.0	0.09	0.40	0.40	0.08
156/99	43(M)	2.3	2.2	0.27	1.25	2.14	0.19
169/99	57(M)	1.5	—	0.13	1.31	2.76	0.37
223/99	65(M)	3.2	3.1	2.44	13.5	7.07	3.85
451/99	51(M)	4.8	6.1	0.88	3.76	6.88	0.68
453/99	40(M)		—	0.72	2.28	2.75	0.36
102/00	34(M)	0.1	0.1	0.045	0.46	0.25	0.05
132/00	65(M)	0.1	0.0	0.42	1.17	1.47	0.28
140/00	50(M)	0.0	0.0	0.19	0.49	1.25	0.11
173/00	40(M)	5.1	5.6	0.20	1.15	2.89	0.27
185/00	64(F)	0.1	0.1	0.11	0.35	0.62	0.10
188/00	38(M)	0.0	0.0	0.17	0.86	1.08	0.26
232/00	45(M)	0.0	0.1	0.38	3.33	8.94	1.39
241/00	46(M)		—	0.11	0.60	0.79	0.26
260/00	49(M)	0.0	0.0	0.11	0.45	1.02	0.15
276/00	56(M)	0.0	0.1	0.06	0.73	1.23	0.47
287/00	53(F)	0.0	—	0.14	0.99	1.01	0.47

注:E14=ethyl myristate,十四酸乙酯;E16=ethyl palmitate,棕榈酸乙酯;E18:1=ethyl oleate,油酸乙酯;E18=ethyl stearate,硬脂酸乙酯;M=男;F=女。

Wurst(2004)试图监测戒酒治疗病人的疗效,并得出区分酗酒与社交性饮酒的阈值(cut-off 值),研究了 18 例处于戒酒治疗过程中的患者、10 例社交性饮酒和 10 例从不饮酒者,分析他们头发中 FAEE 的浓度。阳性结果见表 12-14,经统计软件分析,头发中总 FAEE 的浓度和棕榈酸乙酯的浓度有显著相关性($r=0.945; P<0.001$),且取临界值 0.29 ng/mg 时,灵敏度可达 100%,特异性可达 90%,若运用 0.4 ng/mg 为临界值时,根据总 FAEE 判断酗酒的准确度达 94.4%。

表 12-14　戒酒治疗病人头发中四种 FAEE 的浓度及 FAEE 的总浓度(ng/mg)

案例	头发长度(cm)	E14(ng/mg)	E16(ng/mg)	E18：1(ng/mg)	E18(ng/mg)	C_{FAEE}(ng/mg)
1	0~6	0.20	0.89	0.71	0.26	2.06
2	0~6	0.47	1.26	1.26	0.20	3.19
3	0~6	0.11	0.68	0.76	0.16	1.71
4	0~5.5	0.08	0.49	0.97	0.15	1.69
5	0~4	0.07	0.46	0.56	0.13	1.22
6	0~1.5	0.02	0.27	0.35	0.09	0.73
7	0~4	0.01	0.33	0.41	0.09	0.84
8	0~6	0.01	0.22	0.47	0.20	0.90
9	0~6	0.02	0.09	0.18	0.10	0.39
10	0~6	0.09	0.36	0.51	0.11	1.07
11	0~4.5	0.08	0.66	0.60	0.11	1.45
12	0~6	0.05	0.53	1.12	0.21	1.91
13	0~2.5	0.04	0.53	0.38	0.16	1.11
14	0~3.5	0.04	0.34	0.48	0.18	1.04
15	0~5	0.12	0.70	0.72	0.21	1.75
16	0~5	0.03	0.10	0.33	0.07	0.53
17	0~3	0.01	0.26	0.45	0.12	0.84
18	0~4.5	0.03	0.47	0.44	0.12	1.06

注：E14 = ethyl myristate,十四酸乙酯;E16 = ethyl palmitate,棕榈酸乙酯;E18：1 = ethyl oleate,油酸乙酯;E18 = ethyl stearate,硬脂酸乙酯。

头发中 FAEE 的分析有助于评估病人的戒酒疗效,某 63 岁的女性有严重的酒精滥用史,戒酒治疗后两个月开始采样,分三段分析她的头发,结果见图 12-14。

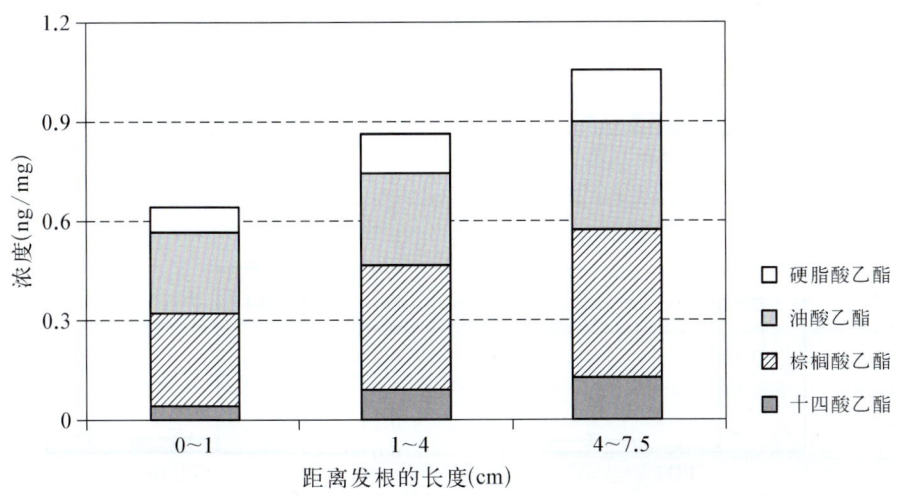

图 12-14　头发 FAEE 的分析评估戒酒治疗的有效性

FAEE 的浓度从远端到近头皮端明显下降,约降低 60%,但是 0~1 cm 段并没有得到预期的阴性结果,可能是老年人头发生长缓慢,也有可能是由于 FAEE 的亲脂性,易沉积于头发周围脂肪组织,从而浸润近端头发。

育龄期妇女饮酒是很常见的现象,即使明知饮酒会对胎儿造成不良影响(流产、死胎、畸形、功能障碍等),仍有相当一部分妇女在孕期饮酒,其中约 4% 的孕妇还是酗酒者(Sampson,1997)。因此,酒精对宫内胎儿的影响成了公共卫生行业关注的热点,其中最受关注的影响即 FASD(新生儿酒精综合征),寻找一种合适的生物学标志物用以早期诊断 FASD,对全世界的婴幼儿来说是一个急需解决的问题。Caprara(2005)认为,检测头发中的 FAEE 可以辅助诊断 FASD,并首次用豚鼠为模型研究以毛发中 FAEE 作为诊断指标的可行性。结果证实:若母鼠在孕期接触酒精,则它所生幼鼠和它自身毛发中 FAEE 都明显升高,母鼠毛发中 FAEE 的平均浓度为 0.431±0.140 pmol/mg,为相应的蔗糖和水对照值的 10 倍多,而幼鼠毛发中 FAEE 的浓度为 0.491±0.177 pmol/mg,为对照的 15 倍多(图 12-15)。此次研究结果提示,新生儿头发中的 FAEE 可以作为宫内接触酒精的指标,并可帮助早期诊断和治疗 FASD。Kulaga(2006)通过比较豚鼠毛和人发的 FAEE 结合率从而评估头发中 FAEE 总浓度与饮酒的关系,也得到了类似的结论。

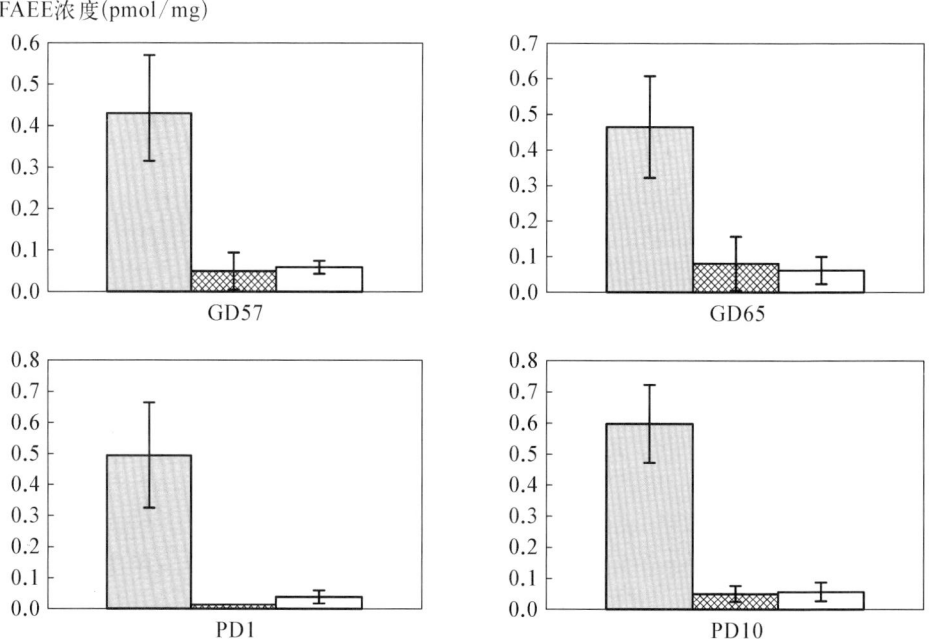

图 12-15 ■酒精接触;▨等热量蔗糖对照;□等容水对照;GD 孕鼠;PD 幼鼠

第四节　毛发中 FAEE 与 EtG、SQ 的联合分析

一、FAEE 与 EtG 的联合分析

研究发现,毛发中的 FAEE 与 EtG 均是可行的酒精滥用的生物学标志物,但是至今为止,尚未发现酒精消耗量与任一指标之间存在明显的量化关系,因此对于酒精滥用判断而言,单一指标仅能作为辅助诊断手段。如能同时结合 FAEE 和 EtG 两种指标进行结果解释,则能得到更为准确的结论。

Yegles(2004)对 10 例正在戒酒治疗者、11 例酒精滥用致死者、4 例社交性饮酒者(平均 20 g/d)、3 例从不饮酒者进行研究,采集他们的头发分别分析 EtG 和 FAEE 的浓度,结果见表 12-15,戒酒病人组:EtG 0.030~0.415 ng/mg,FAEE 0.65~20.50 ng/mg;酒精滥用致死组:EtG 0.072~3.380 ng/mg,FAEE 1.30~30.60 ng/mg;社交性饮酒组:EtG<0.002 ng/mg,FAEE 0.26~0.50 ng/mg;从不饮酒组:EtG<0.002 ng/mg,FAEE 0.05~0.37 ng/mg。

表 12-15　四组人群头发中 FAEE 和 EtG 浓度的比较

分　　组	案　例	C_{FAEE}(ng/mg)	EtG(ng/mg)
从不饮酒组	1	0.24	阴性
	2	0.37	阴性
	3	0.05	阴性
社交性饮酒组	1	0.26	阴性
	2	0.50	阴性
	3	0.50	阴性
	4	0.37	阴性
戒酒组	1	1.23	0.030
	2	0.70	0.044
	3	0.71	0.304
	4	4.16	0.415
	5	0.65	0.046
	6	3.38	0.140
	7	0.85	0.305
	8	1.15	0.193
	9	20.48	0.042
	10	2.83	0.076
酒精滥用致死组	1	11.70	0.531
	2	30.60	1.774
	3	9.80	3.380

续 表

分 组	案 例	C_{FAEE}(ng/mg)	EtG(ng/mg)
	4	3.50	0.214
	5	10.20	0.327
	6	7.30	0.166
	7	3.30	0.361
	8	13.20	0.255
	9	11.10	2.043
	10	1.30	0.072
	11	1.30	0.887

由于 EtG 和 FAEE 的性质、形成过程、在头发中沉积、消除的机制不同,所得的 FAEE 和 EtG 的浓度也无相关性。但上述结果说明 EtG 和 FAEE 的检测结果可以相互补充,避免仅采用单一指标而作出假阳性或假阴性的判断。双指标联用被应用于 40 例驾驶能力测试中,若酒精滥用检查的结果符合标准($C_{FAEE} \leqslant 0.4$ ng/mg,且 EtG≤8 pg/mg),则认为没有酒精滥用史,可以通过驾驶能力测试。在 40 例群体中,有 9 例两种指标均为阳性;12 例有一种指标阳性;19 例检查结果均为阴性。如果 FAEE 和 EtG 均为阳性,则被测者不能通过驾驶能力测试,需经过 1 年严格的戒酒治疗后再重新申请测试。若有一种指标阳性,则需结合其他证据,综合判断受试者是否能通过测试(Pragst,2007)。Balikova(2005)认为把 EtG 和 FAEE 结合起来,头发中 FAEE 总量>1 ng/mg 并且 EtG 检测结果阳性时,则可判定为酒精滥用。

Pragst(2008)将 FAEE 和 EtG 的联合分析应用于检测孕妇的头发,从而辅助诊断新生儿酒精综合征(FASD)。他们认为,二者结合可以确立区分酗酒者、社交性饮酒者和从不饮酒者的判断标准,并总结了假阳性和假阴性的情况(表 12-16)。

表 12-16 解释头发中 C_{FAEE} 和 C_{EtG} 的标准

	FAEE	EtG
从不饮酒者	C_{FAEE}<0.2 ng/mg	C_{EtG}<7 pg/mg
社交性饮酒者	C_{FAEE}<0.5 ng/mg	C_{EtG}<25 pg/mg
酗酒者	$C_{FAEE} \geqslant 0.5$ ng/mg	$C_{EtG} \geqslant 25$ pg/mg
假阳性	含酒精的美发用品	尚未知
假阴性	剧烈的美发处理	频繁地使用香波

2019 年底,国际毛发分析协会(SoHT)就毛发中分析乙醇标志物以评判饮酒或戒酒行为达成共识,发布应用规范,见附件 2。

二、FAEE 与 SQ 的联合分析

角鲨烯(squalene,SQ)是一种天然脂质成分(脂质主要由腊酯类、甘油三酯、游

离脂肪酸、胆固醇酯和角鲨烯组成),其化学结构(图 12-16)和性质稳定。FAEE 主要是通过脂质结合于头发中,以 C_{FAEE} 作为单一指标解释酒精滥用行为易受护发和美发产品中的脂质干扰,并且长期饮酒 C_{FAEE} 会随着不断更新的脂质层从近头皮端到远端逐渐增加,造成长发(如 6 cm 以上)的分析结果比短发(如 1 cm)的测定值高,同时年龄、性别、季节等因素也会影响 FAEE 与头发的结合。因此需要一种相对 FAEE 指标来替代原有绝对 FAEE 浓度,以减少上述因素的影响。研究发现,以 C_{FAEE}/C_{SQ} 比值作为相对 FAEE 浓度可以更好地解释被测者的酒精滥用行为。

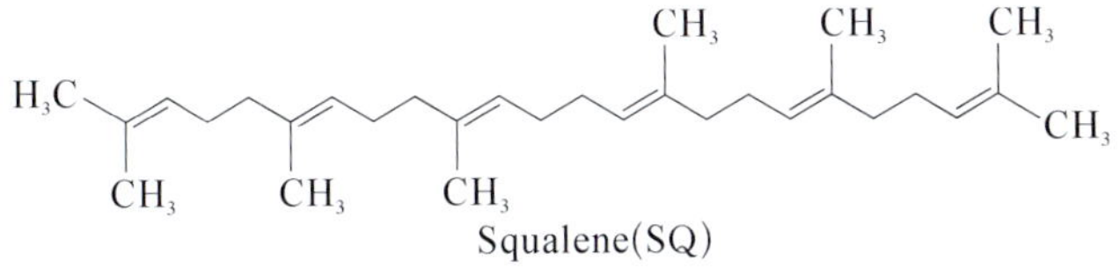

图 12-16 角鲨烯的结构式

用高效液相色谱-光电二极管矩阵检测器(HPLC-DAD)检测头发中的 SQ,可在 208 nm 处出现保留时间为 6.0 min 的色谱峰,该方法灵敏度高,LOD 和 LOQ 分别为 0.003 μg/mg 和 0.01 μg/mg。分析 13 例从不饮酒者、16 例社交性饮酒者、12 例酒精滥用致死者头发中的 SQ 和 FAEE,得到 SQ 的浓度范围为:从不饮酒者 0.02~1.37 μg/mg,社交性饮酒者 0.18~1.97 μg/mg,酒精滥用致死者 0.03~1.27 μg/mg;FAEE 的浓度范围为:从不饮酒者 0.02~1.21 ng/mg,社交性饮酒者 0.08~1.96 ng/mg,酒精滥用致死者 1.04~9.09 ng/mg;C_{FAEE}/C_{SQ} 比值为:从不饮酒者 0.15~3.31 ng/μg,社交性饮酒者 0.07~3.83 ng/μg,酒精滥用致死者 0.0.07~3.83 ng/μg(图 12-17)。运用 C_{FAEE}/C_{SQ} 解释结果可以纠正一些案例中由于头发本身或美发产品中的脂质影响而造成的偏差,但是由于 SQ 与头发的结合和排除的

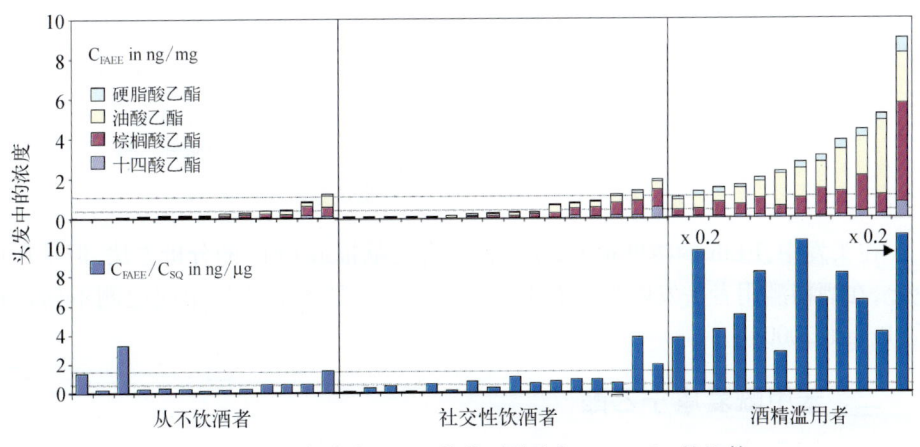

图 12-17 头发中 FAEE 的绝对浓度与 C_{FAEE}/C_{SQ} 的比较

动力学参数存在个体差异，C_{FAEE}/C_{SQ} 尚不能完全替代头发中的绝对 FAEE 浓度（Auwarter,2004;Politi,2007）。

第五节 毛发中其他可行的生物学标志物

一、磷脂酰乙醇

磷脂酰乙醇（Phosphatidylethanol,PEth）是一种非常规磷脂，它是在细胞膜上由磷脂酶 D 催化磷酸卵磷脂而形成（图 12-18）。PEth 的降解与其形成相比速率较慢，在持续接触酒精后，PEth 可以在某些组织和细胞中蓄积，如红细胞、中性粒细胞、脑组织和肝组织等。由于 PEth 的高特异性和低消除率，它被认为是酒精滥用的可行的生物学标志物。

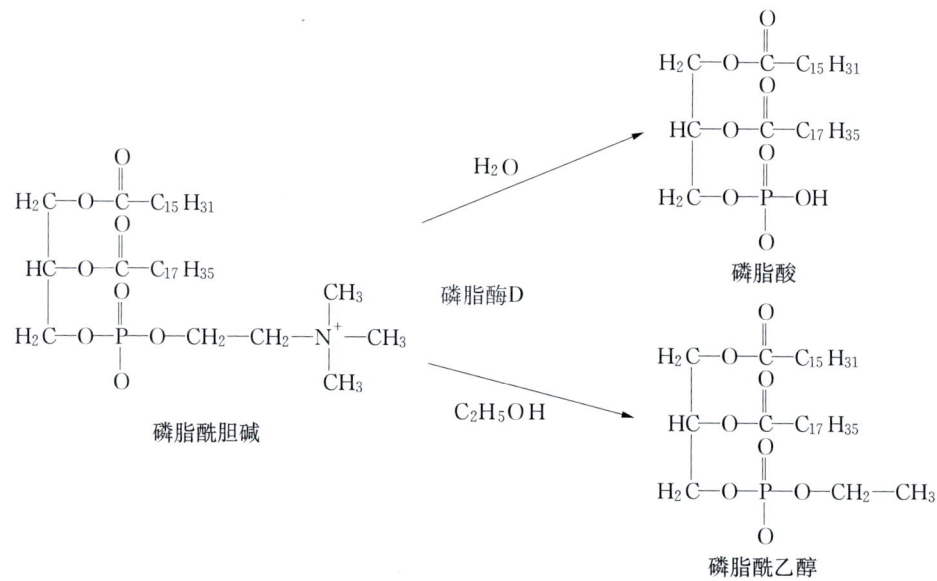

图 12-18 磷脂酰乙醇的形成途径

在头发中，PEth 的浓度很低，至今仍未有文献报道 PEth 的分析方法，但是在理论上，在酒精滥用者头发中是含有 PEth 的，而从不饮酒者头发中应检测不到该物质（Pragst,2000）。

二、苯甲酰爱康宁乙酯

苯甲酰爱康宁乙酯（Benzoylecgonine ethyl ester,BE-Et）是可卡因和乙醇在酒

精滥用者的肝脏或肾脏细胞中重新发生酯化作用而生成,该反应被非特异性羧酸酯酶催化。

BE-Et 可以在酗酒者的头发中检出,浓度范围为:2.5~30 ng/mg。然而用 BE-Et 作为酒精滥用的生物学标志物还是受限的,因为仅有被检者同时也滥用可卡因时,头发中的 BE-Et 才能有阳性结果(DiGrigori,1993)。

三、乙醛修饰蛋白

乙醛是乙醇代谢的最初产物,它可以和一些蛋白组成稳定的化合物,在头发中,乙醛修饰蛋白不易降解(图 12-19)。

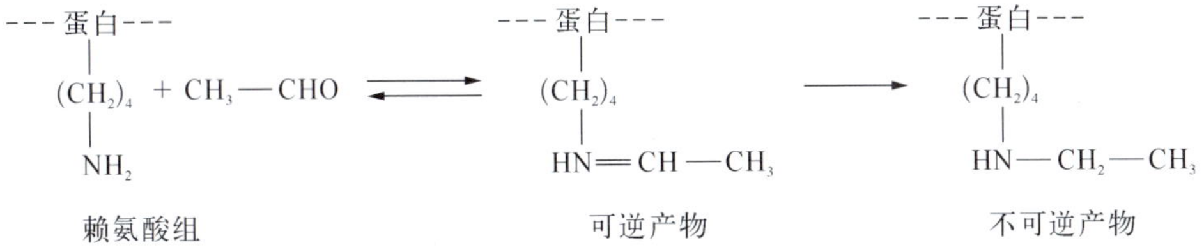

$$\text{蛋白—(CH}_2)_4\text{—NH}_2 + CH_3\text{—CHO} \rightleftharpoons \text{蛋白—(CH}_2)_4\text{—HN=CH—CH}_3 \rightarrow \text{蛋白—(CH}_2)_4\text{—HN—CH}_2\text{—CH}_3$$

赖氨酸组　　　　　　　　可逆产物　　　　　　　不可逆产物

图 12-19　乙醛修饰蛋白的形成

Jelinkova(1995)检测了大鼠毛发中的乙醛修饰蛋白,实验大鼠定量喂以酒精,通过毛细管区带电泳和双相聚丙烯酰胺检出两条明显的条带。另外还有人用间接酶联免疫法(ELISA)检测酒精处理后小鼠毛发中的乙醛修饰蛋白,发现与对照组(未经酒精处理)相比,其水平明显升高(Watson,1998)。

进一步研究的方向:EtG、FAEE 等与头发结合的机制尚不明确,酒精摄入量、血液中酒精浓度与头发中酒精标志物的浓度关系还需进一步探讨,毛囊自身的代谢、脂质代谢、葡萄糖醛酸转移酶、酒精代谢酶对毛发中酒精标志物浓度的影响也有待研究。从代谢组学、基因组学等方面进一步研究毛发中 EtG、FAEE 等酒精标志物的浓度、分布以及结合机制,并将各种酒精生物学标志相结合,可科学地解释毛发分析结果。

参 考 文 献

冯雪伊,沈敏.2017.乙醇生物标志物的研究及应用进展.中国司法鉴定(6):40-53

沈敏.2003.体内滥用药物分析.北京:法律出版社,49-63

卓先义,卜俊,向平等.2010.血中酒精浓度的回推算研究.中国法医学杂志,25(5):345-347

Aderjan RE, Besserer K, Sachs H et al. 1995. Ethyl-glucuronide. A non-volatile ethanol metabolite in human hair. In: Spiehler V (ed). Proceedings of the 1994 Joint TIAFT/SOFT International Meeting, in Tampa/Florida, DABFT, pp. 39-45

Agius R, Nadulski T, Kahl HG et al. 2010. Validation of headspace solid-phase microextraction-GC-MS/MS for the determination of ethyl glucuronide in hair according to forensic guidelines. Forensic Sci Int, 196: 3-9

Albermann ME, Musshoff F, Aengenheister L et al. 2012. Investigations on the influence of different grinding procedures on measured ethyl glucuronide concentrations in hair determined with an optimized and validated LC-MS/MS method. Anal Bioanal Chem, 403: 769-776

Alt A, Janda I, Seidl S et al. 2000. Determination of ethyl glucuronide in hair samples. Alcohol & Alcoholism, 35: 313-314

Alvarez I, Bermejo AM, Tabernero M J et al. 2009. Microwave-assisted extraction: a simpler and faster method for the determination of ethyl glucuronide in hair by gas chromatography-mass spectrometry. Anal Bioanal Chem, 393 (4): 1345-1350

Appenzeller B, Agirman R, Neuberg P et al. 2007. Segmental determination of ethyl glucuronide in hair: A pilot study. Forensic Sci Int, 173: 87-92

Appenzeller B, Schuman M, Yegles M et al. 2007. Ethyl glucuronide concentration in hair is not influenced by pigmentation. Alcohol & Alcoholism, 42(4): 326-327

Auwarter V, Kießling B, Pragst F. 2004. Squalene in hair—a natural reference substance for the improved interpretation of fatty acid ethyl ester concentrations with respect to alcohol misuse. Forensic Sci Int, 145: 149-159

Auwarter V, Sporkert F, Hartwig S et al. 2001. Fatty acid ethyl esters in hair as markers of alcohol consumption. segmental hair analysis of alcoholics, social drinkers, and teetotalers. Clin Chem, 47: 2114-2123

Balikova M. 2005. Hair analysis for drugs of abuse. Plausibility of interpretation. Biomed Pap Med Fac Univ Palacky Olomouc Czech Repub. 149(2): 199-207

Bendroth P, Kronstrand R, Helander A et al. 2008. Comparison of ethyl glucuronide in hair with phosphatidylethanol in whole blood as post-mortem markers of alcohol abuse. Forensic Sci Int, 176: 76-81

Borges CR, Roberts JC, Wilkins DG et al. 2003. Cocaine, benzoylecgonine, amphetamine and N-acetylamphetamine binding to melanin subtypes. J Anal Toxicol, 27: 125-134

Caprara DL, Brien JF, Iqbal U, et al. 2005. A Guinea Pig Model for the Identification of In Utero Alcohol Exposure Using Fatty Acid Ethyl Esters in Neonatal Hair Pediatric research, 58(6): 1158-1163

Chan D, Caprara D, Blanchette P et al. 2004. Recent developments in meconium and hair testing methods for the confirmation of gestational exposures to alcohol and tobacco smoke. Clinical Biochemistry, 37: 429-438

Cirimele V, Kintz P, and Mangin R. 1995. Drug concentrations in human hair after bleaching. J Anal Toxicol, 19: 331-332

Conigrave KM, Davies P, Haber P et al. 2003. Traditional markers of excessive alcohol use. Addiction, 98 (Suppl2): 31-43

Dahl H, Stephanson N, Beck O et al. 2002. Comparison of urinary excretion characteristics of ethanol and ethyl glucuronide. J Anal Toxicol, 26: 201-204

Dan L, Laposata M. 1997. Ethyl palmitate and ethyl oleate are the predominant fatty acid ethyl esters in the blood after ethanol ingestion and their synthesis is differentially influenced by the extracellular concentrations of their corresponding fatty acids. Alcohol Clin Exp Res, 21: 286-292

DiGrigori GJ, Barbieri EJ, Ferko AP, et al.1993. Prevalence of cocaethylene in the hair of pregnant women. J Anal Toxicol, 17: 445-446

Doyle KM, Bird DA, al-Salihi S, et al. 1994. Fatty acid ethyl esters are present in human serum after ethanol ingestion. J Lipid Res, 35: 428-437

Droenner P, Schmitt G, Aderjan R et al. 2002. A kinetic model describing the pharmacokinetics of ethyl glucuronide in humans. Forensic Sci Int, 126: 24-29

Foti RS, Fisher M. 2005. Assessment of UDP-glucuronosyltransferase catalyzed formation of ethyl glucuronide in human liver microsomes and recombinant UGTs. Forensic Sci Int, 153: 109-116

Greiner M, Pfeiffer D and Smith RD. 2000. Principles and practical application of the receiver-operating characteristic analysis for diagnostic tests. Prev Vet Med, 45: 23-41

Hartwig S, Auwärter V, Pragst F. 2003. Effect of hair care and hair cosmetics on the concentrations of fatty acid ethyl esters in hair as markers of chronically elevated alcohol consumption. Forensic Sci Int, 131: 90-97

Hartwig S, Auwärter V, Pragst F. 2003. Fatty acid ethyl esters in scalp, pubic, axillary, bread and body hair as markers for alcohol misuse. Alcohol & Alcoholism, 38(2): 163-167

Imbert L, Gaulier JM, Dulaurent S et al. 2014. Improved liquid chromatography-tandem mass spectrometric method for the determination of ethyl glucuronide concentrations in hair: Applications to forensic cases. Int J Legal Med, 128: 53-58

Janda I, Weinmann W, Kuehnle T et al. 2002. Determination of ethyl glucuronide in human hair by SPE and LC-MS/MS. Forensic Sci Int, 128: 59-65

Jelinkova D, Deyl Z, Miksík I et al. 1995. Capillary electrophoresis of hair proteins modified by alcohol intake in laboratory rats. J Chromatogr A, 709: 111-119

Jurado C, Soriano T, Giménez M et al. 2004. Diagnosis of chronic alcohol consumption Hair analysis for ethyl-glucuronide. Forensic Sci Int, 145: 161-166

Kamil IA, Smith JN, Williams RT. 1952. A new aspect of ethanol metabolism: isolation of ethyl glucuronide. Biochem J, 51: 32-33

Kerekes I, Yegles M, Grimm U et al. 2009. Ethyl glucuronide determination: head hair versus non-head hair. Alcohol & Alcoholism, 44(1): 62-66

Kharbouche H, Sporkert F, Troxler S et al. 2009. Development and validation of a gas chromatography-negative chemical ionization tandem mass spectrometry method for the determination of ethyl glucuronide in hair and its application to forensic toxicology. J Chromatogr B, 877(23): 2337-2343

Kharbouche H, Steiner N, Morelato M, et al. 2010. Influence of ethanol dose and pigmentation on the incorporation of ethyl glucuronide into rat hair. Alcohol, 44: 507-514

Kintz P, Salomone A, Vincenti M. 2015. Hair Analysis in Clinical and Forensic Toxicology, Academic Press

Kintz P, Villain M and Cirimele V. 2008, Ethyl glucuronide (a chronic alcohol consumption marker): unusual distribution between head hair and pubic hair. Ann Toxicol Anal, 20(1): 55-56

Kintz P, Villain M, Vallet E et al. 2008. Ethyl glucuronide: Unusual distribution between head hair and pubic hair. Forensic Sci Int, 176: 87-90

Kintz P. 2007. Analytical and Practical Aspects of Drug Testing in Hair, by Taylor & Francis Group, LLC CRC Press. 301-302

Klys M, Scisłowski M, Rojek S et al. 2005. A fatal clomipramine intoxication case of a chronic alcoholic patient: Application of postmortem hair analysis method of clomipramine and ethyl glucuronide using LC/APCI/MS. Leg Med, 7: 319-325

Kulaga V, Capraral D, Iqbal U et al. 2006. Fatty acid ethyl esters (FAEE): comparative accumulation in huaman and guinea pig hair as a biomarker for prenatal alcohol exposure. Alcohol & Alcoholism, 41(5): 534-539

Kulaga V, Velazquez-Armenta Y, Aleksa K, et al. 2009. The effect of hair pigment on the incorporation of fatty acid ethyl ester s (FAEE). Alcohol & Alcoholism, 44(3): 287-292

Lange LG, Bergmann SR, Sobel RE. 1981. Identification of fatty acid ethyl esters as products of myocardial ethanol metabolism. J Biol Chem, 256: 12968-12973

Laposata EA, LG Lange. 1986. Presence of nonoxidative ethanol metabolism in human organs commonly damaged by ethanol abuse. Science, 231: 497-499

Monch B, Becker R, Nehls I. 2014. Determination of ethyl glucuronide in hair: a rapid sample pretreatment involving simultaneous milling and extraction. Int J Legal Med, 128: 69-72

Moore C, Jones J, Lewis D et al. 2003. Prevalence of Fatty Acid Ethyl Esters in Meconium Specimens. Clin Chem, 49(1): 133-136

Morini L, Politi L, Groppi A et al. 2006. Polettini. Determination of ethyl glucuronide in hair samples by liquid chromatography/electrospray tandem mass spectrometry. J Mass Spectrom, 41: 34-42

Morini L, Politi L, Groppi A et al. Direct determination of ethyl glucuronide in hair samples by liquid chromatography electrospray tandem mass spectrometry, Presentation at the Workshop of the Society of Hair Testing, Strasbourg, Sept. 2005: 28-30

Morini L, Politi L, Zucchella A et al. 2007. Ethyl glucuronide and ethyl sulphate determination in serum by liquid chromatography-electrospray tandem mass spectrometry. Clin Chimica Acta, 376: 213-219

Musshoff F, Daldrup T. 1998. Determination of biological markers for alcohol abuse. J Chromatogr B: Biomed Sci Appl, 713(1): 245-264

Musshoff F. 2002. Chromatographic methods for the determination of markers of chronic and acute alcohol consumption. J Chromatogr B, 781: 457-480

Nakahara Y, Takahashi K, Kikura R et al. 1995. Hair analysis for drugs of abuse. X. Effects of physicochemical properties of drugs on the incorporation rates into hair. Biol Pharm Bull, 18: 1223-1227

Nakahara Y. 1999. Hair analysis for abused and therapeutic drugs. J Chromatogr B, 733: 161-180

Paul R, Kingston R, Tsanaclis L, et al. 2008. Practical Aspects of Drug Testing in Hair. Forensic Sci Int, 176: 82-86

Pirro V, Di Corcia D, Seganti F et al. 2013. Determination of ethyl glucuronide levels in hair for the assessment of alcohol abstinence. Forensic Sci Int, 232: 229-236

Politi L, Leone F, Morini L et al. 2007. Bioanalytical procedures for determination of conjugates or fatty acid esters of ethanol as markers of ethanol consumption: a review. Anal Biochem, 368: 1-16

Politi L, Zucchella A, Morini L et al. 2007. Markers of chronic alcohol use in hair: Comparison of ethyl glucuronide and cocaethylene in cocaine users. Forensic Sci Int, 172: 23-27

Pragst F, Auwaerter V, Sporkert F et al. 2001. Analysis of fatty acid ethyl esters in hair as possible markers of chronically elevated alcohol consumption by headspace solid-phase microextraction (HS-SPME) and gas chromatography-mass spectrometry (GC-MS). Forensic Sci Int, 121: 76-88

Pragst F, Balikova MA. 2006. State of the art in hair analysis for detection of drug and alcohol abuse. Clinica Chimica Acta, 370: 17-49

Pragst F, Spiegel K, Sporkert F et al. 2000. Are there possibilities for the detection of chronically elevated alcohol consumption by hair analysis? A report about the state of investigation. Forensic Sci Int, 107: 201-223

Pragst F, Yegles M. 2008. Determination of Fatty Acid Ethyl Esters (FAEE) and Ethyl Glucuronide (EtG) in Hair: A Promising Way for Retrospective Detection of Alcohol Abuse During Pregnancy? Ther Drug Monit, 30: 255-263

Refaai MA, Nguyen PN, Steffensen TS et al. 2002. Liver and Adipose Tissue Fatty Acid Ethyl Esters Obtained at

Autopsy Are Postmortem Markers for Premortem Ethanol Intake. Clin Chem, 48(1): 77-83

Rothe M, Pragst F. 1995. Solvent optimization for the direct extraction of opiates from hair samples. J Anal Toxicol, 19: 236-240

Sachs H. Drogennachweis in haaren, in: H. Kijewski (Ed.), Proceedings of the Symposium "Das Haar als Spur. Spur der Haare", November 24, 1993, in: Gottingen, Schmidt-Römhild, Lübeck, 1997, 119-133

Sampson PD, Streissguth AP, Bookstein FL et al. 1997. Incidence of fetal alcohol syndrome and the prevalence of alcohol-related neurodevelomental disorder. Teratology, 56: 317-326

Schrader J, Rothe M, Pragst F. 2012. Ethyl glucuronide concentrations in beard hair after a single alcohol dose: evidence for incorporation in hair root. Int J Legal Med, 126: 791-799

Shi Y, Shen BH, Xiang P et al. 2010. Determination of ethyl glucuronide in hair samples of Chinese people by protein precipitation (PPT) and large volume injection-gas chromatography-tandem mass spectrometry (LVI-GC/MS/MS). 878(30): 3161-3166

Skopp G, Schmitt G, Potschl L et al. 2000. Ethyl glucuronide in human hair. Alcohol & Alcoholism, 35(3): 283-285

Sporkert F, Kharbouche H, Augsburger MP et al. 2012. Positive EtG findings in hair as a result of a cosmetic treatment. Forensic Sci Int, 218: 97-100

Sporkert F, Pragst F. 2000. Use of head space-solid phase microextraction (HS-SPME) in hair analysis for organic compounds. Forensic Sci Int, 107: 129-148

Watson RR, Solkoff D, Wang J et al. 1998. Detection of Ethanol Consumption by ELISA Assay Measurement of Acetaldehyde Adducts in Murine Hair. Alcohol & Alcoholism, 16: 279-284

Wojcik MH, Hawthorne JS. 2007. Sensitivity of commercial ethyl glucuronide (EtG) testing in screening for alcohol abstinence. Alcohol & Alcoholism, 42(4): 317-320

Wurst F, Schuttler R, Kempter C et al. 1999. Letter. Can ethyl glucuronide be determined in post-mortem body fluids and tissues? Alcohol & Alcoholism, 34(2): 262-263

Wurst FM, Alexson S, Wolfersdorf M et al. Concentration of fatty acid ethyl esters in hair of alcoholics: comparison to other biological state makers and self reported-ethanol intake. Alcohol & Alcoholism, 2004, 39(1): 33-38

Wurst FM, Alling C, Aradottir S et al. 2005.Emerging biomarkers: new directions and clinical applications.Alcohol Clin Exp Res, 29: 465-473

Yegles M, Labarthe A, Auwärter V et al. 2004. Comparison of ethyl glucuronide and fatty acid ethyl ester concentrations in hair of alcoholics, social drinkers and teetotalers. Forensic Sci Int, 145: 167-173

第十三章 毛发中金属元素的分析

第一节 概　　述

主动或被动接触金属元素可能对人体造成不同程度的伤害。同时，饮食习惯、环境条件也可能影响人体组织和体液中金属元素浓度。生命必要元素在人体中参与重要的生物化学作用，它们是有机体维持正常的生理学功能所必需的，没有这些必要元素，有机体就不能完成正常的生理循环或健康生长。这些元素在人体中存在适量的平衡，各元素之间不仅有各自独立的作用，而且还相互协调、相互拮抗，它们只有在人体内的比例合适才能发挥其良性效应。另一方面，许多非必要元素在环境中十分普遍，它们很容易在人体组织和体液中检测到。其中一些是相对比较良性的，但是另外一些诸如 Pb，Cd，Hg 和 As 等即便较小浓度都对人体具有明显的毒性作用（Barbosa，2006；Parsons，2007），而且许多元素的生理活性和毒性在很大程度上取决于它们的存在形态。检测人体内必要元素和有毒元素的浓度对评价人体营养状态、评价人体中毒暴露情况有着十分重要的作用。

近些年，在我国工业迅速发展的同时，一些不科学的生产活动也造成了区域性水域和大气的污染，例如工业"三废"的随意处理。污染物中的有害元素会对当地居民和相关从业人员身体健康造成一定的损伤，由此所引发的诉讼案件时有发生。同时，近年来利用金属毒物投毒和自杀的案例有所增加；非法行医过程中含有金属或非金属的中药的不当使用引起的铅、砷、汞和银中毒案例也时常发生；长期使用一些含有超标金属的化妆产品以及劣质首饰造成金属中毒的案例也时有报道。

对于急性金属元素暴露的案件，检测人员通过分析受害者血液和尿液中的金属元素水平、金属元素在机体内的代谢过程或通过确定中毒标志物的方法评估机体的金属元素暴露的严重程度以及因金属元素造成的临床损害程度。但对于慢性中毒或中毒时间跨度较大的案件而言，机体体内的代谢过程已经结束，难以通过分析体内金属元素浓度或确定中毒标志物等技术手段进行评估。如 As 在口服 10 小时后血液中 As 浓度会显著降低，而尿 As 也仅用于中毒 1~3 天受害者的检测。与血液、尿液等体液检材相比,头发检材具有检测时间窗长,分析物化学性质稳定等特点。头发中含有大量的角蛋白,角蛋白中富含半胱氨酸和大量的二硫键,容易与金属元素形成稳定的络合结构,保证头发中元素性质的稳定性。头发有稳定的生长速度,一定长度的头发其分析结果能反映机体在头发采样前一段时间内金属元素的暴露情况。此外,头发检材易于采集,是一种无创的采样手段,易被大众接受;头发检材的保存条件不复杂,常温保存即可。因此,与血液、尿液等常规体液检材相比,头发具有特殊的分析优势。

然而毛发分析客观上也存在一些缺陷,例如外源性污染。毛发中外源性污染物主要源于沉积于皮质和汗液中的粉尘,化妆品残留物等(Frisch,2002)。Seidel(2001)、Harkins(2003)等也指出金属元素在毛发中结合缺乏代谢动力学支持,毛发中金属元素浓度对人体健康的影响程度缺乏流行性病学调查数据的支撑以及毛发中金属元素浓度与血液或者尿液中金属元素浓度之间没有可靠的相关关系可供参考等局限,因此关于毛发中金属元素分析有待进一步深入研究。

尽管毛发测试结果离散性大,有许多不易控制的因素,不如血液样本能全面准确地反映体内的微量元素浓度情况。但目前毛发中金属元素分析已经在环境监测、法庭科学调查、预防医学和临床医学等方面广泛应用。准确、快速、方便的毛发中金属元素检测已经为临床治疗中排除有毒有害元素,为法庭科学判断中毒、死亡原因等方面发挥着重要的作用。

在自然界,目前已知天然存在的化学元素有 92 种(张玉芝,2004),而在人发中能够测到的化学元素也已达 70 多种,头发中检测到的化学元素列于表 13 – 1 所示。

表 13 – 1 头发中已检测到的元素(秦俊法,2005)

H																
Li	Be										B	C	N	O	F	
Na	Mg										Al	Si	P	S	Cl	
K	Ca	Sc	Ti	V	Cr	Mn	Fe	Co	Ni	Cu	Zn	Ga	Ge	As	Se	Br
Rb	Sr	Y	Zr	Nb	Mo		Ru	Rh	Pd	Ag	Cd	In	Sn	Sb	Te	I
Cs	Ba	La	Hf	Ta	W	Re		Ir	Pt	Au	Hg	Tl	Pb	Bi	Po	

Ce	Pr	Nd		Sm	Eu	Gd	Tb	Dy	Ho	Er	Tm	Yb	Lu
Th		U											

一、金属元素进入毛发的途径

金属元素进入毛发的机理尚未阐明,但随着科学技术的发展,借助质子微探针技术进行的毛发纵向和横向分析已对某些金属元素的来源有了初步的了解。秦俊法(2005)对元素进入毛发的途径给出了以下解释,他认为头发中的元素大致有六条进入通道:① 毛母质;② 皮脂腺;③ 汗分泌腺;④ 表皮;⑤ 环境;⑥ 根鞘。在特殊情况下,如治疗或中毒时,一种元素的过量摄入还可引起发中其他元素的渗入变化。微量元素与微量元素间、微量元素与矿物质及其他物质间也存在复杂的相互关系而影响头发中的元素分布模式。

二、常见有毒金属和非金属元素

1. 砷

理化性质 砷元素(Arsenic,As),第4周期第15族元素,原子序数33,原子量74.9,密度5.73 g/cm^3,熔点817℃(2.8MPa),沸点613℃(升华)。砷是一种类金属,游离的砷相当活泼,易与氟和氮化合,在加热情况亦与大多数金属和非金属发生反应。砷不溶于水,溶于硝酸和王水,也能溶解于强碱,生成砷酸盐。

药理毒理 元素态砷由于溶解度甚低,毒性不大。但当砷元素被氧化成氧化砷,特别是As_2O_3则成剧毒。As_2O_3俗称砒霜。由于砷的价态变化复杂,砷的化合物种类繁多,其毒性差异也很大。一般说来,无机砷的毒性大于有机砷,三价砷毒性大于五价砷。有关砷化合物的毒性顺序由高到低依次为:AsH_3,As(Ⅲ),As(Ⅴ),甲基砷酸(MMA,monomethylarsonic acid),二甲基砷酸(DMA,dimethylarsonic acid),砷胆碱(AsC,arsenocholine),砷甜菜碱(AsB,arsenobetaine)(易飞,2005)。常见的各形态的砷化合物列于表13-2。主要砷化物的半致死量LD_{50}(mg/kg)分别为:As(Ⅲ)14,As(Ⅴ)20,As_2O_3 34.5,MMA 700~1 800,DMA 700~2 600,AsC 6 500,AsB >10 000,因而AsB和AsC常被认为是无毒的(张普敦,2001)。在海产品中砷则主要以AsB和AsC形式存在。砷化合物的毒性取决于两个方面。一是砷的化学形态,As(Ⅲ)毒性很强,缘于As(Ⅲ)能与含巯基化合物如辅酶A、半胱氨酸及各种带有巯基的蛋白质、酶等结合成稳定的螯合物,抑制其活性而出现中毒。同时,As(Ⅲ)的毒性也与其化合物的溶解度有关。砒霜毒性大于雌黄,因其在水中溶解度较大,易被血液吸收而积蓄于人体组织中且排泄也较慢之故(唐志华,2003)。

急性中毒患者出现重度胃肠道损伤和心脏功能失常,如口及咽喉部有干、痛、烧灼、紧缩感,声嘶、恶心、呕吐、咽下困难、腹痛和腹泻等,呕吐物先是胃内容物及米泔水样,继之混有血液、黏液和胆汁,有时混有未吸收的砷化物小块;重症极似霍乱,开始排大量水样粪便,以后变为血性,或为米泔水样混有血丝,很快发生脱水、酸中毒以至休克。并伴有神经系统症状,同时可有头痛、眩晕、烦躁、谵妄、中毒性心肌炎、多发性神经炎等。且砷元素蓄积量与神经症状呈正相关。严重者会昏迷、紫绀、休克甚至死亡,少数有鼻衄及皮肤出血。亚急性中毒作用主要累及呼吸系统、消化系统、心血管系统、神经系统、免疫系统和造血系统(Nagymaji,1998)。慢性砷中毒累及全身各个器官及系统。砷对皮肤的损害主要是色素沉着和/或脱失、角化过度及细胞癌变。皮肤角化主要表现在掌跖、大小鱼际、指缘、足底、足跟部,色素沉着或脱失则以躯干为主。砷中毒对呼吸系统的影响尤以对肺间质损害显著,临床上主要表现为限制性通气功能的异常,肺功能异常率达82.2%。累及消化系统时表现为腹胀、腹痛、腹泻及肝脾肿大,尤以肝脏为重循环系统损伤,Santra(2000)发现砷暴露可出现心悸、窦性心律不齐、室性早搏、心脏损害、血管病变、微循环障碍、雷诺氏综合征等。砷导致动脉粥样硬化可能是血管损伤的重要机制之一。砷具有神经毒性,长期暴露会产生一系列的神经系统症状,如头痛、嗜睡、烦躁、记忆力减退、惊厥甚至昏迷、外周神经炎伴随的肌无力、疼痛等。慢性砷中毒可使肾脏产生明显的病理改变。砷对机体免疫功能产生抑制作用,慢性砷中毒患者外周血T淋巴细胞亚群明显低于正常人(Germolec,1998)。

体内过程 砷可通过呼吸道、消化道、皮肤吸收而进入人体,在体内可蓄积。无机砷主要通过吸入粉尘、饮用受污染的水或食物进入体内,有机砷主要通过食物链,如海产品进入人体内,一般认为人每天从食物中摄入砷7~330 μg。人体一旦摄入可溶性的砷,可迅速被胃肠吸收入血,经肺和胃肠吸收的砷随血流分布和贮存于脑、肝、心、脾、肾、胸腺、胰腺、前列腺、甲状腺、主动脉、卵巢、子宫、肠壁、肌肉等全身各种组织中,其中以毛发(0.05~0.4 mg/kg)、指甲(0.28 mg/kg)、皮肤(0.08 mg/kg)浓度最高(Rahman,2000)。砷进入人体后95%~97%与红细胞的血红蛋白结合,由于砷与含巯基(-SH)的蛋白质具有极高的亲和力,故很快就分布于机体的各组织器官(Bencko,1971)。As在体内的代谢过程简要为:$As^{5+} \rightarrow As^{3+} \rightarrow MMA^{5+} \rightarrow MMA^{3+} \rightarrow DMA^{3+} \rightarrow DMA^{5+}$(张耀新,2001)。人体摄入砷后,80%~100%通过胃肠进入血液,然而血液中砷浓度水平会在很短时间内降低,其中50%~70%砷会在3~4 d内通过尿液排出体外。其中有一部分会蓄积在体内,尤其在富含角蛋白的指甲、皮肤和毛发中砷浓度较高,这是因为角蛋白中富含有巯基丙氨酸,容易和砷结合。同时通过给药实验认为毛发中砷也可通过汗液和油脂被吸收进入毛发。给药10天后在距发根4 cm段中头发中砷浓度水平最高,而10天内头发生长速度仅3.5 mm,实验结果显示并非洗涤试剂造成毛发中砷扩散,而是因为汗液和油脂浸润毛发使得毛发中砷元素并非聚集于固定位置,这从另一个侧面也反应出汗液和油脂浸润是砷元素进入毛发的一个途径。常见砷化合物列于表13-2。

表 13-2 常见砷化合物

名　称	缩　写	结　构　式
无机化合物		
亚砷酸盐(Arsenous acid)	As(Ⅲ)	As(OH)$_3$
砷酸盐(Arsenic acid)	As(Ⅴ)	AsO(OH)$_3$
有机化合物		
甲基亚砷酸(Monomethylarsonous acid)	MMA(Ⅲ)	$CH_3As(OH)_2$
甲基砷酸(Monomethylarsonic acid)	MMA(Ⅴ)	$CH_3AsO(OH)_2$
二甲基亚砷酸(Dimethylarsinous acid)	DMA(Ⅲ)	$(CH_3)_2AsOH$
二甲基砷酸(Dimethylarsinic acid)	DMA(Ⅴ)	$(CH_3)_2AsO(OH)$
砷甜菜碱(arsenobetaine)	AsB	$(CH_3)_3As^+CH_2COO^-$
砷胆碱(arsenocholine)	AsC	$(CH_3)_3As^+CH_2COO^-$
三甲基砷氧化物(Trimethylarsine oxide)	TMAO	$(CH_3)_3AsO$
四甲基砷氧化物离子(Tetramethylarsonium ion)	Me$_4$As$^+$	$(CH_3)_4As^+$
含砷核糖甙(Arsenic-containing ribosides)	砷糖	各种糖结构

2. 铊

理化性质　铊(Thallium,Tl),第 6 周期第 13 族元素,原子序数 81,原子量 204.4,密度 11.85 g/cm^3,熔点 302.5℃,沸点 1 457℃,是一种稍带蓝色的银白色稀有金属,主要形成价态数为Ⅰ和Ⅲ两类化合物,铊盐一般为无色、无味的晶体,铊不溶于水和碱,易溶于酸。

药理毒理　铊及其化合物的毒性高且蓄积作用较强,Ⅲ价态铊化合物的毒性小于Ⅰ价态。铊经口 LD$_{50}$大鼠为 10～25 mg/kg,小鼠为 50～60 mg/kg,硫酸铊经口大鼠为 18 mg/kg,一般认为铊化合物对人的急性毒性剂量为 6～40 mg/kg 体重,铊对成人的致死量 8～12 mg/kg,中毒症状主要表现为胃肠道刺激和神经系统症状。脱发是铊中毒的特异体征,严重者胡须、腋毛、阴毛等均脱落(杨克敌,1995)。关于铊的毒理作用尚未完全阐明。Aoyama(1988)认为,铊可通过:① 干扰依赖钾的关键生理过程;② 影响 Na$^+$/K$^+$-ATP 酶的活性;③ 特异性与巯基结合而发挥其毒性作用。铊离子和钾离子在电荷量、离子半径两方面都很相似,因而大多数生物膜都不能区别铊离子和钾离子。因此,通常钾离子浓度高的部位,铊离子容易沉积,如肝、神经和肌肉组织。铊与线粒体膜的巯基结合抑制氧化磷酸化,与半胱氨酸巯基结合影响角蛋白的合成,导致毛发、指甲生长障碍(王琦玮,2006)。铊可透过血脑屏障在脑内蓄积而产生明显的神经毒作用。电镜检查发现,铊中毒大鼠脑细胞线粒体肿胀、溶酶体增多、有空泡形成和脂褐质色素沉着;下丘脑和海马区神经元高尔基体和电子密集小体明显增多。铊的神经毒作用最引人注意的是脑组织中琥珀酸脱氢酶和鸟嘌呤脱氨酶活性明显减弱。

体内过程 铊及铊化合物可以经由呼吸系统、消化系统、皮肤等途径快速进入体内,但主要是经消化道进入,其次是呼吸道。可溶性的铊被胃肠道吸收后,以离子形式进入血液,存在于红细胞中并随血液到达全身的器官和组织。组织对铊的吸收类似于钾离子,肾脏中铊浓度最高,其次是睾丸,其他依次为肌肉、淋巴结、胃肠、心脏、脾脏、肝脏(高金燕,2005)。同许多其他金属毒素一样,铊和巯基有较高的亲和力,因此在毛发中也具有一定的分布。金属铊单体基本无毒,但是铊盐却有较大毒性,可经多种途径吸收。据报道,口服可溶性铊盐,其生物利用度超过90%。被吸收的铊大部分蓄积在细胞内,因此血铊浓度不能准确反映铊在体内的负荷量和摄入量。铊在体内的代谢动力学特征符合三室模型,其表观分布容积(Vd)为3.6 L/kg。有些研究表明有机铊盐(如丙二酸铊)比无机铊盐在体内分布速度更快,但最终的分布情况相同。体内的铊最终通过尿和粪便排泄,无机铊盐主要通过粪便排泄,而有机铊盐通过这两条途径排泄的量基本相同(王琦玮,2006)。尿铊浓度是一种比较可靠的暴露指标。引起尿浓度低于 5 μg/L 的铊暴露未必能对人类健康产生有害影响。对于尿铊浓度上升在 5~500 μg/L 范围之内的铊暴露而言,其对人类健康有害影响的严重程度和风险大小尚未肯定,而上升至 500 μg/L 或以上的暴露就已伴有临床上的中毒。5 μg/L 尿铊浓度估计相当于每天经口摄入 10 μg 的可溶性铊化合物(WHO,1999)。

3. 汞

理化性质 汞(Mercury,Hg),第六周期第 12 族元素,原子序数 80,原子量 200.6,汞熔点 -38.87℃,沸点 356.6℃,密度 13.55 g/cm^3(20℃),银白色的液态过渡金属,也是唯一的在常温常压下呈液态的金属元素。汞在空气和水中稳定,不跟酸(浓硝酸除外)和碱反应,汞易挥发,在常温时会挥发,遇热挥发更快,而且吸附性强。

药理毒理 汞及汞化合物对人体的损害与进入体内的汞的种类及汞浓度有关。各种形态的汞化合物毒性由大到小分别为:有机汞>金属汞>无机汞。如有机汞中最常见的甲基汞(MeHg)致死量为 0.1 g,而无机汞如氯化汞致死量为 1.5 g。汞对人体的危害主要累及中枢神经系统、消化系统及肾脏,此外对呼吸系统、皮肤、血液及眼睛也有一定的影响。汞中毒的机理主要有以下机制:① 金属汞进入人体后,很快被氧化成汞离子,汞离子可与体内酶或蛋白质中许多带负电的基团如巯基等结合,使细胞内许多代谢途径,如能量的生成、蛋白质和核酸的合成受到影响,从而影响了细胞的功能和生长。② 汞通过核酸、核苷酸和核苷的作用,阻碍了细胞的分裂过程(李健,1999)。③ 汞能与细胞膜上的巯基结合,引起细胞膜通透性的改变,导致细胞膜功能的严重障碍。

体内过程 因种类不同汞及汞化物进入人体后,会蓄积在不同的部位,从而造成这些部位受损。有机汞主要蓄积在血液及中枢神经系统。有机汞是亲脂性的,极易通过血脑屏障和胎盘屏障,进入中枢神经系统和胚胎。甲基汞在人体肠道内极易被吸收并分布到全身,大部分蓄积到肝和肾中,分布于脑组织中的甲基汞约占15%,但脑组织受损害则先于其他各组织,主要损害部位为大脑皮层、小脑和末梢神经。金属汞主要蓄积在肾和脑。金属汞中毒常以汞蒸气的形式引起,由于汞蒸气具有高度的扩散性和较大的脂溶性,通过呼吸道进入肺泡,经血液循环运至全身。血液中的金属汞进入脑组织后,被氧化成汞离子,逐渐在脑组织中积累,达到一定的量,就会对脑组织造成损害,另外一部分汞离子转移到肾脏。无机汞主要蓄积在肾脏,在近端肾小管上皮细胞吸收和转运汞(李树强,2002),使肾脏受害最大,也严重损害其过滤功能,出现蛋白尿症状。发汞可作为环境汞暴露的一个很好的指示剂,头发中无机汞通常占头发中总汞浓度的10%左右,而MeHg占到总浓度的90%左右。

4. 铅

理化性质 铅(Lead,Pb),第六周期第14族元素,原子序数82,原子量207.2,熔点327.5℃,沸点1 740℃,铅密度11.34 g/cm^3,为银灰色重金属,质柔软。空气中其表面会很快氧化生成保护薄膜,失去光泽,变灰暗。

药理毒理 血液系统是铅毒性作用的靶系统,铅主要通过影响血红素合成及红细胞功能、形态的改变而引起贫血。铅吸收后进入血循环,约有95%的铅以不溶性磷酸铅稳定地沉积于骨骼系统。中等水平铅暴露者骨组织中积蓄铅40~50 mg,而职业性铅暴露者骨铅总量可达200 mg。骨铅可直接抑制成骨细胞的功能,影响骨的发育:① 铅直接对骨细胞损伤;② 铅通过抑制1,25-(OH)$_2$VD$_3$的羟化及阻断其作用,干扰钙磷代谢,影响骨的再建和功能;③ 铅取代钙离子或干扰钙离子的功能,影响正常骨细胞的信息传导,干扰骨细胞的功能。肾是铅的重要靶器官,急慢性铅中毒都可引起肾脏损害。在铅暴露人群中,高血压与轻度肾脏疾病密切相关。慢性铅暴露可通过两种途径经肾脏引起高血压:① 铅作用于肾小管使通透性上升,导致肾小球坏死,间质纤维化,肾小管变性。② 铅作用于RAS系统和Ca^{2+}信号系统导致肾血管收缩,血压上升。急性铅中毒的临床表现为恶心、呕吐、口中金属味、腹绞痛、大便带血、剧烈头痛、极度疲乏、失眠、周围神经麻痹,严重者脑水肿而出现惊厥、昏迷、肝肿大、黄疸指数及转氨酶明显升高。慢性铅中毒的主要特征是神经肌肉综合征(neuronmuscular syndrome)。目前,美国疾病控制和预防中心认为对于儿童血液中最大安全浓度为100 μg/L。

体内过程 铅及其化合物主要通过呼吸道和消化道进入人体,大气、饮水、食物中有微量铅进入人体。人们接触的主要有金属铅烟、铅尘、铅化合物。吸收入体内的铅约50%左右在半衰期内排出体外,另外的25%在以后排出,25%将潴留在体内。铅通过三条途径排出体外。近2/3经肾脏随小便排出,近1/3通过胆汁分泌排入肠腔,然后随大便排出,有8%左右(存在于头发及指甲中)的铅通过头发及指甲脱落排出体外。血液中铅的半衰期约25~35 d。在软组织中铅的半衰期比较恒定,肾脏中所含铅的半衰期是10 d,肝脏中所含铅的半衰期是23 d。因此,血铅水平仅能反映近1个月左右时间内的铅暴露状况,而骨铅和发铅水平才能反映较长时间的慢性铅暴露状况。临床上有铅中毒的症状,虽然血液中铅浓度非常高,但是毛发中铅浓度相比受到铅环境暴露的人群却保持比较低的水平,这说明毛发中铅浓度受到外源性干扰的程度比较大。此外,毛发中铅水平变化比较大,在铅中毒治疗中发现头发中铅的浓度可在较短的时间内迅速降低(Grandjean,1984)。

5. 镉

理化性质 镉(Cadmium,Cd),第五周期13族元素,原子序数48,原子量112.4,熔点320.9℃,沸点765℃,密度8.65 g/cm^3,微带蓝色的银白色金属,粉末状的呈灰白色,较软,有延展性。镉能溶于大多数酸中生成镉盐。

药理毒理 镉对人体健康的危害主要来源于工农业生产所造成的环境污染。被美国毒物管理委员会(ATSDR)列为第6位危及人体健康的有毒物质。环境中的镉不能生物降解,具有蓄积性,为已知的最易在体内蓄积的毒物,在人体内半衰期长达16~30年。微量的镉进入机体即可通过生物放大和积累,对肾、肝、肺、骨、生殖和免疫等器官系统产生一系列损伤。镉可以引起骨质疏松、软骨症和骨折,还可以损伤骨细胞和软骨细胞,发生在日本的大面积骨痛病就系镉中毒。镉与含羟基(-OH)、氨基(-NH)、巯基(-SH)的蛋白质分子结合,生成镉-蛋白质,能使许多酶系统受到抑制(甚至使酶失去生物活性),从而破坏肾、肝等器官中酶系正常的生理功能,影响人体对蛋白质、脂肪和糖类等营养物质的消化吸收,引发高血压和心血管病。镉容易在毛发中与毛发角蛋白结合。

体内过程 人主要通过食物、吸烟、大气污染3个途径吸收镉,正常人体内含镉量仅有30~40 mg,其中33%在肾脏,14%在肝内,2%在肺内,0.13%在胰内,镉主要通过呼吸道和消化道侵入人体。镉进入人体后,通过血液传输至全身,主要蓄积于肾、肝脏中;其次蓄积于甲状腺、脾和胰等器官中。心、肝、肾、脑、血有一稳定的镉浓度,但镉对肝、肾功能的损害作用低于心功能的损害。镉急性染毒,镉主要分布在肝和肾,但动物死亡原因不是肝、肾损害引起,而是由于心功能衰竭(陈悦,2005)。镉不是人体必需微量元素,在新生儿体内并不含镉,但随年龄的增长,即使无职业接触,50岁左右的人体内,含镉也可达到20~30 μg/kg(吴鹏鸣,1991)。血镉的浓度可用来评价近期的镉暴露,尿镉浓度则在一定程度上反映了肾损伤和体内的镉负荷。血液和肾表皮是镉暴露的一个明确的指示剂,但是毛发中镉浓度不能很好地反映镉负荷状况(Obara,1994)。1976年国际劳动卫生会重金属中毒研究会分会及世界卫生组织讨论,人的肾皮质中镉的临界浓度目前定为100~300 μg/g,最好的估计值为200 μg/g。

第二节　毛发样品的处理

一、毛发的脱污染

毛发样品已被认为是环境监测某些金属元素暴露的一个可靠的"指示剂",并在法医学和临床监测等方面被作为判断慢性重金属中毒等的重要依据,但是由此所引发的争论也一直在持续。其争论的核心在于,有学者认为在粉尘污染严重的地区,粉尘可黏附于毛发表面难以清洗,由此所带来的外源性的污染会造成分析结果的不可靠,一些重金属如砷和毛发表面含巯基的角质层结合,在毛发表面具有较强的吸附能力,难以将其完全洗脱。因此,建立有效的清洗方法,解决外源性污染成为毛发中元素检测的一个重要方面。关于毛发的洗涤方法归纳起来主要有包括使用去离子水;有机溶剂诸如采用丙酮、异丙醇;非离子化去污剂如 0.1% 曲拉通(Triton X-100);离子化去污剂如 0.1%(v/v)十二烷基硫酸钠(SLS);螯合试剂如 0.1%EDTA;酸碱溶液如 0.1%HNO_3,0.1 mol/L HCl 或 NaOH 等;以及综合使用上述一些试剂浸泡,超声或者加热清洗。本文列举了常见清洗方法。

1. 国际原子能机构(IAEA)推荐方法

1978 年和 1985 年 IAEA 两次推荐采用丙酮-水-水-丙酮的方法来洗涤毛发,具体操作步骤为:先使用分析纯丙酮溶液洗测毛发 1 次,然后使用去离子水清洗 2 次,最后再使用超纯丙酮洗涤 1 次。洗涤时毛发样品在 25 mL 丙酮或者去离子水溶液中浸泡并使用磁力搅拌器搅拌洗涤 20 min,洗涤后的样品在 60℃下干燥 24 h。

2. 有机溶剂结合螯合试剂(Senofonte,2000)

取 0.5 克头发样品剪成约 1 cm 段,首先使用乙醚:丙酮(3:1,v/v)洗涤头发,该洗涤过程在搅拌的情况下重复三次,每次 10 min;然后在 85℃下干燥 1 h,使用 5%EDTA 水溶液搅拌 1 h;再使用双重蒸馏水淋洗三次;洗涤的头发样本在 85℃下干燥 16 h,称重,消解,待检。

一些学者虽对 IAEA 的洗涤方法提出了一定质疑,如 Mandal(2003)认为 IAEA 的分析方法不能有效地清洗附着于毛发表面的痕量无机元素,但是从应用文献来看,目前毛发中无机元素分析中仍较多使用 IAEA 推荐的洗涤技术,该方法中去离子水能够去除残留于毛发表面的无机盐和粉尘等成分,而丙酮则可以很好地去除附着于毛发中的油脂和汗液等。在众多的洗涤方法中 IAEA 推荐的洗涤方法是最常使用的毛发清洗方法。

由于毛发洗涤方法在金属元素检测分析中的重要性,关于毛发洗涤中常用的一些试剂或者方法也有比较丰富的考察和研究,Morton(2002)对三组健康人毛发中五种金属元素使用不同的洗涤试剂进行了评价,测定结果列于表13-3,不同洗涤剂的洗涤效果可直观的进行比较。此外,文章以砷等为研究对象,对三种清洗效果较好的洗涤液,洗涤受外源性污染的毛发的洗涤效果进行了比较,比较结果见表13-4。研究结果表明附着于毛发表层的元素很难完全被去除,而且也无法通过相关分析方法来区分外源性及内源性的金属来源。而汤晓勇(1988)对洗涤剂法、乙烷-乙醇法、丙酮-乙醚-洗涤剂法、NaOH和HCl溶液的洗脱能力进行了相关研究,研究结果表明NaOH对吸附于头发表面的砷有较好的洗脱作用,此外,实验还对不同浓度的NaOH的洗涤能力进行了研究,发现NaOH浓度太高或者浸泡时间过长不但能将头发表面吸附的砷洗脱,而且还能将头发的内源性砷溶解出来,使得测定结果偏低。最佳的洗涤方法为,采用0.25 mol/L NaOH浸泡8 h,然后用去离子水冲洗后分析。比较温和的洗涤方法不能有效地去除外源性污染,而比较苛刻的洗涤条件则会使内源性元素受损,造成检测结果的偏低,因此在使用同一检测方法测定多种元素时要特别注意洗涤方法的选择,以免影响测定结果。毛发的洗涤在整个分析过程中占有重要的地位,在建立分析方法的过程中一般都会对毛发洗涤方法进行研究和考察。从研究方法来看,多通过考察洗涤剂类型,洗涤时间、洗涤次数以及洗涤温度等条件来探寻合适的洗涤方法。

表13-3 不同洗涤剂对三组毛发洗涤结果比较

元素	洗涤方法	毛发1($\mu g/g$)	毛发2($\mu g/g$)	毛发3($\mu g/g$)
Cr	未清洗	2.14	2.05	1.87
	去离子水	1.98	1.95	1.56
	异丙醇	1.94	1.84	2.28
	0.1 mol/L HCl	1.95	1.87	1.74
	1%(v/v) SLS	1.96	1.72	1.41
	1%(v/v) EDTA	1.75	1.69	1.48
	1%(v/v) 洗发水	1.71	1.80	1.48
Se	未清洗	1.22	1.63	1.49
	去离子水	1.46	1.91	2.01
	异丙醇	1.85	1.94	1.90
	0.1 mol/L HCl	1.92	2.55	2.04
	1%(v/v) SLS	1.28	1.74	1.38
	1%(v/v) EDTA	1.48	1.73	1.30
	1%(v/v) 洗发水	1.45	1.86	1.52
Cd	未清洗	0.09	0.08	0.16
	去离子水	0.06	0.07	0.16
	异丙醇	0.05	0.05	0.22
	0.1 mol/L HCl	0.05	0.03	0.05
	1%(v/v) SLS	0.09	0.07	0.11
	1%(v/v) EDTA	0.03	0.03	0.04
	1%(v/v) 洗发水	0.02	0.03	0.06

续 表

元素	洗涤方法	毛发1(μg/g)	毛发2(μg/g)	毛发3(μg/g)
Hg	未清洗	0.47	1.93	0.10
	去离子水	0.49	1.92	0.17
	异丙醇	0.53	2.06	0.12
	0.1 mol/L HCl	0.47	2.12	0.21
	1%(v/v) SLS	0.49	1.99	0.12
	1%(v/v) EDTA	0.57	1.93	0.12
	1%(v/v) 洗发水	0.51	2.02	0.12
Pb	未清洗	0.40	0.76	1.55
	去离子水	0.34	0.58	1.70
	异丙醇	0.33	0.42	1.42
	0.1 mol/L HCl	0.10	0.32	0.75
	1%(v/v) SLS	0.21	0.49	1.65
	1%(v/v) EDTA	0.23	0.31	1.15
	1%(v/v) 洗发水	0.24	0.35	1.46

表13-4 不同洗涤剂洗涤效果的比较

	Cr	As	Se	Cd	Sb	Hg	Pb
未清洗健康人发测定值(μg/g)	0.49	0.004	0.58	0.0005	0.01	0.54	1.25
添加后测定(μg/g)	0.66	0.24	3.41	0.15	0.43	2.45	0.39
使用1%(v/v) SLS洗涤后测定值(μg/g)	0.60	0.32	3.34	0.02	0.28	2.04	0.45
使用1%(v/v) EDTA洗涤后测定值(μg/g)	0.50	0.33	3.23	0.03	0.33	2.03	0.21
使用0.1 mol/L HCl洗涤后测定值(μg/g)	0.49	0.31	3.25	0.001	0.34	1.71	0.07

本书作者通过对比6种清洗方法对未暴露头发的清洗,探索适合头发中金属元素分析的去污染方法。未暴露头发是指未处于职业暴露且未曾烫染的头发,本实验所用的未暴露头发来自本实验室的健康志愿者(女,26岁)。本实验研究采用6种清洗试剂分别为1% SDS(m/v)、1% EDTA(m/v)、1% 曲拉通(Triton X-100)(v/v)、0.1 mol/L HCl、0.1 mol/L NaOH 和丙酮。将未暴露头发分别剪碎(每段大约0.5 mm)混合均匀,按照表13-5的清洗方法进行清洗,每种清洗方法清洗6份。

不同清洗方法洗涤能力的评价标准:运用配对t检验分析未暴露头发清洗前后是否存在显著性差异来判断清洗效果的好坏,显著性下降则说明洗涤能力较好,反之则说明洗涤能力较差(并未考虑是否存在内源性元素的损失)。不同清洗方法洗涤能力见表13-6。

表 13-5 6种不同清洗方法

1. 非离子化去污剂	2. 离子化去污剂	3. 螯合试剂
1%Triton X-100 ↓洗涤1次,每次60 min 过滤 ↓ 漂洗(DDW) ↓ 烘干	1%SDS ↓洗涤1次,60 min 过滤 ↓ 漂洗(DDW) ↓ 烘干	1%EDTA ↓洗涤1次,每次60 min 过滤 ↓ 漂洗(DDW) ↓ 烘干
4. IAEA 法	5. 酸溶液	6. 碱溶液
丙酮(洗涤1次) DDW(洗涤2次) 丙酮(洗涤1次) ↓每次15 min 过滤 ↓ 漂洗(DDW) ↓ 烘干	0.1 mol/L HCL ↓洗涤1次,每次60 min 过滤 ↓ 漂洗(DDW) ↓ 烘干	0.1 mol/L NaOH ↓洗涤1次,每次60 min 过滤 ↓ 漂洗(DDW) ↓ 烘干

表 13-6 未暴露头发清洗前后元素浓度的对比($n=6$, μg/g)

元素	本底值	SDS	EDTA	IAEA	曲拉通	HCL	NaOH
^{7}Li	0.056	0.022*	0.031*	0.024*	0.025*	0.024*	0.029*
^{9}Be	0.011	0.009 1	0.006 6*	0.006 6*	0.006 8*	0.005 3*	0.003 2*
^{11}B	0.59	0.34*	0.35*	0.40*	0.38*	0.23*	0.31*
^{24}Mg	113	93*	86*	100	95*	70*	126
^{27}Al	9.29	5.48*	5.68*	6.51*	6.02*	4.51*	2.88*
^{43}Ca	1 696	1 403*	1 257*	1 577	1 463*	1 059*	1 769
^{47}Ti	0.49	0.28*	0.31*	0.28*	0.27*	0.30*	0.25*
^{51}V	0.057	0.045	0.043	0.048	0.045	0.075*	0.012*
^{53}Cr	0.37	0.13*	0.27	0.19*	0.17*	0.32	0.21*
^{55}Mn	2.50	2.36	2.19*	2.62	2.40	1.84*	2.85
^{57}Fe	17.31	9.54*	11.47*	12.61*	10.66*	10.84*	12.47*
^{59}Co	0.026	0.025	0.021*	0.027	0.026	0.025	0.026
^{60}Ni	0.76	0.73	0.57*	0.73	0.73	0.46*	0.76
^{63}Cu	12.9	12.3	10.4*	12.6	12.2	11.7	11.9
^{66}Zn	272	283	236*	295	284	210*	284
^{69}Ga	0.22	0.18*	0.16*	0.19	0.18*	0.15*	0.19
^{75}As	0.12	0.094*	0.097*	0.103	0.099*	0.11	0.062*
^{82}Se	0.85	0.85	0.74*	0.86	0.84	0.82	0.67*

续 表

元素	本底值	SDS	EDTA	IAEA	曲拉通	HCL	NaOH
^{85}Rb	0.04	0.001*	0.005*	0.003*	0.002*	0.002*	0.003*
^{88}Sr	8.3	6.8*	5.9*	7.6	7.2	5.2*	8.6
^{90}Zr	0.014	0.007 4*	0.008 8*	0.008 7*	0.008 3*	0.009 3*	0.009 5*
^{95}Mo	0.03	0.029	0.027	0.031	0.028	0.030	0.004*
^{107}Ag	0.004 2	0.004 1	0.003 6*	0.004 6	0.004 2	0.002 8*	0.003 9
^{111}Cd	0.029	0.029	0.022*	0.028	0.028	0.018*	0.028
^{118}Sn	0.76	0.76	0.67*	0.74	0.77	1.52*	0.73
^{121}Sb	0.035	0.045*	0.03	0.08*	0.045*	0.056*	0.033
^{133}Cs	0.002 1	0.000 9*	0.001 3*	0.001 3*	0.001 1*	0.001 3*	0.001 2*
^{137}Ba	5.2	4.8	4.1*	5.2	4.93	4.0*	5.3
^{197}Au	0.004 6	0.004 4	0.004 4	0.004 4	0.004 4	0.004 9	0.004 2
^{202}Hg	0.48	0.49	0.44	0.51	0.50	0.45	0.48
^{205}Tl	0.002 8	0.002 2*	0.002 0*	0.002 0*	0.001 8*	0.001 3*	0.001 9*
^{208}Pb	0.40	0.43	0.32*	0.43	0.43	0.33*	0.40
^{232}Th	0.002 1	0.007 7*	0.004 1*	0.003 7*	0.003 4*	0.003 3*	0.002 8*
^{238}U	0.20	0.19	0.17*	0.20	0.20	0.17*	0.05*

*：与本底值比较存在显著性差异(配对 t 检验，$p<0.05$)。

表 13-6 结果显示：Be 可被除 SDS 外的其余五种清洗方法除去，其中经 NaOH 清洗后 Be 浓度下降了大约 70%；Li、B、Ti 和 Fe 经六种清洗方法洗涤后，元素浓度均显著性下降，说明 6 种清洗方法对其均有清洗效果，其中 SDS 对 Fe 的清洗效果最好；NaOH 对 Mg 和 Ca 均没有清洗效果，对 Al、V 和 U 的清洗效果比其余五种清洗方法要好，而 HCl 对 Mg 和 Ca 的清洗效果最好，但是 V 经 HCL 洗涤后元素浓度显著增加，原因可能是氯与氧形成的多原子干扰物($^{35}ClO^+$)造成的；Cr 经 SDS 清洗后浓度下降了大约 65%，说明 SDS 对 Cr 的清洗效果要优于其他清洗方法；经 EDTA 和 HCl 清洗后 Mn 的浓度发生了显著性下降，而用 NaOH 清洗后 Mn 浓度上升可能是因为 NaOH 中含有杂质 Mn 造成的；Co 和 Cu 经 EDTA 清洗后元素浓度分别下降了 21% 和 19%，而其余几种清洗方法对 Co 和 Cu 几乎没有任何清洗效果；EDTA 和 HCl 对 Ni、Zn 均有清洗效果，而 HCl 对 Ni 和 Zn 的清洗效果要优于 EDTA；As 经 NaOH 洗涤后浓度下降了 46%，这说明 NaOH 对 As 具有较好的洗脱能力，同时 Se 和 Mo 经 NaOH 洗涤后浓度分别显著性下降了 21% 和 87%，Se 经 EDTA 清洗后浓度虽然下降了 13%，但是并不存在显著性差异；Rb 经 6 种试剂清洗后元素浓度明显下降，其中经 SDS 清洗后浓度下降高达 97%；Sr 经 IAEA 法和曲拉通清洗后元素浓度虽然有所下降，但是并没有显著性差异，而经 SDS、EDTA 和 HCl 清洗后元素浓度具有显著性下降的趋势；Zr 经每种方法洗涤后元素浓度均有显著性下

降,其中经 SDS 洗涤后元素浓度下降了 50%;Ag、Cd 和 Ba 用 EDTA 和 HCl 清洗后浓度均显著下降;Sn 经 EDTA 清洗后元素浓度下降了 12%,而经 HCl 清洗后浓度却增加了 50%,造成浓度增加的原因可能是因为盐酸中的 Sn 残留造成的(商品标签已标明含有 Sn);所有清洗方法均对 Sb 无洗涤效果,并且经 SDS、IAEA、曲拉通和 HCl 洗涤后浓度显著上升;EDTA 和 HCl 对 Pb 有显著的清洗效果;6 种清洗方法对 Cs 和 Tl 均具有清洗效果,对 Tl 而言 HCl 的清洗效果更显著;6 种清洗方法对 Au、Hg 和 Th 均没有清洗效果,原因可能是这 3 种元素在头发表面有较强的结合力,以至于难以洗脱或者是因为所选取的头发没有受到这 3 种元素的污染。

综上所述,没有一种清洗方法可以同时对 34 种元素有显著的清洗效果。根据表 13-6 可得出如下结论:① 曲拉通和 IAEA 法对所测的 34 种元素的清洗效果不如 SDS、EDTA、HCl 和 NaOH 显著;② SDS、EDTA、HCl 和 NaOH 分别对部分元素有显著的洗涤效果;③ 0.1 mol/L HCl 适用清洗的元素种类最多。但是去污染过程是两方面的,去除可能的外污染物质的同时,也会造成毛发内部存在的物质一定程度的损失。EDTA、HCl 和 NaOH 的洗脱能力较强,有可能会使头发内源性元素受损,造成目标物检测结果不准确。

二、样品处理

除少数分析手段如 XRF,NAA 等可直接分析固体样品外,大多数分析方法如 ICP-AES、ICP-MS、电化学法,以及比色分析法等湿法分析,均要求把分析试样首先转变成均匀的溶液。常见的样品前处理方法主要有干法灰化和湿法消化。

1. 高温灰化法

将一定量的毛发样品置于石英坩埚内先在电炉上炭化,炭化完全后用马福炉以适当的温度灰化,除去有机成分,再用相应的酸溶解,转移测定。其中干法灰化具有空白值低、操作简便,但对于一些挥发性元素,采用高温灰化的方法容易造成损失,难以准确测定。

2. 低温灰化法

低温灰化法是在低温下(一般<100~300℃)利用高频电场使空间中自由电子运动加速,产生含有化学活性极高的氧等离子体,对有机质进行破坏,低温灰化技术解决了常规高温灰化费时、待测元素易损失等缺点,但仪器设备较昂贵。

3. 微波消解法

利用微波的穿透性和激活反应能力加热密闭容器内的毛发样品,使毛发样品中的有机质在强酸或者强氧化剂短时间的作用下被破坏。常见的消化试剂有 HNO_3,H_2O_2,$HClO_4$,HF,HCl 等。微波消解方法是目前最常使用的样品前处理方法,在消解方法中毛发用量一般在 0.1~0.5 g 之间,消解试剂通常使用 3:1(v/v) 的 HNO_3 和 H_2O_2。如 Violante(2000)采用 ICP-MS 分析了热电厂周围居民毛发中

17种金属和非金属元素,方法采用微波消解技术对样品进行前处理,样品取样量为 0.5 g,使用密闭特富龙材料的消解罐对毛发样品进行消解。相关微波消解条件为:消解液:3 mL 65% 超纯 HNO_3 和 2 mL 30% H_2O_2,消解温度程序:250 W 加热 3 min→冷却 6 min→250 W 加热 6 min→冷却 6 min→450 W 加热 5 min→500 W 加热 5 min。冷却后将消解溶液转移定容 20 mL。在使用微波消解 ICP-MS 分析中多采用 HNO_3 和 H_2O_2 混合试剂作为消解试剂,消解温度程序根据仪器以及消解样品的数量不同而有一定的差异,采用 HNO_3 和 H_2O_2 作为消解溶液的主要原因在于,一方面 HNO_3 和 H_2O_2 混合试剂对毛发样本消解比较彻底,另一方面采用 HNO_3 和 H_2O_2 不会对消解溶液带来干扰,如 $HClO_4$、HCl 等试剂给消解溶液中带入 Cl^-,而在 ICP-MS 测定中 Cl^- 可对测定有一定的干扰。

4. 其他前处理方法

上述分析技术主要应用于元素总量测定,但随着人们对有机金属化合物的生物学及毒理学性质的认识,金属化合物形态分析逐渐成为研究热点,而传统的样品前处理技术一般较多使用浓的强酸介质在剧烈的条件下(高温,高压)对生物样品的有机质进行破坏,这可能会使得样品中的有机金属化合物价态发生改变,如采用微波消解技术可使得生物样品中的丁基锡、苯基锡、一甲基砷酸、二甲基砷酸、甲基汞等被消解氧化成其无机离子的最高价态[Sn(Ⅳ)、As(Ⅴ)、Hg(Ⅱ)],因此在进行元素价态分析时上述一些样品前处理方法无法满足金属化合物形态学分析的需要,而有机化合物分析中的一些比较温和的样本前处理技术被借鉴,并在此基础上发展成较具有特色的样品前处理技术。梁立娜(2003)总结了采用微波辅助萃取样品前处理技术在金属元素形态分析中的应用,聚焦微波辅助萃取装置或密闭低功率微波辅助萃取装置,并加入稀酸/有机溶剂或碱溶液对样品进行萃取,在比较温和的状态下反应,然后采用固相萃取、固-液萃取、液液萃取或者超临界流萃取技术可以有效地将有机金属化合物萃取出来并保持其最初的形态。梁沛(2004)总结了吸附材料在样品前处理中的应用。基于不同原理的吸附材料在痕量组分分离富集及其形态分析中得到了广泛的应用。根据材料及吸附机理的不同,可将吸附材料分为树脂、纤维、泡塑、微晶萘、硅胶、多孔玻璃、无机吸附材料、生物吸附材料及新型吸附材料(C60、模板聚合物),但这些吸附材料一般均应用于液体组分,对于固体样品如毛发首先要对其进行处理使其成为溶液,再采用上述吸附材料进行萃取分离。孙瑾(2007)采用超声波辅助溶剂萃取方法对生物样品中的总汞和甲基汞进行了分析。方法:称取 0.1 g 样品于 5 mL 离心管中,加入 2 mL 6 mol/L HCl 溶液,放置过夜,超声 2 h,然后 4 000 r/min 离心 10 min,取上层溶液一部分直接稀释后测量 T-Hg,取上述溶液分别加入 1 mL CH_2Cl_2 萃取 MeHg,剧烈振荡 30 min,4 000 r/min 离心 10 min,取下层有机相溶液,再于水相中加入 1 mL CH_2Cl_2,加入 2 mL H_2O,置于 60℃ 水浴中并充入氮气,使有机相蒸发,从而使 MeHg 留在水相中,再加水定容后测定 MeHg。方法同时考察了 KOH/CH_3OH 溶液、SDS 溶液和 SDBS 溶液,以及 KBr/H_2SO_4 溶液,结果显示采用 HCl 方法回收率最好。综上可见形态分析中一般均采用温和的酸消化方法(采用较低温度或者超声)破坏有机质,直接进样或采用特异性高的提取方法对不同形态的化合物进行分离后进样以提高检测的灵敏度。

5. 本实验室方法(骆如欣,2013)

(1) 电热板消解法。准确称取 20 mg 头发置于 15 mL Corning 试管中,用 0.8 mL 65% HNO_3 溶液和 0.2 mL 29%~32% 过氧化氢作为消解酸体系,加盖密闭后于电热板上加热消解。加热温度为 90℃,加热时间 3 h。消解完成后取出 Corning 试管冷却至室温,用超纯水定容至 10 mL。

(2) 微波消解法。准确称取 50 mg 空白头发置于 Teflon 消解罐中,用 3 mL 65% HNO_3 作为酸消解体系,加盖密封后于微波消解仪中消解。微波消解参照本实验室所建立的程序,具体见表 13-7。

表 13-7 微波消解程序

程序	目标温度/℃	压力/kPa	升温时间/min	保持时间/min	能量/%
1	160	2 500	3	3	50
2	160	2 500	3	3	70
3	180	3 000	3	7	80
4	100	2 500	3	7	50
5	100	1 000	1	1	5

微波消解是目前最常用的头发消解方法,其消解过程是在高温、高压且密闭的消解罐中进行的,因此微波消解不仅消解彻底而且不会造成挥发性元素的损失。

为了考察电热板消解的可靠性与准确性,对同一来源的头发采用两种方法消解后测定,比较两者之间是否存在差异,每种方法平行消解 6 份。结果如表 13-8 所示。

表 13-8 电热板消解与微波消解方法对比($n=6$)

元素	电热板消解[a]	微波消解[a]	元素	电热板消解[a]	微波消解[a]
^{7}Li	<LOQ	<LOQ	^{57}Fe	55.2±2.1	58.5±0.3
^{9}Be	0.70±0.02	0.73±0.01	^{59}Co	0.64±0.02	0.65±0.008
^{11}B	0.33±0.01	0.35±0.02	^{60}Ni	0.94±0.02	0.92±0.02
^{24}Mg	28.4±1.8	29.1±1.6	^{63}Cu	12.0±0.19	12.2±0.18
^{27}Al	5.3±0.3	5.4±0.6	^{66}Zn	210.6±3.1	217.7±2.9
^{43}Ca	480.9±11.6	492.4±6.7	^{69}Ga	0.34±0.004	0.35±0.007
^{47}Ti	0.93±0.04	0.90±0.03	^{75}As	0.18±0.008	0.18±0.01
^{51}V	0.80±0.01	0.84±0.01	^{82}Se	1.47±0.07	1.41±0.07
^{53}Cr	0.83±0.02	0.87±0.05	^{85}Rb	<LOQ	<LOQ
^{55}Mn	0.70±0.02	0.72±0.02	^{88}Sr	1.77±0.06	1.82±0.05

续 表

元 素	电热板消解[a]	微波消解[a]	元 素	电热板消解[a]	微波消解[a]
^{90}Zr	0.48±0.005	0.49±0.02	^{137}Ba	2.13±0.12	2.14±0.05
^{95}Mo	0.14±0.02	0.13±0.005	^{197}Au	0.62±0.01	0.61±0.1
^{107}Ag	0.67±0.01	0.69±0.01	^{202}Hg	1.12±0.01	1.27±0.03
^{111}Cd	0.9±0.02	0.94±0.02	^{205}Tl	0.41±0.01	0.42±0.005
^{118}Sn	1.26±0.02	1.25±0.02	^{208}Pb	1.62±0.04	1.68±0.06
^{121}Sb	0.036±0.004	0.039±0.002	^{232}Th	0.35±0.01	0.37±0.01
^{133}Cs	0.006 6±0.000 3	0.006 2±0.000 3	^{238}U	0.81±0.013	0.84±0.01

a 表示 Mean±SD。

金属元素测定样品前处理方法相比其他化合物的分析处理方法而言较为单一,目前应用最多,处理效果最佳的样品前处理方法为微波消解方法。本研究运用统计软件(SPSS 17.0)对两种消解方法进行配对 t 检验,结果表明两种消解方法无显著性差异,表明本研究所采用的电热板消解条件合理,可以将头发彻底消解。

第三节　分析方法

一、常用分析方法

常用的元素分析方法有中子活化分析(NAA),扫描质子微探针(SPM),X 荧光光谱(XRF),石墨炉原子吸收光谱(GFAAS),原子吸收光谱(AAS),电感耦合等离子体发射光谱(ICP－AES)以及电感耦合等离子体质谱(ICP－MS)等分析方法,其中以 ICP－MS 的应用最多。因为 ICP－MS 可分析地球上几乎所有金属和非金属元素,与传统无机分析技术相比,ICP－MS 技术提供了最低的检出限、最宽的动态线性范围、干扰最少、分析精密度高、分析速度快以及可提供精确的同位素信息等分析特性。它以独特的接口技术将 ICP 高温(8 000 K)电离特性和四极杆质谱仪的灵敏快速扫描的优点相结合而形成一种新型的元素和同位素分析技术,在分析能力上,除 Al 以外,ICP－MS 分析方法比 GFAAS 方法灵敏度更高,而且一次分析可以得到多元素分析的结果,因此可以取代传统的无机分析技术。ICP－MS 也是唯一一种较好的分析稀土元素和卤族元素的分析技术。

1. ICP－MS 及 ICP－AES 法

Violante(2000)使用 ICP－MS 和 ICP－AES 建立了毛发中 As,Ca,Cd,Co,Cr,Cu,Fe,Mg,Mn,Ni,P,Pb,Sb,Se,Tl,V 和 Zn 17 种金属和非金属测定方法,ICP－

AES 和 ICP‑MS 条件如表 13‑9 和表 13‑10 所示,使用上述方法对人发参考物质(BCR No.397)进行检测,结果证明该方法精密度和准确度均良好,满足毛发中上述元素的检测。

表 13‑9 ICP‑AES 分析参数

ICP‑AES 仪器条件	
RF 输出功率(kW)	1.3
等离子体载气流速(L/min)	15
辅助气流速(L/min)	0.5
雾化气流速(L/min)	0.6
光谱系统	SCD 检测器,波长范围 165~403 nm,200 nm 处最大分辨率 0.006 nm
待测元素特征谱线(nm)	Ca,393.4;Cu,324.8;Fe,259.9;Mg,286.2;P,213.617;Y,371.0;Zn,213.9

表 13‑10 ICP‑MS 分析参数

ICP‑MS 仪器条件	
RF 输出功率(kW)	1.0
等离子体载气流速(L/min)	19
辅助气流速(L/min)	0.9
雾化气流速(L/min)	1.0
数据采集	驻留时间,100 ms;采集次数,3
待测元素同位素	^{75}As,^{114}Cd,^{59}Co,^{52}Cr,^{55}Mn,^{60}Ni,^{204,206,207,208}Pb,^{121}Sb,^{82}Se,^{50}V,^{205}Tl

Goullé(2005)对 Li 等 32 种元素使用 ICP‑MS 进行测定,毛发采用温水和丙酮洗涤,取 25 mg 毛发样本使用 0.25 mL 硝酸于 70℃消解 1 h,精确取该溶液 0.1 mL,使用 3.9 mL 含 0.5%丁醇;0.65%硝酸;0.01%曲通的水溶液稀释,使用 Rh 为内标(1 μg/L),方法有效性评价结果见表 13‑11。

表 13‑11 分析方法有效性评价结果

元素名称	相关系数 r	检测限 (ng/mg)	定量限 (ng/mg)	日内精密度 CV(%)	日间精密度 CV(%)
Li	0.999 9	0.002	0.007	6.5	6.1
Be	0.999 8	0.002	0.007	3.9	8.8
B	0.999 1	0.14	0.46	3.6	8.9
Al	0.999 3	0.02	0.08	2.3	7.7
V	0.999 9	0.001	0.003	1.7	9
Cr	0.999 9	0.06	0.2	3.5	9.3
Mn	0.999 6	0.001	0.004	1.7	6.6

续 表

元素名称	相关系数 r	检测限（ng/mg）	定量限（ng/mg）	日内精密度 CV(%)	日间精密度 CV(%)
Co	0.999 8	0.000 3	0.001	2.3	7.9
Ni	0.999 8	0.01	0.05	1.8	6.4
Cu	0.999 9	0.01	0.03	1.3	10.4
Zn	0.999 6	0.01	0.04	1.1	8.1
Ga	0.999 8	0.000 3	0.000 9	2.2	8.9
Ge	0.999 9	0.001	0.002	1.8	7.6
As	0.999 7	0.01	0.02	3.5	6.4
Se	0.999 7	0.02	0.06	2.6	7.8
Ru	0.999 5	0.000 3	0.001	2	5.8
Sr	0.999 5	0.000 2	0.000 7	1	7
Mo	0.999 8	0.000 4	0.001	3.9	8.2
Pd	0.999 5	0.001	0.003	2.9	22.3
Ag	0.999 8	0.000 5	0.002	0.7	9.9
Cd	0.999 8	0.000 3	0.000 9	0.7	5.9
Sn	0.999 8	0.001	0.002	1	5.9
Sb	0.999 8	0.000 3	0.001	1	5.2
Te	0.999 7	0.000 6	0.002	6.7	6.1
Ba	0.999 8	0.001	0.003	0.8	5.5
W	0.999 8	0.000 2	0.001	2.1	7.2
Pt	0.999 9	0.000 1	0.000 2	1.5	6.2
Hg	0.998 6	0.004	0.013	0.4	9.5
Tl	0.999 5	0.000 05	0.000 2	3.7	4.7
Pb	0.999 7	0.000 3	0.001	0.7	4.4
Bi	0.999 7	0.000 8	0.003	1.4	5.3
U	0.999 8	0.000 04	0.000 2	2	7.2

本书作者（骆如欣，2013）建立 ICP‑MS 法同时测定头发中 33 种无机元素，方法检出限在 0.000 1~0.14 μg/g。ICP‑MS 使用前用 1 μg/L 的调谐液优化仪器工作参数。标准模式下调谐要求达到的标准以及优化后的参数值见表 13‑12。由于仪器漂移及基体效应的影响，在 ICP‑MS 分析中必须选择内标元素来加以校正。内标选择的基本原则是：质量数应尽量与被测元素质量数接近，电离能尽量相近，同时所选的内标元素在被测样品中的质量应该及其微小，可以忽略其存在。本实验采用 ^{6}Li、^{72}Ge、^{89}Y、^{115}In、^{159}Tb 为内标。

2. AAS 分析方法

AAS 方法测定头发中汞元素浓度（徐德明，2003）。头发消解：准确称取洗净、

表 13-12　ICP-MS 的仪器操作条件及调谐参数

仪 器 参 数	参 数 值	仪 器 参 数	参 数 值
射频功率	1 500 W	雾化器	同心雾化器
采样深度	7.8 mm	锥类型	镍(Ni)
载气流速	0.85 L/min	采集模式	Spectrum
补偿气流速	0.2 L/min	干扰指数	$CeO^+/Ce^+<3.0\%$
S/C 温度	2℃		$Ce^{2+}/Ce^+<1.5\%$
蠕动泵	0.1r/s		Li(7)>3 000 cps
积分时间	0.1 s	调谐灵敏度	Y(89)>8 000 cps
重复次数	3		Tl(205)>4 000 cps

干燥、剪断、混匀的发样 0.300 0 g,置于 150 mL 测砷瓶中,加入混酸 3.0 mL,盖牢冷凝后放入 50℃恒温水浴锅内消化,待泡沫消失消化液变为棕色澄清的液体时转移至电热板上沙浴消化,直至测砷瓶内残存高氯酸开始发烟,去掉冷凝管继续消化至测砷瓶底出现白色结晶、冷却后盖上回流管,防止空气中的汞对样品产生污染。该方法采用(3∶1)硝酸/高氯酸作消化液,在加回流管的测砷瓶内分步消化发样,流动注射氢化物发生原子吸收测定发中汞。标准偏差小于 27.1 ng/g;变异系数小于 5.5%;样品加标回收率在 99.8%~100.35%之间;方法的检出限为 0.69 ng/mL,采用流动注射氢化物发生原子吸收法测定发中汞灵敏度高,稳定性好,精确度及准确度均符合微量分析的要求。

3. SPM 分析方法

SPM,NAA 等分析技术属于无损分析技术,此类分析技术特别适合法庭科学的样品要求,但方法灵敏度等原因一定程度上限制了此类技术应用于法庭科学中毛发的检测。文献(杨瑞瑛,2007)列举了使用 SPM 方法测定地方性砷中毒地区人发中砷及其他 10 种微量元素的分布。样品按 IAEA 推荐的步骤洗涤。清洗后的发样置于洁净环境中自然晾干。采用 SPM 进行测定,加速器产生的质子束能量为 3MeV,束流平均强度为 100 pA,束斑为 3 μm,用 Si(Li)探测器。为了尽可能降低原子序数的主元素谱线的干扰,提高对微量元素的探测灵敏度,在 Si(Li)探测器前加有质量厚度为 4.167 mg/cm^2 的 Al 吸收片,吸收低元素(如 Ca、S 等)的计数,并在 Al 片前面再加一层 Mylar 膜,质量厚度为 14.5 mg/cm^2,用来阻止背散射的质子与 Al 片发生核反应而产生的高能 γ 射线本底。

二、联机分析法

元素的毒性和生物重要性都依赖于其化学形态,随着人们对金属有机化合物生物学作用等方面的不断认识和研究,近年来,元素形态分析已经成为该领域研究热点。过去由于缺乏有效的分离技术、高灵敏度的分析仪器以及性能优越的联机接口技术,而无法对生物检材中的有毒金属或非金属化合物进行相应的形态学分析。由于金属化合物毒性与其化学形态密切相关,因此测定元素总量有时很难对相应测定结果给出可靠的解释。主要的联机分析技术有氢化物发生法(HG)与 AAS、ICP-AES 或 ICP-MS 联用,激光剥蚀(LA)与 ICP-MS 联用,高效液相色谱(HPLC)与 ICP-AES 或 ICP-MS 联用,毛细管电泳(CE)与 ICP-AES 或 ICP-MS 联用等,其中以 HPLC-ICP-MS 应用最为广泛,与其他一些技术相比,采用 HPLC-ICP-MS 分析结果的准确度和精密度均比较好,应用范围广,适用性强,是目前比较完善的元素形态分析技术。

1. 液相色谱-电感耦合等离子体质谱(HPLC-ICP-MS)联用

HPLC-ICP-MS 对于一般的液态样品可以经过简单的处理后直接进样。而对于固态样本需进行样品前处理,使其转化为液态后根据不同形态金属化合物化学性质的差异,采用改变固定相、流动相以及 pH 值等达到分离检测的目的。此技术也比较成熟、可靠,所以高效液相色谱技术被研究工作者广泛采用,其与灵敏度较强的检测仪器结合能更好地进行元素的形态分析。为保证被分析金属化合物价态的稳定,HPLC-ICP-MS 分析的样品前处理需要采用比较温和的处理手段,相关检材处理方法可参考样品处理部分。

在流动相选择上,HPLC-ICP-MS 分析中一般不采用磷酸盐缓冲溶液作为流动相。磷酸盐缓冲溶液是 HPLC 紫外检测分析中最为常见的流动相,但在 HPLC-ICP-MS 分析中很少使用,其主要原因为此类非挥发性盐类容易附着在质谱透镜和锥孔上,造成检测信号的漂移以及增加采样锥的清洗频率,在采用 HPLC-ICP-MS 分析时建议采用挥发性的流动相,如有机酸的氨盐可作为 HPLC-ICP-MS 的流动相使用。此外在使用有机溶剂做流动相雾化后形成的气溶胶不十分稳定,为保证分析信号的稳定性,一般多选择窄孔径的色谱柱,同时降低色谱柱流速等保证等离子体的稳定性。在有机溶剂的使用中甲醇比乙腈更多用于 HPLC-ICP-MS 分析,这主要是因为甲醇比乙腈更能保证等离子体的稳定性。

Mandal(2003)使用 HPLC-ICP-MS 对毛发和指甲中的 DMAIII, DMAV, MMAV, iAsIII 和 iAsV 进行分析。该法可有效地区分和检测毛发和指甲中常见的砷化合物。色谱柱:Shodex Asahipak ES-502N 7C 离子交换柱(100×7.6 mm),流动相:柠檬酸 15 mmol/L (pH 2.0),流速 1.0 mL/min,进样体积 20 μL。ICP-MS 操作条件:Ni 采样锥;采样深度:7.6~8.0 mm;输出功率:1 370 W;等离子气流速:15 L/min;辅助气流速:1.2 L/min;雾化室温度:20℃检测模式:连续;扫描时间:0.4 s;测量同位素(m/z):75 和 77,以峰高代替峰面积来定量。

SUZUKI(2002)采用离子交换 HPLC-ICP-MS 分析了不同形态砷化合物。色谱柱:Shodex RSpakNN-614 阳离子交换柱(50×6.0 mm),流动相:36 mmol/L 甲酸和 2 mmol/L 的甲酸铵缓冲液(pH 2.8),流动相流速 0.8 mL/min。

Milstein(2003)采用多模式离子交换 HPLC 对 As 化合物形态进行了分析。色谱柱：Hamilton PRP－X200(150×4.1 mm)连接 Hamilton PRP－X100(250×4.1 mm)。流动相：水∶甲醇(94∶6,v/v),10~50 mmol/L 碳酸铵缓冲液(pH 9.0),流动相流速 1.0 mL/min。色谱图见图 13－1。

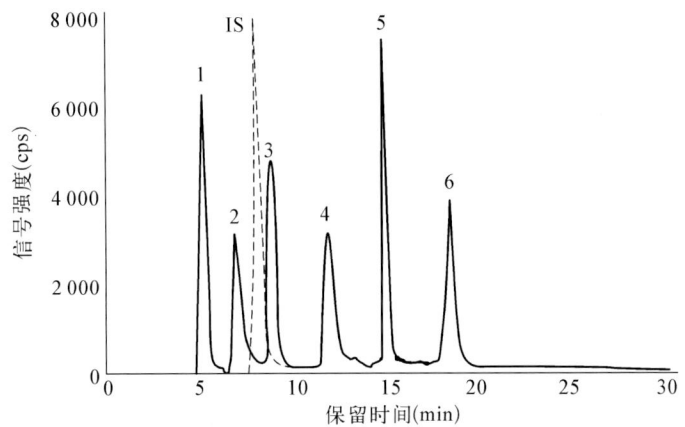

图 13－1　离子交换 HPLC－ICP－MS 砷形态分析及仪器条件(Milstein,2003)
1. AsB,2. As(Ⅲ),3. DMA(Ⅴ),4. AsC,5. MMA(Ⅴ),6. As(Ⅴ),IS：内标

殷学峰(1996)采用在线固相微萃取富集—液相色谱分离冷原子吸收联机测定了不同形态汞化合物。固相萃取固定相：Zorbax ODS 5um,色谱柱：BISCHOFF(250×4.6 mm),流动相：$CH_2OH∶CH_2CN∶H_2O=50∶22∶28$(含 DTC 3 mmol/L),流动相流速 1.0 mL/min,柱温为室温。检测器：冷原子吸收,选择波长 254 nm。不同形态汞的色谱图如图 13－2 所示。

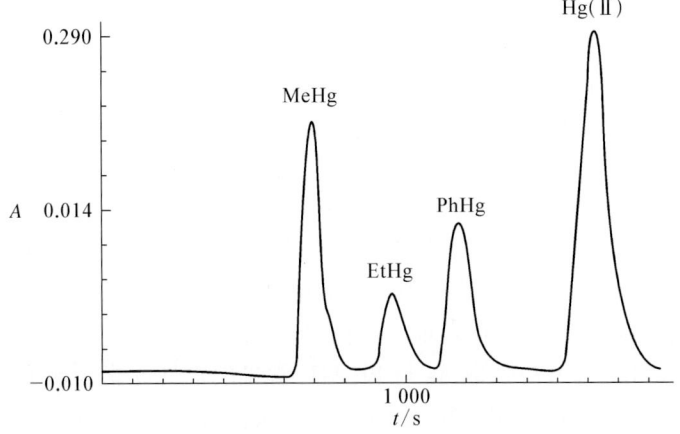

图 13－2　不同形态汞的色谱图(殷学峰,1996)
MeHg：甲基汞,EtHg：乙基汞,PhHg：苯基汞(5 μg/L,富集 9 min)

2. 毛细管电泳法(易飞,2005)

有关毛细管电泳用于元素形态分析的报道不少。如砷的 5 种形态：As(III)、DMA、ANA、MMA、As(V)在水溶液中均可不同程度的电离而带负电,毛细管区带电泳(CZE)可利用其荷质比的差异进行分离。文献列举了 As(III)、DMA、MMA、As(V)等 9 种有机砷和无机砷的分析方法。实验考察了 pH、电压等条件对分离的影响,并对电渗流改性剂进行了选择,获得了分离 9 种砷化合物的最佳分离条件。以二烯丙基二甲基氯化铵作为电渗流改性剂,改变电渗流方向,在 pH = 10,20 mmol/L NaHCO$_3$-Na$_2$CO$_3$ 为背景电解液,-25 kV 条件下,8.5 min 内完成 9 种砷化合物的分离检测。但是该法的灵敏度比较低,最低检测限为 1×10^{-6} g/g。在上述研究的基础上,运用交替正、负电压改变电渗流方向在毛细管中对分离的 As(III)、DMA、MMA、As(V)等 8 种砷化合物进行富集,将最低检测限提高到了 1×10^{-9} g/g 数量级上。实验中采用的富集电压-18 kV,分离电压 18 kV。在分离砷化合物时,为了提高分离检测的灵敏度,采用样品和背景电解液 pH 差值在线富集技术实现了砷化合物的分离检测,检测范围达到 5.0~9.3 μg/L。毛细管电泳分离砷化合物,主要采用碳酸盐、钠盐和磷酸盐作为背景电解液。为了提高灵敏度,近年来除了对毛细管分离砷的富集技术多有报道外,采用新的分离模式也是毛细管电泳技术分离砷的一个发展方向。文献还列举了将微芯片技术运用于毛细管电泳分离,以 25 mmol/L H$_3$BO$_3$ 和 0.4 mmol/LCTAB(pH 8.9)为背景电解液,在 90 mm 的芯片上,54 s 内使 As(III)、As(V)达到了基线分离。

3. LA-ICP-MS 分析法

激光剥蚀-电感耦合等离子体质谱联用技术(Laser Ablation Inductively Coupled Plasma Mass Spectrometry, LA-ICP-MS)作为一种元素分析技术,已广泛应用于生命科学、材料科学、硅酸盐工业、地质及法庭科学等领域。LA-ICP-MS 基本原理是将激光束聚集于样品表面使之剥蚀气化,并通过载气将样品剥蚀颗粒载入等离子体中电离,经质谱系统进行质量过滤,最后用接收器分别检测不同质荷比的离子。与其他分析技术相比,该技术具有原位、实时、快速以及高灵敏度、低检出限、高空间分辨率、多元素同时测定及提供同位素比值信息等分析优势。激光直接剥蚀固体样品,不仅避免了湿法消解样品带来的试剂污染、样品分解不完全、易挥发元素丢失等问题,消除了水和酸造成的多原子离子干扰,增强了 ICP-MS 的实际检测能力。而且,该技术样品前处理程序简单,所需样品量少,宏观无损,适合于法庭科学中样品数量少且需要保存证据的情况。

本书作者(Luo,2017)选取 As 与 Pb 两种常见的毒性元素为研究对象,建立单根头发 As 与 Pb 的 LA-ICP-MS 定量分析方法,线性良好,灵敏度高,检测限低。方法采用 Agilent 7500Ce 电感耦合等离子体质谱仪和 UP-213 激光剥蚀系统。LA-ICP-MS 使用前分两步优化仪器工作参数,先用 1 μg/L 的调谐液优化 ICP-

MS 工作参数;然后采用 NIST 612 玻璃参考物质对激光剥蚀系统工作参数进行优化。LA‑ICP‑MS 仪器设备操作条件见表 13‑13,As 的检测限和定量限结果分别为 3.19 μg/g 和 6.91 μg/g;Pb 的检测限和定量限结果分别为 1.07 μg/g 和 3.21 μg/g。在方法优化基础上,选用服用三氧化二砷(As_2O_3)治疗的急性早幼粒细胞白血病患者的单根头发为研究对象,利用 LA‑ICP‑MS 原位、实时、空间分辨率高的分析优势定量分析患者头发中的砷元素浓度,根据砷元素的浓度变化趋势研究砷在头发中的轴向分布特征,见图 13‑3。

表 13‑13 LA‑ICP‑MS 仪器操作条件

ICP‑MS 工作参数		激光剥蚀系统参数	
RF 功率	1 500 W	扫描速度	10 μm/s
采样深度	8 mm	采样深度	5 μm
载气流速	0.88/min	脉冲能量密度	6.89 J/cm^2
补偿气流速	0.40 L/min	脉冲频率	10Hz
积分时间	10 ms	剥蚀孔径	55 μm
扫描次数	1	剥蚀方式	点扫描

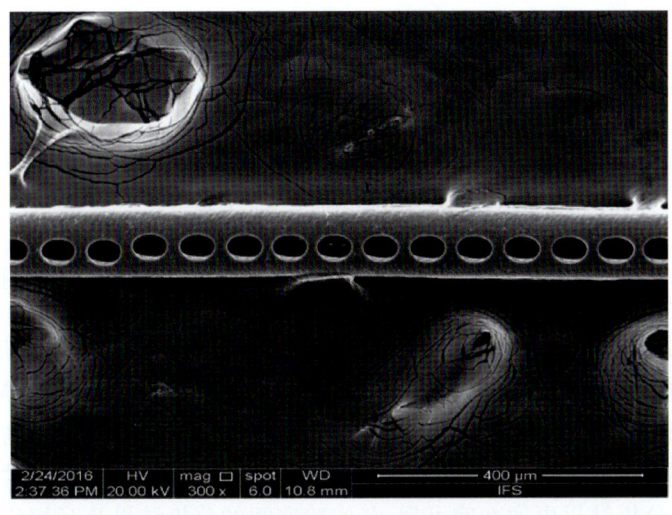

图 13‑3 被剥蚀的单根头发的电镜照片

Sela(2007)采用激光剥蚀双聚焦扇形电感耦合等离子体磁质谱(LA‑ICP‑SFMS)和 LA‑ICP‑MS 对单根毛发中 Zn、Fe、Cu、Cr、Pb 和 U 进行了定量分析,测定所用毛发样品取自无历史环境暴露人群,毛发样品用 5 mL 丙酮清洗 10 min,然后用 5 mL 去离子水重复洗涤两次,丙酮清洗一次,最后用去离子水清洗后晾干。方法采用自制毛发基质标准品取得了很好的定量效果,定量结果和微波消解 ICP‑

MS 测定结果基本一致,并对 U 中毒案件中毛发中 U 浓度和时间关系进行了研究,确定了 U 中毒案件受害人 U 暴露时间,中毒时间与毛发长度关系见图 13-4。

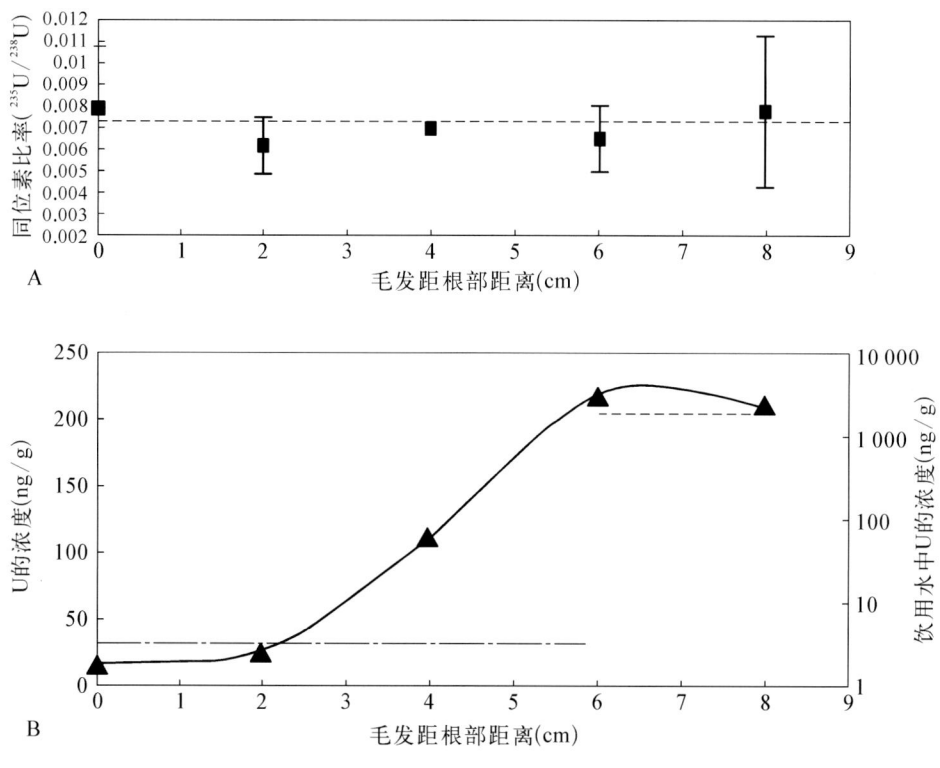

图 13-4 U 暴露时间与毛发长度关系

(a)某一居民随居住区域变化,据根部各段头发中 $^{235}U/^{238}U$ 同位素比率;
(b)某一居民随居住区域变化,据根部各段头发中 U 浓度及该地区水域中 U 浓度相关性

随着联机技术的不断发展,元素形态学分析也在不断地完善和发展,测定结果和分析结果的评价更加准确可靠,在元素形态分析中以 HPLC-ICP-MS 分析技术应用最为广泛而且优势最为明显。而微波消解 ICP-MS 测定技术也无疑是毛发中各元素总量测定的首选,分析仪器的发展极大地推动了毛发中元素分析方法的变革,这使得分析结果更加准确可靠,各实验室间的分析结果及互相应用也成为可能。值得注意的是 LA-ICP-MS 分析技术在法科学中有着极大的应用前景,它对样品宏观无损,样本用量少,无须进行样品前处理,降低了因样品前处理带来污染的可能,节约了分析时间,更重要的是可实现毛发样品的原位分析,检测结果可反应毛发中元素的原位分布情况,这些特点都特别契合法科学对检测方法的理想要求,但该技术不如 ICP-MS 分析的灵敏度和准确度好,同时该技术发展比较晚,没有形成商品化的相关标准品,技术的应用目前仅限于探索和研究阶段。

第四节 结 果 评 价

检测人体内微量元素的样品可以是唾液、尿液、血液、毛发、指甲和组织器官等。血液和尿液可以比较准确地反映人体当前各元素的水平,但是样本采集存在一定难度,同时很难反映历史暴露情况,而毛发中金属和非金属元素分析可以解释历史受暴露情况,因此毛发中金属元素和非金属元素分析在法科学和临床监测中都有着十分重要的意义。通过毛发中的检测结果可评价人体中毒情况,指导临床补充微量元素。另一方面,毛发作为生物检材用于评价人体有害元素暴露仍存在争议。

1. 基础数据

毛发已经被临床机构或法庭科学相关检测实验室作为有效的生物检材用于鉴定金属和非金属毒物暴露的证据使用,因为毛发的取材、储存、运输以及判断历史暴露情况优势十分明显。环境保护机构(EPA)也认为,在监测环境状况中毛发是一重要的生物检材,在法科学中也经常使用毛发检测作为证据使用,如毛发中Hg、As和Tl的检测结果已经被广泛地应用于中毒案件的评判,研究表明使用可信的检测方法通过毛发能够有效地证明人体内MeHg浓度水平(Davidson,1998)。世界卫生组织也已经给出了毛发中甲基汞的临界值。Morton(2000)和Miekeley(1998)等也认为毛发是可靠、方便的监测环境污染的生物指示剂。Ashraf(1997)和Bermejo(2002)认为必需元素Ca,Cr,Cu,K,Mg,Mn,Na,Zn和有毒元素Ag,Al,Cd,N,Pb分析时,采用毛发作为检测研究环境和职业暴露以及评价营养和人体金属浓度水平十分重要。另外,大部分中毒只出现非特异性多系统综合症状(Chojnacka,2005)。如关节疼痛、肌肉疼痛、疲劳、流感状、便秘、食欲不振、头痛等。重金属中毒初始很难诊断,对于一些曾经没有重金属中毒的病人而言一般没有特异性的临床症状出现,血液和尿液的检测结果也一般在正常值范围以内,然而值得注意的是毛发中一些金属元素的检测可反映异常情况。毛发分段分析以及比较不同毛发段中元素浓度对于判断病人中毒非常有价值,很易判断暴露时间以及由此推断是否在此时间段中毒的可能,尤其是临床判断低浓度长期中毒。但是也有报道对此存在质疑,例如Thomas(2002)认为元素摄入时间和毛发长度不存在相关关系,因为摄毒后人体出汗对毛发浸润,这会造成通过汗液排泄的元素出现二次分布或二次进入毛发的现象,使元素在毛发中出现扩散,而这种扩散很少存在规律,由于每个人出汗的情况不同,致通过汗液排泄的量存在着差异,因此元素摄入时间和在相应长度毛发中未必会有高峰值出现,造成很难通过毛发中元素峰值来判断元素摄入的时间。

要得到准确可靠的评价结果,首先必须建立可靠的健康人群正常值,已有文献给出了毛发中金属和非金属元素的正常人群参考值,如表 13-14 所示为 45 位健康志愿者毛发中 32 种金属和非金属元素 ICP-MS 测定值(Goullé,2005),表 13-15 为 1978~2000 年间发表文献以及实验室提供的部分国家正常人群数据(Senofonte,2000),表 13-16 为秦俊法(2005)引用总结 Buwen(1988)和 Imoria(1986)文献报道结果。

表 13-14 45 位健康志愿者毛发中部分元素 ICP-MS 测定值(ng/mg)

元素名称	中位置	参考值范围 (95%置信区间)	元素名称	中位置	参考值范围 (95%置信区间)
Li	0.016	0.003~0.042	Sr	0.89	0.17~4.63
Be	0.007	0.003~0.012	Mo	0.021	0.01~0.028
B	0.54	0.26~1.87	Pt	0.01	0.004~0.049
Al	1.63	0.26~5.30	Ag	0.08	0.02~1.31
V	0.016	0.001~0.051	Cd	0.011	0.004~0.17
Cr	0.2	0.11~0.52	Sn	0.046	0.007~0.34
Mn	0.067	0.016~0.57	Sb	0.008	0.003~0.13
Co	0.023	0.004~0.14	Th	0.0003	0.0003~0.001
Ni	0.23	0.08~0.90	Ba	0.28	0.05~1.58
Cu	20.3	9.0~61.3	W	0.0013	0.0001~0.007
Zn	162	129~209	Pt	0.00035	0.0004~0.0008
Ga	0.011	0.002~0.068	Hg	0.66	0.31~1.66
Ge	0.004	0.001~0.039	Tl	0.0002	0.0001~0.0004
As	0.05	0.03~0.08	Pb	0.41	0.13~4.57
Se	0.54	0.37~1.37	Bi	0.009	0.0004~0.14
Rb	0.006	0.003~0.03	U	0.009	0.002~0.03

表 13-15 部分国家健康人群毛发中部分元素正常值(ng/mg)

元素名称	意大利	英国	美国	加拿大	日本	新西兰	保加利亚
Al	0.1~27.6	1.79~9.43	1~14	1.0~17.0	0.6~36.0	6.2~10.8	2.7~21.3
As	0.02~0.93	0.10~2.41	1	—	1.00~2.70	0.28~1.05	0.04~0.62
Ca	11~3101	150~1620	1~2220	0.7~93.1	190~3700	250~1380	170~1900
Cd	0.03~1.72	0.11~0.99	0.10~0.43	—	0.05~0.57	0.36~1.51	0.56~2.71
Co	0.02~3.83	0.01~0.20	0.20~0.23	—	0.13~0.49	0.04~0.10	0.03~0.17
Cr	0.03~19.7	0.03~1.88	0.20~0.41	—	0.20~0.77	0.56~1.92	0.20~1.02
Cu	0.29~280	4.6~19.4	6.5~18.0	4~245	6.0~69.1	3.42~8.12	7.2~19.4
Fe	0.29~216	5.2~38.7	4~150	—	5.5~87.4	18.4~52.8	12.9~96.4

续 表

元素名称	意大利	英 国	美 国	加拿大	日 本	新西兰	保加利亚
Mg	0.10~313	30.4~81.6	1~160	—	14~567	73~149	25~129
Mn	0.02~7.59	0.21~3.95	0.06~0.36	0.03~3.72	0.06~4.51	0.57~1.68	0.20~4.30
Mo	0.02~11.6	0.03~0.i7	—	—	0.20~0.59	0.10~0.21	0.10~0.07
Ni	0.03~10.0	0.44~7.10	0.40~1.30	—	0.17~3.00	1.62~4.52	0.55~3.59
P	18~527	—	110~190	—	115~250	—	—
Pb	0.12~36.7	—	2.00~4.00	—	1.4~18.0	—	—
Se	0.05~17.5	0.34~2.83	1.00~1.40	0.2~87.5	1.00~4.90	0.23~1.05	0.42~2.45
Sr	0.064	—	6.31	—	—	—	—
Ti	0.03~13.0	1.11~8.93	—	—	—	1.42~8.39	2.15~5.84
V	0.03~7.57	0.01~0.08	—	0.01~0.56	0.16~0.88	0.02~0.08	0.01~0.36
Zn	24~477	142~260	120~220	108~357	72~327	158~293	144~284

— 未检测。

表13-16 毛发中部分元素参考值(ng/mg)

元素名称	浓度范围	元素名称	浓度范围	元素名称	浓度范围
Ag	0.05~0.18	Fe	4~900	Pt	<0.05
Al	8~20	Ga	0.07	Rb	0.2~1.7
As	0.04~0.85	Ge	213	S	42 200~47 700
Au	0.002~0.17	Hf	0.011	Sb	0.013~0.26
B	1.6~5.0	Hg	0.2~8.6	Sc	0.002~0.007
Ba	1~8	I	0.27~1.4	Se	0.2~6.0
Be	0.006~0.02	In	0.001~0.005	Si	7~170
Bi	2?	K	17~140	Sm	0.002~0.006
Br	2~16	La	0.014~0.054	Sn	0.4~0.7
Ca	370~1 800	Li	0.05~0.3	Sr	0.05~4.5
Cd	0.1~2.0	Mg	30~350	Te	0.95
Ce	0.25~0.57	Mn	0.3~17	Th	0.08
Cl	210~480	Mo	0.05~0.4	Ti	1~12
Co	0.04~0.5	Na	13~3 000	Tl	0.016
Cr	0.06~4.0	Nb	2?	U	0.000 1~0.22
Cs	0.02~0.2	Ni	0.02~2.7	V	0.005~0.18
Cu	7~29	P	83~165	W	0.016
Eu	0.003 5	Pb	2.3~56	Zn	140~250
F	<5~40	Pd	<0.2	Zr	0.05~0.3

2. 外污染

毛发样本容易受到外界环境的污染,由于毛发中金属元素的进入存在多种途径,毛发中角蛋白浓度较高,易造成外源性重金属元素的附着,难以通过有效的清洗去除外源性污染的干扰,而对于外源性污染和内源性暴露也难以区分。Thomas(2002)采用质子激发 X 射线发射法对毛发的横断面进行了研究,其目的想区分外源性和内源性污染,在选取的五个受粉尘污染的毛发样本中有两份毛发样品中砷集中于毛发的外层而另外三份样本中砷则大部分位于毛髓质,实验结果无法对外源性污染和内源性污染进行区别。但是 Cookson(2000)给出相反的结论,他对摄入一定砷化物的病人的毛发采用质子激发 X 线发射法研究发现,毛发中砷化合物多集中于毛髓质中。认为质子激发 X 线发射法是区别外源性污染和内源性中毒的一个比较好的分析手段,毛发外表层还有疏基的角质层可以和砷元素结合而阻止其进一步进入毛髓质,因此对于判断外源性污染的干扰有一定的作用。

Pereira(2004)报道了居住在一个废弃铁矿附近的居民毛发中金属元素的浓度,发现该处居民毛发中 Cd,Cu 和 As 浓度明显高于数千米以外的其他居民。Rosborg(2003)论证了饮用受矿场污染的水,毛发中一些元素和水中所含元素存在正相关性。Nowak(2000)评价了受 Pb 和 Cd 暴露较高地区的居民,毛发中 Pb 浓度不同于控制组人群毛发中 Pb 浓度值,然而两组人群中 Cd 的浓度不存在显著性差异。Steely(2007)使用 LA-ICP-MS 分析方法对智利某地区砷污染区域居民的头发中 As、Pb 和 Zn 进行了研究(表 13-17)。图 13-5 直观地反映了毛发中 As 浓度和暴露源之间的关系。

表 13-17　收集毛发样本 HG-ICP-MS 定量结果

样品编号[a]	地区	性别	年龄	(HG)-ICP-MS 测定浓度 As(μg/g)
E-10	Esquinia	男	8	0.12
E-11	Esquinia	男	9	0.6
I-12	Illapata	女	21	0.47
I-25	Illapata	女	25	3.5
I-16	Illapata	男	64	20.5
CN	Concepcion	女	5	0.25[b]

a:E-11,I-25,I-16 and CN(control)头发样本被洗涤;
b:As 砷浓度由(HG)-AAS 测定。

作者(Luo,2014)实验室应用已建立的方法测定浙江省桐庐县 190 个居民的头发中金属元素浓度(表 13-18),可见个体间存在着较大差异。与作者实验室的志愿者实验和其他欧美研究相比(Pasquale et al. 2013;Chojnacka et al. 2005;Goulle et al. 2005;Miekeley et al. 1998;Rodushkin and Axelsson,2000),除了 Zn、Ga、Cs 和 Th 元素,其他金属元素在头发中浓度均有显著性差异。Mg 元素浓度比波兰低 2.4 倍,比巴西低 1.6 倍,比瑞典低 1.6 倍;Ca 元素浓度比波兰低 3.3 倍,比巴西低 2.4 倍,比瑞典低 2.3 倍;Fe 元素浓度比波兰低 2.0 倍,比巴西低 2.8 倍,比瑞典低 1.3

第十三章 毛发中金属元素的分析

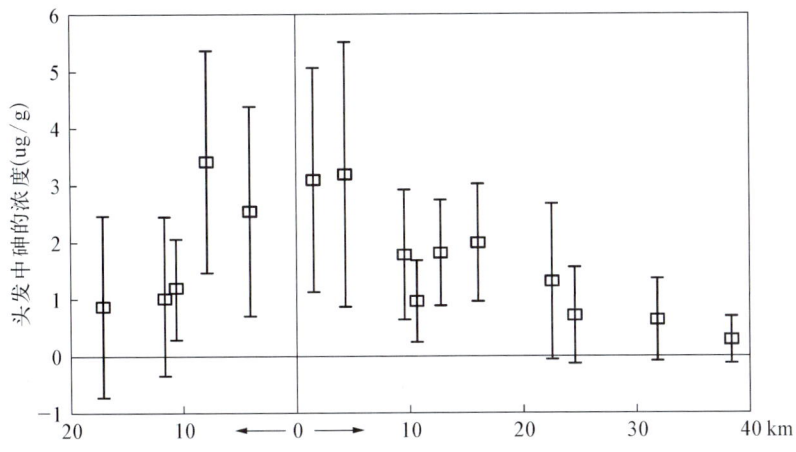

图 13-5 距离砷暴露源不同距离 10 岁儿童毛发中 As 浓度（Bencko，1995）

倍，比意大利低 2.3 倍；Co 元素浓度比波兰低 4.4 倍，比巴西低 16.9 倍，比瑞典低 1.7 倍，比法国低 3.0 倍；As 元素浓度比波兰高 4.1 倍，比巴西高 4.5 倍，比瑞典高 2.1 倍，比法国高 3.6 倍，比意大利高 4.5 倍。

表 13-18 浙江桐庐市民（$n=190$）头发中元素浓度（mg/kg）

元素	%<LOQ	均值±SD	中值	范围	5th~95th 置信区间
Li	79%	<LOQ	<LOQ	<LOQ~0.10	<LOQ~0.023
Be	99%	<LOQ	<LOQ	<LOQ~0.005	<LOQ
B	41%	0.45±1.29	0.28	0.063~10.54	0.10~2.78
Mg	0%	27.99±18.62	25.53	5.32~173.35	10.21~56.98
Al	13%	2.13±2.20	1.48	<LOQ~15.45	<LOQ~6.54
Ca	0%	331.03±1.71	300.50	46.55~1 443.50	114.89~605.80
Ti	0%	0.70±0.30	0.78	0.25~1.27	0.29~1.10
V	8%	0.021±0.027	0.022	<LOQ~0.21	<LOQ~0.066
Cr	0%	0.41±0.45	0.38	0.018~5.47	0.053~0.87
Mn	0%	0.83±1.16	0.40	0.039~7.06	0.070~2.85
Fe	32%	7.51±31.12	4.10	<LOQ~375.60	<LOQ~27.50
Co	31%	0.007 7±0.014	0.004 3	<LOQ~0.12	<LOQ~0.028
Ni	0.5%	0.20±0.75	0.10	<LOQ~8.56	0.018~0.40
Cu	0%	8.73±3.55	7.98	5.64~49.59	6.25~11.78
Zn	0%	168.21±34.92	165.85	84.25~379.50	121.20~228.02
Ga	6%	0.019±0.025	0.011	<LOQ~0.23	0.002 2~0.060
As	4%	0.18±0.17	0.15	<LOQ~1.31	0.011~0.51
Se	0%	0.64±0.13	0.64	0.30~1.08	0.42~0.88
Rb	20%	0.049±0.13	0.005 9	<LOQ~0.91	<LOQ~0.30

续 表

元 素	%<LOQ	均值±SD	中 值	范 围	5th~95th 置信区间
Sr	0.5%	0.75±1.39	0.33	0.023~12.70	0.092~3.92
Zr	58%	0.008 2±0.020	0.003 4	<LOQ~0.16	<LOQ~0.035
Mo	0%	0.047±0.029	0.038	0.013~0.20	0.017~0.099
Ag	21%	0.044±0.18	0.006 7	<LOQ~2.21	<LOQ~0.20
Cd	2%	0.028±0.070	0.014	<LOQ~0.81	0.003 2~0.073
Sb	0%	1.17±1.00	1.19	0.090~4.92	0.14~2.95
Cs	71%	0.000 62±0.001 4	0.000 23	<LOQ~0.014	<LOQ~0.002 5
Ba	0%	0.37±0.54	0.22	0.018~5.29	0.033~1.26
Au	42%	0.047±0.090	0.011	<LOQ~0.97	<LOQ~0.17
Hg	0%	0.57±0.35	0.48	0.097~2.22	0.20~1.34
Tl	0.5%	0.012±0.020	0.005 1	0.000 50~0.15	0.000 90~0.045
Pb	0%	1.11±1.98	0.51	0.044~20.65	0.077~4.19
Th	63%	<LOQ	<LOQ	<LOQ~0.002 7	<LOQ~0.001 2
U	19%	0.001 8±0.002 8	0.000 96	<LOQ~0.025	<LOQ~0.006 4

不同国家的头发中元素浓度差别较大,与所处环境、信仰、地理位置以及饮食习惯等均有关系。因此,不应过多地依赖于其他国家发表的参考值范围,而应确定所在国家、地区的参考值范围。

尽管关于外源性污染和统一的标准检测方法尚存在一些争议,但是世界卫生组织、美国环境保护署以及国际原子能机构已经推荐使用毛发样品作为重要的生物检材用于环境监测(Druyan,1998;Morton,2002)。2001 年 6 月 Agency for Toxic Substances and Disease Registry(ATSDR)组织七个相关成员在亚特兰大就毛发分析相关科学的现状进行了讨论,认为毛发可作为指示剂用于环境暴露的判断,但是同时应该谨慎注意毛发中元素浓度不能作为人体健康状态的评价指标。表 13 - 19 列举了毛发中元素浓度和血液中元素浓度的比值关系,在结果评价和应用时应予以注意。

表 13 - 19 毛发和血液浓度比值关系

毛发浓度(μg/g)/血液浓度(mg/L)	元 素 名 称
<1	Fe,Rb,Na,Cl,Cs,P,K
1~10	Mg,Ba,Br,Se,Li,Ca,I,Hf
10~100	Si,Be,Th,Tl,Re,Zn,Cu,Pt,Ir,Mo
100~1 000	Zr,As,Mn,Sc,Nb,Pb,B,Sb,Sr,Ga Ta,Hg,Co,W,Ni,Y,Al,Cr,Cd,Sn V,REE(稀土元素),Ti
>1 000	Au,Bi,Ag,U

3. 分析方法的发展

以 Cd 元素为例阐明由于分析方法的变化而引起正常人群参考值的变异。Rodushkin(2000)引用 1973 年第一篇文献报道的人发中 Cd 平均值为 2~3 ng/mg,而通过表 13-15 和表 13-16 可见 20 世纪 90 年代报道的正常人群毛发参考值一般为 0.3 ng/mg,15 年后 Goullé(2005)采用 ICP-MS 分析技术测量的正常人群中位值则为 0.01 ng/mg。由于分析方法的检出限差别较大,同时检材前处理方法不同也是造成正常人群测定值差别较大的原因。因此,应当统一健康人群正常值测定的分析方法,包括确定分析仪器、样品处理方法,以及结果的评价标准。

4. 饮食习惯、生活方式、生态环境变化以及毛发中元素间的协同和拮抗作用

Chojnacka(2006)研究了毛发中元素浓度与生活习惯之间的关系,测定某五口之家的毛发中金属元素浓度并和同地区的其他人比较,研究结果显示 Na, Si, Co, Fe, Mn, Zn, Pb, Cd, Al 与人的生活习惯存在一定的关系,而且和同地区人群正常值相比较,该家庭存在 Al 暴露,研究证实这主要与该家庭长期使用铝箔包装食物有一定的关系。此外,文献指出毛发中元素浓度随着时间变化明显(差异可达 7 倍)。由于随着时间变化,人的生活习惯和环境都存在变化,毛发中元素浓度也相应发生一定的变化,如图 13-6 所示为家庭中五个成员毛发中 Cr 浓度随时间的变化关系,由图可见各成员毛发中 Cr 浓度存在相同的变化趋势。研究同时也发现生活在一起的家庭成员,大部分元素存在类似蓄积的倾向。文献研究结果证明毛发中元素水平与家庭饮食习惯存在着密切的关系。

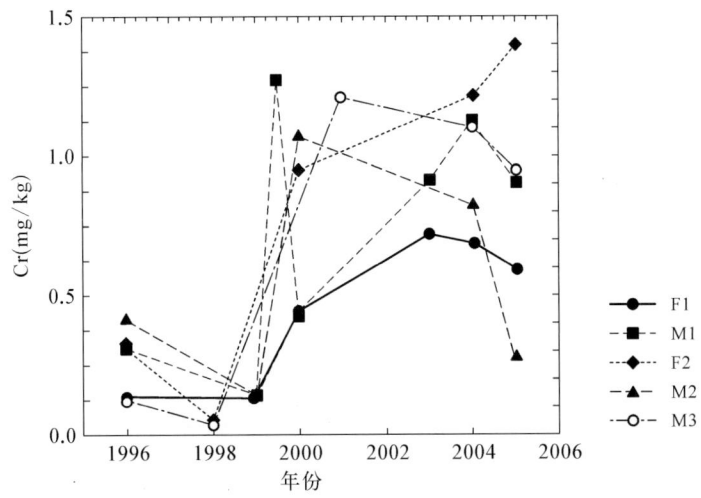

图 13-6 家庭成员毛发中 Cr 浓度与时间关系

元素间的相互作用也影响毛发中各元素间的浓度(Apostoli,2002),通过动物实验发现一些元素进入毛发时存在协同和拮抗作用。Rodushkin(2000)研究认为 Hf-Zr,

Pb-K,Cs-Rb,Sr-Mg,Nb-Th,K-Na 和 Tl-Fe 存在协同作用,而 S,P,Zn,Cu,Se 以及 Cd,Pb,As 和 Tl 不存在相互作用关系。Chojnacka(2005)对 32 种元素间的相互作用进行了研究,各元素间的协同或拮抗相关关系如表 13-20 和表 13-21 所示。

表 13-20 元素间相互作用的线性关系

互相作用元素	线性方程
Mg-Ca	[Mg] = 0.045 8·[Ca]+17.215
Mn-Ca	[Mn] = 0.33·10.3·[Ca]+0.243
Sr-Ca	[Sr] = 0.002 34·[Ca]+0.243
Sr-Mg	[Sr] = 0.027 8·[Mg]+0.973
U-Na	[U] = 0.917·[Na]+4.48
Ni-Zn	[Ni] = 0.008 48·[Zn].0.536
Mn-Sr	[Mn] = 0.089 9·[Sr]+0.340
Cd-Ni	[Cd] = 0.129·[Ni]+0.004 65

表 13-21 各元素间作用关系

相互作用元素名称	协同作用	拮抗作用	相互作用元素名称	协同作用	拮抗作用
Al	U,P,Mn		Ni	Zn,Cd	
As	Fe	Zn	P	Al	Mn
B	Hg		Pb	Au	
Ba	Ca,U,Li	Sr	Pt	Be,Sr	
Be	Sb	P,Pt	Sb	Pt,Sn,W	
Ca	Mg,Ba		Se	Pb	
Cu	V		Si	Ti	Co
Fe	Mn,As		Sn	Be	
Hg	Be		Ti	Fe,Co	
Li	Ba		U	Na,Ba	
Mg	Ca		V	Cu	
Mn	Mg,V,Al,Sr		W	Be	
Na	U,Pb,Sr		Zn	Mn,Se,B	

5. 吸毒者头发中元素浓度

头发可用于评估人体元素水平,学者的研究已发现头发中一些微量元素浓度的变化与某些疾病存在一定的相关性。通过测定头发中微量元素的浓度,及时发现并纠正体内异常的元素,可能会为疾病的预防、治疗提供帮助。

随着研究的深入,头发元素分析不仅局限于中毒元素的检测,国外已有学者利用头发中元素浓度的差异判断药物滥用及滥用药物的种类(Bermejo-Barrera, 2002)。国内也有学者发现海洛因滥用者头发中铝、钒、镁、铜、硫、锰和碘浓度与正常人之间存在显著性差异,具有统计学意义(张鸿,1998)。

作者(Luo,2015)实验室利用已建立的 ICP‑MS 方法,同时对冰毒滥用者($n=40$)及健康志愿者($n=40$)头发中 16 种元素进行检测,比较两组头发中元素浓度是否存在差异。经 SPSS17.0 统计软件对各元素分析数据进行正态性检验,结果显示大部分元素浓度不满足正态分析。故采用 Mann‑Whitney U 检验对两组数据是否存在显著性差异进行判定。结果显示冰毒滥用者头发中 As 和 Au 浓度显著高于健康志愿者($p<0.01$),而 Mg、Ca、Cu 和 Sr 浓度显著低于健康志愿者($p<0.05$),其他元素未发现显著性差异。

两组人员头发中元素浓度存在差异的原因可能是吸食冰毒导致机体发生内分泌紊乱和代谢障碍,以至于造成必要元素(Mg、Ca 和 Cu)缺乏和有毒元素(As 和 Au)在体内蓄积。

表 13‑22　健康志愿者检测结果($n=40$, μg/g)

元素	健康志愿者检测结果($n=40$)	
	平均值±SD	P5~P95
Mg	179.56±158.26	41.12~578.68
Ca	1 594.63±1.54	395.24~5 476.75
Cr	0.17±0.13	0.042~0.49
Mn	1.10±1.61	0.10~5.54
Fe	13.10±10.08	6.22~27.66
Co	0.051±0.085	0.002 6~0.29
Ni	0.26±0.23	0.036~0.76
Cu	11.27±6.34	7.89~21.15
Zn	222.44±163.05	143.35~388.71
As	0.097±0.097	0.020~0.34
Se	0.64±0.41	0.42~1.31
Sr	6.0±6.33	0.46~19.26
Mo	0.034±0.016	0.019~0.068
Cd	0.034±0.043	0.004 3~0.15
Au	0.008 8±0.011	0.002 3~0.027
Hg	0.41±0.24	0.11~0.91

表 13‑23　实验组检测结果($n=40$, μg/g)

元素	实验组检测结果($n=40$)	
	平均值±SD	P5~P95
Mg	64.46±20.32	35.15~109.0
Ca	551.55±154.19	332.77~813.35

续 表

元 素	实验组检测结果($n=40$)	
	平均值±SD	P5~P95
Cr	0.19±0.14	0.071~0.60
Mn	0.41±0.45	0.12~1.29
Fe	11.67±4.44	7.37~20.45
Co	0.044±0.065	0.002 9~0.21
Ni	0.19±0.16	0.037~0.65
Cu	10.03±4.59	7.12~24.47
Zn	188.13±55.78	119.65~340.38
As	0.21±0.45	0.056~0.43
Se	0.63±0.17	0.40~0.83
Sr	1.37±1.30	0.44~4.21
Mo	0.051±0.12	0.021~0.056
Cd	0.060±0.13	0.007 0~0.14
Au	0.020±0.036	0.004 4~0.092
Hg	0.61±0.52	0.11~1.83

6. 元素在毛干中的纵向分布研究

作者实验室选用服用砷剂治疗的 APL 患者的枕部头发为对象研究头发中砷元素的轴向分布特征(Luo,2017)。首先从患者的枕部头发中随机选取 5 根头发剥蚀分析,以头发的剪取位置为原点,头发长度和砷浓度为坐标轴绘制砷浓度轴向变化趋势图。如图 13-7a 所示,枕部区域的不同头发,其砷元素浓度变化趋势一致,砷峰位置几乎重合;结果表明枕部区域的头发砷元素轴向变化特征一致,无明显差异。其次,同时分析患者的枕部与颞部区域的头发,并绘制砷元素浓度轴向变化趋势图。如 13-7b 所示,不同区域的头发,其砷元素浓度变化趋势一致,但砷峰位置有明显的差异。结果表明,不同区域的头发,其砷元素的轴向分布特征不一致。原因是不同区域的头发,其生长速度不同。

根据患者的砷浓度轴向变化趋势图可知:治疗开始时,患者服用砷剂,其头发中砷浓度快速上升;在治疗阶段,患者持续服用砷剂,其发砷浓度上升并达到最大值,进入稳定的状态;治疗结束,患者停止服用砷剂,其发砷浓度迅速下降并逐渐恢复至发砷浓度背景值。在患者接受治疗前后,其头发中砷元素浓度均稳定处于背景值,无明显的上升趋势。因此,头发中砷元素浓度的变化趋势与其在血液中的变化趋势一致,结果表明头发中砷元素的浓度变化趋势能准确地反映机体砷元素的浓度变化。其次,根据患者的砷元素浓度变化趋势图中的砷峰个数可监测患者的服药情况,并能准确地反映患者的疗程信息。趋势图中的砷峰数目与患者的砷剂疗程次数一致。

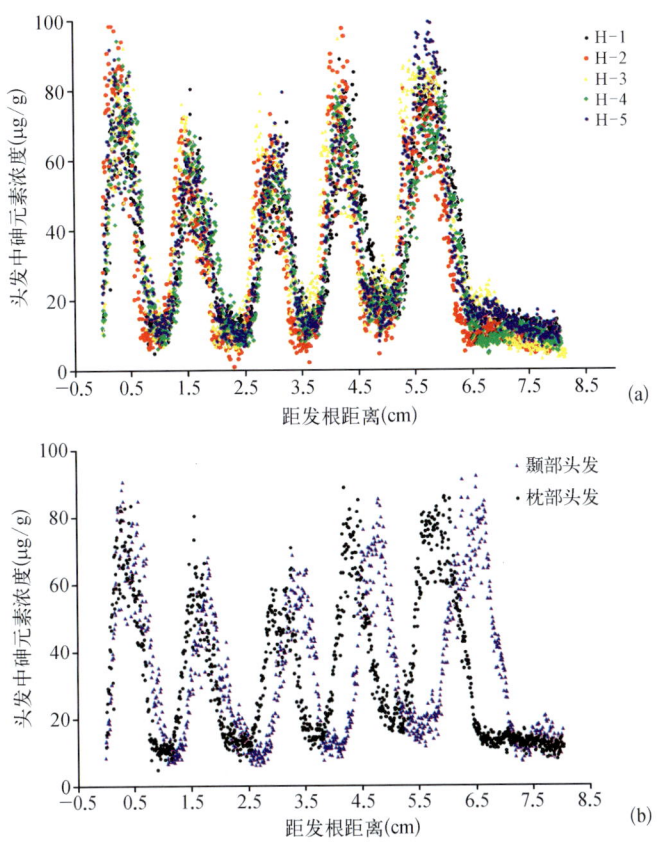

图 13-7 单根头发中砷元素的轴向分布特征研究

(a) 枕部区域多根头发的砷浓度轴向变化趋势图；(b) 枕部与颞部头发砷轴向分布差异比较。

作者实验室以头发中砷元素浓度轴向变化趋势所对应的头发长度及其生长速度的推断值为参数建立推断砷元素入体时间的数学模型，其推断砷元素的入体时间准确度为 80%~120%。

7. 其他个体因素

大部分元素毛发正常值浓度都存在较大的差异，影响差异的因素包括饮食习惯、生活方式、地理环境、年龄、性别、染发和吸烟习惯（Rodushkin，2000）。Chojnacka（2006）在 1996 年至 2003 年收集 83 份波兰西南地区工业化较发达区域居民毛发样品，对其 33 种元素 Ca, Mg, Na, K, Cu, Zn, P, Fe, Mn, Cr, Se, B, Co, Mo, Si, V, Ni, Be, Hg, Cd, Al, Pb, As, Ba, Au, Pt, Ag, Sr, Sn, Ti, W, Sb 和 Zr 浓度采用 ICP-MS 和 ICP-AES 进行分析，并就年龄、性别、吸烟习惯和毛发颜色对毛发中元素浓度分布的影响进行了考察，结果表明年龄、性别、吸烟习惯和染发对毛发中元素的浓度有显著性影响。其中除 Ti, Se, Mn, Ni, Hg, Cd, As, Co 外，其他元素和年龄有一定的相关性,其元素浓度和年龄的关系可见表 13-24。除 Al,Cd,Co 与性别没有相关性以及 Cd,K,Ag,Ca,Co,Be 与吸烟没有相关性外,其余被测元素均受性别和吸烟因素的影响,有关吸烟以及性别之间的关系见图 13-8。Pappas(2006)对常见不同烟草中的 Cd、Pb 和 Tl 进行了分析,发现大部分烟草中均含有一定量的上述金属元素。P,Fe,Al,Mn,Cr 与染色没有相关关系,其余均存在相关关系。各种染色毛发中元素浓度研究发现,与未染发的毛发相比,被染色的毛发中包含了更多的 Sr(400%),Ba(270%),Ca(270%),Mg(260%),W(250%),Mo(180%),Ag(150%),Mn(140%),V(900%),Zr(800%),Sb(380%),Pb(250%),As(200%),Si(190%),K(180%)以及 Hg(170%),而染色的毛发中其他元素浓度通常比自然色毛发高出 1 800% 左右。此外,不同天然色的毛发中某些元素也存在着差异,不同颜色毛发中最高浓度各元素为:Si(1 600%,黑褐色),Ni(360%,黑色),Co(340%,金色),Au(330%,黑色),Cd(230%,黑色),Sb(230%,黑色),V(200%,红褐色),Pt(200%,uburn hair),Ag(180%,黑色),Sr(170%,金色),Mo(170%,黑色),Ca(170%,金色),Mg(170%,金色),而最低浓度水平为:V(2 400%,黑色),Mo(150%,金色),Si(360%,黑色),Se(350%,金色),Al(340%,黑色),Cd(330%,金色),Ba(340%,黑褐色),K(300%,黑色),Mn(300%,黑褐色)。因此,在制定参考数值和对检测结果进行评价时应当更多地考虑上述因素,这样得出的分析结论才更趋合理性。毛发洗涤用品中含有一定的常量和微量元素,人们长期使用洗发用品或许会对毛发中元素浓度构成一定的影响。Alain(1999)评价了洗发水对毛发的污染情况,留取志愿者使用 10 种洗发水前后的毛发样本,采用 ICP-MS 分析,研究表明除一种洗发水中 Se 元素对毛发具有严重的污染外,其余洗发水中所含元素对毛发不会有污染存在。

表 13-24 元素浓度和年龄的关系

元 素 名 称	毛发中元素浓度与年龄关系	
Ca	15~45 岁年龄段浓度较高	小于 15 岁,大于 45 岁年龄段浓度较低
Na,K	小于 15 岁和大于 45 岁年龄段浓度较高	15~45 岁年龄段浓度较低
P,Al,B,Pb,Fe,Cr,Au,Pt,Sb,Be,W	小于 15 岁年龄段浓度较高	大于 15 岁年龄段浓度较低
Cu,V,Sn	大于 45 岁年龄段浓度较高	小于 45 岁年龄段浓度较低
Zn,Si,Mg,Sr	15~25 岁年龄段浓度较高	小于 15 岁和大于 25 岁年龄段浓度较低
Ag,Zr	25~45 岁年龄段浓度较高	小于 25 岁和大于 45 岁年龄段浓度较低
Ba	大于 25 岁年龄段浓度较高	小于 25 岁年龄段浓度较低
Ti,Se,Mn,Ni,Hg,Cd,As,Co	与年龄无显著关系	

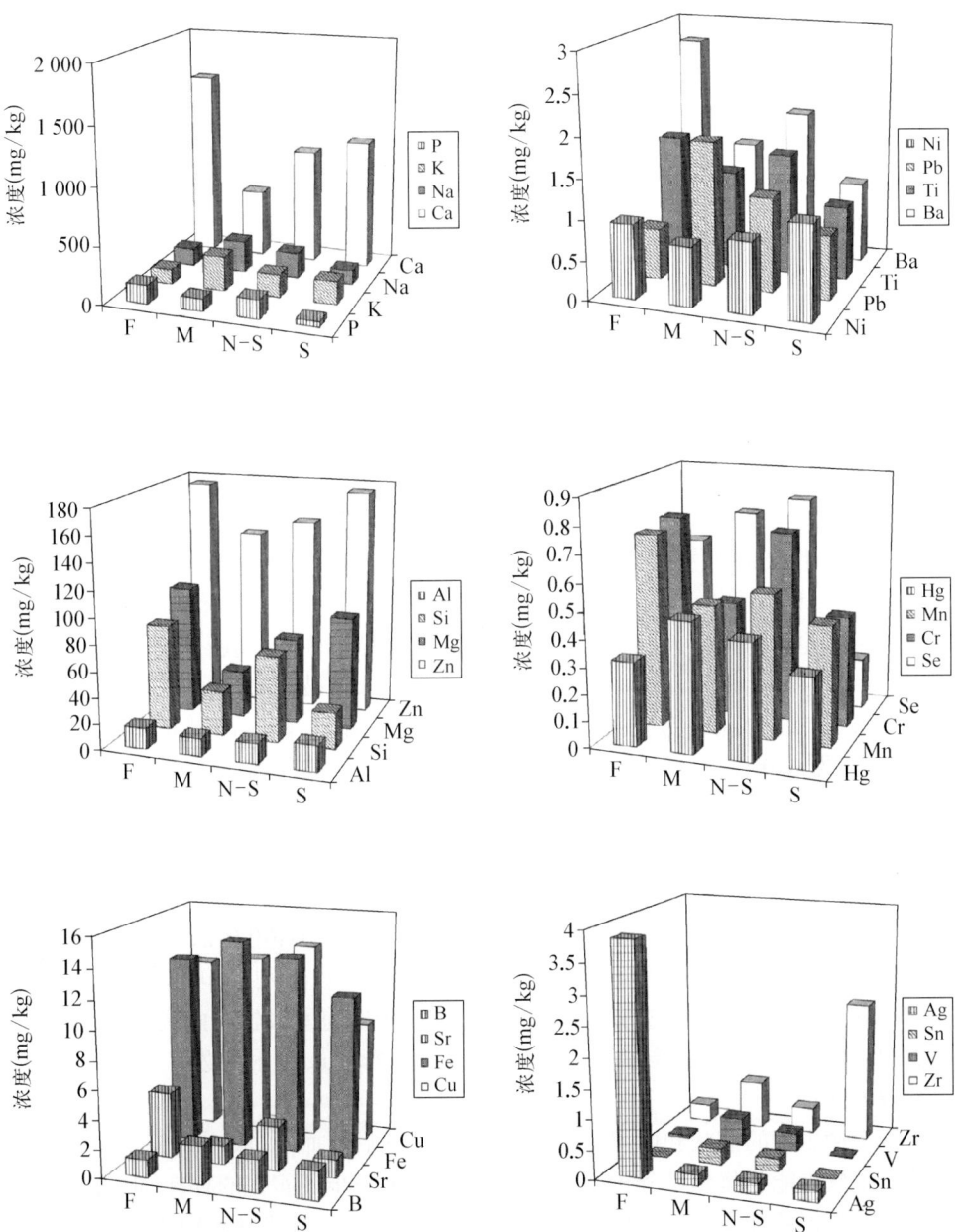

图 13-8 性别和吸烟习惯与元素的关系
F：男性；M：女性；N-S：不吸烟；S：吸烟

第五节 典型案例

案例一：铊中毒案（刘松影，2005）

某村庄3户居民从某商店购买了小麦。食用小麦的3户家庭所有26个成员（男12人，女14人）食后第3天开始全部出现铊中毒的症状。主要表现如下：头痛（92.3%），脱发（84.6%），腹痛（61.5%），头晕（42.3%），嗜睡（42.3%），麻刺感和麻木（38.5%），失眠（26.9%），背痛（19.2%），震颤（15.4%），关节痛（15.4%），频繁的无规律运动（15.4%），便秘（11.5%），对日光过敏（11.5%）和皮痒（7.7%）。其他明显的影响是身体的毛发容易拔掉（7.7%），指甲近端糜烂（73.1%），指甲出现白色半月状横纹（11.5%）。同一地区的其他人未受到影响。

其中1例铊中毒者的中毒进程为：某26岁的女性（身高154 cm，体重38 kg）食用污染小麦后第4天，出现头痛、失眠以及腹痛。3天后出现腿部肌肉痉挛、关节痛、背痛、手指麻刺感和麻木。5天后出现脱发。至第15天怀疑食用小麦导致中毒，即停用该小麦。头发持续脱落，第20天发现头顶的中心部位脱发，头顶其他部分的头发也变得稀疏起来。7天后在头顶的一些部位可见到新生的头发。第18天，指甲变化明显，最初白色的斑点在指甲的近端部分被观察到。随后，指甲开始糜烂并且近端部分在3周后完全糜烂。第21天，经检查，除腹部触痛、脱发和指甲改变外，未发现其他重要的病变结果。其心率为80次/min，血压100/60 mmHg，心电图无异常。第21天血液生化分析显示血清碱性磷酸酶升高（200单位/L），ALT（26.5单位/L）和AST（31.6单位/L）在正常参考值范围内，血清钙（0.97 mmol/L）低于正常，血清钠（135.7 mmol/L）和血清钾（4.63 mmol/L）正常。第21天收集血液、头发和尿液样品分析铊的浓度（血液和头发样品用循环电量法分析，尿液样品用ICP-AES分析），结果血液和头发样品铊的浓度分别是0.120 6 mg/L和0.045 9 mg/kg，尿液样品铊的浓度为30 μg/L，高于以前所报告的血液、尿液和头发中铊的本底值，也高于所推荐的血液<2 μg/L、尿液<5 μg/L和头发5~10 μg/kg的正常浓度。

该案例患者的症状和体征提示存在铊中毒，随后由血液、尿液和头发样品得到证实。虽然未能收集到供分析用的小麦样品，以进一步证实铊的存在，但通过流行病学调查获得的翔实证据，足以怀疑小麦的摄入是唯一可能导致中毒的原因。三户受影响的家庭唯一共同的因素，是食用了同一袋小麦，在相同的时期内出现了铊中毒的症状。而调查证实贮藏小麦的仓库内使用铊的化合物作杀鼠剂，致铊化合物污染。

案例二：铅中毒案(江佩琦,1999)

铅是对人体有害的重金属元素。铅广泛应用于工业、交通燃油等许多领域,还普遍存在于自然界,因此,儿童不可避免地会受到环境铅元素污染的影响。近年许多临床观察显示,短期或长期接触铅元素将对人们的某些器官如肝脏造成严重损害,特别是对儿童最大的损害是影响智力,其次是对生长、发育的影响。文献对某地区儿童的临床发铅检查进行调查分析,调查对象198名儿童,年龄在6月~7岁之间,男115例,女83例,市区147例,农村(市郊)51例,采用AAS法测定,检出限为0.02 mg/kg。判断标准发铅小于10 mg/kg为正常范围,10~30 mg/kg为轻度铅中毒,31~50 mg/kg为中度铅中毒,超过50 mg/kg为重度铅中毒。儿童铅中毒统计结果见表13-25。

表13-25 儿童铅中毒统计结果

	轻度例数	中度例数	重度例数
市区儿童发病情况	42	8	4
农村(市郊)儿童发病情况	9	2	0

从统计结果看,市区儿童头发的铅浓度比农村儿童高,临床观察表明,儿童含铅量的增高往往同时伴随缺锌。临床表现为：矮小、瘦弱、厌食、智力低下、营养不良、营养性缺铁性贫血、小儿佝偻病、肝肿大、反复上呼吸道感染等。

铅元素污染来源及其进入机体的途径由三个方面：① 环境污染；② 学习用品和玩具；③ 食品及用具。

案例三：砷中毒案

1. 拿破仑·波拿巴死亡案(Hindmarsh,2002)

拿破仑·波拿巴,这位欧洲近代史上叱咤风云的人物,自滑铁卢战役败北,被迫退位之后,又被放逐到南大西洋的圣赫勒纳岛,于1821年5月5日去世,终年51岁。据史料尸体检验报告记载,拿破仑死于胃癌。在一个多世纪里,几乎没有人对此提出怀疑。1955年,一位瑞典医生在阅读一本由当年看守拿破仑的人撰写的回忆录后,对拿破仑的死因发生了疑问。回忆录记载,拿破仑死前曾患脱毛症,除头发外,周身汗毛脱尽,牙龈露出齿根,双脚浮肿,心动过速,胃痛、腹泻等砷中毒的症状。为了证实这一推断,这位医生在欧洲各地奔波求索,找到了作为纪念物保存下来的五束拿破仑不同时期的遗发,对其进行了砷浓度测定,测定结果可见图13-9。毛发中砷浓度相关参考见表13-26。由表数据可见,拿破仑死亡前几年毛发中砷浓度明显增高,已经超过了致死剂量。

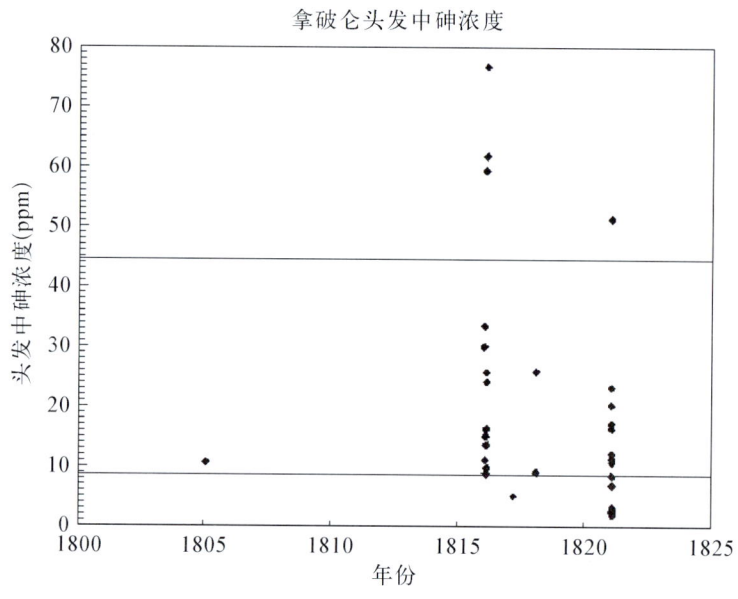

图 13-9　拿破仑毛发中砷测定结果

表 13-26　毛发中砷浓度相关参考

正常值	<1 μg/g（干重）
慢性中毒量	≥10 μg/g（或更低）
致死量	45 μg/g
外源性污染	>几千 μg/g

然而由于很难排除外源性污染,同时砷浓度水平个体差异也比较大,因此,慢性砷中毒必须借助于临床诊断,同时用毛发证实。观察拿破仑医学检查报告细节可以发现并没有特征性的慢性砷中毒症状,尸检报告尽管反映拿破仑死亡前几个月明显消瘦,但是皮肤点状色素沉着和角质化症状未出现。此外,也无神经系统的症状。如果拿破仑没有死于砷中毒,那么毛发中砷从何而来? 如果检测所用的检材都是可信的,那么为什么毛发中砷浓度差别如此不同? 有时正常,有时达到致死量,部分的解释可能为测量砷的方法差异,或由于样本量缺乏,拿破仑毛发中砷的其他可能来源可归纳表 13-27 所示。

表 13-27　拿破仑毛发中砷的可能来源

A 砷暴露可能	1）来自饮用水
	2）来自含砷滋补品
	3）来自受污染的吐酒石

	续 表
B 外源性可能原因	1）来源于墙纸中砷
	2）来源于煤烟暴露
	3）来源于含砷化妆品
	4）毛发样本储藏中受污染

调查和评价砷慢性中毒是一项比较困难的工作。至今有关拿破仑砷中毒问题尚无定论。临床检验相对比较粗糙，有关肌电图学文献较少，但可通过典型症状来诊断。急性和慢性砷中毒症状在概述中已有讨论，可作为临床参考使用。此外，砷中毒临床表现有皮肤受损，神经受损等。

血砷检测可反应短时间体内砷浓度，砷入血后可迅速清除，口服 10 h 后血中砷浓度显著降低，因此，除急性中毒病人有肾功能损伤的可检测血砷外，血液很少有检测价值。尿砷可作为持续检测的有用检材，砷可在尿中迅速排泄，大部分转化为甲基形态，因此，尿砷可用于中毒 1~3 天病人的检测。毛发中砷浓度可作为慢性砷中毒的指示剂，砷在毛发中主要以无机砷的形式存在。作为法医学者，在使用毛发作为慢性中毒的依据时一定要排除外源性污染的可能，因为毛发对砷有较强的亲和力，容易受到外源性污染而难以去除。铅和汞也存在同样的问题。

2. 急性砷中毒案

急性中毒事件中摄入砷 24 h 后就可使用毛发进行评价。有报道显示一位摄入 250 mL 亚砷酸盐的病人在 24 h 后毛发中砷浓度达 100 μg/g，病人最终死亡。

3. 光绪皇帝死亡案（《京华时报》报道）

光绪三十四年十月二十一日（1908 年 11 月 14 日）傍晚，年仅 38 岁的光绪皇帝，躺在冰凉寂静的中南海瀛台涵元殿，满含悲愤离开了人间，成为清史上一大疑案，光绪的死因随后众说纷纭了 100 年。

由中央电视台、中国原子能科学研究院、北京市公安局法医检验鉴定中心、清西陵文物管理处的专家们组成"清光绪死因"专项研究课题组，开始了关于光绪死因的法医学检测之路。研究人员使用中子活化法对光绪两缕头发分段检测，发现第一缕头发的砷高峰值出现在发段的第 10 段（2 404 μg/g），第二缕头发的砷高峰值出现在第 26 段（362.7 μg/g）和第 45 段（202.1 μg/g），发根部位的砷浓度明显低于发梢和头发中段。研究人员分别提取了隆裕皇后、一名清代草料官以及当代人的头发样本分别进行同时代、同性别、同环境发砷检测。结果表明，光绪的几处头发截段中砷浓度不仅远高于当代人，也分别是隆裕皇后的 261 倍和清代草料官的 132 倍，确属中毒。研究过程中有人提出，光绪生前长期服用中药，是否由于长期服药造成的慢性中毒。通过与慢性砷中毒者的头发对比，结果显示光绪的头发上最高含砷量是慢性中毒患者最高浓度的 66 倍，且砷分布曲线与慢性中毒者迥异。

研究人员认为,如果是慢性中毒,发根部位砷值会比较高。但光绪的头发是发梢比发根要高,所以肯定不是慢性砷化物中毒。既然不是慢性中毒,光绪头发上高浓度的砷究竟从何而来?为了弄清这一问题,研究人员对光绪棺椁内外的环境、衣服、遗骨进行了检测,结果发现,环境样品中的砷浓度远低于光绪头发的砷浓度,从而排除了环境污染的可能。研究人员用小白鼠做模拟实验,发现光绪头发、衣物等遗物上的砷化物由砒霜生成。研究人员由此得出结论,光绪死前摄入的是砒霜。

案例四:镉中毒案(Saussereau,2008)

肾原性组织纤维化(NSF)是一个罕见的后天性严重紊乱性疾病。在过去几年里这种疾病频繁出现于医学文献报道。该疾病1997年第一次报道,2000年第一次对此病进行相关描述(Cowper,2000)。NSF是一种多系统纤维化紊乱,可影响皮肤和肾组织。在使用了Gd-扩增核磁共振(MRI)后NSF病例明显增长。尽管确切的引起NSF的原因不是特别清楚,但是在MRI中使用Gd作为对比液和NSF疾病之间存在相关性的观点不断增多(Grobner,2006;Marckmann,2006;Khurana,2007;Sadowski,2007;Thomsen,2006)。

该案中病人62岁,女性,患有中等肾衰竭的患者,1999年2月因肾癌做双侧肾切除术,该血液透析病人在2003年5月至2006年7月经历了13次MRI检查,其中2003年4次,2004年5次,2005年2次,2006年2次,由于碘过敏在做MRI时使用Gd对比液,Gd浓度0.1~0.2 mmol/kg。在第八次检查(2004年11月)两周后病人出现亚急性中毒症状,病人四肢挛缩,活动能力下降,受影响区域伴随疼痛,皮肤明显增厚,并在随后几个月不断扩展。三周后再次进行MRI检查,2004年病人周身出现坚硬,尤其是胳膊和小腹,但是躯干和脸部没有不适。此外,手足、胳膊和腿出现大面积纤维化,尤其是踝和脚部。皮肤坚硬并且持续疼痛,肌肉僵直且皮肤失去弹性。皮肤组织切片检查结果明确确诊为NSF疾病。随后对患者体内Gd使用ICP-MS方法进行了检测。各时间段毛发中Gd浓度可见图13-10,指甲中浓度值见表13-28,2006年10月第10次MRI检查后全血和血浆中^{157}Gd浓度分别为36.30和11.60 μg/L,四个月后^{157}Gd浓度均为1.80 μg/L,而50位健康志愿者^{157}Gd血浓度<0.10 μg/L。

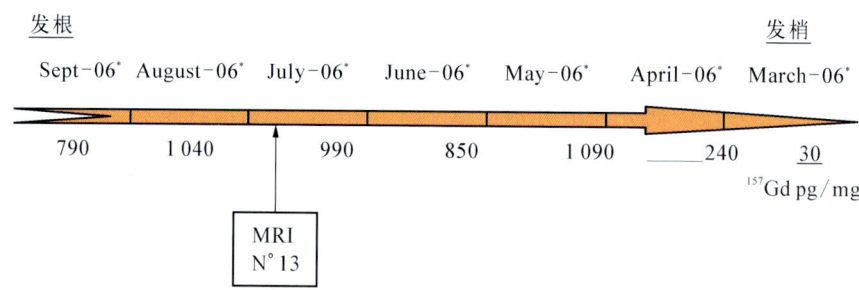

图13-10 患者头发中Gd浓度

表 13-28 病人及受控人群指甲中 Gd 浓度

	Gd（pg/mg）
受控人群浓度（$n=130$）	
中位置	0.1
浓度范围	0.3~6.6
病人	1 130

参 考 文 献

常玉芝.2008.铅对神经发育毒性的研究进展.医学综述,2：260-261
陈悦,李省,石镇霞.2005.镉急性染毒各器官含量及致死机制研究.中国公共卫生,21：327-328
程春杰.2005.微量元素与人体健康.安徽科技,2：104-106
戴继舫,宋世震.2002.铅的心血管毒理及与高血压的关系.中国公共卫生,3：377-378
杜林,黄鸿志,王雅茜.2001.铅中毒及其防治研究进展.广东微量元素科学,5：9-18
高金燕,陈红兵,余迎利.2005.铊-人体的毒害元素.微量元素与健康研究,4：59-61
江佩琦,周世兴,周卫列.1999.儿童铅元素中毒的探讨.浙江临床医学,4：273
金海丽.2004.铅毒性的研究进展.广东微量元素科学,10：9-14
李健,刘苹.1999.甲基汞的神经行为毒性.昆明医学院学报,3：83-87.
李树强,赵金垣等.2002.汞在肾脏内代谢的研究进展.中国职业医学,2：47-48
梁立娜,胡敬田,江桂斌.2003.微波辅助萃取技术在有机锡砷汞化合物形态分析中的应用.岩矿测试,2：137-143
梁沛,胡斌,江祖成等.2004.吸附材料在元素形态分析中的应用.分析科学学报,3：322-326
刘桂成,董学新,张爱华等.2000.砷元素慢性中毒的神经损害与发砷含量观察.微量元素与健康研究,17：23-24
刘松影,张远浩,王籇兰等.2005.铊中毒所致指甲糜烂一例报告.职业卫生与应急救援,4：220
骆如欣,马栋,张素静等.2013.电热板消解电感耦合等离子体质谱法测定人发中33种无机元素的含量.法医学杂志,6：425-430
裴丹,秦书俭.2008.铅对骨骼系统的影响.医学综述,17：2671-2674
秦俊法,李增禧,楼蔓藤等.2005.头发元素分析的科学意义及医学应用价值.广东微量元素科学,5：1-60
孙瑾,陈春英,李玉锋等.2007.超声波辅助溶剂萃取-电感耦合等离子体质谱法测定生物样品中的总汞和甲基汞.光谱学与光谱分析,1：173-176
孙永虎,古桂雄,洪庆成.2004.铅对人体危害的研究.医学综述,8：502-505
汤晓勇;刘玉堂.1988.头发表面吸收砷的洗脱方法研究.卫生研究,1：4-7
唐志华.2003.微量元素砷与人体健康.广东微量元素科学,3：10-13
王琦玮,刘良,黄光照等.2006.铊中毒的法医毒理学研究进展.中国法医学杂,3：155-157
徐德明,杨翠英,张占平等.2003.流动注射氢化物发生原子吸收测定发中汞.中国卫生检验杂志,13：696
徐健,颜崇淮,沈晓明.2005.铅神经发育毒性的分子机制及相关研究进展.中国公共卫生,2：231-233
杨克敌.1995.铊的毒理学研究进展.国外医学卫生学分册,4：201-204
杨瑞瑛,张智勇,王庆基等.2007.用扫描质子微探针研究地砷病区人发中微量元素的分布.中国地方病防治杂志,6：407-409
易飞,彭振磊,赵利霞等.2005.环境中砷化合物分析技术.生命科学仪器,6：3-8

殷学峰,刘梅.1996.在线固相微萃取富集—液相色谱分离冷原子吸收联机测定了不同形态汞.分析化学,11：1248-1252

张鸿,梁伟德,郑允弘.1998.海洛因依赖者头发中微量元素含量的改变.中国药物依赖性杂志,7(4)：218-220

张军,金亚平,张扬等.2003.铅神经毒性分子机制的研究进展.中国公共卫生,8：1004-1006

张普敦,许国旺,魏复盛.2001.砷形态分析方法进展.分析化学,8：971-977

张耀新,刘开泰,王国荃.2001.砷的代谢及其毒性与基因表达的研究进展.地方病通报,1：94-97

张玉芝.2004.微量元素与人体健康.微量元素与健康研究,3：56-57

Alain L, Pierre D, Lyse L. 1999. Trace element content of commercial shampoos：impact on trace element levels in hair.The Science of the Total Environment. 229：121-124

Aoyama H, Yoshida M, Yamamura Y. 1988. Induction of lipid peroxidation in tissues of thallous malonate-treated hamster.Toxicol. 53：11-18

Apostoli PJ. 2002. Elements in environmental and occupational medicine.Chromatogr. B. 778：63-97

Ashraf W, Jaffar M, and Mohammad D. 1994. Trace metal contamination study on scalp hair of occupationally exposed workers.Bull Environ Contam Toxicol. 53：516-523

Barbosa F, Rodrigues M HC, Buzalaf M R et al. 2006. Evaluation of the use of salivary lead levels as a surrogate of blood lead or plasma lead levels in lead exposed subjects.Arch Toxicol. 80：633-637

Barbosa F, Ramires JI, Heloísa MC et al. 2006.Contrasting effects of age on the plasma/whole blood lead ratio in men and women with a history of lead exposure.Environ Res. 102：90-95

Bencko V, DobišováA, Máčaj M. 1971. Arsenic in the hair of a non-occupationally exposed population. Atmos. Environ. 5：275-279

Bencko V. 1995.Use of human hair as a biomarker in the assessment of exposure to pollutants in occupational and environmental settings.Toxicology. 101：29-39

Bermejo PB, Moreda AP, Bermejo BA et al. 2002.Application of multivariate methods to scalp hair metal data to distinguish between drug-free subjects and drug abusers. Anal. Chim. Acta. 455：253-261

Bermejo-Barrera P, Moreda-Pineiro A, Bermejo-Barrera A. 2002. Application of multivariate methods to scalp hair metal data to distinguish between drug-free subjects and drug abusers. Anal Chim Acta,455(2)：253-265

Bush VJ, Moyer TP, Batts KP et al. 1995.Essential and toxic element concentrations in fresh and formalin-fixed human autopsy tissues. Clin Chem. 41：284-294

Chojnacka K et al. 2015. Inter-element interactions in human hair. Environ Toxicol Pharmacol, 20：368-374

Chojnacka K, Górecka H, Chojnacki A et al. 2005. Inter-element interactions in human hair. Environmental Toxicology and Pharmacology. 20：368-374

Chojnacka K, Górecka H, Górecki H et al. 2006.The effect of age, sex, smoking habit and hair color on the composition of hair.Environmental Toxicology and Pharmacology. 22：52-57

Chojnacka K, Górecka H, Górecki H et al. 2006.The influence of living habits and family relationships on element concentrations in human hair.Sci.Total Environ. 366：612-620

Cowper S E, Robin H S, Steinberg S M, et al. 2000. Scleromyxoedema-like cutaneous diseases in renal-dialysis patients.Lancet. 356：1000-1001

Daniel C R, Piraccini B M, Tosti A. 2004.The nail and hair in forensic science J AM ACAD DERMATOL. 50：258-261

Davidson P W, Myers G J, Cox C et al. 1998.Effects of Prenatal and Postnatal Methylmercury Exposure From Fish Consumption on Neurodevelopment：Outcomes at 66 Months of Age in the Seychelles Child Development Study

JAMA. 280:701-707

Druyan ME, Bass D, Puchyr R et al. 1998. Preparation of hair for measurement of elements by inductively coupled plasma-mass spectrometry (ICP-MS).Trace Elem.Res. 62:183-191

Germolec DR, Spalding J, Yu HS et al. 1998. Arsenic Enhancement of Skin Neoplasia by Chronic Stimulation of Growth Factors.Am J Pathol, 153:1775-1785

Goulle J P et al. 2005. Metal and metalloid multi-elementary ICP-MS validation in whole blood, plasma, urine and hair: Reference values. Forensic Sci In, 153:39-44

Goullé J P, Mahieu L, Castermant J et al. 2005. Metal and metalloid multi-elementary ICP-MS validation in whole blood, plasma, urine and hair: Reference values.Forensic Sci Int,153:39-44

Grandjean P. 1984.Lead poisoning: hair analysis shows the calendar of events. Hum Toxicol. 3:223-228

Grobner T. Nephrol. 2006. Gadolinium-a specific trigger for the development of nephrogenic fibrosing dermopathy and nephrogenic systemic fibrosis? Dial Transplant. 21:1104-1108

Harkins DK, Susten AS. 2003. Hair Analysis: Exploring the State of the Science Environ Health Perspect, 111:576-578

Hindmarsh JT. 2002. Caveats in hair analysis in chronic arsenic poisoning.Clinical Biochemistry, 35:1-11

Hindmarsh JT. 2002. Caveats in hair analysis in chronic arsenic poisoning. Clinical Biochemistry. 35:1-11

Hymer CB, Caruso JA. 2004. Arsenic and its speciation analysis using high-performance liquid chromatography and inductively coupled plasma mass spectrometry. J Chromatogr A, 1045:1-13

Khurana A,Runge V M, Narayanan et al. 2007. Nephrogenic Systemic Fibrosis: A Review of 6 Cases Temporally Related to Gadodiamide Injection (Omniscan).Invest Radiol, 42:139-145

Kohlmeyer U, Kuballa J, Jantzen E. 2002. simultaneous separation of 17 inorganic and organic arsenic compounds in marine biota by means of high-performance liquid chromatography/inductively coupled plasma mass spectrometr. Mass Spectrom,16:965-974

Lekouch N, A. Bouhouch S S, Nejmeddine A et al. 1999.Trace elements in children's hair, as related exposure in wastewater spreading field of Marrakesh (Morocco). Sci Total Environ, 243-244:323-328

Luo RX, Su XH, Xu WC et al. 2017. Determination of arsenic and lead in single hair strands by laser ablation inductively coupled plasma mass spectrometry, Scientific Reports, 7(1):1-7

Luo RX, Zhang SJ, Xiang P et al. 2015. Elements concentrations in the scalp hair of methamphetamine abusers. Forensic Sci Int, 249:112-115

Luo RX, Zhuo XY, Ma D. 2014. Determination of 33 elements in scalp hair samples from inhabitants of a mountain village of Tonglu city, China. Ecotoxicology and Environmental Safety, 104:215-219

Mandal B K, Ogra Y, Kazuo T et al. 2003. Speciation of arsenic in human nail and hair from arsenic-affected area by HPLC-inductively coupled argon plasma mass spectrometry. Toxicology and Applied Pharmacology, 189:73-83

Marckmann P, Skov L, Rossen K et al. 2006. Nephrogenic Systemic Fibrosis: Suspected Causative Role of Gadodiamide Used for Contrast-Enhanced Magnetic Resonance Imaging. J Am Soc Nephrol, 17:2359-2362

Miekeley N et al. 1998. How reliable are human hair reference intervals for trace elements? Sci Total Environ, 218:9-17

Miekeley N, Carneiro M, Silveira C. 1998. How reliable are human hair reference intervals for trace elements? Sci Total Environ, 218:9-17

Milstein L S, Essader A, Pellizzari E D et al. 2003.Development and Application of a Robust Speciation Method for

Determination of Six Arsenic Compounds Present in Human Urine. Environ Health Persp, 111: 293 - 302

Morton J, Carolan VA, Gardiner PH. 2002. Removal of exogenously bound elements from human hair by various washing procedures and determination by inductively coupled plasma mass spectrometry. Anal Chim Acta, 455: 23 - 34

Nowak B, Chmielnicka J. 2000. Relationship of lead and cadmium to essential elements in hair, teeth, and nails of environmentally exposed people. Environ Saf, 46: 265 - 274

Pappas RS, Polzin GM, Zhang L et al. 2006. Cadmium, lead, and thallium in mainstream tobacco smoke particulate. Food and Chemical Toxicology, 44: 714 - 723

Pasquale A et al. 2013. Instrumental neutron activation analysis and statistical approach for determining baseline values of essential and toxic elements in hairs of high school students. Ecotoxicol Environ Saf, 92: 206 - 214

Patrick J, Parsons, Fernando Barbosa Jr. 2007. Atomic spectrometry and trends in clinical laboratory medicine. Spectrochim Acta Part B Atom Spectrosc. 62: 992 - 1003

Pereira R, Ribeiro R., Gonçalves F. 2004. Scalp hair analysis as a tool in assessing human exposure to heavy metals (S. Domingos mine, Portugal).Sci.Total Environ. 327: 81 - 92

Rahman L, Corns W T, Bryce D W et al. 2000.Determination of mercury, selenium, bismuth, arsenic and antimony in human hair by microwave digestion atomic fluorescence spectrometry.Talanta, 52: 833 - 843

Rodushkin I et al. 2000. Application of double focusing sector field ICP - MS for multielemental characterization of human hair and nails. Part II. A study of the inhabitants of northern Sweden. Sci Total Environ, 62: 21 - 36

Rodushkin I, Axelsson M D. 2000. Application of double focusing sector field ICP - MS for multielemental characterization of human hair and nails. Part II. A study of the inhabitants of northern Sweden. Sci Total Environ, 262: 21 - 36

Rosborg I, Nihlgård B, Gerhardsson L. 2003. Hair Element Concentrations in Females in One Acid and One Alkaline Area in Southern Sweden.Ambio, 32: 440 - 446

Sadowski EA, Bennett LK, Chan MR et al. 2007. Nephrogenic Systemic Fibrosis: Risk Factors and Incidence Estimation. Radiology. 243: 148 - 157

Samanta G, Sharma R, Roychowdhury T et al. 2004. Arsenic and other elements in hair, nails, and skin-scales of arsenic victims in West Bengal. India Sci Total Environ, 326: 33 - 47

Santra A, Maiti A, Chowdhury A et al. 2000. Oxidative stress in liver of mice exposed to arsenic-contaminated water. Sanrta Ind J Gastroenterd, 19: 112 - 115

Saussereau E, Lacroix C, Cattaneo A et al. 2008. Hair and fingernail gadolinium ICP - MS contents in an overdose case associated with nephrogenic systemic fibrosis.Forensic Sci Int, 176: 54 - 57

Schuhmacher M, Bellés M, Rico A et al. 1996. Impact of reduction of lead in gasoline on the blood and hair lead levels in the population of Tarragona Province, Spain, 1990 - 1995.Sci Total Environ, 184: 203 - 209

Seidel S, Kreutzer R, Smith D et al. 2001. Assessment of Commercial Laboratories Performing Hair Mineral Analysis. JAMA, 285: 67 - 72

Sela H, Karpas Z, Zoriy M et al. 2007. Biomonitoring of hair samples by laser ablation inductively coupled plasma mass spectrometry (LA - ICP - MS).International Journal of Mass Spectrometry, 261: 199 - 207

SenA,Chaudhuri BD. 1996. Human Hair Lead and Copper Levels in Three Occupationally Unexposed Population Groups in Calcutta. Bull Environ Contam Toxicol, 57: 321 - 326

Senofonte O, Violante N, Caroli S. 2000. Assessment of reference values for elements in human hair of urban schoolboys.Trace Elements Med Biol, 14: 6 - 13

Slotnick M J, Nriagu J O. 2006. Validity of human nails as a biomarker of arsenic and selenium exposure: A review. Environ Res, 102: 125-139

Steely S, Amarasiriwardena D, Jones J et al. 2007. A rapid approach for assessment of arsenic exposure by elemental analysis of single strand of hair using laser ablation-inductively coupled plasma-mass spectrometry. Microchemical Journal, 86: 235-240

Stewart Walter F, Schwartz Brian S, Simon David. 2005. ApoE genotype, past adult lead exposure, and neurobehavioral function. Environmental Health Perspectives, 110(5): 501-505

Suzuki K T, Mandal B K, Ogra Y. 2002. Speciation of arsenic in body fluids.Talanta,58: 111-119

Szuler I M, Williams C N, Hindmarsh J T et al. 1979. Massive variceal hemorrhage secondary to presinusoidal portal hypertension due to arsenic poisoning.Can Med Assoc J, 120: 168-171

Thomsen HS. 2006.Nephrogenic systemic fibrosis: a serious late adverse reaction to gadodiamide. Eur Radiol, 16: 2619-2621

Violante N, Senofonte O, Marsili G et al. 2000. Human hair as a marker of pollution by chemical elements emitted by a thermoelectric power plant. Microchemical Journal, 67: 397-405

WHO. 1999. Principles for the assessment of risks to human health from exposure to chemicals: environmental health criteria 210. Environ Health Criteria.

Wilhelm M, Pesch A, Rostek U et al. 2002. Concentrations of lead in blood, hair and saliva of German children living in three different areas of traffic density. Sci Total Environ. 297: 109-118

附件1 《涉毒人员毛发样本检测规范》（公禁毒2018年938号）

涉毒人员毛发样本检测规范

第一条　为规范涉毒人员毛发样本检测工作，充分发挥毛发样本检测在办理涉毒案件中的积极作用，根据《吸毒检测程序规定》，制定本规范。

第二条　本规范所称毛发样本检测，是指运用科学技术手段对涉嫌吸毒人员的毛发样本（头发）进行检测，为公安机关认定吸毒行为提供科学依据的活动。

第三条　提取毛发样本时，工作人员应当佩戴一次性手套，使用医用剪刀或者锯齿剪刀紧贴被提取人员头皮表面剪取头顶后部（如头顶后部无法提取到足够头发的，可选择离该部位最近的头部部位）长度为3厘米以内的头发；长于3厘米的头发，需从发根端截取3厘米。

第四条　提取的毛发样本应当分为A、B两份，每份样本重量不少于50毫克，用铝箔纸包裹，分别装入纸质信封后将信封封装。信封上应当填写样本编号、提取日期和提取人等信息，信封封口处由被提取人员按手印并签字确认。被提取人员拒绝按手印或签字的，提取人应当注明，并对提取的全部过程进行录像。

第五条　毛发提取工作人员应当制作毛发样本提取信息表，记载被提取人姓名、被提取人居民身份号码、提取毛发种类、提取地点、提取单位、提取人员、提取时间等信息。

第六条　提取不同人员毛发的，应当分别提取，独立包装，统一编号，并及时清理采样过程中提取器材上的残留物，确保样本不被交叉污染。

第七条　提取的毛发样本应当置于室温、避光、干燥、通风、洁净的环境中保存，不得和缴获的毒品在同一房间内保存。疑似有传染性疾病等危险性的样本应按相关规定保存。

第八条　对提取的毛发样本，应当按照有关规定及时进行现场检测或者实验室检测。

第九条 毛发样本中 O^6-单乙酰吗啡、吗啡、甲基苯丙胺、苯丙胺、3,4-亚甲二氧基苯丙胺(MDA)、3,4-亚甲二氧基甲基苯丙胺(MDMA)、氯胺酮、去甲氯胺酮、甲卡西酮的检测浓度阈值为 0.2 纳克/毫克;可卡因的检测浓度阈值为 0.5 纳克/毫克;苯甲酰爱康宁和四氢大麻酚的检测浓度阈值为 0.05 纳克/毫克。实际检测浓度值在阈值以上的,认定检测结果为阳性。

第十条 发根端 3 厘米以内的头发样本检测结果为阳性的,表明被检测人员在毛发样本提取之日前 6 个月以内摄入过毒品。

第十一条 本规范所称"以上""以内"均包含本数。

第十二条 本规范自发布之日起施行。

附件2 毛发中乙醇标志物分析的 SoHT 应用规范

2019 国际毛发分析协会(SoHT)就毛发中分析乙醇标志物以评判饮酒或戒酒行为达成共识,形成应用规范。

2019 Consensus for the use of alcohol markers in hair for supporting the assessment of abstinence and chronic alcohol consumption.

1. Introduction

1.1. The direct determination of ethanol itself in hair is not possible due to its volatility and its potential absorption from external sources. Instead, the minor ethanol metabolites ethyl glucuronide (EtG) and ethyl palmitate (EtPa) can be measured in hair as direct markers of alcohol consumption.

1.2. Abstinence from alcohol means no intake of any alcoholic beverages or other alcohol containing products over a pre-defined time period.

1.3 Measurement of markers to identify long-term alcohol consumption is generally used to corroborate claims of alcohol abstinence.

1.4. Occasional drinking events cannot always be excluded.

1.5. Chronic excessive alcohol drinking corresponds to an average consumption of 60 g or more of pure ethanol per day over several months (According to the World Health Organization survey①)

1.6. The results of hair testing for alcohol markers should be interpreted considering all relevant factors surrounding the case.

2. General Considerations

2.1. The site of hair collection plays an important role in the concentration of markers detected. Hair taken from the posterior vertex region of the head is preferred and cut as close to the scalp as possible.

2.2. In instances where head hair is not available, body hair can be collected. The different physiology of non-head hair has to be considered during interpretation.

1. 前言

1.1. 乙醇易挥发且易被外部污染而沉积在头发上,直接检测分析毛发中乙醇的方法不可行。乙醇的体内代谢物乙基葡萄糖醛酸苷(EtG)和棕榈酸乙酯(EtPa)可作为乙醇摄入的直接体内标志物而应用于毛发分析。

1.2. 戒酒是指一定时间段内无酒精饮料或者其他含有酒精的产品的摄入。

1.3. 检测毛发中直接体内标志物可提供长程饮酒信息,通常也用来评估戒酒行为。

1.4. 评判时不能完全排除偶尔饮酒的可能。

1.5. 依据世界卫生组织报告,长期酗酒是指连续几个月每天至少摄入 60 g 的纯乙醇。

1.6. 毛发中乙醇体内标志物的检测结果的解释需要综合考虑各种相关因素。

2. 总论

2.1. 不同部位的头发乙醇体内标志物浓度有差别,建议采集头顶后部的头发并且尽可能贴根(紧贴头皮)采集。

2.2. 若无头发,也可采集其他部位的毛发。但结果解释时需考虑其他部位的毛发与头发的生理结构是不同的。

---

① International guide for monitoring alcohol consumption and related harm. World Health Organization, Dep.t of Mental Health and substance dependence, Geneva, 2000, pp 51－54

附件 2　毛发中乙醇标志物分析的 SoHT 应用规范

2.3 Powdering hair for the extraction of EtG is best practice. Washing with water prior to extraction, extraction in water, combination of time and temperature incubation conditions are recommended.

2.4 Pre-analytical washing (ideally 30 min with a non-polar solvent) prior to extraction of EtPa is recommended. The cut-off values presented in this document are defined according to the above specified conditions. If different methodologies are used, the laboratory must demonstrate that comparable results are achieved through proficiency testing.

2.5. The incorporation of EtG and EtPa into hair is not biased by natural hair colour.

2.6. Hair treatments

2.6.1. The concentration of EtG and EtPa in hair can be influenced by chemical and/or thermal hair treatments (e.g. bleaching, dyeing or perming, etc).

2.6.2. EtG concentrations appear not to be influenced by hairspray, gel, wax, oil, grease or ethanol-containing hair care products.

2.6.3. Use of ethanol-containing hair care products (e.g. hairspray or hair lotions) may increase the concentration of EtPa.

2.6.4. The type of hair treatments should be documented at the moment of sample collection and considered during interpretation.

3. Abstinence Assessment

3.1. Abstinence assessment over a pre-defined time period is necessary in many clinical and forensic cases.

3.2. EtG in hair is the preferred marker for the assessment of abstinence. A negative result of EtG in pubic hair is the most sensitive test for abstinence because a single alcohol consumption may give a positive result.

3.3. The analysis of EtPa alone is not recommended.

3.4. Ethyl glucuronide (EtG)

3.4.1. A concentration lower than or equal to 5 pg/mg EtG in the proximal head hair segment with a length of 3 cm up to 6 cm does not contradict self-reported abstinence.

3.4.2. A concentration greater than 5 pg/mg EtG in the proximal head hair segment with a length of 3 cm up to 6 cm strongly suggests repeated alcohol consumption.

3.4.3. The same cut-off concentration can be used for head and non-head hair, excluding axillary hair.

3.5. Ethyl palmitate (EtPa)

3.5.1. An EtPa concentration lower than or equal to 120 pg/mg for a 0-3 cm proximal head hair segment, or lower than or equal to 150 pg/mg for a 0-6 cm proximal head hair segment, does not contradict self-reported abstinence.

2.3. EtG 的最佳提取方法是毛发磨碎后提取。推荐流程为提取前用水清洗毛发,之后磨碎后用水提取,再结合适当的提取时间和温度。本建议提出的阈值是基于上述条件,若没有磨碎头发或采用不同的提取方法,则实验室应通过参加能力验证证明结果可靠。

2.4. 建议提取前清洗毛发(最好是采用非极性溶剂清洗 30 min)。本文提出的阈值是基于上述条件。若采用不同的方法,则实验室应通过参加能力验证证明结果可靠。

2.5. 毛发颜色对毛发中 EtG 和 EtPa 的浓度没有影响。

2.6. 毛发护理

2.6.1. 毛发染色、漂白、烫发等美发过程均会影响毛发中 EtG 和 EtPa 的测定结果。

2.6.2. 毛发中 EtG 浓度不受发胶、发蜡、发油、油脂或者含有乙醇的的护发产品的影响。

2.6.3. 含有乙醇的护发产品(如发胶或护发素)会增加毛发中 EtPa 的浓度。

2.6.4. 在采集毛发时,必须对毛发护理登记清楚,并且在结果解释时需要考虑其影响。

3. 戒酒评估

3.1. 许多临床和法医毒物案件中,均需对一定时间段内戒酒治疗进行评估。

3.2. 毛发中的 EtG 是评估戒酒的最好标志物。阴毛中 EtG 阴性结果是最可以评估戒酒的方式,因为单次饮酒后即可在阴毛中检出 EtG 阳性结果。

3.3. 不建议单独检测 EtPa。

3.4. EtG

3.4.1. 头发近发根处长度范围在 3 cm 到 6 cm 发段中 EtG 浓度不高于 5 pg/mg 时,不与自述戒酒行为相悖。

3.4.2. 头发近发根处长度范围在 3 cm 到 6 cm 发段中 EtG 浓度大于 5 pg/mg 说明多次饮酒。

3.4.3. 头发和身体其他部位的毛发(除腋毛外)适用相同的阈值。

3.5. EtPa

3.5.1. 头发近发根处 0~3 cm 发段中 EtPa 浓度不高于 120 pg/mg,或者 0~6 cm 发段中 EtPa 浓度不高于 150 pg/mg 时,不与自述戒酒行为相悖。

3.5.2. An EtPa concentration greater than 120 pg/mg for a 0 – 3 cm proximal scalp hair segment, or 150 pg/mg for a 0 – 6 cm proximal head hair segment, strongly suggests repeated alcohol consumption.

4. Chronic Excessive Consumption

4.1. For clinical and forensic purposes, it is necessary to establish concentrations of alcohol markers in hair for the assessment of chronic excessive alcohol consumption.

4.2. EtG and EtPa in hair can be used alone or in combination for the assessment of chronic excessive consumption as defined above in point 1.5.

4.3. Ethyl glucuronide (EtG)

4.3.1. A concentration greater than or equal to 30 pg/mg EtG in the proximal head hair segment with a length of 3 cm up to 6 cm strongly suggests chronic excessive alcohol consumption. If sample lengths less than 3 cm or greater than 6 cm are used, the results should be interpreted with caution. Segmentation may provide additional information.

4.3.2. The same cut-off concentration can be used for hair sampled from other body sites with the exception of axillary and pubic hair regions and with consideration of the different represented time periods.

4.4. Ethyl Palmitate (EtPa)

4.4.1. An EtPa concentration greater than or equal to 350 pg/mg in head hair strongly suggests chronic excessive alcohol consumption when measured in the 0 – 3 cm segment. An EtPa concentration greater than or equal to 450 pg/mg in head hair strongly suggests chronic excessive alcohol consumption when measured in the 0 – 6 cm segment. If sample lengths less than 3 cm or greater than 6 cm are used, the results should be interpreted with caution.

4.4.2. If hair from other body sites are used the results should be interpreted with caution.

3.5.2. 头发近发根处 0~3 cm 发段中 EtPa 浓度大于 120 pg/mg，或者 0~6 cm 发段中 EtPa 浓度大于 150 pg/mg 说明多次饮酒。

4. 长期酗酒

4.1. 临床和法医毒物案件中，有必要建立毛发中乙醇体内标志物的浓度用来评估长期酗酒。

4.2. 毛发 EtG 和 EtPa 可单独或者共同用于评估长期酗酒，参照 1.5 的定义。

4.3. EtG

4.3.1. 头发近发根处长度范围在 3 cm 到 6 cm 发段中 EtG 浓度大于或者等于 30 pg/mg 是长期酗酒的有力证明。若头发长度小于 3 cm 或大于 6 cm，需谨慎解释检测结果。分段分析可以提供更多的信息。

4.3.2. 头发和身体其他部位的毛发（除腋毛和阴毛外）适用相同的阈值，但也应考虑不同部位的毛发反映的时间信息不同。

4.4. EtPa

4.4.1. 头发近发根处 0~3 cm 发段中 EtPa 浓度大于等于 350 pg/mg，以及在 0~6 cm 发段中 EtPa 浓度大于等于 350 pg/mg 均是长期酗酒的有力证明。若头发长度小于 3 cm 或者大于 6 cm，需谨慎解释检测结果。

4.4.2. 若采用其他部位的毛发，需谨慎解释检测结果。